U0504474

关系史
研究三种

Three Studies
on
the History of
Relations between
Oman and China

王小甫
李安山   著
吴玉贵

中国社会科学出版社

图书在版编目（CIP）数据

阿曼与中国关系史研究三种/王小甫等著. —北京：
中国社会科学出版社，2024.6
ISBN 978 – 7 – 5227 – 3687 – 7

Ⅰ. ①阿…　Ⅱ. ①王…　Ⅲ. ①中外关系—
国际关系史—阿曼　Ⅳ. ①D829.388

中国国家版本馆 CIP 数据核字（2024）第 110747 号

出 版 人	赵剑英
选题策划	宋燕鹏
责任编辑	金　燕　宋燕鹏
责任校对	李　硕
责任印制	李寡寡

出　　版	中国社会科学出版社
社　　址	北京鼓楼西大街甲 158 号
邮　　编	100720
网　　址	http://www.csspw.cn
发 行 部	010 – 84083685
门 市 部	010 – 84029450
经　　销	新华书店及其他书店

印刷装订	北京君升印刷有限公司
版　　次	2024 年 6 月第 1 版
印　　次	2024 年 6 月第 1 次印刷

开　　本	710 × 1000　1/16
印　　张	42
字　　数	631 千字
定　　价	298.00 元

目　　录

古代阿曼与中国关系史

近现代阿曼与中国关系史

唐五代大食汉文史料汇编校释

古代阿曼与中国关系史

Three Studies
on
the History of
Relations between
Oman and China（1）

王小甫 著

导论 海上丝绸之路的交通枢纽

八年前，付志明代表北京大学卡布斯苏丹阿拉伯研究讲席项目管委会委托我和吴玉贵、李安山共同进行《阿曼与中国关系史》的研究与成果撰著。我们分头工作，我负责研究和撰写的时段是从有史以来迄至郑和下西洋时代。我之所以乐于接受这项研究任务，是因为本人此前有关古代中外文化交流的研究基本属于陆上丝绸之路的范围，对于海路交流仅限于一般知识的介绍，所以想借此做一些相关深入探讨，以突破现有认识的局限。当资料搜集整理及研究工作到达一定阶段后，我逐渐认清了一个史实：在古代东西方文化交流——这里主要指中国古代和西亚的沟通和交流过程中，阿拉伯半岛东南部尤其是阿曼地区居于特殊重要的地位，起着异常关键的作用。在伊斯兰教产生以前的时期，经由阿曼的海道交通并非陆道交通的附庸分支，而是大秦①与中国亦即西亚与东亚间的一条交通主干道。即使阿拉伯帝国建立以后，直到郑和下西洋时代，由于技术等原因，中国和西亚之间的海道交通主要仍是一条近海航线，因而阿曼仍然是这样一条航线的国际交通枢纽。作为东西方交通枢纽的同时，阿曼其实也是当时的一个国际贸易中心。

一 阿曼地理位置与航海交通

打开地图可以看到，位于阿拉伯半岛东南端的阿曼是西亚最接近东

---

① 学界通常认为，中国古籍中的"大秦"是指古代罗马帝国（公元前 30—公元 476）所属地中海东部沿岸的埃及、叙利亚等地，参见夏鼐《新疆新发现的古代丝织品——绮、锦和刺绣》，载中国社会科学院考古研究所编《夏鼐文集》中册，社会科学文献出版社 2001 年版，第 328 页。

方的地点，这就使它在技术有限（主要是缺乏机械动力）的古代传统东西方海路交通中有着无可比拟的优势：就东、西方交通而言，从阿曼哈德角附近的苏尔（Sur）向北偏东直航对岸伊朗的恰赫巴哈尔港（Chah Bahar Port①），是横渡印度洋阿拉伯海的最捷近航线②。

更为重要的是，实际上阿曼是阿拉伯半岛最古老的航海国家之一，上古时代两河流域的苏美尔人把阿曼地区称作 Maghan/Magan，苏美尔语 Ma 是船只的意思，Maghan/Magan 意为船国，显示阿曼早在公元前 3000 年已经广泛进行海上活动，并成为阿拉伯半岛的造船中心③；而且，他们可能很早就知道了利用信风④。例如，阿曼沿海曾经兴建了许多大型港口，设有造船所和码头，除了苏哈尔以及首都马斯喀特之外，东部区的首府苏尔也是其中之一。苏尔位于阿拉伯半岛最东南的哈德角附近，自古就有在印度洋阿拉伯海沿岸从事海上贸易的记录，至今以制造阿拉伯传统的独桅三角帆船（داو dhow）而闻名⑤，而著名的精良玳瑁产地马西拉湾和马西拉岛行政上就属

①　这很可能就是《红海周航记》（Lionel Casson, *The Periplus Maris Erythraei*, Princeton University Press, 1989. 除特别注明外，本书以下所引《红海周航记》均为此本）第 36 节记载的 Omana 港，参该书第 180—181 页注 36：12.3—4 和第 182 页注 36：12.10—12，详考见下。

②　实际上，从《红海周航记》第 33—36 节对这一段近海航线的描述（见下）可以看出，除非利用信风，前往印度洋对岸的传统航路是绕过哈德角，先向西北到苏哈尔（Suhar），然后再从那里向北，从霍尔木兹海峡附近实现横渡。后来公元 8 世纪末唐德宗朝宰相贾耽《皇华四达记》中"广州通海夷道"所记印度洋西岸路，以及 15 世纪初叶郑和下西洋时在印度以西的几次航行路线，都表明《红海周航记》第 27—57 节描述的近海航线一直是古代印度洋周边交流的主要航路。

③　参见陈公元《中国阿曼友好关系小史》，载《西亚非洲》1981 年第 5 期，第 52 页左栏；Lawrence G., Potter ed., *The Persian Gulf in History*, New York：Palgrave Macmillan, 2009（First published), pp. 32, 167 – 168.

④　参见［阿拉伯］佚名《中国印度见闻录》，穆根来等译，中华书局 1983 年版，法译本序第 24 页。

⑤　最近的研究表明："由于古代各海洋贸易圈之间的密切来往与相互交流，以致当时活跃于印度洋的印度人和阿拉伯人的帆船在构造上非常相似，难以区分。实际上，研究古代航海史的学者普遍认为，古代印度在制造巨型远洋海船方面，学习、采用了当时波斯湾地区阿拉伯人的技术。"见钱江《金洲、金地与耶婆提：古代印度与东南亚的海上贸易》，载《丝瓷之路》第 1 辑，商务印书馆 2011 年版，第 323 页。所谓"当时波斯湾地区阿拉伯人"的造船术，可以肯定是指阿曼人的技术特长。

于这个省区①。

二 信风问题和印度洋沿岸交流

信风（trade winds），这里特指印度洋上赤道以北的季节性行星风。在西印度洋，亚丁湾和阿拉伯海，那些季节风夏天从西南刮来，冬天则从东北刮来，于是保证了一种有利双方的航行②。因其按时来去从不失信，于是被人们称之为"信风"。自从得知公元1世纪中写成的《红海周航记》（*The Periplus Maris Erythraei*）披露有信风信息以后，人们对信风赋予了太多诗意的想象："把船只推进浩瀚的大洋，直驶东方，然后又把它们送回原来出发之地。"③ 这类描述导致许多学者把信风在古代跨印度洋航行中的作用视为不言而喻的利好，从而夸大东西方直航的意义，忽视传统常规航线，乃至掩盖了许多历史真相。其实，《红海周航记》的权威研究者对信风作用有很客观的描述："更重要的是两种季风的性质不同。（夏季的）西南季风是喧嚣吵闹的狂风暴雨，有着丰富亲身经历的阿兰·魏乐思（Alan Villiers）写道：'倾盆大雨持续不断，天气常常如此糟糕，印度海岸的作业港口全都关闭，较小的商船纷纷避难'"④；"冒险前往印度——至少我们的史料（即《红海周航记》）认为最重要的是，好在直接越过浩瀚大洋，只需要一年，投资资本就能产生回

---

① 参见陈公元《中国阿曼友好关系小史》，第52页左栏。
② 参《红海周航记》附录3《前往非洲、阿拉伯半岛和印度的航程》，第283页以下。
③ 见《中国印度见闻录》，法译本序第24页。
④ 《季风海》（*Monsoon Seas*），纽约，1952年，第7页。此外，影响印度洋上航行的还有海洋环流因素：北印度洋由于受南亚热带季风气候的影响，形成了特殊的北印度洋季风环流：从10月至来年的3—4月，亚洲大陆受强大的高压所笼罩，在北印度洋海面，盛行东北季风，孟加拉湾的海水流向西南，南绕斯里兰卡岛，与阿拉伯海流向西南的海水一道，形成了东北季风洋流；从5—9月，在索马里沿海，由于西南季风的作用，形成相当强大的上升流，形成北印度洋地区的顺时针环流。职是之故，如果是在冬季，没有机械动力的古代船只很难绕过印度南端向西北直航对岸，横渡起航点的纬度通常要高于对岸目的地（参《红海周航记》，第225页地图14），反之亦然（参《红海周航记》第290页注20）。

报。但所需资金数额巨大，而且存在相当的风险因素。这种贸易机会只对能够承受西南季风力量的强大船只的拥有者开放，以及对于有钱的商人，他们买得起印度出口的昂贵货物——香料、丝绸等，以填满宽敞的货舱。印度贸易是针对大型经营者的，无论他是船东还是贸易商。"①《红海周航记》"作者的主要兴趣——他的手册存在的价值，在于服务地中海世界的奢侈品贸易，这项事业为罗马帝国的埃及商人所继续。作者建议前往重要目的地的适当时间（利用信风的月份），在大多数情况下，埃及被特别提到是出发地点，其他情况下则被清楚地暗示。那些日期则是基于船只离开或是返回埃及时将会遇到的盛行风向"②。这些时间表明，有些商人走过整个路线行程，下到非洲东海岸的 Rhapta（达累斯萨拉姆一带）或者跨过大洋去印度；有的则在 Adulis③、Muza④ 或虔那（Kane⑤）稍事停留装货⑥。实际上最终长途跋涉漂洋过海前往印度的只是一小撮；"他们不会把自己所掌握的空间浪费在廉价的普通商品上。作者所描写的货主首先和主要是奢侈品经销商。这一点从他列举的他们在各个地区能够获得的物品看得很清楚"⑦。

　　然而，奢侈品贸易毕竟只占环印度洋（这里主要指阿拉伯海）航海活动和商业交流的很少一部分，海上更多的活动还是有关大宗

---

　　① 见《红海周航记》附录 3《前往非洲、阿拉伯半岛和印度的航程》，第 283、291 页。原文这里有一个脚注："《红海周航记》的作者劝告（20：7.11—16）前往阿拉伯半岛南部海岸或印度的船只躲避红海阿拉伯沿岸的浅滩和海盗，保持一个位于其中心的航向——直航几乎 800 海里。在他的心目中肯定是一艘大型商船，乘着西南信风航行前往印度。"

　　② 参见《红海周航记》附录 3，第 284 页 "从红海到东非和印度的季节风向图表"。

　　③ 今厄立特里亚红海岸边祖拉（Zula），位于祖拉湾内，为古代重要港口。

　　④ 今也门红海岸边穆哈（Mucha），为古代重要港口。

　　⑤ 古代哈达拉毛王国的重要港口，遗址 Husn al-Ghurab 在今也门穆卡拉西南拜勒哈夫附近。此港当即唐初达奚（弘）通《海南诸蕃行记》提到的虔那，参 ［元］汪大渊原著，苏继庼校释《岛夷志略校释》，中华书局 1981 年版，叙论第 5—6 页。

　　⑥ 原注："运往婆楼割车（Barygaza）的阿拉伯红酒很可能是在 Muza 上货；而运往提飖（Barbarikon，今巴基斯坦卡拉奇，见下详考）的熏香则是在虔那上货。但原文作者提到（57：19.7），虔那是前往印度的出发地点之一。"

　　⑦ 参《红海周航记》导言，第 15—16 页。

商品即日用物资的运输交易。权威研究者就指出："《红海周航记》的主要目的是描述其关注的两条贸易航线，它们都发自埃及的红海港口。离开红海以后，第一条循着非洲海岸，而第二条则向东远到印度。然而，凭借作者到处不时留下的话语，我们还是能够辨别出某些其他航线，从不同的地方出发，转换不同的角色继续下去"①；"当然，作者的主要兴趣在为西方世界购买奢侈品的这种贸易航线，然而在他的报道中也显示出在各方面都是相反的其他航线的存在：那并不是为奢侈品而是为大宗商品（日用物资），埃及的罗马商人在其中没有份额或只有很小份额。我们只是通过考察他为各种不同港口所列举的那些进口货物及其来源间接了解到它的存在。由此显示，对波斯湾沿岸、阿拉伯半岛南部和东非而言，印度是纺织品、食品以及原料的提供者，……这些贸易为阿拉伯人或印度人所操控。《红海周航记》作者在很多地方见证了来自这些地方的船只的广泛活动。例如，他报告说，索科特拉（Socotra）岛②的进口物品——很少的生活必需品（a handful of staples），'是由货主们从Muza买来的，以及也是由那些偶尔投入的货主们从Limyrike和婆楼割车③运来的'。他还说，那时，索科特拉岛被'租出去'了，那很有可能就是阿拉伯商人。在述及Muza时，他指出那里成群的阿拉伯货主以及他们同非洲港口和婆楼割车开展的贸易。Muza也是一个仓库，提供出口物品，那是从Adulis进口来的。虔那（Kane）也是如此，与之换货的有非洲各港口、伊朗南部海岸的阿曼（Omana，

---

① 《红海周航记》导言，第15页。

② 位于非洲之角索马里东北印度洋中，属也门哈达拉毛省。

③ Limyrike指印度西南马拉巴尔海岸，参《红海周航记》第213—214页注释。婆楼割车（Barygaza），印度西北海岸古代的著名港口，今坎贝湾东岸之布罗奇（Broach），此中文译名最早见于（南朝梁）僧伽婆罗（460—524）译《孔雀王咒经》。

今恰赫巴哈尔港)① 和印度西北各港口"②;"他甚至提到较小规模的地方贸易：Avalites③ 和穿过曼德海峡诸港口之间，由柏柏尔人（Barbaroi）用木筏和小船进行；往虔那（Kane）的地方货运以浮筏也用船

① 《红海周航记》里的阿曼（Omana）一词主要有两个意思：一个指地区，大致就是今天的阿曼国家，如原文第 32 节说："过了 Syagros（今也门哈达拉毛省东边的费尔泰克角）马上就是一个海岸深深凹进的海湾（今也门和阿曼毗连一带的盖迈尔湾），横过湾口 600 场距（stade 是古希腊长度单位，1 场距≈185.3 米，10 场距≈1 海里，参该书第 278 页附录 2'距离'）就是阿曼（Omana）。在那之后是高山、岩石和峭壁，那儿的人都住在山洞里，绵延 500 场距。这以后是一个为装载 Sachalite 乳香指定的码头，叫做 Moscha Limen（'Moscha 港'，即今阿曼佐法尔地区塞拉莱以东 40 千米的 Khor Rori 港)。"（第 69 页）众所周知，"尽管希腊—罗马的记载用 Omana 一名称呼这个国家，Magan 却是在古代两河流域—印度一带贸易中经常提到的国名"。见《伊斯兰百科全书》新版"阿曼"条（C. E. Bosworth et, "'Umān", *The Encyclopedia of Islam*, X：814b, WebCD edition, Brill Academic Publishers, 2003.）。Magan 即古代汉文史料中的蒙奇、没巽，见本书以下详考。本地古代原有的地名 Magan 被后来的希腊—罗马人说成是 Omana，很可能是传译转述中的语音讹变所致，譬如在特指情况下给该专名加上冠词成为 al-Magan，就很容易听成 Omana。另一个是指港口，很可能就是今伊朗东南弥兰海岸的恰赫巴哈尔港（Chah Bahar）。如原文第 36 节说：从波斯湾头 Apologos（今巴士拉附近）"航行过海湾出口，向前六日程（run）你就来到波斯的另一个贸易港口 Omana。婆楼割车的商人经常和它做生意，派出大船去波斯的两个贸易港口（即 Apologos 和 Omana)"。研究者们对 Omana（原文这里是 Ommana）港口位置的确定有很大分歧：多数人认为在今伊朗弥兰海岸的 Chah Bahar 或同一海湾里的 Tiz，也有人认为在今巴基斯坦的瓜达尔港或者更东面的 Pasni，甚至还有人认为在波斯湾里或者就在霍尔木兹海峡附近。不过，《红海周航记》原文第 27 节曾提到，虔那"也跨海同婆楼割车、塞种（Skythia）、阿曼（Omana）以及其邻居波斯等港口进行贸易"（67 页），权威的研究者认为：前三个港口"是由远及近列举的"（163 页，注释 27：9.11）。据该书地图 14"前往印度的开阔航道"，塞种（Skythia）港口应是指提厢（Daybul = Barbarikon），因而与波斯相邻的 Omana 只能是指恰赫巴哈尔（Chah Bahar）。该港口所在的 Paricanioi（即俾路支），在古代波斯大流士一世（Darius the Great）时代被划为帝国的第 17 辖区（satrapy），据希罗多德《历史》第 3 章第 94 节，该辖区统治俾路支人和亚洲的埃塞俄比亚人，而由同章第 97 节的记载可知，后者即阿曼人（王以铸汉译本，上册，商务印书馆 1985 年版，第 238 页）。因此，该港口之所以被称作 Omana 即与国家/地区同名，很可能因其为俾路支/弥兰海岸向南渡海前往阿曼国家/地区的最便捷转口港，或者甚至就处在阿曼国家治下。*The Persian Gulf in History*（pp. 32 - 39）有据大流士铭文和波斯波利斯戍守文书对阿曼（蒙奇 Maka）与古代波斯政治和社会关系更深入的研究和明确认识，可以参考。不过，在《亚历山大远征记》里还没有这个名称，当时在同一海湾里的 Tiz 叫做塔米那港（［古希腊］阿里安：《亚历山大远征记》第 Viii 章第 29 节，李活译，商务印书馆 1979 年版，第 286 页及书后附地图），而湾口的港口（即恰赫巴哈尔）还没有出现。所以，公元 1 世纪老普林尼《自然史》和《红海周航记》应该是对 Omana 这一名称的最早记载。既然港口由于国家/地区得名，因而一开始应该是由循传统航线从亚丁湾沿岸北上的域外（希腊—罗马）商人为之命名的，理由是发现了这条航线上阿曼国家/地区与该港口在地理上的特别关系。

② 《红海周航记》导言，第 18—19 页。

③ 今索马里毗邻吉布提的泽拉（Zeila）。

舶为工具；Sarapis 岛（指今阿曼马西拉岛）① 和虔那之间的贸易则用小船进行；印度东西海岸之间，有些地方则用大型独木舟"②；"总之，仔细分析起来，《红海周航记》揭示了著名的东方奢侈品运往埃及各港口活动（那最重要并最受注意）以外的好些贸易航线。据此我们能够明确地区分出从印度往波斯湾沿岸、阿拉伯半岛和非洲的商品贸易，那和西方毫无关系；其中某些可能偶尔由埃及的罗马船只运载，但大部分由阿拉伯人和印度人操控。我们甚至能区分出某些地方贸易形式，之所以是'地方'的，因为其运输工具是快艇和筏子"③。由此可见，古代印度洋周边的交流绝大多数是遵循地方传统的近海航线来进行的。

据研究，至少从公元前第二千纪初期，商人已经在运用印度洋上的水路了。两河流域的船只从波斯湾头的港口出发，沿着今天伊朗和巴基斯坦南缘的海岸，前往印度河口的港口④。希腊—罗马商人直到公元 1 世纪中发现利用信风以前，沿海岸航行一直是海道交通的唯一办法⑤。当时印度洋西北海岸最重要的商业港口是提毗（Daybul，即今巴基斯坦卡拉奇港，详考见下）和婆楼割车，来自西亚的罗马商品可以从这里走陆道北上进入中国的西域和西藏，丝绸之路陆海两道就此联通了⑥。

---

① 据原文（见《红海周航记》第 33 节），此地属波斯，讲阿拉伯语，盛产高质量的玳瑁，应当就是阿曼马西拉岛，参该书第 175 页，注释 33：11. 13。

② 《红海周航记》导言，第 19 页。

③ 《红海周航记》导言，第 21 页。

④ Cf. *The Persian Gulf in History*, p. 167.

⑤ 《红海周航记》第 57 节："刚才讲述的从虔那和阿拉伯福地（Eudaimôn，指亚丁）起（到柯枝和故临）的这整个沿海航线，以前人们常常乘小船循着那些海湾的曲线航行。希帕罗斯（Hippalos）船长用测绘贸易港口位置和海洋形态的办法，首次揭示了跨越浩瀚洋面的航线。"（第 85—87 页）；参见［英］赫德逊《欧洲与中国》，中华书局 1995 年版，第 47 页。

⑥ 参见《欧洲与中国》，第 50、60—62 页。因此，《汉书·罽宾传》里提到当地（今克什米尔）有珠玑、珊瑚、虎魄、璧流离等宝物，也有可能是传统海道商品，即经由阿曼转贩而来甚至就是阿曼本地所产，而非前人所谓"最早是波斯所产"（［美］劳费尔：《中国伊朗编》，林筠因译，商务印书馆 2001 年版，第 354 页），详考见下。

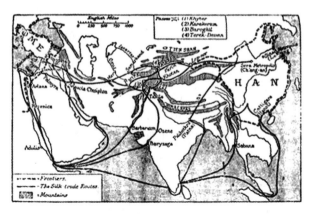

图 1　公元 1 世纪和 2 世纪中国与罗马之间的丝绸之路图
(转引自《欧洲与中国》，第 49 页)

三　从阿拉伯半岛南边到印度西北的传统航线

考古发现和古代楔形文字材料都表明，早在四千多年前，两河流域文明与巴林、阿曼（Magan）和印度哈拉帕（Harappan）文明①之间就发展起了海运贸易活动，这条经波斯湾、阿曼湾沟通两河与印度河的航路就是后来著名的"条枝走廊"（Characene corridor）或"阿拉伯走廊"②。据西方文献史料记载，古代在巴比伦（今伊拉克两河流域中下游，汉代称条枝）与埃及之间有一条曲折的海道：从两河河口沿波斯湾南下，绕过阿拉伯半岛，经由红海，到达埃及某个港口；或者继续北上过亚喀巴湾，可以前往叙利亚③。汉文史料中有关东汉甘英的行程也证实了这条海道的存在④。《红海周航记》则提供了迄至公元 1 世纪西亚商品从亚丁湾南岸循近海航线各港口到达印度西北的提㕔和婆楼割车的路线和港口细节。很明显，阿曼是连接古代绕行阿拉伯半岛曲折海

---

①　20 世纪 20 年代发现的印度河流域文明（繁荣期约为前 2800—前 1750），主要有摩亨佐—达罗（Mohenjo-daro）和哈拉帕（Harappa）两个大城市中心，都在今巴基斯坦境内，前者在俾路支省，后者在旁遮普省。

②　Cf. *The Persian Gulf in History*, p. 167.

③　参《欧洲与中国》，第 56—57、59—60 页。

④　见（晋）袁宏撰《后汉纪·殇帝纪》，张烈点校，中华书局 2002 年版，第 301 页。参《三国志》卷 30 裴注引《魏略·西戎大秦传》，《后汉书》卷 88《西域安息国传》等。

道和西亚通往东方海道的关键节点,是东西方海路交通不可回避的要冲枢纽。这里我们就不惮烦劳,先来看一下《红海周航记》原文对这一段古代航路的描述①:

【第27节】过了亚丁(Eudaimon Arabia)马上就来到一个长海岸和海湾,布满了牧民和渔民的村庄,绵延达2000多场距②,在那个地点,在伸出的海角那边,海岸上是另一个贸易港口——虔那(Kane),隶属于乳香产地 Eleazos 王国③;离它不远是两个贫瘠的岛屿,一个叫做 Orneon④,另一个叫 Trullas,在虔那外海120场距。首府 Saubatha 位于其内陆,那里也是国王的宅邸。所有长在那片土地上的乳香都被运往虔那,就像运到一座仓库,用骆驼和一种用皮袋做成的当地筏子,以及小艇。它也跨海同婆楼割车、塞种(Skythia)、阿曼⑤各港口进行贸易,而且也同其邻居波斯交易。

【第28节】它从埃及进口的有:小麦,数量有限,红酒,如同 Muza 一样;还有阿拉伯布料,无论是有普通纹饰或无纹饰,抑或是印花布料,数量相当大,以及铜、锡、珊瑚、苏合香,乃至埃及出口 Muza 的其余物品。还有,为国王进口的带浮雕图案的银器和钱币,数量相当大,加上马匹、雕像以及无纹饰的精良布料。它出口当地物品,即乳香和芦荟;它的其余出口则经由它与其他贸易港口的联系渠道。(从埃及)出航这个地方的时间大致和去 Muza 相同,但要早一点儿。

【第29节】过了虔那,随着海岸线的进一步后退,接下来会来到另一个海湾,很深,名叫 Sachalites⑥,伸展相当长的路程,都

---

① 见《红海周航记》,第67—87页。

② 场距 stade 是古希腊长度单位,1 场距≈185.3 米,10 场距≈1 海里,参《红海周航记》第278页附录2"距离"。

③ 哈达拉毛地区古代早期两王国之一,参《红海周航记》第161页注释27:9.4。

④ 意为"鸟岛"。

⑤ Omana,此指恰赫巴哈尔港。

⑥ 指令也门哈达拉毛和阿曼佐法尔毗连地区的盖迈尔湾,这一带沿岸为著名的"乳香之地"(Land of Frankincense),参联合国教科文组织(UNESCO)世界遗产名录"Land of Frankincense",http://whc.unesco.org/en/list/1010,2017年10月24日。

是生长乳香的土地。这里是山区，地貌崎岖，大气逼促并且有雾，生长着产出乳香的树林。含乳香的树木既不很大也不高，其背后产出凝结的乳香，正像我们在埃及有的某种渗出胶状物的树木。乳香由王室奴隶和罪犯处理。因为那片地域极不卫生，对航行者身体有害，对在那儿工作的人是绝对致命的，而且，那些人由于缺乏营养很容易死掉。

【第 30 节】在这个海湾有一个巨大的岬角，面向东方，叫做 Syagros①，在那儿有一座守卫那个地区的要塞，一个码头，以及一个收集乳香的仓库。在其外海的浩瀚海洋中有一个岛屿，位于它和香料之角（the Promontory of Spices）之间，横在那片水域，不过更接近 Syagros，名为 Dioscurides②，虽然很大，但贫瘠而潮湿，有河流、鳄鱼，许多毒蛇和巨大的蜥蜴……

【第 31 节】该岛臣属于上面提到的乳香产地的国王，正如阿扎尼亚③对 Charibael 和 Mapharitis 总督的关系。和它的贸易通常都是由来自 Muza 的货主进行的，同时也有那些从 Limyrike④ 和婆楼割车航行前来的，后者只是偶尔（路过）来做点儿交易。他们会用大米、谷物、棉布以及女奴交换大批的龟甲，他们这些东西有市场是因为那儿很缺乏。目前，国王出租了该岛，于是它被看护起来了。

【第 32 节】过了 Syagros（今费尔泰克角）马上就是一个海岸深深凹进的海湾，横过湾口 600 场距就是阿曼（Omana）。在那之后是高山、岩石和哨壁，那儿的人都住在山洞里，绵延 500 场距。这以后是一个为装载 Sachalite 乳香指定的码头，叫做 Moscha Limen⑤。从虞那经常有船到那儿去。此外，还有乘船从 Limyrike 或

---

① 今费尔泰克角。

② 今索科特拉岛。此处位置距离有误，该岛其实距香料之角（索马里）较近。

③ Azania，此处指今桑给巴尔，见《红海周航记》第 136 页注释 15：5.18。

④ 指印度西南马拉巴尔沿岸。

⑤ 意为"Moscha 码头"，即阿曼佐法尔地区塞拉莱以东 40 千米的 Khor Rori 港，参联合国教科文组织（UNESCO）世界遗产名录"Land of Frankincense"，http：// whc. unesco. org/en/list/1010，2017 年 10 月 24 日。

婆楼割车来的，由于季节晚了（没赶上信风）要在那儿（即在 Moscha）过冬，他们按照王室机构的安排，以棉布、谷物和油料作交换，装载乳香为回程货物，Sachalite（人员）多种多样，那儿只有一道无人守卫的防波堤，幸好有神的某种力量看护这个地方。因为，乳香可以既不偷偷摸摸也不随随便便地装载上船而不需要王室许可，而如果有一粒谷物被落在船上，那船就不能起航，因为那违背了神的意志。

【第 33 节】过了 Moscha Limen 是另外大约 1500 场距的一座山脉沿着海岸伸展到 Asichon①，在其最尽头外海，是一排七个岛屿，名为 Zenobios 群岛②，在那后面延伸着另一片乡土，由一种土著人口居住，他们不再属同样的王国，而已在法尔斯（Persis）的属地境内③。从 Zenobios 群岛继续在浩瀚的海面航行约 2000 场距以后，

---

① 今 Hasik 角，见《红海周航记》第 173 页注释 33：11.8—9。

② 今 Kuria Muria 群岛。

③ 原书的研究者在这里有一个注："法尔斯原本是波斯帝国（The Persian empire）的一个地区，它包括波斯湾东部沿岸的土地。安息王朝（Parthian dynasty）统治波斯那些世纪（约公元前 248 年至公元 226 年），该地区实际上成为一个独立的王国，有它自己的统治者和货币，只有在安息霸主们强烈坚持时才承认其附庸地位。从《红海周航记》的叙述来看，在其撰作时期，法尔斯控制着幅员辽阔的地域，从阿拉伯半岛沿岸面对 Kuria Muria 群岛的地点开始，直到弥兰海岸上从前的阿曼（Omana，见该书第 180—181 页注 36：12.3—4）；它还控制着波斯湾头（见该书第 181 页注 36：12.5—6）。"如前所述，阿曼与波斯的这种政治关系始于古代波斯大流士一世（Darius the Great）时代，据希罗多德《历史》第 3 章第 94 节记载，当时划分的波斯帝国第 17 辖区（satrapy）统治俾路支人和亚洲的埃塞俄比亚人；接着又在第 97 节说："只有一个波斯府（应即法尔斯）我没有把它列入纳税的领地，因为波斯人的居住地是免纳任何租税的。至于那些不课税而纳贡的人们，则他们首先就是冈比西斯在向长寿的埃塞俄比亚人进军时所征服的、离埃及最近的埃塞俄比亚人。这些埃塞俄比亚人与他们的邻人和印度的卡朗提埃伊人食用同样的谷物；他们是居住在地下面的。"（王以铸汉译本上册，第 238 页）因此我认为，所谓"亚洲的埃塞俄比亚人"就是阿曼人，他们同法尔斯的关系只是名义上的附属关系（不课税而纳贡），跟后来安息王朝的关系更是徒具虚名，所谓孤悬海外，形同独立。不过，历史上阿曼湾两岸关系确实相当密切，降至近代甚至形成了包括两岸在内的长达二百余年的阿曼帝国（Oman Empire, 1642—1870）。换言之，在这种情况下，阿曼湾相当于是阿曼的内海。因此，本书对历史上阿曼与中国关系的研究，不得不随时关照到这样一个时间和空间背景即历史地理状况。*The Persian Gulf in History*（p.12）有对波斯湾两岸社会人群、文化及历史政治关系更具体的论述，可以参看。

你就来到了 Sarapis 岛①，如其所说，离岸约有 120 场距。它差不多 200 场距宽，600 场距长，上面有三个村庄，均由虔诚的渔民（Ichthyophagoi）居住。他们使用阿拉伯语，用棕榈树叶裹身。该岛屿盛产品质精良的玳瑁。虔那（Kane）的商人们经常驾小帆船前往与之交易。

【第 34 节】顺着海岸的下一段伸展向北（西）滑行之后，在波斯湾的入口一带，你会遇见很多岛屿，叫 Kalaios 群岛②，沿海岸串连将近 2000 场距。住在那儿的人他们都是懒汉（rascals），他们整日虚度连看也不想多看。

【第 35 节】在 Kalaios 群岛的最远端和 Kalon Oros（意为"公平的山"）附近，如其得名，稍往前一点儿，就是波斯湾口，那儿有很多人潜水捞取珍珠蚌。在湾口的左面是名为 Asabo 的一大片山岭；在右面，可以见到直接跨过去的地方，是另一座大山，又圆又高，叫做 Semiramis 山。航行跨过二者之间的湾口大约有 600 场距。过去以后，波斯湾广阔浩瀚，一直伸展到其最深入的内部地方。在它的最头上是一个受法律限制的贸易港口，名为 Apologos③，位于靠近 Charax Spasinu④ 和幼发拉底河的地方。

【第 36 节】航行过（出）海湾口以后，向前六日程（run）你就来到波斯的另一个贸易港口 Omana⑤。婆楼割车的商人经常和它做生意，派出大船去波斯的两个贸易港口⑥，带的货物有铜、柚木，印度黄檀（sissoo）和乌木的梁柱、树苗、原木。Omana 也从虔那接受乳香，以及向南阿拉伯输出它的当地缝制船，那种船被叫

---

① 今马西拉岛。

② 当指马斯喀特以西的 Jazair Daymaniyat 群岛，但距离和大小均有误，参原书第 176 页注 34：11.21—23。

③ 即阿拉伯人的乌剌 Ubulla 港，今巴士拉西北，参原书第 179—180 页注释。

④ 意为 Spasinu 栅栏，即防洪堤。

⑤ 此当指恰赫巴哈尔港，参《红海周航记》导言第 19 页，以及第 180—181 页对第 36 节 12 行的注释。

⑥ 即 Apologos（乌剌港）和 Omana（恰赫巴哈尔港）。

作 madarate①。两个贸易港口都向婆楼割车和南阿拉伯出口大量珍珠，但（品质）次于印度产；还有紫色面料、本地服装、红酒、大量的枣、金子、奴隶。

【第 37 节】过了 Omana 所属国土以后，来到 Parsidai 人②的乡土，这是另一个王国③的一部分，那个海湾叫做 Terabdoi 湾④，大约在其中间……凸进该海湾。一条河水流进海湾，船只可以开进去。河口有一个小商贸港名叫 Horaia，在它后面距大海七日路程有一个内陆城市，也是王家宫廷所在，名叫……⑤该地区盛产谷物、红酒、稻米和枣，但是海边除芳香树脂之外一无所有。

【第 38 节】过了这个地区，海岸随之像一只角一样弯曲，因为海湾深深地向东退缩；接着就来到了塞种（Skythia）的海岸，他们就住在正北边。那里很平坦，印度河穿流而过，那是红海（Erythraean Sea，这里指印度洋）周边最强大的河流，它把巨量的水流倾入海洋，以至于在你到达陆地之前很远，它那浅色的河水就来外海迎接你了。人们从海洋已经接近陆地的标志是，河流地带的那些蛇从深水里浮了上来可以看见，那就是一种标志，就像上面提到波斯（湾头）附近地方的情况一样，那些蛇叫做 graai。那条河有七个河口，狭长且到处是浅滩，除了中间那个其他哪个都不通航。就在那儿，在海岸上，矗立着贸易港口提䰯（Barbarikon），在

---

① 有人认为这是一个阿拉伯语词汇 *muddara'at*，意思是"用棕榈绳捆绑固定"，见 G. W. B. Huntingford ed., *The Periplus of the Erythraean Sea*, by an unknown author, London: The Hakluyt Society, 1980, p. 162。

② 据原书第 259 页的注释，在 Ptolemy 的书中（6.21.4），Parsidai 人就住在这一段海岸。

③ 应当是指贵霜以前的身毒—安息人（Indo-Parthians）国家，参原书第 189 页注 38: 13.3—4。

④ 据原文此处应为卡拉奇以西的 Sonmiani 湾，见原书第 184 页注释。

⑤ 据研究应为巴基斯坦南部沿海 Purali 河上的 Bela 城，参原书第 183 页地图 12 "印度西北沿岸"并见第 184 页注释。

它的前沿有一个小岛①；在它的后面，在内陆，是塞种人（Skythia）自己的首府 Minnagar②，王位控制在安息人（Parthian）手里，他们经常互相角逐王位③。

【第 39 节】船舶停泊在提厧，但是所有货物都溯流而上送给在首府的国王。在这个贸易港口有一个市场，商品有：服装，大量的没有纹饰，少量的印花面料；异彩纷呈的纺织品，祖母绿（peridot），珊瑚，苏合香，乳香，玻璃器，银器，钱币，少量红酒。作为回程的货物，该市场提供：木香，芳香树脂，枸酱（lykion），

---

① 据此可知，西方古代文献里的 Barbarikon 就是今巴基斯坦港口城市卡拉奇，因为，近代英国人的游记还说"卡拉奇市的一部分和卡拉奇港（南边）的 Manora 岛一起构成了 Debal 市"。这后一个名称即阿拉伯史料中的 Daybul（Dīwal ~ Dībal دیبل，一说源自梵语神龛 Devalaya），汉文史料"提厧"即指此港，参张广达版《海舶来天方　丝路通大食——中国与阿拉伯世界的历史联系的回顾》，收入氏著《文本、图像与文化流传》，广西师范大学出版社 2008 年版，第 133 页注 2。

② 在今卡拉奇以东 65 千米印度河口南的 Banbhore 遗址，该城在 13 世纪印度河改道后逐渐废毁。也有学者认为此地为古代港口提厧。然而，印度河口在许多世纪以来发生了巨大变化，人们很难对具体地点进行准确的考定。有兴趣者可以参考《红海周航记》研究者对相关专名的注释（见原书第 188—189 等页）和《维基百科》有关条目提供的参考资料。

③ 原书第 189 页对当时（公元 1 世纪）印度西北这段复杂政治史有一条注释："安息人侵入信德结束了塞种（Saka）在那儿的统治，于是，第一位身毒—安息国王贡多费尔斯（Gondophares）取代了最后一位身毒—塞种 Indo-Scythian 国王阿泽斯二世（Azes II）。贡多费尔斯的年代相当可靠：他公元 20—46 年在位，而且比其家族的其他人更有名，因为他的名字见于基督教传奇，就是那位在其宫廷里接待了使徒多默（Apostle Thomas）的国王。贡多费尔斯之后的身毒—安息统治者序列晦暗不清。无论如何，其家族世系结束于贵霜人（Kushans）扩大对印度的渗透并夺取了印度河平原时。印度贵霜王朝的建立者丘就却（Kujula Kadphises）从公元 1 世纪头二十年的某个时间开始其统治。《红海周航记》撰成的时候，贵霜人尚未战胜塞种，身毒—安息人（Indo-Parthians）仍然左右着那儿的局势，尽管据作者的观察判断，他们'经常互相角逐'王位，形势很不稳定。"据汉文文献等史料记载，塞种原居伊犁河流域，受大月氏迁徙压迫，公元前 2 世纪后期经中亚南迁至印度西北及伊朗东边，造成安息帝国东部动荡，出现分立的乌弋山离国；大月氏继续南下，于公元前 1 世纪后半叶灭希腊人的大夏（Bactria），即以其地为都建国称贵霜；公元 1 世纪贵霜继续扩张，消灭了乌弋山离（即前述身毒—安息国），统一了印度西北部，于公元 2 世纪迦腻色伽（Kanishka）大王在位时国势达到全盛，与中国、罗马、安息并列为当时世界的四大强国。参见《中国大百科全书》中国历史卷，安息、大夏、贵霜、月氏、乌弋山离等条；［印度］R. C. 马宗达等合著《高级印度史》上册第八章《摩揭陀帝国的瓦解和来自中亚和伊朗的侵略》，张澍霖等合译，商务印书馆 1986 年版，第 127—133 页。

甘松，绿松石，青金石；中国皮草（Chinese pelts）①、（丝绸）面料②和蚕丝；靛青。那些乘印度风（信风）航行的人们在七月份左右启程③，即 Epeiph 月④。乘风横越（浩瀚大洋）是艰险的行程，但绝对有利并快捷。

【第40节】在印度河之后是另一个海湾，深藏不露，朝向北方。它的名字叫 Eirinon，又一大一小分别命名。两个都是有浅滩的水面和一连串的浅涡，从陆地伸展出很长的一段，由于茫茫无涯，船舶常常都要绕行，如果遇到闯了进去，那就毁了。过了这个海湾就是一个伸出的海岬，从 Eirinon 先是向东，又向南，然后向西拐弯，构成的这个海湾叫 Barake⑤，其中有七个岛屿。船舶在那个入口附近会失误进去，要退出来一段距离进入浩瀚的水面，逃离

① 这里应指丝绸成品锦缎。《欧洲与中国》有一段叙述可以说明这个问题："没有证据表明罗马世界曾喜爱过中国式样的丝绸。似乎丝绸运到罗马边境时就有各种形式，尔后主要是经过某些加工程序。这种工序中最常见的一种颇为奇特。我们从古典的和汉文的古代史料得知，罗马上流社会需要的主要是半透明的丝罗纱，要制造这种东西，得把密纹织品的中国丝绸拆开来重新纺织。马端临《文献通考》卷339 说大秦人'又常利得中国缣素（密纹的普通丝料）解以为胡绫绀纹（轻纺织品）'。普林尼也证实了这件事，他说丝国人'把他们森林中的毛絮品'送到罗马，从而'给我们妇女以双重任务，先把它解开，再重新纺织，……穿着这种透明的轻纱，罗马妇女可以展示她们全部的妩媚'。……大部分进口的丝绸都是这样处理的。其他丝料则只进行染色以投合罗马人的爱好；而丝线用于刺绣，或与毛和麻合成混纺品，其中大量都是叙利亚的作坊所制造。"（第64—65 页）其中引《文献通考》的材料最早见于《三国志》卷30 裴注引《魏略·西戎大秦传》："又常利得中国丝，解以为胡绫，故数与安息诸国交市于海中。"不过，《欧洲与中国》接下来（第66 页）把提㔉出口的"中国皮草"解释为貂皮，恐怕有误，见下注。

② 研究者对原文中的这个词专门有一个注："译者们都认为这儿的 ὀθόνιον '面料'这个词儿是指棉布。这就意味着，丝绸面料被运到了婆楼割车（49：16.30）、柯枝（Muziris）和故临（Nelkynda）（56：18.24），即其他那些经营中国产品的港口；剩下一个提㔉，尽管它比其他港口提供了更为多样的中国产品（那里是唯一能够获得中国皮草的地方），却只被运去了蚕丝。这种反常能够避免，只要理解为在 ὀθόνιον 后面省略了一个 Σηρικὸν '中国的'就可以了：提㔉经营'中国皮草、（中国）面料、中国丝'，意即丝绸面料和蚕丝。"（第260 页，注释 B 39：13.11）由此可见，合理的理解是，当时所谓的中国（丝国）产品应该都和蚕丝有关。因而这里所谓"中国皮草"，应该就是上引《欧洲与中国》里普林尼提到的丝国人"森林中的毛絮品"，罗马妇女"先把它解开，再重新纺织"＝汉文史料中的"解以为胡绫"。

③ 这是《红海周航记》作者向读者（主要是罗马商人和船主）建议从埃及的红海港口出发前往印度的合适时间，参《红海周航记》导言，第15 页，以及附录三，第284 页"从红海到东非和印度的季节盛行风向表"。

④ 此为埃及科普特历法的相应月份名称。

⑤ 今卡提阿瓦半岛西边卡奇湾。

开去。……

【第41节】紧跟在 Barake 海湾之后的就是婆楼割车海湾和
Ariake 地区的海岸，既是 Manbanos 王国①也是整个印度的开始。其
内陆部分与塞种（Skythia）接界，叫做 Aberia，这是 Syrastrene② 海
岸的一部分。该地区非常肥沃，盛产谷物、稻米、芝麻油、酥油、
棉花，印度的布匹就是用棉花造的，质量一般。还有大批牛群，那
些人都体型巨大且肤色黝黑。该地区的首府是 Minnagara，大量的
布匹就从这里运往婆楼割车。在这一带直到现在还保留着亚历山大
远征的遗迹，古代的神庙，营地的基础以及巨大的水井。这个地区
的沿岸航程，从提𝕚到由婆楼割车出来至 Astakapra 附近叫作
Papike 的海角，是 3000 场距。

……

【第57节】刚才描述的从虑那和亚丁（Eudaimôn Arabia，直译
为阿拉伯福地）起（到柯枝和故临）的这整个沿海航线，从前人
们常常乘小船循着那些海湾的曲线航行。希帕罗斯（Hippalos）船
长用测绘贸易港口位置和海洋形态的办法，首次揭示了跨越浩瀚洋
面的航线。在这个地区，我们称为"季风"的风季节性地从大洋
的方向刮起，这是一种出现在印度洋上的西南风，不过是以首先揭
示横渡方式的那个人的名字命名的③。因此，直到现在，有些人直
接从虑那（Kane），有些人则从香料之角④启程，无论是谁，只要
是前往 Limyrike（即印度马拉巴尔海岸）的人大部分时间都保持顺
风；而那些前往婆楼割车或者是塞种地域（Skythia）的人最多只有 3
天能趁上［季风?］，其余的行程则按照自己固有的航程走。离开海
岸在公海上，越过远离陆地的［大洋?］，他们避开了上述那些海湾。

---

① 南至孟买的塞种王国残余。
② 今卡提阿瓦半岛的梵文名字。
③ 这就是指信风的发现，因而信风（trade winds）又被称作"Hippalos风"。
④ 当指今费尔泰克角，见前第30节。

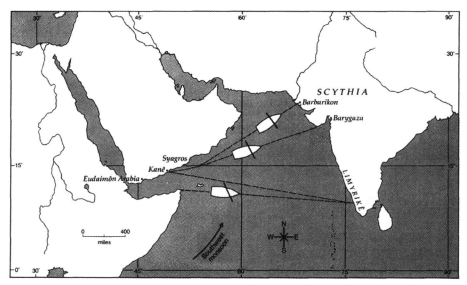

图 2　印度洋上西南季风航线示意图①

我们看到,《红海周航记》不仅认真描述了传统的近海航道(有关波斯湾的记述简略粗疏,显然因其位在罗马与东方的贸易路线之外②),还记载了沿线特产和重要口岸的进出口物品及其源流。权威的研究者认为:"作者为什么要费心地收集这些信息?一个是,如我们很快就要看到的,他的目的在于提供一幅包罗万象的整体画面。不过他也可以有另一个理由,即上面提到的某些东西可能偶尔会使来自埃及的罗马船长们感兴趣。如果他们有人在离开印度的时候船上还有一些空地儿,要是他愿意的话,或许他可以找这样一些廉价货物捎上,那在回程路上就可以卸掉。"由此可见,《红海周航记》作为航海指南不只是对罗马奢侈品商人有特别意义,早先的航路就是上引文所描述的沿海航线,顺着那些海湾的曲线航行经过亚丁、虔那、佐法尔—塞拉莱、马西拉岛、苏哈尔,从阿曼半岛的顶端横渡霍尔木兹海峡,再沿着阿曼湾的北岸驶向东方;如果赶上信风,就从马西拉湾、马西拉岛向北偏东到达阿曼哈德角附近的苏尔(Sur),从苏尔向东北直航对岸伊朗的恰赫巴哈尔港。此后

---

① 见《红海周航记》,第 225 页。
② 参《红海周航记》导言,第 19 页,以及第 180—181 页对第 36 节 12 行的注释。

沿海岸向东不远就是巴基斯坦的瓜达尔港，继续航行还有多处港口①，到达提毱、婆楼割车甚至继续前行到南印度与中国前来的航路衔接都是顺理成章的。从下图可以看出，这是横渡印度洋阿拉伯海的最捷近航线：

图3 据《红海周航记》所绘罗马—印度贸易地图，标示了其中的地名、路线和位置②

　　据研究，即使是7世纪伊斯兰教兴起以后，波斯被纳入了阿拉伯伊斯兰帝国（大食）的版图，国际航运中心的转移仍要到阿拔斯王朝第二任哈里发曼苏尔（754—775年在位）建巴格达为王朝新都才能实现③。

---

① 有兴趣者可参看《亚历山大远征记》，第 Viii 章，第21—29节。

② 图片来源：https：//commons. wikimedia. org/wiki/File：Periplous ＿ of ＿ the ＿ Erythraean ＿ Sea. svg。

③ 参《中国印度见闻录》法译本序言，第22—23页；《海舶来天方　丝路通大食》，第139—140页。主要原因是这一转变的实现有赖于经由两河流域尤其是幼发拉底河的条枝走廊（Characene corridor，即阿拉伯走廊）在阿拔斯哈里发王朝治下的完全开通并畅通无阻。这也反证，此前条枝走廊由于黎凡特（Levant，叙利亚及其以南的地中海东岸）地区的政治纷争和兵燹不绝经常阻断，东西方交流沟通多半只能绕道红海和印度洋，国际航运中心只能是在阿曼。

况且，古代波斯国家本身并不以海运见长①。甚至在中古波斯湾东岸著名的国际港口尸罗夫（Siraf）②，也曾有一个来自阿曼的定居的阿拉伯人部落③。

四 学术现状与本书目标

然而，阿曼在古代东西方交通中的地位和作用却长期被忽视而没有得到必要的深入研究④，主要表现在：

1. 迄今为止，阿曼在古代东西方交通交流中的历史地位和作用没有被充分揭示和认识。

2. 因为公元1世纪西方人发现了印度洋上信风的秘密，于是有关古代东西方海道交通的研究中片面强调乃至夸大西方和印度的作用，忽视了古代以阿曼为中心传统的近海航线的作用。

3. 轻视了亚历山大东征以后，迄至伊斯兰教兴起以前，据有伊朗高原的安息—波斯政权同据有地中海东岸的西方政权间的常年战争⑤，以及波斯政权传统的贸易垄断政策对东西方交通交流遮阂影响的严重

---

① 例如，《新唐书·地理志》七附贾耽《皇华四达记》叙广州入海夷道，自提勔国（Day-bul，今巴基斯坦港口城市卡拉奇）直到幼发拉底河口附近的乌剌（Ubullah，今伊拉克巴士拉东北）20余日航程，中间只提到了一个地名提罗卢和（Djerrarah，或说今伊朗西部阿巴丹港附近。或当指古代尸罗夫 Siraf 港一带），已经距乌剌仅一日程。其详细程度不仅不如印度以东沿途，甚至不如更远的阿拉伯半岛南边从三兰（Saram，今也门亚丁或东非桑给巴尔。参见李安山《非洲华侨华人史》，中国华侨出版社 2000 年版，第 52—53 页）至没巽（今阿曼苏哈尔）一路。甚至有史料表明，波斯湾的商人要到 8 世纪"乘坐中国人的大船才完成他们头几次越过中国南海的航行"。见《中国印度见闻录》法译本序言，第 25 页。

② 尸罗夫或译尸罗围，是中世纪波斯湾著名港口，毁于 977 年的大地震，13 世纪初被彻底废弃，遗址位于伊朗布什尔省（Bushehr）南部村庄塔赫里（Tahiri）以西 1.5 英里（约 0.93 千米）处。参考黄珊《中世纪波斯湾古港口——尸罗夫港的发现》，http：//dsr. nii. ac. jp/narratives/discovery/10/index. html. zh，2015 年 3 月 23 日。

③ 参《中国印度见闻录》法译本序言，第 21、23—26 页。

④ 参《中国印度见闻录》法译本序言，第 22 页。

⑤ 参［伊朗］阿卜杜·侯赛因·扎库库伯《波斯帝国史》第七至十章，张鸿年译，复旦大学出版社 2011 年版，第 263 页以下。

性①，从而忽视了在这种情况下，西亚与中国经过阿曼和印度西北及中亚（塞种联盟、贵霜帝国等）以半陆半海途径进行沟通和交流的重要作用和意义。

这些都是本书着力想要超越的学术现状和加以改进的研究工作。

---

① 这方面的严重情况可以参看［法］魏义天《粟特商人史》第八章《使节与商人：西行路线》第一节《粟特人、突厥人与萨珊王朝市场》，王睿译，广西师范大学出版社 2012 年版，第147—150 页。

第一章　香丝之路——早期阿曼与中国的交流

考古发现和楔形文字材料说明，在公元前第三千年晚期，阿曼的船只和造船厂已经在 Agade 码头停靠，那是两河流域阿卡德国王萨尔贡（Sargon）建立的新首都和主要港口；后来的几个世纪里，阿曼的船只从阿拉伯海运来木材和铜矿物。稍晚约为公元前 2000 年的一份提到"阿曼（Magan）船长"的文书表明，当时阿曼人是活跃的造船商、贸易商和铜矿主。出土文物也表明了阿曼和哈拉帕时代①的印度河流域之间有直接联系。迄今为止在阿曼发掘的最早的定居点是 Maysar，被认为是一个繁荣的采矿定居点，位于 Wadi Samad。Maysar 已经产生了三角形印章，一面刻绘了一只狗和另一只四足动物（可能是一只山羊），另一面是一只瘤牛和一只蝎子，第三面是一只野羊和一只绵羊，这些都是印度河流域文化的特色②。据研究，至少到公元前 4 世纪，印度就已经有了"中国的成捆的丝"（Cinapatta）③。还有一种古代印度河流域特产的

---

① 20 世纪 20 年代发现的印度河流域哈拉帕文明（繁荣期约为前 2800—前 1750）也被称为 Melukhkha，主要有摩亨佐—达罗（Mohenjo-daro）和哈拉帕（Harappa）两个大城市中心，都在今巴基斯坦境内，前者在俾路支省，后者在旁遮普省。

② Cf. *The Persian Gulf in History*, p. 167.

③ 参见季羡林《中国蚕丝输入印度问题的初步研究》，收入《中印文化关系史论文集》，生活·读书·新知三联书店 1982 年版，第 76 页。考古学发现的材料还要更早：1993 年，奥地利科学家在研究埃及第 21 王朝时期（公元前 1070—前 945）一具女尸的头发时发现异物，经分析是蚕丝的纤维，而当时只有中国能生产丝绸，"可以认定这是中国的产品"（见《三千年前埃及已用中国丝绸》，载《人民日报》1993 年 4 月 2 日）。这说明中国的特产当时已经运至埃及，见李安山《非洲华侨华人史》，第 46 页。

蚀花肉红石髓珠，也在公元前 3 世纪就已经传到了中国新疆和阗①。这些情况，都为早期阿曼与中国的交通交流提供了历史背景和现实可能性。

第一节　早期传入中国的阿曼特产

一　乳香

目前所知最早传入中国的阿曼特产当数乳香。阿曼乳香很可能在公元前 5 世纪就已经传入中国，从而催生了中国人熏香专用的博山炉。

世界上著名的乳香的产地主要有两处：一处是非洲之角索马里的亚丁湾沿岸；另一处是阿拉伯半岛南部，主要是阿曼佐法尔地区的阿拉伯海沿岸②。后世有把海上丝绸之路称作"香料之路"，传统说法甚至把索马里非洲之角称作"香料之角"（the Promontory of Spices）。乳香肯定是香料之路传送货物中数一数二的大宗，是一桩世界性的大宗贸易。不过，对本书关注的主题——古代阿曼与中国关系史来说，阿曼特产乳香肯定更为突出和重要。尤其是在早期，阿曼很可能是中国乳香的唯一原产地。尽管《红海周航记》第 27、29 节记载虔那是南阿拉伯重要的乳香转运港，而从盖迈尔湾开始都是生长乳香的土地，但第 32 节明确说：盖迈尔湾乳香官方即主要的集散地在 Moscha Limen 码头，即今阿曼佐法尔地区塞拉莱以东 40 千米的 Khor Rori 港。虔那有船定期来这里转运乳香，而印度西南港口和婆楼割车则趁季风派帆船来此贩运。该书此节没有提到提毱（今巴基斯坦卡拉奇港），可以理解为，印度西边的 4 个外贸港口中，提毱港距离阿曼最近，传

---

① 参见夏鼐《我国出土的蚀花的肉红石髓珠》，收入氏著《考古学论文集（外一种）》，河北教育出版社 2000 年版，第 575—576 页。

② 见《红海周航记》第 119 页地图 6 "Probable locations of frankincense and myrrh"。

统航海交通便利，近海航线常年通航，不受季节条件限制。总而言之，最为著名的"乳香产地"，被联合国教科文组织认定的世界文化遗产实际上主要是在阿曼佐法尔地区："乳香产地（The Land of Frankincense）是香料之路上阿曼的一处遗产地。该遗产地包括乳香树、Khor Rori 港和一些对中世纪香料贸易至关重要的商队绿洲遗迹。遗产地在 2000 年以'乳香小道'之名由联合国教科文组织宣布为世界遗产，2005 年改名为'乳香产地'。"①

图 1-1　现代阿曼人用熏炉焚熏乳香（《阿曼假日》"乳香小道"海报）

《阿曼假日》网站"乳香小道"，http：//www. omanholiday. co. uk/FRANKINCENSE-Trail-by-Tony-Walsh-for-Abode-Magazine. pdf，2018 年 4 月 14 日。

专家这样介绍阿曼乳香："乳香树生长在山坡荒漠上的干涸水沟里，那儿仍然能感受到季风的冷却效果，但其湿气却为荒漠气候所吸干"；"几小块乳香放在熏炉（Megmer）里的阴燃材料上面，于是乳香

---

①　参联合国教科文组织（UNESCO）世界遗产委员会网站世界遗产名录 "Land of Frankincense" 条，见 http：//whc. unesco. org/en/list/1010，2018 年 4 月 13 日。

本身熏烧，散发出芬芳的烟雾"①。总之，乳香主要是一种熏香，因而中国传统文献又称之为薰陆香②，薰陆恐即熏炉之讹。劳费尔《中国伊朗编》的香料类里没有列出乳香，但是提到了所谓"安息香"，他引用了唐人段成式《酉阳杂俎》卷十八《广动植之三·木篇》里的这一段记载："安息香树，出波斯国，波斯呼为辟邪。树长三丈，皮色黄黑，叶有四角，经寒不凋。二月开花，黄色，花心微碧，不结实。刻其树皮，其胶如饴，名安息香。六七月坚凝，乃取之。烧之通神明，辟众恶。"③ 这显然就是指乳香。至于为什么叫安息香以及作为地名的"安息"，劳费尔的考证过于烦琐，好在他最终指出：伯希和认为，安息香"这名称是附带在阿萨塞德朝代（The Arsacid Dynasty④）波斯的古汉语名字上，他这看法是对的。其实我们在俾路支斯坦的岩石上看见过产拜香的两种植物，Balsamodendron pubesoens 和 B. mukul，亚历山大的军队在格德罗西亚的沙漠上看见了这两植物，随军的腓尼基商人大量地采集它"⑤。然而，《亚历山大远征记》第Ⅵ章第 22 节提到在格德罗西亚发现的香料其实是没药和甘松⑥，虽然研究发现其中所谓"甘松"其实是一种须芒草属，但无论如何那里并没有发现乳香。劳费尔是想把安息香解释为"安息所产香料"这样一种泛称，而否定其作为一种专名的性质，他说："虽然'安息香'这名字可能用于表达'帕提亚的香'的意思，但我们不能忽略一事：在有关帕提亚（安息）和波斯的古代历史文件里没有提到此物，——这是一件罕有的情况，值得思考。这物品只

---

① 见《阿曼假日》网站"乳香小道"，http：//www.omanholiday.co.uk/FRANKINCENSE-Trail-by-Tony-Walsh-for-Abode-Magazine.pdf，2018 年 4 月 14 日。
② 参（明）李时珍《本草纲目》木部第 34 卷"薰陆香（乳香）"条，刘山永主编新校注本，华夏出版社 2008 年版，第 1312—1313 页。
③ 本书这段引文见（唐）段成式《酉阳杂俎》，方南生点校，中华书局 1981 年版，第 177 页。参见《中国伊朗编》，第 293 页。
④ Cf. http：//www.iranicaonline.org/articles/arsacids-ii，2018 年 8 月 11 日。
⑤ 《中国伊朗编》，第 294 页。
⑥ 亚历山大士兵在远征印度后的回程中发现没药和甘松一事见［古希腊］阿里安《亚历山大远征记》第Ⅵ章第 22 节（商务印书馆 1979 年版，第 214 页），格德罗西亚即今伊朗和巴基斯坦毗连地带的弥兰海岸。

被指出为中国西域的龟兹和葱岭北面的漕国的产品。"① 显然，如果把安息香理解为一个专名即专指安息属国（阿曼）特产的乳香，问题就迎刃而解了：我们将会看到，历史上很多以安息命名的特产如"安息雀"即鸵鸟之类，其实并非安息（波斯）本土物产，而是从其当时的属国阿曼转运而来，甚至直接就是阿曼的特产，如这里的乳香。所以，可以肯定，古代文献中记载的安息香其实就是乳香。至于《隋书·西域传》里提到漕国（漕矩吒 Jaguda/Zabulistan，今阿富汗加兹尼 Ghazni）、龟兹（今新疆库车）有安息香，正好显示出阿曼乳香经印度河口提䢴（今卡拉奇）传往中国的路线，与《红海周航记》所述提䢴的其他进口产品转运传输的路线是一致的（见下）。

薛爱华（Edward H. Schafer）《撒马尔罕的金桃》第 10 章《香料》里为"乳香"列有专条②，说明产地是南阿拉伯和索马里，并且说它就是在中文文献中可以追溯到公元前 3 世纪的"薰陆"③。虽然他另外列了"安息香"条，但说其"具体所指的并不止一种物质"④，显然和劳费尔一样，错误地将其视作一个所谓"帕提亚香"的泛称。此外，他也和劳费尔一样，把《本草纲目》引唐末李珣《海药本草》安息香"生南海波斯国"读作"生南海、波斯国"两处⑤，亦恐有误。其实，所谓"南海波斯国"就是《魏略·西戎传》所记大秦"与安息诸国交市于海中"的地方即阿曼，乳香是南阿拉伯阿曼（安息南界）的特产。不过，薛爱华有关中国安息香来路的论述很有意思，值得在这里引述：

---

① 《中国伊朗编》，第 294 页。漕国（漕矩吒 Jaguda/Zabulistan）为今阿富汗加兹尼 Ghazni，故引文这句的葱岭北应为葱岭南之误。

② ［美］薛爱华：《撒马尔罕的金桃——唐代舶来品研究》，吴玉贵译，社会科学文献出版社 2016 年版，第 421—423 页。

③ 不过，他引卜弼德（P. A. Boodberg），说"薰陆"是梵文 kunduruka（乳香）的音译，颇有牵扯之嫌。

④ 见《撒马尔罕的金桃》，第 420 页。

⑤ 见《撒马尔罕的金桃》，第 421 页。又，劳费尔以李珣著《海药本草》在 8 世纪后半叶（《中国伊朗编》，第 292 页），而研究表明应在唐末五代即 9—10 世纪之际，参见《中国大百科全书》中国历史卷"李珣"条。李珣本人是侨居川蜀的波斯人后裔，"南海波斯国"人很可能就是阿曼人，应该不会把本国环境物产搞错。

　　四世纪时，以创造奇迹著称的术士佛图澄在祈雨仪式中使用了"安息香"，这里说的安息香是指返魂树脂。这是在中国最早提到安息香的记载。五、六世纪时，安息香来自中国西域的佛教诸国，其中尤其是与犍陀罗国关系密切。这时对于中国人来讲，犍陀罗不仅是佛教教义的主要来源地，而且也是香料的主要供给国——虽然犍陀罗只是作为有利可图的香料贸易的中间人来向中国供给香料的（因为犍陀罗地区不可能是香料的原产地）。而且，Gandhara（犍陀罗）这个名字的意译就正是"香国"。犍陀罗曾经是安息国版图的一部分，所以用"安息"王朝的名字来命名这种从曾经由安息统治的犍陀罗地区传来的香料，当然是顺理成章的事情。①

　　犍陀罗"香国"得名于该地是重要的香料转输要道，这印证了我们前面关于交通路线的说法。然而，说"从曾经由安息统治的犍陀罗地区传来的香料"就叫"安息香"，还是未免轻率了些。其实，所谓安息统治犍陀罗实际上与位于安息东界（塞斯坦）的乌弋山离后期的扩张（公元1世纪前期）有关：乌弋山离于公元1世纪初侵入信德，取代了塞种（Saka）在那儿的统治，但不久至1世纪中期即被贵霜帝国所吞并②。况且，如其所承认，犍陀罗并不是所传香料的原产地；如果说"曾经是安息国版图的一部分，所以用'安息'王朝的名字来命名这种从曾经由安息统治的地区传来的香料，当然是顺理成章的事情"，那么，乳香的原产地在阿曼，曾长期为安息藩属地，阿曼特产乳香传入中

---

　　① 《撒马尔罕的金桃——唐代舶来品研究》，第420页。
　　② 参见《中国大百科全书》中国历史卷，"乌弋山离"条；［伊朗］扎林库伯著，张鸿年译《波斯帝国史》，第279—281页（塞种和吐火罗、大月氏的迁徙）、第293—294页（安息东部贸易的衰退以及和印度的贸易）；乌弋山离于公元1世纪初侵入信德，取代了塞种（Saka）在那儿的统治，但不久即被贵霜帝国所吞并，参见《伊朗学百科全书》（Encyclopaedia Iranica）网络版：R. C. Senior, "INDO-SCYTHIAN DYNASTY", Encyclopædia Iranica, online edition, 2005, available at http://www. iranicaonline. org/articles/indo-scythian-dynasty-1（accessed on 30 April 2017）和 INDO-PARTHIAN DYNASTY 条，见 http：//www. iranicaonline. org/articles/indo-parthian-dynasty-1, 2018 年1月28日。

国被称为"安息香"才真正是理所当然的。

据薛爱华引卜弼德（P. A. Boodberg）的说法，阿曼乳香早在公元前 3 世纪就以"薰陆"一名见于中文文献记载①，即当时已经传入中国。我用数据库软件查到的"薰陆"一语最早见于《魏略·西戎传》有关大秦国特产的记载中②。这种情况更强化了我们的论证。前人研究发现，并非文献记载的大秦宝物全为当地所产；除了公认为大秦特产的流离（琉璃，这里指玻璃）等物之外，其他珍异尤其是宝石之类很可能是商人在东来沿途购买转贩的③。这里连世界文化遗产阿曼特产乳香（安息香）即薰陆也都说成是大秦特产，可见前人所揭不虚。虽然如此，仍然有证据表明阿曼乳香即"薰陆"传来中国可能比文献记载要早得多。如前所说，乳香是放在香炉中焚烧散味的，由熏炉而讹名为"薰陆"。中国传统最著名且流行的香炉叫博山炉，据说以汉代产于山东博山（今淄博）最有名。不过，据薛爱华说："人们一度认为博山炉是在汉代发明的，但是现在看来可以追溯到周代；有一个大约是在公元前 5 世纪到（前）3 世纪的香炉，上面饰有许多珠宝。见温利《博山香炉考》④，第 8 页。"⑤ 换言之，阿曼乳香很可能在公元前 5 世纪就已经传到了中国，从而催生了中国人熏香专用的博山炉。用数据库软件搜"熏炉"最早见于中文文献为（西汉）刘向《熏炉铭》⑥；"香炉"则最早见于（汉）伶玄《赵飞燕外传》。无论如何，说西汉（公元前 206—

---

① 《撒马尔罕的金桃》，第 422 页注 1；卜弼德：《略论古代汉语之演变》（P. A. Boodberg, Some Proleptical Remarks on the Evolution of Archaic Chinese, *Harvard Journal of Asiatic Studies*, vol. 2 (1937), pp. 329 – 372）第 359 页注 60。

② 《魏略·西戎传》："大秦多金、银……，一微木、二苏合、狄提、迷迭、兜纳、白附子、薰陆、郁金、芸胶、薰草木十二种香。"这里与薰陆并提的兜纳，其名音近兜勒（＝佐法尔，详考见下），或即阿曼佐法尔所产乳香，与薰陆形别名异称。

③ 参见［德］夏德《大秦国全录》，朱杰勤译，商务印书馆 1964 年版，第 95、97—100、104—106 页。

④ A. G. Wenley, The Question of the Po-shan Hsiang-lu, *Archives of the Chinese Art Society of America*, Vol. 3 (1948 – 1949), pp. 5 – 12.

⑤ 见《撒马尔罕的金桃》，第 403 页注 2.

⑥ 原文恐佚，所见均为后人所引。本人用数据库软件搜检，此处为（南朝梁）萧统《文选》卷 11《何平叔〈景福殿赋〉》李善注，为较早引文，参中华书局 1977 年影印版，第 175 页上栏。

公元 8）时代中国人已经用专门的香炉焚熏阿曼特产乳香应该是没有问题的。

阿契美尼德王朝　　　　　　　　　西汉
（前558年—前330年）　　　　（公元前202年—公元9年）

南朝　初唐　博山炉　　　　　　唐　四足提链铜香薰

图 1-2　古代波斯和中国汉唐的几种熏香炉
（图见网络"百度百科"西汉鎏金银竹节铜熏炉条
https：//baike. baidu. com/item/%E8%A5%BF%E6%B1%89%E9%8E%8F%E9%87%91%
E9%93%B6%E7%AB%B9%E8%8A%82%E9%93%9C%E7%86%8F%E7%82%89/2838055，
2023 年 1 月 5 日。并见网络"百度识图"相关图片，https：//graph. baidu. com/s? sign =
126258defe29145304a5e01672901319&f = all&tn = pc&tn = pc&idctag = gz&idctag = gz&sids = &sids =
&logid = 3917649068&logid = 3917649068&pageFrom = graph_upload_bdbox&pageFrom = graph_upload_
pcshitu&srcp = &gsid = &extUiData%5BisLogoShow%5D = 1&tpl_from = pc&entrance = general）

传为东方朔（前 154 年—前 93 年）所撰《海内十洲记》中说："征和三年（前90），武帝幸安定（郡治高平县，今宁夏固原），西胡月氏国王遣使献香四两，大如雀卵，黑如桑椹。帝以香非中国所有，以付外库。"据说，"神香起夭残之死疾"，"后元元年（前88），长安城内病者数百，亡者大半。帝试取月氏神香烧之于城内，其死未三月者皆活，芳气经三月不歇"。这些传说固然不无矛盾不实之处，如东方朔死于公元前93年，岂能预知身后于前90、前88年发生的事；又，传统文献"西胡月氏国"通常即指贵霜帝国，而该国于前1世纪中灭大夏而兴（贵霜翕侯），至公元1世纪灭乌弋山离方强（五翕侯），岂能提前百余年向汉武帝遣使朝献。然而，研究者认为："月氏西迁中亚，是汉武帝反击匈奴前听闻的史实；征和三年（公元前90年）的故事发生在张骞出使西域之后，说明这个故事是以汉通西域为背景产生的。这些传说虽不免有夸张成分，但故事的产生应该是以西域传入香料的史实为根据的。"① 在这种情况下，乳香等香料由西域进一步东传中原，汉代黄土高原上名为"月氏道"的一线就特别值得我们注意。据研究，汉代月氏道应为月氏人聚居的地区，"关于月氏道的具体地理位置，学术界有不同看法，大致有宁夏隆德县境和甘肃平凉市崆峒区白水乡与崇信县黄寨乡一带。而这一带正好和今泾川相毗邻，位于从汉代高平进入长安的泾川古道上。由此，我们也就不难理解月氏使者为什么不远万里循此道来到安定向汉朝朝贡的原因了——这里有他们熟悉的路线、语言、同族的聚落，可以为他们提供各种便利"；"有学者指出，早在虞夏之际，从今关中平原出发，沿泾川古道往西北走的交通即已初见端倪。至迟到商朝灭亡之前，在今陕西彬县至甘肃泾川等泾河中上游地区与关中平原渭河流域之间当已存在着一条人员往来与物资交流都较为密切的联系通道"②。这些也为更早时期阿曼乳香经由西域传入中国提供了合适的背

---

① 参见石云涛《丝绸之路与汉代香料的输入》，载《中原文化研究》2014 年第 6 期，第 59—60 页。

② 参见王永平《返魂香与伏虎兽：从罗马到汉朝》三《泾川道在古代丝绸之路上的重要地位》，载《河北学刊》2017 年第 1 期，第 53—54 页。

景条件。

《后汉书·西域传》记载：天竺国一名身毒，"西与大秦通，有大秦珍物。又有细布、好毾㲪、诸香、石蜜、胡椒、姜、黑盐。和帝时，数遣使贡献，后西域反畔，乃绝。至桓帝延熹二年（159）、四年，频从日南徼外来献"。这说明所谓"大秦珍物"诸香先是经天竺从西域传入，后西域因战乱造成陆上丝绸之路交通的阻碍，才转由海路输入①。不过，考古发掘资料显示赵佗建立的南越国（约前203—前111）已有从海外输入香料和燃香的习俗。南越王墓中曾出土五件四连体铜熏炉，炉体由四个互不连通的小盒组成，可以燃烧四种不同的香料。考古工作在广州地区汉墓出土物中，发现熏香炉多达200余件。南越国的熏香炉和中原流行的博山炉形制不同，所用香料可能主要来自东南亚，或经东南亚地区辗转传来②。

图1-3　广州汉代南越王墓等地出土异形香炉

（图见网络"岭南震撼——南越王墓出土文物展"http：//www.360doc.com/content/18/0128/11/28090228_725726603.shtml，2023年1月5日）

---

① 参见石云涛《丝绸之路与汉代香料的输入》，第60—61页。

② 参见石云涛《丝绸之路与汉代香料的输入》，第60、63页。前引劳费尔、薛爱华书中有所谓"小安息香"的说法，或即指此，似有假冒伪劣之嫌，有兴趣者可看。另外，在公元1世纪前印度泰米尔人为东向淘金兴起航海之前，乳香传往印度以东的机会不会太多；另一方面，虽然汉武帝灭南越国置南海郡后，中国人知道了到黄支国（印度东海岸）的海路，却是"蛮夷贾船，转送致之"（《汉书·地理志》），双方交流显然还非常有限。参见钱江《金洲、金地与耶婆提：古代印度与东南亚的海上贸易》，载《丝瓷之路》第1辑，商务印书馆2011年版，第324—327页；毛丹、江晓原《希腊化晚期至罗马帝国初年西方航海术东渐考》，载《上海交通大学学报（哲学社会科学版）》2015年第2期，第46、49—51页。

二　玳瑁和珊瑚

研究者认为，从《红海周航记》的记录来看，印度提供了最丰富的贸易奢侈品，其中玳瑁"特别受到追捧，因为所有的主要港口都有其交易"[①]。然而，《红海周航记》所谓最精良的玳瑁 the hawksbill turtle 来自 Chryse（金洲，一般认为是指缅甸和马来半岛[②]）的说法却很可能是限于奢侈品贸易范围的传闻[③]，因为，研究表明：《红海周航记》"作者的亲身经历包括非洲路线直到 Rhapta（达累斯萨拉姆一带。但对东非海岸讲得概略，因为那片地区在商业上不重要），以及阿拉伯——印度航线至少到了印度南端的科摩林角。许多学者认为，他并没有亲自旅行下一段，即从印度东海岸直到恒河河口，因为在其报告中哪儿都缺乏重要发现"[④]。为了方便起见，我们可以把玳瑁与其共生生物珊瑚一起讨论，据汉文史料记载，二者均为大秦（犁鞬即黎轩）特产珍宝[⑤]，但珊瑚的分布范围比玳瑁更广。然而如前所述，文献记载的大秦宝物并非全为当地所产，除了公认为大秦特产的流离（琉璃，这里指玻璃）等物

---

① 见《红海周航记》导言，第 17 页。

② 参《红海周航记》，第 235—236 页注释 63：21.1。更多的讨论意见可参见钱江《金洲、金地与耶婆提：古代印度与东南亚的海上贸易》，第 320—322 页。

③ 有关说法见《红海周航记》第 56 节（参第 223 页注释 56：18.26—28），其中提到在印度西南马拉巴尔沿岸外海岛屿产有玳瑁，我认为这非常可疑。如我们下文所述，玳瑁和珊瑚是共生生物，主要靠吃珊瑚礁中生长的海绵为生。《红海周航记》"作者把珊瑚列为婆楼割车（49：16.21）、柯枝和故临（56：18.19）以及提臛（39：13.8b）的进口货物。据普林尼（32.21）的说法，印度人高度珍视珊瑚，就像罗马人珍视珍珠一样。他们一直非常珍视它：据瓦特（Watt, ii 532）报告说，产地中海的质地优良的红珊瑚，能值其重量 20 倍的黄金"（《红海周航记》第 191 页注 39：13.8b）印度连珊瑚都是进口的——如下所见，古代传到东方的所谓地中海珊瑚，其实都产自阿曼——岂能养活玳瑁？所以，说玳瑁产自印度（甚至更远的金洲 Chryse Island）跟说珊瑚产自地中海（大秦）一样，很可能都是古代罗马埃及商人想要隐瞒（其半路取自阿曼）真相的谎言。

④ 见《红海周航记》导言，第 8 页。虽然对此还有讨论意见，但也有学者更明确地指出："最强有力的证据是，所有古希腊、罗马时期的文献记载在谈到东方世界时，最远只能谈到南印度，而对于南印度以东的地区，则只能靠神话般的传闻来加以描述。"参见钱江《金洲、金地与耶婆提：古代印度与东南亚的海上贸易》，第 331 页及注 75。

⑤ 参见《三国志》卷 30 裴注引《魏略·西戎大秦传》。

之外，其他珍异尤其是宝石之类很可能是商人在东来沿途购买转贩的①。例如珊瑚，虽然古代最美的珊瑚确实出于地中海，但中国人所知的大秦珊瑚却有可能出自红海，尤其是古代的拉科斯（Leukos，今埃及古赛尔 Koseir）附近②。

另一种所谓大秦宝物玳瑁也是如此，即传到东方的玳瑁也并非出自地中海东岸。据研究，玳瑁（学名：Eretmochelys imbricata）是属于海龟科的一种海龟，分为太平洋玳瑁（Eretmochelys imbricata bissa）和大西洋玳瑁（Eretmochelys imbricata imbricata）两个亚种，其中太平洋玳瑁分布于印度洋—太平洋地区，其模式产地在亚洲海域。玳瑁最主要的生活区是浅水礁湖和珊瑚礁区，珊瑚礁中的许多洞穴和深谷给它提供休息的地方，珊瑚礁中还生活着玳瑁最主要的食物——海绵；尤其是成年玳瑁主要在热带珊瑚礁中活动。而一般作为宝石或药用的玳瑁，就是成年玳瑁的背甲。我们来看一种玳瑁的分布模式图：

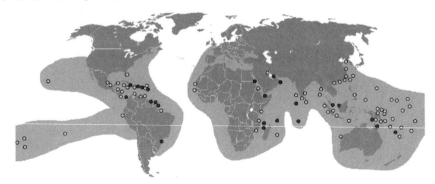

图1-4　玳瑁的一种分布模式图③

▧蓝色区域：分布范围　●红圈：大型巢位　○黄圈：小型巢位

从以上玳瑁的分布模式图我们可以看出：

1. 地中海沿岸没有任何玳瑁巢位，也就是说，大秦本土（包括地中海东岸叙利亚一带）不产玳瑁（宝石或药用）。

①　参见［德］夏德《大秦国全录》，第95、97—100、104—106页。

②　参见［德］夏德《大秦国全录》，第105页。

③　图片来源：https：//commons.wikimedia.org/wiki/File：Lieux_pontes_tortue_ecaille.png。

2. 在我们讨论的地域范围，主要有 4 处玳瑁大型巢位，即：红海中部非洲一侧，亚丁湾头的非洲一侧，阿曼东海岸的马西拉湾和波斯湾南端的迪拜海岸。这一分布与前述绕行阿拉伯半岛的海道路线是一致的。

美国东方学家劳费尔认为，中国人最早见到的珊瑚或许是波斯所产，而汉文史料所记载捞取珊瑚的地方也不是红海，而是波斯国海中的珊瑚洲或珊瑚岛，甚至"波斯珊瑚亚洲各地都有"①。另一位美国东方学家谢弗（或译"薛爱华"）则说："唐朝的珊瑚主要是从波斯国和狮子国进口的，它的汉文名字来源于古波斯文'＊Sanga'（石头）。"② 不过，最早记载"海中有珊瑚洲，海人乘大舶，堕铁网水底。珊瑚初生磐石上，铁发其根，系网舶上，绞而出之"的是《新唐书·拂菻传》，传文开篇即说"拂菻，古大秦也"，显然认为珊瑚产地为大秦而非波斯，换言之，传到中国的珊瑚无论如何也是来自大秦至中国交通必经的道路航线沿途。劳费尔书中还引《魏书》说"波斯北伏卢尼国产珊瑚"，其实，伏卢尼为拂菻的另一音译，亦即古之大秦③。因此，说珊瑚出自波斯很可能只是由于它们多半经波斯转贩而来④。这里的波斯可以泛指古代波斯地区（伊朗高原）建立的政权，包括安息帝国，也可以指波斯湾沿岸的法尔斯（Persis）地区。

在这种情况下，汉文史料所见来自大秦的珊瑚以及与之共生的玳瑁倘非红海所产，那最有可能的产地只能是阿曼东海岸的马西拉（Masira）湾：

---

① ［美］劳费尔：《中国伊朗编》，林筠因译，商务印书馆 2001 年版，第 353—355 页。

② ［美］谢弗：《唐代的外来文明》，吴玉贵译，中国社会科学出版社 1995 年版，第 523 页。

③ 参见张广达《拂菻国》，收入氏著《文本、图像与文化流传》，广西师范大学出版社 2008 年版，第 131 页。《魏书》原本此句已佚，今本《魏书·伏卢尼国传》据《北史》补，原文为："伏卢尼国，都伏卢尼城，在波斯国北，去代二万七千三百二十里。累石为城，东有大河南流，中有鸟，其形似人，亦有如囊驼、马者，皆有翼，常居水中，出水便死。城北有云尼山，出银、珊瑚、琥珀，多师子。"（中华书局标点本，第 2272 页）所谓"在波斯国北"，即《魏略·西戎传》"大秦道既从海北陆通"之意。

④ 法国东方学家费琅就曾指出："从四至七世纪初的整个中国历代史册中，所有印支半岛、锡兰、印度、阿拉伯以及非洲东岸的产品，统统称为'波斯产'。这是因为把这些产品输入中国的进口商人绝大部分是波斯人。"（见《中国印度见闻录》，穆根来等译，中华书局 1983 年版，法译本序言第 21 页）。现在看来，这些所谓波斯人多半是波斯属国阿曼人。

1. 如前所述，马西拉湾和马西拉岛正处在自古以来埃及/叙利亚和巴比伦之间绕行阿拉伯半岛的海道航路上，《红海周航记》则表明该地同时又位于这条曲折海道与通往东方的传统航线的交集地域。

2. 前引《红海周航记》第33节明确记载："过了 Moscha Limen 是另外大约 1500 场距的一座山脉沿着海岸伸展到 Asichon（今 Hasik 角），在其最尽头外海，是一排七个岛屿，名为 Zenobios 群岛（今 Kuria Muria 群岛），在那后面延伸着另一片乡土，由一种土著人口居住，他们不再属同样的王国，而已在法尔斯（Persis）的属地境内。从 Zenobios 群岛继续在浩瀚的海面航行约 2000 场距以后，你就来到了 Sarapis 岛（今马西拉岛），如其所说，离岸约有 120 场距。它差不多 200 场距宽，600 场距长，上面有三个村庄，均由虔诚的渔民（Ichthyophagoi）居住。他们使用阿拉伯语，用棕榈树叶裹身。该岛屿盛产品质精良的玳瑁。虔那（Kane）的商人们经常驾小帆船前往与之交易。"① 我们注意到，这是该书所记从亚丁湾经阿曼湾到印度西北海岸航线沿途唯一一处盛产品质精良龟甲即玳瑁的地方。

图 1-5　一头玳瑁在阿曼马西拉岛海域中乘风破浪，迎接为新一年筑巢的严峻考验②

3. 更重要的是，"阿曼的 Ras al-Jinz（راس الجنز Ras al-Junayz）位于阿拉伯半岛的最东端，它是绿海龟的筑巢地，属于当地哈德角（Ras al

---

① 见《红海周航记》，第71页。

② 这座岛屿是该濒危物种重要的繁殖场所。龟群重返大海时，还要躲避大片的渔网。见国家地理中文网《阿拉伯海中珍宝》，http://www.nationalgeographic.com.cn/the magazine/main themes/134. html#10, 2016 年 6 月 24 日。

Hadd）村的海滩。这里是著名的海龟（玳瑁）保护区 RAS AL JINZ TURTLE RESERVE 所在地。这个地方曾有重要的考古发现，显示了与古代印度河流域的联系。自 1985 年以来，一个法国—意大利考古队在 Jinz 发掘了一个青铜时代（大约公元前 2200 至前 1900）海港遗址，有一个大的泥砖（mudbrick）建筑带七个房间，这些房间都朝一条走廊开门。这座建筑似乎用作一个手工作坊，有证据表明，这里处理贝类（珠玑）、玳瑁（turtle shell）、燧石以及从镁矿石提取的化妆品"[1]。经查此地就在马西拉岛往北至哈德角附近海岸，属于阿曼东北的苏尔区。我认为，这一带很可能就是唐人贾耽《皇华四达记》"广州入海夷道"中西岸路上的萨伊瞿和竭（Suwayh Hadd）国[2]。

4. 由此可见，阿曼有古老的出产海龟、加工玳瑁并贩到印度河流域的传统。因此，汉文史料据大秦商人所传的"珊瑚海""珊瑚洲""珊瑚岛"[3] 更可能指的还是阿曼马西拉湾、马西拉岛，而不是红海或波斯湾内。《本草纲目》介部第 45 卷瑇瑁条后附录"撒八儿"，李时珍曰："按刘郁《西使记》云：出西海中。乃玳瑁遗精，蛟鱼吞食吐出，年深结成者，其价如金。伪作者，乃犀牛粪也。窃谓此物贵重若此，必有功用，亦不知果是玳瑁遗精否？亦无所询证。姑附于此，以俟博识。"[4] 刘郁为蒙元时代人，曾撰《西使记》著录使者常德 1259 年奉蒙哥汗之命前往西亚觐见旭烈兀大王事。西亚西海，汉代多指波斯湾，至唐代已多指地中海，海西国则均指大秦（罗马帝国）。故刘郁《西使记》谓撒八儿 = 玳瑁遗精出西海中，犹如说玳瑁产自大秦国，显然是一种知识传承。

《本草纲目》与瑇瑁同卷又有蠵龟条，本名蠵蟕，俗谓赑屃，李时珍曰："蠵蟕诸说不一。按《山海经》云：蠵龟生深泽中；（郭璞）注云：大龟也，甲有文采，似瑇瑁而薄。应劭注《汉书》云：灵蠵，大

---

① 见网络《维基百科》"Ras al-Jinz"条，https://en.wikipedia.org/wiki/Ras_al-Jinz，2018 年 8 月 11 日。

② 参《新唐书》卷 43 下《地理志》七下，第 1154 页。

③ 参《大秦国全录》，第 105 页；《中国伊朗编》，第 353—354 页。

④ 见（明）李时珍《本草纲目》，刘山永主编新校注本，华夏出版社 2008 年版，第 1658 页。

龟也，雄曰瑇瑁，雌曰蟕蠵。据此二说，皆出古典。生于海边，山居水食，瑇瑁之属。非若山龟不能入水也。故功用专于解毒，与瑇瑁相同，自可意会。"① 查《山海经》卷四《东山经》东次三经有跂踵山条："又南水行五百里，曰流沙，行五百里，有山焉，曰跂踵之山，广员二百里，无草木，有大蛇，其上多玉。有水焉，广员四十里皆涌，其名曰深泽，其中多蠵龟。"② 《山海经》中多有"流沙"，且内容怪诞。不过，与蠵龟/瑇瑁有关的内容仅此一处，值得注意。《后汉书·大秦传》略云："凡外国诸珍异皆出焉，与安息、天竺交市于海中，利有十倍。其王常欲通使于汉，而安息欲以汉缯彩与之交市，故遮阂不得自达。或云其国西有弱水、流沙，近西王母所居处，几于日所入也。"③ 这里与安息遮阂、大秦献玳瑁一起提到有弱水、流沙，很容易让人想到：上述《山海经》的记载除了既有知识之外，很可能还包含了一些珍贵的信息，例如所谓蠵龟＝大秦玳瑁产地的地理环境——又南水行五百里、流沙五百里④、跂踵之山周二百里⑤、深泽周四十（百）里等，与阿曼马西拉湾、马西拉岛及其附近地形地貌多有相似之处。

图 1－6 《山海经》之蠵龟

---

① 见（明）李时珍《本草纲目》，刘山永主编新校注本，第 1656 页。

② 见袁珂《〈山海经〉校注》，巴蜀书社 1992 年版，第 134 页。《山海经》篇名方位多以南西北东为序，与现实空间不同，其意义讨论可参看叶舒宪等《山海经的文化寻踪——"想象地理学"与东西文化碰触》，湖北人民出版社 2004 年版，第 104—117 页。

③ 见《后汉书》卷 88《西域大秦传》，中华书局标点本，第 2919—2920 页。

④ 《山海经》校注者袁珂注："疑经文本作又南水行五百里，流沙五百里，曰、行二字衍。"（见上引袁珂《〈山海经〉校注》，第 134 页）"又南"意即再往南。

⑤ 《红海周航记》第 33 节说马西拉岛"差不多 200 场距宽，600 场距长"，按 1 场距＝185.2 米，则该岛周长约 500 里，较《山海经》跂踵之山大。

据《汉书·地理志》记载：自从汉武帝元鼎元年（前111）消灭赵佗割据势力而建立南海（今广东）等郡以来，沿海犀、象、毒冒（玳瑁）、珠玑、银、铜、果、布等商品大大增加，中国人到那儿做生意的好多都发了大财；番禺（今广州）就是做这类买卖的一个中心①。虽然不排除阿曼特产当时可能经由印度辗转到达——所谓"蛮夷贾船，转送致之"——广州沿海的可能性②，可实际上早在这之前，玳瑁已经传到了遥远的北方。《史记·春申君列传》记载："赵平原君使人于春申君，春申君舍之于上舍。赵使欲夸楚，为玳瑁簪，刀剑室以珠玉饰之，请命春申君客。春申君客三千余人，其上客皆蹑珠履以见赵使，赵使大惭。"平原君赵胜是公元前3世纪中期人，这说明在当时，阿曼特产玳瑁早已溯印度河经中国的西域、西藏传到中国北方，成为赵国（今山西、河北一带）常见的男子饰品。

三 珠玑

前面提到，据美国东方学者薛爱华的说法："Gandhara（犍陀罗）这个名字的意译就是'香国'，换言之，著名的乳香以及其他相关西亚非洲特产是由阿曼到印度河口的提厢，经印度河流域从犍陀罗传到中国来的。"其实，就阿曼同中国的交流而言，印度河上游还有一个可能更重要的交通枢纽之地——罽宾，即今以斯利那加为中心的克什米尔地区。我们后面将会看到，张骞通西域开辟的中西交通丝绸之路，是经过从中亚到南亚的塞种（联盟）之路和提厢到阿曼的海路连接沟通的，而塞种迁徙进入南亚建立政权的中心就在罽宾。

《汉书·西域传》略云："罽宾国，王治循鲜城，去长安万二千二

---

① 参《汉书》卷28下《地理志》下，中华书局标点本，第1670页。

② 《汉书·地理志》下略云："自日南障塞、徐闻、合浦船行可五月，有都元国；又船行可四月，有邑卢没国；又船行可二十余日，有谌离国；步行可十余日，有夫甘都卢国。自夫甘都卢国船行可二月余，有黄支国，民俗与珠厓相类。其州广大，户口多，多异物，自武帝以来皆献见。有译长，属黄门，与应募者俱入海市明珠、璧流离、奇石异物，赍黄金杂缯而往。所至国皆禀食为耦，蛮夷贾船，转送致之。亦利交易，剽杀人。"（中华书局标点本，第1671页）据研究，黄支国 Kanchi 即（唐）玄奘《大唐西域记》中的达罗毗荼国都城建志补罗 Conjeveram，今印度东南泰米尔纳德邦甘吉布勒姆 Kanchipuram。

百里。不属都护。户口胜兵多，大国也。东北至都护治所六千八百四十里，东至乌秅国二千二百五十里，东北至难兜国九日行，西北与大月氏、西南与乌弋山离接。昔匈奴破大月氏，大月氏西君大夏，而塞王南君罽宾。塞种分散，往往为数国。自疏勒以西北，休循、捐毒之属，皆故塞种也。有金银铜锡，以为器。市列（唐颜师古注：'市有列肆，亦如中国也。'）。以金银为钱，文为骑马，幕为人面。出封牛、水牛、象、大狗、沐猴、孔爵、珠玑、珊瑚、虎魄、璧流离。它畜与诸国同。自武帝始通。"① 罽宾地处南亚喜马拉雅山区，却有"珠玑、珊瑚、虎魄、璧流离"等海珍异宝，都是从哪儿来的呢？璧流离即玻璃，古代是罗马帝国特产，属于所谓大秦原产宝物。我们前面已经指出，所谓大秦宝物大多是通过海路即经由阿曼传向东方、传到中国来的。玻璃器和珊瑚在《红海周航记中》都列入了提峗港的进口物品名录，而且权威研究表明，《红海周航记》"这一节提到的这些玻璃器，很可能就是在提峗卸船上岸，以便溯印度河谷的道路而上，运往其目的地"②。所以，可信这也是印度河上游罽宾所见玻璃和珊瑚的来路。另外，虽然汉传在罽宾没有提到玳瑁，但如已所知，珊瑚和玳瑁是共生生物，而玳瑁则是阿曼特产。我用数据库软件检索有关古代玳瑁的资料，找到《史记·大宛列传》"身毒国"条《正义》记载："其国临大水，乘象以战。其民弱于月氏。修浮图道，不杀伐，遂以成俗。土有象、犀、玳瑁、金、银、铁、锡、铅。西与大秦通，有大秦珍物。"③《史记正义》作者张守节虽为唐人，然引文中身毒、月氏、浮图等均为旧词，可信为唐前史料。身毒唐称天竺，即今印度次大陆，"国临大水"即印度河。罽宾毗邻身毒，文献中分见于两国的共生物品珊瑚、玳瑁很可能是一起从阿曼经提峗传来，因而实际上是在两国同时互见。

有意思的是，罽宾所见海珍还有珠玑，究其由来，更增强了我们的

---

① 见《汉书》卷66上《西域传》上，中华书局标点本，第3885页。
② 见《红海周航记》，第191页注释39：13.9。
③ 见《史记》卷123《大宛列传》，中华书局标点本，第3165页。

上述认识。尽管"珠玑"一词在汉语诗文中常用作比喻晶莹似珠玉之物，可唐人颜师古注《汉书》却反复强调："玑谓珠之不圆者也。"[①] 也就是说，现实中的珠玑并非如文学想象的那样"珠圆玉润"，而是虽润泽晶莹却圆度参差。《红海周航记》提到当时印度洋海域产珍珠的地方主要有三处：阿曼境内的波斯湾口（第 36 节）、印度东南的马纳尔湾（the Gulf of Mannar，第 56、59 节）和恒河口孟加拉一侧（第 63 节）。但是据研究，"恒河口的珍珠数量少，色泽发红，价值不高，主要供当地市场而非外销；埃及来的罗马买主能在别处找到更好质量的珍珠"[②]。马纳尔湾蒂鲁内尔维利海岸的 Kolchoi（Korkei/Kayal）是印度洋最好的珍珠产地[③]，不过，根据对《红海周航记》的记载进行的统计表明，至少是迄至那个时候即公元 1 世纪，那里的珍珠全都被埃及商人购买，运销到了罗马帝国；由此可见，当时在汉文史料记载的海外奇珍"珠玑"，只可能来自阿曼，是阿曼波斯湾口的特产[④]。我们回顾一下《红海周航记》的有关记载：

> 【第 35 节】在 Kalaios 群岛的最远端和 Kalon Oros（意为"公平的山"）附近，如其得名，稍往前一点儿，就是波斯湾口，那儿有很多人潜水捞取珍珠蚌。波斯湾广阔浩瀚，一直伸展到其最深入的内部地方。在它的最头上是一个法律限制的贸易港口，名为

① 如《江都王建传》《东方朔传》《西域传》《地理志》下有关注文。
② 《红海周航记》，第 237 页。
③ 参《红海周航记》，第 85、87 页以及第 222 页注 56：18.24，第 226 页注 59：19.22—23。
④ 《红海周航记》导言 39 页以下是一份"贸易对象性质"的统计表，对各类商品分 4 种贸易关系进行统计：（1）从罗马埃及到海外港口，（2）从海外港口到罗马埃及，（3）从印度到罗马埃及之外的其他港口，（4）从阿拉伯、波斯、格德罗西亚到罗马埃及之外的其他港口。由于每种商品都注明其所ళ港口（《红海周航记》原文章节），故据贸易中某些商品的有无多寡，不难看出有关各方的关系性质。在第 42 页上的"奢侈品和宝石"类中，从海外港口到罗马埃及项下列有马纳尔湾和恒河口的珍珠（第 56、63 节），而从印度到罗马埃及之外的其他港口项下是全"无"（none），从阿拉伯、波斯、格德罗西亚到罗马埃及之外的其他港口项下列有 3 种：阿曼（Omana）的珍珠和金子（第 36 节），马西拉岛的玳瑁（第 34 节。原作 31 节为索科特拉岛，疑误，因原文记载该岛上生长的为巨大山龟而非玳瑁龟）。据此我们可以断定，汉文史料记载见于罽宾的珠玑、珊瑚以及玳瑁全都是阿曼特产无疑。

Apologos①，位在靠近 Charax Spasinu② 和幼发拉底河的地方。

【第 36 节】航行过（出）海湾口以后，向前六日程（run）你就来到波斯的另一个贸易港口 Omana③。婆楼割车的商人经常和它做生意，派出大船去波斯的两个贸易港口④。Omana 也从虔那接受乳香，以及向南阿拉伯派出它的当地缝制船，那种船被叫作 mada-rate。两个贸易港口都向婆楼割车和南阿拉伯出口大量珍珠，但（品质）次于印度所产。（《红海周航记》，第 71—73 页）

虽然现在所谓"珍珠海岸"指的是波斯湾内南边大致从迪拜到卡塔尔的海湾沿岸，但上引史料本身所记载捞取珍珠的地方明确是在波斯湾口外侧阿曼半岛顶端附近⑤，因此可以判断，接下来所说"波斯的两个贸易港口"——即 Apologos（乌剌港）和 Omana（恰赫巴哈尔港）——出口的大量珍珠，肯定就是阿曼波斯湾口的特产。权威的研究者认为："他列举了那两个港口的出口货物——劣质珍珠、紫砂和地方服装、葡萄酒、枣、金子、奴隶——并且告诉我们，这些是前往阿拉伯半岛和婆楼割车的。"⑥他用"劣质珍珠"（low-quality pearls）这个词大概是出自对原文"大量珍珠但（品质）次于印度所产"（pearls in quantity but inferior to the Indian）的理解，以及该书原文对波斯湾口和马纳尔湾所产珍珠的不同描述，前者只是"珍珠蚌"（pearl oysters），后者却是"优质珍珠"（fine-quality pearls）。不过，或许这正是汉文史料里"珠玑"一词的用意，就是说这类珍珠未经挑选，有的圆有的不圆，完全原生态——货真价实。这种真实性描述反而进一步证明，汉代罽宾所见珠玑确实是阿曼特产，毋庸置疑。因此，罽宾也是阿曼珠玑传到中国的重要中转站之一。

---

① 即阿拉伯人的乌剌 Ubulla 港，今巴士拉西北，参原书第 179—180 页注释。
② 意为 Spasinu 栅栏，即防洪堤。
③ 此指今伊朗东南弥兰海岸的恰赫巴哈尔港，详考见前。
④ 即 Apologos（乌剌港）和 Omana（恰赫巴哈尔港）。
⑤ 参《红海周航记》，第 178 页注 35：11. 26 和 35：11. 26—27。
⑥ 《红海周航记》导言，第 19 页。

罽宾所见虎魄即琥珀，原产地是北欧的波罗的海海滨；璧流离即玻璃，古代是罗马帝国特产。这两种都是更远的西方珍宝，经由阿曼转输传到东方，我们留到下节一起讨论。

第二节　经由阿曼传入中国的外域事物

除了上述传入中国的阿曼特产以外，历史上还有很多西方外域事物是经由阿曼传向东方、传入中国的。国际学术研究的最新发展揭示，以中国特产丝绸的输送营销为主要特征的古代世界东西方交通交流网络，既有穿越欧亚内陆的绿洲之路、荒漠之路、草原之路，也有绕行红海、印度洋的海上丝绸之路；而且陆路和海路很早就实现了连结沟通，以适应不同政治、自然条件下维持经济、文化交流和开展商贸往来的需要。如前所述，人们通常以为来自安息—波斯甚至以其冠名的事物（安息香、安息雀，乃至所谓"波斯胡"、波斯锦等），很有可能并非产于伊朗高原而是来自海路要冲阿曼。

一　大鸟卵及黎轩善眩人

大鸟卵即鸵鸟蛋，黎轩善眩人或称黎轩眩人，指埃及亚历山大城来的魔术师。从文献记载来看，这两样事物是张骞通西域开通丝绸之路以后最先贡献到西汉王朝的西方外国事物。有关的史料记载主要有两条：

《史记·大宛列传》："初，汉使至安息，安息王令将二万骑迎于东界。东界去王都数千里。行比至，过数十城，人民相属甚多。汉使还，而后发使随汉使来观汉广大，以大鸟卵及黎轩善眩人献于汉。及宛西小国欢潜、大益，宛东姑师、扞罙、苏薤之属，皆随汉使献见天子。天子大悦。"

《汉书·张骞传》："骞卒后岁余，其所遣副使通大夏之属者皆颇与其人俱来，于是西北国始通于汉矣。然骞凿空，诸后使往者皆称博望侯，以为质于外国，外国由是信之。……而大宛诸国发使随汉使来，观汉广大，以大鸟卵及黎轩眩人献于汉，天子大说。"（《汉书·西域传》同）

《汉书》黎轩（《汉书·西域传》犁靬）即《史记》的黎轩，两传所记为同一事。《史记》中的安息发使来献被《汉书》改成了大宛等发使来献，这涉及当时中亚地区的复杂政局并影响到中西交流尤其是丝绸之路径途走向的形成，我们后面再专门讨论。这里，我们要追究一下"大鸟卵及黎轩善眩人"的来路，借此进一步追溯阿曼与中国建立联系、发展关系的历史。先看"大鸟卵"即鸵鸟蛋，研究表明，普通鸵鸟（Common ostriches）主要分布在非洲撒哈拉沙漠往南的低降雨量的干燥地区，以及从塞内加尔到厄立特里亚的非洲东部沙漠地带和荒漠草原；阿拉伯鸵鸟（The Arabian ostriches）近代曾分布于亚洲叙利亚与阿拉伯半岛，但至 20 世纪中已经因捕猎而完全绝迹。以色列企图重新引进普通鸵鸟也没成功①。

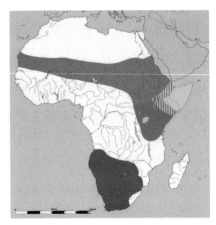

图 1-7　普通鸵鸟各亚种分布地图②　　图 1-8　鸵鸟蛋传往中国的路线

然而，汉文史料却记载条枝有鸵鸟，《史记·大宛列传》："条枝

---

① https：//en. wikipedia. org/wiki/Common_ostrich.
② 图片来源：https：//commons. wikimedia. org/wiki/File：Struthio_camelus_distribution. svg.

在安息西数千里，临西海。暑湿。耕田，田稻。有大鸟，卵如瓮。人众甚多，往往有小君长，而安息役属之，以为外国。国善眩。安息长老传闻条枝有弱水、西王母，而未尝见。"① 唐张守节《史记正义》对此有注："《汉书》云：'条支出师子、犀牛、孔雀、大雀，其卵如瓮。和帝永元十三年（101），安息王满屈献师子、大鸟，世谓之"安息雀"。'《广志》② 云：'（大）鸟，鹙鹰身，蹄骆，色苍，举头八九尺，张翅丈余，食大麦，卵大如瓮。'"③ 条枝或作条支，即前引《红海周航记》第 35 节提到波斯湾头的 Charax Spasinu（今伊拉克巴士拉），此时是安息属国。我注意到，《汉书》所谓"条支出师子（狮子）、犀牛、孔雀、大雀（鸵鸟）"都不是本地产物，鸵鸟之外，狮子、犀牛亦产于南亚，孔雀则是南亚特产，它们出现在条枝显然来自进口，而且很可能是想要转运到更远的西方④。因此，安息王所献师子（狮子）、大鸟（鸵鸟）其实都是转运而来。鸵鸟之所以被称作"安息雀"，并不说明安息是鸵鸟的原产地，只是表明那里由于地理的原因当时是鸵鸟以及狮子、犀牛等非洲特产动物流向中国的主要转口地（enterpot），正像后来很多海外奇珍传到中国都被说成是波斯特产一样。总之，当时这类转口交易的主要场所位于安息以及后来的萨珊波斯控制区域之内。

如上所述，南亚特产孔雀等出现在安息属国条枝很可能是要向更远的西方转运；而且，南亚特产孔雀与非洲特产鸵鸟等一道提及，最有可

---

① 《史记》卷 123《大宛列传》，中华书局标点本，第 3163—3164 页。

② 《广志》为晋代郭义恭所著一部博物类书，内容庞杂广博，多为志怪猎奇。已佚，辑本收在《玉函山房辑佚书》。

③ 《史记》卷 123《大宛列传》，中华书局标点本，第 3164 页。

④ 条枝（今伊拉克巴士拉附近）位于波斯湾头、两河汇成的阿拉伯河地区，是经美索不达米亚平原向西北通往地中海和小亚细亚半岛交通路线——即所谓"条枝走廊"（Characene corridor，溯幼发拉底河穿越沙漠抵达帕尔米拉）的重要咽喉。参见［伊朗］扎林库伯著，张鸿年译《波斯帝国史》，第 292—295 页；Cf. *The Persian Gulf in History*, pp. 41 – 42。

能的来路是经海路船运①，而非洲航线和南亚航线在安息境内的交汇地就是阿曼②。那么，同时的非洲特产鸵鸟等要经安息境域向东前往中国当然无须绕道条枝，阿曼就是最合适的转口交易地点。有利于我们对史实做这种理解的就是当时和"大鸟卵"即鸵鸟蛋一起献到中国汉朝的正是"黎轩善眩人"，众所周知，这就是来自埃及亚历山大城的魔术演员。当时"亚历山大城是埃及托勒密王朝（Ptolemaic Dynasty，前305—前30）的都城，是希腊化时代地中海东部商业极繁荣、文化很发达的地方"③。我们在《导论》里讲过，埃及的法老们很早就派遣船只利用红海航路前往曼德海峡，甚至更远到达非洲索马里的香料之角；"到了公元前200年左右希腊商人已经出现在亚丁湾南岸的港口寻找购买没药"④。其实，托勒密王朝的希腊人早在《红海周航记》把信风知识公之于世之前已经进入印度洋利用近海航线开展沿岸贸易⑤。所以，来自埃及的"黎轩善眩人"和来自非洲的鸵鸟蛋一起作为礼品献到中国并不是偶然的，它向我们透露了一个信息：两样不同来路的物品经由各自通常转运的途径都到了安息境内一个交易点或集散地，然后一起向东转

---

① 参见［美］理查德·配恩（Richard Payne）《丝绸之路与古代晚期伊朗的政治经济》，李隆国译，收在王晴佳、李隆国主编《断裂与转型：帝国之后的欧亚历史与史学》，上海古籍出版社2017年版，第85—86页。公元157年帕尔米拉（Palmyra，古代叙利亚境内著名的丝路贸易城市）的一份文书中提到："从塞种地（即印度）回来的商人在Haddudan之子Honainu的船队里"；随着3世纪前期阿尔达希尔的崛起和萨珊王朝（224—642）的建立，长期以来一直作为条支和帕尔米拉与东方贸易一条走廊的波斯湾变成了一个"萨珊湖"，见 The Persian Gulf in History，p. 42，43。

② 如前引《红海周航记》第33节所见，当时阿曼已是安息属国。亦请参见［伊朗］扎林库伯著，张鸿年译《波斯帝国史》，第291页；Cf. The Persian Gulf in History，pp. 42 – 43，58。《剑桥伊朗史》第3卷第1册第16节（The Cambridge history of Iran，Vol. 3（1））《塞琉古、安息和萨珊时期》中这样描述阿曼："在萨珊时期它是波斯的前哨，是皇帝们力图控制印度洋贸易和保证在以'阿拉伯福地或香料阿拉伯'（Arabia Felix or Arabia Odorifera）著称的哈达拉毛和也门富裕的农业地区站稳脚跟的阵地链中的一环。"（Edited by Ehsan Yarshater. Cambridge Univeristy Press，First published 1983，Fourth printing 2006，p. 604）至少就地理关系而言，这种说法对安息时代也是适用的。

③ 参见《中国大百科全书》中国历史卷，"黎轩"条。

④ 《红海周航记》导言，第11—12页。

⑤ 参见［英］赫德逊《欧洲与中国》，第47页。

运到中国。显然，这个转运港口（entrepot）非阿曼莫属。其实安息王朝（前247—公元224）兴起于同希腊化的塞琉古王朝（Seleucid Dynasty，前312—前64）的争战，此后其西边不绝兵燹，以至于近年一部伊朗学者写的波斯古代政治史把安息时代概括为"兵荒马乱"①。在这种情况下，古代东西方世界的交流不得不绕道南方的大海或者北方的莽原，以尽可能避开连绵不断的前线的战火②。所以我们看到《后汉书·西域传》略云："大秦国，一名犁鞬，以在海西，亦云海西国。与安息、天竺交市于海中，利有十倍。其王常欲通使于汉，而安息欲以汉缯彩与之交市，故遮阂不得自达。至桓帝延熹九年（166），大秦王安敦遣使自日南徼外献象牙、犀角、玳瑁，始乃一通焉。"③ 犁鞬即黎轩，托勒密王朝以后成为罗马帝国的领地。由此可见，古代埃及与东方的交通主要是经由海路，交通交市的主要目的是想获得中国特产的蚕丝产品，而这条路上与安息"交市于海中"的地点只能是在阿曼。如本章开头所说，作为东西方海路交通枢纽的同时，阿曼也是古代世界的一个海上国际贸易中心。

---

① 参见［伊朗］扎林库伯著，张鸿年译《波斯帝国史》第七章《兵荒马乱》，第263页以下。

② ［美］希提著，马坚译《阿拉伯通史》上册第五章也有类似的看法："通过肥沃的新月地区（即黎凡特地区。——引者），把欧洲和印度联系起来的巨大陆路，是安息国和罗马帝国之间无穷摩擦的主因，在这个时期之前，曾受亚历山大的威胁；但是通到印度的南方水路，几乎直到公元一世纪时，还在阿拉比亚人的手里。"（商务印书馆1979年版，第65页）

③ 见《后汉书》卷88《西域传》，中华书局标点本，第2919—2920页。所谓"大秦王安敦遣使"或为商人伎俩，学界意见不一，参见钱江《金洲、金地与耶婆提：古代印度与东南亚的海上贸易》，第331—332页。不过，《魏略·西戎传》："大秦多金、银、铜、铁、铅、锡、神龟、白马、朱髦、骇鸡犀、玳瑁、玄熊、赤螭、辟毒鼠、大贝、车渠、玛瑙、南金、翠爵、羽翮、象牙、符采玉、明月珠、夜光璧、真白珠、虎珀、珊瑚、赤白黑绿黄青绀缥红紫十种流离、璆琳、琅玕、水精、玫瑰、雄黄、雌黄、碧、五色玉、黄白黑绿紫红绛、绀金、黄缥、留黄十种氍毹、五色氍毹、五色九色首下氍毹、金缕绣、杂色绫、金涂布、绯持布、发陆布、绯持渠布、火浣布、阿罗得布、巴则布、度代布、温宿布、五色桃布、绛地金织帐、五色斗帐、一微木、二苏合、狄提、迷迷、兜纳、白附子、薰陆、郁金、芸胶、薰草木十二种香。"（《三国志》卷30《乌丸鲜卑东夷列传》，中华书局标点本，第861页）可见，遥远西方的大秦（罗马帝国治下的叙利亚、埃及一带）在古代中国被认为是盛产宝物的地方，反之亦然。亦请参见［德］夏德《大秦国全录》，第98—106页。

二 玻璃、祖母绿、苏合香

学界公认，文献记载早年传到中国的大秦宝物，只有流离（琉璃，这里指玻璃）确为地中海东部特产，即所谓"罗马玻璃"。专家认为："我国西汉—北宋这一期间，地中海沿岸及伊朗高原先后出现了几个世界性的玻璃生产中心，我国与这几个玻璃中心都有着一定的贸易往来。我国进口玻璃器皿包括罗马玻璃、萨珊玻璃和伊斯兰玻璃三部分。罗马玻璃一般是指公元前一世纪到公元五世纪广大罗马帝国领域中的玻璃产品。西罗马灭亡之后到阿拉伯帝国兴起为止，地中海东岸的玻璃产品也可以视为罗马玻璃。公元前一世纪，罗马帝国征服了地中海沿岸，希腊世界的两个玻璃中心——腓尼基、叙利亚海岸和埃及的亚历山大地区，先后落到罗马手中，也正在这个时候，玻璃生产发生了一场大革命，发明了吹制法，大大简化了生产，降低了成本，使先前一直是罕见昂贵的玻璃器变成了地中海地区的常见物品。罗马玻璃繁荣发展之际，我国正处在两汉魏晋南北朝时期。我国出土的这个时期的玻璃器皿中，有一些比较典型的罗马玻璃。"[1] 近年考古发掘在阿联酋乌姆盖万（Umm al-Qaiwain）海岸的 ed-Dur 遗址[2]和沙迦的 Mleiha 遗址[3]也发现了数量可观的罗马玻璃。两处遗址都位于阿曼半岛上，断代为公元 1 世纪至 2 世纪早期，学者认为很可能当时属于古代阿曼[4]。

这里值得一提的是，在阿富汗首都喀布尔北面大约 45 英里的贝格

---

① 参见安家瑶《中国的早期玻璃器皿》，载《考古学报》1984 年第 4 期，第 414—415 页。

② Cf. D. Whitehouse, *Excavations at ed-Dur (Umm al-Qaiwain, United Arab Emirates)*, Vol. 1, *The Glass Vessels* (Leuven, Belgium: Peeters, 1998); D. Whitehouse, "Ancient Glass from ed-Dur (Umm al-Qaiwain, UAE) 2. Glass Excavated by the Danish Expedition", *AAE* 11 (2000): 87 – 128.

③ Cf. R. Boucharlat and M. Mouton, "Mleiha (3 e s. avant J. – C. – 1er/2 e s. après J. – C.)", in *Materialien zur Archäologie der Seleukiden- und Partherzeit im südlichen Babylonien und im Golfgebiet*, ed. U. Finkbeiner (Tübingen, Germany: Wasmuth, 1993), pp. 219 – 250.

④ Cf. *The Persian Gulf in History*, p. 42. 当然，按照这一观点，前述 4 处玳瑁大型巢位中的波斯湾南端迪拜海岸，在历史上也很有可能与马西拉湾马西拉岛同属古代阿曼，这就更有助于解释阿曼在古代世界玳瑁市场的中心地位。

拉姆（Begram），20 世纪中曾经发掘了一处宫殿遗址，其中发现了从西方进口的玻璃器皿的残件，包括一些几乎肯定是来自埃及亚历山大城的玻璃器①。权威的研究者明确指出，《红海周航记》"这一节提到的这些玻璃器，很可能就是在提圉卸船上岸，以便溯印度河谷的道路而上，运往其目的地"②。与此类似的提圉港进口货物还有祖母绿（peridot）和苏合香。研究表明，古代世界唯一的祖母绿产地是埃及红海中的宰拜尔杰德岛（Jazirat Zabarjad，即 St. John's Island），其西北 30 海里即古代埃及至印度航线著名的起点之一贝雷尼塞（Berenice）港③，西距上埃及尼罗河边的阿斯旺（Aswan）仅 140 海里。因此，可以肯定中国传统文献里常见的祖母绿④和罗马玻璃一样，都可以充当阿曼与中国古代交流的宝贵见证。苏合香被公认是地中海东部沿岸的产物⑤，又广泛见于中国古代文献记载⑥，和罗马玻璃、祖母绿等物品同时经由阿曼转口传来完全是可以理解的。据研究，善于经商的大月氏人在占领和统治了犍陀罗地区以后，使这里的香料贸易更加繁荣。汉王朝经常派人去大月氏

---

① 参见 M. Wheeler, *Rome Beyond the Imperial Frontiers*（London，1954），pp. 162 – 165；H. Seyrig in *Syria* 22［1941］：262。

② 参见《红海周航记》，第 191 页注释 39：13.9。

③ 参见《红海周航记》，第 94 页注释 1：1.2—4，第 190 页注释 39：13.8a。

④ 研究者认为，祖母绿之所以如此珍贵，主要是需求广泛而货源稀少，因而被用作王室礼品，埃及国王对采石场实行严格守卫；"橄榄石级的宝石祖母绿是绿色而不是'金色'，不过色彩似乎有一点儿混淆；虽然普林尼（Pliny）说它'本身有绿色的性质'，但斯特拉波（Strabo）形容它'像是金子'"。见《红海周航记》，第 190 页注释 39：13.8a。中国传统文献尤其是古典小说里经常提到作为宝物的祖母绿，如（明）抱瓮老人辑《今古奇观》卷 5《杜十娘怒沉百宝箱》："最后又抽一箱，箱中复有一匣，开匣视之，夜明之珠约有盈把，其他祖母绿、猫儿眼诸般异宝，目所未睹，莫能定其价之多少。众人齐声喝采，喧声如雷。十娘又欲投之于江，李甲不觉大悔，抱持十娘恸哭。"又（明）·冯梦龙编《醒世恒言》卷 23《金海陵纵欲亡身》："那女待诏在身边摸出一双宝环放在桌子上，那环上是四颗祖母绿镶嵌的，果然耀目层光，世所罕见。"

⑤ 参见《红海周航记》第 163 页注释 28：9.16a，其中提到产苏合香树脂的小树生长在南欧、小亚细亚和黎凡特（Levant）地区。

⑥ 如《魏略·西戎传》记载，大秦国有"一微木、二苏合、狄提、迷迷［迷迭？］、兜纳、白附子、薰陆、郁金、芸胶、薰草木十二种香"。（《三国志》卷 30《乌丸鲜卑东夷列传》，中华书局标点本，第 861 页）（晋）袁宏撰《后汉纪》卷 15《孝殇皇帝纪》：大秦国"会诸香煎以为苏合，凡外国诸珍异皆出焉"。（张烈点校，中华书局 2002 年版，第 302 页）（陈）徐陵撰《玉台新咏》卷 8 梁武帝《河中之水歌》："卢家兰室桂为梁，中有郁金苏合香。"

求购香料①。班固在《与弟超书》中就提到："窦侍中令载杂彩七百匹、白素三百匹，欲以市月氏马、苏合香、毾毲"；"月氏毾毲大小相杂，但细好而已"；"今遗仲升氍毺黑犀簪、虎头金盘囊、金钩"②。这条材料至少包含了以下信息：

1. 中国用以与香料进行贸易的正是其特产的丝绸。

2. 苏合香与乳香—安息香一样经贩于大月氏（贵霜）犍陀罗地区，这与上述《红海周航记》有关苏合香为提鼬港进口货的记载正好相互衔接。这条路线很可能也就是早期的香料之路。联系到前面提到的汉代黄土高原上的月氏道等资料，人们其实可以把这条以阿曼、提鼬、犍陀罗/罽宾为海陆枢纽的早期香料之路走向更准确地描述出来。

3. 阿曼特产氍毺（玳瑁）的出现也强化了上述同时活跃在这条路上的货物与阿曼的联系。世界上的犀牛共有五种——黑犀牛（Black rhino）、白犀牛、印度犀牛（Indian rhinoceros）、苏门答腊犀牛（Sumatran rhinoceros）和爪哇犀牛，黑犀牛是非洲特产，如前所述，非洲特产古代只能经由阿曼传到中国。至于和苏合香一道提到的毾毲，据汉文史料记载，都属于大秦（罗马帝国）特产宝物③。我认为，汉代所谓毾毲、氎毲，应即后代所谓波斯锦一类的混纺织物，与其他许多大秦宝物一样，未必产于罗马帝国，多半都是经由阿曼传来，详考见本书第四章。

《三国志》卷三十裴注引《魏略·西戎传》说："大秦道既从海北陆通，又循海而南，与交趾七郡外夷比，又有水道通益州永昌，故永昌出异物。前世但论有水道，不知有陆道"，"又常利得中国丝，解以为胡绫，故数与安息诸国交市于海中"④。《后汉书·西域大秦传》略云：

---

① 参见王永平《返魂香与伏虎兽：从罗马到汉朝》，第53页。

② 见（清）严可均校辑《全上古三代秦汉三国六朝文》，中华书局影印本1985年版，第609页。

③ 《魏略·西戎传》记载，大秦国有"黄、白、黑、绿、紫、红、绛、绀金、黄缥、留黄十种氎毲，五色毾毲，五色九色首下毾毲"等。（《三国志》卷30《乌丸鲜卑东夷列传》，中华书局标点本，第861页）

④ 中华书局标点本，第861页。

"大秦国，一名犁鞬，以在海西，亦云海西国。与安息、天竺交市于海中，利有十倍。其王常欲通使于汉，而安息欲以汉缯彩与之交市，故遮阂不得自达。"① 这些都说明，古代罗马玻璃以及其他所谓大秦宝物大多是通过海路即经由阿曼传向东方、传到中国来的。所谓与安息"交市于海中"，在当时的历史、地理情况下只能理解为以安息南界悬在海外的属国阿曼为国际贸易转口港（enterpot）②。

三　琥珀等

虽然劳费尔《中国伊朗编》说琥珀最早见于中国典籍记载就是上引《汉书·西域传》罽宾国条③，但《魏略·西戎传》略云：大秦有"明月珠、夜光珠、真白珠、虎珀、珊瑚、赤白黑绿黄青绀缥红紫十种流离"④，物品列举顺序与汉传全同，可信这是中国史籍记述海外珍宝的一种传统模式。无论如何，尽管大秦（罗马帝国）见于史载稍晚，但并不妨碍琥珀早见于当地或早经当地传来。在这种背景下，和珠玑、珊瑚、璧流离等海珍一同出现在罽宾的虎魄（即琥珀），几乎可以肯定也是走海路经阿曼一道转输而来的。据研究，古代世界的琥珀产地主要有两处，一处是北欧的波罗的海海滨，一处是东南亚缅甸的安达曼海沿岸⑤。我倾向于认为见于罽宾的琥珀来自西方（产于波罗的海海滨）⑥，因为这些海路珍宝转输的目的地是东方的中国，那里有最大的需求市场。如果是产于缅甸的琥珀，直接向东北就可以输往中国，没有必要向西绕道罽宾（今南亚克什米尔）。

---

　① 中华书局标点本，第2919—2920页。

　② 《剑桥伊朗史》的编者这样写道：阿曼"在历史上曾长期与伊朗有政治和文化联系。在萨珊时代，它是波斯的前哨，是皇帝们力图控制印度洋贸易和保证在以'阿拉伯福地或香料阿拉伯'（Arabia Felix or Arabia Odorifera）著称的哈达拉毛和也门富裕的农业地区站稳脚跟的阵地链中的一环"。见 Ehsan Yarshater ed. , *The Cambridge history of Iran*, Vol. 3 (1), pp. 603 – 604。

　③ 《中国伊朗编》，第351页。

　④ 参见《三国志》卷30《乌丸鲜卑东夷列传》，第861页。

　⑤ 参见《中国伊朗编》，第351—353页。

　⑥ 西方琥珀经阿拉伯地区东传，这也是国际学界传统的主流观点，参见《中国伊朗编》，第351—352页。

第二章　陆海丝路连通与阿曼——古代中国建交

由阿曼经罽宾传入中国的域外物品还有东汉时代的符拔（长颈鹿）、南北朝隋唐时代的波斯锦等，这些我们以后还会和相关历史一起提到。我们看到，汉传记载阿曼的这些海路珍宝传到罽宾后又几乎都转往了中国。那么，经由罽宾连通阿曼与中国的路网有什么特点呢？

首先，这里是张骞通西域开拓的丝绸之路海、陆连接的必经之地，如下所见，此即塞种联盟（公元前2世纪末——公元1世纪中，更早则是希腊化时代）提供的从中亚腹地到南亚印度河口提瓯的道路。《红海周航记》的权威研究者对此曾有这样的概述：丝路南北两道"汇聚于疏勒（Kashgar），然后从那里蜿蜒穿越高耸的葱岭（The Pamirs）进入大夏（Bactria）。运往地中海市场的货物继续往西；同时，那些运往印度市场的货物则沿着一条也许是在缚喝（Balkh）分开的岔路朝南去。这后一条路抵达印度河上游时分叉：一条支线沿河而下直到提瓯；而另一条则更向东些，沿着修建的道路经过奢羯罗（Sialkot）和秣菟罗前往优禅尼/邬阇衍那（Ujjain），然后从那儿到达婆楼割车。还有一条短点儿但更艰难的路线：从疏勒直接向南翻越葱岭，经过孽多（Gilgit），到达罽宾（Kashmir）"[1]。作为塞种联盟在南亚的政治中心，罽宾无疑也是

---

① 参《红海周航记》导论，第26—27页。作者在注释里列举了所参考的研究论著，有兴趣的读者可以参看。

其控制路网的交通枢纽。除此之外，这个路网还与阿曼经由次大陆与中国西藏、西南夷的交通交流有着重要关系，不过，由于本书篇章主题安排据历史发展侧重不同的原因，这些内容我们以下据其时段放到其他章节分别进行讨论。

第一节　张骞通西域：阿曼早期通古代中国的道路走向

我们前面提到，《史记》中的安息发使来献"大鸟卵及黎轩眩人"，在《汉书》中被改成了大宛等发使来献，这涉及当时中亚地区的复杂政局并影响到中西交流尤其是丝绸之路的走向与构成。实际上，这也就是早期阿曼与古代中国发展关系、开展交流的主要路径问题：阿曼的特产、西方外域的事物最早经由哪里传到古代中国，古代中国特产的丝绸等物品又经哪里传到阿曼乃至更远，本节拟就此进行讨论。

众所周知，养蚕缫丝是中国人的发明，古代丝绸是中国的特产，因而中国丝绸很早就被作为珍品贩卖出去，远销世界各地，形成了今天所谓"丝绸之路"（The Silk Roads）① 的雏形。但是，中国人自身到了域外，亲眼看到异域风光景色和人情物产，还数西汉武帝（前141—前

① 古代欧亚内陆的丝绸贸易和东西交通情况的历史，早就引起了人们的注意。但是，如何概括和形容古代世界的这一历史活动，人们一直试图找出一个恰当的名称。1877 年，德国地理学家、地质学家李希霍芬刊布了他的实地考察兼文献研究的名著《中国》（China，柏林，1877）。作者在这部著作的第一卷第十章《中国与中亚南部和西部诸民族的交通往来之发展》中，分为六个阶段考察了中国与中亚、印度的从古至今的交往历史。作者在考察第二个阶段的时候，叙述了中国与中亚的丝绸贸易和交通路线（公元前 3 世纪末到公元 7 世纪）。作者时而把这条路称为"驼队之路"（die Caravanstrasse），时而称之为"贸易之路"（die Handesstrasse），并且一再强调指出，沿这条"驼队之路"或"贸易之路"贩运的最重要的商品就是中国特产的缯帛。作者在叙述到公元 2 世纪托勒密（Ptolemaeus）撰述的《地理志》转录时代更早的地理学家马里奴斯（Marinus）有关东西贸易丝绸记载的时候，明确提出了"丝绸之路"（die Seidenstrasse）这一名称。看来，还是"丝绸之路"一名最富有形象性，而且最具体地反映了古代东西交通的实际情况和动态。这个名称的提出在很大程度上满足了人们探求已久的物色恰当定名的愿望，因而从 20 世纪初以来已为学界普遍接受。参见拙著《古代中外文化交流史》，高等教育出版社 2006 年版，第 12—13 页；联合国教科文组织"丝绸之路"网上平台（The UNESCO Silk Road Online Platform），https://en. unesco. org/silkroad/unesco-silk-road-online-platform，2018 年 1 月 26 日。

87）时的张骞（前164—前114）为第一人，所以《史记·大宛列传》称："然张骞凿空，其后使往者皆称博望侯，以为质于外国，外国由此信之。"① 就是说张骞为中国人蹚开了前往西域的道路，开拓了中国人的眼界，获取了外国人的信任，建立和发展了同域外的关系。据史书记载，张骞亲自到过的地方有大宛、大月氏、大夏、康居②，而分遣副使还到过安息、身毒、于窴（今新疆和田）、扜罙（今新疆策勒）等地③。《史记·大宛列传》说：张骞死后，"汉始筑令居④以西，初置酒泉郡以通西北国。因益发使抵安息、奄蔡、黎轩、条枝、身毒国"⑤。黎轩指埃及托勒密王朝的首都亚历山大城（Alexandria），汉使是否抵达了黎轩，东西方史料都未见明确记载⑥；条枝或作条支，即前引《红海周航记》第35节提到以 Charax Spasinu（今伊拉克巴士拉附近）为中心的波斯湾头地区。汉使到条枝的确切记载是东汉的甘英，西汉时代还只能是传闻⑦。

《三国志》卷三十裴注引《魏略·西戎传》："大秦道既从海北陆通，又循海而南，与交趾七郡外夷比，又有水道通益州永昌，故永昌出异物。前世但论有水道，不知有陆道"；"自云本中国一别也，常欲通使于中国，而安息图其利，不能得过"，"又常利得中国丝，解以为胡绫，故数与安息诸国交市于海中"⑧。这里"大秦"指古代罗马帝国（公元前30—公元476）所属地中海东岸的埃及、叙利亚等地。《魏略》系曹魏（220—265）时鱼豢所撰史书，其中所谓"前世"当指汉代至

---

① 中华书局标点本，第3169页。

② 《汉书》卷61《张骞传》："骞身所至者，大宛、大月氏、大夏、康居，而传闻其旁大国五六，具为天子言其地形、所有（师古曰：'土地之形及所生之物也。'），语皆在《西域传》。"（中华书局标点本，第2689页）

③ 参《史记》卷123《大宛列传》，中华书局标点本，第3169页。

④ 令居塞，遗址在今兰州市西北永登县中堡镇罗城滩村。

⑤ 中华书局标点本，第3170页。

⑥ 参《中国大百科全书》中国历史卷，"黎轩"条。

⑦ 《史记·大宛列传》："安息长老传闻条枝有弱水、西王母，而未尝见。"《汉书·西域传》则在乌弋山离国条下完全袭用《史记·大宛列传》有关条枝内容。

⑧ 中华书局标点本，第860—861页。

少是东汉（25—220）时代。因此，按照《魏略》的说法，至少是东汉时代，虽然"从海北陆"地有道路可通比安息更远的大秦，但中国人并不知道；当时中国人只知道走水道（海路）有各种途径可以辗转与大秦沟通，这里提到的"交趾七郡外夷"相当于中国南海周边各国；"益州永昌"则指今云南、缅甸一带，水道即航行经由孟加拉湾。显然，当时中国人所知道的水道还限在印度以东，和大秦发生关系实际上是在印度以西。在这种情况下，中国人认为大秦只能经由海路获取中国丝绸，"故数与安息诸国交市于海中"。那么，东汉时代即公元1—3世纪安息的海上市场能在哪儿呢，如我们在前引《红海周航记》的航程中所见，只能是在阿曼。

上述《魏略》所记丝绸之路在西亚的交通信息，应该主要来自东汉初年的甘英使大秦（详见下节）。因为甘英到了安息西界，亲身经历了解到很多信息，所以纠正了一些传闻错误，譬如《魏略·西戎传》略云："疏勒，自是以西，大宛、安息、条支、乌弋。乌弋一名排特①，此四国次在西，本国也，无增损。前世谬以为条支在大秦西，今其实在东。前世又谬以为强于安息，今更役属之，号为安息西界。大秦国一号犁轩，在安息、条支西大海之西"等。《后汉书·西域大秦传》则明确说："《汉书》云'从条支西行二百余日，近日所入'，则与今书异矣。前世汉使皆自乌弋以还，莫有至条支者也。"《后汉书》所谓"前世"就是指西汉（前202—公元8）时代。

不过，如上所述，司马迁（前145—约前87）《史记》里献大鸟卵及黎轩善眩人的安息被《汉书》作者班固（32—92）改成了大宛（今乌兹别克斯坦费尔干纳盆地）诸国，这是为什么呢？仔细阅读上引《史记·大宛列传》的记载，可以看出，当时出使安息的汉使其实并未至其王都，只是到了安息东界。参比《魏略》有关条支役属于安息"号为安息西界"的说法，《史记》所谓"东界"亦当为安息另一属国，揆诸史籍和史实，应该就是未被《史记》明确记载而始见于

---

① 参见《中国大百科全书》中国历史卷，"乌弋山离"条。

《汉书》的乌弋山离。据《汉书·西域传》：乌弋山离"西与犁靬、条支接"，"绝远，汉使希至。自玉门、阳关出南道，历鄯善而南行，至乌弋山离，南道极矣"；安息"东与乌弋山离、西与条支接"。正因为如此，《后汉书·西域传》才会说："前世汉使皆自乌弋以还，莫有至条支者也。"所以，"安息王令将二万骑迎于东界"应当另有原因①，所谓"大鸟卵及黎轩眩人"其实来自安息东界即乌弋山离而非其王都。

　　那么，乌弋山离为什么没有被《史记》提及却被《汉书》记载，它和大宛又是什么关系呢？据权威研究，乌弋山离是"公元前2世纪至公元1世纪伊朗高原东部的一个地区或半独立国家。安息在密司立对提一世（Mithradates I，前171—前138或137）时建立了东自大夏、身毒，西至两河流域，北至里海，南抵波斯湾的大帝国。但由于大月氏西迁，中亚的塞人（Sakas）各部受到很大的打击，大约在公元前128或127年纷纷南下闯入安息境内，直到德兰癸亚那（Drangiana，今伊朗、阿富汗毗连地带的塞斯坦）和阿拉科西亚（Arachosia，今阿富汗南部）二郡之地，占据了塞斯坦。密司立对提二世（前124—前87）即位后，决心大力整顿东方，便派贵族苏林（Suren）率领大军到东边镇压入侵的塞人，经过十年的战争，塞人降服，安息表面上恢复了统一。从此侵入的塞人和土著安息人便在东方这两郡境内杂居，逐渐融合。自公元前1世纪②以后，印度的记载称他们为'塞种—安息'（Saka-Pahlava）。苏林在东方的胜利使他在德兰癸亚那和阿拉科西亚两郡建立了军事独裁政权。安息帝国实际上分成了两个地区，西部仍

---

　　① 安息王朝（前247—公元224）时代波斯内争外战不断，参［伊朗］扎林库伯著，张鸿年译《波斯帝国史》第七章《兵荒马乱》，复旦大学出版社2011年版，第263页以下。张骞首次使西域从陇右即被匈奴俘虏，扣押十余年后逃脱，经中亚大月氏抵大夏（Bactria，今阿富汗北部）已是前128年左右，回程又被匈奴扣留年余，回到长安最早也是前126年；第二次是前119年率团出使乌孙，分遣副使去安息、身毒等地；前115年张骞还，次年死；这时候，中亚塞种已经开始大规模南迁（参见《中国大百科全书》中国历史卷"安息""张骞""乌弋山离"等条）。在这种情况下，很难相信"安息王令将二万骑迎于东界"不是抗御入侵的塞人而是欢迎初来乍到的汉使。

　　② 原文为公元1世纪，联系前后文看，当为公元前1世纪。

在阿塞西（Arsaces）王朝统治之下；东部则在苏林家族统治之下，仅名义上属于安息，实际上完全独立，其政治中心即在塞斯坦。《汉书》把苏林家族统治下的、安息人与塞人杂居的东部地区称为乌弋山离国。乌弋山离国是其首都 Alexandria-Prophthasia 前一字之音译；此国名亦称'排特'，是后一字之音译。公元 1 世纪乌弋山离国被新兴的贵霜帝国吞并"①。众所周知，《史记·大宛列传》依据的主要是张骞等汉武帝时代出使西域的汉使回国报告，张骞死于公元前 114 年，《史记》作者司马迁大约于公元前 87 年去世，因此，他们虽然了解到安息东界的分立趋势，未必能得到乌弋山离国即塞种—安息（Saka-Pahlava）割据独立的准确信息。

可见，乌弋山离这个国家的产生形成与中亚塞种的迁徙活动密切相关②。如上所述，塞种原居中亚，受大月氏迁徙的压迫，大约于公元前 128 或 127 年开始纷纷向南迁徙。南迁的塞种主要有三支：除了上述向西南到达塞斯坦的一支和向东南进入葱岭（帕米尔）附近地区的另一支，最主要的一支向南进入印度西北以罽宾（今克什米尔）为中心建立政权③。据研究，这一身毒—塞种王朝（Indo-Scythian dynasty）从其第一位国王 Maues（约前 120—前 85）开始一直存在到公元 1 世纪中期；而塞种国王 Mause（Moa/Moga/Mauakes）一名见于巴基斯坦所领克什米尔地区修建中巴友谊公路时于奇拉斯（Chilas）发现的摩崖石

---

① 参见《中国大百科全书》中国历史卷，"乌弋山离"条。

② 参见［伊朗］扎林库伯著，张鸿年译《波斯帝国史》，第 279—281 页（塞种和吐火罗、大月氏的迁徙）、第 293—294 页（安息东部贸易的衰退以及和印度的贸易）；乌弋山离于公元 1 世纪初侵入信德，取代了塞种（Sakas）在那儿的统治，但不久即被贵霜帝国所吞并，参《伊朗学百科全书》（Encyclopædia Iranica）网络版：R. C. Senior, "INDO-SCYTHIAN DYNASTY," Encyclopædia Iranica, online edition, 2005, available at http: //www. iranicaonline. org/articles/indo-scythian-dynasty-1（accessed on 30 April 2017）和 INDO-PARTHIAN DYNASTY，条，见 http: //www. iranicaonline. org/articles/indo-parthian-dynasty-1，2018 年 1 月 28 日。

③ 《汉书》卷 96 上《西域传》上："昔匈奴破大月氏，大月氏西君大夏，而塞王南君罽宾。塞种分散，往往为数国。自疏勒以西北，休循、捐毒之属，皆故塞种也。"（中华书局标点本，第 3884 页）参《中国大百科全书》中国历史卷，"安息"条。

刻①，他很可能与《汉书·西域传》记载李广利伐大宛时的该国国王毋寡（Miwo/Miu-kwǎ/kwa，死于公元前 101 年）同属一人或同为一家。塞种入主印度西北共有三批，毋寡之后的两批入印应与大月氏灭大夏（公元前 1 世纪后半）、乌弋山离后期的扩张（公元 1 世纪前期）有关。迁入印度的塞种以联盟或同盟（federations or alliances）的方式形成帝国，继续向南迁徙和扩张势力到达印度河下游的信德、古吉拉特，甚至影响到印度中部的部分地区②。

由此可见，张骞通西域之后，大约公元前 2 世纪末③安息东界"发使随汉使来观汉广大，以大鸟卵及黎轩善眩人献于汉"的所谓"大宛诸国"，其实是指当时以毋寡及其后继者主导的中亚与南亚毗连地区的塞种联盟。总之，正是毋寡及其后继者构建的塞种联盟（帝国）在公元前 2 世纪末至公元 1 世纪中提供了从中亚腹地到印度河口的交通，才使得张骞通西域开辟的中外交流孔道即丝绸之路得以为继，进一步与海路连通发展成为与西亚、北非和地中海东部世界的交流联系网络。本书导论引述 1 世纪中撰成的《红海周航记》有关当时从亚丁经阿曼到印

---

① A. H. Dani, *Chilas, the City of Nanga Parbat*, Islamabad, 1983; Idem, *Human Records on the Karakoram Highway*, Lahore, 1995, pp. 52, 55.

② 国际学界有关这一塞种联盟（帝国）或者说身毒—塞种王朝持续存在的依据除了个别文献和石刻材料之外，主要是当地出土的一系列有关钱币及其铭文。《汉书·西域安息传》有关"民俗与乌弋、罽宾同，亦以银为钱，文独为王面，幕为夫人面，王死辄更铸钱"（中华书局标点本，第 3889 页）的记载得到了印证。断代为该联盟中期的秣菟罗（Mathura）Rajuvulas 女王狮子柱头纪功碑里提到了"显赫的毋寡（Muki /Maues）王"，表明当时仍然保留着对毋寡的尊崇和敬畏。该碑文还提到了其他王公和总督并以"凭整个塞种国家的荣耀"（in honor of the whole Sakastana）作结，这表明，无论制度情况如何，塞种据有的地域被视为一个整体（the Scythian-occupied territory was seen as an entirety）。直到末期，乌弋山离（Indo-Parthian）的国王"Gondophares-Sases 还在致力于统一他那些显赫的前辈毋寡、阿泽斯和贡多费尔斯一世（Maues, Azes, and Gondophares I）曾经拥有的领土。然而，公元 45 年后的某个年头，由毋寡（Maues）开创的塞种对身毒的统治彻底结束，那片地带为贵霜帝国所占领"。见《伊朗学百科全书》网络版：R. C. Senior, "INDO-SCYTHIAN DYNASTY," *Encyclopædia Iranica*, online edition, 2005, available at http://www.iranicaonline.org/articles/indo-scythian-dynasty-1（accessed on 30 April 2017）。亦请参《中国大百科全书》中国历史卷，"安息"条；[印度] R. C. 马宗达等著，张澍霖等合译《高级印度史》上册第八章《摩揭陀帝国的瓦解和来自中亚和伊朗的侵略》，第 127—130 页。

③ 石刻所见塞王 Mause（Moa/Moga /Mauakes = 毋寡），据汉文史料记载死于太初四年（前 101）李广利第二次伐大宛。

度西北沿岸航线、航程、港口及进出口货物的记载正是这一交流网络的见证。这一重要的中西沟通桥梁随后又为取代塞种联盟的贵霜帝国所继承①。

第二节　丝绸之路海陆连结枢纽——提胭

在这样一个历史背景下，可以肯定，当时由控制着印度河交通路线的塞种联盟献给中国西汉王朝的"大鸟卵及黎轩善眩人"是从阿曼辗转而来的。

当然，从阿曼运往中国的这些货物当时并不能经由海路直接运到中国，如前所述，"大鸟卵及黎轩善眩人"等等当时是经由从印度河口到中亚腹地的陆路通道献给中国西汉王朝的。那么，由阿曼（安息南界）打包发往中国的这些西方货物从哪里由海路转陆路，即在哪个港口上岸呢？换言之，史料说大秦国"又常利得中国丝，解以为胡绫，故数与安息诸国交市于海中"，或者说"与安息、天竺交市于海中"，这个天竺即古代印度承接转运阿曼（安息）发往中国货物的转口港（enterpot）是哪里呢？我认为，当时最适合接转这项贸易交流活动的港口是位于印度河口的提胭（今巴基斯坦卡拉奇）。我之所以这样说，不仅因为提胭在地理上距离阿曼最近，交通往来最便捷，更因为当时（迄至公元前后）在印度西海岸的四个重要港口中，提胭是经营中国货

---

① 参《伊朗学百科全书》网络版：A. D. H. Bivar, "KUSHAN DYNASTY i. Dynastic History," *Encyclopædia Iranica*, online edition, 2014, available at http://www.iranicaonline.org/articles/kushan-dynasty-i-history（accessed on 08 December 2014）；[美]理查德·配恩（Richard Payne）：《丝绸之路与古代晚期伊朗的政治经济》，第88页。2015年7月底，在瑞士苏黎世举行的"中西方文化交融高峰论坛 Sino-Western Culture Convergence Forum"上，来自英国的一位学者在演讲前向听众提了一个问题：佛教传到中亚以后，为什么只向东传不向西传？当时没人回答。我近年思考这个问题，觉得除西亚有发达的宗教传统之外，溯大月氏迁徙的来路传播可能是一个重要原因。无论如何，佛教初传中国的两个重要故事——"伊存授经"和"白马驮经"都和大月氏有关（参见汤用彤《汉魏两晋南北朝佛教史》上册，中华书局1983年版，第33—36页），而且汉文经典长期以大月氏指代贵霜（Kushan）国名。这些都从一个方面反映出早期中外文化交流即丝绸之路的道路交通走向。

物种类最多最全的转口外贸港口。据研究，印度西海岸分为两个势力范围，每个势力范围都有两个主要港口：西北方有提甋和婆楼割车港，西南方则有柯枝（Muziris）和故临（Nelkynda）港①。

先看西北沿岸，我们发现，尽管其两个港口经营着大量同样的贸易物品：进口玻璃、珊瑚、祖母绿（peridots）、乳香、苏合香和丰富多彩的纺织品，出口香油、芳香树脂、枸酱（Lykion）、甘松、青金石和丝绸面料，但基本性质是不同的。提甋仅仅是一个港口：所有来到这儿的货物都是前往上游的首府 Minnagar②。婆楼割车则不同，不仅是一个港口，也是一个工业中心。这从比较两地操控的某些进出口货物可以看出来，尤其是玻璃，这是所有四个西部口岸都进口的一种物品，但提甋只进口玻璃制品，婆楼割车则仅进口玻璃生料。而且，婆楼割车还进口铜、锡、铅这类原材料，这些或者其他基本原料没有一样被提甋进口。在纺织面料和成品种类，提甋仅出口丝绸面料，那是从中国来的，然而与此同时它比其他港口提供的中国产品种类更多——不仅是中国丝绸面料和蚕丝，这里还是唯一能够获得中国锦缎③的地方。婆楼割车则出口丝绸之外还有各种棉布，有些布料种类是由内陆 Ozene（优禅尼/邬阇衍那，今印度中央邦 Ujjain）供应的，不过有些肯定就是在该城制造的。婆楼割车显然是一个更为发达的地方，这可以从其对奢侈品的大量需求看出来。住在 Minnagar 的提甋的主管满足于接收提甋码头上岸的所有物品，那和住在 Minnagara 宫廷里的婆楼割车的领主（overlord）所收到的东西根本没法比。

再看西南沿岸，和西北方面不同，这儿的两个主要港口如此类似，

---

① 大致分别为今印度西南马拉巴尔海岸喀拉拉邦科钦（Cochin）和奎隆（Quilon）两港。此句及以下两段论述均见《红海周航记》导论，第 22—23 页。

② 意为"塞种之城"，参《红海周航记》第 189 页注释 38：13.3。遗址或即今卡拉奇以东 65 千米印度河口南的 Banbhore 遗址，该城在 13 世纪印度河改道后逐渐废毁，参见网络《维基百科》Banbhore 条，http：//en. wikipedia. org/wiki/Banbhore，2018 年 1 月 9 日。

③ 英译原文为 Chinese pelts，这里应指丝绸成品锦缎。见本书导论引述《红海周航记》原文第 39 节时对该词的注释。

以至于在《红海周航记》中作者把它们整合成一块当做一个来处理①。
这里出口的东西几乎完全不同于西北方面的那些出口物，人们可以想
到，其原因盖在于其涉及的地域完全不同。在柯枝/故临和婆楼割车二
者的出口物中只有两样是都见到的：象牙和丝绸面料。甘松虽然两地都
有，但婆楼割车以及提駆发货的甘松货源来自罽宾（Kashmir）及其邻
近地区②，而柯枝/故临的甘松则产自恒河平原。两地也都出口胡椒，
但婆楼割车的是长胡椒，而柯枝/故临的是黑胡椒粉且数量也要大得多，
因为胡椒是马拉巴尔沿岸的著名出口物③。其他所有它们的出口物品都
完全不同。比起婆楼割车来，印度西南口岸的统治者似乎生活与其臣民
一样简单朴素。

这两个地域的一个关键区别在于其商业性质社区。在婆楼割车，进
出口显然是由当地商人操控，至少没有其他迹象。在柯枝/故临则有一
个外国殖民地的明确无误的迹象，据研究，当地似乎长期住有为新来外
商服务的西方（希腊—罗马）买办④。

由此可见，迄至《红海周航记》撰成的公元 1 世纪中期，即贵霜
帝国兴起前夕，以中国丝绸为最重要商品和交流载体的古代世界东、西
方交往的丝绸之路，主要是经由从阿曼到提駆的海上路段沟通联结起
来的；当时中国丝绸经过提駆转口阿曼乃至更远的路线，也就是前述西
方事物——鸵鸟、黎轩眩人、罗马玻璃等等从阿曼运往东方的主要路
线，即塞种联盟（公元前 2 世纪末—公元 1 世纪中，更早则是希腊化时
代）提供的从中亚腹地到南亚印度河口提駆的道路⑤。

我们再来看提駆的进口货物（据《红海周航记》第 39 节），可以
说几乎都来自阿曼，而且如我们已经看到的，这些来自或经阿曼转口而
来的货物又几乎全都转往或传到了中国。譬如珊瑚，我们前面已经提

---

① 参见《红海周航记》，第 219—223 页注释 56：18.16—29。
② 参见《红海周航记》，第 207 页注释 48：16.16—18。
③ 参见《红海周航记》，第 219—220 页注释 56：18.16—17。
④ 参见《红海周航记》导论，第 24—25 页。
⑤ 参见《红海周航记》导论，第 26—27 页。

到，根据对国际学界现有的论证和我们的深入理解，古代传到中国的珊瑚可以肯定都是产自阿曼，提隅进口的珊瑚更不可能例外。尽管在有关提隅的记述中没有明确提到玳瑁，但如前所述，玳瑁是珊瑚的共生生物，《红海周航记》第 33 节明确记载阿曼的马西拉岛盛产品质精良的玳瑁，而且很可能是古代东西方海路交流航道上阿拉伯海沿岸唯一主要的玳瑁产地。权威的研究者认为，作为奢侈品的玳瑁当时"特别受到追捧，因为所有的主要港口都有其交易"①。因此，在当时的提隅港，和珊瑚一道也进口并向中国转口阿曼玳瑁可以说是不言而喻的，毋庸置疑。

这里可以顺便谈一下提隅进口货里的银器和钱币，尤其是钱币，这是古代西方同东方交流货物中的一个大宗。《红海周航记》第 28 节记载虔那（Kane）是南阿拉伯重要的乳香转运港，而从埃及"为国王进口的带浮雕图案的银器和钱币，数量相当大"。这些所谓"为国王进口的"钱币之所以"数量相当大"，十有八九就是为了购买乳香用的。从该书第 29 节和第 32 节的描述可以看出，乳香的生产和买卖都具有官方性质，货款被说成是"为国王进口的"钱币（银器也可以抵充钱币②），情况正像古代以"朝贡"为名到中国进行的贸易——所涉及的多半都是官方统制物品，例如丝绸③。关于历史上乳香的社会功能，"阿曼假日"网站有关"乳香小道"的介绍一开始就说："如果 3500 年前就有货币的话，那么乳香就是原始的经济作物；然而在那时候，它只能是一

---

① 参见《红海周航记》导言，第 17 页。

② 我怀疑中国出土的那些西方风格的金银器很可能都是以贵金属抵充货币用，而不是作为货物出售或易货贸易。或许就是这个原因，国内才少见西方金银钱币实物，反而见到钱币仿制品甚至金条。

③ 参见（唐）长孙无忌等撰，刘俊文点校《唐律疏议》卷 8《卫禁律》"赍禁物私度关"条【疏】议曰引《关市令》，中华书局 1983 年版，第 176—177 页。对于古代所谓"朝贡贸易"的实质，早在《汉书·罽宾传》就已被揭露："今悔过来，而无亲属贵人，奉献者皆行贾贱人，欲通货市买，以献为名，故烦使者送至县度，恐失实见欺。"并请参本书上册附录二《丝路运作与唐朝制度》。

种易货物品、王家礼物或战利品。"① 也就是说，在古代，珍贵的乳香由于获取困难而需求广泛，如此所保障的交换价值，使其很早就具有了一种等价物的作用。据《红海周航记》第 32 节的记载，虞那有船定期到阿曼（Omana）Moscha Limen 码头（今 Khor Rori 港）转运乳香，不知道这种交易方式是购买还是易货？不过，该书同一节接着的一段记载："此外，还有乘船从 Limyrike 或婆楼割车来的，由于季节晚了（没赶上信风）要在那儿（即在 Moscha）过冬，他们按照王室机构的安排，以棉布、谷物和油料作交换，装载乳香为回程货物。"② 据此可知，古代印度洋周边的"地方贸易"采用的是易货交换的方式，而从埃及来的希腊—罗马商人所操持的奢侈品贸易则主要采取货币购买方式。如前所述，《红海周航记》这一节没有提到提飓，表明提飓距离阿曼近，传统近海航线交通便利，不受季风条件限制，而其进口货里的银器和钱币，可能是由那些仍然遵循传统航线的埃及船只沿途转贩阿曼乳香、玳瑁、珊瑚，然后在提飓购买中国丝绸时留下的。《红海周航记》的权威研究者指出："从南印度进口的商品如此昂贵，远远超出了西方货物在那儿卖出的价值，结果就形成了一个稳定的从罗马流入印度的现金流。提比留斯（Tiberius）抱怨说：'女士们及其装饰品正在把我们的钱转给外国人'（塔西佗《编年史》3.53）；普林尼（Pliny，6.101，12.84）则评价了东方，尤其是印度从罗马榨取巨量钱币的数目。还好，罗马仅仅是落入这种长久不平衡过程的开端。这是由相互提供产品的性质决定的，后来的欧洲贸易大国遭受了同样的命运。"③ 最近中国和美国之间发生的贸易冲突，究其原因也是结构性的，即"由相互提供产品的性质决定的"，这经济文化差异该有多么漫长的历史渊源啊！

其实，和阿曼的乳香一样，中国古代丝绸被称为"轻货"，即携带

① 见"阿曼假日"网站"乳香小道"，http：//www.omanholiday.co.uk/FRANKINCENSE-Trail-by-Tony-Walsh-for-Abode-Magazine.pdf，2018 年 4 月 14 日。

② 参见《红海周航记》，第 71 页。

③ 参见《红海周航记》导论，第 17—18 页。参见［英］李约瑟《中国科学技术史》第 1 卷第 7 章，科学出版社 1975 年版，第 399—400 页；［法］布罗代尔（F. Braudel）：《文明与资本主义，15—18 世纪》第 3 卷《世界的前景》，纽约，1984 年，第 490 页。

方便而价值高（获取困难而需求广泛），在很大程度上也是作为一种货币在使用①。在对外交往方面的这种功能，至少从张骞通西域就开始了。《史记·大宛列传》略云："西北外国使，更来更去。宛以西，皆自以远，尚骄恣晏然，未可诎以礼羁縻而使也。自乌孙以西至安息，以近匈奴，匈奴困月氏也，匈奴使持单于一信，则国国传送食，不敢留苦；及至汉使，非出币帛不得食，不市畜不得骑用。所以然者，远汉，而汉多财物，故必市乃得所欲，然以畏匈奴于汉使焉。其地皆无丝漆，不知铸钱器。及汉使亡卒降，教铸作他兵器。得汉黄白金，辄以为器，不用为币。"② 可见，西汉与匈奴之争，也有一个货币金融问题。匈奴在西域设童仆都尉征收聚敛，汉击退匈奴，设西域都护，交通往来信用方面中国自不待言。但是，葱岭以远不属都护，汉使只有以绢帛丝绸为货币用作市易购买，建立和改善关系，接受中国丝绸自然就形成了丝绸之路经济带。在此之外更远的地方，丝绸未必再作为等价物，但由于其使用价值和需求，仍然是一种热销商品。显然，正是西方大国这种广泛而强大的商品需求，支撑了中国丝绸在居间地带具有并维持其等价物的地位③。这种情况的中国丝绸有点儿像今天"一带一路"倡议下的丝路基金和亚投行，接受这个倡议自然就加入了人民币金融圈，当然，支撑人民币这种作用的是今日中国的经济发展和相关产能强大。

研究表明，阿曼与中国早在公元前很久就建立、存在、发展起了多种多样的交流联系，早期域外传到中国的海珍异宝乳香、珊瑚、玳瑁、

---

① 关于"唐朝的币制是一种钱帛本位"，参见彭信威《中国货币史》第四章《唐代的货币》第一节《货币制度》三绢帛，上海人民出版社1965年版，第318—319页；并请参见萧清《中国古代货币史》，人民出版社1984年版，第198—202页。

② 《史记》卷123《大宛列传》，中华书局标点本，第3173—3174页。

③ 如前引班固《与弟超书》所述，汉代就有达官贵人派人载杂彩七百匹、白素三百匹等丝织品去西域买月氏马、苏合香、氍毹。降至唐代，丝绸的货币作用更加发展，赏赐、军资、物价、互市等等到处看到丝绸绢帛作为货币使用，尤其是大宗交易和财政资金运用，白居易《卖炭翁》"半尺红绡一丈绫，系向牛头充炭直"说的是皇家宫市，而其《阴山道》："元和二年下新敕，内出金帛酬马直。仍诏江淮马价缣，从此不令疏短织"，说的是绢马贸易。专门的研究请参看彭信威《中国货币史》第四章《唐代的货币》第一节《货币制度》三、绢帛，第318—319页；萧清《中国古代货币史》，第198—202页；李锦绣《唐代财政史稿（上卷）》（第三分册），北京大学出版社1995年版。

珠玑等都是阿曼特产。张骞通西域以后，西域国家最早送给中国的特产——大鸟卵（鸵鸟蛋）和黎轩善眩人，也是经由阿曼转输而来的，而同时中国传到域外的主要是中国蚕丝、丝绸面料及其制品。早期阿曼与中国的交流沟通主要都是沿海岸航行到印度西北重要的商业港口提瓯，从这里溯印度河北上，可以走陆路进入中国的西域和西藏——构成陆海两道连通路网①，这也就是张骞通西域所开辟的丝绸之路。中国古代的蚕丝和丝绸产品早期主要也是经由这样一个路网传出去的：从中国内地传到西域、西藏或西南夷，再从那里传到南亚印度海岸——最便捷的路线是顺印度河而下到达印度河口的提瓯；在那里，面对茫茫印度洋大海，古人只能沿海航行，无论是从哪里装船——提瓯或是婆楼割车，都要先到达或经过阿曼，再从阿曼把享誉世界的中国特产丝绸转口发往西亚、北非和地中海沿岸各地。

比张骞更早的其他传播路线，就是说不走海路不经阿曼，而直接从中亚走陆路去西亚、欧洲的路线对当时的中国人来说并不存在，即使有也不知道。据《史记·大宛列传》记载：张骞首次出使被匈奴扣留十余年，后"益宽，骞因与其属亡乡月氏，西走数十日至大宛。大宛闻汉之饶财，欲通不得，见骞，喜，问曰：'若欲何之？'骞曰：'为汉使月氏，而为匈奴所闭道。今亡，唯王使人导送我。诚得至，反汉，汉之赂遗王财物不可胜言。'大宛以为然，遣骞，为发导绎，抵康居，康居传致大月氏"；"奄蔡在康居西北可二千里，行国，与康居大同俗。控弦者十余万。临大泽，无崖，盖乃北海云"；"自博望侯骞死后，汉始筑令居（今兰州西）以西，初置酒泉郡以通西北国。因益发使抵安息、奄蔡、黎轩、条枝、身毒国"②。所以，《三国志》卷三十裴注引《魏略·西戎传》说："大秦道既从海北陆通，又循海而南，与交阯七郡外夷比，又有水道通益州永昌，故永昌出异物。"最多只能是张骞死后的事，实际上是东汉甘英使大秦想要达到的目的。甘英被阻于条枝（今

---

① 参见《欧洲与中国》，第47、50、60—62页。
② 《史记》卷123《大宛列传》，中华书局标点本，第3159、3161、3170页。

伊拉克南部，两河河口、波斯湾头一带）而未达大秦（今叙利亚，幼发拉底河上游），暴露出当时中国人对前往大秦陆路的方向路线除了传闻推测，确实一无所知。

第三节　甘英使大秦与古代阿曼遣使中国建交

如前所述，汉使到条枝的确切记载是东汉的甘英，西汉时代还只能是传闻①，所以《后汉书·西域大秦传》说："前世汉使皆自乌弋以还，莫有至条支者也。"②《魏略·西戎大秦传》说："前世但论有水道，不知有陆道"，东汉年代班超通西域时遣其副使甘英出使大秦就是要解决这个问题。甘英出使虽然受阻条枝未达大秦，却进一步扩大了中国的影响，促进了阿曼国家首次遣使中国，实现了双方直接联系的建立，大大有利于阿曼国家乃至阿拉伯国家和地区与中国发展交流与沟通，这是古代阿曼与中国关系史上具有划时代意义的重大事件。

东汉时代的甘英是中国历史上开拓丝路到达西亚的第一位使者，正是这位伟大先行者的积极活动，推动了阿曼国家率先遣使与中国建立关系。这两大具有因果联系的事件相继发生，是上述此前两国间多种形式交流交往，长期历史发展的结果。关于甘英的活动，《后汉书·西域传》"安息国"条下的记载较为具体："和帝永元九年（97），都护班超遣甘英使大秦，抵条支临大海，欲度，而安息西界船人谓英曰：'海水广大，往来者逢善风三月乃得度，若遇迟风，亦有二岁者，故入海人皆赍三岁粮。海中善使人思土恋慕，数有死亡者。'英闻之乃止。十三年，安息王满屈复献师子及条支大鸟，时谓之安息雀。"③与此相关还有以下几条史料：

---

① 《史记·大宛列传》："安息长老传闻条枝有弱水、西王母，而未尝见。"（中华书局标点本，第3163—3164页）《汉书·西域传》则在乌弋山离国条下完全袭用《史记·大宛列传》有关条枝的内容。

② 《后汉书》卷88《西域大秦传》，中华书局标点本，第2920页。

③ 《后汉书》卷88《西域安息传》，中华书局标点本，第2918页。

（晋）袁宏《后汉纪·殇帝纪》："大秦国，一名黎轩，在海西。汉使皆自乌弋还，莫能通条支者。甘英逾悬度、乌弋山离，抵条支，临大海。欲渡，人谓英曰：'（汉）〔海〕广大，水咸苦不可食。往来者逢善风时，三月而渡；如风迟则三岁。故入海者皆赍三岁粮。海中善使人思土恋慕，数有死亡者。'英闻之乃止，具问其土俗。"（中华书局 2002 年版，第 301 页）

《后汉书·西域传》序：汉和帝永元"六年（94），班超复击破焉耆，于是五十余国悉纳质内属。其条支、安息诸国至于海濒四万里外，皆重译贡献。九年（97），班超遣掾甘英穷临西海而还。皆前世所不至，《山经》所未详，莫不备其风土，传其珍怪焉。于是远国蒙奇、兜勒皆来归服，遣使贡献"。（中华书局标点本，第 2910 页）

《后汉书·和帝纪》：永元十二年（100）"冬十一月，西域蒙奇、兜勒二国遣使内附，赐其王金印紫绶"。（中华书局标点本，第 188 页）

据此我们可以得到如下信息：

1. 班超在西域的经略进一步扩大了东汉王朝在域外的影响。史料记载，当东汉班超通西域时，贵霜曾援助他讨伐车师；和帝永元二年（90），因求娶汉公主不成，贵霜（大月氏副王谢）曾出动军队攻班超，结果以败北告终，之后与汉通好①。"于是五十余国悉纳质内属②；其条

---

① 参见《后汉书·班超传》，其文略云："初，月氏尝助汉击车师有功，是岁贡奉珍宝、符拔、师子，因求汉公主。超拒还其使，由是怨恨。永元二年，月氏遣其副王谢将兵七万攻超。遣骑赍金银珠玉以赂龟兹，超伏兵遮击，尽杀之，持其使首以示谢。谢大惊，即遣使请罪，愿得生归。超纵遣之。月氏由是大震，岁奉贡献。"（中华书局标点本，第　页）或说符拔即长颈鹿（邹振环《"长颈鹿"在华命名的故事》，见微信公众号《古籍》，2016 年 8 月 19 日），其为热带非洲索马里、肯尼亚等地特产；而珠玑本为阿曼特产，所以说贵霜尝奉东汉的长颈鹿亦由阿曼转口而来当无大差。

② 《后汉书·西域传》："武帝时，西域内属，有三十六国。汉为置使者校尉领护之。宣帝改曰都护。元帝又置戊己二校尉，屯田于车师前王庭。哀、平间，自相分割，为五十五国"；"建武五年（29），河西大将军窦融乃承制立康为汉莎车建功怀德王、西域大都尉，五十五国皆属焉。"（中华书局标点本，第 2909、2923 页）可见所谓"五十余国悉纳质内属"意为西域都护所领（葱岭以东）地域完全平定归附。

支、安息诸国至于海濒四万里外，皆重译贡献。"① 甘英使大秦就是在这样的形势和信息背景下发生的，就是说，他实际是想探索比条支、安息更远的地域，与更远的国家建立和发展关系。因此，他应该知道前朝（经由海道）所通的黎轩（埃及托勒密王朝的首都亚历山大港）已经成为大秦（罗马帝国，公元前 30—公元 476）属地，而"大秦道既从海北陆通，又循海而南"，循海而南是传统故道，他想探寻前往新的西方大国的陆道与之建立直接联系。

2. 甘英此行的路线据《后汉纪》记载是"逾悬度、乌弋山离，抵条支，临大海"，应该说，这一路线的结果可能有违其初衷。因为，他既然已经越过悬度到了南亚，也就是说已经到了前述罽宾国（今南亚克什米尔地区）一带，要去大秦（地中海东岸），沿印度河而下走传统路线从提颿渡海经阿曼前往，完全是顺理成章的事。况且，贵霜帝国也接续塞种联盟，继续提供了这一交通条件。可是，甘英却反其道而行之，离开南亚继续向西，经乌弋山离（前所谓"安息东界"）到了条支。甘英这样反常行动的原因或许是由于公元 1 世纪中乌弋山离国已被新兴的贵霜帝国吞并②，因而他可以在后者庇护下继续西行；或许是由于已知黎轩成为大秦属地，从而可能"从海北陆通"。然而，到了条支却仍然面临大海难以前行，这无论如何违背了他循陆道去大秦的初衷。

3. 甘英抵条支即到了今伊拉克、伊朗毗连的阿拉伯河河口一带，却"临大海欲度"，而不是继续循陆道经著名的条支走廊（幼发拉底河河谷）北上前往罗马帝国——其东边就在幼发拉底河中游的今叙利亚、伊拉克边境，明白显示当时中国人还不知道到达叙利亚的陆道路线③。

---

① 《后汉书》卷 88《西域传》序，中华书局标点本，第 2910 页。
② 参见《中国大百科全书》中国历史卷，"乌弋山离"条。
③ 《三国志》卷 30 裴注引《魏略·西戎传》"大秦国"条明确说："大秦道既从海北陆通，又循海而南，与交趾七郡外夷比；又有水道通益州永昌，故永昌出异物。前世但论有水道，不知有陆道，今其略如此"（中华书局标点本，第 861 页）。参见《欧洲与中国》，第 57—58 页。

4. 学界公认，安息不仅不向中国使者指示近在眼前的陆路通道，其西界船人还对海路危艰放肆夸张，意在吓阻[①]，目的就是要对丝绸贸易进行垄断[②]，如前引《后汉书·大秦传》就说："其王常欲通使于汉，而安息欲以汉缯彩与之交市，故遮阂不得自达。"联系到上述第1条提到的国际形势和信息背景，甘英的出使很可能也是通过各种渠道了解到了大秦国王的这种愿望，想要对此予以直接回应。

东汉中国有关大秦"其王常欲通使于汉"的信息，很可能仍是经由传统海路传来的，所以《后汉纪》说"大秦国，一名黎轩，在海西"，而如前所述，关于黎轩的信息和事物历来都是从海路经阿曼传向东方，传到中国来的。这样，尽管甘英出使大秦铩羽而归，却促进产生了"于是远国蒙奇、兜勒皆来归服，遣使贡献"的积极影响，应该说也是顺理成章，不难理解的了。

5. 蒙奇、兜勒在哪里，学界讨论有不同意见[③]，总之应该是比甘英所到之处更远的地方。陆道之外，由于安息西界船人向甘英提到了古代经由波斯湾的东、西方海路交通需要向南绕行阿拉伯半岛[④]，所以，在甘英出使影响下来朝的远国蒙奇、兜勒应该就在这条曲折的海道路上。波斯湾的古代名称曾叫 Magan 海[⑤]，众所周知，"尽管希腊—罗马的记载用 Omana 一名称呼阿曼国家，Magan 却是在古代两河流域—印度一带贸易活动中经常提到的国名。考古工作也证明，名为 Magan 的阿曼在公元前三千年代是一个海上强国（a maritime power），一个木材、铜和闪

---

① 参见《欧洲与中国》，第56—58页。
② 参见《中国蚕丝输入印度问题的初步研究》，第68页；《欧洲与中国》，第45—46、48、57、59—60页。
③ 有说法认为蒙奇、兜勒指今欧洲马其顿 Makedonija，然而，前引《后汉书·和帝纪》明确记载：永元十二年"冬十一月，西域蒙奇、兜勒二国遣使内附，赐其王金印紫绶"。或说蒙奇为也门西南海港 Muza（今穆哈），兜勒则为厄立特里亚的港口 Adulis（今马萨瓦港南面祖拉湾内），说者声称二国之来因甘英"深入到阿拉伯半岛的朱尔哈"所致（参见沈福伟《丝绸之路中国与非洲文化交流研究》，新疆人民出版社2010年版，第45页），此说无据，不取。
④ 参见《欧洲与中国》，第56—58页。
⑤ Cf. *The Persian Gulf in History*, p. 15、32、39.

长岩石料的重要出产地"①。在波斯湾航线上，据《红海周航记》第35—36 节的记载，离开 Apologos② 港（即汉文史料中的条支）之后进入的就是阿曼地域（包括 Omana 即今恰赫巴哈尔港），两地均为安息属国。因此我认为，汉文史料中的蒙奇、兜勒就是《红海周航记》所记载的古代阿曼。本地古代原有的地名 Magan 被后来的希腊—罗马人说成是 Omana，很可能是传译转述中的语音讹变所致，譬如在特指情况下给该专名加上冠词成为 al-Magan，就很容易听成 Omana。

6. 关于《后汉书》蒙奇、兜勒是指古代阿曼国家。阿曼古国名 Magan 在古代不同语言的材料中有多种写法，如苏美尔语的 Magan，阿卡德语的 Makkan，古代波斯语的 Maka，埃兰语的 Makkash 等③；萨珊波斯（224—651）至少从其第二个国王 Shapur 一世（240—270）起就以 Mazūn 称阿曼④，伊斯兰化以后，阿拉伯史籍记载保留了这一中古波斯语地名 Mazūn/Māzūn，唐代中文文献音译为"没巽"，宋代为"勿巡"，一直使用到 17 世纪⑤。《后汉书》所记东汉时代的汉语音韵属于汉语语音史的上古音，蒙奇二字读音可拟测为 * moŋ gǐa⑥，用于对译上述古代波斯语等中古以前各语言中的阿曼古国名相当合适，恰如唐宋时代用没巽、勿巡音译中古波斯语地名 Mazūn/Māzūn 一样适当。

在这种情况下，我认为与蒙奇一起来朝的兜勒比定为阿曼的佐法尔地区最为恰当，二者语音不难勘同——兜勒二字上古音可拟测为 to lək，

---

① 见《伊斯兰百科全书》新版"阿曼"条（C. E. Bosworth et, "'Umān", *The Encyclopedia of Islam*, X：814b, WebCD edition, Brill Academic Publishers, 2003.）。

② 即阿拉伯人的乌剌 Ubulla 港，今巴士拉西北，参原书 179—180 页注释。

③ Cf. *The Persian Gulf in History*, p. 32、37、38.

④ 证据见于 Naqsh-i Rustam 石刻铭文，参《剑桥伊朗史》第 3 卷第 1 册（*The Cambridge history of Iran*. Vol. 3：*The Seleucid*, *Parthian and Sasanian periods*），第 LX、604 页。据作者的意见，这种名称的变化（从古代波斯语的 Maka 到中古波斯语的 Mazūn），反映了萨珊波斯对属国关系的强化。

⑤ 见《伊斯兰百科全书》新版"苏哈尔"条（Monique Kervran, "Ṣuḥār", *The Encyclopedia of Islam*, IX：774b, WebCD edition, Brill Academic Publishers, 2003）："于是，该城市和地区被赋予波斯语地名 Māzūn，这个地名直到 17 世纪还在阿拉伯伊斯兰史书和中文文献中保留和运用。"

⑥ 参见郭锡良《汉字古音手册》，北京大学出版社 1986 年，第 74、270 页。

佐法尔ظ转写为 Dhofar，并且地理和历史状况也有利于这种比定。除此之外，《魏略·西戎传》记载，大秦国有"一微木、二苏合、狄提、迷迷/迷迭、兜纳、白附子、薰陆、郁金、芸胶、薰草木十二种香"①。我们已经证明，薰陆即阿曼特产乳香，与其一起提到的兜纳，很可能也是乳香的别名（正如其中提到的迷迷很可能是迷迭的别名或异文），名称就来自其著名产地兜勒即佐法尔②。诚如是，又为我们有关兜勒的地名比定增加一条香药（乳香）产地的证据。

7. 《红海周航记》里的 Omana 一词主要有两个意思：一个指地区，大致就是今天的阿曼国家，如原文第 32 节说："过了 Syagros（今也门哈达拉毛省东边的费尔泰克角）马上就是一个海岸深深凹进的海湾（今也门和阿曼毗连一带的盖迈尔湾），横过湾口 600 场距③就是阿曼（Omana）。在那之后是高山、岩石和峭壁，那儿的人都住在山洞里，绵延 500 场距。这以后是一个为装载 Sachalite 乳香指定的码头，叫作 Moscha Limen。"④ 接下来直到第 36 节的 Omana 港（其中只有第 35 节最后两句提了一下波斯湾内的 Apologos 港⑤）都属于同一个阿曼地域，尽管第 33 节提到"在 Zenobios 群岛⑥后面延伸着另一片乡土，由一种土著人口居住，他们不再属同样的王国，而已在法尔斯（Persis）的属地境内"。这种情况与此后不久汉文史料以"西域蒙奇、兜勒二国"指称阿曼完全相应一致。而且，东汉王朝以"赐其王金印紫绶"来应对"蒙奇、兜勒二国遣使内附"，也表明当时中国人已经从两国一起遣使归附看出来他们其实本为同一地域共同体。

---

① 《三国志》卷 30《乌丸鲜卑东夷列传》，中华书局标点本，第 861 页。

② 唐末李珣《海药本草》著录有："兜纳香，谨按《广志》云：生西海诸山。"［见尚志钧辑校：《海药本草》（辑校本），人民卫生出版社 1997 年，第 20 页］西海犹后世西洋，指印度洋包括波斯湾。《海药本草》的作者李珣很可能是作为波斯王室御用商团（its own dependent merchants）的阿曼海商后裔（见本书以下详考），我认为该书有关兜纳香的著录有利于我们的推测。

③ 场距 stade 是古希腊长度单位，1 场距 ≈ 185.3 米，10 场距 ≈ 1 海里，参《红海周航记》第 278 页附录 2"距离"。

④ 意为"Moscha 港"，即今阿曼佐法尔地区塞拉莱以东 40 千米的 Khor Rori 港。

⑤ 即阿拉伯人的乌剌 Ubulla 港，今巴士拉西北，参原书第 179—180 页注释。

⑥ 今 Kuria Muria 群岛。

图 2 - 1　据 Arrian《亚历山大远征记》所绘地图中的阿曼湾和阿拉伯海沿岸①

《红海周航记》里 Omana 一词另外又指港口，即今伊朗东南弥兰海岸的恰赫巴哈尔港（Chah Bahar），其原因我们前面做过讨论，这里不再重复。总之，蒙奇海（The Sea of Magan，包括波斯湾和阿曼湾）两岸距离密近，地理环境相同，生活方式类似，历史上社会关系相对比较密切②。甚至，"在有的历史时期，当海湾两边都由同一些阿拉伯首领（shaikhs）或部落统治的时候，共同认同感会比较强。在这种情况下，霍尔木兹王国（the Kingdom of Hormuz，10—17 世纪）③ 纳入 Qalhat（在阿曼）作为无形中的一个陪都，稍晚，巴林也曾被伊朗统治。阿曼则租用了阿巴斯港附近的大部分伊朗海岸，而 Qawasim 部落控制了伦格港（Bandar Lingeh）、沙迦和哈伊马角。显然，在对波斯湾的社会认同性质作出任何结论前，都还有更多的研究工作必须要做"④。

---

① See http：//www.columbia.edu/itc/mealac/pritchett/00maplinks/early/arrian/arrian.html，2015 年 3 月 24 日。此地图虽为 17 世纪印刷，据信原图反映了迄至公元 1 世纪时的情况。

② Cf. *The Persian Gulf in History*, pp. 38 - 39.

③ 忽鲁谟斯王国（亦作 Ohrmuzd，Hormuz 和 Ohrmazd；葡萄牙语作 Ormuz）是 10—17 世纪位于波斯湾口的一个王国。

④ See *The Persian Gulf in History*, p. 12.

8. 无论如何，蒙奇、兜勒两国一起遣使来华这件事，对于阿曼国家自身历史也很有意义，既印证了《红海周航记》对于阿曼国家构成的描述，又反映出当时阿曼国家有别于安息王朝的特殊关系。当然，在班超通西域、甘英使大秦积极活动影响下发生的蒙奇、兜勒遣使来华，更是阿曼国家与中国关系史上具有划时代意义的重大事件：

第一，这是阿拉伯国家乃至整个西亚非洲地区最早且为首次直接遣使中国。此前西方所谓与中国交往，或建立联系或进行交流，都是间接发生的，非官方非正式的，很多甚至都是传说性质的，根本无法与此相提并论。

第二，关于这次遣使，《后汉书·西域传》序的说法是"远国蒙奇、兜勒皆来归服，遣使贡献"，《和帝纪》的记载则是"西域蒙奇、兜勒二国遣使内附，赐其王金印紫绶"。从远国"皆来归服"和"二国遣使归附"的表述来看，阿曼这次遣使属于国家正式遣使通交是没有问题的。虽然《西域传》说是"遣使贡献"，与汉唐时代域外来华贸易中国特产（丝绸、书籍等），为求获得贩运许可而托名"贡献"并无二致，但《和帝纪》明确记载"赐其王金印紫绶"，可以认为是对"归服""归附"等作为外臣藩属性质活动表示的特殊国家关系予以确认。这种关系重要程度如何呢？我们可以从《后汉书》记载的"金印紫绶"等级地位以及当时有关的赏赐活动一窥端倪：

《舆服志》下注文："东观书①曰：'建武元年（25），复设诸侯王金玺綟绶，公侯金印紫绶。九卿、执金吾、河南尹秩皆中二千石，大长秋、将作大匠、度辽诸将军、郡太守、国傅相皆秩二千石'。"（中华书局标点本，第3675—3676页）

《列女传》注："《汉官仪》曰'二千石，金印紫绶'也。"（中

---

① 此指《东观汉记》，是一部记载东汉光武帝至汉灵帝历史的纪传体史书，因官府于东观设馆修史而得名，它经过几代人的修撰才最后成书，先后作者有班固、陈宗、尹敏、孟异、刘珍、李尤、刘骑骢等。

华书局标点本，第2787页）

《百官志》五："列侯，所食县为侯国。本注曰：承秦爵二十等，为彻侯，金印紫绶，以赏有功。功大者食县，小者食乡、亭，得臣其所食吏民。后避武帝讳，为列侯。武帝元朔二年（前127），令诸王得推恩分众子土，国家为封，亦为列侯。旧列侯奉朝请在长安者，位次三公。中兴以来，唯以功德赐位特进者，次车骑将军。"（中华书局标点本，第3630页）

《南蛮西南夷列传》：永元"九年，徼外蛮及掸国王雍由调遣重译奉国珍宝，和帝赐金印紫绶，小君长皆加印绶、钱帛"；"和帝永元十二年，旄牛徼外白狼、楼薄蛮夷王唐缯等，遂率种人十七万口，归义内属。诏赐金印紫绶，小豪钱帛各有差"；"顺帝永建六年（131），日南徼外叶调王便遣使贡献，帝赐调［便］金印紫绶。"（中华书局标点本，第2851、2857、2837页）

简单说，东汉时代赐"金印紫绶"官员的国内地位和待遇大致与地方一级行政区长官相当；外域（徼外）则为大邦藩属国王，譬如掸国即今天的缅甸，叶调（Yavadvipa）即今印尼爪哇和苏门答腊①，等等。阿曼（蒙奇、兜勒）作为"西域""远国"来归附，"赐其王金印紫绶"地位与缅甸和印尼相当，完全符合东汉王朝帝国政治体系的历史官僚体制；有封赐名分的外国据其国王地位享有相应的外贸期次和商品种类的优待，使者还有"赏赐、赠礼、程粮、传驿之费"以及送使、报聘等礼遇②。

第三，甘英使大秦的直接外交影响，《后汉书·西域传》所记为两件事：

（1）《后汉书·西域传》序：汉和帝永元"六年（94），班超

---

① 参见陈佳荣等编《古代南海地名汇释》，中华书局1986年版，第1074页。
② 参见《新唐书》卷221下《西域传》下，中华书局标点本，第6264—6265页。有关传统外交礼遇可参《通典·礼典》宾礼。今人较为全面系统的研究可参考程妮娜《从"天下"到"大一统"——边疆朝贡制度的理论依据与思想特征》，《社会科学战线》2016年第1期。

复击破焉耆，于是五十余国悉纳质内属。其条支、安息诸国至于海濒四万里外，皆重译贡献。九年（97），班超遣掾甘英穷临西海而还。皆前世所不至，《山经》所未详，莫不备其风土，传其珍怪焉。于是远国蒙奇、兜勒皆来归服，遣使贡献"（中华书局标点本，第 2910 页）

（2）《后汉书·西域传》"安息国"条下的记载较为具体："和帝永元九年（97），都护班超遣甘英使大秦，抵条支临大海，欲度，而安息西界船人谓英曰：'海水广大，往来者逢善风三月乃得度，若遇迟风，亦有二岁者，故入海人皆赍三岁粮。海中善使人思土恋慕，数有死亡者。'英闻之乃止。十三年，安息王满屈复献师子及条支大鸟，时谓之安息雀。"（中华书局标点本，第 2918 页）

各种迹象显示，这两件事相继发生应该有一定的关联：

首先，我注意到，甘英出使大秦之前，由于班超平定西域后的都护所领（葱岭以东）地域，"五十余国悉纳质内属"，海外条支、安息诸国亦"皆重译贡献"来过一次。正因为如此，甘英使大秦后安息再次贡献，史书明确记载为"复献"。

其次，阿曼（蒙奇、兜勒）虽然是首次遣使内附，但其活动性质有同西域"五十余国悉纳质内属"，即关系性质相对于单纯的贡献（如罽宾"欲通货市买，以献为名"，"实利赏赐贾市"①）更为亲近密切，类似外臣藩属（有点儿像当时阿曼与安息的关系）；而当时安息尽管一再贡献，安息王并没有受到官秩封赐。

最后，阿曼（蒙奇、兜勒）受甘英活动影响遣使来华是永元十二年（100）冬十一月，而次年就有了受同一影响的"安息王满屈（Pacorus II）复献"。

---

① 《汉书》卷96上《西域传》上，中华书局标点本，第3886—3887 页。

图 2 - 2　安息王满屈 Pacorus II（78 - 105 AD）银币①

考虑到时间、行程以及两国特殊的政治关系，两批使团发生关联的可能性很大，不过，"赐其王金印紫绶"表明，阿曼使团肯定是独立行事。安息王虽未受到封赐，其所贡献"条支大鸟，时谓之安息雀"其实就是非洲鸵鸟，因当时主要经由安息属国阿曼转口中国而有"安息雀"一名；联系到同时贡献的狮子本为南亚特产，所以我怀疑这次以安息王名义贡献特产其实是由阿曼代行的。就是说，甘英出使引发的上述两次外交事件其实是一个使团两次活动，即阿曼使团先是经南亚贵霜境内循甘英经行路线到洛阳向东汉朝廷请求归附，于是得到"赐其王金印紫绶"的待遇即建立了正式外交关系；然后，该使团又把自己带来的狮子和鸵鸟以宗主国安息的名义贡献给东汉朝廷，从而在外交上维持了与安息和东汉两个大国的关系平衡。无论如何，安息在甘英使大秦之前已经"重译贡献"过一次，没必要不久后又再"复献"一次，这种做法明显不合情理，恐怕也不符合东汉帝国的贡期规定。

总之，阿曼国家（蒙奇、兜勒）遣使中国并建立正式的外交关系，这是古代阿曼与中国关系史上具有划时代意义的重大事件。双方正式外交关系的建立是此前两国间多种形式交流交往、长期历史发展的结果，大大有利于阿曼国家乃至阿拉伯国家和地区与中国发展交流与沟通，学术界应该对此大书特书，国际社会应该对此大力表彰。然而，这一重大事件却长期淹没在历史的长河之中，其真相未能被揭示出来，其价值意

---

① 图片来源：https：//www. cngcoins. com/Coin. aspx？ CoinID = 334212#。

义没有得到认识和弘扬，可以说是国际学术的重大缺失。在丝绸之路的研究史上，1877 年德国学者李希霍芬正式提出了"丝绸之路"（die Seidenstrasse）一名，本意是指中国与中亚、南亚间的丝绸贸易和交通路线（公元前 3 世纪末到公元 7 世纪）①；过了三十几年到 1910 年，另一个德国学者赫尔曼（Albert Herrmann）又把李希霍芬提出的从中国到中亚的"丝绸之路"向西延伸到叙利亚，理由是叙利亚位于中国生丝的主要贩运路线上，尽管他也知道，叙利亚一次也没有与东方这个大帝国——中国建立直接的往来关系②。如我们的研究所揭示，阿曼特产的乳香早在大约公元前 5 世纪就传到了中国并催生了中国著名的"博山（香）炉"，阿曼—提飑航线是最多种类中国丝产品的转输要道，阿曼本身是古代丝绸之路海陆两道联通路网的交通枢纽，更重要的是，阿曼在公元 1 世纪就直接遣使中国建立了正式的外交关系。可是，阿曼在丝绸之路上的重要地位却很少被人提及，阿曼在古代世界东西方交往交流中的重要作用很少被认识，乃至影响到至今很多人还不知道：由张骞开通而由李希霍芬命名的"丝绸之路"最早是从中亚到南亚，转海路经阿曼前往红海、地中海，而不是从中亚直接向西到达地中海。时至今日，这种错误印象应该得到纠正，阿曼在丝绸之路历史上的地位和作用应该得到完全彻底的复原、肯定和表彰、弘扬。学术界应当"把颠倒的历史再颠倒过来"！

---

① 参见其名著《中国》（China），柏林，1877 年版。

② 参见其名著《中国和叙利亚之间的古代丝绸之路》（Die alten Seidenstrassen zwischen China und Syrien），柏林，1910 年版。

第三章　中古时期阿曼海商的发展

汉唐间东西陆路经济文化交流，多半是以粟特人[①]（中国隋唐时代称为"昭武九姓胡"、商胡、贾胡，吐鲁番出土文书中称"兴胡""兴生胡"）为中介来进行的。他们操纵着欧亚大陆国际商贸活动，对中西文化的沟通、交流起到过非常重要的作用[②]。不过，粟特人在古代丝绸之路上的活跃，应该主要还是贵霜帝国（大月氏）受萨珊波斯（224—651）打击而衰落后的事，而且随着阿拉伯帝国的兴起和中亚的伊斯兰化，粟特人连同其商业文化活动都从历史上消逝了[③]。阿曼人在古代东西方之间经商的历史比粟特人要早得多，而且随着阿拉伯帝国的兴起更加活跃。历史上比粟特人更为长久地从事国际贩运、买卖"东西"[④]的是阿曼人——中古以前的安息—波斯胡商，阿拉伯帝国兴起以后的"波斯胡商"或大食蕃客[⑤]，只是他们更主要的是从事海路经商，

---

① 粟特人（Sogdians）是古代活跃在东西方陆路交通网络上的一个商业族群（商胡），原居中亚粟特 Sogd/Sogdiana（主要在今乌兹别克斯坦）绿洲地区，因外出经商，东到中国各地，西到罗马帝国，到处建立商业据点和移居地。汉文史料记载他们祖居祁连山北昭武城，随大月氏西迁中亚，支庶分王当地各绿洲，因称"昭武九姓"，参《隋书》卷83《西域康国传》，中华书局标点本，第1848页。

② Cf. *The Cambridge history of Iran*, Vol. 3 (1), p. lxxiii。参见向达《唐代长安与西域文明》，生活·读书·新知三联书店1979年版，第1—116页；[法]魏义天《粟特商人史》，王睿译，广西师范大学出版社2012年版。

③ 参见[法]魏义天《粟特商人史》序，第2页。

④ 有说汉语"东西"一词的物产之意，就来自胡商在唐长安东市（国内商品集散地）、西市（国际商品集散地）之间乃至东、西方之间往来贩运。

⑤ 参见[英]李约瑟《中国科学技术史》第1卷，科学出版社1990年版，第185—186页。迄唐后期中国仍有称波斯商人者，很可能因其先人来华在波斯亡国之前甚至是安息时代。当然也不排除商业贸易行业对传统冠名品牌效应的利用，详见本书第四章第三节讨论。

建设并长期维持了一个印度洋上的海洋商业帝国。

第一节　中国中古所谓"波斯胡商"即阿曼商人

中国古代文献先后记载有所谓"波斯商人"（胡商）、"大食商人"（蕃客），阿拉伯帝国兴起以后甚至同时并见。他们到底是什么人，二者是什么关系，学界现有讨论不多，也不透彻。本人近年研究发现，有材料表明，阿拉伯帝国兴起以前的波斯商人群体和以后的大食商人群体有很强的历史关联性，是阿曼海商群体不同时期在中文古代文献中留下的记载。

今天要对古代波斯商人的故乡问题进行学术讨论，当然不能简单地说在伊朗就行了。因为今天的伊朗国家历史上也有过王朝更替，更替过程中也发生过不同地区的分并离合。就譬如波斯作为国名，就有过古代波斯帝国（阿契美尼德王朝，前558—前330）和萨珊波斯帝国（224—651），二者中间，亚历山大东征后经历了一个希腊化时期（前330—前141/前129），其间产生了汉文文献记载为安息的游牧征服帝国（前247—226）。作为地名，伊朗高原南部的法尔斯省，古代也被称作波斯，但严谨的学者认为应该是汉文文献记载的波剌斯[①]。与此相应，历史文献中的"波斯人"在不同场合也有不同含义。有学者曾经查阅希罗多德著作中所有使用过希腊人和波斯人/异族人名称的地方，结果发现希罗多德在使用这两个名称的时候，在不同场合和语境下，往往有不同所指。无论是希腊人，还是波斯人的概念，其内涵都不是固定不变的，在

---

① 参见［美］温克《印地：印度伊斯兰世界的形成》（André Wink, *Al-Hind: The Making of the Indo-Islam World*, Vol. 1: *Early Medieval India and the Expansion of Islam, 7th-11th Centuries*, Leiden: E. J. Brill, 1996），第48—49页。（唐）玄奘：《大唐西域记》卷11有"波剌斯国"条，说其"国大都城号苏剌萨傥那"，校注者说为"梵文 Surasthana 音译，为'神之居所'之意，此名不详从何处来"。（中华书局1985年校注本，第940—941页）我怀疑即指法尔斯（Pars/Fars）的首府设拉子 Shiraz。

不同时代，都有其相应的民族的、地理的、历史的内容①：

> 希罗多德《历史》中"波斯人"的概念，至少有四个层面的含义：（1）"波斯"的波斯人，即波斯最初兴起之地的波斯人（"波斯人Ⅰ"）。这里的"波斯"明显是指与"波斯人Ⅰ"相合的地域；（2）波斯帝国的波斯人，他们常常被希腊人混称为"米底人"（"波斯人Ⅱ"）。随着波斯领土的不断扩张，作为统治者和征服者的波斯人被派往帝国各地；（3）泛义的波斯人，即包括波斯人在内以及被他们征服、统治的诸民族，即所谓"异族人"。《历史》开宗明义要探讨希腊人和异族人的纠葛及其原因，这里的"异族人"，显然是泛指非希腊人，而这个概念的内涵是与波斯对外征服和扩张的过程同时扩大的，它包括波斯统治下的巴比伦人、腓尼基人、埃及人、印度人等许多非希腊语民族，甚至一度包括那些投靠到波斯人一边的希腊人（"波斯人Ⅲ"）；（4）有时用以特指某地区、某城市甚至某一位"波斯人"。

中国古代文献有对来华波斯人原籍的记载，如，"君讳阿罗喊，族望波斯国人也。（唐）显庆年中"云云；"李元谅本骆元光，姓安氏，其先安息人也"；"（安）侯讳附国，其先出自安息，以国为姓"；李玹"其先波斯国人，随僖宗入蜀……以鬻香药为业"，"李珣字德润，本蜀中土生波斯"②，等等。这些材料中有两点特别值得注意：一是这些波斯人追述祖籍有提到来自安息；另一个就是提到"以鬻香药为业"，即贩卖以乳香为主的香料。李玹兄弟五人，李珣为其兄长。据研究，李珣"字德润，有诗才，著有《琼瑶集》。卖药为业，纂有《海药本草》四卷，记载大食、波斯等地医用药物。唐玄宗时郑虔著《胡本草》、唐宣

---

① 以下引文参 [古希腊] 希罗多德（Herodotus）《历史》，徐松岩译注，上海人民出版社2018年新版译序："希罗多德历史语境下希腊人波斯人的多重含义。"

② 参见张星烺《中西交通史料汇编》（第三册）第五编第五章，中华书局1978年版，第126页及以下各页。

宗时段成式著《酉阳杂俎》都对海外名香奇药有所记载，但是不如李
珣书完备。《海药本草》原卷已佚，其中多条材料散见于明李时珍的
《本草纲目》"①。由此可见，上述中文文献记载的自安息时代即来华贩
香的波斯人实际很可能是特产乳香（见本书第一章第一节）的阿曼人。

　　由于地理和历史的因素，阿曼人在古代阿拉伯和西亚地区拥有领先
的造船术、航海术以及发达的海洋商业活动②。如前所述，古代传到中
国以安息命名的特产如"安息雀"即鸵鸟之类，未必就是安息（波斯）
本土物产，而是从其当时的属国阿曼转运而来；有的甚至直接就是阿曼
的特产，例如被称为"安息香"的乳香。据我研究，古代传到中国的
所谓大秦宝物很多其实也是阿曼特产，如珠玑、珊瑚、玳瑁等等③。法
国东方学家费琅曾说："从四至七世纪初的整个中国历代史册中，所
有印支半岛、锡兰、印度、阿拉伯以及非洲东岸的产品，统统称为
'波斯产'。这是因为把这些产品输入中国的进口商人绝大部分是波斯
人。"④ 然而，由于地理和地缘政治等原因，安息——波斯本土并没有发
展起对外经商群体，所以，古代参与经营这些物品交易的安息——波斯
商人其实是其属国阿曼商人⑤。据研究，外商不能进入安息（波斯）

---

　　① 见《中国大百科全书》中国历史，"李珣"条。张广达先生认为："在中外文化交流史
上，李珣一族的事迹很值得注意。李珣兄弟五人，祖父波斯人。四弟玹，字廷仪，亦称李四郎，
也以出售香药为生业。中和元年（881），唐僖宗因黄巢起义军攻入长安而逃至成都，授李玹为率
府率（皇太子侍卫军的将领），李玹因有诗名也得预"宾贡"之列，参加科举考试。妹舜弦，为
前蜀王衍昭仪，尤以诗才闻名。"（同前引条目）据本书作者看来，这都可以视为古代阿曼与中国
关系史上的佳话，值得更进一步深入发掘其史料价值和历史意义。

　　② Cf. *The Persian Gulf in History*, pp. 38 – 39、167 – 168，并请参看钱江《金洲、金地与耶婆
提：古代印度与东南亚的海上贸易》，第 323—324 页。所谓"当时波斯湾地区阿拉伯人"的造船
术，可以肯定是指阿曼人的技术特长，详见下。

　　③ 参见拙文《香丝之路：早期阿曼与中国的交流》，载《清华大学学报（哲学社会科
学版）》2020 年第 4 期。

　　④ 见《中国印度见闻录》，穆根来等译，中华书局1983 年版，法译本序言第21 页。

　　⑤ 参见［美］理查德·配恩（Richard Payne）《丝绸之路与古代晚期伊朗的政治经济》（李
隆国译），尤其"伊朗商贸网络"一节，第 89 页以下。据其观点，安息——波斯本土并没有发达的
商业贸易，王室和宫廷专营的国际贸易主要由其御用商团（its own dependent merchants）承担，例
如安息时期的帕尔米拉人、萨珊时期的叙利亚基督教徒（聂斯托利派即景教徒）先后操持条支
走廊商贸活动，参见第 89—90 页。关于往东方和中国活动的阿曼商团，详见本书以下论述。

本土，互市按规定只能在边境口岸进行①。于是古代东西方商贸交流的丝绸之路基本上只能绕道而行——避开安息/波斯政权垄断遮阂的伊朗高原及其周边毗连地区：陆道向北走草原之路，主要由中亚的粟特人经营②；海道则向南绕道阿拉伯海和红海，主要路段由阿曼人经营。历史上改变这种绕行的情况只有三次：第一次是亚历山大东征造成的希腊化前期（公元前 330 年古代波斯灭亡至前 141 年安息占据条支走廊 Characene corridor），第二次是阿拉伯帝国前期（630—820 年塔希尔王朝 Tâheriyân 建立），第三次是蒙古人西征建立四大汗国（1219—1335）。

第二节　阿曼阿兹德海商——波斯商人的主体

大约在公元 3 世纪初，也门萨那以东地区连年暴雨，导致马里卜大坝（Great Marib Dam）因洪水暴发而崩溃，引发了原居当地的阿兹德人部落大迁徙③。时值安息帝国晚期，阿曼阿兹德人（Azd ' Uman）融合当地原住民蒙奇人（Magan）和波斯居民建立政权。以阿兹德人为主的阿曼国家在随后的萨珊波斯（224—651）尤其是阿拉伯帝国时期（630—1258）进一步发展，终于形成了印度洋沿岸最大的商贸帝国，一直持续到近代被西方殖民者所取代。与粟特人不同，阿曼人的主要活动场域是在沿海和海上，如果说骆驼、驼队是粟特人活动的伴生形象的话，阿曼人的伴生形象就是他们特产的独桅三角帆船（داو dhow）和船队。

---

① 参见 [法] 魏义天《粟特商人史》，王睿译，广西师范大学出版社 2012 年版，第 148—149 页。

② 参见 [法] 魏义天《粟特商人史》，第 151—152、154—162 页。

③ 参见韩志斌《阿曼伊巴迪教派初探》，载《西亚非洲》2011 年第 4 期，以及相关网页。大坝崩溃之事见于《古兰经》记载（Quran 34：15 – 17），崩溃时间有不同意见，参见 [美] 希提著，马坚译《阿拉伯通史》上册，第 73 页。

一　阿曼悠久的航海经商传统

阿曼国家有着悠久的航海经商传统。前引《红海周航记》第 33 节记载，古代阿曼马西拉岛由"渔民（Ichthyophagoi）居住，他们使用阿拉伯语，穿着棕榈树叶裹身"；"食鱼者（Khalijis）的每日要务是经商做生意"①。早期的"蒙奇（Magan）显然是一个由沿海渔民和畜牧人构成的社会，以及还有一些游牧民，他们可能季节性地在海岸和山区间迁徙放牧"②。

1994 年，在阿曼东南哈得角南边 10 千米左右的 Jinz 地岬③进行了一项重要的发掘，其发现使我们对印度洋史前时期航海和造船术大长见识。发掘由一支法国—意大利队伍（联合哈得角项目）进行，发现了"古代阿拉伯船舶建造的第一个直接证据"④。在 Jinz 地岬发掘的建筑物找到了共 295 块沥青板，断代为公元前 3 千纪中期。这些板片被认定是填充材料，它们显然是从船板上剥离下来的，囤积起来以备再用。许多板片带有芦苇束和斜纹编织垫捆扎的痕迹，给考古学家们提供了 4500 年前航行在波斯湾和阿拉伯海上那些船舶的一个真实的建造模板。当地发现的另外一些沥青碎片带有缝制或捆扎木板的印迹。阿曼造船者用拧成的棕榈绳把船只的木板捆扎起来的技术经过历史的验证，这一经验在印度洋上广为流传直到近代。保存在这些板片中的证据在 4500 年后曾被运用于一项船舶重建实验，该船是用在苏尔收集到的芦苇束把捆扎而

---

① See *The Persian Gulf in History*, p. 12.

② See *The Persian Gulf in History*, p. 32.

③ 地在哈德角以南海岸，或即唐代贾耽《皇华四达记》"广州通海夷道"所述西岸路上的萨伊瞿和竭国，该国据地望为"海西岸"，当在阿曼东北的苏尔区，今马西拉岛往北至哈德角附近，有地名苏韦赫（Suwayh）、哈德（Hadd），应即此地。网络《维基百科》"Ras al-Jinz"条："位于阿曼的 Ras al-Jinz (الجنز راس; Ras al-Junayz) 是阿拉伯半岛的最东端。它是绿海龟的筑巢地，也是当地 Ras al-Hadd（哈德角）村的海滩。这里是著名的海龟（玳瑁）保护区RAS AL JINZ TUR-TLE RESERVE所在地。这个地方也有重要的考古发现，显示了与古代印度河流域的联系"，见 ht-tps://en. wikipedia. org/wiki/Ras_al-Jinz，2021 年 7 月 2 日。

④ Cf. T. Vosmer, "Model of a Third Millennium B. C. Reed Boat Based on Evidence from Ra's al Jinz", *Journal of Oman Studies* 11 (2000): 149 – 52.

成，被命名为 *La Nave di Magan*——"蒙奇来船"，2002 年 2 月成功地
航行在阿拉伯海水域。Jinz 地岬的这些发现提供了有关古代阿曼海滨这
一带生活着航海社群的重要证据，表明在几千年前，这些沿海居民从事
着长途航行、商业贸易和文化交流事业。他们发展起了成熟的造船技
术，进口需要的沥青生料以便用芦苇束把和缝制木板建造船只，这些船
只能够在阿拉伯海上乘风破浪①。

这些考古材料证实了古代楔形文字所描述 Dilmun，Melukhkha 和蒙
奇（Magan）之间的海运贸易。蒙奇被公认为就是阿曼，是美索不达米
亚文明的主要铜源。美索不达米亚的其他主要贸易伙伴是 Dilmun 和
Melukhkha 这些运作航海业务之地：Dilmun 被认定为巴林；Melukhkha
也被称为哈拉帕（Harappan）文明，地处南亚印度河流域，包括信德
省、俾路支省和旁遮普省西部。楔形文字告诉我们，在公元前 3000 年
晚期，阿曼（蒙奇）的船只和造船厂已经在 Agade 码头停靠，那是阿
卡德王萨尔贡（Sargon）建立的新首都和主要港口，时间是在战胜乌尔
和美索不达米亚南部的其他城市（约公元前 2350 年）之后。后来的几
个世纪，阿曼的船只从拉尔海（阿拉伯海）运来木材和铜等货物。稍
晚约为公元前 2000 年的一份提到"蒙奇的船长"的文书表明，当时蒙
奇的阿曼人是活跃的造船商以及贸易商和铜矿主②。阿曼的其他出土文
物也表明了阿曼和哈拉帕时代的南亚之间类似的直接联系。迄今为止在
阿曼发掘的最早的定居点是 Maysar，那被认为是一个繁荣的采矿点，位
置在 Wadi Samad。

Jinz 地岬聚落显示的技能肯定早于美索不达米亚铭文记录和现有的考
古学证据。建造能够航行于阿拉伯海的木制和芦苇船这些成就不是在一
夜之间就能实现的。可以说阿曼海员本来就是其在公元前第三个千年与
之进行贸易的近东古代文明兴起的重要组成部分和催化剂。一个有说服

① See *The Persian Gulf in History*, p. 167.
② Cf. S. Cleuziou, "Early Bronze Age Trade in the Gulf and the Arabian Sea: The Society behind the Boats" in *Archaeology of the United Arab Emirates*, ed. by D. T. Potts, H. Al Naboodah, and P. Hellyer (London: Trident Press, 2003).

力的案例是，因为近东文明产生在海岸短狭的河流社会，他们本身很少有机会自己开发航海术（导航技术技能和设备设施）以进行远程航行和贸易①。由此来看可以认为，阿曼远古时代就绝非国际贸易发展的边缘外围，他们的造船术和海员积累的航海术在亚非地区远洋航运和国际贸易活动中起着关键的中枢作用②。

二　阿曼先进的造船术

在《红海周航记》撰成的公元 1 世纪前后，印度洋上的外国商人主要是希腊人和埃及人，他们使用的当然是埃及船以及希腊人自己的地中海类型的船只。

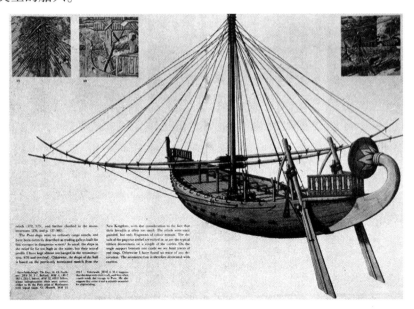

图 3 - 1　古代埃及人航海前往索马里的船

（图见 G. W. B. 汉廷福编注《红海周航记》158 页后附图 G. W. B. Huntingford ed., The Periplus of the Erythraean Sea, by an unknown author, attach p. 158）

---

① Cf. S. Cleuziou, "Early Bronze Age Trade in the Gulf and the Arabian Sea: The Society behind the Boats" in *Archaeology of the United Arab Emirates*, ed. by D. T. Potts, H. Al Naboodah, and P. Hellyer (London: Trident Press, 2003).

② See *The Persian Gulf in History*, p. 168.

　　然而，印度洋上大量的贸易活动，必须由当地船只来完成，这些船的形状千百年来少有变化。人们常说的有缝制船艇和东非沿岸的独木船（dug-outs），以及那些东方船舶名叫 *trappaga*，*kotumba*，*sangara* 和 *kolandiophonta*[①]。缝制船艇首次是在《红海周航记》36 节中被提到，是阿曼向阿拉伯半岛南部的重要出口物[②]。过了很久，到 6 世纪时 Prokopios 还讲到了它："这种船航行在红海和印度洋上，既没有篷布也不用任何其他东西覆盖，而且船板不用钉子整合，而是用绳子绑在一起的。"[③]

　　最近的研究表明："由于古代各海洋贸易圈之间的密切来往与相互交流，以致当时活跃于印度洋的印度人和阿拉伯人的帆船在构造上非常相似，难以区分。实际上，研究古代航海史的学者普遍认为，古代印度在制造巨型远洋海舶方面，学习、采用了当时波斯湾地区阿拉伯人的技术。就阿拉伯和印度的帆船来说，一般具有以下几个方面的共同特点。首先，看船的外壳形状，船首如刀切般地高高地昂首翘起，斜度甚大；其次，从帆船的制造工艺技术上来看，所有的船板与横梁均以十字交叉的缝合方式结合在一起，整只船上找不到一个以竹子、木头榫头相结合的部位，而且所有的缝隙内外都以苎麻、树脂等材料严严实实地加以填充。横贯全船的主梁也是以缝合的方式固定在船壳上。此外，古代印度帆船和阿拉伯帆船均设有可以自由移动的船舱盖子，一根船的龙骨和数块船上甲板的边板；以及铁制或木头制作的锚。"[④] 所谓"当时波斯湾地区阿拉伯人"的造船术，可以肯定就

---

　　① 或说最后这个名称是汉语"崐崙舶"，即在印度、锡兰和中国间贸迁有无的蛮夷贾船（参见陈佳荣、钱江、张广达编《历代中外行纪》，上海辞书出版社 2008 年版，第 378—379 页）。关于这些船舶及其名称，参见 G. W. B. Huntingford ed. , *The Periplus of the Erythraean Sea*, by an unknown author, pp. 162 – 163。

　　② 参见 *The Periplus of the Erythraean Sea*, p. 162。

　　③ *On the Persian War*, I, 1923。

　　④ 参见 *The Periplus of the Erythraean Sea*, p. 158；钱江：《金洲、金地与耶婆提：古代印度与东南亚的海上贸易》，载《丝瓷之路》第 1 辑，商务印书馆 2011 年版，第 323—324 页。

是指阿曼人传统的技术特长。

直到中国宋代（960—1279），阿曼的造船术在亚非地区仍然处于领先地位。《宋史》卷一八六《食货志·互市舶法》记载："凡舶舟最大者曰独樯，载一千婆兰；次者曰牛头，比独樯得三之一；又次曰木舶，曰料河，递得三之一。"中国古代"舶"指大船尤其是海船，海舶多为蕃舶即外国船①，有人认为《宋史·食货志》这里提到的舶舟都是外国船②。因此，其中最大的"独樯"，应该就是阿曼特产独桅船（داو dhow）的音译，本来音义兼译是独桅，汉字传写讹成独樯。"所谓婆兰，乃是马来语 Bharam 的音译，中世纪印度及印度以东地方常用的重量名称"③，史载"胡人谓三百斤为一婆兰"④，也就是说，当时到达中国的阿曼海船最大吨位为 30 万斤，相当于 150 吨！

20 世纪 80 年代，由于阿曼人民的热情惠意，中国人曾有机会在家门前目睹阿曼古代船舶的雄姿风采：

　　1980 年 11 月 23 日至 1981 年 7 月 1 日，阿曼苏丹国的一艘双桅三帆船苏哈尔号完成了从首都马斯喀特东来中国广州的航行。苏哈尔号是一艘全木质帆船，它的结构完全模仿阿拉伯中世纪海舶。船不装近现代动力设备，全凭季候风鼓帆行驶；它也不配备科学仪器，而是借助罗盘针、牵星术等中世纪方法来判断方位和航路。苏哈尔号战胜了浩渺鲸波，驶过了中世纪阿拉伯文献所说的七海——法尔斯海（Fars），拉尔海（Larwi）、哈尔肯德海（Harkand）、质或硖海（Salahit 或 Salaht）、军突弄海（Kun-durang 或 Kardang）、占不

---

① 参见［英］李约瑟《中国科学技术史》第 1 卷第 7 章，第 388 页注 3；陈佳荣、钱江、张广达编《历代中外行纪》，上海辞书出版社 2008 年版，第 329—330 页。
② 参见［荷］戴闻达《中国人对非洲的发现》，商务印书馆 1983 年版，第 18 页。
③ 参见张铁生《中非交通史初探》，生活·读书·新知三联书店 1973 年版，第 94 页注 1。
④ 《宋史》卷 186《食货志下》八《互市舶法》，中华书局标点本，第 4565 页。

牢海（Sinf 或 Sanf fulaw）、涨海（Sangj）①，历时七月余，行程九千八百公里。苏哈尔号的远航目的在于模拟、验证 8 世纪以来阿拉伯人航海术（Milaha）的实际过程。航行圆满地完成了预期的任务。

完成远航使命的仿古帆船被命名为苏哈尔号，这一命名唤起了人们对中国和阿拉伯世界之间悠久交往史的回顾。苏哈尔（Suhar）是位于阿拉伯半岛南部的阿曼国古都的名称。在阿拉伯史籍中，"苏哈尔"一名始见于穆斯林纪元 8 年，即公元 630 年。在中世纪，苏哈尔还有一个波斯语名字叫 Mazun，唐代即根据这一名字而译作"没巽"，宋代译作"勿巡"。苏哈尔是中世纪海湾地区最繁荣昌盛的城市之一，长时间内是"通往中国的门户"②。据阿拉伯著名史学家马斯乌迪（al-Mas'udi,? –956 年）的记载，以苏哈尔为首都的阿曼海员和海湾东岸的商业名城尸罗夫（Siraf）海员一样，在中世纪跑遍了中国海、印度海、信德海、也门海、层拔海、埃塞俄比亚海。大量的文献记载表明，首批侨居中国的阿拉伯人大多来自以苏哈尔为都城的阿曼③，在我国中世纪史籍中阿曼译作"瓮蛮"。因此，追溯既往，仅仅 1980—1981 年来华的仿古帆船取名为苏哈尔号这一点，就足以把人们带回 8 世纪到 15 世纪上半期中国与阿拉伯世界频繁交往的时代。这个时代是双方人民通过陆路海路频频往来、物质文化和精神文明不断交流、中国的造纸术、火药等重大发明借此而传入西方的伟大时代。④

---

① 阿拉伯文化中"七海"说法产生的背景是 7 世纪中阿拉伯帝国兴起后，以阿曼人为主的阿拉伯海商直接经由中国南海到达广州港，具体名称稍有异，大致是：法尔斯海指今波斯湾和阿曼湾；拉尔海指从阿曼哈得角经印度河口提匜（今巴基斯坦卡拉奇）到南印度故临，即阿拉伯海东北；哈尔肯德海指今孟加拉湾和安达曼海；质或硖萨海指马六甲海峡；军突弄海指今爪哇海北部；占不牢海，指今马来半岛东部海域；涨海即今中国南海。

② 参见穆卡达西《诸国知识的最好分类》（*Ahsan at-Taqāsim fī Marifat al-Aqālim*），BGA v. 3，莱顿，1903 年，第 92 页。

③ 参见［阿拉伯］佚名《中国印度见闻录》，穆根来等译，中华书局 1983 年版，法译本序第 24 页。

④ 以下引文见张广达《海舶来天方　丝路通大食——中国与阿拉伯世界的历史联系的回顾》，收入氏著《文本、图像与文化流传》，广西师范大学出版社 2008 年版，第 133—134 页。参见马世琨、席林生《现代辛伯达扬帆一万九千里》，《人民日报》1981 年 7 月 7 日第 7 版。

图 3 - 2 　曾于 1981 年造访中国广州的苏哈尔号仿古帆船①

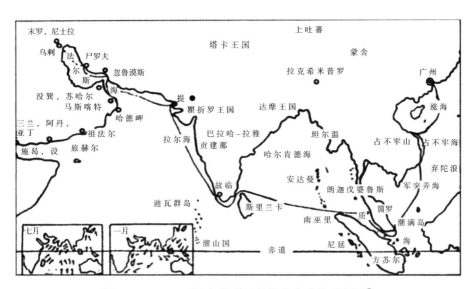

图 3 - 3 　8—10 世纪阿拉伯人航海东来路线示意图②

　　由于阿曼仿古船舶苏哈尔号的来访，20 世纪 80 年代在中国兴起了一大波阿拉伯文化热潮，尤其是一首名为《阿里巴巴》的迪斯科劲歌在青年学生中广为流行，歌中唱到：

――――――――――

①　原图见 http：//www. chinaqw. com/m/zhwh/2017/05 - 18/142321. shtml？f = qbwap，2021 年 7 月 4 日。

②　原图见张广达《海舶来天方　丝路通大食——中国与阿拉伯世界的历史联系的回顾》，第 135 页。

有一本书它叫《天方夜谭》，

很奇妙又好看。

说的都是阿拉伯的故事，

到处都在流传。

有阿拉丁神灯，有辛巴达航海。

这里有个神奇的故事，

一个人一个人的命运会改变。

阿里　阿里巴巴　阿里巴巴是个快乐的青年。

阿里　阿里巴巴　阿里巴巴是个快乐的青年。

芝麻开门　芝麻开门。

今天中国最大的互联网公司之一名为"阿里巴巴"，很可能也是有缘于此。歌词中提到的阿拉丁神灯和辛巴达航海两个故事，都和古代阿曼与中国之间的航海事业和大海航程有关：阿拉丁是个中国青年，他和非洲法师争夺万能的神灯最终获胜；辛巴达则多次不畏艰险，漂洋过海前来中国经商并得到了丰厚的回报。据阿曼学者考证，辛巴达的历史原型就是公元 8 世纪（相当于我国唐代）出生在阿曼历史古城苏哈尔的著名航海家艾布·阿比达·阿卜杜拉。而研究仿制古帆船"苏哈尔"号进行远航探险的目的之一，就是为了还原辛巴达的海上之行。所以，也有人把阿曼仿古帆船苏哈尔号的中国之行称作"现代辛伯达扬帆一万九千里"。由此可见，在掌握着先进造船术的同时，阿曼人也拥有发达的航海术。

三　阿曼人最先发现了信风规律

前述引文中提到："苏哈尔号是一艘全木质帆船，它的结构完全模仿阿拉伯中世纪海舶。船不装近现代动力设备，全凭季候风鼓帆行驶；它也不配备科学仪器，而是借助罗盘针、牵星术等中世纪方法来判断方位和航路。"我们先来看季候风即信风知识的掌握情况。这里不吝篇幅，尽量引用权威研究者的原话：

> 有意思的是，首批侨居中国的阿拉伯人，其原籍都是阿曼人。本书（13 节中）记载，犹太人所经过的路线，以及此后不久，阿布·赛义德和马斯欧迪的著作都一致表明，阿曼在通往印度的海运中起着积极作用，而且定居在尸罗夫的一个阿拉伯人部落也是来自阿曼。也正是在这里，令人想起本书中出现的一些词汇，而某些词汇细节也会把人引到南阿拉伯。众所周知，在古代，南阿拉伯就充当过印度与地中海之间的转运站，因为这里既受惠于其地理位置的优越，也受惠于横扫其海岸的季风的定期转变：把船只推进浩瀚的大洋，直驶东方，然后又把它们送回原来出发之地。这种擅于航海的传统一直保留到伊斯兰时代，因此到七世纪中叶，在赫贾兹（指沙特汉志）还可看见人们用柚木作造船及建筑用的常用木料，而到 757 年，在吉达还可以买到缝船用的椰索，就不足为怪了。不能认为这些南海中的土特产是从原产地直接运来的，而是附近的南阿拉伯人贩运而来的。
>
> 这样一来，人们理所当然地要问，在首批远涉重洋去寻求香料、宝石与丝绸的伊斯兰教徒中，怎么能没有这些自古以来就熟悉印度洋上航运的水手呢，尤其是阿曼人，他们比伊拉克别的任何大城市出海都更为近便。远在十世纪初期，他们就去马尔代夫和拉克代夫群岛建造船舶，编织巨缆。[①]

显然，这位研究者即《中国印度见闻录》的法文译者索瓦杰（J. Sauvaget）认为，正是发明创造了阿拉伯缝制船艇的阿曼人，最早发现了印度洋上的信风并用于航运。

有人把相关资料中的"南阿拉伯"解释为也门（阿拉伯语意为"南方"），其实是缺乏研究的无知颟顸，贻害学术，误导读者。《红海

---

① 以下引文见《中国印度见闻录》，法译本序言 24—25 页。

周航记》的权威研究者 Lionel Casson 是航海史专家，他在其研究专著第290页上是这样说的：

就风的情况而言，离开红海那些港口在6月看来和7月一样合适。不过，还有比风向更需要考虑的事情。6月出发会让一艘船8月份到印度海岸——这是要不惜一切代价避免的。在夏季的大多数日子里，印度西海岸的航行条件都是如此危险，实际上所有的海事活动都暂停了。这在西南沿岸尤其如此，柯枝就位于那里。现在这个区域的海事保险率，东北信风期在1%和1.75%之间浮动，到5月底西南信风开始的时候升到20%；6、7、8三个月任何价格的海事保险全都没了。到了9月份，又再提供2.5%的公平合理保险率（原注19：15和16世纪的阿拉伯作者谈到导航时都认为这是理所当然的，即印度西海岸的大部分港口从5月到7月是关闭的，实际上在6月和7月他们全都关闭了。也有关闭到8月间的情况，甚至在有些地方更晚）。这透露，古代船舶①必须在7月而不是此前离开其在红海的港口，以便在9月而不是更早抵达印度海岸，那时候西南信风已成强弩之末并开始平息下来。再晚到10月的任何时间抵达都不合适了，因为那会使船只遭遇相反方向的东北信风。

因此，往返于罗马埃及和印度的船长们不会蛮干：他们推迟到7月才出发，以避开最危险期间的印度海岸。不过他们仍然完成了其越洋航行的主要部分，虽然那时西南信风刮得最猛，经常掀起滔天巨浪。从15世纪后期到16世纪早期的阿拉伯领航员的作品我们得知，在那个时代，阿拉伯船长们也经常利用信风，但是推迟到8月底和9月初才出发，那时候风力已经开始松弛减缓。他们之所以能这样做是因为，他们的船要么是足够快，能在东北信风吹起之前到达印度，即使不能，他们装备的大三角帆也可以顶着初起乏力的东北信风继续航行［原注20：阿拉伯领航员建议去印度的出发日

---

① 此指古代埃及的罗马商船。

期是：8 月 24 日或 25 日从泽拉（Zeila）和柏贝拉（Berbera）出发，8 月 24 日至 29 日从亚丁出发（虽然伊本·马吉德①最多允许到 9 月 18 日），从设（Shihr）或 Mishqas 或 Zafar（都在阿拉伯半岛南部海岸，分别在亚丁以东约 300 英里、400 英里和 600 英里处）9 月 3 日或 9 月 14 日或（仍据伊本·马吉德）10 月 8 日。这些都比古人②的出发日期③要晚。这是可以理解的。离开的越晚，西南信风的风力越弱，这只能随遇而安，越洋安全对阿拉伯航船是一个至关重要的考虑，它的建造模式比希腊罗马式要脆弱的多（参 Hornell［见前注释 27：9.9 所引］第 234—235 页）。同样的出发日期今天仍占优势（见上注 18 引 Van Beek，139 页）。古人④没有这种替代选择。

　　由此可见，最早发现并利用信风横渡印度洋的阿拉伯人，只能是阿拉伯半岛南部东北的阿曼人，因为西南信风刮到那里已经减弱，那才能为他们的独桅船所利用。南面的也门人在历史和地理上都没有机会比阿曼人更早发现和利用信风，更何况早先他们的船只都是从阿曼进口的，据《红海周航记》第 36 节的说法："Omana 也从虔那接受乳香，以及向南阿拉伯输出它的当地缝制船，那种船被叫作 madarate。"⑤

　　据研究，阿拔斯帝国后期阿拉伯商人的所谓"航海指令"（Nautical Instructions，直到 15 和 16 世纪还在使用，而且从那以后又传给了葡萄牙人）先有波斯文的原本作为其基础。在中古波斯语里，这些条款被称作 rah-namaj，他们主要与信风以及印度洋上的其他地方性季节风

----

　　① 此即 1498 年在东非南部海岸与葡萄牙探险家达·伽马汇合并为之导航的阿曼领航员艾哈迈德·本·马吉德（Shihāb al-Din Aḥmad ibn Mājid），撰有《航海原理指南》（Kitāb al-Fawā'id）一书，详见本书以下论述。
　　② 指埃及的罗马商人。
　　③ 指《红海周航记》原文的记载。
　　④ 指《红海周航记》时代的埃及罗马海商和船主。
　　⑤ 有人认为这是一个阿拉伯语词汇 muddara'at，意思是"用棕榈绳捆绑固定"，见 G. W. B. Huntingford ed., *The Periplus of the Erythraean Sea*, by an unknown author, London: The Hakluyt Society, 1980, p. 162。

知识有关。这些不知何时译成了阿拉伯语，名称则置换成了 rah-manaj 的形式。信风知识用中古波斯语编成航海手册，最适合发生这些情况的只能是萨珊波斯治下的阿曼海商，时间很可能是在努思旺（Nushirvan，531—579 年在位）统治时期，因为该皇帝入侵了印度河下游谷地并派遣了一支舰队前往斯里兰卡，同时还进一步加强了波斯对阿拉伯半岛南部的控制①。

实际上，从《红海周航记》第 33—36 节对阿拉伯海西北航线的描述可以看出，除非是利用信风，前往印度洋对岸的传统航路是绕过哈德角，先向西北到苏哈尔（Suhar），然后再从那里向北，从霍尔木兹海峡附近实现横渡。后来公元 8 世纪末唐德宗朝宰相贾耽《皇华四达记》中"广州通海夷道"所记印度洋西岸路，以及 15 世纪初叶郑和下西洋时在印度以西的几次航行路线，都表明《红海周航记》第 27—57 节描述的近海航线一直是古代印度洋周边交流的主要航路。利用信风横渡印度洋，那在古代主要是希腊、罗马奢侈品经销商的冒险行径②。

四　阿曼与中国导航术的交流

这里主要说的是牵星术和罗盘用于航海。我们先来看牵星术。中国学者向达研究《郑和航海图》时曾说："古代尚未发明罗盘的时候，海上航行是靠看日月星辰来定方向的。如公元五世纪初法显从印度泛海归国，'大海弥漫无边，不识东西，唯望日月星辰而进。'到了宋代，已经发明了罗盘，并且运用在航海上，可是航海时候仍然要用日月星辰来

---

① 参见［美］温克《印地：印度伊斯兰世界的形成》（Andre Wink, *Al-Hind: The Making of the Indo-Islamic World* , Vol. 1, Boston·Leiden: E. J. Brill, 2002），第 49 页。

② 如我们经常引用的《红海周航记》权威的研究者所说："冒险前往印度好处是直接越过浩瀚水域，只需要一年，投资资本就能产生回报。但所需资金数额巨大，而且存在相当的风险因素。这种贸易机会只对能够承受西南季风力量的强大船只的拥有者开放，以及对于有钱的商人，他们买得起印度出口的昂贵货物——香料、丝绸等，以填满宽敞的货舱。印度贸易是针对大型经营者的，无论他是船东还是贸易商。"见《红海周航记》附录 3《前往非洲、阿拉伯和印度的航程》，第 291 页。

辅助。舟师'夜则观星，昼则观日，阴晦观指南针。'"① 所以，牵星术
又称牵星过洋术。《郑和航海图》上的牵星过洋，对于星辰的高低称为
几指几角，见下图②：

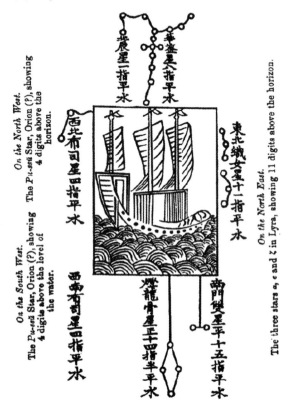

图 3-4　《武备志》最后一卷所收录的一幅航海简图，
适用于锡兰—苏门答腊航线，曾被菲利普斯［Phillips（1）］复制，并予以翻译注释。

如前所述，阿曼是阿拉伯航海古国，很早就发明了在航海中用牵星
板③定位导航的技术：

---

①　参见向达整理《郑和航海图》，中华书局 1982 年版，第 13 页。
②　转引自［英］李约瑟著，王铃、鲁桂珍协助《中国科学技术史》第 4 卷第 3 分册，汪受
琪等译，科学出版社 2008 年版，第 616 页。
③　具体形制描述见［英］李约瑟《中国科学技术史》第 4 卷第 3 分册，第 623—624 页。

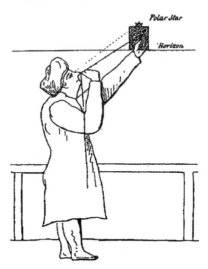

图 3 - 5　阿拉伯牵里板用于观测恒星高度的示图，康格里夫绘于 1850 年。
（原图见 ［英］李约瑟《中国科学技术史》第 4 卷第 3 分册 624 页）

阿拉伯牵星板测量单位为 *işba'*，本意为手指头的指；以下量度单位为"扎姆"（*zām*），1 指等于 8 扎姆[1]。国际学界公认，《郑和航海图》观测利用星辰定向的方法和阿拉伯牵星板所用的方法实际相同[2]；二者测量所用度量的名称相似，数值大致相等，有人如法国的伯希和、荷兰的戴闻达甚至认为"《航海图》是以阿拉伯人的地图为蓝本"[3]。向达先生研究后指出："在《航海图》上还可以看出郑和的宝船自南京出发以至苏门答腊岛北端，航线沿途注上了罗盘针路，而不用星辰定向。从龙涎屿向西至锡兰山，更由锡兰山向西向北，无论是沿着印度西海岸走，或者横渡印度洋以至阿拉伯半岛和非洲东北部沿海，都尽量利用星辰定向，和罗盘针路相辅而行。"[4] 为什么呢？李约瑟的这一看法或许可以作为一种解释："这无疑是由于阿拉伯海员的航行区域比较少雨，

① 参见 ［英］李约瑟《中国科学技术史》第 4 卷第 3 分册，第 621 页；向达整理《郑和航海图》，第 14 页。

② 参见 ［英］李约瑟《中国科学技术史》第 4 卷第 3 分册，第 621 页。

③ 参见向达整理《郑和航海图》，第 16 页。关于中国和阿拉伯牵星术的相互影响和异同，更多的内容可参看 ［英］李约瑟《中国科学技术史》第 4 卷第 3 分册，第 621—623 页。

④ 参见向达整理《郑和航海图》，第 15 页。

或者至少落雨有季节性，经常是天气晴朗，所以用星体来定向具有更大的吸引力，而且精确度也更高。同时，他们的海域包括北半球和南半球，这些地方都会遇到利用天文导航的问题"；"天体高度测量在整个阿拉伯天文学中特别突出"①。换言之也可以说，牵星过洋术主要适用于印度洋航行，因而很可能先是在印度洋场域产生的技术。

由于多种原因，从前的历史研究者涉及文明关系和文化交流中类似我们现在面对的问题时，一般就点到阿拉伯文化为止。进一步深入研究，通常所谓阿拉伯历史文化其实还有更多丰富多彩的内容。例如我们深究一下就可以发现，牵星过洋术的发明本来就和阿曼航海事业的发展有关，这才使得它顺理成章地融入整个阿曼与中国古代关系史的宏大叙事之中。是这样，据李约瑟研究，欧洲人主要是从《海洋》（Muhit）一书中比较早地掌握了这种方法，该书是奥斯曼海军将领 Sīdī ‘ Alī Re’ is ibn Ḥusain② 编写的一部航海指导书要略，他 1553 年被狂暴的西南季风从索马里刮到了印度古吉拉特邦，在该邦 Aḥmadābād 待了一年写成此书。据知"他的著述主要取材于 Sulaimān al-Mahrī 1511 年的论文，特别是艾哈迈德·伊本·马吉德（Shihāb al-Din Aḥmad ibn Mājid）于 1498 年前后撰写的《航海原理指南》（Kitāb al-Fawā’id）一书。艾哈迈德·伊本·马吉德就是 1498 年在马林迪③与瓦斯科·达·伽马汇合的那位阿拉伯领航员"④。法国东方学家费琅（G. Ferrand）所编《阿拉伯波斯突厥人东方文献辑注》第 2 卷⑤辑译了《海洋》的部分内容，据其介绍可知，伊本·马吉德是阿曼 Julfār 人⑥。费琅还单独编辑出版了伊本·马

①　参见［英］李约瑟《中国科学技术史》第 4 卷第 3 分册，第 623 页。
②　这个人名在其他书里又被写成 Sīdī‘Alī Čelebī（见［法］费琅编《阿拉伯波斯突厥人东方文献辑注》下册，耿昇、穆根来译，中华书局 1989 年版，第 542 页），不知何故。
③　泛指直到莫桑比克的非洲东海岸南部，参见［英］李约瑟《中国科学技术史》第 4 卷第 3 分册，第 548 页。关于这个地名，本书以后论述郑和下西洋有关问题时还要专门讨论。
④　参见［英］李约瑟《中国科学技术史》第 4 卷第 3 分册，第 621 页。
⑤　该卷由耿昇汉译，收在该书中华书局版下册。
⑥　参见［法］费琅编《阿拉伯波斯突厥人东方文献辑注》下册，耿昇、穆根来译，第 543 页。Julfār 为阿曼半岛古代著名港口，地处波斯湾口内，遗址现属阿联酋哈伊马角酋长国，Cf. Ras al Khaimah，Julfar-Oxford Brookes University，https：//www. brookes. ac. uk/heritage/projects/current-projects/ras-al-khaimah-julfar/，2020 年 5 月 29 日。

吉德《航海原理指南》，此后，该书的手稿也正式出版了，有专家据此进行研究，"把阿拉伯记载航路资料的传统做法上溯到 9 世纪"①。这些情况不禁让人想起我们前面提到过的"阿拔斯帝国后期阿拉伯商人的所谓'航海指令'（Nautical Instructions，直到 15 和 16 世纪还在使用，而且从那以后又传给了葡萄牙人），先有波斯文的原本作为其基础。在中古波斯语里，这些条款被称作 rah-namaj，他们主要与信风以及印度洋上的其他地方性季节风知识有关。这些不知何时译成了阿拉伯语，名称则置换成了 rah-manaj 的形式"②。这里说的"航海指令"（Nautical Instructions）很可能就是伊本·马吉德《航海原理指南》（*Kitāb al-Fawā'id*）一书的原本或其主要内容，题目、内容性质及其流传命运都相当一致。本人目前受资料条件限制，主要查考了一下费琅辑译《海洋》的汉译文，其内容除了"与信风以及印度洋上的其他地方性季节风知识有关"外，大量记载的是印度洋上从西到东、从北到南各条牵星过洋的具体针路，只是没有绘成地图③。书中还几次说明："原文中的时间都是根据波斯历和罗马儒略历法标记的，译者将之推算成了格里历。"④ 由此可以推知，相关的原始资料产生于使用波斯历法的萨珊波斯时期，因为此后阿拉伯帝国兴起，穆斯林就统一改用了希吉拉历（*Hijrah*，始于公元 622 年，中国称回历）。该书中还保留用波斯语表示的词汇，如：Šahr-i naw（新城）、Dār-i čīnī（中国门或中国树）、pāytakhti-i čīnī（中国京城）等⑤，可信此前有一个中古波斯语⑥原本作

① 参见［英］李约瑟《中国科学技术史》第 4 卷第 3 分册，第 621 页注 6。

② 参见［美］温克《印地：印度伊斯兰世界的形成》，第 49 页。

③ 据费琅的介绍，"该书中还附有一些精致的地图"（见上引《阿拉伯波斯突厥人东方文献辑注》下册，第 544 页），但汉译本没有图。

④ 参见［法］费琅编《阿拉伯波斯突厥人东方文献辑注》下册，耿昇、穆根来译，第 545 页注 6，并参第 546 页注 6。

⑤ 参见［法］费琅编《阿拉伯波斯突厥人东方文献辑注》下册，耿昇、穆根来译，第 564—565 页。

⑥ 现在从中看到的是新波斯语（达里波斯语），然而众所周知，新波斯语产生于阿拉伯化以后，一般以菲尔多西（Hakīm Abu1-Qāsim Firdowsī Tūsī，940—1020）的《王书》（*Shahname*，汉译本书名《列王纪》）撰写为标志。因此，只有阿拉伯化前的中古波斯语文本才可能引起主人是谁的争论，参《中国印度见闻录》，法译本序第 23 页。

为基础。

综上可见，信风知识最早是古代阿曼人历史经验的积累，过洋牵星术也是阿曼海员在长期航海活动中的创造发明。阿拉伯人的经验知识和发明创造用中古波斯语编成航海手册，历史上最适合发生这些情况的只能是安息—波斯帝国属下的阿曼海商，正如前引公元1世纪成书的《红海周航记》第33节记载阿曼时说，其地"已在法尔斯（Persis）的属地境内"，"村庄均由虔诚的渔民（Ichthyophagoi）居住，他们使用阿拉伯语"。

现在谈一下罗盘即指南针。我们上面已经提到，在主要利用阿曼人伊本·马吉德《航海原理指南》（*Kitāb al-Fawā'id*）写成的《海洋》一书中，大量记载了印度洋上牵星过洋的针路内容。针路即指南针航海路线，往往与牵星术相辅相成。学界公认，指南浮针用于航海，在中国始于9、10世纪[1]。降至北宋（960—1127），有关明确记载已见于朱彧《萍洲可谈》和徐兢《宣和奉使高丽图经》。总之，这是阿曼和中国航海家相互学习、切磋琢磨、共同进步的极好例证[2]。当然，技术的交流融合也经历了一个漫长的过程[3]，到15世纪郑和下西洋时，罗盘针和牵星术已经相辅相成、相得益彰，运用结合得非常成熟了。

五　阿曼人最早使用灯塔导航

我们一开始就指出并一直强调，古代印度洋周边交流的主要航路是近海航线，利用信风冒险横渡印度洋在古代是一种满足特殊需要的非常活动。荷兰航海史家戴闻达在提到《郑和航海图》时也指出："当然船只都紧挨着海岸航行，并避免直接驶越过开阔的洋面。"[4] 既然是近海航线，为什么会发展起罗盘和牵星术这些东西呢？原因很简单，就是怕

---

① 参见［英］李约瑟《中国科学技术史》第4卷第3分册，第612—613页。

② 参见张广达《海舶来天方　丝路通大食——中国与阿拉伯世界的历史联系的回顾》，第162—163页。

③ 参见［英］李约瑟《中国科学技术史》第4卷第3分册，第623页。

④ 参见［荷］戴闻达《中国人对非洲的发现》，胡国强、覃锦显译，商务印书馆1983年版，第11页。

水浅触礁！宋人赵汝适《诸蕃志》中说："舟舶往来，惟以指南针为则，昼夜守视唯谨，毫厘之差，生死系焉。"稍晚的吴自牧在其《梦粱录》中说了类似的话后作了解释："风雨晦冥时，惟凭针盘而行，乃火长①掌之，毫厘不敢差误，盖一舟人命所系也。……但海洋近山礁则水浅，撞礁必坏船，全凭南针，或有少差，即葬鱼腹。"这种情况也为现当代中国附近海域诸多古代沉船发现所证实。

　　正因为是近海航行，所以古人很早就发明了灯塔导航，阿拉丁神灯的说法应该就与此有关。在本书讨论的这个方面，最早有关灯塔的记载见于唐代贞元宰相贾耽《皇华四达记》所载"广州通海夷道"的西端："又自提颰（Debal，今巴基斯坦卡拉奇）国西二十日行，经小国二十余，至提罗卢和国，一曰罗和异国，国人于海中立华表，夜则置炬其上，使舶人夜行不迷。又西一日行，至乌剌国，乃大食国之弗利剌河，南入于海。"乌剌或译乌不剌，就是《红海周航记》第 35 节记载位于波斯湾头的 Apologos，阿拉伯语称为 Ubulla，地在今伊拉克巴士拉附近；提罗卢和国或罗和异国②或说在今伊朗胡齐斯坦省阿巴丹港一带。幼发拉底河口（今两河在入海口附近汇为阿拉伯河）地形复杂，自古为条支走廊（阿拉伯走廊）咽喉，故很早就建立了灯塔（华表＋火炬）为船舶导航。关于这条史料的性质，戴闻达参考伯希和、夏德等人的研究后明确指出："贾耽在公元 785—805 年间的著作，描述了通往波斯湾的航线。可是很明白，他所提供的是第二手资料，当时的贸易掌握在波斯人和阿拉伯人的手中。"③ 如我们的研究所证明的，古代印度洋航海及海上贸易中的所谓"波斯人和阿拉伯人"最有可能是阿曼海员海商，何况萨珊波斯 651 年已经亡国，早就融入了阿拉伯帝国的版图之中。

　　另一条有关灯塔的记载见于前引《海洋》一书，换言之，这条记载很有可能也是阿曼海员海商留下的，因为我们已经知道，该书主要取

---

　　① 据［明］张燮《东西洋考》，"火长"就是"司针者"，即负责据罗盘针观测导向的人。本段引文皆转引自张铁生《中非交通史初探》，生活·读书·新知三联书店 1973 年版，第 101 页注 3—5。

　　② 或当指古代尸罗夫 Siraf 港，详考见本书以下。

　　③ 参见［荷］戴闻达《中国人对非洲的发现》，第 13 页。

材于阿曼航海家艾哈迈德·伊本·马吉德（Shihāb al-Din Aḥmad ibn Mājid）于 1498 年前后撰写的《航海原理指南》（*Kitāb al-Fawā'id*）一书。这座灯塔位于锡兰（今斯里兰卡），该书写道："无论是雾雨连绵还是晴空万里，靠近锡兰时必须由不断出现的闪电光导航。所以锡兰的闪电光后来就具有格言性了，专指那些骗子和吹牛者们。"① 格言的意思似乎是产生了误导，无论如何，导航的闪电光在这里指灯塔应该是没有异议的。

郑和航海资料中直接用了"神灯"一语。宣德六年（1431）是郑和第七次下西洋出发之年，仿佛预知这是自己最后一次出使，郑和前所未有地于这年为奉旨出使立了两座纪念石碑，列举历次下西洋时空，感谢神灵护佑：是年季春立碑于江苏太仓浏家港天妃宫，原碑已佚，辑录者称之为《通番事迹记》②；同年仲冬又立碑于福建长乐天妃宫，篆额题《天妃灵应之记》③。长江口的太仓为郑和七下西洋舰队启航的集合地，而福建长乐则是他们等候顺风出洋远航的港口④，两碑内容大同小异，都提到了神灯的作用。《通番事迹记》："直有险阻，一称神号，感应如响，即有神灯烛于帆樯，灵光一临，则变险为夷，舟师恬然，威（咸）保无虞，此神功之大概也。"《天妃灵应之记》："溟渤之间，或遇风涛，即有神灯烛于帆樯，灵光一临，则变险为夷，虽在颠连，亦保无虞。"荷兰学者戴闻达对此解释说："狂风怒涛中，樯顶红光的闪现，被视为女神显灵。当然，这就是海上传说中著名的水手的守护神圣徒埃尔莫的火，实际上则是樯顶或旗杆顶放电。多亏第一次航海中所出现的这一奇迹，才立了两块石碑，因而保存了历次远航的确切日期。"⑤ 他这些说法肯定有误：

---

① 参见［法］费琅编《阿拉伯波斯突厥人东方文献辑注》下册，耿昇、穆根来译，第549页。

② 参见郑鹤声《娄东刘家港天妃宫石刻"通番事迹记"》，收在中国航海史研究会编《郑和研究资料选编》，人民交通出版社 1985 年版，第 97—99 页。

③ 参见萨士武《考证郑和下西洋年岁之又一石料——长乐"天妃灵应碑"拓片》，收在《郑和研究资料选编》，第 102—107 页。

④ 参见［荷］戴闻达《中国人对非洲的发现》，第 30 页。

⑤ 参见［荷］戴闻达《中国人对非洲的发现》，第 31 页。

1. 唐代已有把夜航灯塔称为"神灯"的例子，见于近年刊布陕西省咸阳市泾阳县云阳镇小户杨村出土"唐故杨府君神道之碑"①，其中即有"挂帆凌汗漫之空，举棹乘颢森之气，黑夜则神灯表路，白昼乃仙兽前驱（驱）"的说法。而所谓"白昼乃仙兽前驱"，很有可能是说使用牵星过洋术时的状况②，"仙兽"指牵星术用以观察定位的各种星座名称。黑夜、白昼亦可理解为分指隐晦、晴明等不同天气条件。

2. 如前所述，宣德六年郑和所树两块石碑列举历次下西洋时空，感谢神灵护佑，所以神灯并非仅是第一次航海中出现的奇迹，而是大海上波涛中，常于险阻之处，得有神灯指路。因此可以认为，郑和下西洋时，灯塔导航已经是这条航线某些路段的常设措施。

3. 从两碑行文来看，设置有灯塔导航（神灯指路）的路段已经去国很远，"观夫海洋，洪涛接天，巨浪如山；视诸夷域，回隔于烟霞缥缈之间；而我之云帆高张，昼夜星驰，涉彼狂澜，若履通衢者"③。所以我认为，古代灯塔导航早先很可能是印度洋航线上的传统，是有发达航海历史经验的阿曼海员导航技术的发展和流传，已知和我们引用的相关记载所涉时间和地点也都显示出这一点④。

综上充分证明了我们的判断：古代阿曼人在印度洋周边地区最早拥有先进的造船术、发达的航海术，从而发展起了昌盛的海洋商业活

---

① 据知，何平、李新荣、杨西安等编《泾阳县志》（陕西人民出版社 2001 年版）中第一次公布了该碑碑文，此后多有媒体报道与学者研究。本书计划以下设专节讨论迄至唐代中国人跨海西行乃至与阿曼交流诸问题，对此碑相关内容将有更多涉及。

② 李约瑟在研究比较中国航海术与阿拉伯航海术的异同时引用过这样一份资料：1440 年前不久（大致与郑和同时），孔蒂到过中国海域；20 年后，弗拉·毛罗在其地图上记入了同样的资料，图上有一条注释标在印度洋中间说：他们"航行时不用罗盘，因为船上有一名星象学家，他独自站在高处（船尾楼），用一个星盘指挥航行"。李约瑟认为："我们对弗拉·毛罗的话至今还未给予很大重视，但其日期说明这些话与同时期葡萄牙人的航海天文发展有着特别的关联。也许他所指实际上就是阿拉伯牵星板。……14 世纪地中海的领航员，眼睛始终盯着罗盘，并根据方位和距离定出的航向给舵工发出相应的舵令。对亚洲的领航员来说，罗盘只是他们使用的仪器，测星（或测太阳）定船位至少和使用罗盘同样重要。"见［英］李约瑟《中国科学技术史》第 4 卷第 3 分册，第 622—623 页。

③ 参见萨士武《考证郑和下西洋年岁之又一石料——长乐"天妃灵应碑"拓片》，第 103 页。

④ 汉文古文献称之为"神灯"，说明当时中国尚无这种人为设施。中国近海多有古代沉船，似乎也表明这一海域历史上曾长期缺乏灯塔一类为近海夜航设置的导航设施。

动①。古代传入中国以"安息"或"波斯"命名的特产物品其实是从其当时的属国阿曼转运而来，有的直接就是阿曼的特产，例如被称为"安息香"的乳香。所以，古代参与经营这些物品交易的所谓安息—波斯商人其实是阿曼商人，例如我们前面提到见于汉文文献的李元谅、安附国，以及李珣家族等。

六 波斯所谓"大食"指的是阿曼人

阿曼人有在印度洋上开展商业贸易活动的悠久历史传统，也只有阿曼人有在环印度洋进行经年长途大规模航行贩运活动的能力。然而，长久以来，阿曼的这些优良传统和发达能力却不为世人所认知。例如，著名的法国东方学家费琅就曾持有一种颇为流行的错误观点："我相信，人们过分夸大了阿拉伯人在建立和发展波斯湾诸港口与远东之间的海上交通中的作用。其实，他们只不过遵循波斯人所开辟的道路罢了……后来阿拉伯典籍中所使用的地理命名法——如 al-khochnami，al-Dibayat 亦是波斯命名法……最后，中国人称阿拉伯人为'大食'，这不过是波斯文 Tazi 的译音，因此，波斯人使用中国人认识阿拉伯人时使用的名字，只不过是波斯人自己从前（称呼阿拉伯人）用过的名称。我认为，这是波斯人交通发展得更早的，有决定意义的证明。"② 其实，把这种观点中阿拉伯人还是波斯人的两难选择换成历史上的兼容取径，有关问题就全都迎刃而解了：如前所述，阿曼人正是古代航海交通中以"波斯人"（中国称之为"波斯胡商"）名义活动的阿拉伯人，只有他们而不是别人，在阿拉伯帝国兴起以前，在"安息"和"波斯"名义下为东西方海陆交通和文化交流开展了大量活动，从而建立了不朽的历史功绩。时至今日，这些过去被误解的历史都应该重新改写，应该追本溯源，清楚明白地书写阿曼人在世界史上的丰功伟绩。

这里可以再说说中国人称阿拉伯人为"大食"这个名称的由来。据研究，直到 12 世纪以前，阿拉伯人除被称为"大食"外，没有其他

---

① Cf. *The Persian Gulf in History*, pp. 38–39、167–168。
② 转引自《中国印度见闻录》，法译本序第 20 页。

集合名称①。"大食"（或写作"大寔""多氏"等）一名，现在多认为
来自萨珊波斯对邻近其首都泰西封（Ctesiphon）的阿拉伯部落塔伊部
（Ṭayyi'）的称呼 Tačik（即上引费琅语中 Tazi），波斯人以此泛指阿拉
伯人，唐代音译为"大食"②。然而，众所周知，波斯人历史上一直与
阿拉伯人为邻；在阿拉伯帝国崛兴以前，安息、波斯都曾长期成为阿拉
伯部分地区的霸主，作为其泛称的部落应当具有种族、文化特点和代表
性，塔伊部并非如此。况且，据权威资料可知，直到伊斯兰教兴起
（622 年），塔伊部实际还活动在今内志北部（麦地那东北），远没有到
波斯首都附近（见下图③）：

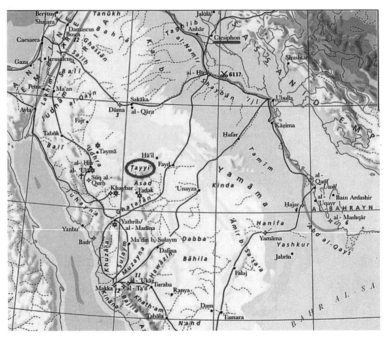

图 3 - 6　公元 622 年伊斯兰教迁徙时的阿拉伯半岛
（中间圆圈为塔伊部，上部划线为泰西封）

---

① 参见［英］布隆荷尔（Marshall Broomhall）《中国与阿剌伯人关系之研究》，朱杰勤译文，
载《中外关系史译丛》（第一辑），海洋出版社 1984 年版，第 45 页注 19。

② 参《中国大百科全书》中国历史卷，"大食"条。

③ 地图引自 Hugh Kennedy ed., *An Historical Atlas of Islam*, second edition（revised and en-
larged），Leiden：Brill, 2001, p. 16. 并请参见［美］希提《阿拉伯通史》上册，马坚译，第 79 页
地图"伊斯兰教以前北部阿拉比亚各王国"。

　　由此可见，认为汉籍中的"大食"一名来自塔伊部主要是一种语源学解释，并非真正的历史事实。其实，很早就有学者提出，汉语的"大食"一名"或表示波斯语'贸易者'Taguir/Tājir 之音义"①；而波斯语中的贸易者或商人这个词，乃至商业、贸易等等同源词，全都来自阿拉伯语 تجر tajr "经商、兴贩、做买卖"这个词根。这里有两个情况直接和本书的研究有关：一是直到中古即萨珊波斯时期，波斯语里的"商贸"语汇还主要借自阿拉伯语，表明商品交易尤其是长途贩运和国际贸易在波斯社会生活中作用很小，"在其发展过程中也不起关键性作用"，"贸易并不在当地历史上发挥积极作用"②。这些都印证了我们前面对古代波斯社会历史文化性质的判断，也证实了我们对阿曼在地区社会以及历史地位和作用的论断——古代安息—波斯经由印度洋的海上交通和商业贸易活动主要都是由操阿拉伯语的阿曼人掌握和操控的。于是，另一点，在这种情况下，波斯人说的"大食"即用阿拉伯语的商人（Tājir）一语来指称的阿拉伯人，只能是指阿曼人，也只有阿曼人因其古代和安息—波斯的历史地理关系被后者视为阿拉伯人的代表并以经商（Tājir = 大食）为特色最名副其实，符合历史真实。

　　最后想讲一下，如果说波斯西边经由条支走廊的国际商贸活动，在安息时期由帕尔米拉商人，萨珊时期由叙利亚基督教徒（聂斯托利派即景教徒）先后操持的话③，同时期往东方的阿拉伯海上除了阿曼海员和海商，其他人的活动情况如何呢？我们这里主要谈谈当时的印度人。

　　我们前面提到过印度向阿曼学习造船术，航海术也是一样。如前所

---

　　① 参见［英］布隆荷尔《中国与阿剌伯人关系之研究》，第 44 页注 19；并请参见《中国大百科全书》中国历史卷，"大食"条。

　　② 参见［美］理查德·配恩（Richard Payne）《丝绸之路与古代晚期伊朗的政治经济》，李隆国译，第 81 页。据该作者在其"伊朗商贸网络"一节的说法，安息—波斯本土并没有发达的商业贸易，王室和朝廷所需的国际贸易主要由外商承担，例如安息时期的帕尔米拉商人、萨珊时期的叙利亚基督教徒（聂斯托利派即景教徒）先后操持条支走廊商贸活动，参见第 89—91 页。

　　③ 参见［美］理查德·配恩（Richard Payne）《丝绸之路与古代晚期伊朗的政治经济》李隆国译，第 89—90 页。英文全文发表在 *Bulletin of SOAS*, 81, 2 (2018), 227–250, 题目是"The Silk Road and the Iranian political economy in late antiquity: Iran, the Silk Road, and the problem of aristocratic empire"。

述，在公元1世纪中叶《红海周航记》记录公布印度洋上信风规律以前，阿曼水手和航海家们早就知道了"这一变换规律，但他们对此保密"；此后，由于信风规律的公布，"导致公元初期印度与红海各港埠之间的航海贸易迅速发展，继而推动了印度与古代东南亚地区的海上交通与贸易"①。据研究，公元初期印度人兴起往东南亚从事海上贸易主要有两方面的原因：一个是对黄金和香料的需求；另一个更重要的原因是贵霜帝国治下佛教在印度的崛起和传播。因为此前"印度教强调种姓间的界限分明，森严壁垒，极力维护（高级）种姓的纯洁性，禁止与下层野蛮人（低级种姓）接触，导致许多人因担心出海旅行与野蛮人接触会受到污染而禁足。佛教则为皈依改信这种新宗教的印度人拆除了精神壁垒，解除了心理羁绊，从而促使大批印度商人、包括部分年轻的婆罗门僧侣到海外探险"②。即使如此，"从目前已知的东南亚各地出土的早期碑铭来看，古代活跃在东南亚诸贸易港埠的印度商人主要是来自南印度的操泰米尔语的印度人"；而东南亚出土的梵文碑铭主要集中在马来半岛西岸的吉打（Kedah），"其时间断代大多分布在从3世纪到5世纪，亦有部分是9世纪的碑铭"③。

综上所述可以看出，古代直到中世纪，阿拉伯海包括波斯湾的海路航行和航海贸易，主要掌握在阿曼商人和航海家手里。只有南印度和红海间的信风航路曾为希腊罗马商人及罗马的附属（Axum＝厄立特里亚）船队所控制利用，后来也竞争失败退出了④。历史状况如权威专家所说："印地贸易成分在波斯湾、阿曼和索科特拉岛也不可忽视，当然更大的是在东南亚。……同时我们也看到印地人乘阿拉伯船航行去亚丁。

① 参见钱江《金洲、金地与耶婆提：古代印度与东南亚的海上贸易》，第324页及注59。
② 参见钱江《金洲、金地与耶婆提：古代印度与东南亚的海上贸易》，第326页及注63。温克曾说，"在印度古代，航海活动实际上大都操控在外国人手里"，重要原因之一就是由于印度教的信条和种姓制度，以及航海禁忌，参见［美］温克《印地：印度伊斯兰世界的形成》，第72及以下各页。
③ 参见钱江《金洲、金地与耶婆提：古代印度与东南亚的海上贸易》，第327页。
④ 参见张铁生《中非交通史初探》，第89—90页；［美］理查德·配恩（Richard Payne）《丝绸之路与古代晚期伊朗的政治经济》，李隆国译，第87页。

不过，比起希腊人、罗马人、波斯人和阿拉伯人或犹太人来说，在印度洋的长途贸易中提到印地人的很少。在8、9世纪，印度洋已经很大程度上成了'操阿拉伯语的地中海'，沿岸阿拉伯或穆斯林贸易侨民已经占据优势。"① 因此我们可以有把握地说，古代直到中世纪，凡是以安息—波斯名义同中国开展交流的人或事物，只能是阿曼人、阿曼商人或由阿曼船主、海员协助开展、进行和完成的，除此之外不成历史（不具备条件）！同时也可以说，在这方面——在经由印度洋尤其是阿拉伯海和波斯湾的交通交流方面，提到阿拉伯或阿拉伯文化，在伊斯兰帝国兴起以前基本可以明确就是阿曼人和阿曼文化；在伊斯兰帝国兴起以后，尤其是中文古代文献所谓大食蕃客，主要也是指阿曼海商。这些观点应该在学界充分展开讨论，进一步明确起来，形成基本历史共识，在相关地区加以普及，以纠正从前的错误或模糊认识。

第三节　阿曼海商成为萨珊波斯的御用商团

我们前面说了，商品交易尤其是长途贩运和国际贸易在古代直到中世纪的波斯社会生活中作用很小，"在其发展过程中也不起关键性作用"，"贸易并不在当地历史上发挥积极作用"②。那么，为什么安息宫廷和萨珊波斯王室还都非常重视国际贸易，保护鼓励依附商团（its own dependent merchants）货主，开辟拓展海陆交通和海外市场呢？最新的研究表明，这实际上不是一个简单的经济问题，而是关系到重大政治经济和政治文化的问题。伊朗由于地理条件的原因：中央高原和分散周边的不同地域对形成集权帝国非常不利，名为统一的王室宫廷与高度自治的各地贵族同时并存，国家最高统治者其实只是王中之王（SahanSah）或众王之王；在这种国体不变的情况下，除了拜火教的加冕，王室垄断

---

① 参见［美］温克《印地：印度伊斯兰世界的形成》，第65页。
② 参见［美］理查德·配恩（Richard Payne）：《丝绸之路与古代晚期伊朗的政治经济》（李隆国译），第81、89—90页。

国际商贸活动成了提高、强化其权力和地位的重要财政资源①。国际贸易长途贩运的商品都是奢侈品，古代帝国可以从征税和投资两方面从国际贸易获利；伊朗正好地处罗马帝国和中国这两个欧亚大陆最大奢侈品市场的居间位置，因而王室能够从这种适于长途贩运的"轻货"（量轻价高）交易中获益②。然而，谁来为王中之王——安息宫廷或波斯王室运用行使这一特权呢，换言之，谁是"伊朗商人"呢？

这个问题目前已经有人研究，并被定义为帝国统治者（宫廷、王室）所属的"依附商团"或者说御用商团，主要有：公元 1—3 世纪初服务于安息宫廷的帕尔米拉商人团体，取而代之于 3—7 世纪初服务于波斯王室的叙利亚基督教（聂斯托利派即景教徒）商人团体，以及犹太商人团体等③。但是，对于同东方尤其是中国的关系来说，这里首先应该提到、最值得称道的是阿曼商团及其船队，也就是中国古代文献中记载的安息—波斯胡商：如我们的研究所揭示的，阿曼早在安息时代就包揽了西方世界和中国的几乎所有海路交流，有鉴于此，中古波斯语甚至直接就把这一跟中国打交道的群体称作 Tājr "大食"即操阿拉伯语的商人。如前所述，古代直到中世纪，阿拉伯海包括波斯湾的海路航行和航海贸易，主要掌握在阿曼商人和航海家手里。其他依附商团的货主，一旦进入这一海域，也只能与海运船主（阿曼船队）合作。后来成书于 9—10 世纪间的《中国印度见闻录》第 13 节生动地描述了阿曼在通往东方的波斯湾海道的重要作用，我们这里可以先参看一下：

> 至于船舶的来处，他们提到货物从巴士拉、阿曼以及其他地方运到尸罗夫（Siraf），大部分中国船在此装货：因为这里巨浪滔滔，在许多地方淡水稀少。巴士拉距尸罗夫水路一百二十法尔萨赫。货

---

① 参见 [美] 理查德·配恩（Richard Payne）《丝绸之路与古代晚期伊朗的政治经济》，李隆国译，第 83—84、97 页。

② 参见 [美] 理查德·配恩（Richard Payne）《丝绸之路与古代晚期伊朗的政治经济》，李隆国译，第 83、92—94、97 页。

③ 参见 [美] 理查德·配恩（Richard Payne）《丝绸之路与古代晚期伊朗的政治经济》，李隆国译，第 88—90 页。

物装运上船以后，装上淡水就"抢路"——这是航海的人们常用的一句话，意思是"扬帆开船"——去阿曼北部一个叫做马斯喀特（Mascate）的地方：尸罗夫到马斯喀特大约有二百法尔萨赫。在这一海域的东部，介于尸罗夫和马斯喀特之间，除其他地区之外，还有经过巴努—萨发克海岸（Banou ash-shaffag）①和阿巴卡文岛（L'Hed'–Abarkāvan）②。在这片海域中有阿曼暗礁群，当中一处叫旋涡谷，紧夹在两个暗礁之间的航道只有小船才能通过，中国船却是无法通过的。这两个暗礁被命名为折腰和独眼（科萨依和奥瓦依），只有一小部分露出海面。通过这些暗礁，我们便来到阿曼的苏哈尔（Sohar）③。我们从马斯喀特的一眼井中装载淡水，在该地可见到成群的阿曼羊。（中华书局译注版，第7—8页）

由此我们不难看出，古代条支走廊（沟通两河流域和印度河流域）的波斯湾和阿曼湾航段堪称是一条阿曼走廊。上述这种情况的形成，萨珊波斯时代的大力经营起了很重要的作用④。

研究表明，萨珊王室从建立之初就有意利用此前安息宫廷已经相当发达的商业贸易成就，尤其关注安息宫廷庇护的帕尔米拉商人在萨珊龙兴的法尔斯沿海地区所获得的财富；筹划如何操控沟通欧亚的国际贸易交通，根据王室的利益重新调整海陆交通路线走向。这些主导了新兴萨珊王室在军事行动和基础设施建设方面的优先考量⑤。第一个萨珊皇帝

① 法译本原注："《伊本·巴图塔游记》（第二卷，第244页）记载，尸罗夫的居民是波斯人，'但其中也有一部巴努—萨发克（Banou ash-shaffag）的阿拉伯人，正是这些阿拉伯人潜水捞取珍珠'。巴努—萨发克人属于阿兹德人Azds的一个大部落，到九世纪末已成为波斯湾伊拉克（法尔斯?）沿海的一个人口众多、举足轻重的集团（卫斯腾费尔德《阿拉伯各宗族系谱》，哥廷根1852年143页及10、34图表）。"（中华书局译注本，第41页）
② 即霍尔木兹海峡北面的格什姆（Qeshm قشم）岛。
③ 苏哈尔是古代波斯湾最大最繁荣的港口城市，汉文古籍中的蒙奇（Magan/Maka）、中古时期的没巽（Mazūn/Māzūn）即指此地。
④ 参见［美］理查德·配恩（Richard Payne）《丝绸之路与古代晚期伊朗的政治经济》，李隆国译，第84—86页。
⑤ 参见［美］理查德·配恩（Richard Payne）《丝绸之路与古代晚期伊朗的政治经济》，李隆国译，第97—98页。

Ardashir（226—241 年在位）就明确显示出对阿拉伯海周边更大的关心，将其海洋扩张推向前所未有的程度。他把大量的阿曼阿兹德人移居到法尔斯和起儿漫—弥兰（Makran）沿岸。这些人是操阿拉伯语的海商集团，他们操控着一个依附波斯的海洋贸易侨民群体（diaspora），扩展直达印度西部。接下来的沙普尔一世（Shahpur I，241—272）进一步加强了波斯对阿曼的控制，并经由巴林、哈扎尔（Hajar）对也门进行大规模征战，北边则远达叙利亚沙漠。有个希腊作家 Palladius 提到了 4 世纪初期印度洋上的波斯船队。沙普尔二世（Shahpur II，310—379）时，来自巴林和哈扎尔的部落民侵扰海湾，从而激起了萨珊王朝凶猛的反击，著名的要塞港口城市尸罗夫（Siraf）就是在这时期修建起来的。在这种情况下，后来的巴赫兰五世（Bahram V，421—38）据塔巴里记载是娶了一个印度公主，从而得到了信德的提毗（Debal，今巴基斯坦卡拉奇）港及其毗连地域作为陪嫁。这些都表明，不仅是波斯湾，印度河三角洲和信德海岸当时对于波斯王室都有着巨大的商业利益和战略价值①。

大批依附波斯的商贸群体移居地在 5 世纪已经出现了，在阿拉伯半岛沿岸，在印度的马拉巴尔海岸和斯里兰卡，甚至更远，虽然规模小些②。6 世纪早期，埃及亚历山大港商人科斯麻士（Cosmas Indicopleustes）的《基督教国家风土记》（*Christian Topography*）指出，波斯人出现在斯里兰卡，他们和中国人以及"来自最远国家的"人们进行贸易。斯里兰卡有一个很大的波斯基督徒（聂斯托利派即景教徒）移居地，他们有的是商人，有的则是在其家乡遭到宗教迫害的幸存者，无论是哪一种情况，在科斯麻士撰述的那个时期，他们都是那个波斯社区的成

① 参见［美］温克《印地：印度伊斯兰世界的形成》（Andre Wink, *Al-Hind: the Making of the Indo-Islamic World*, Vol. 1, Boston·Leiden: E. J. Brill, 2002），第 48 页。
② 参见［美］温克《印地：印度伊斯兰世界的形成》，第 48 页。我们前面曾提到，萨珊波斯治下的阿曼海商把信风知识用中古波斯语编成航海手册，时间很可能就是在努思旺（Nushirvan，531—579 年在位）统治时期，因为该皇帝入侵了印度河下游谷地并派遣了一支舰队前往斯里兰卡，同时还进一步加强了波斯在阿拉伯半岛南部的控制。参见前引书第 49 页。

员①。可以肯定，萨珊波斯王朝夺取了罗马人和希腊人留下的商业空间，在那个时期发展成了印度洋的首要强权②。在马拉巴尔和印度北边的那些港口，波斯御用商团人数最多③。波斯湾两岸的全部船运都落入了波斯王室的掌控之下④。阿曼的那些重要港口如苏哈尔和迪巴（Dabā），当时有与信德、印度和中国交易的商人频繁光顾，于是就有一个波斯总督协同一个阿兹德人阿拉伯藩王（client king）统治⑤。

与此同时，波斯王室大力保护自己的商团并对其活动予以积极支持。有这样一个例子：伊嗣俟一世（Yazdgird I，399—420 年在位）时，法尔斯总督（王的兄弟）之子报告说：有伙强盗（阿拉伯语 luṣūṣ）抢劫了一船货物，都是"从印度和中国各地来的商品和珠宝"，国王立马派遣塞琉西亚—泰西封（Seleucia-Ctesiphon）的主教（bishop）前往调查⑥。无论如何，王室努力排除这种商贸干扰，省督监管和保护商业活动，主教居间沟通联系，这些都说明波斯王室力求确保海路贸易通畅和御用商团的安全，甚至为此整合军事、行政和宗教力量共同行动⑦。

御用商团尤其是阿曼海商群体也给了波斯宫廷远超预期的丰厚回报。不仅仅是财政税收，波斯王室较安息宫廷政治地位和军事力量都大大提高⑧，而且在国际地位和外交关系上处于前所未有的主动和强势。众所周知，拜占庭史家弥南/米南德（Menander Protector）记载过这样一件事：公元 568—569 年，突厥—粟特使团来到波斯王库萨和一世（Husraw I）的宫廷，请求允许粟特商人在波斯境内销售生丝；王中之

---

① 参见［美］温克《印地：印度伊斯兰世界的形成》，第 49 页。
② 参见［美］理查德·配恩（Richard Payne）《丝绸之路与古代晚期伊朗的政治经济》，李隆国译，第 87 页；亦可参见张铁生《中非交通史初探》，第 89—90 页。
③ 参见［美］温克《印地：印度伊斯兰世界的形成》，第 50 页。
④ 参见［美］理查德·配恩（Richard Payne）《丝绸之路与古代晚期伊朗的政治经济》，李隆国译，第 85—86 页。
⑤ 参见［美］温克《印地：印度伊斯兰世界的形成》，第 51 页。
⑥ *Chronicle of Seert*, Vol. 1. 2, ed. and trans. , Scher, p. 324.
⑦ 参见［美］理查德·配恩（Richard Payne）《丝绸之路与古代晚期伊朗的政治经济》，李隆国译，第 91 页。
⑧ 参见［美］理查德·配恩（Richard Payne）《丝绸之路与古代晚期伊朗的政治经济》，李隆国译，第 83—84、92—93 页。

王以一种戏剧性的夸张给与了明确的答复：他将生丝买下，当场焚毁，宣示了王室及其商团对全帝国生丝交易的垄断；他还毒杀了另一位突厥—粟特使节，断绝了与突厥汗国的商业关系，从而迫使突厥人去发展另一条穿过草原前往黑海的商贸路线①。有人认为："丝绸生产技术在 5 世纪已向西传，因而使得库萨和一世有底气想要与中亚中介商彻底脱钩。"② 这种推测过于主观大胆！一般认为，中国的蚕种和养蚕技术大约 6 世纪传到了西亚③，可是，要在半个多世纪的时间里就在当地发展起规模化的养蚕缫丝业，使其满足自身需要并向外出口，显然是不可能的。正如法国学者魏义天（Étienne de la Vaissière）所说：无论如何，这反映了君主庇护下的商人群体与允许外来自由竞争二者不能兼容，"这不过是波斯王室一贯的商业政策，他需要一个自己的商人群体，惠意袒护他们，尽力维持一个波斯专有的商贸区域。因此，这个政策与萨珊王朝支持波斯商团的海洋政策完全是相应一致的"④。显然，这个受波斯朝廷庇护的商人群体就是阿曼阿兹德海商团体和阿曼海运船队。波斯王之所以胆敢以决绝的态度与中亚中介商彻底脱钩，根本原因不是丝绸生产技术已经西传，而是由阿曼人主导的海商和海运充分满足了波斯王室的内外需要（关税之外，奢侈品投资生产与外销，中国蚕丝产品的进口等等，详见下章）。例如，"据普罗科比记载，公元 6 世纪的阿

---

① Menander the Guardsman, *History*, ed. and trans., Blockley, pp. 111 – 115; de la Vaissière, 2005: pp. 230 – 232.

② 参见［美］理查德·配恩（Richard Payne）《丝绸之路与古代晚期伊朗的政治经济》，李隆国译，第 91 页。

③ 关于中国蚕种西传有多种说法，《新唐书·西域传》：于阗（今新疆和田）"初无桑蚕，丐邻国，不肯出，其王即求婚，许之。将迎，乃告曰：'国无帛，可持蚕自为衣。'女闻，置蚕帽絮中，关守不敢验，自是始有蚕。女刻石约无杀蚕，蛾飞尽，得治茧"。（中华书局标点本，第 6235 页）玄奘《大唐西域记》卷 12 也记载了这个故事，当年斯坦因在和田考察，还发现了描述这个故事的当地画板。而 6 世纪东罗马的史家普罗科匹斯（Procopius，500—565）记述说，有两个波斯僧把蚕种藏在竹杖里，从中国带到君士坦丁堡去进献给当时的东罗马帝国的查士丁尼（Justinian）皇帝。这表明，大约到了 6 世纪，西亚通过各种途径学习到了中国的养蚕技术和方法。对具体传播过程的研究，可参［美］理查德·配恩（Richard Payne）《丝绸之路与古代晚期伊朗的政治经济》，李隆国译，第 82 页注 2。

④ 参见［法］魏义天《粟特商人史》第八章《使节与商人：西行路线》第一节《粟特人、突厥人与萨珊王朝市场》第一项《萨珊王朝的商业政策》，王睿译，第 149 页，并请参见第 150 页。

克苏姆（Axum，今厄立特里亚）商人是罗马人的中间商，不能进入印度的丝绸市场，因为在他们抵达之前，伊朗商人业已将丝绸全部买走"①。这里所说的伊朗商人就是波斯王室御用商团，主要是阿曼阿兹德海商。

图 3-7　蚕种西传木板画
（新疆和田丹丹乌里克遗址出土）②

① Procopius, *Bella*, ed. and trans. , Dewing, pp. 192 - 193. 类似的说法是："东罗马帝国曾在 531 年同阿克苏姆举行了关于中间商问题的谈判（见 Richard Pankhurst, *An Introduction to the Economic History of Ethiopia from early times to 1800* , introduction by K. M. Panikkar），而阿克苏姆国王欣然接受了查士丁尼的建议。不过，查士丁尼的企图并没有如愿以偿，因为埃塞俄比亚商人没有力量在东方同波斯势力竞争，结果购买生丝的垄断权却仍操于波斯人之手。"见张铁生《中非交通史初探》，第 89—90 页。

② 原图见"一赏·丝路之绸⑤｜蚕种西传的秘密就在这里"，https：// zj. zjol. com. cn/ news/ 165791. html? ismobilephone = 1&t = 1518194032151，2021 年 7 月 5 日。

第四章　阿曼商贸网络与中古波斯通中国

通过上面的论述我们可以看出，从安息帝国到萨珊波斯，几乎所有波斯与中国之间的贸易活动、交流交往都是通过海路开展的，也就是说，几乎都是由阿曼人即阿曼阿兹德海商团体来承担，在阿曼海运船队协助下来进行的。在这样一个历史背景下，法国东方学家费琅的如下说法就不难理解了："从四至七世纪初的整个中国历代史册中，所有印支半岛、锡兰、印度、阿拉伯以及非洲东岸的产品，统统称为'波斯产'。这是因为把这些产品输入中国的进口商人绝大部分是波斯人。"[1]如我们业已论证的，从古代到中世纪，所谓"波斯商人"——那些把波斯产品输入中国的进口商人实际上几乎都是阿曼人。阿曼人主要是海商，但也经常以安息、波斯胡商的名义沟通与中国往来的海、陆两道，深入开展商业贸易，积极参与文化交流活动。我们前面提到，李玹"其先波斯国人，随僖宗入蜀……以鬻香药为业"，"李珣字德润，本蜀中土生波斯"[2]，而李玹兄弟五人，李珣为其兄长。可见这一家阿曼商人很可能早先定居蜀中即今天的四川成都附近，然后再到全中国范围活动。这种情况提示我们，萨珊波斯时期的阿曼与中国关系其实主要是沟通活跃丝绸之路的两个重要场域，即所谓"波斯产品"的产地（胡齐斯坦）和中国缯帛（蚕丝及其制品）的产地（中国川蜀地区）。本章就

---

[1]　参见《中国印度见闻录》，法译本序言第 21 页。
[2]　参见张星烺《中西交通史料汇编》（第三册）第五编第五章，中华书局 1978 年版，第 126 页及以下各页。

打算继续从双方交流的视角，来探究这些以"波斯国人"名义活动的阿曼商人，最有可能通过何种途径、经由哪些路线进入中国乃至到达蜀中（四川）的。

第一节　波斯特产的产地和工艺

从文献记载和考古发现来看，中古时期从萨珊波斯传到中国的产品（文物）主要有三大类：波斯锦（及同类的丝毛混纺织物）、银制器皿（波斯胡瓶、碗、盘等）和萨珊银币，这些都是奢侈品，都属于波斯王室为了从国际贸易获利，凭借特权投资生产的出口专营专利产品。据研究，萨珊波斯早期王室为了投资生产这类产品专门建立了一系列"市"（sahrestan）①，为了生产和外销便利，这些市都设置在波斯湾沿岸；生产最多、质量最好的市在胡齐斯坦（Khuzestan，即安息时代的条枝境域），其他市的产品质量要等而下之②。后来波斯内地有地方甚至中亚也对波斯王室投资生产的这类专利产品进行仿造（例如中亚布哈拉仿波斯锦的所谓撒答剌欺 Zandaniji 锦），那只能属于假冒名牌。直到"早期伊斯兰时代，胡齐斯坦著名的大规模丝绸织锦生产也源自早期萨珊王朝"③。

一　波斯锦产地的地理文化特点

胡齐斯坦之所以成为波斯产品的主要产地和代表作，有其特殊的地理优势和历史原因。以波斯锦为例，众所周知，这是一种丝毛混纺产品，他们"将生丝和羊毛加工成高质量的、各种颜色镶边的外套，通

---

① 据研究，这些市又被称作 dastgird，在中古波斯语里意味着官户庄园，明显暴露出王室商品生产和贸易的垄断专营性质，参见［美］理查德·配恩（Richard Payne）《丝绸之路与古代晚期伊朗的政治经济》，李隆国译，第 93 页及同页注 3、4。

② ［美］理查德·配恩（Richard Payne）《丝绸之路与古代晚期伊朗的政治经济》对此有专节《王室市：生产和欧亚市场》，参第 84—85、93—97 页。

③ ［美］理查德·配恩（Richard Payne）：《丝绸之路与古代晚期伊朗的政治经济》，李隆国译，第 94 页。

常饰有珍珠，这是富有伊朗贵族特色的纺织品。胡齐斯坦邻近出产羊毛和皮革的高地，通过波斯湾能购买到丝绸和珍珠，靠近商贸网络，是理想的纺织品制造中心"①。如前所述，古代波斯湾的珍珠采集业完全是阿曼人的营生。还有一些波斯锦的技艺特点可以在这里得到解释，例如，在中国新疆和青藏地区出土的波斯锦或西亚毛纺制品氍毹、毾㲪等，其图案往往见到希腊—罗马艺术形象，这是因为，早期萨珊波斯城市的劳工通常来自罗马帝国俘虏，"从罗马城市迁出的人口包括古代最好的能工巧匠，早期萨珊王朝了解这些人力资源的价值。这些俘虏被重新安置在胡齐斯坦，隶属于宫廷直接管理的匠人组织，专门制作金属制品和纺织品"，"他们生产了丝绸之路沿线最好的产品"③。《魏略·西戎传》有一段可视为对这种工艺生产的说明："有织成细布，言用水羊毳，名曰海西布。此国六畜皆出水，或云非独用羊毛也，亦用木皮

图4－1　新疆和田洛普－山普拉出土希腊神话壁挂②

或野茧丝作，织成氍毹、毾㲪、罽帐之属皆好，其色又鲜于海东诸国所

① 参见〔美〕理查德·配恩（Richard Payne）《丝绸之路与古代晚期伊朗的政治经济》，李隆国译，第94页。同页注4："在胡齐斯坦的萨珊定居点周围，'车辙路'（hollow ways）的广泛发展说明牧民载着羊毛定期前往城市，间接证明了该地区纺织业的重要性。"

② 原图见新疆文物局等主编《新疆文物古迹大观》，新疆美术摄影出版社1999年版，第89页图0198。

③ 参见〔美〕理查德·配恩（Richard Payne）《丝绸之路与古代晚期伊朗的政治经济》，李隆国译，第94页。

作也。又常利得中国丝，解以为胡绫，故数与安息诸国交市于海中。"①

本地优秀的工艺传统也保留下来，如联珠分幅艺术，与外来形象融为一体，成为别具特色的构图意匠（图案形式）。有的图案内容甚至与古代两河流域神话有关，因为胡齐斯坦就是古代的埃兰（Elam），与苏美尔、巴比伦属同一地域文明，传承影响很深。

图4-2　吐鲁番出土连珠鹿纹锦②

图4-3　青海都兰出土红地婆罗钵（Pahlavi）文"神圣的王中之王"锦③

---

① 见《三国志》卷30《乌丸鲜卑东夷列传》评曰条注引，中华书局标点本，第861页。

② 原图见新疆文物局等主编《新疆文物古迹大观》，第144页图360。

③ 原图见"一些西域出土'联珠纹'织锦欣赏【转载】"，https：//www.douban.com/note/746256893/？type=collect，2021年7月6日。原图文字说明：（这件）婆罗钵文字织锦缝合成套状，属纬锦的裁边。红地，显藏青、灰绿、黄花。中部为一行连续桃形图案，图案与纬线平行，为1∶1纬二重组织。图案带的边缘为青黄彩条，排列黄色的小连珠。在红地之上，织有一段外国文字。经德国哥廷根大学中亚文字专家马坎基（D·N MacKenzie）教授研究鉴定，这是萨珊波斯所使用的婆罗钵文字，拉丁字母转写如下：第1行 MLKanMLKA = SahanSah "王中之王" 第2行 LBAGOH = Wuzurg xwarrah "伟大的，光荣的"。

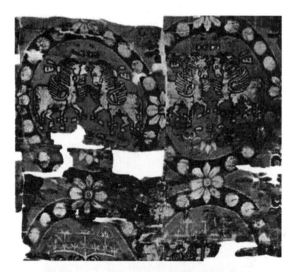

图4-4　青海都兰出土联珠纹锦①

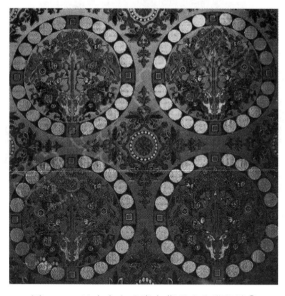

图4-5　日本奈良法隆寺藏联珠狩猎纹锦②

① 见"历代传统纹样"，https：//site. douban. com/131995/widget/photos/5668952/photo/1290911117/，2021 年 7 月 6 日。

② 见"法隆寺蜀锦"，http：//www. serengeseba. com/w/% E6% B3% 95% E9% 9A% 86% E5% AF% BA% E8% 9C% 80% E9% 94% A6/，2021 年 7 月 6 日。

图 4-6　新疆和田洛普—山普拉出土两河流域的吉尔伽美什传说罽毵①（挂毯）

二　"胡王"锦的进口或仿制问题

这里想稍微就中国境内出土所谓"胡王"锦（见下图）的问题谈点儿看法。

---

① 北京大学外国语学院段晴教授对这件文物做过很多研究工作，据她说："依据 2017 年 6 月北大考古文博学院吴小红教授所做碳 14 分析的结果，洛浦罽毵应是织成于公元 420 年至 565 年之间；而依据出现在罽毵上的于阗用字分析，这些罽毵应织成于公元 560 年前后。"（氏撰《神话与仪式——以观察新疆洛浦博物馆罽毵为基础》，载《民族艺术》2018 年第 5 期，第 35 页）除了神话内容本身外，段教授对文物有关问题的解释很神奇，难以作评。本人观点与之不同，简单地说，我认为从文物、文字断代等情况来看，这件罽毵由图案内容看很可能是波斯制品的仿制品（因为上面织有古于阗文字），从段晴对于阗文内容的解读（"灵汁献给萨波梅里"，第 39 页右栏）来看，波斯原件上的文字应该和其他很多波斯制品如青海都兰出土波斯锦上一样，为"神圣的王中之王"。

图 4 - 7　"胡王"锦，北朝时期（5—6 世纪），长 13 厘米、宽 14 厘米。
新疆吐鲁番阿斯塔那出土①

　　据介绍，在新疆吐鲁番阿斯塔那北朝时期（5—6 世纪）的墓葬中，曾出土了不少极为精致的平纹经锦。它们用色复杂，提花准确，锦丽细密，质地更薄，牢度也大为提高。这些发现清晰地反映了我国传统的丝织技艺在这个阶段有了新进展。更值得注意的是，这时期的丝织物中，还出现了中亚、西亚流行的纹样和在纬线上起花的新工艺。最能体现这种丝织工艺的织锦是所谓"胡王"锦：该锦为一覆面，经二重夹纬平纹组织，黄色地，显红、绿等色花纹。主花为宽带联珠纹圈，内填正、倒相对的两组执鞭牵驼图；沿袭汉代丝织品设计纹样中纳入汉字的特点，在人、驼之间织有汉文"胡王"二字，因而得名"胡王"锦②。国内有研究者认为，在图案中特意织上"胡王"字样，明显是为外销目的而生产的③。类似的织物还有，近年在西藏象泉河上游噶尔县门士乡故如甲寺古墓葬随葬品中，有一幅带有动物图案和汉字的丝绸（见下

――――――――――

　　①　原图见新疆文物局等主编《新疆文物古迹大观》，第 141 页图 0351。
　　②　参见张蕾《新疆博物馆藏"胡王"锦探析》，载《文物鉴定与鉴赏》2013 年第 5 期，第 80—81 页。
　　③　参见王炳华《"丝绸之路"考古的几点新收获》，见"丝绸之路多媒体系列资源库"网站：丝路概说/西域考古文存，http://www.sxlib.org.cn/dfzy/sczl/slgs_1/xykgwc/201808/t20180806_931135.html，2020 年 7 月 26 日。

图），考古工作者认为这是西藏西部第一次发现的汉地丝织物，断代为南北朝到唐初①。

图4－8　西藏象泉河上游故如甲寺墓地出土的"王侯羊王"丝织物

我的看法是这类织锦作为中国生产的外销品可能性不大：

1. 古代丝路贸易中，西方尤其是希腊罗马国家最需要中国的产品是蚕丝而不是丝绸成品。我们前面曾引《魏略·西戎传》：大秦"又常利得中国丝，解以为胡绫，故数与安息诸国交市于海中"，来说明早在安息时代西方所获中国丝绸就是由阿曼经海路贩运而来的。关于"利得中国丝，解以为胡绫"，《欧洲与中国》有一段专门论述这个问题："没有证据表明罗马世界曾喜爱过中国式样的丝绸。似乎丝绸运到罗马边境时就有各种形式，尔后主要是经过某些加工程序。这种工序中最常见的一种颇为奇特。我们从古典的和汉文的古代史料得知，罗马上流社会需要的主要是半透明的丝罗纱，要制造这种东西，得把密纹织品的中国丝绸拆开来重新纺织。马端临《文献通考》卷339说大秦人'又常利得中国缣素（密纹的普通丝料）解以为胡绫绀纹（轻纺织品）'。普林尼也证实了这件事，他说丝国人'把他们森林中的毛絮品'送到罗马，从而'给我们妇女以双重任务，先把它解开，再重新纺织，……

① 参见霍巍《阿里高原象雄考古揭秘："王侯"丝绸与黄金面罩》，载《大众考古》2015年第1期。

穿着这种透明的轻纱，罗马妇女可以展示她们全部的妩媚'。……大部分进口的丝绸都是这样处理的。其他丝料则只进行染色以投合罗马人的爱好；而丝线用于刺绣，或与毛和麻合成混纺品，其中大量都是叙利亚的作坊所制造。"（第64—65页）

2. 我们前面也提到，投资制作波斯锦之类的专卖产品获利是波斯王室的特权，使用波斯锦外套和头巾，形成了一种贵族服饰文化（类似中国古代的舆服品等）；甚至波斯风格的，"有圆珠边饰的丝袍和束腰长袍是欧亚大陆贵族服饰的显著特征"①。与此同时，波斯国家也不像罗马帝国，国内并没有罗马社会那种对丝产品的需求和喜好。从考古文物来看，国外发现的中国丝织品遗物也都是中国文化特色的自产品②。因此，说"胡王"锦这类仿波斯锦织物是为外销目的而生产的，仅仅是一厢情愿，历史上没法落实。

3. 所以，"胡王"锦这类织物倒很有可能是波斯生产的外销品或其仿制品。专门的研究者认为："在新疆出土的文书及丝织实物中，可以得到另一历史信息，这就是在隋唐以前，在新疆大地上还有来自波斯的织锦。吐鲁番哈拉和卓第90号墓出土文书中就见到'钵斯锦'〔此墓同出有永康十七年（482年）文书〕，阿斯塔那第170号墓葬中，出土高昌章和十三年（543年）孝姿随葬衣物疏，其中见到'故波斯锦十张'。对这些文字记录，有学者认为，此"'钵斯锦'……颇似当地所产"，并不一定就是来自波斯的实物。这自可为一说。只是应该考虑，作为死者衣物疏中出现了'波斯锦'，应可以肯定当年的高昌社会中存在波斯锦，且波斯锦相当珍贵。否则，不会在死者随行的'衣物疏'中表现出这一美好的愿望。它存在的数量多少，流入的途径如何，是可以研究的问题。夏鼐先生曾经考证，吐鲁番出土的鸾鸟衔绶带纹锦，织

---

① 参见［美］理查德·配恩（Richard Payne）《丝绸之路与古代晚期伊朗的政治经济》，李隆国译，第95页。

② 如高加索山中莫谢瓦亚·巴勒卡墓葬出土中国绢画残片，花纹是山间骑士，与南北朝隋唐时期中国流行的树下人物同类，参见张广达《古代欧亚的内陆交通——兼论山脉、沙漠、绿洲对东西文化交流的影响》，收入氏著《文本、图像与文化流传》，广西师范大学出版社2008年版，第125页。

造工艺为纬线显花，图案具有波斯特点，可以作为波斯锦的标本。"①
"胡王"锦的工艺和图案特点，也可以这样看待。至于存在某些差别，
正有可能原本就是特制外销品的原因。比如织入"胡王"等汉字作为
图案的一部分，或许就是参考了汉代以来中国丝织品纹样中纳入汉字的
特点；所谓"胡王"，正是波斯锦上常见文字"王中之王"的汉译。

　　萨珊时代的波斯人能否把汉字用作绫锦纹样，虽然没有直接证据，
但也不完全排除这种可能性，例如，罗马史家阿米阿努斯·马赛林努斯
（Ammianus Marcellinus）曾提到，360 年左右，在幼发拉底河岸的巴达
尼亚（Batanea on the Euphrates）每年一次的集市上，就有中国商品出
售②；而后来 762 年左右，唐人杜环作为战俘到了幼发拉底河畔的亚俱
罗（今伊拉克库法），提到那里有"绫绢机杼，金银匠、画匠，汉匠起
作画者京兆人樊淑、刘泚，织络者河东人乐𬺈、吕礼"③ 等。这反映当
地的纺织业有可能接触到汉字丝绸纹样，甚至也可能有汉人从业者。当
然，"胡王"锦这类织物更有可能还是波斯特产外销货的中国仿制品，
"胡王"二字不过是波斯锦原件上常见婆罗钵文"王中之王"的汉译。
之所以如此，只是为了向中国国内提供一种带异国情调的新型产品，这
和波斯锦原产品的目的是一致的，甚至延伸发展了波斯王室制作这些波
斯锦原产品的意图，可以说是一种推销，换个角度，也可以说是一种文
化的交流与融合。

三　波斯银器的产地与工艺

　　另外一类中古时期从波斯传到中国的文物是银器：波斯胡瓶、碗、
盘等，以及萨珊银币：

---

①　见王炳华《"丝绸之路"考古的几点新收获》，见"丝绸之路多媒体系列资源库"网站：
丝路概说/西域考古文存，http://www.sxlib.org.cn/dfzy/sczl/slgs_1/xykgwc/201808/t20180806_
931135.html，2020 年 7 月 26 日。
②　参见 [英] 李约瑟《中国科学技术史》第 1 卷，科学出版社 1990 年版，第 184—185 页。
③　参见 [唐] 杜佑《通典》卷 193《边防典》九《西戎》五，"大食"条引杜环《经行
纪》，中华书局点校本，第 5280 页；张一纯《经行记笺注》，中华书局 1963 年版，第 55 页。

图4-9 不同时期的萨珊银币

图4-10 银制鎏金把手波斯胡瓶,宁夏固原北周李贤墓出土①

  中外学界有关研究大都集中在对这些器物的工艺技术和纹饰内容进行讨论,赏心悦目,引人入胜。我们这里可以省却这方面篇幅,主要关注器物产地与发现地之间交通贩运和贸易流通过程,从而通过表面的波

---

  ① 图见鲁人勇《丝路宁夏段揽胜》,宁夏人民出版社1992年版。

斯文物传播揭示其所反映的当时阿曼与中国关系的发展及双方交流的开展和深入。研究发现，和波斯锦一样，"这些银器是为王室而生产的，胡齐斯坦很有可能就是最主要的生产中心：那里集中了组织严密的御用工匠（指王室作坊里的罗马战俘工匠，类似唐朝宫廷的官户），大量的银料来源（原注：银矿石主要来自胡齐斯坦背后的扎格罗斯 Zagros 山，那儿有大量银矿，有关描述参见 Harper and Meyers 1981：146；胡齐斯坦的造币厂在萨珊时期铸造了含量很高的银币，参见 Daryaee 1999：140－1；Howard-Johnston 2014：159－60），又处于商贸网络。银碗和银盘主要作为贵族礼物流转，与丝绸外套（即波斯锦）一样被王室分配给官员。但是，通常用中古波斯语刻在器皿上的价值表明它们在市面上很容易就转化为钱币①。对伊朗银器的贸易将盘子和碗带到了地中海地区和中亚、东亚。与纺织品的情形相同，许多（出土）伊朗风格器皿是在中亚生产的，那里的粟特匠人模仿伊朗样式生产了样式独特的银盘"②。看来，作为礼物和商品的银器比货币更容易穿越帝国边界（通过海关），我们在《红海周航记》第28节已经看到了这种先例（"为国王进口的带浮雕图案的银器和钱币"），当然也可以同样看待和理解在中国发现的那些域外金银器，也就是说，实际上它们主要是作为货款被带来购买中国丝产品（缯帛）的。

综上，从中古"波斯产品"的产地和流向可知，波斯和中国的这些交流之所以能够发生，波斯王室的政治经济需要之所以能够满足，以至于王中之王敢于以决绝的态度与突厥汗国支持的中亚粟特商人断绝关系，全都拜托他们有一个专门的操阿拉伯语的商人（Tajr 即大食）群体，这就是阿曼阿兹德海商团体和海运船队。正是阿曼人的海商和海运主导了中古波斯产品流向东方、传到中国的活动。就波斯国家而言，除

---

① Christopher J. Brunner, "Middle Persian inscriptions on Sasanian Silverware", *Metropolitan Museum Journal* 9 (1974), 109－121.

② 参见［美］理查德·配恩（Richard Payne）：《丝绸之路与古代晚期伊朗的政治经济》，李隆国译，第95—96页。参见 Boris Marshak, *Sogdiiskoe Serebro: Ocherki po Vostochnoi Torevtike.* Moscow: Nauka, 1971。

了王室御用的阿曼商团为其从事东方尤其中国方面的国际贸易之外，并无其他群体能够分享此种待遇。因而这一时代波斯与中国间的商业贸易活动，虽然冠有"波斯"名义，其实完全由阿曼人代为打理和操办。所以，借由所谓"波斯产品"如波斯锦、波斯银器等等在中国各地的出土和流传，我们可以追踪当时阿曼人在中国到处开展交流活动的行迹，并由此获得阿曼与中国关系发展的丰富资料和证据。更进一步讲，"波斯产品"原本属于波斯王室垄断的专利产品，生产最多、质量最好的市在胡齐斯坦，其他市的产品质量要等而下之①，后来其他地方也出现了假冒名牌。由此我们也可以判断，那些在中国各地出土和发现的波斯原产品，十有八九是阿曼人（商人和使者等）到中国活动（经商或出使）的结果，别人基本不可能得到这种正宗名牌产品。其他假冒名牌的流传当然也很有意思，但可以说那基本与当时的阿曼人无关。

第二节　中国丝产品的来源与产地

当然，波斯乃至西方所需要的中国丝产品（缯帛）的进口任务也主要是由阿曼商团来承担的。前面说过，混纺波斯锦所需要的中国丝产品主要来自波斯湾海路。那么，这些经海路贩运而来的中国丝产品的主要产地是哪里呢？

其实自古以来，至少从张骞通西域开通丝绸之路以来，由于伊朗政权（安息—波斯）的国情和地缘政治关系，西方世界所需要的中国丝绸，就是主要经由海路通过阿曼转运来的。我们前面讨论《魏略·西戎大秦传》：大秦"自云本中国一别也，常欲通使于中国，而安息图其利，不能得过"，"又常利得中国丝，解以为胡绫，故数与安息诸国交市于海中"②。已经说明了这个问题——欲得中国丝绸但陆路不通，只

---

① ［美］理查德·配恩（Richard Payne）《丝绸之路与古代晚期伊朗的政治经济》（李隆国译）对此有专节《王室市：生产和欧亚市场》，见第93—97页。
② 《三国志》卷30《乌丸鲜卑东夷列传》评曰裴注引文，中华书局标点本，第860—861页。

得走海路经阿曼（安息海市）转贩贸易。从成书于公元 1 世纪中的
《红海周航记》记载可知，当时印度西海岸的 4 个主要港口（提阨 Bar-
barikon/Debal、婆楼割车 Barygaza、柯枝 Muziris、故临 Nelkynda）都有
中国丝产品（缯帛）出口，而恒河港（Gangês）则操控着中国缯帛的
转售①。这种情况正如中国俗语所说"千条江河归大海"：中国丝产品
由于各种原因，通过各种途径，跋山涉水不远万里，大都来到了印度西
部四大海港，再由阿曼海商和船队转运波斯，乃至更远的西方。那么，
我们要问，这千条江河的源头在哪里？换言之，阿曼商人最有可能从哪
里贩来这些中国丝产品让阿曼船队运往西方，也就是说，这些丝产品主
要是中国哪里生产的呢？这个问题的回答，涉及古代以"波斯商人"名
义活动的阿曼人前往中国的传统路线和主要活动地域。为了回答这个问
题，我们先来看一段有关隋唐时代中国丝绸生产的资料以便进行讨论。

　　众所周知，中国的隋唐时代是丝绸之路活跃发展的鼎盛时期，有关
中国丝产品的资料因而相对较为全面和较具代表性。据已故中国隋唐史
权威专家汪篯先生的研究，隋及唐前期中国盛产丝产品②者凡有三区：
"其一为关东地区，即唐代河南、河北二道全境之地，约包括今河北、
河南、山东三省之全部及江苏、安徽二省淮北之一部分（河南省之东
南角属淮南道，西南角属山南道，亦兼产蚕丝）；其二为巴蜀地区，即
唐代剑南道全境与山南道一部之地（山南道境内之产丝者多在今四川

---

　　① 《红海周航记》的研究者说："恒河港也——再说一遍，尽管就此没说几句话，但实际是
肯定的——操控着丝绸，因而使得这成了印度全部四个主要出口地区为数不多的都能够得到的产
品之一。在印度河三角洲的提阨，丝绸布料和蚕丝是可以得到的（39：13.11 以及见下注释 B 39：
13.11）；在西北海岸的婆楼割车，也有丝绸布料和蚕丝（49：16.30 并见下注释 B 49：16.30）；
在西南海岸的 Muziris/Nelkynda，有丝绸布料；而在恒河三角洲，则有丝绸布料、蚕丝和丝绵
（floss，见64：21.13—14）。确实，在这一贸易中，印度只是一个中介，因为这些产品全都产自中
国。【脚注29】：提阨收到的货物有中国皮草（锦缎）以及蚕丝产品（39：13.11）。尽管（印度
本地）有其自己的一种丝绸工业，但《红海周航记》所提到的全都是中国的进口商品（参64：
21.13—15——其中说中国的丝绵、蚕丝和绸料（缯帛）或由陆路经大夏运至婆楼割车，或经恒河
港口海运至马拉巴尔海岸）。"（导论第26页）
　　② 汪篯此文主要据唐玄宗时十道诸郡赋调及丝织物贡品统计考察蚕丝产地分布，故叙述行
文中的丝和蚕丝其实指的是丝产品，包括丝绸，见其《隋唐时期丝产地之分布》，收在《汪篯隋
唐史论集》，中国社会科学出版社1979年版，第289—298页。

境内），约包括今四川省之全部及湖北、湖南、陕西三省之一小部分；其三为吴越区域，即唐代淮南、江南二道东端之地，约包括今江苏省之南部，浙江省之北部与安徽省之一小部分。而此三区之中，又以前二者更为主要。"① 这里稍微做点儿提示，众所周知，丝绢是唐朝国税租庸调的重要组成部分，丝绸产地实际上就是国家财政税收的主要来源之地。然而请注意，尽管长安（今西安）是汉唐两代的政治中心，但从汪篯先生的权威统计可知，唐代关中、河东（今陕西、山西）乃至整个西北均非蚕丝和丝织品（缯帛）产地。关东（华北）与巴蜀一道为唐代最盛产丝绸的两个地区，但"安史乱前，唐朝的财赋重心在北方，尤倚重河北、河南、河东三道"②，所以专门修了运河、漕渠以便输纳上缴财政。不产缯帛的首都长安和关中盆地因为朝廷中央所在，皇室家族、官僚集团、贵族家庭和戍卫驻军萃集，反而成了最大的财政花销之地。换言之，关东（华北）丝产品大多就此耗散，尽管不排除有一部分经由市场转贩出去。

巴蜀地区（约包括今四川、重庆之全部及湖北、湖南、陕西三省之一小部分）为唐代最盛产丝绸的地区之一。其实，自古以来川蜀就是中国丝绸的主要原产地。据《华阳国志》记载："有蜀侯蚕丛，其目纵，始称王。"就是说以成都为中心的先秦蜀国是由蚕丛创建的，国名"蜀"字就是象形蚕虫。总之这是一个以养蚕缫丝为主业的方国。西汉扬雄《蜀都赋》中称颂蜀锦鲜艳华丽、品种繁多，并说蜀地"黄润细布，一筒数金"，意思是蜀地的丝绸以黄色的品质尤佳。近年新疆考古发现，所谓汉锦多为蜀锦③。汉唐之间中国南北政治对立，北方草原绕

---

① 参见《隋唐时期丝产地之分布》，第297—298页。

② 参见袁行霈主编《中华文明史》第三卷，北京大学出版社2006年版，第119页。

③ 参见王君平等《华阳传承下来的蜀锦传统工艺和丝绸文化急需保护》，《纺织科技进展》2007年第B05期（蜀锦专辑），第43—45页。本书这里不能对有关专门技术展开深入讨论，有兴趣者可参见许新国《吐蕃墓出土蜀锦与青海丝绸之路》，《藏学学刊》（第3辑：吐蕃与丝绸之路研究专辑），2007年，第99—122页＋第238页；武敏《吐鲁番出土蜀锦的研究》，《文物》1984年第6期，以及夏鼐先生早先全面系统的权威研究如《新疆新发现的古代丝织品——绮、锦和刺绣》等，收在氏著《考古学论文集（外一种）》下册，河北教育出版社2001年版。

经青海"河南道"①，到益州成都贸贩丝绸。唐代经济最为繁荣发达地区有"扬一益二"之称，扬州、成都（益州）都是当时中国的国际贸易大都会。扬州出产铜器（主要向日本出口铜镜等），成都称为"锦官城"，据汪篯先生的权威研究："《新唐书》卷51《食货志》：'先是扬州租调以钱，岭南以米，安南以丝，益州以罗、䌷、绫、绢供春彩'，皆足证剑南道蚕桑之盛也。又剑南道诸郡职贡之物，蜀、濛阳、唐安、德阳诸郡则罗，梓潼、遂宁二郡则纹绫，巴西郡则异彩之白䌷及双䌷，阳安郡则绵䌷，临邛、越嶲、普安则丝布，无一非精美之品。此可与《隋书》卷二九《地理志》；'蜀人多工巧，绫锦雕镂之妙，殆侔于上国。'及《白氏长庆集》四《新乐府·红线毯》：'蜀都褥薄锦花冷'之言相参证，盖蜀郡丝织工艺之巧妙颇为当时所艳称也。"② 降至宋代，蜀锦仍被誉为"天下第一"③。另一方面，如前所述，古代中国丝绸兼具货币功能，所以就相当于国家造币厂开在了成都。如果说关中本身不产丝绸，长安作为首都反而要截留消耗作为国家财政收入的丝织品的大半，那么相比之下，川蜀地区所产丝织品显然大多都以各种形式出口域外了。换句话也可以这样说，所谓丝绸之路上营销的丝织品，无论是陆路还是海路，多半都只能是川蜀产品。也就是说，古代丝绸之路的活跃，实际上主要是靠川蜀丝织品来支撑的。这很可能也是西域发现中国织锦主要都是蜀锦④的一个重要原因。同时，这应该也是吸引作为安息—波斯御用商团的阿曼商人前往川蜀地区活动甚至移居益州成都一带

---

① 参见唐长孺《南北朝期间西域与南朝的陆道交通》，收在氏著《魏晋南北朝史论拾遗》，中华书局1983年版，第168—195页；并请参见陈良伟《丝绸之路河南道》，中国社会科学出版社2002年版。
② 参见《隋唐时期丝产地之分布》，第295—296页。
③ 参见（宋）太平老人《袖中锦》1卷，"天下第一"条，涵芬楼影印清道光十一年六安晁氏木活字《学海类编》本。
④ 如传为唐阎立本所绘《步辇图》上，绘出唐贞观十五年（641年）吐蕃使节禄东赞在长安朝觐唐太宗迎请文成公主入藏，禄东赞身著圆领长袍，上面可以清楚地看到，在长袍的朱地上饰有联珠立鸟纹。沈从文先生将这件长袍称之为"小袖花锦袍"，认为其应即《唐六典》提到的川蜀织造的"蕃客锦袍"，系由唐代成都织锦工人每年织造二百件上贡，并专供唐政府赠予远来长安使臣或作为特种礼品。不过，姜伯勤据上面的图案，认为"这是典型的萨珊风格的胡锦"。

的主要原因。

川丝蜀锦很早就出口到了域外。《史记·西南夷列传》提到张骞通西域，曾在大夏（今阿富汗北部）"见蜀布、邛竹、杖，使问所从来，曰'从东南身毒国，可数千里，得蜀贾人市'"。或说"蜀布"就是蜀地生产的丝绸，也就是说，当时就有四川商人把丝绸贩到印度市场上去卖。印度考古学家乔希指出，古代印度大神都喜欢穿中国丝绸，湿婆神尤其喜欢黄色蚕茧的丝织品。这种黄色的丝织品，有人认为就是扬雄所说的"黄润细布"。20世纪中曾在阿富汗喀布尔以北考古发掘出中国丝绸，学者认为，这些丝绸有可能就是古代从成都经黔、滇、缅甸运到印巴次大陆，然后转手到达中亚的。显然，川蜀丝产品是印度各港口中国蚕丝和丝织品的主要来源；即使有经西域转贩，主要也是蜀锦或其他川蜀丝产品。虽然《汉书·地理志》曾记载，自汉武帝灭南越国（前111年）置南海郡（治今广州），中国使者和商人就带了黄金彩丝辗转到南印度贸易交流①，但是请不要误会，这些丝产品很少是当地所产。据汪篯先生研究，迄至盛唐开元年代（712—741），岭南道除广州南海郡土贡丝布之外，"并无丝织物贡品"，"然则关辅、河东、陇右、岭南诸地于隋、唐之世，皆非产丝之区域，从可知也"②。况且据《红海周航记》第64节的说法，印度西南马拉巴尔海岸柯枝Muziris、故临Nelkynda两个海港出口的中国丝绸，是从恒河港（Gangês）转贩来的③，也就是说和其他域外丝产品一样，多半也是川蜀产品，然后经西南夷辗转出口到印度。

第三节　中古阿曼人前往中国交流的行迹

《魏略·大秦传》记载当时西亚与中国的交通路线："大秦道既从

---

① 汉志原文为："有黄支国，民俗略与珠崖相类。其州广大，户口多，多异物，自武帝以来皆献见。有译长，属黄门，与应募者俱入海市明珠、璧流离、奇石异物，赍黄金杂缯而往。所至国皆禀食为耦，蛮夷贾船，转送致之。"（中华书局标点本，第1671页）黄支国（Kanchi，即玄奘《大唐西域记》中的达罗毗荼国都城建志补罗Conjeveram），在印度东海岸。

② 参见《隋唐时期丝产地之分布》，第289—290页。

③ 参见《红海周航记》导论第26页及脚注29。

海北陆通，又循海而南，与交趾七郡外夷比，又有水道通益州永昌，故永昌出异物。前世但论有水道，不知有陆道"；"又常利得中国丝，解以为胡绫，故数与安息诸国交市于海中"①。《魏略》系曹魏（220—265）时鱼豢所撰史书，其中所谓"前世"当指汉代至少是东汉（25—220）时代，其中有关西亚的交通信息，应该主要来自东汉初年的甘英使大秦。因为甘英到了安息西界，亲身经历了解到很多信息，所以纠正了一些传闻错误。甘英使大秦至条支而返，说明"大秦道既从海北陆通"是汉代以后才知道或才实现的事②。因此，讫至汉代，中国人只知道走水道（海路）可以辗转与大秦沟通，主要有三条道：（1）这里提到的"交趾七郡外夷"相当于中国南海周边各国；（2）"益州永昌"则指今云南、缅甸一带，水道即航行经由孟加拉湾；（3）"又常利得中国丝，解以为胡绫，故数与安息诸国交市于海中"。所谓安息的海上市场即指阿曼，当时为安息属国，故《后汉书·西域大秦传》略云："大秦国，一名犁鞬，以在海西，亦云海西国。与安息、天竺交市于海中，利有十倍。其王常欲通使于汉，而安息欲以汉缯彩与之交市，故遮阂不得自达。"③ 汉文史料的这些记载尤其是后两条水道（海路），与我们前面引述同时代的《红海周航记》的有关记载基本一致。我们以下据此再进一步追踪阿曼商团活动的行迹。

一 罽宾—悬度—皮山之路

首先，我们注意到，我们上面列举的波斯产品文物很多都是在中国的新疆、西藏和青海等地发现出土的。除了文物留存受环境影响外，这也提示我们，贩运这些商品的商人（或携带这些礼品的使者）首先是

---

① 《三国志》卷30《乌丸鲜卑东夷列传》评曰裴注引文，中华书局标点本，第861页。

② 这一变化很可能与萨珊波斯取代安息后内外政治、经济和交通路线的变化（底格里斯河商路和叙利亚景教商团的起用）有关，参见［美］理查德·配恩（Richard Payne）《丝绸之路与古代晚期伊朗的政治经济》，第89—90页。因此，人们常引《洛阳伽蓝记》卷3《城南》宣阳门外条记载："自葱岭以西，至于大秦，百国千城，莫不欢附，商胡贩客，日奔塞下，所谓尽天地之区已。"很可能只是萨珊波斯王室政策促成的事。

③ 中华书局标点本，第2919—2920页。

到印度河口的提毗登岸，溯印度河谷而上。如前所述，这对阿曼人来说是从苏美尔时代开通条支走廊以来的轻车熟路，降至安息时代后期成为"塞种之路"。对于要从阿曼走这条路前往中国的商人或使者来说，印度河上游的罽宾（今印占克什米尔）是最为重要的要道路口。我们前面提到，古代好些阿曼特产如乳香、珠玑、珊瑚、玳瑁以及经阿曼转口的西方玻璃器和琥珀等物品，都是经罽宾传往中国的。《汉书·西域传》：罽宾"奉献者皆行贾贱人，欲通货市买，以献为名，故烦使者送至县度"，"使者业已受节，可至皮山而还"；"罽宾实利赏赐贾市，其使数年而壹至云"①。注意，这里提到了两个关键地名：县度即悬度，为印度河上游流经巴基斯坦吉尔吉特（Gilgit，唐译孽多）地区段②；皮山则为今中国新疆皮山县。所以，罽宾通皮山之路就是前述塞种南迁的路线之一。

图 4 – 11　印度河上游支流达丽罗川 Darel river 河口附近，Shatial（悬度）。王小甫摄

　　不过，汉传又说罽宾"东北至都护治所六千八百四十里，东至乌秅国二千二百五十里，东北至难兜国九日行"，西汉西域都护治所在今新疆轮台一带，乌秅国当在今印领克什米尔拉达克地区，难兜国则当为

---

①　《汉书》卷96下《西域传》下，中华书局标点本，第3886—3887页。
②　参见拙文《七至十世纪西藏高原通其西北之路》，收入拙著《边塞内外——王小甫学术文存》，东方出版社2016年版，第78页。

今巴领克什米尔斯卡杜地区。联系到汉朝送使实际"至皮山而还"的情况，可以认为，罽宾"经悬度向中国朝献通商"并不一定北到疏勒（今新疆喀什），而很可能直接向东北，溯印度河上游某条支流翻越喀喇昆仑和昆仑山进入塔里木盆地，然后从今新疆皮山沿丝绸之路南道东去中国内地①。

古代社会往来国际间活动的除商人群体之外，还有使者和宗教人士等。宗教人士往往和商团一起活动②。使者的活动相对正式、规范，其经行路线具有代表性。与本书主题密切相关的首先是甘英出使大秦的路线，据（晋）袁宏《后汉纪·殇帝纪》："大秦国，一名黎轩，在海西。汉使皆自乌弋还，莫能通条支者。甘英逾悬度、乌弋山离，抵条支，临大海。欲渡"③ 云云。我注意到，甘英从西域出使途径悬度（今巴基斯坦吉尔吉特）往乌弋（今阿富汗、伊朗毗连地区塞斯坦/塞斯坦），对照上述《汉书·西域传》记载罽宾奉献者（皆行贾）请汉使送至悬度仅至皮山等情况，可信由罽宾经悬度至皮山是当时（两汉到隋唐）中西交通翻越葱岭（帕米尔山结）的一条主要路线。我们前面提到，随着甘英出使而来的重大事件，就是阿曼古国蒙奇、兜勒遣使中国建立外交关系。在这样一个历史和地理背景下，阿曼国使无疑也是循着汉朝使者的常用路线翻越葱岭到达皮山，这里是丝路南道，已经处于汉朝西域都护府的管辖之下。阿曼乃远方殊俗请求归附，都护会发导译送往京师：经于阗、敦煌，过河西走廊（或青海南山羌中河南道④）、黄土高原月氏道，出关中盆地，直到东汉首都洛阳。我们说过，当年阿曼国使在得到"赐其王金印紫绶"的待遇即建立了正式外交关系之后，又以

---

① 参见拙文《封常清伐大勃律之路》，收入拙著《边塞内外——王小甫学术文存》，第101—120页。

② 参见季羡林《商人与佛教》，中国史学会编《第十六届国际历史科学大会中国学者论文集》，中华书局1985年版，第185及以下各页；拙文《拜火教与突厥兴衰》，收入拙著《中国中古的族群凝聚》，中华书局2012年版，第21—22页。

③ 张烈点校，中华书局2002年版，第301页。

④ 《史记·大宛列传》，张骞"还，并南山，欲从羌中归"，南山指昆仑山脉，沿线分布诸羌。我们前面提到近年在青海都兰大墓出土一批丝织品文物，其中多有"波斯锦"。都兰位于柴达木盆地南缘，正傍南山羌中河南道。

宗主国安息王满屈的名义把印度特产狮子以及 "条支大鸟，时谓之安息雀" 献给中国东汉皇帝。由于历史上阿曼国家与安息—波斯的特殊关系，这种情况后来应该经常发生并成为一种常态。也就是说，把波斯锦、波斯胡瓶等波斯产品作为礼品带到中国来的不一定是波斯使者，而很可能是阿曼使者①，他们和在安息时代一样，往往是一身二任。所以，我们也可以据这些波斯文物的出土或史料有关波斯使者的记载，分析判断其实是或同时有阿曼使者到中国来活动。

这里有一个问题，如果安息时代阿曼使者来华除了 "安息" 名义之外，还直接使用蒙奇、兜勒这样的国名，那么降至萨珊波斯时代，来华阿曼使者可能怎样做呢？首先，蒙奇、兜勒不太可能再用，因为在萨珊王朝第 2 个国王沙普尔一世（Shahpur I, 241—272）时期的 "拜火教方室"（Ka'ba-i Zardusht，位于波斯波利斯）铭文中已经提到了 Mazūn 一名②，通常认为这就是汉译阿曼国名 "没巽" "勿巡" 所据，唯目前尚未见于唐以前文献。另外汉文文献里还有 "瓮蛮" 一名作为 Oman/Uman 国名的译称，但那出现更晚，最早见于南宋赵汝适的《诸蕃志》。最有可能的还是大食一名。我们前面提到，汉文 "大食" 一名来自中古波斯语中的阿拉伯语借词 تجر Tājir 商人，因为对波斯人而言，阿曼人具有两大特点：他们是专门的商业群体，同时他们操不同的语言——阿拉伯语。正是这后一个特点，使得 "大食" 一名在阿拉伯帝国兴起以后在汉语里成了所有阿拉伯人甚至整个阿拉伯帝国的代称。而一旦 "大食" 变成了包括阿曼在内的指代阿拉伯的集合名词，汉文才有必要进一步以 "没巽" 来确指其中的阿曼国家。所以，对中国人而言，大食就是从前的波斯胡商（操阿拉伯语的商人），后一名称有别于粟特商

① 西域各国将 "胡瓶" 作为礼品在朝贡时奉献给中原王朝的记载，文献典籍中可以追溯到魏晋南北朝时期。例如前凉张轨时期（255—314），"西胡致金胡瓶，皆拂菻作，奇状，并人高，二枚"（《太平御览》引《前凉录》）。拂菻指罗马帝国，所谓 "拂菻作"，可以理解为罗马艺术风格。如前所述，波斯王室在胡齐斯坦等地的御用作坊产品主要也是这种风格。

② 参见 The Cambridge history of Iran. Vol. 3 (1), p. LX, 604. 从该书的叙述可以看出，这种名称的变化（从古代波斯语的 Maka 到中古波斯语的 Mazūn）乃至不对外单独使用（没产生中文译名），很可能是萨珊波斯强化集权的措施之一。

胡，也有别于华商，但难以作为国名族称。因此，大食译名的出现很可能是作为"胡商"的阿曼阿拉伯人想要在中国有别于波斯人和波斯国家，这应该是阿拉伯帝国兴起和萨珊波斯灭亡前后发生的事情。无论如何，今后的研究应当更多留意汉籍中"大食"一名及其异写（"大寔""多氏"等）早期的出现和流传使用情况。

二　食盐之路与"远跨胡疆"

其次，除了上述罽宾—悬度—皮山的路线之外，萨珊波斯时代的阿曼人还有可能从罽宾（Kashmir 箇失密）远跨胡疆，深入中国西藏转往西域和内地。《北史·于阗传》略云："献文末，朝廷遣使者韩羊皮使波斯，波斯王遣使献驯象及珍物。经于阗，于阗中于王秋仁辄留之，假言虑有寇不达。羊皮言状，帝怒，又遣羊皮奉诏责让之，自后每使朝贡。"[①] 驯象是南亚特产，珍物通常多指海产，如《汉书·罽宾传》所见。如前所述，波斯途经南亚的这类遣使多半由阿曼使团代行。考虑到当时中亚嚈哒强盛，梗阻道路，波斯献驯象经于阗，有可能是走"食盐之路"转运来的。《隋书·西域传》于阗国条略云："于阗国，都葱岭之北二百余里。东去鄯善千五百里，南去女国三千里，西去朱俱波千里，北去龟兹千四百里，东北去瓜州二千八百里。"[②] 同书《女国传》略云："在葱岭之南，其国代以女为王。其俗贵妇人，轻丈夫，而性不妒忌。气候多寒，以射猎为业。出鍮石、朱砂、麝香、牦牛、骏马、蜀马。尤多盐，恒将盐向天竺兴贩，其利数倍。"[③] 女国地当前述汉代乌秅国，汉藏古籍异文又作羊同、象雄、扬同国，今为印领克什米尔拉达克地区。因其"尤多盐，恒将盐向天竺兴贩"，所以我曾将女国北上于阗、南下天竺的路线称为"食盐之路"[④]。

---

① 《北史》卷97《西域于阗传》，中华书局标点本，第3210页。
② 《隋书》卷83《西域于阗传》，中华书局标点本，第1853页。
③ 中华书局标点本，第1850—1851页。
④ 参见拙著《唐、吐蕃、大食政治关系史》第一章第三节《吐蕃最初进入西域之路》，中国人民大学出版社2009年版，第29—32页。

义净《大唐西域求法高僧传》卷上："沙门玄照者，太州仙掌人也。……以贞观年中乃于大兴善寺玄证师处初学梵语。于是杖锡西迈，挂想祇园。背金府而出流沙，践铁门而登雪岭。漱香池以结念，毕契四弘；陟葱阜而翘心，誓度三有。途经速利，过覩货罗，远跨胡疆，到吐蕃国。蒙文成公主送往北天，渐向阇兰陀国。"① 这段记载中的速利即中亚粟特（Sogd）地区，玄奘《大唐西域记》卷一所记："自素叶水域至羯霜那国，地名窣利，人亦谓焉。"素叶水即碎叶水，碎叶城遗址在今吉尔吉斯斯坦托克马克城南；羯霜那（Kashsh/Kishsh）亦作渴石、史国，地在中亚撒马尔干东南。覩货罗或作吐火罗，即早年建立贵霜帝国的大月氏故地。据玄奘记载，窣利与吐火罗地区之间以铁门为界②。慧超《往五天竺国传》："大勃律国、扬同国、娑播慈国，此三国并属吐蕃所管。……当土是胡"③，玄照"远跨胡疆"当即指此。据研究，大勃律地当前述汉代难兜国，即今巴领克什米尔斯卡杜（Skardu）地区；扬同国又作羊同、象雄，其地当前述汉代乌秅国，隋唐时代为女国，今印领克什米尔拉达克地区；阇兰陀国亦作阇兰达罗（今印度旁遮普邦贾朗达尔），即北天竺。娑播慈国又作三波河，据考为今印度北部喜马偕尔邦之北面，今印领克什米尔的 Zangs dkar 地区，位于拉达克的西南并与之毗连④。8 世纪末的《悟空入竺记》：迦湿弥罗（即汉代罽宾）"总开三路以设关防：东接吐蕃；北通勃律；西门一路通乾陀罗（犍陀罗）。别有一途，常时禁断，天军行幸，方得暂开"。玄照已过吐火罗，将至北天竺（今印度北部旁遮普邦一带）却未即入竺，反而舍近求远，绕道诸胡国深入吐蕃去找文成公主送往北天（竺），原因是他正好遇上了贞观二十二年（648）的天竺国内乱，"剽诸国贡物"⑤。唐朝使者王玄策以吐蕃、泥婆罗等国兵平定天竺内乱以后，玄照才又由文

---

① 《大正藏》卷51，第1页。

② 参见《大唐西域记校注》，第98—103页。

③ 《大正藏》卷52，第977页。

④ 参见《拉达克王统记》（La dwags rgyal rabs, in Antiquities of Indian Tibet, ed. By A. H. Francke, Calcutta, 1926）第61页前地图，并请参同书第162、220页前地图。

⑤ 参见《新唐书》卷221上《西域传》上，中华书局标点本，第6237—6238页。

成公主遣送北天竺①。因此，玄照"远跨胡疆"深入吐蕃求助文成公主所走的道路，就是罽宾"东接吐蕃"之路。

此外，还有罽宾/箇失密（Kashmir）联通吐蕃"五大道"。《新唐书·箇失密传》："箇失密，或曰迦湿弥逻。北距勃律五百里，环地四千里。……天木死，弟木多笔立，遣使者物理多来朝，且言：'有国以来，并臣天可汗，受调发。国有象、马、步三种兵，臣身与中天竺王阨吐蕃五大道，禁出入，战辄胜。有如天可汗兵至勃律者，虽众二十万，能输粮以助。又国有摩诃波多磨龙池，愿为天可汗营祠。'因丐王册，鸿胪译以闻。"②据我研究，这里提到的吐蕃通西域、南亚五条大道是：大勃律径乌苌（Uddiyāna）通揭师（Chitral）和箇失密经乾陀罗（犍陀罗）通谢颫（Zābulistān，今阿富汗加兹尼省）两条道，以及吐蕃通中天竺的泥婆罗道③和悉立（Se rib，今西藏亚东一带）、章求拔（今锡金境内）道④之外，还应有女国（大羊同）通北天竺的"食盐之路"一道⑤。不过，"食盐之路"路线在古代西藏（吐蕃）和在西域一样，并非只有一条。我们上面所讲的，是一条由北向南贯穿今印领克什米尔地区拉达克、Zangs dkar 和喜马偕尔邦进入旁遮普即古代北天竺的路线。其实，在这条路线的东面，大致与其平行还有另外一条路线，这就是今天的新藏公路⑥。前述玄照"远跨胡疆，到吐蕃国，蒙文成公主送往北天，渐向阇兰陀国"，应该就是与今新藏公路衔接，然后可以从圣山圣

①　参见拙著《唐、吐蕃、大食政治关系史》第一章第三节，第46—47页。

②　《新唐书》卷221下《西域传》下，中华书局标点本，第6255—6256页。

③　吐蕃通中天竺的泥婆罗道也是很早就发展起来了的中外交通大道，参见范祥雍《唐代中印交通吐蕃一道考》，载《中华文史论丛》1982年第4期；（唐）义净原著，王邦维校注《大唐西域求法高僧传校注》，中华书局1988年版，第27—28页，注（三九）。近年考古工作者又在西藏自治区吉隆县境内发现了一通额题为《大唐天竺使出铭》的摩崖石刻碑铭。这一重要的考古发现首次为唐初王玄策出使印度，以及唐代中外交通中"吐蕃—泥婆罗道"的路线等问题提供了可靠的实物材料，值得学界重视并继续深入开展研究。参见霍巍《〈大唐天竺使出铭〉相关问题再探》，载《中国藏学》2001年第1期。

④　参见［日］佐藤长《チベット历史地理研究》，岩波书店1978年版，第179—182页；［日］山口瑞凤《吐蕃王国成立史研究》，岩波书店1983年版，第889页注25、26。

⑤　参见拙著《唐、吐蕃、大食政治关系史》，第26—29、117—118页。

⑥　参见拙著《唐、吐蕃、大食政治关系史》第一章第三节，第24—32页。

湖（冈仁波齐峰、玛旁雍错）附近顺象泉河而下进入旁遮普（古代北
天竺）。近年在象泉河上游噶尔县门士乡故如甲寺古墓葬随葬品中，见
到一幅带有动物图案和汉字的丝绸，考古工作者认为这是西藏西部第一
次发现的汉地丝织物，断代为南北朝到唐初①。如前所述，我认为，如
"胡王"锦这类织物很有可能是波斯生产的外销品或其仿制品。无论如
何，象泉河乃至青藏高原都是古代东西方交流联通网络的一部分，这应
该是毋庸置疑的②。

三　经由天竺通中国西南夷

箇失密与北天竺地域毗连道路相通自不待言，8 世纪末《悟空入竺
记》说：迦湿弥罗（即汉代罽宾）"总开三路以设关防：东接吐蕃；北
通勃律；西门一路通乾陀罗（犍陀罗）。别有一途，常时禁断，天军行
幸，方得暂开"，最后这"别有一途"未列入前述"五大道"中，应该
就是指经北天竺连接沟通中天竺（"与中天竺王阨吐蕃五大道，禁出
入"）的情况③。不过，阿曼由提㔉或婆楼割车上陆，经中天竺（北印
度）与中国西藏、西南夷的交通交流，就不用再绕道罽宾（Kashmir）。

我们前面引《史记·西南夷列传》提到张骞曾在大夏（今阿富汗
北部）"见蜀布、邛竹、杖，使问所从来，曰'从东南身毒国，可数千
里，得蜀贾人市'"。可见当时印度有路经西南夷与中国川蜀地区通商。
《红海周航记》第 64 节也记载有恒河港（Gangês）转运中国丝绸④到印
度西南马拉巴尔海岸的柯枝 Muziris、故临 Nelkynda 两个海港供其出口，

---

① 参见霍巍《阿里高原象雄考古揭秘："王侯"丝绸与黄金面罩》，载《大众考古》2015 年
第 1 期，第 33 页。

② 参见霍川、霍巍《汉晋时期藏西"高原丝绸之路"的开通及其历史意义》，载《西藏大
学学报（社会科学版）》2017 年第 1 期；霍巍《"高原丝绸之路"的形成、发展及其历史意义》，
载《社会科学家》2017 年第 11 期。

③ 敦煌出土慧超《往五天竺国传》说：北天竺"为国狭小，兵马不多，常被中天及迦叶弥
罗国屡屡所吞，所以依山而往"，参见拙著《唐、吐蕃、大食政治关系史》，第 118 页。

④ 参见《红海周航记》导论第 26 页及脚注 29。

那显然也是川蜀产品，经西南夷/益州永昌①辗转贩运而来。《魏略·西戎传》说"又有水道通益州永昌，故永昌出异物"，然而揆诸史籍如《后汉书·西南夷列传》，所谓异物多为犀牛、大象、狮子、孔雀一类南亚产物，唯哀牢（今云南、缅甸毗连地带）有琉璃，本为西亚特产，很有可能经阿曼人转手。有意思的是，同传记载永宁元年（120）十二月，永昌徼外"掸国王雍由调复遣使者诣阙朝贺，献乐及幻人，能变化吐火，自支解，易牛马头。又善跳丸，数乃至千。自言我海西人。海西即大秦也，掸国西南通大秦。明年元会，安帝作乐于庭，封雍由调为汉大都尉，赐印绶、金银、彩缯各有差也"②。掸国即缅甸，大秦即罗马帝国，缅甸国王遣使向中国贡献的却是来自罗马帝国的魔术师。这不禁让人想起张骞通西域以后中国首次接受的西方贡献也有一个魔术师——黎轩善眩人或称黎轩眩人。黎轩即今埃及亚历山大城，众所周知，大秦即罗马帝国成立以后，黎轩就到了大秦治下。看来，从古代到中世纪，黎轩即埃及亚历山大城的魔术师一直很有特色，长期扬名四海，从而在国际交往中作为一种珍奇的文创内容进行赠送。当然，这种贡献或赠送并不是黎轩善眩人或大秦幻人自己的意愿，也不是其故国的行为，而是贡献者的意愿和行为。

正如历史上我们见到的黎轩善眩人并不是埃及当时的托勒密王朝（前305—前30）献给中国西汉王朝的礼物，而是经由阿曼转道南亚和中亚，由大宛为首的塞种联盟贡献给汉武帝的。那么，永宁元年（120）十二月掸国王遣使道经永昌献给中国的大秦幻人，也很有可能是由阿曼商人或使者带到掸国（缅甸）的。为什么不由阿曼人直接送到中国？我注意到史料记载，掸国王遣使贡献后，汉安帝"封雍由调为汉大都尉，赐印绶、金银、彩缯各有差"。彩缯即各种丝制品。这令

---

① 《后汉书·西南夷列传》："永平十二年（69），哀牢王柳貌遣子率种人内属，其称邑王者七十七人，户五万一千八百九十，口五十五万三千七百一十一。西去洛阳七千里，显宗以其地置哀牢、博南二县，割益州郡西部都尉所领六县，合为永昌郡。始通博南山，度兰仓水。"（中华书局标点本，第2849页）永昌郡治在今云南保山，哀牢县治在今云南盈江，辖区范围包括今云南西部、缅甸北部。

② 《后汉书》卷86《南蛮西南夷列传》，中华书局标点本，第2851页。

人想起史籍曾载：大秦"王常欲通使于汉，而安息欲以汉缯彩与之交市，故遮阂不得自达"事，掸国王这次有可能也是一种遮阂垄断行为。掸国王雍由调之所以这样做，很可能是觉得将本国音乐与大秦幻人配合演出可以锦上添花，所以史料记载，掸国王十二月遣使"献乐及幻人"，"明年元会，安帝作乐于庭，封雍由调为汉大都尉，赐印绶、金银、彩缯各有差"。看来是深得帝心。缅甸人擅长音乐是世人皆知的事，至唐代称骠国，《旧唐书·音乐志》："骠国乐，贞元中，其王来献本国乐，凡一十二曲，以乐工三十五人来朝。乐曲皆演释氏经论之辞。"① 无论如何，这件事透露了一个重要信息，如本书所述历史所揭示：阿曼经掸国（缅甸）贸易货贩，主要目的确是为了得到中国的缯彩即川蜀丝制品。

这里有个问题要稍作交代，以释好学深思者之疑：既然《魏略·大秦传》已经明确记载大秦道"又循海而南，与交趾七郡外夷比，又有水道通益州永昌，故永昌出异物"，因此，按照《魏略》的说法，至少是东汉时代②，中国已经知道航海经由孟加拉湾，大秦（罗马帝国）可以与"益州永昌"即今云南、缅甸一带沟通；同时，成书于 1 世纪中的《红海周航记》最后也提到了恒河港和金洲（Chryse）即孟加拉湾东北沿岸，那么，永宁元年（120）十二月缅甸国王遣使道经永昌献给中国的大秦幻人有没有可能是大秦即罗马帝国商人或使者直接带到缅甸来的呢？我觉得可能性很小：

1. 《魏略》有关大秦"又有水道通益州永昌"的说法并非中国人亲历所获知识，而是一种传闻③。这种传闻未必来自大秦人，也可能转自其他途径例如阿曼人（安息商人和使者），直接来自大秦的可能性不

---

① 《旧唐书》卷 29《音乐志》二，中华书局标点本，第 1070 页。

② 《魏略》系曹魏（220—265）时鱼豢所撰史书，其中所谓"前世"当指汉代至少是东汉（25—220）时代。

③ 参见林英《公元 1 到 5 世纪中国文献中关于罗马帝国的传闻——以〈后汉书·大秦传〉为中心的考察》，载《古代文明》2009 年第 3 期，作者认为："范晔删节了《魏略·大秦传》的内容，形成了自己的文本。被省略的内容涉及了通大秦路线，大秦物产，大秦属国。范晔对这些记载的评论是'诡怪多不经'，说明 5 世纪时人们已经无法相信和理解二、三百年前的相关传闻。"

大（见下）。

2. 权威研究者认为：《红海周航记》作者的"亲身经历包括非洲路线直到 Rhapta（今坦桑尼亚达累萨拉姆一带。对东非海岸讲得概略，因为那片地区在商业上不重要），以及阿拉伯—印度航线至少到了印度南端的科摩林角。许多学者认为，他并没有亲自旅行下一段，即从印度东海岸直到恒河河口，因为在其报告中哪儿都缺乏重要发现"①。尽管这还有不同意见，但也有学者更明确地指出："最强有力的证据是，所有古希腊、罗马时期的文献记载在谈到东方世界时，最远只能谈到南印度，而对于南印度以东的地区，则只能靠神话般的传闻来加以描述。如果当时确实已有古罗马帝国的商贾经由海路来到东南亚互市，那么，古希腊、罗马时期有关古代东南亚的文献记载就不会这么含混不清，错误百出了。"②

3. 最重要的是，《后汉书·西域传》记载：天竺国一名身毒，"西与大秦通，有大秦珍物。又有细布、好毾㲪、诸香、石蜜、胡椒、姜、黑盐。和帝时，数遣使贡献，后西域反畔，乃绝。至桓帝延熹二年（159）、四年，频从日南徼外来献"③。这说明延熹（158—167）年之前"大秦珍物"诸香等都是经阿曼（安息）、天竺从陆道（西域或西南夷）传入中国的，并不存在另外的海道。后因西域战乱造成陆上丝绸之路交通的阻碍，才转由海路输入④。"延熹年间，（天竺）开始从海路经日南来到中国，几乎与此同时，（166 年）罗马使者也沿着同一线路出现在中国，而且贡物为象牙、犀角、玳瑁，正是天竺的物产"⑤，这提示人们，史载延熹九年（166）大秦王安敦遣使自日南徼外贡献其实

① 《红海周航记》导论，第 8 页。
② 参见钱江《金洲、金地与耶婆提：古代印度与东南亚的海上贸易》，第 331 页及注 75。
③ 中华书局标点本，第 2921—2922 页。
④ 参见石云涛《丝绸之路与汉代香料的输入》，第 60—61 页。
⑤ 参见林英《公元 1 到 5 世纪中国文献中关于罗马帝国的传闻——以〈后汉书·大秦传〉为中心的考察》，第 61 页。

与罗马商人在南印度的活动有关①。而且，稍晚于《后汉书》成书的《梁书·中天竺国传》更明确说："汉桓帝延熹九年，大秦王安敦遣使自日南徼外来献，汉世唯一通焉。其国人行贾，往往至扶南、日南、交趾，其南徼诸国人少有到大秦者。"②

因此，永宁元年（120）十二月掸国王遣使道经永昌献给中国的大秦幻人不可能是大秦即罗马帝国商人或使者直接带到缅甸来的。有学者认为"从《后汉书》的记载中可以发现大秦人直接来到中国都是经由天竺道"③，那么，据我的研究论证，这些经由所谓天竺道即南亚印度前往中国的西方人——黎轩善眩人、大秦幻人和"大秦珍物"十有八九都是从阿曼转口，由阿曼船队转运，甚至是直接由阿曼人以安息商人或使者的名义带往中国的，尽管中途在西域大宛或西南掸国（缅甸）遭遇遮阂被抢了头功。所以，如果《魏略》有关大秦"又有水道通益州永昌"的说法可信的话，当时能把这个信息传到中国的首先应该是阿曼人，只有他们有这种机会和能力。

四　中国丝产地与枸酱西传之路

《红海周航记》最后关于中国的一段描述④，反映了当时人对丝产品产地的认识：

> 在恒河附近有一个海岛，那就是世界东方的最远尽头，正位于太阳升起的下方，名叫金洲（Chrysê）。这个地区的后面，因为现

---

① 《红海周航记》导论谈到了延熹九年（166）大秦国王安敦遣使中国事，明确指出："他们所提供作交换的物品——象牙、犀角和龟甲（玳瑁）都是在印度就可以得到的。"（第27页）显然怀疑其真实性。对有关文献记载和相关考古资料（主要是越南湄公河入海口附近 Óc Eo 遗址出土文物）的类似讨论，请参见钱江《金洲、金地与耶婆提：古代印度与东南亚的海上贸易》，第330—332页。

② 《梁书》卷54《诸夷·海南诸国列传》，中华书局标点本，第798页。

③ 参见林英《公元1到5世纪中国文献中关于罗马帝国的传闻——以〈后汉书·大秦传〉为中心的考察》，第60页。

④ 以下引文见《红海周航记》第63—64节，第91页。

在是在最北端，那外缘就是大海尽头，内陆有一个非常巨大的城市叫中国（Thina），产出丝绵（silk floss）、丝纱（yarn）和丝绸（cloth），从陆道经由大夏（Bactria）运到婆楼割车（Barygaza），同时从水道经恒河运到马拉巴尔海岸（Limyrikê）。要到中国去可不是一件容易的事，因为罕有人从那儿来，也就几个吧。

显示当时人对经海路贩运丝产品来源的认识符合中国丝产品主要产地的分布情况，即从孟加拉湾东北登陆上岸，穿越那片内陆即滇缅地区，那边就是出口各种中国丝产品的主要产地，无疑那正是川蜀地区。

有一个实证例子可以进一步说明古代阿曼与中国川蜀地区的深入联系。《红海周航记》第 39 节记述了提勰港市场上的各种货物，其中提到出口货物（as return cargo it offers）除了各种中国丝产品（Chinese pelts, cloth and yarn）之外还有木香、芳香树脂、枸酱（lykion）、甘松、绿松石、青金石、靛蓝①。如前所述，我们的研究表明，对于从事印度洋沿岸乃至东西方贸易的大多数商人和船家来说，阿曼地域始终都是必经之路和重要航线；而且，从古代到中世纪，条支走廊从波斯湾到阿曼湾航线基本上全操控在阿曼商人和船主手中。正是基于这种认识，本书第一章研究的那些早期传到中国的阿曼特产和经阿曼传到中国的外域事物，多半都是《红海周航记》第 39 节提到的提勰港的进口货物并得到中国古籍的印证。进口来自阿曼，出口当然也必经阿曼。中国丝产品自不必说，我们这里仅以枸酱为例。

提勰港出口阿曼或再经阿曼转口的枸酱是从哪里来的？据《红海周航记》研究者的注释，希腊语里的 lykion 枸酱这个词来自地名吕西亚 Lycia，即今土耳其小亚细亚半岛上的卡帕多西亚，lykion 原意是指一种由吕西亚土产的各种沙棘制造的药物②。可是，吕西亚曾长期在希腊人治下，罗马帝国成立后成为其行省之一。很难想象经营奢侈品贸易的希

---

① 参见《红海周航记》，第 75 页。
② 参见《红海周航记》，第 192 页。

腊罗马商人会不远万里，踏破惊涛骇浪，到异国他乡进口一种本土常见的灌木果实药剂。枸杞最常见的英文名是 Wolfberry，是一种灌木浆果①，《红海周航记》这里肯定是对陌生事物采用了类似名称。另外两种功用与原本 lykion 类似的榨汁药都与儿茶有关，一种产于喜马拉雅山西部，另一种则广泛生长于印度和缅甸大部分地区②。显然，这两种也不像是值得奢侈品商人进口经销的珍稀名贵药物。然而，古代枸酱却正是中国蜀郡（今四川成都一带）的特产！《史记·西南夷列传》略云："建元六年（前170），大行王恢击东越，东越杀王郢以报。恢因兵威使番阳令唐蒙风指晓南越。南越食蒙蜀枸酱，蒙问所从来，曰'道西北牂柯，牂柯江广数里，出番禺城下'。蒙归至长安，问蜀贾人，贾人曰：'独蜀出枸酱，多持窃出市夜郎。夜郎者，临牂柯江，江广百余步，足以行船。'蒙乃上书说上曰：'窃闻夜郎所有精兵，可得十余万，浮船牂柯江，出其不意，此制越一奇也。诚以汉之强，巴蜀之饶，通夜郎道，为置吏，易甚。'上许之。乃拜蒙为郎中将，从巴蜀筰关入，厚赐夜郎侯，约为置吏，使其子为令。夜郎旁小邑皆贪汉缯帛，乃且听蒙约。还报，乃以为犍为郡。发巴蜀卒治道，自僰道指牂柯江。"③

这里提到的"枸酱之路"即从蜀郡（今成都）经夜郎（今贵州）通番禺（今广州）古道，对于本书的主题——古代阿曼与中国关系史有着非常重要的意义④。我们前面一再提到晚唐五代李珣一家的事迹，他们是传统的阿曼商人，虽然挂名"波斯"，但世代从事历史悠久的香药生意。李珣本人"卖药为业，纂有《海药本草》四卷，记载大食、波斯等地医用药物"。《海药本草》早已亡佚，但近人从宋代《证类本

---

① 中文枸酱是以桑树的一种寄生植物浆果制作的酱，参见《史记》卷116《西南夷列传》"枸酱"注，中华书局标点本，第2994页注2。

② 参见《红海周航记》，第192—193页。

③ 见《史记》卷116《西南夷列传》，中华书局标点本，第2993—2994页。有关研究参见林梅村《张骞通西域以后的丝绸之路》，收在孟宪实、朱玉麒主编《探索西域文明——王炳华先生八十华诞祝寿论文集》，中西书局2017年版，第175—176页。

④ 对汉代西夷、南夷间交通及对外交流较全面的讨论可参见周永卫《两汉交趾与益州对外关系研究——以若干物质文化交流为主》，汕头大学出版社2010年版。

草》及明代《本草纲目》等书中仍辑出了《海药本草》药物 131 条，其中产（出）于波斯的 15 种，大秦 5 种，西海 5 种①，其中很多都与阿曼有关。如我们前面提到过的兜纳香，《海药本草》著录有："兜纳香，谨按《广志》云：生西海诸山。"② 西海犹后世西洋，指印度洋包括波斯湾。兜纳香很可能是乳香的别名，兜纳名称来自乳香著名产地兜勒即阿曼的佐法尔地区。《海药本草》辑本中还有产于南海的药物 32 种③，稍加追究，可知其中不少也与阿曼有关。如"安息香，谨按《广州记》云：生南海、波斯国"④。我们前面已经指出美国汉学家薛爱华、劳费尔把《本草纲目》引《海药本草》"生南海波斯国"分读作"生南海、波斯国"的错误⑤。其实，所谓"南海波斯国"就是《魏略·西戎传》所记大秦"与安息诸国交市于海中"的地方即安息—波斯南界阿曼，安息香即乳香是阿曼的特产。李珣本人是侨居川蜀的阿曼人后裔，阿曼人即所谓"南海波斯国"人，应该不会把本国环境物产搞错。

然而，枸酱在辑本《海药本草》中却是这样著录的："枸酱，谨按《广州记》云：出波斯国。其实状若桑椹，紫褐色者为上，黑者是老，不堪。黔中亦有，形状相似，滋味一般。"这是怎么回事呢？为什么《史记》明确记载的川蜀特产，《红海周航记》记载从提喱出口的药物，过了千年左右竟被世代在其产地从事香药贸易的波斯籍阿曼裔商人李珣做了完全相反的著录？把销往地说成出产地，这样著录的意义何在？我们先来看一下相关记载，注意，就在上引《海药本草》枸酱条中还提到："黔中亦有，形状相似，滋味一般。"一般即同样。唐黔中道即汉牂柯郡夜郎国，前引《史记·西南夷列传》说："独蜀出枸酱，多持窃出市夜郎。夜郎者，临牂柯江"，"牂柯江广数里，出番禺城下"，《海

---

① 参见《海药本草》（辑校本），尚志钧辑校，第 93、102 页。

② 参见《海药本草》（辑校本），第 20 页。

③ 参见《海药本草》（辑校本），第 102 页。

④ 参见《海药本草》（辑校本），第 55 页。

⑤ 参见《撒马尔罕的金桃》，第 421 页。又，劳费尔以李珣著《海药本草》，在 8 世纪后半叶（《中国伊朗编》，第 292 页），而研究表明应在唐末五代即 9—10 世纪之际，参见《中国大百科全书》中国历史卷，"李珣"条。

药本草》的记载与之相应，说明千年之间枸酱的出产与流传有其共性。
辑校本笺注所引资料进一步说明了这个问题①：

> 枸酱，《蜀都赋》："流味于番禺。"
>
> （晋）嵇含《南方草木状》："枸酱生于番国者大而紫，谓之荜拔；生于番禺者，小而青，谓之枸子。"
>
> （宋）苏颂《本草图经》："枸酱生巴蜀，今夔州、岭南皆有之。"

有引《图经本草》（即苏颂《本草图经》）谓荜拔出自波斯国②，故《南方草木状》所谓"番国"当指阿曼或波斯本土那一带。总起来看，汉唐一千年间，随着产品的营销流传，枸酱物种也沿途播布到行销地，种植范围因之扩展变化，不再为川蜀所独有。类似的情况不光是枸酱，从《海药本草》的著录中还能找到不少，仅就中外物种流播而言，如"菴摩勒，生西国"③。据该书的著录方式，西国多半是指印度。然而，辑校本笺注引《唐本草》云：菴摩勒，"一名余甘，生岭南交（越南北部）、广（广州）、爱（越南中部）等州"。也就是说，由于营销和移植，产地在唐代已经发生了变化。还有"没药，谨按徐表《南州记》：生波斯国，是彼处松脂也。状如神香"④，辑校本笺注引"《开宝本草》云，生波斯国，似安息香"；《本草图经》略云："今海南诸地及广州或有之，亦类安息香。"安息香即乳香。没药的传统产地在南阿拉伯和非洲索马里所谓"香料之角"，说其"生波斯国"，据本书的前述论证，表明其产于阿曼或经阿曼传来。然而到了宋代苏颂（1020—1101）编《本草图经》（成书于1061年），由于传播移植，海南诸地及广州已有没药产地。

---

① 以下所引资料均见《海药本草》（辑校本），第25页注1。
② 参见陈明《中古医疗与外来文化》，北京大学出版社2013年版，第166页。
③ 参见《海药本草》（辑校本），第57页。
④ 参见《海药本草》（辑校本），第58页。

基于以上背景，我认为：

1. 李珣《海药本草》著录枸酱"出波斯国"这一情况，并不表明传统产地川蜀不出枸酱，反而强调显示本为川蜀特产的枸酱与波斯——其实是阿曼的特殊关系，换言之，中国川蜀特产枸酱正是《红海周航记》所记提瓯出口货物中的枸酱。因为有记载表明作为枸酱异种（异名）的荜拨出自波斯，身在川蜀的波斯籍阿曼裔商人李珣的这一著录，显示了汉唐千年间当地特产枸酱一种名实变化：由于移植返销的荜拨质量药性优于本土原产的枸酱，以至于发生把土产改称进口以利行销的情况①。无论如何，仍然暴露了川蜀枸酱与波斯—阿曼传统的历史联系。

2. 常年坚持把川蜀枸酱与所谓"波斯"即阿曼联系起来的，正是李珣家族这样的阿曼商人，他们很可能从安息时代就已经移居中国，但世代从事香料或者说海药贸易，乃至于能形成以销地为产地、时移事易这样的影响。当然，从中国营销枸酱只是很小一部分，出口货物中最为大宗的还是川蜀缯帛。我们看到，古代世界哪里都想要中国川蜀丝产品，对于阿曼商人来说，主要就是销往波斯，因为他们是波斯王室御用的商人群体。

3. 可以看出，李珣《海药本草》等文献记载枸酱等有关中外物种流播的路线和范围，大致也是阿曼商人来中国和在中国活动的路线和范围。例如，《海药本草》著录有犀角，辑校本笺注引《名医别录》云："犀出永昌山谷及益州。"②众所周知，犀牛生活在南亚印度和非洲，据此可知，犀角是经益州—永昌山道贩到中国来的。又，《海药本草》略云："真珠，谨按《正经》（此指《蜀本草》）云：生南海，石决明产

---

① 把销地说成产地，把土产说成是进口，很有可能是商人的一种营销手段，参见陈明《中古医疗与外来文化》第三章第三节《"商胡辄自夸"——中古胡商的药材贸易与作伪》第二条《胡人诳言：胡商日常药材贸易中的种种手段》，其中专门讨论介绍了"波斯者良"——胡药的良好性能与中土社会的认同，第162—168页。总而言之，这无疑可视为川蜀枸酱与波斯御用商人阿曼商团间关系的一条有力佐证。

② 参见《海药本草》（辑校本），第72页注1。

出也。蜀中西路女瓜亦出真珠，是蚌蛤产，光白甚好，不及舶上彩耀。"①《博物要览》卷五《志真珠》有"真珠所产地"条，说："女瓜地在蜀中，有溪产珠，光白鲜好，与洋珠仿佛，但不常有。"不太可信。我认为，所谓蜀中西路即建昌（今四川西昌）道，其实与益州永昌同为古代中国经缅甸通往印度的平行两道，汇于印度东边阿萨姆邦首府高哈蒂②。这一路网即近年中国学界所谓"南方丝绸之路"③。据研究，《海药本草》所谓"舶上"意即来自海外④，可见其引《正经》所说"生南海"且光彩耀目的真珠，很可能是来自印度东南的马纳尔湾（the Gulf of Mannar）。因为马纳尔湾蒂鲁内尔维利海岸的 Kolchoi（Korkei/Kayal）是印度洋最好的珍珠产地⑤，萨珊波斯兴起之前，根据对《红海周航记》的记载进行的统计表明，至少是迄至公元 1 世纪，那里的珍珠全都被埃及商人购买，运销到了罗马帝国。显然，到了唐代，印度洋最好的珍珠已经可以转销中国。相比较而言，经蜀中西路贩来的真珠虽然"光白甚好，不及舶上彩耀"，很可能就是阿曼波斯湾口特产的珠玑（见本书第一章第一节第三条"珠玑"）。我们这里不讨论这一路途中恒河口的真珠，是因为据研究，"恒河口的珍珠数量少，色泽发红，价值不高，主要供当地市场而非外销"⑥。由此可见，汉唐千余年间，李珣家族这样的阿曼商人在波斯湾头与中国川蜀乃至岭南间活跃的路网，正是所谓"南方丝绸之路"。可以肯定，这条从中国西南经由南亚前往阿曼乃至阿拉伯半岛的交通路线就此保留下来，维持活跃，

---

① 参见《海药本草》（辑校本），第 85 页。

② 详考见［法］伯希和《交广印度两道考》上卷《陆道考》，冯承钧译，中华书局 2003 年版，第 193—195、206—211 页。

③ 参见蓝勇《南方丝绸之路》，重庆大学出版社 1992 年版；江玉祥等主编《古代西南丝绸之路研究》，四川大学出版社 1990 年版；江玉祥等主编《古代西南丝绸之路研究》（第二辑），四川大学出版社 1995 年版。

④ 参见辑校本第 99 页。

⑤ 参见《红海周航记》，第 85、87 页以及第 222 页注 56：18.24，第 226 页注 59：19.22—23。

⑥ 《红海周航记》，第 237 页。

以致伊斯兰教兴起以后就延伸成为中国穆斯林重要的朝觐路线①。

结语　中古在华活动阿曼人的特点

中国古籍所见汉唐之际来华的"安息—波斯胡商"到底是什么人，考察分析一下他们的主要特点大致可以明确下来：

1. 富裕海商。晚唐李商隐撰《义山杂纂》，其"不相称"类有：穷波斯，瘦人相扑，病医人，老翁入娼家，屠家念经，肥大新妇等条②，意思是这些说法都不符合事实。也就是说，当时"波斯"是富裕、富人的代名词。为什么呢？诚如《杂纂》校注者所说：当时"波斯人善经商，称波斯贾，每多巨富"③。与此同时，这些"波斯胡商"还主要与南方海路商贸有关，明显区别于活跃在西北内陆的粟特商胡④。然而，如本书此前所述，安息—波斯本土并没有发达的商业贸易，宫廷和王室专营的国际贸易主要由其御用商团（its own dependent merchants，阿曼阿兹德商团、叙利亚景教商团、犹太商人等）承担⑤。尤其是海路贸易，几乎全由阿曼阿兹德海商所操控。所以，在中国活动的所谓"波斯胡商"其实主要是阿曼海商及其后裔，他们之所以挂名"波斯"，是因为直到萨珊波斯（224—651）时期，阿曼还是波斯的属国。

---

① 参见［英］布隆荷尔（Marshall Broomhall）《中国与阿剌伯人关系之研究》，《中外关系史译丛》第一辑，第26—27页。

② 见（唐）李义山等《杂纂七种》，曲彦斌校注，上海古籍出版社1988年版，第6页。晚唐诗人李商隐字义山，号玉溪生，但《义山杂纂》与传世李商隐诗文风格迥异，学界于此存疑。虽然，周一良先生认为："《杂纂》即非玉溪生之作，亦必为唐人旧本也。"见其《敦煌写本杂钞考》，转引自曲彦斌校注《杂纂七种》附录《版本、作者考略》，第189页。

③ 见（唐）李义山等《杂纂七种》，曲彦斌校注，第6页注3。并请参著黄云鹤、吕方达《〈太平广记〉中的胡商文化》，《古籍整理研究学刊》2005年第6期，第52页。

④ 参见葛承雍《唐代胡商形象俑研究》，收在《绿眼紫髯胡》（胡汉中国与外来文明·胡俑卷），生活·读书·新知三联书店2020年版，第96页；陈明《中古医疗与外来文化》，第121—123、156以下、161等页。

⑤ 参见［美］理查德·配恩（Richard Payne）《丝绸之路与古代晚期伊朗的政治经济》，李隆国译，第89—90页。

2. 闪族体质。"多年来，考古出土的唐代胡俑中背行囊弯腰者较为多见，海内外学术界许多研究者都将他们定名为'步行胡商'或'波斯胡商'、'大食商人'。"① 据研究，这些胡俑形象有的颇具闪族人种特征，"即阿拉伯人或犹太人"，有的直接被"定名为唐代大食人"②。

图 4 - 12　故宫博物院藏大食人俑　　图 4 - 13　唐代大食商人俑（西安出土）③

如故宫博物院藏"大食人俑，唐，高 28 厘米。俑头戴尖顶折沿帽，长脸，深目高鼻，满鬓胡须，其形象与《新唐书》卷二三八中记载的大食'男子鼻高，黑而髯'相吻合。俑身穿右衽衣，腰中系带，足登筒靴，肩背行囊，手执水壶，身体前倾，作行进状"④。更有意思的是，《太平广记》卷三十四"崔炜"条略云："贞元（785—805）中有崔炜，居南海（今广州），偶得明珠，乃抵波斯邸，潜鬻是珠。有老胡人一见，遂匍匐礼手具十万缗易之，曰：'我大食国宝阳燧珠也。昔汉初，赵佗使异人梯山航海，盗归番禺，今仅千载矣。我国有能玄象者，

_____

① 参见葛承雍《唐代胡商形象俑研究》，第 77 页并参 96 页注 2 所引程国斌《胡商现象的文化内涵》，见《唐五代小说的文化阐释》，人民文学出版社 2002 年版，第 193 页；邱绍雄《唐代闪耀着外国商人色彩的商贾小说》，《中国商贾小说史》，北京大学出版社 2004 年版，第 28 页。

② 参见葛承雍《唐代胡商形象俑研究》，第 84 页。

③ 参见葛承雍《唐代胡商形象俑研究》，第 80 页图 5。

④ 见故宫博物院/首页/探索/藏品/雕塑网页，https：//www. dpm. org. cn/collection/sculpture/229362. html，2020 年 10 月 18 日；并参见葛承雍《唐代胡商形象俑研究》，第 82 页图 14。

言来岁国宝当归。故我王召我，具大舶重资，抵番禺而搜索。今日果有所获矣.'遂出玉液而洗之，光鉴一室。胡人遽泛舶归大食去。"贞元年间距萨珊波斯亡国已经一个半世纪了，这时的波斯邸只能是前朝遗产。在波斯邸活动的老胡人倡言本国为大食，这从一个侧面反映出，汉唐中国以"波斯"名义活动、善于赏识鉴宝的胡商原本就是阿拉伯人——波斯名义下的阿拉伯商人即阿曼人。这个故事情节可以视为是对来华波斯胡商历史身份的一个返本还原。

图 4-14　陶黄釉大食人俑①　图 4-15　传说大食人陶俑②　图 4-16　传大食人陶俑③

3. 经营香药珠宝。本书多次强调指出，乳香是阿曼的特产，古代从事以乳香为主的香药贸易是挂名波斯的阿曼商人的特点，比如李珣家族。有一条更生动的材料见于（宋）黄修復《茅亭客话》卷二"李四郎"条："李四郎，名玹，字廷仪。其先波斯国人，随僖宗入蜀，授率府率。兄珣，有诗名，预宾贡焉。玹举止温雅，颇有节行，以鬻香药为业.善弈棋，好摄养，以金丹延驻为务。暮年，以炉鼎之费，家无余

---

① 唐代俑，高29厘米，宽8厘米。据介绍，此俑通体施浅黄釉，头戴折沿帽，双睛略凹，高鼻梁，满鬓胡须，穿圆领右衽衣，腰系带。手执水壶，直立于方板上。类似的陶俑出土较多，但釉色如此均匀明亮、神情刻画的如此真切者尚不多，见故宫博物院/首页/探索/藏品/雕塑网页 https：//www.dpm.org.cn/collection/sculpture/233420.html，2020年10月18日。
② 洛阳或西安出土，参见葛承雍《唐代胡商形象俑研究》，第81页图9、12、13。
③ 故宫博物院藏，参见葛承雍《唐代胡商形象俑研究》，第84页图16。

财，唯道书药囊而已。"① 我们上面提到，"多年来，考古出土的唐代胡俑中背行囊弯腰者较为多见"。葛承雍先生曾结合文物和文献记载，提出"胡商负重背囊"内容有三种可能：石蜜，杂货或药材②。从李四郎（玹）的事迹来看，最有可能还是卖香药的药囊。据研究："魏晋以来胡人与医疗相关的活动，主要包括行医与药物买卖两大类。胡人行医多有不菲的收入"；"胡人的药物买卖，也要从两个方面来看，一是输入中土所缺的外来药材，销售给在中土卖药的胡商或者本地商人；二是从中土搜罗药物以及据称有神奇医疗效果的宝石贩运回本土"③。"胡商贩卖的是比较难求的药物，物以稀为贵，其价格和利润自然不菲。" 例如，胡药"底野迦（Theriac）之所以珍贵，是因为它是当时西方一种著名的解毒剂；且'底野迦善除万病'，在中土还被当成了万病丸"④。与本土中草药大量使用不同，胡药常常是量少而奇效，如上引《太平广记》卷三十四"崔炜"条中提到的鲍姑艾："妪来告炜曰：'谢子为脱吾难。吾善灸赘疣。今有越井冈艾少许奉子，每遇疣赘，只一炷耳，不独愈苦，兼获美艳。'炜笑而受之。妪倏亦不见。后数日，因游海光寺。遇老僧赘于耳。炜因出艾试灸之，而如其说。僧感之甚，谓炜曰：'贫道无以奉酬。但转经以资郎君之福祐耳。此山下有一任翁者，藏镪巨万，亦有斯疾，君子能疗之，当有厚报。请为书导之。'炜曰：'然。'任翁一闻喜跃，礼请甚谨。炜因出艾，一爇而愈。任翁告炜曰：'谢君子痊我所苦，无以厚酬，有钱十万奉子。幸从容，无草草而去。'炜因留彼。" 所以，胡商背负药囊是可以理解的。胡商长期坚持从事辛苦的行医卖药活动，香药轻便、贵重而又不乏销路（非奢侈品）应该也是一个重要原因⑤。

除背负药囊者外，葛承雍先生分类研究的胡商陶俑造型还有两种：

---

① 参见朱义安、傅璇琮等主编《全宋笔记》第二编第一册，大象出版社 2006 年版，第 21 页。
② 参见葛承雍《唐代胡商形象俑研究》，第 89—91 页。
③ 参见陈明《中古医疗与外来文化》，第 153 页。
④ 参见陈明《中古医疗与外来文化》，第 156 页。
⑤ 参见陈明《中古医疗与外来文化》，第 153、166 页。

一为端立不动者，一为手持包袱者（参见上图），并且都提出了很好的建设性意见①。本书以后将会更多讨论这个问题，这里参考他和陈明等先生的研究成果简单提示一下基本观点：我认为背负药囊者是行进于市井的胡商，端立不动者则是正在卖药或等候病人服药的胡商，他们手持胡瓶装的多半应该是液体胡药，很可能就是流行的"三勒浆"②。至于手持包袱者，从其举手仰头观看的姿态，很像是正在鉴宝或辨伪，这也是中古波斯胡商的一项重要活动。从提舶的进口货分析排比可知，珠宝和香药是最主要的两类。因此我们可以看到，对在中国活动的阿曼商人来说，营销珠宝和贩卖香药同样重要③。胡商有着独特的商业文化背景和丰富的珠宝鉴别知识，如《太平广记》卷四〇三"宝骨"条载：长安平康坊菩提寺僧人得一物如朽钉，携至西市示于胡商，索价一千。胡见之，大笑曰："未也。"更极意言之，加至五百千。胡人曰："此宝价直一千万。"遂与之。僧访其名，曰："此宝骨也。"又同卷"魏生"条载：魏生得一奇石，胡商求购，"生遂大言，索百万。众皆怒之：'何故辱吾此宝？'加至千万乃已"④。至于胡药辨伪，陈明认为："蕃客或者外来使者之所以能在中土传授鉴别胡药真伪的方法，是因为他们在其本土有时也会遇到类似的问题。"⑤

　　综上所述可以认为，中国古籍所见汉唐之际来华的"波斯胡商"主要是阿曼海商；"大食蕃客"是他们在阿拉伯帝国兴起后的名称，此前之所以挂名"波斯"因为是其属国而且作为王室御用商人活动。众所周知，阿拉伯帝国兴起（630）后不久波斯帝国就灭亡了（651），甚至古代波斯地域也阿拉伯化了（改宗伊斯兰教，使用阿拉伯语文）。至

---

　　① 葛承雍：《唐代胡商形象俑研究》，第81—87页。

　　② 陈明：《中古医疗与外来文化》第二章第四节《在华活动的医事活动与社会角色》、第五章第二节《"纳药"与"授方"——中古胡僧的医疗活动》、第六章第四节《"法出波斯"——"三勒浆"源流考》等。

　　③ 温翠芳：《波斯珠宝商在唐土贸易试探》，载《云南社会科学》2009年第1期。

　　④ 黄云鹤、吕方达：《〈太平广记〉中的胡商文化》，第53页。

　　⑤ 陈明：《中古医疗与外来文化》，第174页，此下至第177页为专项讨论"胡药辨伪的方法"，可以参考。

于唐后期中国仍有称波斯商人者甚至与大食商人同时并现①，很可能因其先人来华在波斯亡国之前②甚至是安息时代③。当然也不排除商业贸易行业对传统冠名品牌效应的利用④。至于阿曼人被称为大食（Tājir 商人）乃至后来转称所有阿拉伯人，应该是由于他们在波斯时代就是不同于波斯本土农牧民的阿拉伯商人（Tājir），在中国称为波斯胡商，胡商有别于汉商；阿拉伯帝国兴起后改用音译名称大食，显然有与波斯作历史切割之意。

　　7 世纪初伊斯兰教的创立在阿拉伯历史上具有划时代的意义。伊斯兰教兴起以后，阿曼人主要宗奉伊巴德教派（Ibadhism）⑤。阿拉伯帝国被唐代中国称为大食，宗奉伊巴德教派（Ibadhism）的阿曼海商因而被称为大食商人或大食蕃客，由于他们的积极活动，印度洋成了"讲阿拉伯语的地中海"。据研究，"首批侨居中国的阿拉伯人，其原籍都是阿曼人"⑥。其实还不止此，迄今发现很多有关海上丝绸之路的史料和文物主要都和阿曼海商有关，如阿拉伯文史料《中国印度见闻录》，印尼勿里洞岛海域打捞起缝制的独桅"黑石号"（Belitung）沉船，宋元

---

　　① 张广达：《文本、图像与文化流传》，第 141—143 页。

　　② 陈明：《中古医疗与外来文化》，第 122 页注 3；同书第 124 页注 4 引（五代）陶谷撰，郑村声、俞钢整理《清异录》卷上，南汉后主刘鋹娶波斯女，"善淫，曲尽其妙，鋹嬖之，赐号'媚猪'"。此名不避宗教忌讳，该女恐为改宗前波斯后裔。

　　③ 例如见于史料的"李元谅本骆元光，姓安氏，其先安息人也"；"（安）侯讳附国，其先出自安息，以国为姓"，等等。前引《太平广记》卷 34 "崔炜"条也提到，崔炜抵波斯邸鬻珠。有老胡人一见，遂匍匐礼手曰："我大食国宝阳燧珠也。昔汉初，赵佗（约公元前 240 年—公元前 137 年）使异人梯山航海，盗归番禺，今仅千载矣。"遂具十万缗易之，泛舶归大食去。这也从一侧面显示双方往来已久且绵绵不绝。值得注意的是，汉文史料记载胡商寻宝携宝多与珍珠（珠玑）有关（参见黄云鹤、吕方达《〈太平广记〉中的胡商文化》，第 51 页），而据《红海周航记》的记载可知，印度洋周边出产珍珠（珠玑）的阿拉伯（大食）古代国家唯有阿曼。因此，判断善于鉴赏珠宝的胡商是阿曼商人当无大差。

　　④ 例如中土医学或宗教文献中常有"波斯者良"，"波斯者为上"等这类称誉，参见陈明《中古医疗与外来文化》，第 162—166 页。

　　⑤ 韩志斌：《阿曼伊巴迪教派初探》，载《西亚非洲》2011 年第 4 期，以及相关网页。

　　⑥ 《中国印度见闻录》中文本序言第 24 页。迄今人们所知来华最早并留下姓名的阿拉伯商人就是一位阿曼伊巴德教派（al-Ibādiyya）教长阿卜·乌拜达（Abū ʿUbayda ʿAbdallāh b. al-Qāsim），绰号萨希尔（al-ṣaghīr，意为"小"），他曾在 758 年以前某个时期从事对中国的沉香木贸易。参见张广达《海舶来天方　丝路通大食——中国与阿拉伯世界的历史联系的回顾》，收入氏著《文本、图像与文化流传》，第 143 页。

之际闽广地域蕃商世家蒲寿庚家族，以及据考其故乡为阿曼的元代《不阿里神道碑铭》①，等等。阿曼与中国古代关系史的这些更丰富的内容，作者将在深入考察研究后再进一步向读者讲述。

---

① 刘迎胜：《从〈不阿里神道碑〉看南印度与元朝及波斯湾的交通》，收入氏著《海路与陆路》，北京大学出版社 2011 年版，第 20—31 页。

附录一 中国与阿拉伯古代关系史的若干问题

中国与阿拉伯国家分别处于亚洲大陆的东、西两边，地理位置相距遥远，但是，中国与阿拉伯地区的经济文化交流却早从公元前就开始了。中国与阿拉伯固有种族、文明截然不同，却在两千多年的关系过程中长期保持和平友好往来，除了751年在中亚怛逻斯偶然发生过一次遭遇战外，从未产生过直接冲突，其间原因值得深究。世纪之交以来，由于全球范围一系列重大政治变化，各国各地区间相互联系相互影响急剧增强，乃至产生所谓全球化趋势，世界面临新的社会问题和复杂挑战。在这种形势下，回顾一下中国与阿拉伯两个民族两大文明友好交往、和谐共处的历史，或许能对今日国际关系提供一些有益借鉴和启示。本文试以中、阿关系史上几个重要问题为例探究其性质和特点，以供讨论。

一 "玳瑁之路" (The Hawksbill Roads) ——平等互利的开始

长期以来，国际学界将古代东西方交往的历史归结为"丝绸之路"（The Silk Roads），其本意是穿越亚洲内陆的商业驼队贸易之路（die Caravanstrasse）[①]。20世纪80年代，联合国教科文组织（UNESC）启动

[①] F. von Richthofen, *China, Ergebnisse eigener Reisen und darauf gegründeter Studien* (China: The results of my travels and the studies based thereon), Berlin, 1882, Vol. 1.

了主题为"对话之路"的丝绸之路总体研究计划（The Integral Study of the Silk Roads: Roads of Dialogue Project），大大推动和拓展了丝绸之路研究的领域以及相关知识的普及，促进了跨文化对话和理解。丝绸之路的内涵和外延因而都发生了很大的变化。迄至世纪之交，随着全球化趋势的日益明显，丝路研究的内涵也不再仅仅是研究古代丝绸贸易与道路走向的变化，而成了研究整个古代东、西方世界之间的交流活动；其外延也不再限于穿越亚洲内陆的传统的陆路交通，而按其穿越空间分为绿洲之路、草原之路、南海之路、沙漠之路、吐蕃之路、西南丝路等，又据其主要运载的货物分为玉器之路、黄金之路、瓷器之路、玻璃之路、香料之路、玳瑁之路、青金石之路、茶马古道，甚至穿越北亚泰加森林的黑貂之路（Sable Road），等等。①

从这样一个视角来观照，位于阿拉伯半岛东南的阿曼（The Sultanate of Oman）很可能是最早和中国建立关系和发展交流的阿拉伯国家。众所周知，阿曼东临阿拉伯海，北濒阿曼湾，扼守着波斯湾的咽喉霍尔木兹海峡，战略地位十分重要，自古以来就在东、西方交流往来中扮演着特殊角色。从前以为，《三国志》卷三十引《魏略·西戎传》中所说的"阿蛮"②是最早见于中国文献记载的阿曼国家名称。其实，中国文献中还有更早的有关阿曼情况的记载。如，《汉书·地理志》：粤地"处近海，多犀、象、毒冒、珠玑、银、铜、果、布之凑，中国往商贾者多取富焉。番禺，其一都会也"③。毒冒，据唐人颜师古注释应即瑇瑁/玳瑁；番禺即今广州。而有研究表明，古代的玳瑁或者说最上乘的玳瑁产品就出自印度洋西北的阿曼湾。司马迁《史记·春申君列传》中记载："赵平原君使人于春申君，春申君舍之于上舍。赵使欲夸楚，为玳瑁簪，刀剑室以珠玉饰之，请命春申君客。春申君客三千余人，其上客皆蹑珠履以见赵使，赵使大惭。"④这说明早在中国的战国时代，

① 参拙编《古代中外文化交流史》，高等教育出版社 2006 年版，第 12—13、21 页。
② 中华书局标点本，第 862 页。
③ 中华书局标点本，第 1670 页。
④ 中华书局标点本，第 2395 页。

玳瑁已经是较常见的男子饰品。

上述"玳瑁之路"应该就是中国与阿拉伯之间最早的交通往来路线之一，其开通利用甚至很可能早于久负盛名的传统"丝绸之路"。据研究，阿曼自前两千年已经广泛进行海上和陆路贸易活动，并成为阿拉伯半岛的造船中心；而且，直到公元 1 世纪中叶以前，印度洋上信风（季节性行星风系）的秘密一直掌握在阿拉伯人手中；更何况由于技术等原因，直到 15 世纪末"地理大发现"之前人类的海路交流（包括郑和下西洋）主要还是以近海航行的方式进行的。因此可以说，阿曼由于其地理位置的关系，必然成为古代世界东西方经由印度洋海路交通的重要枢纽。换言之，可以认为，由于地理和历史的原因，古代中国和西亚乃至整个阿拉伯世界的海路交流（香料之路、瓷器之路等），很可能都是经过阿曼或者经由阿曼中介来进行的①。这个问题既有重要学术价值，也有现实参考意义，目前尤其值得展开研究。

二 "怛逻斯战役"的性质和作用

降至 7 世纪，中国建立了唐王朝（618—907）；而先知穆罕默德则于 622 年（hijrah，伊斯兰历法元年）率众出走麦地那，开始了阿拉伯伊斯兰文明的崛起，随后建立了阿拉伯帝国。阿拉伯帝国与唐朝的官方正式通交始于唐高宗初年，唐朝称阿拉伯帝国为"大食"②。《旧唐书·高宗纪》上：永徽二年（651）"八月乙丑，大食国始遣使朝献"③。同书《大食传》："永徽二年始遣使朝贡。其王姓大食氏，名噉密莫末腻，自云有国已三十四年，历三主矣。"④ 噉密莫末腻一名在其他汉文史料也写作"黑密牟尼"等，都是阿拉伯语 Amīr al-Mu'minīn 的音译，其

---

① 参见《中国印度见闻录》法译本前言，穆根来、汶江、黄倬汉译，中华书局 1983 年版，第 24 页。
② 音译自波斯人对邻近的阿拉伯商业群体阿曼阿兹德人（Azd'Uman）的称呼 Tājir تجر，参本书第三章第二节第六项。
③ 中华书局标点本，第 69 页。
④ 中华书局标点本，第 5315 页。

意为"信士们的长官"，在阿拉伯史料中专门用来称呼政教合一的最高统治者即哈里发。显然，最早遣使唐朝的是第三位正统哈里发奥斯曼（'Uthman b. 'Affan），他于644—656年在位。阿拉伯史料也普遍认为，呼罗珊（Khurāsan，泛指阿拉伯帝国的东方）的征服正是在这个时代，在新任命的巴士拉（Basra）总督阿米尔（Abdullah b. 'Āmir，29–35/649–655）的精明治理下开始的。

就在阿拉伯帝国与唐朝正式通交的同一年，被阿拉伯帝国战败消灭的波斯国王也向唐朝遣使求援，唐朝却谢绝了他的请求[1]，并回信劝他与阿拉伯伊斯兰国家和谐相处[2]。可以认为，唐高宗给波斯国王的回信实际上表示了唐朝对葱岭以西事务的基本态度。这种消极调和的态度与其在葱岭以东积极进取的劲头形成鲜明的对比。这种态度一方面反映了中国传统文化对待外来不同文化和平包容的思想，同时也是中国传统"远交近攻"地区政治战略的表现。无论如何，说唐朝一开始就不想在国际关系中与阿拉伯帝国直接对抗，这从许多史实来看都是可信的[3]。不仅如此，这一时期中、阿两国在中亚还有一次成功的军事合作，并且

---

[1] 据《新唐书·波斯传》记载："伊嗣俟不君，为大酋所逐，奔吐火罗，半道，大食击杀之。子卑路斯入吐火罗以免。遣使者告难，高宗以远不可师，谢遣，会大食解而去，吐火罗以兵纳之。"（中华书局标点本，第6259页）伊嗣俟即阿拉伯史料中的Yazidjird，为萨珊波斯末代国王，632—651年在位。

[2] 塔巴里《年代记》（al-Tabarī, *Tārīkh al-Rusul Wa-l-mulūk*, 16 Vols, Leiden, 1964）卷1，第2692页收有中国皇帝给伊嗣俟回信的内容，全文如下："出于义务，我不妨派一支军队到你那儿去，这支军队头在末禄（Merw），尾在中国。但是，你的使者向我描述的这些人若试一试，就可以摧毁大山；没有什么能阻挡他们，他们会把我消灭，只要他们像所描述的那样！所以，你还是和他们和平共处吧。他们没对你动怒时你也别对他们动怒。"显然，这封信反映的中国皇帝的基本态度与《新唐书·波斯传》所说"高宗以远不可师，谢遣"是一致的。

[3] 例如开元三年（715）张孝嵩率唐军攻取拔汗那之战被有些学者视为欧亚大陆历史的里程碑：唐、阿拉伯、吐蕃三方聚头了，"力量均衡——在大陆规模上——于715年已然最终建立起来"。（Ch. I. Beckwith, *The Tibetan Empire in Central Asia*, Princeton University Press, 1987, p. 84）但张孝嵩作战的对象，实际上只是吐蕃支持下的拔汗那王而不包括阿拉伯军队，这从作战时间上一望而知：据塔巴里《年代记》卷2记载，96年，屈底波死后哈里发苏利漫便下令阿拉伯军队撤回末禄（Merw）并将其遣散，回历是年止于公历715年9月4日；《资治通鉴》卷211记载张孝嵩开元三年十一月攻拔汗那王于连城，是年十一月乙卯朔，值公历715年12月1日，大食军队撤离已近三个月了。

实际上结成了国际政治同盟①。

751 年 7 月，唐军和阿拉伯军分别应中亚地方王公之请出兵怛逻斯（今哈萨克斯坦 Talaz），双方对峙 5 日，高仙芝率领的唐朝军队终因参战的葛逻禄部众前徒倒戈而溃败。这是历史上中、阿双方唯一发生过的一次直接冲突。关于这次"怛逻斯战役"的性质和作用，有人认为是中、阿双方历史性战略决战，我却认为只不过是唐朝与大食之间的一次遭遇战，因为怛逻斯战后大食并没有乘胜东进：

1. 战后，唐在西域仍旧保持相当的势力，天宝十三载（754）"东曹国王设阿（忽）及安国副王野斛及诸胡九国王遣使上表请同心击黑衣"②，唐朝也没有乘虚而入。

2. 怛逻斯战时，虽值大食改朝换代，但就唐、大食间整个关系说，并未见受到怛逻斯战役的显著影响。中国造纸术的西传和伊斯兰教义之开始有中文的记录，只是怛逻斯战役的两种偶然结果。

目前得到普遍公认的说法，造纸术传到中亚、西亚是在 751 年怛逻斯战役之后。战后，有唐朝士兵成了阿拉伯军队的俘虏，其中有若干工匠，从而促成了中阿之间第一次技术转移。据萨阿立比（al-Tha‘ālibi）《时代瑰宝》等阿拉伯文献记载，怛逻斯战役俘虏的中国士兵里有造纸工匠，正是他们在撒马尔罕建立了穆斯林世界的第一座纸坊。

《经行记》的作者杜环也是怛逻斯战败后成了阿拉伯人的俘虏，从而得以亲履西亚两河流域。762 年，杜环随商舶东归，著《经行记》，记载当时亚俱罗（今伊拉克库法一带）的风土民情，提到那里的中国人有京兆画工樊淑和刘泚、河东织匠乐隰和吕礼等。该书有关大食、苦国（今叙利亚等地区）、伊斯兰教等记载，是中国有关阿拉伯世界最

---

① 参见拙著《唐、吐蕃、大食政治关系史》，中国人民大学出版社 2009 年版，第 155—165、197—199 页。

② 《册府元龟》卷 170，中华书局影印本，并见同书卷 973。

早、最确切的记录。可惜该书早佚，遗文收在杜佑《通典·边防典》中。中国有关伊斯兰教的记载要数杜环《经行记》最早。有人研究《经行记》的记载，认为"基本上已将伊斯兰的信仰、礼拜、封斋、宰牲、饮食等重要功课都涉及到了，生动具体而正确，在此以前和以后实所少见"①。

三 蕃坊与回回——包容精神的结晶

唐代经由南海和印度洋与阿拉伯国家交流的商道在贞元（785—804）宰相贾耽《皇华四达记》里记作"广州通海夷道"。这条海上航线从广州出发，越过南中国海，横穿马六甲海峡，经由印度驶向阿曼湾而抵达波斯湾头的重要商埠巴士拉，最终可从巴士拉到阿拉伯帝国的首都报达（即巴格达）。而两河河口附近的乌剌（Ubullah，地在今伊拉克巴士拉）在阿拉伯作家巴拉祖里（al-Balādhuri，卒于 892 年）、迪纳瓦里（al-Dinawari，卒于 895 年）等的记述中被称作"中国港口"，这也从一个侧面反映了当时中国与阿拉伯国家经由海路往来的密切程度。851 年，阿拉伯佚名作者《中国印度见闻录》记载商人苏莱曼的见闻说，中国船经常停泊在波斯湾的尸罗夫（Siraf）。阿拉伯大旅行家马苏迪在《黄金草原和珠玑宝藏》这部历史名著中，则记述了中国船舶航行到阿曼、尸罗夫和巴士拉等地的情况。

8 世纪以后，阿拉伯人取代印度人等而取得了印度洋上的优势，并将这一优势一直保持到 15 世纪末葡萄牙人东来为止。由此来华的阿拉伯人日益增多，他们多侨居在广州、泉州以及江浙沿海港埠，且和早先的波斯胡商汇聚一处。此外，在沿海商埠通往长安、洛阳的交通冲要如扬州、洪州（今南昌）等地，也有不少阿拉伯、波斯侨民。由于有种种便利条件，侨居或定居于唐代沿海商埠的阿拉伯人、波斯人往往数以

---

① 参见白寿彝《中国伊斯兰史存稿》，第 99—103 页。

千、万计①。他们自立蕃坊，自有蕃长管勾公事。有些入华的大食人、波斯人等与当地汉人通婚，定居下来，这些久居不归的蕃客被称为"住唐"。住唐的蕃客开办蕃学，受汉文化熏染日深者或取科第。唐宣宗大中元年（847），曾任岭南节度使的卢钧向朝廷荐举大食人李彦升。二年，彦升以进士及第。在唐代，试进士须通五经、明时务，进士登第，最为荣耀。彦升以阿拉伯人应礼部选，可见其学力非同一般。

先知穆罕默德有一条训教（Hadith）："学问即使远在中国亦当求之。"唐代，来自阿拉伯的"蕃客"和土生"蕃客"作为载体已经将伊斯兰教悄然传入中国，由于他们不对外人传教，也不与其他宗教争高下，更不攻击儒学，因此，没有引起统治者的特别注意，许多中国人也只是把它作为一种不同习俗看待。他们以其缓慢、但是很平稳的方式逐渐把伊斯兰教传入中国。总之，唐宋时代的穆斯林通过建立蕃学、科举考试、联姻、投充、畜奴等多种方式和途径，融洽地渗入社会的各个层次，并渐次扩大伊斯兰教载体的数量，成为后来形成中国回族共同体的来源之一。

目前学界公认，中国回回民族的主要来源是蒙元时代（1206—1368）来中国的色目人，其成分驳杂，主要是以被蒙古军征调从军以及贸易经商的中亚波斯人和西亚阿拉伯人，其共同特点就是信仰伊斯兰教②。在其近千年的历史发展中，中国回族人逐渐形成了小集中、大分散的居住特点。随着回回愈来愈分散杂居在汉族之中，特别是回汉通婚而使汉人成分在回回中增多和回回人学习中国传统文化的要求，明代后期汉语已成为回族的共同语言，同时在其宗教生活和日常交往中保留了一些阿拉伯语和波斯语的词汇。明清之际，一批回族伊斯兰教汉学家涌

---

① 史料记载，上元元年（760），扬州刘展作乱，胡商大食、波斯等死者数千人，参《新唐书·邓景山传》。另有资料说，878年（当作879年，乾符六年），黄巢义军陷广州，大食人、波斯人、拜火徒、基督徒、犹太教徒遇害死者达十二万，参《中国印度闻见录》卷2，第96页。

② 参民族问题研究会编《回回民族问题》，民族出版社1980年版，第12—13页。

现出来，他们用儒家语言、儒家思想系统地研究、整理、总结伊斯兰教义，完整地构造了中国回族伊斯兰教的思想体系，写出了一批带有中国独特风格的回族伊斯兰教汉文著作（这些著作被中国回族穆斯林称为"汉克塔卜"，即汉文经典），对中国回族穆斯林社会的发展产生了巨大影响①，实现了伊斯兰教的中国化。

四　关于"郑和下西洋"

明朝初年郑和率庞大的船队七下西洋（1405—1433），其活动规模之大、航行范围之广、参加人数之多、持续时间之长，都是世界航海史上的创举；七下西洋，有四次都到了阿拉伯国家②，这些现在都已经是常识。我这里只想指出两件事实：

（一）郑和下西洋是和平外交行动

郑和下西洋的目的，一般认为是明朝在国内政治稳定后想要扩大其国际政治影响，此外也是为了发展海外贸易——以朝贡贸易的形式把传统中外经济文化交流发扬光大。也有人说郑和航行的目的在于追寻建文帝的踪迹。当然，建文帝下落不明，明成祖不能没有疑问，因而郑和兼有这样的动机也是可能的，但这不会是郑和航行的主要目的。郑和船队的大船称为宝船，其中大者长四十四丈四尺（合 138 米多），宽十八丈（合 56 米），有九桅，张十二帆，"体势巍然，巨无与敌，蓬帆锚舵非二三百人莫能举动"③，这是当时世界上最大的船只。每次下西洋都有大型宝船 60 余艘，官兵两、三万人，此外还有马船、粮船、坐船、战船等其他船只，构成了当时世界上最大的船队。这样庞大的船队七下西洋，航线涉及亚、非 30 多个国家和地区，最远到达红海和非洲东海岸，

---

① 参见《伊斯兰教在中国》，第 280 页。

② 即第四次（1413 年末—1415 年 8 月）、第五次（1417 年秋—1419 年 8 月）、第六次（1421 年秋—1422 年 9 月）、第七次（1430 年 6 月—1433 年 8 月），所到阿拉伯国家地区有祖法尔（今阿曼苏丹国佐法尔省）、阿丹（今也门亚丁）、天方（今沙特阿拉伯麦加）等。

③ （明）巩珍：《西洋番国志》，向达校注，中华书局 1961 年版，自序第 6 页。

却除了个别自卫行动外，没有进行过任何征讨杀伐。所以，无论从哪方面看，郑和下西洋都是中国传统和平外交的继续和发展，而不是后来西方"地理大发现"开始的那种殖民征服。

（二）下西洋受益于穆斯林朝觐活动

七下西洋的中国船队统帅郑和（1371—1433），云南昆阳（今晋宁）人，原姓马名和，小字三宝，因在"靖难之役"有功被赐姓"郑"。不仅如此，郑和的随员留下了三部有关下西洋活动的原始记录，即马欢《瀛涯胜览》（1416 年初稿，1451 年成书）、费信《星槎胜览》（1436 年成书）和巩珍《西洋番国志》（1434 年成书），其中马欢和费信都是回民。其实，在郑和的下西洋船队中还有许多穆斯林兄弟，他们以自己的教友身份和懂得阿拉伯语的专长，为中国与阿拉伯文化交流做出了贡献。例如，《瀛涯胜览》记载，宣德五年（1430）郑和第七次下西洋，曾选差懂阿拉伯语的通事（翻译）七人，赍带麝香、瓷器等物前往麦加，"往回一年，买到各色奇货异宝、麒麟、狮子、驼鸡等物，并画天堂（麦加恺阿白 al-ka'bah 大礼拜寺）图真本回京。其默伽国王亦差使臣将方物跟同原去通事七人献赍于朝廷"[1]。

这种情况显示，郑和下西洋的活动及其航行路线，大大得益于穆斯林的朝觐活动。众所周知，朝觐是穆斯林的"五功"（功课即宗教义务）之一。因此，很可能自阿拉伯蕃客来华"住唐"有了第二代起，就有了从中国开始的穆斯林朝觐活动，他们十有八九都会采用自古以来往返中国与阿拉伯之间的传统商贸航路。另据研究，元代以来居住在云南的穆斯林有很多人取道缅甸，从孟加拉前往天方（即麦加）朝觐，（元）汪大渊《岛夷志略》"天堂"条记载："云南有路可通，一年之上可至其地。西洋亦有路通。"[2] 有学者研究传世的《郑和航海图》，认

---

① （明）马欢：《瀛涯胜览》（丛书集成初编第 3274 册），商务印书馆 1937 年版，第 90—91 页。

② 苏继庼校释，中华书局 1981 年版，第 352 页。

为《航海图》上牵星过洋计算星辰高低的 1 指与阿拉伯天文学上的 1 指（Issaba）距离大致相等，甚至"过洋牵星所用指、角等名称以及 1 指所等的度数，和阿拉伯人所用有相似之处"，因而"说《航海图》是以阿拉伯人的地图为蓝本"①。现在看来，这些都不无道理，值得进一步研究，从而在更广阔的背景下揭示中国和阿拉伯两个民族两大文明长期友好交往、和谐相处的深层内部原因。

五　余论

海外曾有人鼓吹所谓"文明的冲突"，或许受其殖民主义时期的历史传统影响。本文的研究表明，人类各文明之间并不必然发生冲突。我们看到，中国和阿拉伯国家并非因为地缘无关才维持了和平共处关系，即使是在阿拉伯伊斯兰文明勃兴时期以及郑和船队远航到达西亚非洲的情况下，双方仍然保持了同盟友好、和谐互利。为什么呢？我想，中国传统的核心价值观"仁爱"精神和中庸和谐观念应该在其中发挥了非常重要的作用。儒家的仁爱精神主张："仁者爱人"②，"己欲立而立人，己欲达而达人"③；中庸观念则以为："中者天下之大本，和者天下之达道；致中和，天地位焉，万物育焉"④。所以，中国人认为：和则两利（共赢），斗则两伤。这些与阿拉伯伊斯兰文明"顺从""和平"的核心价值观有着相通之处。

降至近代，中、阿双方均非殖民帝国主义，并没有把自己的价值观强加给其他民族的经历，因而也没有改宗"文明冲突论"，仍然坚持和维护自己的文明文化传统。中、阿交往的历史表明，在世界各国各地区间相互联系相互影响的今天，"和平共处五项原则"（互相尊重主权和领土完整、互不侵犯、互不干涉内政、平等互利、和平共处）仍然有

---

① 向达整理：《郑和航海图》序言，中华书局 1982 年版，第 14—16 页。
② 《孟子·离娄章句下》。
③ 《论语·雍也第六》。
④ 《朱子语类》卷 113。

其价值和现实意义，仍然应该坚持作为国际关系的基本准则，以使各国人民在全球化时代也能做到互利共赢。这些珍贵的历史经验，值得我们尊重并认真深入地汲取。

（本文原发表在罗新主编《田余庆先生90华诞颂寿论文集》，收入本书有个别改动）

附录二　丝路运作与唐朝制度

引　言

三十多年前我在北大攻读博士学位的时候，导师张广达先生就有感于向达先生早年的《唐代长安与西域文明》，曾在中华书局的支持下提出要做一项"唐代西域与中原文明"的研究，我负责承担了其中"唐代的过境贸易"一章的资料收集和起草撰写。然而，这项研究由于多种原因未能如愿成书①。我现在之所以提出这个问题，是有感于有关学

---

① 我负责的这章已经完成交出，但原稿现在下落不明，我手里唯有一叠收集的资料和目录。现在想起来，张先生之所以要做"唐代西域与中原文明"这项研究，立意应当和他长期以来对西域史研究的整体思考有关，他曾经说："与地中海世界相比，西域的绿洲和沙碛似乎总是在默默地，但是持续不断地提供更多有待人们揭破的奥秘，举世对内陆亚洲丝绸之路的研究盛而不衰就是明证。就文化内涵的多样而言，特别是就多元文化汇聚与交流方面的丰富性而言，西域值得学人像法国年鉴学派或者说整体史学派费尔南·布劳代尔（Fernand Braudel, 1902—1985 年）处理地中海世界那样，认真进行一番架构，进而展开综合性研究。"（张广达：《史家、史学与现代学术》，广西师范大学出版社 2008 年版，总序第 2 页）这是一项具有全球史研究意义的学术工作，地中海世界历史、印度洋世界（操阿拉伯语的地中海）历史已经在国际学界有了很好的研究，西域整体史的高水平研究当仁不让应由我们中国学者来做。因此，在这项研究中开列"唐代的过境贸易"这一章，目的当然是要揭示唐代中国在对外贸易活动中开明开放的积极作用和意义；而不是像更西面的波斯，由于地缘政治原因遮阂古代世界东、西方交往［《后汉书·大秦传》："其王常欲通使于汉，而安息（即波斯）欲以汉缯彩与之交市，故遮阂不得自达。"］以垄断牟取暴利，迫使商人避走海路或荒原，参见季羡林《中国蚕丝输入印度问题的初步研究》，收在氏著《中印文化关系史论文集》，生活·读书·新知三联书店 1982 年版，第 68 页；［英］赫德逊《欧洲与中国》，中华书局 1995 年版，第 45—46、48、57、59—60 页；［法］魏义天《粟特商人史》，王睿译，广西师范大学出版社 2012 年版，第 148—149 页。

术研究还是应该跨出向达《唐代长安与西域文明》的畛域，把张广达先生提出的"唐代西域与中原文明"研究继续开展起来并系统加以完成。我原本设想的课题主要有两项工作：一项是"古丝绸之路运作中的华夏制度文明研究"，我在这方面的积累目前集中在隋唐时代，主要有：关津制、羁縻制、市场制、币制、商业税制、馆驿制、司法制，乃至国家体制与国家观念等有关资料与认识；另一项是"古丝绸之路币帛金融圈研究"，这方面的研究与认识基本是学术空白，可以突破学术现状实现创新。限于专业和学识，本文这里主要论述唐代丝绸之路运作中部分传统制度及其作用；为方便起见，所涉制度条目顺序大致据过境贸易开展过程，兼顾丝绸之路由东向西进程加以论述。研究缺乏系统深入，权作抛砖引玉，欢迎读者批评指正。

一　丝绸之路上的关津制

唐朝的道路交通有稽查制度。《唐六典》卷六，"司门郎中员外郎"条略云："司门郎中、员外郎掌天下诸门及关出入往来之籍赋，而审其政。凡关二十有六，而为上、中、下之差。京城四面关有驿道者为上关，余关有驿道及四面关无驿道者为中关，他皆为下关焉。所以限中外，隔华夷，设险作固，闲邪正暴者也。凡关呵而不征，司货贿之出入。其犯禁者，举其货，罚其人。凡度关者，先经本部本司请过所；在京，则省给之；在外，州给之。虽非所部，有来文者，所在给之。"①与此相关，《唐律疏议》卷八《卫禁律》："【疏】议曰：依《关市令》：'锦、绫、罗、縠、紬、绵、绢、丝、布、牦牛尾、真珠、金、银、铁，并不得度西边、北边诸关及至缘边诸州兴易。'从锦、绫以下，并是私家应有。若将度西边、北边诸关，计赃减坐赃罪三等。其私家不应有，虽未度关，亦没官。私家应有之物，禁约不合度关，已下过所，关司捉获者，其物没官；若已度关及越度被人纠获，三分其物，二分赏捉人，

---

① 程喜霖：《唐代过所研究》附表（三）为"唐关津一览表"，中华书局2000年版，第312—315页，可看。

一分入官。"在这样严格的稽查禁止之下，丝绸之路是怎样运作的呢？
我研究发现，至少可以有以下几条合法途径：

（一）军资练

《旧唐书·吐蕃传》上："贞观中，李靖破吐谷浑，侯君集平高昌，
阿史那社尔开西域，置四镇。于是岁调山东丁男为戍卒，缯帛为军
资。"众所周知，缯是古代对丝织品的总称，可以泛指丝绵及其制品；
帛（或作白）则泛指丝织品即丝绸。军资常作军赐，又称兵赐①。唐人
张籍著名的《凉州词》说："边城暮雨雁飞低，芦笋初生渐欲齐。无数
铃声遥过碛，应驮白练到安西。"其中的白练即帛练，说的很可能就是
军资练。敦煌吐鲁番出土文书中也可以见到以纲典形式输送军资练以及
使用军资的例子②。据《唐律疏议》卷八《卫禁律》："【疏】议曰：水
陆等关，两处各有门禁，行人来往皆有公文，谓驿使验符券，传送据递
牒，军防、丁夫有总历，自余各请过所而度。"唐《关市令》也有相应
规定："诸丁匠上役度关者，皆据本县历名，共所部送纲典勘度。"③ 显
然，输送军资练的纲典、民夫可以据递牒、勘总历通过关津。

---

① 参见《通典》卷6《食货六·赋税下》；郭平梁《唐朝王奉仙被提案文书考释——唐代西
域陆路交通运输初探》，载《中国史研究》1986 年第 1 期，第 136—137 页。

② 如敦煌出土《唐天宝四载（745）河西豆卢军和籴会计文书》（P. 3348 号背面文书 A、
B），见［日］池田温《中国古代籍帐研究》，龚泽铣译，中华书局 2007 年版，录文及图版 319—
322 页；吐鲁番出土有"唐君安辩辞为领军资练事""唐西州高昌县译语人康某辩辞为领军资练
事"等，见《吐鲁番出土文书》第 6 册，文物出版社 1985 年版，第 69—72 页。《册府元龟》卷
449：龙朔二年（662）十二月，昆海道行军总管苏海政受诏讨疏勒及龟兹，"海政军回到疏勒之
南，弓月又引吐蕃之众来拒官军，海政以师老，不敢战，遂以军资赂吐蕃，约和而还"。关于唐代
的行纲制度，可参郭平梁《唐朝王奉仙被提案文书考释——唐代西域陆路交通运输初探》，第
138—141 页；吕博《跋"唐代天宝十三载宣城郡采丁课银铤"》，武汉大学中国三至九世纪研究所
编《魏晋南北朝隋唐史资料》第 32 辑，上海古籍出版社 2015 年版，第 88—89 页。日人荒川正晴
撰有《关于唐向西域输送布帛与客商的关系》（武汉大学中国三至九世纪研究所编《魏晋南北朝
隋唐史资料》第 16 辑，武汉大学出版社 1998 年版，第 342—353 页）等文，亦涉及唐代行纲、长
行坊、兵赐等制度，但其偏重商人商业行为，未谙制度与政治、历史关系，无视《卫禁律》《关
市令》等律令行用，所论杂乱，甚无谓也。

③ 参见天一阁博物馆、中国社会科学院历史研究所天圣令整理课题组校证《天一阁藏明抄
本天圣令校证：附唐令复原研究》（全二册），中华书局 2006 年版，第 539 页。

（二）敕赐禁物

过所是私人经过所在关津的公文，上面记载需要经过的人名、人数、年纪和携带物品名称、数量等，以供查验。唐代过所现有出土文书实物，日本也发现过传世文物①，学界对此早有系统研究②。携禁物能否度关呢？《唐律疏议》卷八《卫禁律》略云："禁物者，谓禁兵器及诸禁物，并私家不应有者，私将度关，各计赃数；若私家之物，禁约不合度关而私度者，减三等。"如其所引《关市令》（见上），绫锦虽为私家应有之物，但"禁约不合度关，已下过所，关司捉获者，其物没官"云云。然而，唐《关市令》又规定："诸禁物不得将出关。若蕃客入朝别敕赐者，连写正敕，牒关勘过。"且该条原注："即蕃客在内赐物，无敕施行者，所司勘当知实，亦给牒听出。"③可见，丝绵制品作为禁约之物，不仅允许私有，而且允许特批出关。尽管现在见到的过所实物中仅有两件明确记载客人携有帛练且数目不明④，可信还有很多丝绵制品是由蕃客以朝贡回赐的名义（实际并无敕旨）携带出关。

（三）绢马贸易

史料中有关唐朝与东突厥、突骑施进行绢马贸易的记载很多，动辄用缣帛数十万匹⑤。回鹘曾两次派兵助唐朝平定安史之乱，因而绢马贸

---

① 参见程喜霖《唐代过所研究》附表（二）"唐公验过所文书一览表"，第308—311页。

② 参见［日］内藤虎次郎《三井寺藏唐过所考》，译文载万斯年辑译《唐代文献丛考》，商务印书馆1957年版，第51—71页；程喜霖《唐代过所研究》第二至四章，第55—218页。

③ 见《天一阁藏明抄本天圣令校证：附唐令复原研究》（全二册），第534页。整理者认为"别敕需作为出关凭证"，据注文，无敕勘实"亦给牒听出"即签发过所；且《宋令》中"右并因旧文以新制参定"也有可能就是《唐令》原文，而现存唐过所中未见粘连敕旨的例子。所以，我认为注文很可能就是《唐令》原注。关于蕃客受赐，《唐六典》卷18《鸿胪寺》典客署条记载："诸蕃使主、副五品已上给帐、毡、席，六品已下给幕及食料。丞一人判厨事，季终则会之。若还蕃，其赐各有差，给于朝堂，典客佐其受领，教其拜谢之节焉。"

④ 见程喜霖《唐代过所研究》，第241、245页。

⑤ 《旧唐书·突厥传》上："（开元）十五年，小杀使其大臣梅录啜来朝，献名马三十匹。时吐蕃与小杀书，将计谋同时入寇，小杀并献其书。上嘉其诚，引梅录啜宴于紫宸殿，厚加赏赉，仍许于朔方军西受降城为互市之所，每年赍缣帛数十万匹就边以遗之。"《新唐书·兵志》："其后突厥款塞，玄宗厚抚之，岁许朔方军西受降城为互市，以金帛市马，于河东、朔方、陇右牧之。"两书所指显然为同一事。

易数额巨大，乃至造成唐朝财政负担①，白居易《阴山道》即为此而作，其中说："五十匹缣易一匹，缣去马来无了日。养无所用去非宜，每岁死伤十六七。缣丝不足女工苦，疏织短截充匹数。藕丝蛛网三丈余，回纥诉称无用处。咸安公主号可敦，远为可汗频奏论。元和二年下新敕，内出金帛酬马直。仍诏江淮马价缣，从此不令疏短织。"陈寅恪先生曾撰文讨论这个问题，可以参考②。

二　唐朝在西域的羁縻制

唐朝在边疆地区实行羁縻制，学界对此早有研究③。《新唐书·地理志》七下"羁縻州"条略云："唐兴，初未暇于四夷，自太宗平突厥，西北诸蕃及蛮夷稍稍内属，即其部落列置州县。其大者为都督府，以其首领为都督、刺史，皆得世袭。虽贡赋版籍，多不上户部，然声教所暨，皆边州都督、都护所领，著于令式。今录招降开置之目，以见其盛。其后或臣或叛，经制不一，不能详见。大凡府州八百五十六，号为羁縻云。"④ 唐朝建立以后，先后在四方建立过四安都护及其他都护。

---

① 参见陈寅恪《唐代政治史述论稿》下篇《外族盛衰之连环性及外患与内政之关系》，上海古籍出版社1982年版，第154—157页。

② 参见陈寅恪《唐代政治史述论稿》下篇，第154—157页；同作者《元白诗笺证稿》第五章《新乐府·阴山道》，上海古籍出版社1982年版，第254—260页。陈先生主要是从唐朝与回鹘政治关系的角度讨论绢马贸易逆差对唐朝财政造成的影响。其实，绢马贸易逆差问题还可以从双方（农牧）经济结构的角度来讨论，正如今天中美之间发生的贸易冲突。这种问题自古以来就在东西方之间存在，例如古代罗马帝国对东方贸易的入超（逆差），有人甚至认为是罗马帝国经济衰落的主要因素（参见［英］李约瑟《中国科学技术史》第1卷《导论》，第189页），也有研究者指出："还好，罗马仅仅是落入这种长久不平衡过程的开端。这是由相互提供产品的性质决定的，后来的欧洲贸易大国遭受了同样的命运。"见《红海周航记》（Lionel Casson, *The Periplus Maris Erythraei.* Princeton University Press, 1989）导论，第17—18页。我觉得，国内学界也可以从东西方经济结构的角度对古代丝绸之路贸易和交流开展研究，以借鉴历史经验教训，探索结构性问题解决的思路。其实，古代丝绸之路过境贸易利益也是西域各政权和族群争夺的对象，例如，《新唐书·焉耆传》："太宗贞观六年，其王龙突骑支始遣使来朝。自隋乱，碛路闭，故西域朝贡皆道高昌。突骑支请开大碛道以便行人，帝许之。高昌怒，大掠其边。"显然就是对丝路过境贸易利益的争夺。学界在这些认识方面也还有很多深入工作可做。

③ 如刘统《唐代羁縻府州研究》，西北大学出版社1998年版；林超民《安西、北庭都护府与唐代西部边疆》，这是林先生1985年在云南大学获得博士学位的论文，篇幅巨大，至今未见出版，其中一部分以《羁縻府州与唐代民族关系》为题发表在《思想战线》1985年第5期，博士论文提要发表在《文献》1986年第3期。

④ 中华书局标点本，第1119页。

在丝绸之路经过的唐代西域地区，唐朝建立了安西都护，都护府先是驻西州（今吐鲁番），后移驻龟兹（今库车）。安西都护统辖之下的政治体制大体有如下架构①：

1. 正州（边州）：主要是西域东部伊、西、庭三州的州县制，这里是唐朝经营西域的基地。

2. 驻军羁縻都督府州：主要就是安西四镇地区。安西四镇最初设防焉耆、龟兹、疏勒、于阗，后来由于军政形势变化，焉耆撤镇，防务一度与后方伊西庭整合②，而以天山廊道枢纽碎叶（今吉尔吉斯斯坦托克马克南）为四镇之一；这样进一步发展的结果就是在庭州（今新疆吉木萨尔北）正式设立北庭都护府（此前有过金山都护府）控驭天山北路③。

3. 其他羁縻都督府州：安西四镇以外的其他羁縻府州无汉将镇捍防守，与唐朝保持册封、朝贡等关系。这种关系的性质有如白寿彝先生所说：唐朝对他们"虽不能尽保护的责任，但如有胡国对于唐有所妨害，或'无藩臣礼'的时候，安西都护府是会代表唐政府执行讨伐责任的"④。唐

---

① 参见拙著《唐、吐蕃、大食政治关系史》第一章第一节《唐朝的西域统治》，中国人民大学出版社 2009 年版。

② 与此同时，张广达先生据当地出土文书研究发现，作为羁縻州的焉耆，其官僚体制尤其官吏迁转也开始正州化，即与后方内地郡县合流，参见张广达《唐灭高昌国后西州的形势》，收在氏著《文书、典籍与西域史地》，广西师范大学出版社 2008 年版，第 150—151 页。

③ 参见拙文《论安西四镇焉耆与碎叶的交替》，载《北京大学学报》1991 年第 6 期，第 95—104 页。

④ 白寿彝：《中国伊斯兰史存稿》，宁夏人民出版社 1983 年版，第 84 页；并请参见拙著《中国中古的族群凝聚》后论第三节《安西都护——外蕃与内蕃之间》，中华书局 2012 年版，第 192—199 页。我不认为中国古代与周边关系是所谓"册封体制""朝贡体系"甚至"天朝礼治"之类的世界秩序，关键是以这些"体制"来描述古代国家和地区关系并不能把握历史真实进程，只能是一种观念形态认识，属于某种思想史的范畴。陈寅恪先生早就指出："旧籍于礼仪特重，记述甚繁，由今日观之，其制度大抵仅为纸上之空文，或其影响所届，止限于少数特殊阶级，似可不必讨论，此意昔贤亦有论及者矣。如《新唐书》壹壹《礼乐志》云：'由三代而上，治出于一，而礼乐达于天下；由三代而下，治出于二，而礼乐为虚名。及三代已亡，遭秦变古，后之有天下者，自天子百官、名号位序、国家制度、宫车服器，一切用秦。至于三代礼乐具其名物，而藏于有司，时出而用之郊庙朝廷。曰："此为礼也，所以教民。"'此所谓治出于二，而礼乐为虚名。"（《隋唐制度渊源略论稿》二《礼仪》）因此，唐朝在周边设立羁縻府州和后代在周边设立土司政权一样，其关系性质（远近亲疏彼此善恶）并不是仅限于不同的册封名义和贡物贡期，更重要还在于朝廷册授对羁縻政权权力传承合法性的实际作用和影响程度，无论其自身是世袭还是世选。鄙人申请获批的国家社科基金西部项目"汉唐周边经营策略及经验教训研究"（批准号：19XGJ003）将对此做更全面系统的讨论。

朝西域最远的羁縻政权是波斯都督府，是应被大食灭国的波斯王子请求设立的，治所为疾陵城（Zaranj，今阿富汗与伊朗毗连塞斯坦地区 Nimruz 省首府）[1]。

三 市场制，主要谈两个问题：互市和市列（行肆）

显然，前引《关市令》有关"锦、绫、罗、縠、紬、绵、绢、丝、布、牦牛尾、真珠、金、银、铁，并不得度西边、北边诸关及至缘边诸州兴易"的规定，到了边州就不再成为问题。如果说唐《关市令》的上述规定是为了保证丝绵制品（数额巨大的军资练等）在边州市场上的价值地位，那么同样的理由，边州市场上对于丝绵制品的贸易乃至其价值的各种方式运用——包括货币、投资（囤积储存）和借贷，都应该是完全放开和鼓励的。这些，我们从文献记载以及经整理刊布的吐鲁番出土天宝二年（743）的《交河郡市估案》等物价和契券文书中可以看得到[2]。所以，丝绸之路上营销最多的丝绵制品应该是由商人们——主要是西域胡商从边州互市获取后贩运出去的。如，《唐六典》卷三《尚书户部》，金部郎中员外郎条略云："凡有互市，皆为之节制。（原注：诸官私互市唯得用帛练、蕃彩，自外并不得交易。其官市者，两分帛练，一分蕃彩。若蕃人须籴粮食者，监司斟酌须数，与州司相知，听百姓将物就互市所交易。）凡赐物十段，则约率而给之：绢三匹，布三端，绵四屯。（货布、纻布、罽布各一端。春、夏以丝代绵。）若杂彩十段，则丝布二匹、紬二匹、绫二匹、缦四匹。若赐蕃客锦彩，率十段则锦一张、绫二匹、缦三匹、绵四屯。"

边州的市场主要都是互市，即与外蕃胡商开展边境外贸的市场。

---

① 参见两《唐书·波斯传》；拙著《唐、吐蕃、大食政治关系史》第二章第二节《大食之介入西域》。

② 参见［日］池田温著，龚泽铣译《中国古代籍帐研究》录文 145（用练买牛）、158（卖婢市券）、210（物价表）、225（卖奴市券）等文书，录文及图版第 208 页上栏、220 页下栏、309 页上栏以及 346 页上栏。可以看出，大件货物牛马骆驼乃至男女奴婢等在当地都是用帛练计价的。关于"唐朝的币制是一种钱帛本位"，参见彭信威《中国货币史》第四章《唐代的货币》第一节《货币制度》三、绢帛，上海人民出版社 1965 年版，第 318—319 页。

《唐六典》卷二二《少府、军器监》诸互市监条略云："诸互市监监各一人，从六品下；（原注：汉、魏已降，缘边郡国皆有互市，与夷狄交易，致其物产也。并郡县主之，而不别置官吏。至隋，诸缘边州置交市监，视从第八品；副监，视正第九品。皇朝因置之，各隶所管州、府。监加至从六品下；改副监为丞，品第八下。光宅中改为通市监，后复旧为互市监。）丞一人，正八品下。（隋置交市副监，皇朝改为互市监丞。）诸互市监各掌诸蕃交易之事；丞为之贰。凡互市所得马、驼、驴、牛等，各别其色，具齿岁、肤第，以言于所隶州、府，州、府为申闻。太仆差官吏相与受领，印记。上马送京师，余量其众寡，并遣使送之，任其在路放牧焉。）"显然，前述绢马贸易也是一种互市，所以白居易《阴山道》有云："阴山道，阴山道，纥逻敦肥水泉好。每至戎人送马时，道旁千里无纤草。"

唐《关市令》："诸外蕃与缘边互市，皆令互市官司检校，其市四面穿堑，及立篱院，遣人守门。市易之日卯后，各将货物畜产，俱赴市所。官司先与蕃人对定物价，然后交易。"[1] 由此可见，吐鲁番出土唐天宝二年《交河郡市估案》很可能就是当时当地互市官司与西域胡商以及草原蕃商等计议商定的物价表[2]。据《交河郡市估案》，互市市场行肆与中国传统市场布局相同[3]。《唐六典》卷二十《太府寺》京都诸市令条："凡建标立候、陈肆辨物（按《周礼》，肆长各掌其肆政令，陈其货贿，名相近者相远也，实相近者相迩也，而平正之），以二物平市（谓秤以格，斗以概），以三贾均市（精为上贾，次为中贾，粗为下贾）。"可参下表：

---

[1] 为方便讨论，此处所引为《唐令拾遗》卷 26《关市令》第五条（715—716 页），其所据为《白氏六帖事类集》卷 24《市》门附《互市》门《关市令》条。"互市官司"原文缺"市"字，此据《天圣令》补。又，《天圣令》无"其市四面穿堑，及立篱院，遣人守门。市易之日卯后"句，恐宋人因其市制已变（无堑、篱院、门）而删，参见《天一阁藏明抄本天圣令校证：附唐令复原研究》（全二册），第 307、405、537 页。

[2] 关于市司在货物交易过程中的作用和意义，可参见冻国栋《唐代的商品经济与经营管理》第八章第三节《"市券"与"私契"的规定》，武汉大学出版社 1990 年版，第 141—149 页。

[3] 参见池田温《唐研究论文选集》，中国社会科学出版社 1999 年版，第 310 页；冻国栋：《唐代的商品经济与经营管理》第二章，第 38 页以下。参见［日］池田温著，龚泽铣译《中国古代籍帐研究》录文 210，录文及图版第 303—318 页。

附录二表1　　　　　　　《市估案》所见诸行物品三价表

物品	诸行	上直线	次直线	下直线	文书编号	出处
常州布壹端	□布行	500 文	490 文	480 文	3044 + 3048	集成/2/11 – 12
乾蒲萄壹胜	菓子行	17 文	16 文	15 文	3054	集顾/2/13
小绵壹胜	綵帛行	190 文	180 文	170 文	3060	集成/2/14
釜壹口叁斗盛	铛釜行	800 文	700 文	600 文	3070 + 3064	集成/2/15 – 16
白麺壹斗	米麺行	38 文	37 文	36 文	3072	集成/2/16
蔓青子壹胜	菜子行	20 文	16 文	15 文	3085	集成/2/20
大练壹疋	帛练行	470 文	460 文	450	3097	集成/2/24
瓮壹口叁石	凡器行	160 文	150 文	140 文	唐研究论文选集/130	

出处：见池田温《唐研究论文选集》，第 310 页。

《唐会要》八六，市条：景龙元年（707）十一月敕："诸非州县之所，不得置市。其市当以午时击鼓二百下，而众大会；日入前七刻击钲三百下，散。其州县领务少处，不欲设钲鼓，听之。车驾行幸处，即于顿侧立市，官差一人权检校市事。"其月，"两京市诸行，自有正铺者，不得于铺前更造偏铺，各听用寻常一样偏厢，诸行以滥物交易者没官，诸在市及人众中相惊动令扰乱者，杖八十"。可见所谓行肆就是市场商品据其种类分别陈列货卖，这是中国古代市场管理经营的一个传统，而且很早就传到了周边域外，为他们所接受并广为采用。《汉书·西域传》：罽宾国 "有金银铜锡，以为器。市列。（师古曰：'市有列肆，亦如中国也。'）" 汉代罽宾国即今南亚次大陆克什米尔地区；颜师古则为唐朝人，以注《汉书》著称。有意思的是，苏联考古学者在中亚片吉肯特遗址（City Site at Pyanjikent）发现了一处 "按行肆布局整合的市场"，而且有围墙、有大门（见下图），当年的发掘者自己就认为这是一个 "中国式的市场"①。现在中国学者和当地学者合作进行的考古、考察活动越来越多，相信他们会有更多这样的重大发现。

———————————

① 参见 ［苏联］ О. И. Смирнова, Очерки из истории Согда（粟特史纲），莫斯科科学出版社 1970 年版，第 128 页以下。

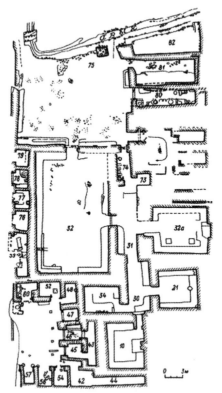

Plate VI. Panjikent. III. 1: A bazaar integrated into the plan of a property (from Raspopova, 1990).

附录二图 1　图版见 *Sogdian traders*：*A history*，by Étienne De La Vaissière；translated by James Ward，Leiden，Boston：Brill，2005

四　币制：方孔铸币，缯帛

　　与域外使用冲压造币不同，中国古代使用模型浇铸币，圆形方孔，故戏称"孔方兄"。战乱时代经济凋敝，币制紊乱，《隋书·食货志》："后周之初，尚用魏钱。及武帝保定元年七月，及更铸布泉之钱，以一当五，与五铢并行。时梁、益之境，又杂用古钱交易。河西诸郡，或用西域金银之钱，而官不禁。"河西所用西域金银之钱，很可能就是考古文物常见的东罗马金币和萨珊银币①。《旧唐书·食货志》："高祖即位，仍用

---

　　①　参见宿白《中国境内发现的东罗马遗物》和《中国境内发现的中亚和西亚遗物》，《中国大百科全书·考古学》，中国大百科全书出版社 1986 年版，第 676—681 页。

隋之五铢钱。武德四年七月，废五铢钱，行开元通宝钱"，但唐自太宗贞
观年代社会安定，经济恢复发展迅速，通货供应反而跟不上需求。《贞观
政要》卷一《政体》说当时物价"米斗三四钱"，据研究，这很可能就
是当时通货紧缩所致①。吐鲁番出土文书中还可以见到很多唐初银钱和
铜钱并行不悖的例子。直到武周如意元年（692）一份文书上出现了
"银钱二文准铜钱六十四文"② 这种字样，显示银钱应当不再流通行用。

随着唐朝国势的强盛和丝绸之路的畅通发达，唐朝的货币也流通行
用到了丝路沿途周边国家。同时，与唐朝密切的政治经济联系，也推动
了中亚地区社会商品经济发展和货币化。在塔吉克斯坦片吉肯特出土的
大量古代钱币中，以中国式圆形方孔铸币最多，这种钱中，又是仿唐式
（有的就是"开元通宝"）占了绝大多数③：

附录二图2 上—粟特仿唐钱，下—唐形粟特钱，
见《片吉肯特城址钱币目录》后附图版4

值得注意的是，正是唐代文献比较清楚地记载了粟特诸王的世系，
而这些国王的称号很多都在其铸币上找到了④。唐式铸币也传到了草原

_____

① 参见彭信威《中国货币史》，上海人民出版社1965年版，第298、319等页。
② 见国家文物局古文物研究室等编《吐鲁番出土文书》第七册，文物出版社1986年版，第
441页。
③ 参见［苏联］О. И. Смирнова, Каталог монет с городища Пенджикент（片吉肯特城址
钱币目录），莫斯科东方文献出版社1963年版，第61页以下。
④ 参见［苏联］О. И. Смирнова, Каталог монет с городища Пенджикент（片吉肯特城址
钱币目录），后附图版21。

地区。近年在吉尔吉斯斯坦北部伊塞克湖岸边唐代新城（Novakat）遗址发现的一批突骑施钱币，有关报道说："钱币的正面是菱形半月印记，反面上有铭文'突厥人上帝'。"① 这类铭文的读法和意义，学界还有不同意见②。但所谓"半月印记"，无疑就是"开元通宝"钱所常见的背月纹（多为弓背朝穿），传说是蜡制钱型造好后送到宫里被杨贵妃（或说为高祖窦皇后）掐了一下留下的痕迹。"菱形"印记应是中国钱好（方穿）的遗迹，众所周知，中国钱谑称"孔方兄"。远在阿姆河下游的花剌子模（Khorezm，唐称火寻或货利习弥），其铸币中央也有菱形纹饰③，很可能也是受了中国唐代币制的影响（见下图）：

唐钱"开元通宝"　　　　　　突骑施钱

花剌子模钱　　　　其他仿唐钱（方孔铸币）

附录二图3　唐"开元通宝"钱与其仿制品。图片来自网络，仅供参考

中国古代丝绸被称为"轻货"，即携带方便而价值高（获取困难而需求广泛），在很大程度上也是作为一种货币在使用④。在对外交往方面的这种功能，至少从张骞通西域就开始了。《史记·大宛列传》略

---

① 参见［苏联］O. И. Смирнова，Каталог монет с городища Пенджикент（片吉肯特城址钱币目录），第123页及后附图版11。

② 参见 Gaybulla Babayarov, The Imperial Titles on the Coins of the Western Turkic Qaghanate, Prof. D. A. Alimova, editor's chief, *History of Central Asia in Modern Medieval Studies*（中亚历史中古近代研究），塔什干："Yangi nashr"，2013年，第335页。

③ 参Б. И. Вайнберг，Монеты древнего Хорезма（古代花剌子模钱币），莫斯科科学出版社东方文献主编部1977年，第161页1170—1172号，后附图版26；第176页6—7行，后附图版31。

④ 关于"唐朝的币制是一种钱帛本位"，参见彭信威《中国货币史》第四章《唐代的货币》第一节《货币制度》三、绢帛，第318—319页；并请参见萧清《中国古代货币史》，人民出版社1984年版，第198—202页。

云："西北外国使，更来更去。宛以西，皆自以远，尚骄恣晏然，未可诎以礼羁縻而使也。自乌孙以西至安息，以近匈奴，匈奴困月氏也，匈奴使持单于一信，则国国传送食，不敢留苦；及至汉使，非出币帛不得食，不市畜不得骑用。所以然者，远汉，而汉多财物，故必市乃得所欲，然以畏匈奴于汉使焉。其地皆无丝漆，不知铸钱器。及汉使亡卒降，教铸作他兵器。得汉黄白金，辄以为器，不用为币。"① 可见，葱岭以远中亚腹地不属都护，不用汉朝金属货币，汉使只有以绢帛丝绸为货币用作市易购买②，建立和改善关系，接受中国丝绸自然就形成了丝绸之路经济带。在此之外更远的地方，丝绸未必再作为等价物，但由于其使用价值和需求，仍然是一种热销商品。显然，正是古代西方世界对丝绸商品的强大需求，支撑了中国丝绸在居间地带具有并维持其等价物的地位，称为"丝绸之路"可谓名正言顺。

降至唐代，丝绸的货币作用更加发展，赏赐、军资、物价、互市等等到处看到丝绸绢帛作为货币使用，尤其是大宗交易和财政资金运用③。白居易《卖炭翁》"半尺红绡一丈绫，系向牛头充炭直"说的是皇家宫市，而其《阴山道》"元和二年下新敕，内出金帛酬马直。仍诏江淮马价缣，从此不令疏短织"说的是绢马贸易资金。在西域方面，如前所述，吐鲁番出土天宝二年《交河郡市估案》是一份当时当地的市场物价表，其中大件商品如驼马等都是用绢帛标价的。

在丝路沿途周边地区，也不乏将丝绸作为货币用于借贷和资金储备运作的例证。吐鲁番出土唐代"弓月城丝绢借贷文书"反映了武周年间在丝路要道弓月城（今新疆霍尔果斯口岸北）发生的一桩胡、汉商

① 中华书局标点本，第 3173—3174 页。
② 汉籍"币帛"一语很可能就是专指用作货币的绢帛，待考。
③ 参见彭信威《中国货币史》第四章《唐代的货币》第一节《货币制度》三、绢帛，第318—319 页；并请参见萧清《中国古代货币史》，第 198—202 页；李锦绣《唐代财政史稿（上卷）》（第三分册），北京大学出版社 1995 年版。

人间的大宗丝绢借贷债务纠纷①。塔巴里（al-Tabari,？—923）《年代记》第二编中记载，709 年伐地（Baykand，地在今乌兹别克斯坦布哈拉西南，阿姆河北岸）有一位老人用 5 万匹（一说 50 万匹，唐制绢帛1 匹等于 4 丈）中国丝绸向阿拉伯占领军赎身②，数目容有夸大，但在盛唐丝绸之路高度发达的背景下，出现这种情况并不是不可能的。顺便说说，伐地（Baykand）位于古丝绸之路的要道路口，渡过阿姆河向东南前往伊朗高原，顺河而下是咸海边的花剌子模，再向前则可去欧洲。该地名在当地土语里意为富贵城，阿拉伯语史料还记载了它的另一个名称——中国城（al-hayi s-Siyniu）。可以想见，沿途地域和族群把丝绸之路视为从中国发财致富的巨大机会。

慧超《往五天竺国传》有这样一段记载："又胡蜜国北山里。有九个识匿国。九个王各领兵马而住。有一个王。属胡蜜王。自外各并自住。不属余国。近有两窟王。来投于汉国。使命安西。往来绝。唯王首领。衣着叠布皮裘。自余百姓。唯是皮裘毡衫。土地极寒。为居雪山。不同余国。亦有羊马牛驴。言音各别。不同诸国。彼王常遣三二百人于大播蜜川。劫彼兴胡及于使命。纵劫得绢。积在库中。听从坏烂。亦不解作衣着也。"③ 文中胡蜜即《新唐书·西域传》护密，今阿富汗瓦罕走廊。九个识匿，其他史料均作五识匿，九或为五之讹。识匿即今塔吉克斯坦什格南（Shughnan），"有一个王属胡蜜王"或即指此。有意思的是，识匿王经常派队伍到大播蜜川即丝绸之路大道去打劫过往商队和使团，"纵劫得绢，积在库中，听从坏烂，亦不解作衣着也"。抢去丝绸堆积在库房，放烂了也不穿，为什么？就是囤积资金啊，没用掉的，只好"听从坏烂"。如史称汉"景帝时，太仓之粟红腐而不可食，都内之钱贯朽而不可校"，并非无用，而是没用掉。被打劫的商队、使团携有丝绸

---

① 参见黄惠贤《唐西州高昌县上安西都护府牒稿为录上讯问曹禄山诉李绍谨两造辩辞事》，收入唐长孺主编《敦煌吐鲁番文书初探》，武汉大学出版社 1983 年版，第 344 页以下；并请参见拙著《唐、吐蕃、大食政治关系史》第二章第一节，中国人民大学出版社 2009 年版。

② 参见拙编《古代中外文化交流史》第 4 章第 5 节，高等教育出版社 2006 年版，第 181 页。

③ 参见（唐）慧超原著，张毅笺释《往五天竺国传笺释》，中华书局 2000 年版，第 145 页。

匹料，除了商品贩运，当然也可以用作资金，而不是仅仅为自身穿着。

同理，游牧族群通过赐赉、互市（绢马贸易）等途径得到的绢帛在草原帝国也有同样的作用。巴托尔德曾经指出："游牧民比定居民更需要商业贸易，更需要发达国家的产品，无论在哪里，在中国、在穆斯林世界以及后来在俄国，定居民族与游牧民之间的贸易一经发生，纺织品就成了游牧民最需要的东西。他们往往都是自己赶着畜群到发达国家的边境城镇上去，而等不及商人到草原上他们那儿去。"[①] 我们看到白居易《阴山道》里描写的绢马贸易就是这样。为什么会是这样呢？这是由游牧社会的生产方式决定的，因为，"剩余产品的生产，财富的积累和占有是社会发展的必要条件。但（游牧经济）动物活畜和草原载畜量的矛盾显然不利于财富在游牧社会内部积累起来。因此，对外交换是游牧社会发展的必要条件"[②]。

由此可见，古代丝绸之路经济带就不仅是一个商品贸易圈，至少到唐代又形成了币帛货币圈和缣帛货币金融圈；丝路网络的形成和运作促使华夏文明和沿途周边地域在一定意义上构成一个命运共同体。研究表明，回纥汗国即使最强大的时候在西域击败吐蕃[③]却仍同唐朝保持着册封、和亲和绢马贸易关系，应该说是相当和平友好的。回纥人通过军功

---

① 见 В. В. Бартольд, Двенадцать лекций по истории турецких народов Средней Азии（中亚突厥十二讲），*Сочинения*, том V，莫斯科科学出版社东方文献主编部 1968 年，第 68 页。

② 见拙文《论古代游牧部族入侵农耕地区问题》，收在拙著《唐、吐蕃、大食政治关系史》附录柒，中国人民大学出版社 2009 年版。其中主要论点为，"游牧经济必然包含对外交换的原因有二：一是草原载畜量有限。在正常年景下，畜群的生产实际上仍趋向于按几何级数（成比例）增长，草原载畜量的限制很容易被突破。二是牧畜本身具有二重性：既是生产资料，又是生活资料。一方面，活畜的积累与再生产具有一致性，它同草原载畜量的矛盾直接影响到生产的发展和财富的积累；另一方面，牧畜无论有多少种，其产品主要都是用于直接消费，游牧经济内部对产品的转化途径很少，难以增加消费。显然，问题只能归结到古代游牧社会的生产力水平"；"其根本原因是草原上生产力的技术构成太低，社会经济结构单一，内部转化产品的途径太窄"。

③ 据《九姓回鹘可汗碑》记载，保义可汗（808—821 年在位）时曾在西域大破吐蕃，武力一度远达中亚，见冯家昇等编《维吾尔史料简编》上册，民族出版社 1981 年版，第 28 页。近年有考证认为《九姓回鹘可汗碑》所记回鹘与吐蕃争夺西域之可汗为怀信可汗（795—808 年在位），参见［日］森安孝夫、吉田豊《カラバルガスン碑文漢文版の新校訂と訳註》，中央ユーラシア学研究会《内陸アジア言語の研究》XXXIV，2019，pp. 1–60。此承南开大学历史学院沈琛老师提示并提供参考资料，谨致谢忱。

赏赐、册封馈赠、公主陪嫁和互市贸易等途径,从唐朝得到了大量财富。据统计,回纥每年由绢马贸易等途径获得的绢帛不下五十万匹,以回纥本部人口约百万计,平均每人每年可得半匹[①]。总之,回纥接受唐朝怀柔政策而从中原地区得到的实惠,远比从前匈奴、突厥用战争手段所取得的要多得多。所以回纥人取得的文化成就和社会进步,也远远超过以前的草原族群。

五 商业税制:商税(收市),海关税(舶脚)

新疆吉木萨尔北庭故城出土《唐开元十六年(728)庭州金满县牒》[②]:

第1行:金满县 牒上孔目司

第2行:(前空)开十六年税钱,支开十七年用。

第3行:合当县管百姓、行客、兴胡总壹仟柒伯陆拾人。应见税钱总计当

第4行:贰伯伍拾玖仟陆伯伍拾文。

第5行:(前空)捌拾伍仟陆伯伍拾文 百姓税。

(后缺)

文书中提到税钱来自"当县管百姓、行客、兴胡"三类人,可见此税并非商税。从行文包括"百姓"可知,此项税钱出自当县所有应税对象,而且纳钱(非纳粮),可以判断所征为户税。唐制:民户划分为自上上至下下九等,户等主要根据财产和户内丁口多少划分。国家根据户等高低征收税钱,以供军国传驿及邮递之用;户税据户等以钱定税,纳税时可折收绫绢[③]。《唐令拾遗》卷二六《关市令》:"其商贾,

---

① 参见编写组《中国北方民族关系史》,中国社会科学出版社 1987 年版,第 198 页。参冯家昇等编《维吾尔史料简编》上册,第 24—5 页。

② 参见〔日〕池田温著,龚泽铣译《中国古代籍帐研究》录文 148,录文及图版第 210 页上栏。

③ 参见胡如雷撰《唐》,《中国大百科全书》中国历史卷长条。

准《令》，所在收税。"后来建中元年（780）开始实行的两税法则明确宣布："为行商者，在所州县税三十之一，使与居者均，无侥利。"① 可见，这里讲到的行客和商（兴）胡于所在州县缴纳的还是一种财产税即户税，而不是商税（收市）或海关税（舶脚）②。

户税之外，唐朝在西域对经营过境贸易的胡商征收海关税。《新唐书·西域焉耆传》："武后长安（701—704）时，以其国小人寡，过使客不堪其劳，诏四镇经略使禁止傔使私马、无品者肉食③。开元七年（719），龙嫩突死，焉吐拂延立。于是十姓可汗请居碎叶，安西节度使汤嘉惠表以焉耆备四镇。诏焉耆、龟兹、疏勒、于阗征西域贾，各食其征，由北道者轮台④征之。讫天宝常朝贺。"同书《西域传》赞曰："西方之戎，古未尝通中国，至汉始载乌孙诸国，后以名字见者寖多。唐兴，以次修贡，盖百余，皆冒万里而至，亦已勤矣！然中国有报赠、册吊、程粮、传驿之费，东至高丽，南至真腊，西至波斯、吐蕃、坚昆，北至突厥、契丹、靺鞨，谓之'入蕃'⑤，其外谓之'绝域'，视地远近而给费。开元盛时，税西域商胡以供四镇，出北道者纳赋轮台。"由史料记载可以看出：

1. 北道轮台为边州北庭属县，安西四镇则设在丝路南道的各羁縻都督府。不同于前引《唐六典》卷六，司门郎中员外郎条："凡关呵而不征，司货贿之出入。"唐朝在这些丝路要道的边县、边镇向经过的胡

① 见《资治通鉴》卷226，唐德宗建中元年（780）"春正月丁卯朔改元"条。
② 《册府元龟》卷170《帝王部·来远门》略云："文宗太和八年二月庚寅诏：南海蕃舶，本以慕化而来，固在接以恩仁，使其感悦。其岭南、福建及扬州蕃客，宜委节度观察使，除舶脚、收市、进奉外，任其来往自为交易，不得重加率税。"舶脚有说为下碇税，我认为应即今海关税；收市则为商税（印花税?）。
③ 唐令有类似的规定，显然也是为了减轻交通邮驿的财政负担，如本文以下所引《唐令拾遗》卷33《杂令》二十三【开元二十五年】条，第703页；《天圣令·杂令》有相似的条文，见前引该书第431页。
④ 《通典·边防典》七《西戎总序》："轮台、渠犁，地名，今在交河、北庭界中，其地相连。"一般认为，今新疆乌鲁木齐市附近乌拉泊古城为唐轮台遗址。
⑤ "入蕃"，中华书局标点本作"八蕃"（第6264页），此据百衲本《新唐书》及［日］仁井田陞《唐令拾遗》卷33《杂令》第十四条（东京大学出版会1983年版，第852页）改。《天圣令》无此内容，待考。

商征税，明显是一种出入边境地区的海关税。

2. 这些向西域商胡征收的税赋，主要是用于补充道路交通管控（四镇、轮台）和迎送外蕃使者驿传之费。与"以供军国传驿及邮递之用"的户税相似，可信唐朝边县、边镇向胡商征收的关税也是纳钱或折纳绫绢。有人认为唐朝向西域胡商所征商税为香药，且"有效地解决了该地的军资供给"[①]，然而史料未见以香料为军资等记载，该说法经不起推敲，难以采信。

3. 这项税收对于丝绸之路的运作有着重要的积极意义。依唐《杂令》："诸私行人，职事五品以上、散官二品以上、爵国公以上，欲择驿止宿者，听之；若边远及无村店之处，九品以上、勋官五品以上及爵，遇屯驿止宿，亦听。并不得辄受供给。"[②]唐制：三十里置一驿，其非通途大路则曰馆[③]。这就为沿丝绸之路往来的商胡贩客提供了极大的方便，而且减轻了沿途绿洲小国的供应负担。

六 馆驿制

1993 年 7—9 月，我受联合国教科文组织"平山郁夫丝绸之路研究奖学金"资助，用两个半月的时间在我国西部周边国家地区考察古代交通。记得有一次在乌兹别克斯坦塔什干市郊等公交车时，我对接待的教授说："你们这里到处都可以看到中国文化的痕迹啊"，他说："哪有，怎么可能呢？"我就指着车站后面一个店铺招牌对他说："那个 Chayhana 什么意思？"他说："茶馆"，我告诉他："这两个字全是汉语音译，chay 就是茶，hana 就是馆。"当地土语类似的词还有不少，ashihana"饭馆"，kitabhana"图书馆"等等。这类词汇中作为词缀的 – hana 这个词，有关权威词典认为来自波斯语的 khan，意为"驼队旅馆（cara-

---

① 参见温翠芳《唐代的外来香药研究》摘要，博士学位论文，陕西师范大学，2006 年。
② 参见《唐令拾遗》卷33《杂令》二十三【开元二十五年】条，第 703 页；《天圣令·杂令》有相似的条文，见前引该书 431 页。
③ 参见《通典》卷33《州郡典》下，乡官条，中华书局 1988 年校注本，第 924 页。

vansary）、大车店或客栈、货仓"①。阿拉伯—波斯语文献中的 khan 这个词"本自波斯语，主要指在交通干道（highway）上的驿站和寄宿处，也指货栈，后来又指稍大城镇中的旅馆"②。已故英籍伊朗学家米诺尔斯基（V. F. Minorsky, 1877—1966）研究认为，波斯语中的地理通名 khan/hana 来自古代汉语的"馆"，最早出现在波斯语里，后来又为中亚诸突厥语接受采用。诚如是，汉语"馆"字又是什么时候经由何种途径传进波斯语里去的呢？我现在认为，这应该是中古时期丝绸之路发达，唐朝在丝路沿途实施馆驿制以维持交通运作与供应的结果③。

我们上面讲商业税制时曾经提到唐朝馆驿制的运作情况，为沿丝绸之路往来的商胡贩客提供了极大的方便。这里再就该制度及其运行做进一步的讨论。《通典》卷三十三《州郡典》下，乡官条："三十里置一驿，（其非通途大路则曰馆。）驿各有将，以州里富强之家主之，以待行李。"④ 这项制度在丝绸之路上的实施情况如何呢？《新唐书·地理志》七下"羁縻州"条："其后贞元宰相贾耽考方域道里之数最详，从边州入四夷，通译于鸿胪者，莫不毕纪。其入四夷之路与关戍走集最要者七：一曰营州入安东道，二曰登州海行入高丽渤海道，三曰夏州塞外通大同云中道，四曰中受降城入回鹘道，五曰安西入西域道，六曰安南通天竺道，七曰广州通海夷道。其山川聚落，封略远近，皆概举其目。"⑤ 其中受降城入回鹘道应即唐初应回纥诸部请求所开之"参天可汗道"，广州通海夷道即海上丝绸之路。我们先看一下安西入西域道的一段：

自拨换、碎叶西南渡浑河，百八十里有济浊馆，故和平铺也。

---

① 见《红屋土—英新词典》（*New Redhouse Turkish-English Dictionary*），伊斯坦布尔：红屋出版社 1968 年版，第 445 页左栏。

② 见《伊斯兰百科全书》新版"馆"条，见 N. Elisséeff et, "Khan", *The Encyclopedia of Islam*, IV: 1010b, WebCD edition, Brill Academic Publishers, 2003。

③ 《伊斯兰百科全书》新版"馆"条的作者从长途贩运中各种功能的角度对馆驿制度在波斯以及西亚的早期发展繁荣提出了推测，可以看出，正式以 khan（馆）这一名称来指这项制度不会早于阿拉伯帝国建立以后，即大致与唐朝的发展同时。

④ 中华书局 1988 年校注本，第 924 页。

⑤ 中华书局标点本，第 1146 页。

又经故达干城，百二十里至谒者馆。又六十里至据史德城，龟兹境也，一曰郁头州，在赤河北岸孤石山。渡赤河，经岐山，三百四十里至葭芦馆。又经达漫城，百四十里至疏勒镇，南北西三面皆有山，城在水中。城东又有汉城，亦在滩上。赤河来自疏勒西葛罗岭，至城西分流，合于城东北，入据史德界。自拨换南而东，经昆岗，渡赤河，又西南经神山、睢阳、咸泊，又南经疏树，九百三十里至于阗镇城。于阗西五十里有苇关，又西经勃野，西北渡系馆河，六百二十里至郅支满城，一曰碛南州。又西北经苦井、黄渠，三百二十里至双渠，故羁饭馆也。（中华书局标点本，第1150页）

《新唐书·地理志》四"西州交河郡"条有这样一段，从行文看也应是贾耽书佚文：

自州西南有南平、安昌两城，百二十里至天山西南入谷，经礌石碛，二百二十里至银山碛，又四十里至焉耆界吕光馆。又经盘石百里，有张三城守捉。又西南百四十五里经新城馆，渡淡河，至焉耆镇城。前庭，下，本高昌，宝应元年更名。柳中，下。交河，中下。自县北八十里有龙泉馆，又北入谷百三十里，经柳谷，渡金沙岭，百六十里，经石会汉戍，至北庭都护府城。（中华书局标点本，第1046—1047页）

可以看出，这些路上提到的地名很可能都是馆驿所在，但是远非30里就有一个，而且尽管有些地名带有"馆"字，多数却并非如此。馆驿不能据制度规定设置和利用，很可能如唐《杂令》所说，是"边远及无村店之处"的特殊环境条件所致。因此可以认为，馆作为非通途大路的驿站，重要的在于名称所蕴含的功能。我们前面举例见到中亚土语里hana即馆字的应用，也正是一种小的服务单位的功能表达。与贾耽书记载沿途城镇馆驿里程的撰写形式相似，10世纪的阿拉伯地理学家伊本·鲁斯特写过一本《珍贵的项链》，书名形象反映了丝绸之路串连起沿途各个绿洲城镇村落的状况。书中依据文献史料，详细记载了从穆斯林的圣城麦加通向东方的"呼罗珊大道"的交通邮驿，其中很可能就有一些模仿唐朝制度设置的馆驿，尤其是在波斯东部和中亚部分，值得做些深入研究的工作。人们如果把伊本·鲁斯特书与上述贾耽书中有关安西入西域路程的记载联系起来，参以近代以来的考古发掘，很有可能把当时贯穿东、西方文明的这条"珍贵的项链"——丝绸之路一站一站地数出来①。

丝绸之路上的驿站如何运作，这里引《资治通鉴》卷一九八，唐太宗贞观二十一年（647）春正月丙申条有关参天可汗道的记载窥其一斑，"诸酋长奏称：'臣等既为唐民，往来天至尊所，如诣父母，请于回纥以南、突厥以北开一道，谓之参天可汗道，置六十八驿，各有马及酒肉以供过使，岁贡貂皮以充租赋，仍请能属文人，使为表疏。'上皆许之"②。如前所述，参天可汗道即贾耽书中的中受降城入回鹘道，据其记载："中受降城正北如东八十里，有呼延谷，谷南口有呼延栅，谷北口有归唐栅，车道也，入回鹘使所经。又五百里至鸊鹈泉，又十里入碛，经麚鹿山、鹿耳山、错甲山，八百里至山燕子井。又西北经密粟山、达旦泊、野马泊、可汗泉、横岭、绵泉、镜泊，七百里至回鹘衙帐。"③ 共长 2090 里，制度"三十里置一驿"，合置 70 驿，去其首末正好 68 驿，可信参天可汗道"各有马及酒肉以供过使，岁贡貂皮以充租赋，仍请能属文人，使为表疏"就是唐代丝绸之路的标准运作方式。当然，唐《杂令》："诸私行人，职事五品以上、散官二品以上、爵国公以上，欲择驿止宿者，听之；若边远及无村店之处，九品以上、勋官五品以上及爵，遇屯驿止宿，亦听。并不得辄受供给。"④ 也是适用的。

如何维持馆驿运作？前引《通典》卷三十三《州郡典》下，乡官条："三十里置一驿，（其非通途大路则曰馆。）驿各有将，以州里富强

---

① 参见张广达、王小甫《中亚历史研究书目介绍》之二，载《中亚研究资料》1984 年第 4 期，第 77—78 页。

② 中华书局标点本，第 6245 页。

③ 中华书局标点本，第 1148 页。

④ 参见《唐令拾遗》卷 33《杂令》二十三【开元二十五年】条，第 703 页；《天圣令·杂令》有相似的条文，见前引该书第 431 页。

之家主之，以待行李。"驿将、馆子等均见于吐鲁番出土文书；"以州里富强之家主之"显然是一种"杂任"，与里正、坊正等都属于一种职役①。吐鲁番曾出土一批"北馆文书"，内容有关唐代馆驿维持运行的过程细节，日本学者大庭修对其做过深入系统的研究，可以参看②。这里顺便指出，有学者将中亚土语的 – hana 解释为邸店，且引日人日野开三郎《唐宋邸店研究》作证，却没有引用上述《通典·州郡典》乡官条的记载，显示对唐朝馆驿制的生疏；况且，也不能不顾及二者语音无法勘同的问题。所以，其说不可取。

七　司法制度

这里不多讲③。只举两个例子：

一个是前面提到过的吐鲁番出土唐代"弓月城丝绢借贷文书"（见下图片段）

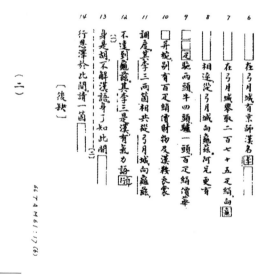

---

① 参见前引《天一阁藏明抄本天圣令校证：附唐令复原研究》（全二册），清本《杂令》卷30，唐15，第433页。如北朝所谓"三长"（北魏为邻、里、党，北齐为邻、闾、族，大同小异）多为豪右担任，《魏书·食货志》所谓"长取乡人强谨者"。亦请参见《中国大百科全书》中国历史卷，"色役"条。

② 参见［日］大庭修《吐鲁番出土的北馆文书——中国驿传制度史上的一份资料》，收在［日］周藤吉之等著《敦煌学译文集 敦煌吐鲁番出土社会经济文书研究》，姜镇庆、那向芹译，甘肃人民出版社1985年版，第784—817页。

③ 有兴趣者可参见刘俊文《敦煌吐鲁番唐代法制文书考释》，中华书局1989年版。

据研究，文书反映的事实大致是：京师汉商李三（绍谨）在弓月城（今新疆霍尔果斯口岸北）向胡商曹炎延借贷275匹绢去龟兹（安西）经商；过了四年，胡商的弟弟曹禄山找不到哥哥，遂到西州高昌县告状，要求官府找到李三还钱。结果经两头对证，李三同意连本带利还钱。高昌县把审理记录和结果做成案卷，上报安西都护府①。整个事件反映出，唐朝的边州乃至驻军羁縻州——安西都护府辖下的安西四镇，有力实施和维护了唐代西域的法制秩序和司法正义，保障了丝路沿途广大胡、汉商人的合法权益。

另一个是殊俗入朝者即域外蕃客的入境管理。据《新唐书·百官志》一"主客郎中员外郎"条："殊俗入朝者，始至之州给牒，覆其人数，谓之边牒。蕃州都督、刺史朝集日，视品给以衣冠、裤褶。乘传者日四驿，乘驿者六驿。"② 可见边疆具有法令效力的地域界分肯定是存在的。吐鲁番出土《唐垂拱元年（685年）康义罗施等请过所案卷》连有两件问状③：

第一件

第9行：（前缺）被问所请过所，有何来文。

第10行：仰答者，谨审：但罗施等并从西

第11行：来，欲向东兴易，为在西无人遮得，更

第12行：不请公文，请乞责保，被问依实，谨

第二件

第8行：（前缺）被问所请过所，有何公文。

---

① 参见黄惠贤《唐西州高昌县上安西都护府牒稿为录上讯问曹禄山诉李绍谨两造辩辞事》，收入唐长孺主编《敦煌吐鲁番文书初探》，武汉大学出版社1983年版，第344页以下；并请参见拙著《唐、吐蕃、大食政治关系史》第二章第一节，中国人民大学出版社2009年版。

② 中华书局标点本，第1196页。

③ 《吐鲁番出土文书》第七册，文物出版社1986年版，第89、91页。本文以下有关论述参见拙著《中国中古的族群凝聚》后论第三节《安西都护——外蕃与内蕃之间》，第197—199页。

第 9 行：（前缺）审，但笃潘等并从西

第 10 行：（前缺）汉官府，所以更不请

第 11 行：（前缺）等，并请责保，被

（后缺）

关于唐朝的过所，本文前面讲关津制已经提到过。这里仅就这份案卷与本文主题有关的问题指出以下几点：

（1）两件问状表明，请过所者从西而来，且指当请公文处为汉官府，可知其为"殊俗入朝"的外蕃来客。

（2）两件问状均责问来文（公文），可见这是外蕃来客请过所应有的手续。《唐六典》卷六"司门郎中员外郎"条："凡度关者，先经本部本司请过所。在京则省给之，在外州给之。虽非所部，有来文者，所在给之。"西州为判给过所之处，乃向"非所部"的外蕃客责问来文，可见更西还有给牒（公文）之处①。

（3）由吐鲁番出土《唐开元二十一年（公元 733 年）西州都督府勘给过所案卷》可知，安西都护府也是判给过所之处②。那么，"殊俗入朝者"倘至安西请过所，依令亦当有来文。因此，《新唐书·百官志》一"主客郎中员外郎"条所谓"殊俗入朝者始至之州"，在西域很可能就是羁縻都督府州，至少是安西四镇所在府州；而所谓"边牒"，应当就是一种公验③。打个比喻，对于"殊俗入朝"的外来人而言，"边牒"相当于今日海关之落地签证，"过所"则相当于来华后户政部门的居留登记。据研究，唐朝内地的县遇有外国人请求路证公验也只能向州都督府申牒请给④。我想，在唐帝国的历史官僚体制里，安西四镇

---

① 日本《养老关市令》将"虽非所部，有来文者亦给"解释为："假有行人取本部过所来，更亦欲向他国，而经当所请过所者，虽非所部，缘其有来文，亦判给之类"（见上引程喜霖书第 60 页所引，书中说明"日本之国相当唐之州"），应为日本据其国情对引进唐朝制度的活用，故未考虑到"殊俗入朝者"的情况。

② 参见程喜霖《唐代过所研究》第 62 页以下所引该案卷 30、32、70、125 等行。

③ 参见程喜霖《唐代过所研究》第三章《唐代公验与过所及其嬗替》，第 134—195 页。

④ 参见程喜霖《唐代过所研究》，第 142—143 页。

所在府州的边政权限恐怕与内地的县处于一个层级。

（4）至于这份垂拱元年四月的案卷所收两件问状都是到西州才请过所，而且都说"在西无人遮得/汉官府"，也就是说，当时甭说四镇，连安西府都没有尽到责任，这无论如何也是说不过去的。我想唯一可能的解释是，当时正值一个特殊时期，这就是武则天下令拔弃四镇的前夕。众所周知，拔四镇虽然是垂拱二年的事，但此前在边政方面已经预先有所安排①。由于武则天在平定徐敬业之乱（684）以后有意笼络人心，显示其"务在仁不在广，务在养不在杀，将以息边鄙，休甲兵，行乎三皇五帝之事者也"②，在这种情况下，就演成了唐朝垂拱二年（686）下令拔弃安西四镇之事③。于是，案卷里的两批"殊俗入朝者"就无人遮拦地直接到了西州。

八　国家观念

据张广达先生研究："黑汗王朝虽然是操突厥语的民族（此指族群。——引者）建立的第一个穆斯林王朝，但力图保存东方王朝的特色，特别是强调与中原的传统联系。在诸大汗的称号中，在诸汗铸造的钱币上，经常有'桃花石·卜格拉汗'、'秦之王'、'秦与东方之王'等称号。桃花石和秦都是中亚地区对中国的称呼。喀什噶尔人马合木的《突厥语辞典》以及中世纪阿拉伯、波斯文献有多处记载，明确地把黑汗王朝东部疏勒所在的喀什噶尔地区与宋（摩秦）、契丹并列，认为中国是由此三部组成。"④为什么会是这样呢，这种观念是怎样产生的呢，它到底意味着什么呢？国内外学界对于桃花石（Tabgach，或译唐家子、

---

① 参见拙文《唐初安西四镇的弃置》，载《历史研究》1991 年第 4 期，第 117—128 页。

② 《文苑英华》卷 684，陈子昂《谏雅州讨生羌书》。

③ 同上。并见《全唐文》卷 165，员半千《蜀州青城县令达奚君神道碑》；《文苑英华》卷 769，崔融《拔四镇议》；《吐鲁番出土文书》第七册，第 224 页，《武周延载元年（694）汜德达轻车都尉告身》。

④ 见《关于马合木·喀什噶里的〈突厥语词汇〉与见于此书的圆形地图》附《黑汗王朝》，收入前引《张广达文集·文书、典籍与西域史地》，第 70—71 页。

拓跋）一语的含义和由来有过很多说法①，本人无意标新立异，只想借此讨论一下唐代中国传统国家观念在丝路沿途和对周边族群地区的传播影响。不过，这里限于篇幅，只能简述一下我的思路和主要观点②：

已故俄国著名突厥学家巴托尔德曾说："更有可能的是，'桃花石'汗这一称号是中国以前的邻居留下来的，反映了突厥人对中华帝国（китайская империя）观念的喜好；该称号也出现在黑汗王朝的钱币上，并有阿拉伯语译文'中国国王'。"③ 无疑，这里的中华帝国指的是唐朝。什么是中华帝国观念，唐朝国家的体制特点在周边地区族群看来主要是什么？据日人的说法是律令制国家④。我认为，无论如何，这是一种与草原游牧社会国家政权的构成、运作和权力传承都有所不同的国家。众所周知，华夏民族早在先秦时代就确立了嫡长子继承制⑤，父死子继，国家则为宗法共和制；秦统一后皇帝世袭，国家实行中央集权制。草原上却不是这样，古代游牧社会的权力传承实行世选制，即继承人从统治家族中选出，兄终弟及，直到清代在草原社会实行的札萨克制还是如此。我们在古代北族社会看到"前四单于""五单于并立""前四汗""五可汗并立"乃至蒙元帝国的"选汗大会"（忽里台 quriltai/qurilta）⑥ 之类政治现象实际就是这种传承制度的必然产物。换言之，古代草原游牧社会自身并没有建立世袭制和实行中央集权制的社会文化资源（礼仪习俗），即使某个草原帝国（例如匈奴冒顿飞鸣镝）一度建

---

① 参见张广达《关于马合木·喀什噶里的〈突厥语词汇〉与见于此书的圆形地图》，第62—66 页；亦可参见张绪山《"桃花石"（Ταυγάστ）名称源流考》，载《古代文明》2007 年第3期，第79—85 页。

② 有关详细研究论证参见拙著书稿《隋唐政治源流与盛衰》后篇《"天可汗"与内亚族际关系变迁》，书稿本为教育部文科重点基地重大项目"6—10 世纪中国的族群凝聚与国家政治体制演进研究"（批准号 10JJD770011）结项成果，现正修订待出版。

③ 参见 В. В. Бартольд, Двенадцать лекций по истории турецких народов Средней Азии（中亚突厥史十二讲），Сочинения，том V，第87 页。亦可参见上引张广达《关于马合木·喀什噶里的〈突厥语词汇〉与见于此书的圆形地图》，第62—66 页，从中不难引出与巴托尔德相同的认识。

④ ［日］西嶋定生：《日本歴史の国際環境》，东京大学出版会 1985 年。

⑤ 《公羊传·隐公元年》："立嫡以长，不以贤；立子以贵，不以长。"

⑥ 参见萧功秦《忽里台 quriltai/qurilta》，《中国大百科全书·中国历史·元史》，中国大百科全书出版社 1985 年版，第44—45 页

立，一旦帝国崩溃灭亡，社会就旧态复萌，这种状况直到近代。所以，说草原社会自身会产生什么"王朝"甚至"前征服王朝"①，根本脱离了草原社会文化的基本实情，也不符合北族历史演进过程。

那么，契丹人怎么就建立了大辽王朝呢？很明显，完全拜托此前有一个大唐王朝。《旧唐书·太宗纪》下，贞观四年（630）"夏四月丁酉，御顺天门，军吏执颉利以献捷。自是西北诸蕃咸请上尊号为'天可汗'，于是降玺书册命其君长，则兼称之"②。什么叫"兼称之"？《资治通鉴》卷一九三对此的记载是："四夷君长诣阙请上为天可汗，上曰：'我为大唐天子，又下行可汗事乎？'群臣及四夷皆称万岁。是后以玺书赐西北君长，皆称天可汗。"③ 这就是说，唐太宗以唐朝皇帝兼天可汗的身份，成了大唐帝国境内所有地方政府——包括正州和羁縻州权力合法性的唯一来源（桃花石＝天子）④；无论农耕社会还是游牧社会，都成了官僚社会，都以唐朝中国官僚制度的形式——都督府、州县加入了同一个帝国的政治体系。这就是唐朝"天可汗"制度或者说大一统制度的真相。周边游牧族群和日本人看到的其实是同一个唐朝国家体制，所谓唐朝中华帝国国家观念也即指此。

正是由于唐帝国政治体系的推行和运作，才使得周边族群尤其是北边和西北游牧社会在唐朝治下学习和熟悉历史官僚制度。唐帝国衰落崩溃以后，他们仍很认同大唐帝国，羡慕大唐政治文化——例如所谓"桃花石"（天子）。其他如契丹族，则利用熟悉掌握的政治文化资源，

---

① 拓跋鲜卑在道武帝时代改行或说强化父家长制，建立实行集权制的中央王朝，都是在离开草原游牧地区南下进入农耕社会以后，参见田余庆《拓跋史探》，生活·读书·新知三联书店2003年版。

② 中华书局标点本，第39—40页。

③ 中华书局标点本，第6073页。

④ 《旧唐书》卷43《职官志》二，符宝郎条记载："符宝郎掌天子八宝及国之符节，辨其所用。有事则请于内，既事则奉而藏之。八宝：一曰神宝，所以承百王，镇万国；二曰受命宝，所以修封禅，礼神祇；三曰皇帝行宝，答疏于王公则用之；四曰皇帝之宝，劳来勋贤则用之；五曰皇帝信宝，征召臣下则用之；六曰天子行宝，答四夷书则用之；七曰天子之宝，慰抚蛮夷则用之；八曰天子信宝，发番国兵则用之。"（第1846—1847页）其中皇帝三宝与天子三宝功用汉蕃对应，应是唐帝国国体的反映。值得全面系统地加以深入研究。唐朝西州有县名天山，今土语讹为托克逊，似可为天子音讹为桃花石一佐证。

模仿唐朝建立中央集权官僚体制。于是使得古代东亚北部长期存在的难民臣服浪潮①演变成了此后所谓的"征服王朝"②。

结　语

养蚕缫丝是中国的发明，古代丝绸是中国的特产；丝绸和海上丝绸之路运销的大宗商品陶瓷，和古代中国"四大发明"一样，都是中国人对人类文明做出的重大贡献。古代丝绸贸易主要是域外世界为满足他们对中国特产丝绸的渴求开展起来的，正因为有这种需求，中国使者和商人才能以丝绸作为货币在西域购买商品和服务（参《史记·大宛列传》），这种活动顺应了域外世界的需要，这是以丝绸命名的这个古代路网交流活动的本质。在这些活动当中，中国的馆驿制、币制、市场制、关津制等文明成果传到了有关国家，为这些国家所喜好、模仿，促进了他们的社会发展，成为他们传统文化的一部分。通过深入研究，把这些历史文化内容揭示出来，既有学术意义，也有参考价值。

（本文曾发表于台湾南华大学《敦煌学》第36期"张广达先生九秩华诞颂寿特刊"，收入本书有个别改动）

---

① 参见拙文《魏末北镇难民潮的化解》，载《北京大学学报（哲学社会科学版）》2018年第3期，第133—143页。

② 参见拙文《东北亚地域古代史的"难民"视角》，收在教育部社会科学委员会历史学学部编《史学调查与探索：教育部社会科学委员会历史学学部论丛·2017》，北京师范大学出版社2017年版，第100—120页。

附表一　古代阿曼与中国关系史大事年表

年代或时期	事　件	参　考	备　注
公元前 5 世纪	乳香传入中国，产生专门熏香的博山炉	［美］薛爱华《撒马尔罕的金桃》第 10 章《香料》"乳香"专条	乳香 = 薰陆（香）← 熏炉 = 博山炉
公元前 4 世纪	中国丝产品传到印度	季羡林《中国蚕丝输入印度问题的初步研究》	
公 元 前 334—前 324 年	亚历山大（Alexander the Great）东征		
公元前 312 年	西亚的塞琉古王朝（Seleucid Dynasty，前 312—前 64）成立		
公元前 305 年	埃及的托勒密王朝（Ptolemaic Dynasty，前 305—前 30）成立	《史记·大宛列传》《汉书·张骞传》《汉书·西域传》	汉文史书中的黎轩、犛靬、犁鞬等即托勒密王朝首都埃及亚历山大港
公元前 3 世纪中	玳瑁（经草原之路）传到中国：赵平原君使人为玳瑁簪，夸示于楚春申君	《史记·春申君列传》	阿曼马西拉湾是早期丝路优质玳瑁的主要来源

续表

年代或时期	事 件	参 考	备 注
公元前 247 年	安息帝国（Emperâturi Ashkâniân，前 247—226）建立	参 Encyclopaedia Iranica（《伊朗学百科全书》）Arsacids（安息）条	亦作安息王朝 Arsacids dynasty 或帕提亚王朝 Parthian dynasty
公元前 221 年	秦始皇统一中国，建立秦朝（前 221—前 206）	《史记·秦本纪》	首都咸阳
公元前 206 年	汉朝（前 206—公元 8）建立	《史记》、《汉书》	史称前汉或西汉，首都长安
公元前 138—前 128 年	张骞通西域	《史记·大宛列传》《汉书·张骞传》	
公元前 2 世纪末	西域大宛等国来献鸵鸟蛋、埃及魔术师	《史记·大宛列传》《汉书·张骞传》《西域传》	塞种联盟（公元前 2 世纪末—公元 1 世纪中）罽宾国成立
公元前 101 年	汉武帝设置使者校尉，管理保护西域营田，以供应出国使者	《汉书·西域传》上	自贰师将军伐大宛之后，西域震惧，多遣使来贡献，汉使西域者益得职。于是自敦煌西至盐泽，往往起亭，而轮台、渠犁皆有田卒数百人，置使者校尉领护，以给使外国者
公元前 60 年	西域都护府设立	《汉书·郑吉传》	
公元前 27 年	罗马帝国（前 27—公元 1453）成立	《魏略·西戎传》《后汉书·西域传》等称"大秦"，此后史书称"拂菻"等	公元 395 年后分为：西罗马帝国（395—476）；东罗马帝国（395—1453）
公元 25 年	东汉王朝（25—220）建立	《后汉书》	首都洛阳
公元 25—265 年	罗马商人经阿曼、印度转口购买中国丝产品	《魏略·西戎传》《后汉书·西域大秦传》	大秦"常利得中国丝，解以为胡绫，故数与安息诸国交市于海中"，安息海市（enterpot）即阿曼
公元 1 世纪中	《红海周航记》撰成	The Periplus Maris Erythraei	关于信风的知识公开

续表

年代或时期	事件	参考	备注
公元 55 年	贵霜帝国（The Kushan Empire，55—425）成立	《汉书·西域传》《后汉书·西域传》	大月氏西迁所建。3 世纪中受波斯打击削弱，后灭于嚈哒（Chionite/Hephthalites，408—567）
汉和帝永元六年（94）	班超重建西域都护，于是五十余国悉纳质内属；其条支、安息诸国至于海濒四万里外，皆重译贡献	《后汉书·西域传》	
永元九年（97）	甘英使大秦	《后汉纪·殇帝纪》	《后汉书·西域传》："于是远国蒙奇、兜勒皆来归服，遣使贡献。"
永元十二年（100）冬十一月	阿曼直接遣使中国，正式建立外交关系	《后汉书·和帝纪》："西域蒙奇、兜勒二国遣使内附，赐其王金印紫绶。"	蒙奇 = Maka/Magan（al-Magan ≥ Omana，兜勒 = 佐法尔 ظفار Dhofar
永元十三年（101）冬十一月	安息国遣使献狮子和鸵鸟	《后汉书·和帝纪》	鸵鸟为非洲特产，前往中国须经阿曼、南亚，而狮子为南亚特产，故此次安息贡献恐为阿曼代行
永宁元年（120）冬十二月	掸国王雍由调遣使者诣阙朝贺，献乐及海西（大秦）幻人	《后汉书·西南夷列传》	大秦幻人与黎轩眩人相同，即埃及亚历山大城魔术师，多经阿曼转送
约 3 世纪初	也门马里卜大坝（Great Marib Dam）崩溃，阿兹德人迁徙阿曼建国	《古兰经》（Quran）34：15—17	大坝崩溃时间有不同意见，参见［美］希提著，马坚译《阿拉伯通史》上册，73 页
公元 224 年	萨珊波斯帝国（Sassanid Empire，224—651）成立		两年后灭安息（前 247—公元 226）
3 世纪中	波斯在胡齐斯坦沿海兴建一系列"市"（sahrestan）作为王室御用手工业中心和外贸港口	［美］理查德·配恩（Richard Payne）《丝绸之路与古代晚期伊朗的政治经济》（李隆国译）对此有专节《王室市：生产和欧亚市场》	主要生产和出口王室专卖的波斯锦、波斯银器和银币等

年代或时期	事　件	参　考	备　注
公元 260 年后不久	波斯改称 Maka（蒙奇）为 Mazūn（没巽）。阿曼海商成为王室御用商团（its own dependent merchants），波斯人称之为 Tājir تجر（商人，音译为"大食"），中国称为"波斯胡商"	Shapur I's inscription at the Kaʻba-yi Zardusht, Naqsh-i Rustam	Cf. *The Cambridge history of Iran.* Vol. 3：*The Seleucid, Parthian and Sasanian periods*），p. LX、604；［英］布隆荷尔《中国与阿剌伯人关系之研究》，第 44 页注 19
3—4 世纪中	大量阿兹德海商被迁到波斯湾东岸为王室服务，尸罗夫（Siraf）于是开港		Cf. Andre Wink, *Al-Hind：The Making of the Indo-Islamic World*, Vol. 1, p. 48
265 年前后	氍毹、毾㲪、波斯锦、银制器皿、银币等生产并由阿曼人（使者、海商、船主）传往中国	《魏略·西戎传》等及考古文物	丝毛混纺产品传为大秦实为波斯胡齐斯坦产，参［美］理查德·配恩（Richard Payne）《丝绸之路与古代晚期伊朗的政治经济》，李隆国译，93—97 页
360 年左右	在幼发拉底河岸的巴达尼亚（Batanea）每年一次的集市上，就有中国商品出售	［英］李约瑟《中国科学技术史》第 1 卷，科学出版社 1990 年，第 184—185 页	据罗马史家阿米阿努斯·马赛林努斯（Ammianus Marcellinus）的说法
470 年左右	北魏与波斯经阿曼往返通使	《北史·于阗传》	"献文末，朝廷遣使者韩羊皮使波斯；波斯王遣使献驯象及珍物，经于阗"。象为南亚特产，珍物多指海产
约 535—547 年	苏哈尔、迪巴（Dabā）经常有和中国商人交易的阿曼海商，他们甚至到斯里兰卡和中国人贸易	拜占庭商人科斯麻士（Cosmas Indicopleustes）的《基督教国家风土记》	Cf. Andre Wink, *Al-Hind：The Making of the Indo-Islamic World*, Vol. 1, p. 51.

续表

年代或时期	事件	参考	备注
6 世纪中	《航海指令》（Nautical Instructions）编成（中古波斯文，8、9 世纪间译成阿拉伯文），记载印度洋上的信风和牵星过洋知识	Cf. Andre Wink, *Al-Hind: The Making of the Indo-Islamic World*, Vol. 1, p. 49；参见［英］李约瑟《中国科学技术史》第 4 卷第 3 分册，第 621 页	该书很可能即阿曼领航员伊本·马吉德（Shihāb al-Dīn Aḥmad ibn Mājid）于 1498 年前后撰写《航海原理指南》（*Kitāb al-Fawā'id*）的原本
618 年	唐朝（618—907）建立		
622 年	伊斯兰历（hijrah）纪元开始		
651 年	大食灭波斯；8 月，大食首次遣使唐朝	《旧唐书·大食传》	
上元（674—676）中	达奚弘通奉使自赤土到虔那，凡经 36 国，归著《海南诸蕃行记》一卷	陈佳荣、钱江、张广达合编：《历代中外行纪》，上海辞书出版社 2008 年，第 324 页	达奚弘通出使在唐高宗上元年间①，为中国人横渡印度洋姓名见于载籍第一人②
8 世纪中	有灯塔（华表＋火炬）＝神灯于波斯湾头、斯里兰卡附近指示航海	《新唐书·地理志》七下所收贾耽《广州通海夷道》	参见［法］费琅编，耿昇、穆根来译《阿拉伯波斯突厥人东方文献辑注》下册，第 549 页
8 世纪末	中国人习得牵星过洋术	陕西泾阳出土《唐故杨府君（良瑶）神道之碑》有"黑夜则神灯表路，白昼乃仙兽前驱（驱）"句	参见［英］李约瑟《中国科学技术史》第 4 卷第 3 分册，第 622—624 页
9、10 世纪	中国指南针用于航海	参见［英］李约瑟《中国科学技术史》第 4 卷第 3 分册，第 612—613 页	明确记载见宋（960—1127）朱彧《萍洲可谈》和徐兢《宣和奉使高丽图经》

---

① 达奚（弘）通著《海南诸蕃行记》一卷，见（明）焦竑撰《国史经籍志》著录。查正史唯《隋书》《旧唐书》有《经籍志》。今《旧唐书·经籍志》无达奚（弘）通《海南诸蕃行记》，故焦竑所录当为安史乱前唐朝《国史》遗文。

② 参见张广达《海舶来天方　丝路通大食——中国与阿拉伯世界的历史联系的回顾》，第 144—145 页。

附表二 古代阿曼与中国交流有关物品、人员统计表

物品或人名	年代时期	所属国名	原产地	转口港或路径	目的地	备注参考
乳香	公元前 5 世纪	阿曼（安息）	佐法尔	提飘：南亚—中亚	中国	即薰陆、安息香。别名兜纳香，见《魏略·西戎传》
玳瑁	公元前 3 世纪	阿曼	马西拉湾	提飘：南亚—中亚，草原之路	中国（战国赵国）邯郸	《史记·春申君传》《大宛列传》"身毒"条正义
珊瑚	与玳瑁同时	阿曼	与玳瑁同	提飘：南亚—中亚	中国	《汉书·西域传》《地理志》；《中国伊朗编》
珠玑	公元前 2 世纪中	阿曼	苏哈尔	罽宾：南亚—西藏；南印度—南海	长安	《汉书·西域传》《地理志》；《中国伊朗编》

续表

物品或人名	年代时期	所属国名	原产地	转口港或路径	目的地	备注参考
琥珀	公元前2世纪末	阿曼	波罗的海	厥宾；南亚—西藏	长安	《汉书·西域传》；《中国伊朗编》
鸵鸟	公元前2世纪末	阿曼（安息）	非洲	大宛：南亚—中亚	中国（西汉）长安	《史记·大宛列传》；《汉书·张骞传》、《西域传》
黎轩善眩人	公元前2世纪末	阿曼（安息）	埃及	大宛：南亚—中亚	中国（西汉）长安	《史记·大宛列传》；《汉书·张骞传》、《西域传》
锦缎	公元前2—前1世纪	中国	黄河流域或川蜀地区	塞种联盟：中亚—南亚；或西南夷—身毒	阿曼或更远	《史记·大宛列传》；《红海周航记》
丝绸面料	公元前2—前1世纪	中国	黄河流域或川蜀地区	塞种联盟：中亚—南亚；或西南夷—身毒	阿曼或更远	《史记·大宛列传》；《红海周航记》
蚕丝	公元前2—前1世纪	中国	黄河流域或川蜀地区	塞种联盟：中亚—南亚；或西南夷—身毒	阿曼或更远	《史记·大宛列传》；《红海周航记》
枸酱	公元前后	中国	川蜀地区	西南夷—身毒	阿曼及更远	《史记·西南夷列传》、《红海周航记》
祖母绿	公元前后	阿曼（安息）	埃及	提鞮：南亚—中亚；或南亚—西藏	中国西域、西藏	《海药本草》；《红海周航记》
苏合香	公元前后	阿曼（安息）	南欧、小亚和黎凡特（Levant）地区	提鞮：南亚—中亚；或南亚—西藏	中国西域、西藏	《红海周航记》

续表

物品或人名	年代时期	所属国名	原产地	转口港或路径	目的地	备注参考
璧流离（罗马玻璃）	公元前后	阿曼（安息）	黎巴嫩	贵霜帝国；克什米尔；阿富汗；西南夷：益州—永昌道	中国西域、内地及云南、广西等地	《汉书·西域传》；考古文物；安家瑶《中国的早期玻璃器皿》
长颈鹿（符拔）	公元76年	阿曼	非洲索马里、埃塞俄比亚、肯尼亚毗连地区	贵霜帝国—中国西域	洛阳	《后汉书·班超传》；邹振环《"长颈鹿"在华命名的故事》
毾㲪	公元100年前	阿曼	胡齐斯坦	大月氏（贵霜）	洛阳	班固《与弟超书》
使者	公元100	阿曼	蒙奇（Maka＝苏哈尔）、兜勒（Dhofar佐法尔）	悬度（贵霜帝国）—西域	洛阳	《后汉书·和帝纪》
海西幻人	公元120年	阿曼	大秦	掸国（缅甸）	洛阳	《后汉书·西南夷列传》
李元谅先祖	公元226年以前	阿曼	安息	西域	中国	两《唐书》本传；其先安息人，"优胡"
安附国先祖	公元226年以前	阿曼	安息	突厥	中国	《全唐文》卷435
毾㲪	公元265年前后	阿曼	胡齐斯坦	大月氏（贵霜）	洛阳	《魏略·西戎大秦传》
波斯锦、胡瓶、银币	3—7世纪	阿曼	胡齐斯坦	贵霜帝国、嚈哒（滑国）、突厥	西域、青海	出土文物

续表

物品或人名	年代时期	所属国名	原产地	转口港或路径	目的地	备注参考
"胡王"锦、"王侯王"锦等	5—7世纪初	阿曼	胡齐斯坦	天竺－象雄（羊同）－女国	西藏，西域	出土文物
北魏使者韩羊皮	470年前	阿曼 中国	平城（今大同）	食盐之路：于阗－女国－天竺	波斯国	《北史·于阗传》
波斯王使献驯象	470年左右	阿曼	南亚	食盐之路：天竺－女国－于阗	平城（今大同）	《北史·于阗传》
李珣、李玹先祖	萨珊波斯（224—651）时期	阿曼（南海波斯国）	阿曼	益州永昌道	梓州（今四川三台）	李珣著《琼瑶集》、《海药本草》（有辑本）、预宾贡（侨民科举）；参《中国大百科全书》"李珣"条
艾布·阿比达·阿卜杜拉	公元8世纪中	阿曼	苏哈尔	七海	中国广州	阿曼航海家，为"辛巴达航海"故事主人公的原型

参考文献

一　中文史料

＊本书所引正史《史记》《汉书》《三国志》《后汉书》《魏书》《晋书》《隋书》《北史》《旧唐书》《新唐书》和《宋史》均为中华书局标点本。

（以下史料依时代和编著者姓名音序排列）

（汉）刘安著，（汉）许慎注，陈广忠校点：《国学典藏 淮南子》，上海古籍出版社 2016 年版。

（汉）何休注，（唐）徐彦疏：《春秋公羊传注疏》，上海古籍出版社 1990 年版。

（晋）郭义恭：《广志》辑本，收在（清）马国翰辑《玉函山房辑佚书》，上海古籍出版社 1990 年版。

（晋）袁宏：《后汉纪·殇帝纪》，张烈点校，中华书局 2002 年版。

（南朝梁）萧统编：《文选》，上海古籍出版社 1986 年版。

（北魏）杨衒之撰，范祥雍校注：《洛阳伽蓝记校注》，上海古籍出版社 1978 年版。

（陈）徐陵编，穆克宏点校：《玉台新咏笺注》，中华书局 2017

年版。

（唐）白居易编：《白氏六帖事类集》，文物出版社 1987 年影印版。

（唐）杜佑撰，王文锦、徐庭云等点校：《通典》，中华书局 1988 年版。

（唐）段成式：《酉阳杂俎》，方南生点校，中华书局 1981 年版。

（唐）慧超原著，张毅笺释：《往五天竺国传笺释》，中华书局 2000 年版。

（唐）李隆基撰，（唐）李林甫注；［日］近卫家熙校注，［日］广池千九郎校补：《大唐六典》，三秦出版社 1991 年影印。

（唐）李珣：《海药本草》，尚志钧辑校，人民卫生出版社 1997 年版。

（唐）李义山等撰，曲彦斌校注：《杂纂七种》，上海古籍出版社 1988 年版。

（唐）玄奘、辩机原著，季羡林等校注：《大唐西域记校注》，中华书局 1985 年版。

（唐）义净原著，王邦维校注：《大唐西域求法高僧传校注》，中华书局 1988 年版。

（唐）长孙无忌等撰，刘俊文点校：《唐律疏议》，中华书局 1983 年版。

（宋）黎靖德编，王星贤点校：《朱子语类》，中华书局 1994 年版。

（宋）李昉编：《太平广记》，中华书局 1961 年点校本。

（宋）李昉编：《太平御览》，中华书局影印本。

（宋）李昉编：《文苑英华》，中华书局影印本。

（宋）司马光编，（元）胡三省音注：《资治通鉴》，中华书局点校本。

（宋）王钦若编：《册府元龟》，中华书局影印本。

（元）马端临撰：《文献通考》，中华书局影印本。

（元）汪大渊原著，苏继庼校释：《岛夷志略校释》，中华书局 1981 年版。

（明）抱瓮老人辑，林梓宗校点：《今古奇观》，广东人民出版社 1981 年版。

（明）冯梦龙编：《醒世恒言》，华夏出版社 2013 年版。

（明）巩珍撰，向达校注：《西洋番国志》，中华书局 1982 年版。

（明）李时珍：《本草纲目》，刘山永主编新校注本，华夏出版社 2008 年版。

（明）马欢：《瀛涯胜览》（丛书集成初编第 3274 册），上海商务印书馆 1937 年版。

（明）张燮：《东西洋考》，中华书局 1981 年版。

（清）董诰编：《全唐文》，中华书局影印本。

（清）阮元等校定：《十三经注疏 10 论语注疏》，中华书局 1957 年版。

（清）阮元等校定：《十三经注疏 11 孟子注疏》，中华书局 1957 年版。

（清）严可均校辑：《全上古三代秦汉三国六朝文》，中华书局 1985 年影印本。

《大正新修大藏经》卷 51—52，大正一切经刊行会。

国家文物局古文物研究室等编：《吐鲁番出土文书》第 6 册，文物出版社 1985 年版。

国家文物局古文物研究室等编：《吐鲁番出土文书》第 7 册，文物出版社 1986 年版。

天一阁博物馆、中国社会科学院历史研究所天圣令整理课题组校证：《天一阁藏明抄本天圣令校证：附唐令复原研究》（全二册），中华书局 2006 年版。

向达校注：《两种海道针经》，中华书局 1982 年版。

向达整理：《郑和航海图》，中华书局 1982 年版。

朱义安、傅璇琮等主编：《全宋笔记》第二编第一册，大象出版社 2006 年版。

二　中文论著

安家瑶：《中国的早期玻璃器皿》，《考古学报》1984 年第 4 期。

白寿彝：《中国伊斯兰史存稿》，宁夏人民出版社 1983 年版。

编写组：《中国北方民族关系史》，中国社会科学出版社 1987 年版。

陈公元：《中国阿曼友好关系小史》，《西亚非洲》1981 年第 5 期。

陈佳荣、钱江、张广达编：《历代中外行纪》，上海辞书出版社 2008 年版。

陈佳荣等编：《古代南海地名汇释》，中华书局 1986 年版。

陈良伟：《丝绸之路河南道》，中国社会科学出版社 2002 年版。

陈明：《中古医疗与外来文化》，北京大学出版社 2013 年版。

陈寅恪：《隋唐制度渊源略论稿》，上海古籍出版社 1982 年版。

陈寅恪：《唐代政治史述论稿》，上海古籍出版社 1982 年版。

陈寅恪：《元白诗笺证稿》，上海古籍出版社 1982 年版。

程国斌：《胡商现象的文化内涵》，《唐五代小说的文化阐释》，人民文学出版社 2002 年版。

程妮娜：《从"天下"到"大一统"——边疆朝贡制度的理论依据与思想特征》，《社会科学战线》2016 年第 1 期。

程喜霖：《唐代过所研究》，中华书局 2000 年版。

冻国栋：《唐代的商品经济与经营管理》，武汉大学出版社 1990 年版。

段晴：《神话与仪式———以观察新疆洛浦博物馆氍毹为基础》，

《民族艺术》2018 年第 5 期。

范祥雍：《唐代中印交通吐蕃一道考》，《中华文史论丛》1982 年第 4 期。

冯家昇等编：《维吾尔史料简编》上册，民族出版社 1981 年版。

葛承雍：《胡汉中国与外来文明》，生活·读书·新知三联书店 2020 年版。

郭平梁：《唐朝王奉仙被捉案文书考释——唐代西域陆路交通运输初探》，《中国史研究》1986 年第 1 期。

韩志斌：《阿曼伊巴迪教派初探》，《西亚非洲》2011 年第 4 期。

何平、李新荣、杨西安等编：《泾阳县志》，陕西人民出版社 2001 年版。

胡如雷：《唐》，《中国大百科全书》中国历史卷长条。

黄惠贤：《唐西州高昌县上安西都护府牒稿为录上讯问曹禄山诉李绍谨两造辩辞事》，收入唐长孺主编《敦煌吐鲁番文书初探》，武汉大学出版社 1983 年版。

黄云鹤、吕方达：《〈太平广记〉中的胡商文化》，《古籍整理研究学刊》2005 年第 6 期。

霍川、霍巍：《汉晋时期藏西"高原丝绸之路"的开通及其历史意义》，《西藏大学学报（社会科学版）》2017 年第 1 期。

霍巍：《阿里高原象雄考古揭秘："王侯"丝绸与黄金面罩》，《大众考古》2015 年第 1 期。

季羡林：《商人与佛教》，中国史学会编《第十六届国际历史科学大会中国学者论文集》，中华书局 1985 年版。

季羡林：《中国蚕丝输入印度问题的初步研究》，收在《中印文化关系史论文集》，生活·读书·新知三联书店 1982 年版。

江玉祥等主编《古代西南丝绸之路研究》，四川大学出版社 1990 年版。

蓝勇：《南方丝绸之路》，重庆大学出版社 1992 年版。

李安山：《非洲华侨华人史》，中国华侨出版社 2000 年版。

李锦绣：《唐代财政史稿（上卷）》（第三分册），北京大学出版社 1995 年版。

林超民：《安西、北庭都护府与唐代西部边疆》，云南大学 1985 年博士学位论文。

林超民：《羁縻府州与唐代民族关系》，《思想战线》1985 年第 5 期。

林梅村：《张骞通西域以后的丝绸之路》，收在孟宪实、朱玉麒主编《探索西域文明——王炳华先生八十华诞祝寿论文集》，中西书局 2017 年版。

林英：《公元 1 到 5 世纪中国文献中关于罗马帝国的传闻——以〈后汉书·大秦传〉为中心的考察》，《古代文明》2009 年第 3 期。

刘俊文：《敦煌吐鲁番唐代法制文书考释》，中华书局 1989 年版。

刘统：《唐代羁縻府州研究》，西北大学出版社 1998 年版。

刘迎胜：《从〈不阿里神道碑〉看南印度与元朝及波斯湾的交通》，收在氏著《海路与陆路》，北京大学出版社 2011 年版。

吕博：《跋"唐代天宝十三载宣城郡采丁课银铤"》，武汉大学中国三至九世纪研究所编《魏晋南北朝隋唐史资料》第 32 辑，上海古籍出版社 2015 年版。

马世琨、席林生：《现代辛伯达扬帆一万九千里》，《人民日报》1981 年 7 月 7 日第 7 版。

毛丹、江晓原：《希腊化晚期至罗马帝国初年西方航海术东渐考》，《上海交通大学学报（哲学社会科学版）》2015 年第 2 期。

民族问题研究会编：《回回民族问题》，民族出版社 1980 年版。

彭信威：《中国货币史》，上海人民出版社 1965 年版。

齐东方：《唐代金银器》，中国社会科学出版社 1999 年版。

钱江：《金洲、金地与耶婆提：古代印度与东南亚的海上贸易》，载《丝瓷之路》第1辑，商务印书馆2011年版。

邱绍雄：《唐代闪耀着外国商人色彩的商贾小说》，《中国商贾小说史》第一章第四节，北京大学出版社2004年版。

萨士武：《考证郑和下西洋年岁之又一石料——长乐"天妃灵应碑"拓片》，收在《郑和研究资料选编》，人民交通出版社1985年版。

石云涛：《丝绸之路与汉代香料的输入》，《中原文化研究》2014年第6期。

汤用彤：《汉魏两晋南北朝佛教史》上册，中华书局1983年版。

唐长孺：《南北朝期间西域与南朝的陆道交通》，收入氏著《魏晋南北朝史论拾遗》，中华书局1983年版。

田余庆：《拓跋史探》，生活·读书·新知三联书店2003年版。

汪篯：《隋唐时期丝产地之分布》，收在《汪篯隋唐史论集》，中国社会科学出版社1979年版。

王君平等：《华阳传承下来的蜀锦传统工艺和丝绸文化急需保护》，《纺织科技进展》2007年第B05期（蜀锦专辑）。

王小甫、范恩实、宁永娟编：《古代中外文化交流史》，高等教育出版社2006年版。

王小甫：《唐、吐蕃、大食政治关系史》，中国人民大学出版社2009年版。

王小甫：《中国中古的族群凝聚》，中华书局2012年版。

王小甫：《边塞内外——王小甫学术文存》，东方出版社2016年版。

王小甫：《魏末北镇难民潮的化解》，《北京大学学报（哲学社会科学版）》2018年第3期。

王小甫：《宇文泰"关中化"政策及其对华夏文化的影响》，载《民族研究》2018年第5期。

王小甫：《香丝之路：早期阿曼与中国的交流》，《清华大学学报

（哲学社会科学版）》2020年第4期。

王永平：《返魂香与伏虎兽：从罗马到汉朝》，《河北学刊》2017年第1期。

温翠芳：《波斯珠宝商在唐土贸易试探》，《云南社会科学》2009年第1期。

武敏：《吐鲁番出土蜀锦的研究》，《文物》1984年第6期。

夏鼐：《我国出土的蚀花的肉红石髓珠》，收入氏著《考古学论文集（外一种）》，河北教育出版社2000年版。

夏鼐：《新疆新发现的古代丝织品——绮、锦和刺绣》，收入中国社会科学院考古研究所编《夏鼐文集》中册，社会科学文献出版社2001年版。

向达：《唐代长安与西域文明》，生活·读书·新知三联书店1979年版。

萧功秦：《忽里台 quriltai/qurilta》，《中国大百科全书·中国历史·元史》，中国大百科全书出版社1985年版。

萧清：《中国古代货币史》，人民出版社1984年版。

宿白：《中国境内发现的东罗马遗物》和《中国境内发现的中亚和西亚遗物》，《中国大百科全书·考古学》条目，中国大百科全书出版社1986年版。

许新国：《吐蕃墓出土蜀锦与青海丝绸之路》，《藏学学刊》（第3辑）：吐蕃与丝绸之路研究专辑》，2007年版。

叶舒宪等：《山海经的文化寻踪——"想象地理学"与东西文化碰触》，湖北人民出版社2004年版。

袁行霈主编：《中华文明史》第三卷，北京大学出版社2006年版。

袁珂：《〈山海经〉校注》，巴蜀书社1992年版。

张广达：《拂菻国》，收入氏著《文本、图像与文化流传》，广西师范大学出版社2008年版。

张广达：《古代欧亚的内陆交通——兼论山脉、沙漠、绿洲对东西文化交流的影响》，收入氏著《文本、图像与文化流传》，广西师范大学出版社 2008 年版。

张广达：《关于马合木·喀什噶里的〈突厥语词汇〉与于此书的圆形地图》附《黑汗王朝》，收入《张广达文集·文书、典籍与西域史地》，广西师范大学出版社 2008 年版。

张广达：《海舶来天方丝路通大食——中国与阿拉伯世界的历史联系的回顾》，收入氏著《文本、图像与文化流传》。

张广达：《史家、史学与现代学术》，广西师范大学出版社 2008 年版。

张广达：《唐灭高昌国后西州的形势》，收入氏著《文书、典籍与西域史地》，广西师范大学出版社 2008 年版。

张广达、王小甫：《中亚历史研究书目介绍》之二，《中亚研究资料》1984 年第 4 期。

张蕾：《新疆博物馆藏"胡王"锦探析》，《文物鉴定与鉴赏》2013 年第 5 期。

张铁生：《中非交通史初探》，生活·读书·新知三联书店 1973 年版。

张星烺：《中西交通史料汇编》（第三册），中华书局 1978 年版。

张绪山：《"桃花石"（Ταυγάστ）名称源流考》，载《古代文明》2007 年第 3 期。

张一纯：《经行记笺注》，中华书局 1963 年版。

郑鹤声：《娄东刘家港天妃宫石刻"通番事迹记"》，收入中国航海史研究会编《郑和研究资料选编》，人民交通出版社 1985 年版。

周永卫：《两汉交趾与益州对外关系研究——以若干物质文化交流为主》，汕头大学出版社 2010 年版。

三 翻译文献

［阿拉伯］佚名：《中国印度闻录》，穆根来、汶江、黄倬汉译，中华书局 1983 年版。

［德］夏德：《大秦国全录》，朱杰勤译，商务印书馆 1964 年版。

［法］伯希和：《郑和下西洋考交广印度两道考》（冯承钧译），中华书局 2003 年新 1 版。

［法］费琅编：《阿拉伯波斯突厥人东方文献辑注》下册，耿昇、穆根来译，中华书局 1989 年版。

［法］魏义天：《粟特商人史》，王睿译，广西师范大学出版社 2012 年版。

［古希腊］阿里安：《亚历山大远征记》，李活译，商务印书馆 1979 年版。

［古希腊］希罗多德：《历史》，徐松岩译注，上海人民出版社 2018 年新版。

［古希腊］希罗多德：《历史（希腊波斯战争史）》，王以铸译，商务印书馆 1985 年版。

［荷］戴闻达：《中国人对非洲的发现》，商务印书馆 1983 年版。

［美］劳费尔：《中国伊朗编》，林筠因译，商务印书馆 2001 年版。

［美］理查德·配恩（Richard Payne）：《丝绸之路与古代晚期伊朗的政治经济》（李隆国译），收入王晴佳、李隆国主编《断裂与转型：帝国之后的欧亚历史与史学》，上海古籍出版社 2017 年版。

［美］希提：《阿拉伯通史》上册，马坚译，商务印书馆 1979 年版。

［美］谢弗：《唐代的外来文明》，吴玉贵译，中国社会科学出版社 1995 年版。

［摩洛哥］伊本·白图泰：《伊本·白图泰游记》，马金鹏译，华文出版社 2015 年版。

［日］池田温：《唐研究论文选集》，中国社会科学出版社 1999 年版。

［日］池田温：《中国古代籍帐研究》，龚泽铣译，中华书局 2007 年版。

［日］大庭修：《吐鲁番出土的北馆文书——中国驿传制度史上的一份资料》，收入［日］周藤吉之等著《敦煌学译文集敦煌吐鲁番出土社会经济文书研究》，姜镇庆、那向芹译，甘肃人民出版社 1985 年版。

［日］内藤虎次郎：《三井寺藏唐过所考》，译文载万斯年辑译《唐代文献丛考》，商务印书馆 1957 年版。

［日］仁井田陞编：《唐令拾遗》，栗劲等译，长春出版社 1989 年版。

［伊朗］扎林库伯：《波斯帝国史》，张鸿年译，复旦大学出版社 2011 年版。

［印度］R. C. 马宗达等合著：《高级印度史》，张澍霖等合译，商务印书馆 1986 年版。

［英］布隆荷尔（Marshall Broomhall）：《中国与阿剌伯人关系之研究》，朱杰勤译文载《中外关系史译丛》（第一辑），海洋出版社 1984 年版。

［英］赫德逊：《欧洲与中国》，中华书局 1995 年版。

［英］李约瑟：《中国科学技术史》第 1 卷，袁翰青等译，科学出版社 1990 年版。

［英］李约瑟著，王铃、鲁桂珍协助：《中国科学技术史》第 4 卷第 3 分册，汪受琪等译，科学出版社 2008 年版。

四　外文材料

［阿拉伯］穆卡达西：《诸国知识的最好分类》（*Ahsanat-Taqāsim fi Marifat al-Aqālim*），BGA v. 3，莱顿 1903 年。

［德］李希霍芬：（F. von Richthofen）：《中国》（*China*），柏林 1877 年。

［德］卫斯腾费尔德：《阿拉伯各宗族系谱》，哥廷根，1852 年。

［法］布罗代尔（F. Braudel）：《文明与资本主义，15—18 世纪》第 3 卷《世界的前景》，纽约，1984 年。

［苏联］О. И. Смирнова，Каталог монет с городища Пенджикент（《片吉肯特城址钱币目录》），莫斯科：东方文献出版社 1963 年。

［苏联］О. И. Смирнова，Очерки из истории Согда（《粟特史纲》），莫斯科：科学出版社 1970 年。

［日］仁井田陞：《唐令拾遗》，东京大学出版会 1983 年版。

［日］森安孝夫、吉田豊：《カラバガスン碑文漢文版の新校訂と譯注》，《内陸アジア言語の研究》34，2019. 9. 1—59。

［日］山口瑞凤：《吐蕃王国成立史研究》，岩波书店 1983 年版。

［日］西嶋定生：《日本歴史の国際環境》，东京大学出版会 1985 年版。

［日］佐藤长：《チベット历史地理研究》，岩波书店 1978 年版。

Babayarov, Gaybulla, The Imperial Titles on the Coins of the Western Turkic Qaghanate, Prof. D. A. Alimova, editor's chief, *History of Central Asiain Modern Medieval Studies*, Tashkent："Yanginashr"，2013 年。

Bivar, A. D. H. "KUSHAN DYNASTY i. Dynastic History", *Encyclopædia Iranica*, online edition, 2014, available at http：//www. iranic-aonline. org/articles/kushan-dynasty-i-history （accessed on 08 December

2014）

Boodberg, P. A. , Some Proleptical Remarks on the Evolution of Archaic Chinese, *Harvard Journal of Asiatic Studies*, Vol. 2（1937）.

Bosworthet, C. E. , "ʻUmān", *The Encyclopedia of Islam*, X: 814b, WebCD edition, Brill Academic Publishers, 2003.

Boucharlat, R. and M. Mouton, "Mleiha（3es. avant J. – C. – 1er/ 2es. aprèsJ. – C. ）", in *Materialien zur Archäologieder Seleukiden-und Partherzeitimsüdlichen Babylonienundim Golfgebiet*, ed. U. Finkbeiner （Tübingen, Germany: Wasmuth, 1993）.

Brunner, Christopher J, "Middle Persian inscriptionson Sasanian Silver-ware", *Metropolitan Museum Journal* 9 （1974）.

Chronicle of Seert, Vo. 1. 2, ed. and trans. by Scher.

Casson, Lionel, *The Periplus Maris Erythraei*（《红海周航记》）, Princeton University Press, 1989.

Cleuziou, S, "Early Bronze Age Trade in the Gulf and the Arabian Sea: The Society behind the Boats", in *Archaeology of the United Arab Emirates*, ed. D. T. Potts, H. Al Naboodah, and P. Hellyer, London: Trident Press, 2003）.

Cleuziou, S. , "Magan through the Ages", International Symposium, Muscat, 24 – 25 May 2004.

Dani, A. H. , *Chilas, the City of Nanga Parbat*, Islamabad, 1983.

Dani, A. H. , *Chilas, Human Records on the Karakoram Highway*, Lahore, 1995.

Elisséeffet, N. , "Khan", *The Encyclopedia of Islam*, IV: 1010b, WebCD edition, Brill Academic Publishers, 2003.

Francke, A. H. , ed. *Ladwags rgyal rabs*, in *Antiquities of Indian Tibet*, Calcutta, 1926.

Huntingford, G. W. B. ed., *The Periplus of the Erythraean Sea*, by an unknown author. The Hakluyt Society, London, 1980.

Kennedy, Hugh ed., *An Historical Atlas of Islam*, second edition (revised and enlarged), Leiden: Brill, 2001.

Kervran, Monique. "Ṣuḥār", *The Encyclopedia of Islam*, IX: 774b, WebCD edition, Brill Academic Publishers, 2003.

Marshak, Boris, *Sogdiiskoe Serebro: Ocherkipo Vostochnoi Torevtike.* Moscow: Nauka, 1971.

Menander the Guardsman, *History*, ed. and trans. by Blockley, 111 – 5; dela Vaissière 2005: pp. 230 – 232.

Monsoon Seas (《季风海》), 纽约 1952 年。

On the Persian war, I, 1923。

Pankhurst, Richard, K. M. Panikkar (introduction), *An Introduction to the Economic History of Ethiopia from earlytimes to 1800*, London: Lalibela House, 1961.

Payne, Richard, "The Silk Road and the Iranian political economy in late antiquity: Iran, the Silk Road, and the problem of aristocratic empire", *Bulletin of SOAS*, 81, 2 (2018), 227 – 250. © SOAS, University of London, 2018.

Ras al Khaimah, Julfar-Oxford Brookes University, https: //www. brookes. ac. uk/heritage/projects/current-projects/ras-al-khaimah-‒julfar/, [2020 ‒ 5 ‒29].

Richthofen, F. von., *China, Ergebnisseeigener Reisenunddaraufgegründeter Studien* (China: The results of my travels and the studies based thereon), Berlin, 1882, Vol. 1.

Senior, R. C., "INDO-SCYTHIAN DYNASTY", *Encyclopædia Iranica*, online edition, 2005, available at http: //www. iranicaonline. org/articles/indo-scythian-dynasty-1, (accessed on 30 April 2017)

Senior, R. C. , "INDO-PARTHIAN DYNASTY", *Encyclopœdia Iranica*, online edition, 2005, available at http: //www. iranicaonline. org/articles/indo-parthian-dynasty-1, [2018 – 1 – 28, This article is available in print, Vol. XIII, Fasc. 1, pp. 100 – 103].

Tabarī, al-. *Tārīkh al-Rusul wa-l-mulūk*, 16vols, Leiden, 1964.

Yarshater, Ehsan ed. , *The Cambridge history of Iran.* Vol. 3 (1): *The Seleucid, Parthian and Sasanian periods*, Cambridge Univeristy Press, First published 1983, Fourth printing 2006.

Potter, Lawren-ce G. ed. , *The Persian Gulfin History*, NewYork: PALGRAVE MACMILLAN, First published in 2009.

Vosmer, T. , "Model of a Third Millennium B. C. Reed Boat Based on Evidence from Ras al- Jinz", *Journal of Oman Studies* 11 (2000): 149 – 152.

Wenley, A. G. , "The Question of the Po-shan Hsiang-lu", *Archives of the Chinese Art Society of America*, Vol. 3 (1948 – 1949), pp. 5 – 12.

Wheeler, M. , *Rome Beyond the Imperial Frontiers*, London, 1954.

Whitehouse, D. , "Ancient Glass from ed-Dur (Umm al-Qaiwain, UAE) 2. Glass Excavated by the Danish Expedition", *AAE* 11 (2000): 87 – 128.

Whitehouse, D. , *Excavations at ed-Dur (Umm al-Qaiwain, United Arab Emirates)*, Vol. 1, *The Glass Vessels* (Leuven, Belgium: Peeters, 1998).

Wink, Andre, *AI-Hind: the Making of the Indo-Islamic World*, Vol. 1, Boston · Leiden: E. J. Brill, 2002.

Бартольд, В. В. , Двенадцать лекций по истории турецких народов Средней Азии (《中亚突厥史十二讲》), *Сочинения*, том V, 莫斯科科学出版社东方文献主编部, 1968 年。

Вайнберг，Б. И.，*Монеты древнего Хорезма*，莫斯科科学出版社东方文献主编部，1977 年。

五 网络资料与工具书

《阿曼假日》网站"乳香小道"，http：//www. omanholiday. co. uk/FRANKINCENSE-Trail-by-Tony-Walsh-for-Abode-Magazine. pdf，2018 年 4 月 14 日。

《红屋土—英新词典》（*New Redhouse Turkish-English Dictionary*），伊斯坦布尔：红屋出版社，1968 年。

《伊朗学百科全书》网络版（*Encyclopædia Iranica*，online edition，2005.）

《伊斯兰百科全书》新版/光盘版（*The Encyclopedia of Islam*，Web-CD edition，Brill Academic Publishers，2003.）

《中国大百科全书》考古学卷，中国大百科全书出版社 1986 年版。

《中国大百科全书》中国历史卷，中国大百科全书出版社 1986 年版。

故宫博物院/首页/探索/藏品/雕塑网页 https：//www. dpm. org. cn/collection/sculpture/229362. html，2020 年 10 月 18 日。

郭锡良：《汉字古音手册》，北京大学出版社 1986 年版。

黄珊：《中世纪波斯湾古港口——尸罗夫港的发现》http：//dsr. nii. ac. jp/narratives/discovery/10/index. html. zh，2015 年 3 月 23 日。

联合国教科文组织（UNESCO）世界遗产名录"Land of Frankincense"，http：//whc. unesco. org/en/list/1010，2017 年 10 月 24 日。

联合国教科文组织"丝绸之路"网上平台（The UNESCO Silk Road Online Platform），https：//en. unesco. org/silkroad/unesco-silk-road-online-platform，2018 年 1 月 26 日。

王炳华:《丝绸之路"考古的几点新收获》,"丝绸之路多媒体系列资源库"网站:丝路概说/西域考古文存 http://www.sxlib.org.cn/dfzy/sczl/slgs_1/xykgwc/201808/t20180806_931135.html,2020 年 7 月 26 日。

2020 年 11 月 10 日星期二撰写完成于北京海淀五道口嘉园寓所

2021 年 7 月 11 日星期日修订完成于北京海淀五道口嘉园

2021 年 11 月 15 日校对完成于北京师范大学珠海校区

近现代阿曼与
中国关系史

Three Studies
on
the History of
Relations between
Oman and China（2）

李安山　著

第五章　欧洲在印度洋的扩张（1500—1949）

近代使东方和西方发生接触的是商业。但事实是西方人出来寻求中国的财富，而不是中国人出去寻求西方的财富。自 16 世纪至 19 世纪，在这将近三百年的中西交往中，最显著的事实是，西方人希求东方的货物，而又提供不出多少商品来交换。

——格林堡（英国历史学家）

自公元 7 世纪至 15 世纪，阿曼和海湾地区处于一个在印度洋的伊斯兰航海的贸易黄金时期。……葡萄牙人一经成功地到达印度，便立即开始施行发动各种战争的政策，从而导致了这些地区的经济恶化。这对阿曼和海湾地区影响不小。葡萄牙人于 1507 年轻而易举地控制了阿曼，对其沿海地区强行统治了一个半世纪，直至公元 1649 年。……

——阿曼苏丹国新闻部

中国与包括阿曼在内的阿拉伯世界的交往历史久远。中阿关系在中亚/西亚陆地上有草原丝绸之路和沙漠丝绸之路的开拓和延伸，双方海船在印度洋上开辟的海洋丝绸之路及贸易经历也是源远流长。然而，自葡萄牙人达·伽马发现了绕过好望角可以直通印度的航道以后，欧洲人开始了坚船炮舰的年代。"血"与"火"的历史建立在"力"与"利"的基础上，欧洲人的海外扩张在人类历史上留下了深刻的一页。

为了征服世界其他国家或地区，欧洲列强以新式武器开拓疆域的做法比人类历史上任何时代都更为血腥和残暴。这种交往既为世界文明带来前所未有的发展和创新，也为人类历史带来了无以伦比的灾难和后患。在欧洲用大炮轰开亚洲大陆大门的过程中，中国与阿曼相继丧失了自身的独立地位。

欧洲尝试连接海上贸易通道。本章主要阐述欧洲人在印度洋的崛起过程，按时间顺序分为三个主题，即葡萄牙、荷兰及英国的相继崛起。作为殖民拓展的先锋，葡萄牙在非洲、亚洲和拉丁美洲占得先机。荷兰作为后来者也在南非和亚洲争得了一席之地。英国的崛起具有更强大的工业基础，大英殖民帝国版图更大，统治时间更长，影响也更深远。

第一节　葡萄牙独占先机——认识印度洋航道

欧洲人在解释西班牙和葡萄牙人在所谓的"地理大发现"中脱颖而出的原因时往往忽略了一个重要因素——阿拉伯人的贡献。为了更客观地了解葡萄牙人对印度洋的认识过程，我们先简略地提一下阿拉伯文化在伊比利亚半岛的传播。

一　占领西班牙与阿拉伯文化的传播

（一）阿拉伯文化在伊比利亚半岛的传播

阿拉伯人从公元 711 年跨过直布罗陀海峡后曾统治伊比利亚半岛700 余年，对欧洲人特别是西班牙人和葡萄牙人的影响极其深远。由于阿拉伯人的占领，当时的西班牙成为阿拉伯—伊斯兰文化传入欧洲的重要桥梁。这表现在三个方面：第一，不少西班牙人来到东方从事研究和学习，一些东方学者也被请到西班牙讲学，从而引发了西方对阿拉伯文化的兴趣。第二，诸多阿拉伯—伊斯兰文化的典籍都在托莱多被译成拉丁语，再从托莱多越过比利牛斯山进入欧洲各国。① 第三，欧洲各国的

---

① 当时大量的阿拉伯科学文献在欧洲翻译出版。N. Daniel, *The Arabs and Medieval Europe*, London：Longman, 1979, pp. 267 – 302.

学生均到西班牙留学，成为传播阿拉伯—伊斯兰文化的使者。因此，"西班牙是阿拉伯与欧洲接触的最重要地区"①。阿拉伯文化的传播在这段时间里对这一地区及整个欧洲的影响不言而喻。② 然而，阿拉伯—伊斯兰文化对欧洲的影响却长期有意无意地被忽略。③

（二）有关地理和航海的知识

我们这里重点谈谈有关地理和航海方面的影响。第一，阿拉伯有关世界地理方面的游记和相关研究影响了欧洲人的视野。摩洛哥著名旅行家伊本·白图泰（Ibn Battuta，1304—1377）曾四次到麦加朝觐，游历过北非、西非、埃及、巴勒斯坦、叙利亚、伊拉克、麦加、麦地那、也门、伊朗、小亚细亚、中亚、印度、斯里兰卡、苏门答腊与中国，他的游记成为研究中世纪的远东、近东、中亚、北非和蒙古帝国的重要史料。④ 第二，阿拉伯人具有丰富的航海经验和天文知识，特别是在印度洋海域航行的实践经验对欧洲人特别是葡萄牙人的指导和启发作用是不容忽视的。由于葡萄牙人在 1498 年前缺乏经验和技术，没有机会涉足印度洋。阿拉伯人积累的经验和知识为他们的探险创造了条件。马吉里提和宰尔噶里的著作都发表过著名的天文学成果。前面提到的为达·伽马充当领航员的马吉德，为葡萄牙人首航印度洋做出的贡献不言而喻。⑤ 第三，阿拉伯人的各种关于航海的技术和工具也为葡萄牙人在印度洋上的航行提供了先决条件，如三角帆、海域图、"牵星术"、星象学和罗盘等。

（三）造船和航海技术

然而，阿拉伯人在造船和航海技术上的领先地位却并未受到学术界

① N. Daniel, *The Arabs and Medieval Europe*, London：Longman, 1979, p. 111.
② 郭应德：《阿拉伯史纲》，经济日报出版社 1997 年版，第 126—142 页。
③ 刘景华：《中古阿拉伯人造船与航海技术的考察》，《湖南师范大学社会科学学报》1997 年第 3 期，第 109—113 页。
④ 有多种中文译本。最新全译本参见伊本·白图泰《异境奇观：伊本·白图泰游记》，李光斌译，海洋出版社 2008 年版。
⑤ "教会葡萄牙海船在印度洋上航行的本领的，正是阿曼的领航员。"［苏联］安·瓦·施瓦柯夫：《战斗的阿曼》，中国人民大学《巴林》、《战斗的阿曼》翻译组译，北京人民出版社 1973 年版，第 11 页。

特别是西方史学界的重视。"中古时代的阿拉伯人拥有当时世界先进水平的造船技术和航海技术，并且极富特色，而且还为后来以欧洲人为中心的世界大航海时代的到来创造了技术条件。但是，史学界和科学界对此很少注意。特别是在西方，即使是在关于阿拉伯帝国历史的权威著作，也很少总结阿拉伯人在造船和航海技术上的成就……"① 鉴于阿曼人作为海上民族一直在印度洋航行中享有盛誉，他们在这方面的贡献是题中应有之意。② 根据10世纪的一位波斯湾的水手布佐尔格（Buzurg）的记载，他们的船离开阿曼后，风暴将船刮到东非海岸（Zanj coast）。在当地国王的引导下，他们将自己船上的货物卸下，并开始了与当地的贸易。③

二 重点的转移：从地中海到印度洋

（一）威尼斯的区位优势

可以说，在新大陆被葡萄牙和西班牙人"发现"之前，东方大部分贸易掌握在阿拉伯人手上。热那亚、威尼斯等意大利城邦在亚洲与欧洲人之间充当着中间贸易商的角色。这些城邦特别是后起的威尼斯在中东各处建立了自己的贸易商站。与热那亚相比，威尼斯距离黎凡特（地中海东部诸国家和岛屿）的主要中心较近，船舶技术的提高，加之威尼斯国家力量在航运里程方面的介入和热那亚经营的海上贸易路线遭到禁止且货物必须由威尼斯转口等一系列原因，威尼斯的优势很快体现出来。④ 威尼斯商人通过自己建立的商站收买那些通过各种商道运来的东方货物。欧洲大陆流行的香料以及一些东方时尚商品，都是以威尼斯为中转地途经东地中海发往英国或其他国家。这一暂时稳定的海上秩序

---

① 刘景华：《中古阿拉伯人造船与航海技术的考察》，第113页。

② R. Coupland, *East Africa and its Invaders: From to the death of Seyyid Said in 1856*, Oxford at the Clarendon Press, 1956 [1938], pp. 21 – 24.

③ G. S. P. Freeman – Grenville, ed., *The East African Coast Select Documents from the first to the earlier nineteenth century*, pp. 9 – 13. 这篇文章记录了这些水手背信弃义的作为以及后来被当地国王原谅的事实。

④ [法] 费尔南·布罗代尔：《菲利普二世时代的地中海和地中海世界》上卷，唐家龙、曾培耿等译，商务印书馆1998年版，第440—442页。

由于 1492 年以后的新航道的发现而再次被推翻。

（二）达·伽马的"历史性航行"与阿曼领航员

1498 年，葡萄牙人达·伽马绕过好望角后从东非海岸成功抵达印度，从而宣称发现了一条新航线。我们不想否认，达·伽马发现从欧洲通往亚洲的航线是一个重要的历史事件。然而，有两个重要的史实必须提出来。

第一，早在达·伽马之前，亚洲与非洲之前就存在着一条稳定的航线，除了阿拉伯人和印度人之外，中国人也与东非人通过这条"海上丝绸之路"进行贸易和各种交往。① 印度洋沿岸各国均设有港口、码头和造船厂。阿曼就有马斯喀特、阿姆曼、乌勒和亚丁等重要港口。欧洲学者将达·伽马的此次航行称之为航海史上划时代的事件。布罗代尔认为"瓦斯科·达·伽马的航行（1498 年）并未摧毁欧洲与印度洋的古老交通，而是为之开辟了一条新路"②。他将这一航行称之为"神奇航行"和"历史性航行"。③ 尽管在亚洲这条航道早已存在，他们或是只愿意提欧洲的通道而不提亚洲海上贸易通道，或是由于欧洲中心论作祟而对这种历史事实视而不见。④

---

① 侯仁之，《在所谓新航路的发现以前中国与东非之间的海上交通》，《科学通报》1964 年第 11 期，第 984—990 页；Li Anshan, "Contact between China and Africa before Vasco Da Gama: Archeology, Document and Historiography", *World History Studies*, Vol. 2, Issue 1, June 2015, pp. 34 – 59；Li Anshan, "African Diaspora in China: Research, Reality and Reflection", *The Journal of Pan African Studies*, vol. 7, No. 10, May 2014, pp. 10 – 43.

② Fernand Braudel, *The Structures of Everyday Life*, *The Limits of Possible: Civilization & Capitalism 15th – 18th Century*, Volume 1, trans. & revised by Sian Reynolds, New York: Harper & Row, 1981, p. 402.

③ Fernand Braudel, *The Perspective of the World*, *Civilization & Capitalism 15th – 18th Century*, Volume 3, trans. by Sian Reynolds, New York: Harper & Row, 1984, pp. 56, 139.

④ 达·伽马的第一次航行日志和相关研究的重要成果，参见以下著作：E. G. Ravenstein, ed., *A Journal of the First Voyage of Vasco Da Gama 1497 – 1499*, Cambridge University Press, 2010。还可参见 K. G. Jayne, *Vasco da Gama and His Successors, 1460 – 1580*, London: Methuen & Co., 1910；Henry H. Hart, *Sea Road to the Indies*, New York: Macmillan Co., 1950；Boies Penrose, *Travel and Discovery in the Renaissance, 1420 – 1620*, Cambridge, Mass.: Harvard University Press, 1955；G. R. Elton, ed., *The New Cambridge Modern History*, Ⅱ. *The Reformation 1520 – 59*, Cambridge University Press, 1958, pp. 594 – 596。

第二，瓦斯科·达·伽马确实完成了他人生中最重要的一段航程，最终抵达亚洲。然而，他是在一位阿拉伯领航员的指引下才成功发现了这条通往亚洲的航线。这位阿拉伯海员名叫希哈布·艾尔—丁·阿哈马德·B. 马吉德，他具备在印度洋上航行的丰富经验，为此次航行指出了正确的航线，从而使达·伽马能平安地走完这一航程，顺利地抵达印度。① 当麦克尼尔赞扬达·伽马的伟大贡献并将他的航行称为"航海的非凡壮举"时，他丝毫未提及马吉德的关键作用。他在著作中对这条航路给予高度评价，认为这是"将科学航海的新技术的最显著的运用是由达·伽马于 1497 年选择的通往印度的航路"②，这是有意还是无意，我们不得而知。然而，这多少反映出世界历史研究中的某种话语权：欧洲人的贡献必须记上史书，至于其他人嘛，可有可无，也不必深究。自从达·伽马到达印度沿海地区后，葡萄牙人就在印度洋上各处探险，并在东印度群岛、波斯湾以及东部非洲海岸一带建立了自己的势力范围。

（三）布劳特对"欧洲自身崛起论"的批判

葡萄牙人在 1415 年占领休达，可谓打开了地中海的大门。它的船只活跃在地中海上，开始了持续的海上扩张。用布罗代尔的话来说："甚至在葡萄牙的舰队抵达地中海以前，葡萄牙的商船已在那里招揽生意，葡萄牙海盗则四出劫掠。"意大利各城邦的商船多遭厄运，不得不支付大笔赎金。"葡萄牙的船只似乎越造越大，以适应整个海上运输的需要，因为它们不久就已来到希俄斯岛、君士坦丁堡、黎凡特和埃及。食糖贸易以及快帆船的轻巧都说明，远在瓦斯科·达·伽马的远海航行

---

① 关于马吉德的生平和他与达·伽马的关系，参见 "Shihab al - Din Ahmad B. Madjid", *The Encyclopedia of Islam*, Vol. 4, London, 1934, pp. 362 - 370。马吉德的 32 件手稿现存于巴黎的国家图书馆，索引号为 Arab 2292, 2559, Bibliotheque Nationale, Paris。有趣的是，达·伽马在他的航海日志中提到他的领航员出生于古吉拉特。E. G. Ravenstein, ed., *A Journal of the First Voyage of Vasco Da Gama 1497 - 1499*, Cambridge University Press, 2010, pp. 40 - 46. 还可参见张箭《地理大发现研究（15—17 世纪）》，商务印书馆 2002 年版，第 100 页。

② W. E. McNeill, *The Rise of the West: A History of the Human Community*, London: A Mentor Book, 1965, p. 625.

之前，葡萄牙就已在地中海取得了成功。"①

在 1492 年以后开发的各条海上通道使欧洲以外地区的力量大大推动了欧洲大陆的经济发展。非洲大陆贡献了数量庞大的奴隶劳动力，拉丁美洲的印第安人为欧洲大陆贡献了大量的金银，亚洲为欧洲提供了各种消费品如布匹与香料。布劳特曾以历史事实批判了所谓"欧洲奇迹的神话"。他在驳斥"欧洲自身崛起论"时分析了 16—17 世纪的欧洲殖民企业从欧洲以外地区榨取资本的多种方法。

1）贵重金属的开采；

2）农业种植园的运作（主要在巴西）；

3）与亚洲进行的香料和布匹的交易；

4）欧洲投资者通过控制在美洲的各种生产性和商业性企业所获得的利润；

5）奴隶贸易与奴隶生产；

6）海盗行为。②

可以说，1492 年以后发展缓慢的欧洲在外部世界各种力量的推动下，在欧洲与外部力量之间建立以"力"与"利"为基础的不平等关系的作用下，欧洲社会的经济大大加快了发展步伐。在这场欧洲人对世界财富、市场和贸易商道的争斗中，葡萄牙人走在了前面。这样，我们在葡萄牙人的海上冒险与欧洲人的殖民开发之间建立了一种逻辑联系。

二 葡萄牙航海者的优势

1453 年奥斯曼帝国征服拜占庭帝国切断了通往亚洲与欧洲的传统商道。欧洲人需要寻找其他通道来满足自己对亚洲香料和其他产品的需求。学者们在分析欧洲人从事地理大发现时还强调了欧洲人的基督教精神。沃勒斯坦在解释欧洲向外扩张的动机时首先探讨了欧洲的物质需

---

① ［法］费尔南·布罗代尔：《菲利普二世时代的地中海和地中海世界》，上卷，唐家龙、曾培耿等译，商务印书馆 1998 年版，第 895—896 页。

② ［美］J. M. 布劳特：《殖民者的世界模式：地理传播主义和欧洲中心主义史观》，谭荣根译，社会科学文献出版社 2002 年版，第 237—252 页。

要、封建庄园主收入的总危机等方面的原因，并引证了"葡萄牙人对通过向大西洋探险来解决问题特别感兴趣"。然后，接下来的是这个奇怪的问题：为什么是葡萄牙人？换言之，为什么是葡萄牙人率先向非洲和亚洲迈出了扩张的步伐？

前面已经提及阿拉伯人在文化传播（包括航海技术、海洋知识与造船术）方面对葡萄牙和西班牙的贡献。我们还应该进一步分析葡萄牙独占先机的其他因素。

（一）地理位置与国家力量

首先是地理位置，这点至关重要。这一因素有两方面的解释，内部因素和内外关系。第一，欧洲各国贵族在14—15世纪庄园收入日益下降的情况下，其替代方式是寻找更多的土地来弥补损失以获取与以前同样的收益。"其他国家的贵族运气好些。他们可以进行更容易的扩张，离家较近，只需用马而不用船。葡萄牙因地理位置关系，别无选择。"① 换言之，葡萄牙的地理位置决定了它只有向外扩张这一条路。我们可以称之为内部因素。葡萄牙位于大西洋海岸，离非洲大陆最近。这使葡萄牙在向南探险和殖民方面占有地理优势。这种地理优势在当时技术条件较受限制的情况下尤其明显。这是一种向外发展的优势。第二，由于近海，葡萄牙（西班牙也一样）已有从事远距离贸易的丰富经验。第三，葡萄牙人不愁资本。这些资本主要来自那些愿意投资于伊比利亚半岛的意大利诸城邦（如热那亚、比萨等）。他们将葡萄牙人拉入了国际贸易体系。

葡萄牙国家机器的力量对葡萄牙人在航海方面处于优势也有重要的贡献。在其他西欧国家长期卷入国家内战时，葡萄牙政权长期稳定的局势鼓舞着贵族向外拓展，而探险和因此带来的贸易机会为城市半无产阶级创造了工作岗位。② 多桅快航船的出现是另一个主要原因。这种船在

① ［美］伊曼纽尔·沃勒斯坦：《现代世界体系》第一卷，尤来寅等译，高等教育出版社1998年版，第35页。

② ［美］伊曼纽尔·沃勒斯坦：《现代世界体系》第一卷，尤来寅等译，高等教育出版社1998年版，第36—39页。

1439—1440 年制造成功，使得葡萄牙人远航成为可能。① 天时、地利、人和使葡萄牙能够将意志、可能性和客观条件结合在一起。

（二）贵金属、运输枢纽和亚洲产品

随着新航线的开启，各种优势体现出来。在对印度洋贸易的争夺战中，三个因素特别重要。一是金矿和银矿的开采带来的优势。哈佛大学教授亨利·路易斯·盖茨教授经过长期的研究，拍了一部系列片——《非洲的伟大文明》。他认为，公元 1000 年至公元 1500 年期间，欧洲几乎所有黄金都产于西非的三个地区之一。学术界一般认为从美洲的发现到 1640 年，从美洲进口欧洲的黄金有 180 吨，白银达 17000 吨。然而，布劳特认为真正的数字至少比这一数字多出一倍，原因有两个。其一，当时的记录在有些地区或某些时段是很差的。其二，当时贵重金属的走私活动非常猖獗，这种活动往往在正式记录之外。后来，随着欧洲人对非洲的探险和开发，更多的黄金来自非洲。② 这种贵重金属的开采和工人管理、运输和船队吨位以及流通和金融制度等各方面都促进了欧洲资本主义制度的发展。同时，由于贵金属的供应点集中在某个地区，加之其供应具有连续性，贵金属占有者在雇用劳动力、购买原料和运输商品诸方面都占有优势。

二是葡萄牙人在与其他势力竞争中最终控制了传统海上运输枢纽，非洲、亚洲特别是阿拉伯地区的海上贸易中心即在其列，包括莫桑比克的索法拉港口、印度的加尔各答以及东南亚的马六甲等。因此，学术界有这样的说法：当葡萄牙人于 1509 年在第乌战胜了埃及舰队时，葡萄牙海军就在印度洋建立了无可争辩的霸权。随后，他们先后占领或勘察了果阿、科钦、亚丁、马萨瓦及东南亚诸港口，并在果阿建立了葡萄牙在亚洲的管治中心、军事要塞和永久定居点。为了便于商业贸易，葡萄

---

① ［法］费尔南·布罗代尔：《菲利普二世时代的地中海和地中海世界》，唐家龙、曾培耿等译，上卷，商务印书馆 1998 年版，第 147 页。尽管葡萄牙在 15—16 世纪拥有大量的殖民地，但它于 1580 年被西班牙侵占，直到 1640 年才摆脱西班牙菲利普王朝的统治。

② ［美］J. M. 布劳特：《殖民者的世界模式：地理传播主义和欧洲中心主义史观》，谭荣根译，社会科学文献出版社 2002 年版，第 239—241 页。

牙人保持了一系列的贸易站，并建立了三个大的中间市场：马六甲、加利卡特和霍尔木兹，并在亚丁建立了辅助站。①

三是通过对各海上贸易据点和港口的占领使葡萄牙人在非洲和亚洲各地特产的贸易中占据优势地位，这些特产包括非洲的香料、亚洲的胡椒以及中国的丝绸、瓷器等。戈丁浩指出，"非洲香料对葡萄牙来说，其交易量明显高于胡椒和姜以外的任何亚洲香料，而且经常高于亚洲和香料的总交易量"②。沃勒斯坦明确指出，亚洲贸易对葡萄牙来说有利可图，并用胡椒的利润说明了这一点。1512 年的估计表明，用葡萄牙货币计算，从亚洲运回来的商品价值相当于运出去的货物价值的 8 倍。这解释了为什么胡椒在 16—17 世纪是最引人注目的投机商品，吸引着当时最大的商人和资本家的注意力。胡椒的多用途和适合存放的特点，加上有利可图，使它成为最受欢迎的投机对象。③

（三）各条航线的开通

葡萄牙通过以上优势，确立了它在印度洋的霸权，并通过各条海上通道进行亚洲—非洲—欧洲—美洲的多边贸易。以澳门通往世界各地的航线为例。澳门学者陈迎宪（Chan Leng Hin）指出，在葡萄牙海上贸易时期（1557—1849），葡萄牙开通了澳门—日本航线、澳门—（马六甲—果阿）—欧洲航线、澳门—东南亚航线、澳门—马尼拉—美洲航线。抵达的港口已包括了亚洲（日本、朝鲜、南亚诸国、中印半岛、南洋群岛以及马尼拉、菲律宾等）、非洲（莫桑比克、科摩罗群岛、毛里求斯等）、欧洲（里斯本）和美洲（墨西哥）等地。④ 意大利学者马龙（Manuel Perez Garcia）注意到，在南海，中欧贸易网络运营中最有影响力的社会行为者是葡萄牙人，而这个贸易网络真正依托的是在葡萄

---

① ［美］伊曼纽尔·沃勒斯坦：《现代世界体系》第一卷，尤来寅等译，高等教育出版社 1998 年版，第 419 页。

② 转引自［美］伊曼纽尔·沃勒斯坦《现代世界体系》第一卷，尤来寅等译，注释 159，第 451 页。

③ ［美］伊曼纽尔·沃勒斯坦《现代世界体系》第一卷，尤来寅等译，第 424 页。

④ 陈迎宪：《海上丝路和地理大发现交汇的澳门海上航线》，"海表方行：海上丝绸之路国际研讨会"，香港，2016 年 11 月 20 日，第 18 页。

牙"国旗"下的一个由耶稣会士和葡萄牙籍的犹太人组成的"跨国团体"。他甚至认为葡萄牙与西班牙16世纪政治上的相互联合"为葡萄牙殖民地来自印度，但更多来自澳门的大帆船的到来提供了可能，并重新刺激了西班牙在东南亚的殖民地——马尼拉的商业，因此国际贸易与葡萄牙和西班牙贸易并存于中国"①。

第二节　荷兰人的崛起

一　欧洲与东方的贸易通道

（一）争夺东方通道

欧洲与东方的贸易当时有两条线。一条是所谓的"阿拉伯走廊"，即从幼发拉底河流域越过沙漠抵达阿勒颇；另一条是经由红海并通过埃及抵达亚历山大里亚。一方面，威尼斯和热那亚商人早已在地中海东岸诸国和埃及等地建立了商站，在那里舒舒服服地进行转手贸易。另一方面，葡萄牙人充分利用教皇所赐予的特许权和航海优势在印度和波斯湾获得了自己的地盘。这些商人早在东方货物抵达阿拉伯走廊之前，已经将大部分商品占为己有，用自己的船只绕过了好望角。通过占领果阿、霍尔木兹和马六甲这三个印度洋上的重要战略支点，葡萄牙人控制了印度洋上的香料贸易航线。② 当然，这种控制并不是全方位的，也不断遭到来自亚洲本土力量和其他正在崛起的欧洲海洋强国的挑战。

（二）葡萄牙的衰落

17世纪，欧洲列强开始将亚洲作为争夺的战场，香料是这场早期争斗中的重要诱因，它们也希望得到中国丝绸和瓷器的门道。伊比利亚人虽占得先机，以荷兰为代表的北欧国家紧随其后。葡萄牙人在印度洋上

---

① 马龙：《迈向"大分流"：中欧贸易网络和全球消费者在澳门和马赛（18—19世纪）》，李庆新主编：《海洋史研究》（第八辑），社会科学文献出版社2015年版，第42页。

② C. R. Boxer, *The Portuguese Seaborne Empire 1415 – 1825*, Hutchinson & Co. , 1969, p.47.

的贸易风光了一个多世纪。然而，从 17 世纪 30 年代起，它在印度洋的贸易分量开始明显下降，这主要从葡萄牙出发与东印度群岛进行贸易的大货船的减少来推测。根据统计，1500—1599 年间，从葡萄牙到东印度的大货船为 705 艘，1600—1700 年间为 384 艘，1701—1800 年间只有 165 艘（其中缺 1753 年，1784 年，1793 年，1795 年，1796 年的记录）。这种大货船的剧减最明显的 1620—1629 年 9 年间共有 67 艘货船开往东印度群岛，但 1630—1640 年这 11 年间却只有 30 艘。[①] 自此以后，颓势明显。

二　荷兰经济的特点

（一）农民、步兵与海员

英国的古典政治经济学家威廉·配第（William Petty）早在 17 世纪时就注意到荷兰经济的转型特别是农本经济的突破。他指出，荷兰人最不肯从事的两种职业是农民和步兵，最向往的是当海员。因为当海员收入更多，"一个海员实际上等于三个农民"。他认为，从事农民、海员、士兵、工匠和商人这些职业的人在任何国家都是社会的真正支柱，而海员则是身兼三职，"每一个勤勉而又机敏的海员，不单是一个航海家，而且是一个商人，同时也是一个士兵"[②]。擅长于航海的荷兰人逐渐成为贸易世界的经纪人和代理人。航海的长处在于一旦世界的某个地区出现商业萧条的情况，另一个地区却是贸易繁荣或粮食富足。"这种好处，是从事航海的人，也只有他们才享受得到的。"[③] 荷兰早在 16 世纪末已经开始向亚洲进发了。"1595—1602 年，不少于 8 家荷兰公司向亚洲发出 15 支船队共 65 艘船，以寻找香料和其他贵重的东方物产，如中国的丝绸和瓷器。然而，正是在这一时期，葡萄牙皇室只发出 46 艘船到亚洲。"[④] 这样看来，荷兰的用心更为专一。用一位威尼斯商人的话

---

① C. R. Boxer, *The Portuguese Seaborne Empire 1415 – 1825*, Hutchinson & Co., 1969, pp. 379 –380. 该书详细叙述了葡萄牙帝国的扩张和衰落过程。
② ［英］威廉·配第：《政治算术》，商务印书馆 1978 年版，第 23 页。
③ ［英］威廉·配第：《政治算术》，商务印书馆 1978 年版，第 24 页。
④ ［荷］包乐史：《荷兰在亚洲海权的升降》，李庆新主编：《海洋研究史》（第七辑），社会科学文献出版社 2015 年版，第 192 页。

来说，1618 年的阿姆斯特丹是"早期威尼斯的镜子"。17 世纪的荷兰航运业垄断了世界海运贸易。这表现在以下两个方面。第一，它拥有的吨位是英国的 3 倍，是英格兰、法国、葡萄牙、西班牙以及德意志拥有的吨位总和还多。第二，荷兰所造的船只所占的比重更大，英国船队在运送自己具有专卖权的棉织品时也不得不与荷兰船只合作。

（二）荷兰人遍布世界

荷兰人的足迹可谓遍布全世界，他们控制着东印度群岛、地中海、非洲、加勒比地区和波罗的海等地的贸易。难怪沃勒斯坦用整整一个章节来描述"荷兰在世界经济中的霸权地位"①。有人认为，17 世纪前半期，荷兰舰队控制了海洋，在很大程度上可能是由一支舰队控制海洋。② 1621 年 11 月 16 日，荷兰总督杨·彼得森·科恩明确指出："用友好方式追逐这种贸易已经够久了。我们［荷兰人］现在有足够的权力去阻止他们［中国人］与其他国家进行贸易，就像他们拒绝我们同他们贸易一样。"③ 从 17 世纪 30 年代起，荷兰舰队不断拦截从果阿、马六甲、望加锡等地驶往澳门的船只。1641 年 1 月，荷兰全面占领了满刺加国（其王朝都城即如今的马六甲），切断了澳门通往印度洋的马六甲海峡通道。④

三　荷兰东印度公司

（一）荷兰东印度公司的成立

1602 年成立的荷兰东印度公司是荷兰贸易帝国的化身，是荷兰贸易帝国的缔造者和保卫者，也是帝国的摧毁者。它一方面为帝国的扩张

---

① ［美］伊曼纽尔·沃勒斯坦：《现代世界体系》第二卷，吕丹等译，高等教育出版社 1998 年版，第 44—94 页。

② ［美］伊曼纽尔·沃勒斯坦：《现代世界体系》第二卷，吕丹等译，高等教育出版社 1998 年版，第 67 页。

③ ［美］范岱克：《1630 年代荷兰东印度公司在东亚经营亚洲贸易的制胜之道》，李庆新主编：《海洋研究史》（第七辑），社会科学文献出版社 2015 年版，第 216 页。

④ 陈迎宪：《海上丝路和地理大发现交汇的澳门海上航线》，"海表方行：海上丝绸之路国际研讨会"，香港，2016 年 11 月 20 日。

制定战略，为帝国的拓展绘制蓝图。通过公司与国家联姻的方法，以垄断的贸易方式后来居上，并成功地占据了在东亚贸易市场的主导地位。[①] 1624 年，荷兰进攻葡萄牙（葡萄牙当时尚属于西班牙王室）的殖民地巴西。这次战争对西班牙经济产生了摧毁性影响。1618 年，荷兰与英国在印度尼西亚的争夺几近白热化。在遭到万丹的苏丹即雅加达的地方官和英国人的联合攻击后，荷兰人顶了下来。这样，荷兰东印度公司先后击败了葡萄牙和英国，在亚洲站稳了脚跟，取得了对摩鹿加群岛的丁香、肉豆蔻等，锡兰（今斯里兰卡）沿岸的肉桂和马拉巴尔的胡椒等各种香料的控制。1663 年，它进一步垄断了在日本与阿拉伯半岛之间的海上贸易。

（二）东印度公司与荷兰外交

荷兰东印度公司将与亚洲周边政权的外交关系看得非常重要，这在 17 世纪表现得特别明显。1650 年，荷兰界定了三种外交关系。第一，通过征服所获得的据点，如班达和台湾。第二，与地方政府结成联盟，即与地方统治者签约，使他们给予荷兰东印度公司进行特权地位（如香料贸易），荷兰人给他们每年一笔钱作为回报，如千子智和直罗里的素丹。第三，荷兰东印度公司从一些王国或帝国获得某种特殊通行证或敕令，使其获准进行贸易，如莫卧儿印度和德川时代的日本。1651—1675 年，该公司平均每年签订 6 个条约，在 17 世纪最后 25 年上升到每年 11 个。[②] 由此可见，当时荷兰的外交在相当程度上是由东印度公司来执行的。

1600 年 12 月对东印度公司颁发的特许证标志着英国先与葡萄牙再与荷兰进行海上贸易通道争夺的开端。英国人喜欢将这种纠纷的起因归咎于西班牙和葡萄牙人企业垄断海上贸易并力图阻止其他欧洲竞争者的商

---

① ［美］范岱克：《1630 年代荷兰东印度公司在东亚经营亚洲贸易的制胜之道》，李庆新主编：《海洋研究史》（第七辑），第 216—230 页。

② ［荷］包乐史：《荷兰在亚洲海权的升降》，李庆新主编：《海洋研究史》（第七辑），社会科学文献出版社 2015 年版，第 204 页。

业活动。① 毋庸置疑的是，在 17 世纪早期，荷兰人在印度洋的优势明显。

表 5 – 1　　　　　17 世纪早期荷兰英国东印度公司抵达亚洲船只

年代	荷船（只）	英船（只）
1617	39	11
1621	67	25
1622	83	28
1626	62	21
1627	58	18

资料来源：陈勇：《1567—1650 年南洋西南海域中西贸易势力的消长》，吴于廑主编：《十五十六世纪东西方历史初学集》，武汉大学出版社 1989 年版，第 298 页。

（三）荷兰让位给英国

荷兰的强盛引起了与当时英国和法国的激烈竞争。英国政府曾于 1651 年、1669 年、1663 年和 1677 年多次加强航海条例，规定进口商品必须由英国船只运送，他国与英国殖民地通商，事先必须经英国政府批准，英国在美洲的殖民地与欧洲各国通商，其货物必须在英国转口。这些条例无疑给荷兰航海贸易带来诸多障碍，并最终引发荷兰与英国的三次战争（1651—1654 年、1664—1667 年和 1672—1674 年）。与此同时，荷兰还要对付法国的争夺。法国发动了两次对荷兰的战争（1667—1668 年、1672—1678 年），掠取荷兰的领土并取得对荷兰的优势。可以看出，同时面对英国和法国两个强敌，荷兰实在难以招架。

经过半个世纪的激烈争夺，英国的地位开始逐渐确立。"17 世纪中叶，可以清楚地看出，无论是英国还是法国都致力于用武力消除荷兰的某些优势，并且以自己的优势取而代之。因为一个国家对另一个国家的市场优势并非那么清晰，荷兰人仍很强大，而且因为正在崛起的半边缘地区的国家，如普鲁士、瑞典以及奥地利，都试图在没有军事强国的情况下谋利，因此，用了一百多年的时间才使这种形势明朗化。到 1763 年，英国对法国（还有荷兰）的优势已很明显，不列颠将成为下一个

---

① ［英］约翰·巴戈特·格拉布：《英国和阿拉伯人：五十年情况研究 1908—1958》，第 11 页。

霸主。"①

虽然历史学家对荷兰东印度公司衰落的时间缺乏统一意见，但亚洲与欧洲发展相关的多种因素的相互作用是根本的原因。由于殖民地人民的反抗、残酷镇压带来的反作用、与欧洲列强（特别是英国）的激烈竞争、内部管理不善以及贪污腐败等原因，荷兰东印度公司的衰落带来了荷兰贸易帝国的衰败。② 荷兰的海上霸权不得不让位给英国和法国。正如沃勒斯坦所言："可以确信无疑的是，这种权势在1651—1678年间，也就是荷兰霸权的顶峰时期受到了挑战；在18世纪转折时的战争时期，荷兰较之于法国和英国已变成一个二等军事强国。"③

第三节　作为海上霸主的英国

随之而来的是更加成熟的英国和法国。这些欧洲国家在扩张中面临着一系列实际困难。亚洲长期存在的海上贸易商道意味着成熟的管理能力和健全的贸易体制，这一点既可转换为强大的竞争能力，当然也可以很好地被欧洲利用。一方面是要熟悉和对付亚洲的强大对手，如奥斯曼帝国和中央集权的中国等，这种抵抗竞争最后在欧洲人坚船利炮的摧毁下均被击败。另一方面更重要的是欧洲国家之间对全球市场、货物和劳动力的竞争。这种竞争更为激烈。由于英国在鸦片贸易和鸦片战争中占有重要地位，这里主要集中谈英国。

一　英国人后来居上

（一）英国人的早期努力

英格兰人和荷兰人早期都曾出现在地中海，特别是在16世纪上半

---

①　［美］伊曼纽尔·沃勒斯坦：《现代世界体系》第二卷，吕丹等译，高等教育出版社1998年版，第73—74页。

②　［荷］包乐史：《荷兰在亚洲海权的升降》，李庆新主编：《海洋研究史》（第七辑），社会科学文献出版社2015年版，第208—213页。

③　［美］伊曼纽尔·沃勒斯坦：《现代世界体系》第二卷，吕丹等译，高等教育出版社1998年版，第67页。

叶。如果就这两个国家的船只较大规模再次出现在这个重要的海上商业舞台而言，英格兰早于荷兰。① 然而，在世界其他地区的商业竞争中，英格兰确实晚于荷兰。亨利八世（1491—1547）在 1509 年开始统治英国时，发现自己的国家早已被其他欧洲国家排挤于海外贸易的大门之外。当时，罗马教皇已经将美洲和东印度群岛的贸易专利权分别赐给了西班牙和葡萄牙。英国人当时尚无实力和勇气向这两个海上强国提出挑战。为了绕开西班牙和葡萄牙占领的区域，英国希望通过北方的通道来打通与中国的贸易，但多次尝试均以失败告终。1546 年，安东尼·詹金森离开英国踏上了考察地中海东岸诸国之路。1553 年，他竟然得到了一次在阿勒颇觐见土耳其素丹苏里曼大帝的机会，并得到了在土耳其帝国境内进行贸易的许可。② 1578 年，威廉·哈伯恩从苏里曼大帝的孙子、君士坦丁堡的素丹穆拉德三世（1574—1595 年在位）那里取得了贸易特权。从 1583 年起，英国人不断对印度进行探险和访问，希望与亚洲之间开辟不同的贸易路线。③ 1590—1600 年，荷兰和英国打入了被葡萄牙和西班牙独占的亚洲贸易，特别是胡椒贸易。

1592 年，伊丽莎白女王对"和地中海东岸诸国进行贸易的贸易公司和督办"颁发了特许执照，允许他们经由土耳其素丹的领土与东印度公司进行贸易。然而，这一时期的贸易通道仍然控制在意大利城邦或葡萄牙人之手。这样，土耳其素丹的一纸许可只能起到画饼充饥的作用。"由于敌国能够封锁阿拉伯走廊，英国就不能与东方进行贸易。这种情景一直使它惴惴不安。也正因为这些原故，詹金森从苏里曼大帝那里所得到的特权，并没有产生实际效果。"④ 尽管当时印度洋上的海上

① ［法］费尔南·布罗代尔：《菲利普二世时代的地中海和地中海世界》上卷，唐家龙、曾培耿等译，商务印书馆 1998 年版，第 909—928 页。

② William Forster, *England's Quest of Eastern Trade*, London: A. C. Black, 1933, p. 14.

③ Willian Foster, ed., *Early Travels in India, 1583—1619*, Lahore: Al‑Biruni, 1978 [1921]. 本书编辑了莫卧儿王朝的阿克巴皇帝（1556—1605）和贾汗吉尔皇帝（1569—1627）时期对印度北部和西部进行探险的 7 位英国人的活动，对了解这一阶段英国人在亚洲扩张的前期活动有参考价值。

④ ［英］约翰·巴戈特·格拉布：《英国和阿拉伯人：五十年情况研究 1908—1958》，何新译，世界知识出版社 1963 年版，第 8 页。

霸权仍由葡萄牙人控制，但英国人希望能通过从波斯到印度这条商道来进行陆地贸易。英国人的这种努力不断加强，最终演变为激烈争夺。

（二）海上霸主地位的建立

由于西班牙和葡萄牙控制着大西洋南下的海道，英国商人一直在寻求一条与亚洲通商的新路，包括从北部通过俄国来与波斯进行贸易。[①]包括南下的1588年英国打败了西班牙无敌舰队，这一海战的胜利为英国商人的海外市场打开了通道。实际上，1599年，英国战胜无敌舰队的第二年，伦敦的一些商人即向英国国王递交了请愿书，要求与中国通商。

学术界一般将1600—1750年这段时期称为"重商主义时期"。我们可以这样说，英国的霸主地位是在重商主义时期建立的。当然，这种霸主地位的建立过程是缓慢的。

1600年，英国东印度公司成立。

1608年，英国东印度公司在印度大陆本土的苏拉特开办了第一家工厂。

1622年，英国与波斯王阿拔斯签约，将葡萄牙人从波斯湾与阿曼湾之间的霍尔木兹逐出。

1651年，航海条例的公布，凡运往英国之货物须使用英国船只，或出产该货物之本土船只运送，违者予以没收。即有违犯条例的荷兰船只被扣。

1652—1654年，由于航海条例之公布，引发英荷战争，双方各有胜负，但英人胜多。

1654年，英国与荷兰签订和约，英国海权自此日盛。

1656年，英国占领西印度群岛之牙买加。

1657年，英国在巴西东海岸圣克卢斯海面战胜西班牙海军。

1662年，葡萄牙将丹吉尔割让给英国。

1664年，英国占领荷兰的北美殖民地新阿姆斯特丹。

---

① William Forster, *England's Quest of Eastern Trade*, London: A. C. Black, 1933, pp. 15–47.

1665 年，英国向荷兰宣战，法国支持荷兰。

1667 年，英、荷等国签订和约，荷兰将新阿姆斯特丹让予英国，英国允许部分荷兰船只运送货物。

1672 年，根据英法密约，英国与法国共同向荷兰作战。两年后，英荷停战，签订和约。

1692 年，英法战争，英国胜于海，但败于陆。

1696 年，英国设立"商业与殖民委员会"，专司控制美洲殖民地之商业。

1701 年，英国与荷兰、奥地利等国结盟，组成第三次反法大同盟，……

（三）英国东印度公司的角色

从 17 世纪初东印度公司在印度建立第一个商站开始，在随后的约 250 多年里，大部分东方贸易的货物都由东印度公司的商船运送。虽然那时的大部分货物都要绕过好望角，但阿拉伯走廊却仍然十分重要。"东印度公司在巴格达派驻了一个代理人，他曾一度负责处理巴格达和大马士革之间横贯沙漠的骆驼队的邮递，当时印度与伦敦间的邮递来往就全靠这条路线。随着十九世纪年月的前进，印度因为英国的统治所造成的较为稳定的局面日趋繁荣，同时在西方所发生的工业革命又产生了数量日增的棉布和其他工业制品，这些商品就源源不断地输向印度和远东地区。"①

然而，与亚洲的贸易并未给欧洲带来财富的积累，反之，却导致了贵金属的流失。大量奢侈品如阿拉伯的香料、香水、胡椒和宝石，印度的精美纺织品和中国的丝绸、茶叶、瓷器等，从亚洲源源不断地流向欧洲以供贵族消费。反过来，大量的贵金属特别是白银流向了亚洲，特别是印度和中国。对欧洲人来说，比奥斯曼帝国更令人着迷的是印度。当时印度织出的纺织品特别是细纹绵织品别具一格，在世界其他任何地方都是无法比拟的。印度当时还具有另外两种作用，一是由于它充当着从

---

① ［英］约翰·巴戈特·格拉布：《英国和阿拉伯人：五十年情况研究 1908—1958》，第 11 页。

香料群岛向西运送各种物资的集散地，因而拥有丰富的香料，二是它以各种方式使欧洲的贵金属外流。正如一位当事人所言："所有国家都带来了货币，同样地运走了商品；而这些货币到了印度就给埋藏起来，不再外流。"① 这种贵金属流入的情况与中国一样。

二　欧洲—亚洲贸易的症结

（一）贵金属的流失及其原因

从葡萄牙和西班牙这两个地理位置优越的近海国家，到以荷兰为代表的北欧国家，再到英法等后起却更为老到的西欧资本主义国家，在与亚洲做生意时它们都面临着同一个问题：欧洲人购买亚洲商品不得不主要用贵金属来支付。"荷印公司在超过两百年的时间里，在亚洲花费了100亿荷兰盾购买出口商品，而这些商品在公司位于荷兰省的拍卖会上以高出原价几番的价格卖出。"② 美洲生产了大量的白银，大部分都运到了欧洲。美洲在17世纪生产了37000吨白银，18世纪生产了75000吨，这两年中各有27000吨和54000吨分别运送到欧洲。然而，大约一半（39000吨）又转至亚洲。"其中17世纪为13000吨，18世纪为26000吨。这些白银最终主要流入中国。"③ 实际上，这种趋势由来已久，早在1200—1500年之间，虽然这一段时间是欧洲黄金增加的时期，但"贵重金属仍在不断地通过拜占庭和阿拉伯世界从欧洲流向印度和中国"④。

为什么欧洲人必须用贵金属来支付从亚洲购买的商品呢？他们难道不能直接用欧洲商品对换吗？欧洲国家产生这种困境有三个原因。一是由于亚洲存在诸多文明古国（两河流域文明、阿拉伯文明、波斯文明、

---

① ［美］斯塔夫里阿诺斯：《全球通史：1500年以后的世界》，吴象婴、梁赤民译，上海社会科学院出版社1992年版，第50页。

② ［荷］包乐史：《荷兰在亚洲海权的升降》，李庆新主编：《海洋研究史》（第七辑），第189页。

③ ［德］贡德·弗兰克：《白银资本：重视经济全球化中的东方》，刘北成译，中央编译出版社2001年版，第208页。

④ ［美］伊曼纽尔·沃勒斯坦：《现代世界体系》第一卷，尤来寅等译，高等教育出版社1998年版，第30页。

印度文明和中华文明等），物质文化的发展相当丰富。各种文明体系均具备自给自足和良性循环的系统，并不需要欧洲的货物来满足其市场需求。二是亚洲早已形成自己的经济圈，如阿拉伯湾经济圈、印度—波斯经济圈、中国—东南亚地区经济圈等。① 此外，还有从汉代开始形成的丝绸之路经济带，从东亚到阿拉伯地区的海上贸易从早期开始一直存在并相当完善，其商品贸易和交换已有成熟的市场。第三是欧洲提供给亚洲的各种消费商品或是相当昂贵，或是没有竞争力，或是质量较差。在亚洲任何地方都受到欢迎的唯一欧洲商品是贵金属，如白银和黄金。② 至于这些贵金属对亚洲产生了什么影响则是题外话。弗兰克坚持这一观点："正是因为亚洲各地的经济比欧洲经济更灵活，生产能力更强，因此新增的货币能够刺激亚洲的生产比欧洲的生产有更大的发展。"③

（二）"真正崇拜中国的狂潮"

晚清时期曾担任中国海关总税务司的赫德爵士这样评价中国："中国有世界上最好的粮食，米；最好的饮料，茶；以及最好的衣着，棉、丝和皮毛。既有这些大宗特产以及无数土制副产品，所以他们不需要从别的地方购买一文钱的东西。"④ 确实，中国是一个自给自足的帝国。自秦汉以来，各方面的生产、金融、运输、交易和消费体系相当完备。

中国的茶叶、丝绸和瓷器和漆器等都成为当时欧洲贵族的消费品。"瓷器、漆器、丝绸等这类当时被称为'中国货'的贸易在 17 和 18 世纪时非常繁荣兴旺。"17 世纪末，在巴黎一个城市即存在着近一打专门经销"中国货"的商人。"富翁们很乐意于其周围布置中国的装饰图案。"⑤ 当时欧洲存在着一种"真正崇拜中国的狂潮"，一种"中国热的潮流，它

---

① Roderich Ptak, *China's Seaborne Trade with South and Southeast Asia（1200—1750）*, Aldershot: Ashgate Publishing Limited, 1999.

② ［荷］包乐史：《荷兰在亚洲海权的升降》，李庆新主编：《海洋研究史》（第七辑），第189 页。

③ ［德］贡德·弗兰克：《白银资本：重视经济全球化中的东方》，刘北成译，中央编译出版社 2001 年版，第 229 页。

④ ［英］格林堡：《鸦片战争前中英通商史》，康成译，商务印书馆 1961 年版，第 4 页。

⑤ ［法］安田朴：《中国文化西传欧洲史》，耿昇译，商务印书馆 2000 年版，第 525 页。

们在短时间内就使我们西方神魂颠倒了"。在欧洲人上流社会弥漫着一种对中国商品的痴迷，对中国时尚的挚爱。丝绸进口货如此昂贵，"故唯有女子才有权享受这种豪华奢侈品"。哈米尔顿的代表作《格拉蒙伯爵回忆录》写道："至于从内部拉开的中国塔夫塔绸（绢）窗帘。"①

中国的茶风靡欧洲。曾任修道院常任议事司铎的让维埃神父在他所撰写的标题为《茶颂》的诗歌里有这样的诗句：

> 只要在巴黎城的人都喜欢茶，
> 我的名字到处都会受到颂扬。

北京话的"茶"很快在一些外国语言中有了自己的译名，如俄文、阿拉伯文、葡萄牙文、英文、希腊文、西班牙文、瑞典文、意大利文、德文、法文等。"'茶'字就向很远的地方传播开了，语言学家们正确地称之为'游弋词'。仅仅该词就足以证明中国风俗中的一大特点在西方已经广为流传。"② 茶叶似乎具有了一种魔力，吸引着上流社会阶层。

> 茶变得时髦了。杜·德芳夫人曾致信其友瓦尔波尔："从这个时期起，我就喜欢茶叶了，所有人都欣赏茶壶。"让利斯夫人写到："他每天两次饮茶，自认为具有洛克或牛顿的智力。"因此，出使中国的纽霍夫也没有枉费心机地记载这一切，即中国人把他们的茶看得如同我们的炼丹术专家们对于试金石一样珍贵。③

精美的中国瓷器更是使欧洲人着迷。正如安田朴描述的："中国瓷器也如茶叶一样或比茶叶更为使西方感到震惊。"看着"白如玉、明如

---

① ［法］安田朴：《中国文化西传欧洲史》，耿昇译，商务印书馆2000年版，第519—520页。

② ［法］安田朴：《中国文化西传欧洲史》，耿昇译，商务印书馆2000年版，第522—523页。

③ ［法］安田朴：《中国文化西传欧洲史》，耿昇译，商务印书馆2000年版，第522页。

镜、声如馨、薄如纸"的中国精美瓷器,欧洲人一方面十分喜爱,另一方面又希望知其制造秘方。法兰西斯一世在枫丹白露保留了一个中国瓷盐瓶,西班牙菲利普二世则拥有 3000 多件类似瓷器。西方的工匠千方百计地模仿中国瓷器。

> 在热那亚附近的萨沃纳、内韦尔和汉堡,大家都在摹仿中国瓷器的装饰图案。蓝色彩釉瓷砖也向它们借鉴了某些内容。在1640—1680 年间,当明王朝崩溃和满族人夺取中国的政权之后,大家当时称之为"过渡阶段"的中国瓷器也刺激了欧洲,尤其是在荷兰的德尔夫特。我们可以联想一下德尔夫特陶瓷的传播以及大家对此所作的大量模仿,如在德国(哈瑙或法兰克福)和法国(内韦尔、鲁昂、里尔、圣克卢、吕内维尔、斯特拉堡)。所有这些之所以变得可能,是由于已对中国瓷土浆着了迷的西方不可能生产这一切,因而通过寻求制造诀窍而仿造它。[1]

前面谈到中国从世界市场上获得的白银数量非常庞大。根据经济史学家的统计,在 1800 年以前的两个半世纪里,中国从欧洲和日本获得将近 48000 吨白银,加上它从马尼拉获得的白银(约 10000 吨)和亚洲其他地区的所得,中国总共获得了大约 60000 吨白银,大概占世界有记录的白银产量(自 1545 年直为 120000 吨,自 1600 年起为 137000 吨)的一半。[2] 日本和东南亚的白银流到中国,这从历史上形成的东亚贸易圈和朝贡体系来说情有可原。然而,从欧洲转到亚洲的白银最终主要流

---

① [法]安田朴:《中国文化西传欧洲史》,耿昇译,商务印书馆 2000 年版,第 519—523 页;沈立新:《略论中国茶文化在欧洲的传播》,《史林》1995 年第 3 期,第 100—107 页;武斌:《近代欧洲的茶叶贸易与中国茶文化的西传》,《中外关系史论丛——历史上中外文化的和谐与共生》,中国中外关系史学会学术研讨会,2013 年。有关中国瓷器在这一时期对欧洲的影响,参见李金明《明清时期中国瓷器文化在欧洲的传播与影响》,《中国社会经济史研究》1999 年第 2 期,第 42—49 页。

② [德]贡德·弗兰克:《白银资本:重视经济全球化中的东方》,刘北成译,中央编译出版社 2001 年版,第 208 页。

入中国。究其原因，还得从东西方贸易的种类谈起。

（三）中国茶叶贸易与英国对华逆差

英国对华贸易的症结与欧洲一样。包乐史认为，在商业方面，如果说 17 世纪主要是香料垄断贸易的时代，那么 18 世纪则是为取得印度棉布和中国茶叶而展开激烈竞争的时代。我们可以进一步概括，19 世纪则到了将鸦片贸易在中国铺开并逐渐泛滥的时代。

英国东印度公司因有对中国茶叶的特许权大赚其钱。1664 年输入英国的茶叶仅为 2 磅 2 盎司，1783 年公司销货中售出的数量是 585.7822 万磅，1785 年售出的茶叶达 1500 多万磅。尽管当时英国还从中国进口其他的奢侈品如瓷器、漆器和丝绸，但东印度公司却专营茶叶贸易。在公司垄断权存在的最后几年里，它从中国输出的茶叶量年平均为 3000 万磅。作为一种既是普通消费品又不与英国制造品竞争的商品，茶叶成为东印度公司从中国引进的主要商品。难怪《下议院审查委员会报告》认为："茶叶已经成为公司商业的存在理由。"[1] 英国财政因对茶叶的征税也收获不小。1787 年茶叶关税为 57.9681 万英镑，到 1815 年已达 405.8 万英镑。[2] 这些海关税收相当于维持作为世界最强大海军的英国舰队当时费用的一半。[3] 到 19 世纪初，东印度公司一直垄断着中国茶的贸易。运送中国货物的船队或属于该公司，或是获得准许的私人船只。

一种导致英国贸易逆差的情况出现了。一方面，中国拥有欧洲特别是英国人喜爱的商品，且这种喜爱的程度日渐增长；另一方面，中国也从未打算与欧洲人进行贸易，欧洲或英国也无法吸引中国人的商品。[4]

---

① ［英］格林堡：《鸦片战争前中英通商史》，康成译，商务印书馆 1961 年版，第 2—4 页。

② Patrick Tuck, "Introduction", in George Thomas Staunton, *Notes of Proceedings and Occurrences During the British Embassy to Pekin in 1816* (Patrick Tuck ed., *Britain and the China Trade 1635—1842*, Vol. X), London: Routledge, 2000 [1824], p. x.

③ Peter Ward Fay, *The Opium War, 1840 – 1842*, Chapel Hill: University of North Carolina Press, 1975, p. 18.

④ Madeleine Zelin, "The Economic Structure of the Chinese Economy during the Qing Period: Some thoughts on the 150th anniversary of the Opium War", in Kenneth Lieberthal et. al., eds., *Perspectives on Modern China: Four Anniversaries*, New York: M. E. Sharp, 1991, pp. 37 – 38.

英国人当时只有毛织品和棉花等商品，却因为在中国不适用或无竞争力而没有市场。这种不均等贸易的结果是少量的商品伴随着大量的贵金属从英国流向中国。"在1710—1759年新旧东印度公司合并以后的五十年中，英国向东方的出口计有金银26833614镑，货物仅9248306镑。"① 这样，大量的贵金属源源不断地流向中国，从而引起英国政府的日益关注和焦虑。

（四）"解决办法终于在印度找到了！"

如何解决对华贸易逆差成为英国政府的当务之急。"解决办法终于在印度找到了。据发现，中国方面对于英国货虽然没有多在胃口，可是却极愿接受英属印度的产品，特别是原棉和鸦片，虽然其中一种是中国本身也生产的，而另一种又是中国禁止的。"② 虽然英国社会和商界对东印度公司的垄断提出疑问并最后导致了公司这一特权的终结，但英国人将最终解决方案的眼光投向了印度。鸦片贸易成了英国对华贸易的强心针。由于鸦片在印度种植，加之需求量大，而中国政府从1729年就下令禁止，因此这是一项建立在牺牲中国人利益基础上却对东印度公司、英国政府、英属印度政府和散商四方有利的贸易。从经济史的角度看，最为重要的是英国散商的崛起，他们打破了东印度公司的垄断，并通过和印度的殖民地资本及英国产业资本联手，与英国政府进行互动，从而掌握了对华贸易的主动权，并在推动鸦片贸易和鸦片战争中起到了决定性的作用。③

晚清以来，中国这个老大帝国由于各种内在因素开始走向衰败。清政府一方面对世界正在发展的变化一无所知，对工业革命在欧洲带来的变革毫无兴趣；另一方面自满自足，仍以中华为世界中心。正因为如此，当英国使者马嘎尔尼于1793年来到中国觐见时，乾隆皇帝颇为自

---

① H. B. Morse, *Chronicles of the East India Company Trading to China, 1635 – 1834*, Oxford at Clarendon Press, 1926, Vol. 1, p. 8.

② ［英］格林堡：《鸦片战争前中英通商史》，康成译，商务印书馆1961年版，第8页。

③ ［英］格林堡：《鸦片战争前中英通商史》，康成译，商务印书馆1961年版，第16—27页；Glenn Melancon, *Britain's China Policy and the Opium Crisis*, Hampshire：Ashgate, 2003, pp. 27 –47.

信地说："天朝物产丰盈，无所不有，原不藉外夷货物以通有无。"对于英国使者要求通商的要求，清廷予以拒绝。[①] 这种傲慢的态度并未为中国带来尊严，却为后来英国蓄意发动鸦片战争提供了借口。

一方面，欧洲列强开始渗透到阿拉伯湾，并先后在这一地区展开争夺。阿曼这个古代海洋强国开始受到各种外部势力的光顾，先是葡萄牙，接着是奥斯曼帝国，葡萄牙再次光顾，被赶走后又来了英国人。另一方面，欧洲列强的势力扩张到远东地区。英国人在远东留下的最为重要的历史记忆是臭名昭著的鸦片贸易和由此引发的鸦片战争。正是由于贵金属的流失和欧亚贸易造成的贸易逆差，欧洲列强特别是英国在继第一波强权国家葡萄牙和西班牙与第二波以荷兰为代表的西欧国家之后，决定以特殊的方式来征服亚洲市场。鸦片成为主要武器，并随之以自由贸易为由对中国发动了鸦片战争，使中国沦为欧洲帝国主义列强的势力范围，从此失去了独立外交的政治地位。

第四节　欧洲在亚洲扩张的直接后果

一　中国半殖民化的开始

（一）沿海地区的开放

中国的半殖民化始于近代。南方的广东、福建沿海长期与海外通商。福建的泉州早在唐代就是世界有名的港口。16—17 世纪日益增多的欧洲商人来到沿海活动。远东的海权和商业 16 世纪被葡萄牙垄断，17 世纪被荷兰操纵，18 世纪后主要落于英国之手。葡萄牙人首先来到中国。1514 年第一艘葡萄牙商船开至广州，1521 年 8 月 中葡"屯门之战"爆发，葡萄牙人被中国舰队击败。9 月，葡萄牙船败逃马六甲。尽管后来它能够在对华贸易中占有一个席位，但正如博克萨所言，这种贸

---

① 有关对中英此次遭遇的文化解读，参见 ［美］何伟亚《怀柔远人：马嘎尔尼使华的中英礼仪冲突》，邓常春译，刘明校，社会科学文献出版社 2015 年版。

易是根据中国方面提出的条件而不是葡萄牙人强加的条件来进行的。①与此相关的是最早被葡萄牙人占据的中国领土澳门何时开埠的问题。

（二）澳门开埠的时间

澳门开埠是由于葡萄牙人的到来，抑或澳门在此之前已成为国际港口，澳门学界对这一问题一直未有共识，且习惯将澳门开埠与葡萄牙人占领相连，因而开埠年份多有 1553 年、1554 年、1555 年和 1557 年之说。实际上，厦门洋面与广州洋面早已成为东南亚商船贸易的港口。澳门作为广东洋面的一部分，早在葡萄牙人抵达之前朝贡与民间贸易兴盛，东南亚商船云集。1520 年，葡萄牙人西蒙的船队因犯事被驱逐。1522 年，朝廷因葡萄牙人侵占藩属国满剌加而将葡人末儿丁舰队驱逐出广东海域。1523 年（嘉靖二年），日本藩侯两个朝贡使团在宁波为入贡资格而爆发"争贡之役"，给事中夏言认为倭寇起于市舶，建议罢市舶，"请撤销浙江、福建二市舶司"，仅存广东市舶司。由于厉行海禁，广东洋面朝贡贸易与民间贸易大减。这些史料表明，澳门早在葡萄牙人抵达之前，已是东南亚商船汇集的国际商埠。陈迎宪的近期研究旁征博引，用当地史籍表明：第一，早在葡萄牙人抵达澳门之前，澳门已是外国商船停泊的港口之一。第二，明朝开放澳门本为方便东南亚一带的贡船和商船所设。第三，葡萄牙人最初不在开放之列，而是驱逐对象，他们只能在东南亚商人进入澳门后多年才假扮暹罗商人混入澳门，最后逼走各国商人，独占澳门。"因此开放澳门的目的并非为葡人而设，这一点就非常明确。"②

（三）葡萄牙对澳门的占领

然而，葡萄牙人最终于 1557 年占领澳门。西班牙人和荷兰人分别

---

① C. R. Boxer, *The Portuguese Seaborne Empire 1415–1825*, Hutchinson & Co., 1969, p. 49.

② 例如，郭棐在明万历版《广东通志》中所言："澳门：夷船停泊皆择海滨地之湾环者为澳，先年率无定居，若新宁广海、望峒、香山浪白镜、濠镜澳、十字门、东莞虎头门、屯门、鸡栖。嘉靖三十二年舶夷趋镜者托言舟触风涛缝裂，水湿贡物，愿暂借地晾晒，海道副使汪柏许之。时仅蓬累数十间，后工商牟奸利者，始渐运砖瓦木石为屋，若聚落然。自是诸澳俱废，濠镜独为舶薮矣。"陈迎宪：《海上丝路和地理大发现交汇的澳门海上航线》，"海表方行：海上丝绸之路国际研讨会"，香港，2016 年 11 月 20 日，第 18 页。

于 1575 年和 1601 年抵达中国，英国人和法国人先后于 1637 年和 1660 年踏上了中国的土地，随之而来的还有其他欧洲国家以及美国、日本等。在北方，中国与俄国的通商关系已持续 200 余年，并因纠纷和冲突分别在 1689 年和 1727 年订立《尼布楚条约》和《恰克图条约》。在 19 世纪中叶，鸦片战争将中国推进了苦难的深渊，随后欧洲列强、美国和日本都参与了对中国势力范围的瓜分，各种不平等条约导致中国丧失独立地位与财富被掠夺。中国人民一直没有停止对外来入侵者的反抗斗争。

二 欧洲国家对阿曼的入侵

（一）印度洋、阿拉伯与阿曼

印度洋的贸易已存在很久，这也是亚非海上贸易的通道。这一海域的贸易控制权最早是由阿拉伯人控制的。阿拉伯商人乘船横渡印度洋，西南抵达马达加斯加和桑给巴尔，东面驶到锡兰，东南到达了印度尼西亚和中国南部。印度学者纳菲斯·艾哈迈德指出："阿拉伯人是印度洋上最早的航海家……早在另一些人——波斯人、印度人、中国人、埃及人、希腊人或罗马人——开始在南部诸海航行之前很久，阿拉伯民族就是以航海家、旅行家和商人为代表在印度洋上航行的独一无二的民族。"英国历史学家戈登·柴尔德指出："阿拉伯南部沿海地区，特别是阿曼地区，是同埃塞俄比亚、信德省和波斯湾各港口通商的航海家的诞生地。阿拉伯海就是因他们而得名的……这些海上贸易的中心早在[公元前]第四千纪就已繁荣起来。"苏联东方学家阿季耶夫强调，阿卡德国家在其极盛时期，纳拉姆辛王（公元前 2290—2254 年）同阿曼建立了通商关系。阿曼人已经能够制造高度灵活的划桨船舶，他们的航船曾经到达印度尼西亚和中国南部沿海。他们在莫桑比克、桑给巴尔、马达加斯加、印度、印度尼西亚等地建立的商站中大量使用奴隶干活。公元前 3 世纪，阿曼的阿姆曼港曾是最大的造船中心。阿曼的船只具有高超的航海性能，快速而轻便。①

印度洋的控制权从阿拉伯人转手到印度的穆斯林（主要是古吉拉特人）手中，但这种转手是通过和平方式进行的。由于其特有的贸易、迁移和生存方式，穆斯林对印度洋水域通商贸易的垄断地位十分坚固。穆斯林的放任态度可能是因为无暇他顾，但更重要的原因可能是源于阿拉伯人自由航行和自由贸易的习惯。阿拉伯半岛及海湾沿岸诸国汇集着从海路远道而来的船队以及从陆路商道来此的各国商贾，他们在这里交换着各种特产。自公元 7 世纪至 15 世纪，阿曼和海湾地区处于一个在印度洋的伊斯兰航海的贸易黄金时期。当葡萄牙殖民主义者出现在红海和印度洋上以后，他们经常攻击红海和印度洋的穆斯林船舶，而且在从埃及到印度的航道上占据着亚丁、霍尔木兹等重要港口，中国同阿拉伯国家的交往遭受了致命打击。阿曼的命运也因葡萄牙的占领而逆转。

（二）阿曼的贡献

阿曼的命运与中国颇为相似。在历史悠久的阿拉伯文明的形成和伊斯兰教的传播过程中，阿曼做出了贡献。首先，阿曼所处的地理位置决定了它的重要作用。有人将阿拉伯半岛形容为一只靴子，阿曼是这只靴子的靴尖。它扼守着霍尔木兹海峡，也是从印度洋进入波斯湾的必经之地。这种重要的战略位置使它成为海上和陆路交通枢纽与巨大的过境贸易中心。其次，阿曼人卓越的造船技术和航海本领使它在阿拉伯海和印度洋的航海历史上一直处于重要的地位。这里一直存在着各种大型港口，阿曼所造的船只不仅在阿拉伯海和波斯湾享有盛名，同时在印度洋上畅行无阻，远航至东南亚及中国南部海域。阿曼人还在与埃及、东非沿岸及其岛屿、美索不达米亚、印度、印度尼西亚和中国等地区的长期贸易过程中建立了不少定居点，对传播阿拉伯文明和伊斯兰教起到了重要作用。第三，擅长贸易的阿曼人从公元前第二千纪和第一千纪起就在印度洋海域从事各种贸易活动。他们的船只将阿拉伯的香料运往非洲、

---

① ［苏联］安·瓦·施瓦柯夫：《战斗的阿曼》，中国人民大学翻译组译，人民出版社1973年版，第10—11页。

亚洲和欧洲，再从东非海岸运回黄金、象牙，从中国和东南亚各国运回茶、瓷器和丝绸等。虽然有各种外部势力的侵袭，但相对稳定的政治局势和比较发达的国内经济使阿曼的贸易活动持续进行，也逐渐培育出一支庞大的船队。

（三）阿曼的厄运与抗争

这个7—15世纪一直是印度洋开展各种贸易活动的海洋大国，曾享受着海上交通枢纽和商业中心的地位。阿曼人在11世纪时以善于造船闻名于世，从而更有利于阿拉伯人的海上交通和海洋贸易。葡萄牙人发现通往印度的海上航线以后，于1507年侵入阿曼，在较短时期内占领沿海地区，并以阿曼为基地向周围扩展。当时，葡萄牙人控制了海上运输枢纽，并从阿曼直通阿拉伯地区以及非洲和东亚的各个海上贸易中心。阿拉伯半岛及海湾地区被葡萄牙占领后，成为寿命不长的葡萄牙殖民帝国的一部分。然而，阿曼人民持续对葡萄牙人的殖民统治进行反抗。经过一个多世纪的斗争，阿曼人民在亚里巴王朝几任教长的率领下终于在1649年彻底赶走了葡萄牙人，重新建立了自己的海上力量，并将势力扩展到东非海岸。

第六章　国际强权下的相似命运
（1840 年代—1940 年代）

很明显的，满清政府禁止鸦片贸易，没收企图走私进中国的鸦片，是合法合理的，而英国以武力来保护这种肮脏的贸易是可耻的行为。英国人当时不敢公开地把鸦片作为战争的原因，他们申诉中国政府给他们的商人以种种"不平等"待遇，但是任何国家当然有权在本国的海口上规定对外贸易的各种规则，英国以这借口来进行战争也是毫无道理的。

——胡绳（中国历史学家）

英国殖民主义者善于投机，他利用阿曼人民的不满来加强对素丹 [国王]的影响。他一方面唆使部落反对素丹 [国王]，另一方面又答应签订有利于英国人的条约的情况下，帮助素丹镇压人民。

——［苏］斯·西拉吉金诺夫

在 19 世纪中叶到 20 世纪中叶，中国人民首先见证了清朝从衰败到灭亡的历史，这段过程伴随着殖民列强对中国的侵略以及人民从失望到反抗的历史。中国经历了鸦片战争的屈辱以及随之而来的西方列强对中国的瓜分。中国人民在孙中山先生的领导下推翻了帝制，建立了民国政府。随后，中国共产党的成立为中国人民带来了新的希望，共产党从一个只有几十人的政党逐渐成为一个坚强的领导集体，率领中国人民赶走了日本帝国主义和西方列强，建立了人民共和国。阿曼在赛义德素丹的英明领导下重振国威，不仅重新控制了海湾地区，并且成为印度洋上的重要力量。马斯喀特成为整个海湾地区的重要贸易枢纽，阿曼与诸多西方国家建立了外交关系，并积极开拓了国际市场。"这一切都使他作为一个英明的统治者，一个将国家向世界开放引来世界之光的统治者而名扬四海。"① 然而，赛义德素丹却很难阻止欧洲殖民狂潮。列强的扩张势力一直染指印度洋地区。英法两国占领了海湾地区并相互确定了自己的势力范围。阿曼在众多的帝国主义列强中周旋，与美国、英国、法国和荷兰等国先后签订了诸多条约，虽然保证了其独立地位，但1898年英国与阿曼签订的防御条约基本确定了阿曼的屈辱地位。这种不平等的保护关系一直持续了半个多世纪。当然，西方帝国主义对于整个中东地区的征服和军事占领与瓜分和政治控制以及加紧经济剥削则是第一次世界大战以后的事——其主要动因是石油的发现。

本章分为三个部分。第一部分主要阐述了鸦片战争给中国带来的严重的后果和惨痛的教训以及人民的惨状和清王朝的没落。第二部分展现了阿曼海权的复兴与衰落，特别分析了英国入侵后导致的英国—阿曼不平等关系的建立。第三部分叙述了中国—阿曼关系的历史脉络，从明代的了解到清朝的认识，直到民国时期各方面的交往，从各方面反映了两国在殖民统治重压下相拥相惜的境遇。

第一节　中国：天朝的崩溃

一　罪恶的鸦片贸易

（一）欧洲与中国的通商贸易

1. 葡萄牙、荷兰与英国相继卷入

最先将鸦片引进中国的是葡萄牙和荷兰人。葡萄牙人占领阿曼50

---

① 阿曼苏丹国新闻部：《阿曼苏丹国》，世界知识出版社1990年版，第21页。

年后，又以合法身份占据了澳门。他们于 1514 年首先进入中国。到中国不久，葡萄牙人就在沿海行商，同时剽窃行旅，贩卖奴隶，占据海岛。1557 年，他们贿赂广东官吏，准其在澳门建屋居住，每年缴纳一定的地租。随后到来的是西班牙人。1601 年第一艘荷兰商船想到广州通商，由于葡萄牙人的阻挠未果。荷兰殖民者对中国抱有领土野心，曾于 1604 年和 1622 年两度占领澎湖，1624 年还强占台湾，并对其进行残暴的殖民统治，直到 1661 年郑成功将他们驱逐。葡萄牙人与荷兰人以澳门为据点，向中国内陆贩卖鸦片。虽然鸦片量不大，但逐渐流入广东等地。

英国商船早在 17 世纪中叶就开始在中国沿海经商。英国商船最早来华是 1637 年，正是在这一年发生了英船炮击虎门炮台、击沉中国商船和水师船只事件，充分暴露了英国武力开道的贸易方式。1654 年的《英葡条约》准许英国商人在葡萄牙东方属地进行贸易活动，一些英国私人商船开始活动。1656 年 5 月，一艘名为"法兰德斯国王"号的英国商船抵达广州。第二年，另一艘商船"理查德和玛莎"号也抵达中国从事商业活动。两艘商船均于 1659 年安全返回英国伦敦。随后，英国东印度公司开始派商船赴中国从事贸易活动。有的是从万丹发往澳门，或是经由万丹抵达台湾。1681 年清政府收复澳门，英国商人不得不撤出澳门。1693—1775 年间，英国商人在有限的条件下与中国开展贸易。①

2. "鸦片象黄金一样，我可随时卖出。"

从 18 世纪初期起，英国对华贸易就占首要地位。英国虽贩卖鸦片为时较晚，但速度增长很快。1727 年，英国运华鸦片约 200 箱。1757 年，英国占领印度鸦片产地孟加拉，十年后，运到中国的鸦片增至 1000 箱。1773 年，英国政府确立了鸦片政策，同时给予东印度公司在

---

① William Forster, *England's Quest of Eastern Trade*, London: A. C. Black, 1933, pp. 324 – 335.

印度的鸦片专卖权；1797 年，东印度公司得到制造鸦片的特权。[①] 虽然当时从印度输入中国的还有棉花，但由于中国自身也出产棉花，输入的印度棉花的规模无法与鸦片相比。

这种特权维持的时间虽然不长，但对英国"对华贸易的最大组成部分"（格林堡语）——鸦片贸易起到重要的推动作用。19 世纪最初 20 年中，输入中国的鸦片约 5000 箱（每箱约 120 斤）。30 年代开始迅速增加，1838—1839 年增加到 4 万箱。这种快速增长的局面缘于多种贸易方的加入以及印度土著各邦出产的廉价次等鸦片（称为"白皮土"）使需求量大大增加。这些鸦片大部分是英国人贩卖的印度鸦片，也有小部分是美国人用"飞剪式"快船贩卖的土耳其鸦片和印度鸦片。

表 6-1   鸦片输入粗略统计表

年份（年）	鸦片（箱）
1800—1801	4570
1811—1812	5091
1821—1822	5959（5459 *）
1830—1831	19956（18956 *）
1835—1836	30202
1836—1837	34776
1837—1838	34373
1838—1839	40200

丁名楠等：《帝国主义侵华史》，人民出版社 1973 年版，第 1 卷，第 20 页。

由于用鸦片贸易获得的银元可直接用来投资茶叶贸易，几乎所有与茶叶贸易有关的人都对加入鸦片贸易表示出极大的兴趣。鸦片在市场上的价值有如黄金。一位名为泰勒的商人 1818 年对此直言不讳："鸦片象黄金一样，我可随时卖出。"[②] 一直垄断着对华茶叶贸易的东印度公司也专注于印度的鸦片生产，因为这成为投资茶叶的主要印度产品。1801 年 3 月，公司董事会直接建议驻孟加拉总督增加鸦片生产，从而避免向

---

① 丁名楠等：《帝国主义侵华史》，人民出版社 1973 年版，第 1 卷，第 16—17 页。
② ［英］格林堡：《鸦片战争前中英通商史》，康成译，商务印书馆 1961 年版，第 108 页.

中国运送银块。① 实际上，此时的鸦片成为茶叶投资成本的替代品。

3. "将以中国有用之财，填海外无穷之壑。"

鸦片贸易给英国带来了各种好处。正如当时的一个小册子所言："多年以来，东印度公司从鸦片贸易上获得巨额收入，这种收入使英国政府和国家在政治上和财政上获得无法计算的好处。"英国对华贸易从逆差转为顺差，印度殖民地靠种植鸦片不仅自给自足，还大大增加了对英国制成品的消费，并为殖民宗主国提供大量的鸦片税收，鸦片所得投资到茶叶等贸易使东印度公司利润倍增。"因此，东印度公司就尽其力之所能来推广鸦片贸易。"② 英国的政客们对此有更精细的计算："孟加拉的鸦片专卖每年供给政府数达九十八万一千二百九十三金镑的收入。鸦片税是按成本百分之三百零一点七五的税率征收的。在目前印度财政收入的情况下，要抛弃如此重要的一种税收，看来是不适当的。鸦片税是这样的一种税，它主要由外国消费者来负担。整个说来，它比之任何可能代替它的税，更不易遭人反对。"③

相反，鸦片贸易给中国带来的国库亏空、钱币贬值、生意凋零、民怨沸腾、风气奢靡、道德沦丧、腐败盛行、社会动荡。已是百孔千疮的晚清王朝面临着生死抉择。鸦片进口导致中国白银的大量外流。据不完全统计，1830 年由英商运出的就有 670 余万元。鸦片战争结束前，一年流出 1000 多万元。十余年内，从中国流出的银子总数达一亿数千万元。④ 清朝政府 1729 年即明令禁止鸦片的输入和吸食。随着鸦片引发的各种经济和社会矛盾，清朝政府下决心禁止鸦片贸易。为此，于 1838 年委派林则徐为钦差大臣去广州禁烟。上谕明示："自鸦片流毒中国，

① David Edward Owen, *British Opium Policy in China and India*, Archon Books, 1968, p. 67.

② ［英］格林堡：《鸦片战争前中英通商史》，康成译，商务印书馆 1961 年版，第 97 页。

③ British Parliamentary Papers, 1831–1832, Vol. 11, p. 10. 转引自丁名楠等《帝国主义侵华史》，人民出版社 1973 年版，第 1 卷，第 21 页。

④ 翦伯赞主编：《中国史纲要》，人民出版社 1979 年版，第 4 册，第 2—3 页。有关外国商人在中国沿海进行鸦片贸易的具体情况，可参见 ［英］格林堡《鸦片战争前中英通商史》，康成译，商务印书馆 1961 年版，第 95—130 页；Peter Ward Fay, *The Opium War, 1840–1842*, Chapel Hill：University of North Carolina Press, 1975, pp. 41–62.

纹银出洋之数，逐年加增，以致银贵钱贱，地丁、漕粮、盐课，因而交困。若不及早防维，……将以中国有用之财，填海外无穷之壑。"尽管这一上谕只提到经济因素，但鸦片贸易对中国的损害远非经济方面，整个大清帝国的根基因之崩塌。

二　鸦片战争之殇

（一）鸦片战争之实质

鸦片战争实际上是一种利益转变的结果，从经济利益转变为政治利益。

为什么会在中国出现鸦片并产生鸦片泛滥的这样一种社会现象呢？我们说，吸食鸦片首先是一种经济现象，因为只有有钱人才有消费这种奢侈品的能力。清朝政府禁止鸦片贸易虽然阻止了鸦片的迅速扩散，却进一步促使金钱和权力得以结合，加之白皮土输入中国，吸食进而成为一种社会现象。1830年以前，中国对外贸易一直是出超。大量的贵金属从欧洲等地流入中国。然而，鸦片贸易改变了白银的流动方向。由于白银外流，导致国库的基础动摇，具体体现在银荒引发商业停滞和钱币贬值。随之而来的是物价上涨和民生受损。在政治方面，虽然鸦片开始渗透到民众生活，但它首先是有钱人的消费方式。这也是容易使人上瘾的毒品，一旦沾上则难以自拔，官员吸食鸦片已不是秘密，官官相护成了官场上的正常现象。朝廷纲纪受到侵蚀，政府权威受到质疑。更重要的是，国民健康因之受到极大摧残，国家安全也因此得不到保障。

对于鸦片的危害性，英国官员心知肚明。曾竭力为东印度公司取得鸦片专卖权的第一任印度总督哈斯丁斯早在1773年就指出："鸦片不是生活必需品，而是一种有害的奢侈品。除仅仅为对外贸易的目的外，它是不被容许的。明智的政府应该严格限制鸦片的国内消耗。"① 然而，为了自身的利益，为了从中国榨取财富特别是白银，英国以自由贸易之

---

① "Report of the Royal Commission on Opium"，转引自丁名楠等《第一次鸦片战争》，中国人民大学清史研究所编：《中国近代史论文集》，上册，中华书局1979年版，第144页。

名强行推进鸦片贸易，最后为此不惜发动战争来保全鸦片贸易，从而使局势演变为一个政治事件。

英国外相曾明确指出："为了维持两国间永久的友好谅解，中国政府应该把鸦片贸易放在正规的、合法的基础上，这一点是极其重要的。经验已经证明，中国政府完全没有力量去阻止鸦片输入中国，而英国政府也由于许多原因，不可能给中国政府任何有效的帮助，来达到这个目的。但是，既然鸦片贸易为法律所禁止，它就必不可免地要用欺诈和暴力来进行，因此一定会在中国缉私人员和从事贸易的人之间发生经常的冲突，而这些人一般都是英国的属民。不能想像，这种秘密的战争可以在英国鸦片走私者和中国当局之间长期地进行下去，而不会发生必然有害于中英两国政府间友好谅解的事变。"① 由此看来，英国政府进行鸦片战争的主要目的之一是在合法贸易的幌子下扩大与中国的鸦片生意。

（二）"鸦片流毒于天下，则为害甚巨，法当从严。"

为了保护国内经济和限制外国人在华活动，清朝政府采取了一系列政策和措施，并先后于 1729 年和 1799 年颁布法令，禁止进口鸦片。这种被外国商人称为"排外"的政策具有一定的约束力，遭到卷入鸦片贸易之中的外国商人特别是英国商人的强烈反对。② 林则徐临危受命，力陈鸦片之害："鸦片流毒于天下，则为害甚巨，法当从严。"他在广州的禁烟行动第一步是勒令缴烟。他明确表示："若鸦片一日未绝，本大臣一日不回。誓与此事相始终，断无中止之理。"第二步是通知外商出具甘结，声明以后永不夹带鸦片。英国人以为如果屈服，等于依照中国的条件在中国经商，这在他们看来是绝对不能实行的，因此千方百计不予执行。林则徐一面禁烟，一面尽力保护中英合法贸易。最后，英商只好将所存鸦片全数上缴。

外国商人以为中国政府不会来真的，不会焚毁鸦片，或是会由贪官

---

① Morse, *International Relations*, pp. 655 – 659.

② Peter Ward Fay, *The Opium War, 1840 – 1842*, Chapel Hill: University of North Carolina Press, 1975, pp. 162 – 179；[英] 格林堡：《鸦片战争前中英通商史》，康成译，商务印书馆 1961 年版，第 38—47 页。

以其他方式侵吞这些没收的鸦片。1838 年 6 月，林则徐在虎门将已收缴的价值 240 万英镑的 2 万箱鸦片全数当众焚毁。当时参观烧烟的美国教士裨治文（C. Bridgman）记载了自己的感受："我们反复考察烧烟的每一个过程，他们在整个工作进行时的细心和踏实的程度，远出于我们的臆想。我不能想象再有任何事情会比执行这个工作更加忠实的了。"①

鸦片贸易钦差大臣林则徐主持的虎门销烟大长了对鸦片恨之入骨的中国民众的志气，却导致了外商抗议。英国政府从一开始就力图占领中国市场。后来在遇到贸易逆差问题时又通过鸦片贸易来达到榨取中国财富的目的。在遭遇中国对鸦片贸易的抵制后便打算赤裸裸地用武力解决问题了。英国政府内部就是否进行武装干涉进行了辩论。② 义律（C. Elliot）是一个极富殖民经验的英国外交官。在他担任驻华第二商务监督时，他曾致函英外交部，要求用武力来支持与中国重开谈判，以达到增开商埠的目的。这种以炮艇支持的贸易政策得到英国政府的支持。他也在与清朝政府打交道的过程中使尽各种手段，千方百计地保障英国的国家利益和鸦片贩子的商业利益，并处心积虑地将清朝政府拉上了战车。③

（三）鸦片战争及其后果

对于英国处心积虑地发动这场战争的动因，以前的分析多重视经济。另一种观点认为，尽管经济因素十分重要，但荣誉却是最为关键的因素。④ 格林堡提出了鸦片战争前英国对华贸易发生的三种根本性变化。第一，行商贸易的扩大改变了中英贸易差额和白银的流动方向。第

---

① *Chinese Repository*，Vol. 8，p. 74. 转引自丁名楠等《帝国主义侵华史》，人民出版社 1973 年版，第 1 卷，第 32 页。

② Glenn Melancon，*Britain's China Policy and the Opium Crisis*，Hampshire：Ashgate，2003，pp. 83 – 113；Peter Ward Fay，*The Opium War*，*1840 – 1842*，Chapel Hill：University of North Carolina Press，1975，pp. 180 – 195.

③ Peter Ward Fay，*The Opium War*，*1840 – 1842*，Chapel Hill：University of North Carolina Press，1975，pp. 128 – 161；丁名楠等：《第一次鸦片战争》，中国人民大学清史研究所编：《中国近代史论文集》，上册，中华书局 1979 年版，第 153—154 页。

④ Glenn Melancon，*Britain's China Policy and the Opium Crisis*，Hampshire：Ashgate，2003，p. 99.

二，零丁洋上的贸易活动和沿海一带的走私摧毁了在广州存在已久的商业制度。第三，公司垄断权的取消将英国新兴工业界的势不可当的力量带到了中国。"面对着那些带着蒸汽机和亚当·斯密理论到来的人们，孔夫子的教义没有什么用处了。"①

终于到了摊牌的时候了。英国政府决定发动侵华战争后，开始各方面的准备工作。从 1840 年 6 月 21 日起，相继从印度调来东方远征军，舰船 48 艘，士兵约 4000 人。侵略军封锁了珠江后北驶，沿途进犯厦门，攻克定海，封锁宁波和长江口。清朝政府以琦善为代表的投降派极力强调敌方"船坚炮利"，力促妥协。1841 年 1 月 7 日，英军攻打零丁洋面的沙角炮台和大角炮台，清守将战死。1 月 20 日，琦善屈服，双方签订《穿鼻协定》，内容包括中国赔偿价 600 万元，恢复广州商务，割让香港以及英国退还舟山等条款。英军得势后又出兵强占了香港，并随后偷袭攻占虎门等地。后来，双方为保持通商停战。

在广州的英国商人乘机向印度总督请求增派军队和战舰，阴谋以香港为基地继续北上。7 月攻占厦门，8 月侵占宁波。在英军攻城的过程中，各地军民，奋力抵抗，屡败屡战，不屈从割地赔款。特别是广州三元里人民的抗英斗争，给英军以极大震撼。英国外相巴麦尊（H. J. T. Palmerston）对《穿鼻协定》并不十分满意，主要是赔款太少及英军过早撤出舟山，将义律撤下，并换上璞鼎查（H. Pottinger）为侵华全权代表。他在来华之前，巴麦尊特别强调必须设法使清政府承认鸦片为合法贸易：

与随后的中英遭遇战中，英军以绝对的武器优势打败了处于衰败中的清政府。中国军队顽强抵抗，其中以镇江战役尤为惨烈。

结果是中国不得不签订丧权辱国的《南京条约》（也称《江宁条约》，江宁原是明朝的陪都南京应天府，清朝废除"南京"称号，改应天府为江宁府）。主要内容为五口通商、赔款、割地，开放广州、厦门、福州、宁波、上海等五处为通商口岸，准许英国派驻领事，准许英

---

① ［英］格林堡：《鸦片战争前中英通商史》，康成译，商务印书馆 1961 年版，第 196 页。

商及其家属自由居住。清政府向英国赔款 2100 万银元，包括鸦片赔款、英国军费和行商的商欠（还不包括广州赎城费 600 万银元）。割地。割香港岛给英国，英军撤出南京、定海等处江面和岛屿。此外，清政府还在贸易、关税、司法等方面导致了自主权的丧失。① 这一条约"全面实现了英国政府预期的目标并有所扩展"，"名为'条约'，实际上是英国勒索权益的清单，清朝割地赔款的文契"②。

马克思非常精辟地总结了鸦片战争的经济后果："中国在 1840 年战争失败后被迫付给英国的赔款，大量的非生产性的鸦片消费，鸦片贸易所引起的金银外流，外国竞争对本国生产的破坏，国家行政机关的腐化，这一切就造成了两个后果：旧税捐更重重难负担，此外又加上了新税捐。"③ 法国汉学家安田朴总结了鸦片战争的前因后果："英国帝国主义者非常清楚地了解已处于衰微破败之中的大清帝国所遭到的各种困难……于是便于 1793 年派遣马嘎尔尼出使中国，其使命是强行与中国签订奴役中国的苛刻条约。英国人却大失所望。于是便以其商船强行驶入越南以对这次失败进行报复，后来又威胁厦门，最后是等到鸦片战争才登上他们那殖民主义分子或基本上是殖民主义分子的地位，而他们的这种地位又被厚颜无耻地称为'治外法权'。从此，一个独立自主的中国就算结束了。"④

（四）天朝的坠落

清朝政府从"排外"政策转变为"媚外"政策，使其他外国列强依照中英《南京条约》的各种条款和优惠待遇，从中国获取了诸多特权，诸如中美《望厦条约》（1844 年）、中法《黄浦条约》（1844 年）、

---

① 丁名楠等：《帝国主义侵华史》，人民出版社 1973 年版，第 1 卷，第 32—54 页；Peter Ward Fay, *The Opium War, 1840 - 1842*, Chapel Hill: University of North Carolina Press, 1975. 此书较全面地描述了这场战争。

② 蔡美彪：《中华史纲》，社会科学文献出版社 2012 年版，第 344—345 页。

③ 马克思：《中国革命和欧洲革命》，中共中央马克思、恩格斯、列宁、斯大林著作编译局编：《马克思恩格斯选集》，人民出版社 1972 年版，第 2 卷，第 3 页。

④ ［法］安田朴：《中国文化西传欧洲史》，耿昇译，商务印书馆 2000 年版，第 828 页。

中英、中法《北京条约》（1860 年）①、中俄《天津条约》（1860 年）中日《马关条约》（1895 年）等。在抵抗外来入侵的斗争中，也涌现了不少可歌可泣的英勇事迹。镇江保卫战即为其一。恩格斯专门在《英人对华的新侵略》一文中对英军的野蛮予以谴责，对镇江守军的英勇抵抗给予高度评价："驻防旗兵虽然不通兵法，可是决不缺乏勇敢和锐气。这些驻防旗兵只有 1500 人，但却殊死奋战，直到最后一人。……英军损失了 185 个。他们为了对此进行报复，在劫城的时候大肆屠杀。英军作战时自始至终采取了极端残酷的手段，这种手段是和引起这次战争的走私贪欲完全相符的。如果这些侵略者到处都遇到同样的抵抗，他们绝对到不了南京。"当时清军约 1600 名驻防，由副都统海龄统领，后又有 1700 名士兵分别从苏州和湖北派来协防。6 月 21 日，英军攻城，守军英勇抵抗，并坚持巷战，拼死搏斗，宁死不屈，伤亡 450 人。英军伤亡达 170 余人，乃前所未有。海龄全家自杀殉国。

诚如中国史学家蔡美彪先生所言："英国的第一次侵华战争，为西方列强侵略中国开了个头。《江宁条约》订立后的几年间，美国、法国、比利时和瑞典挪威联盟相继要求与英国利益均沾，先后与清朝订立五口贸易章程，以《江宁条约》为依据，获得了相同或更多的贸易特权。"②清朝政府也因之逐步走向衰败，直到中国人民将其推翻。然而，中国的复兴之路走得并不顺畅，国际资本势力知道任何一个国家也不可能独吞下中国这个庞然大物，它们相继在中国确立自己的势力范围，中国内部纷争也给殖民列强提供了机会。二战中的日本企图独占中国，却以彻底失败告终。1949 年，中国人民才真正赢得自己的独立地位。

---

① 英国与法国在 15 年以后发动的英法联军之役（1857—1860 年），就是为了保障和扩大在鸦片战争中所取得的政治和经济权利，因此此役又称为"第二次鸦片战争"，战后签订了《北京条约》

② 蔡美彪：《中华史纲》，社会科学文献出版社 2012 年版，第 345 页。

第二节　阿曼：海权的兴衰

一　航海与贸易的历史与葡萄牙的入侵

（一）葡萄牙的入侵与奥斯曼帝国的衰落

达·伽马发现通往印度的航道后，阿曼沿海开始出现葡萄牙征服者的战舰。当葡萄牙抵达印度洋后，这里秩序井然的海上贸易使他们印象深刻。"葡萄牙人马上意识到，他们不可能靠和平竞争的方式而只能通过暴力来打破这种垄断。"[①] 他们必须依靠手上的坚船利炮。正如阿曼人所言："葡萄牙人一经成功地到达印度，便立即开始施行发动各种战争的政策，从而导致了这些地区的经济恶化，这对阿曼和海湾地区影响不小。葡萄牙人于 1507 年轻而易举地控制了阿曼，对其沿海地区强行统治了一个半世纪，直至公元 1649 年。……"[②] 1507 年，葡萄牙人阿尔丰斯·阿尔布科尔克（Albuquerque）用火与剑征服了阿曼，摧毁了马斯喀特、马特腊和苏哈尔等海港城市，掠夺了大量金银珠宝，并将数以千计的居民卖为奴隶。

奇波拉（Cipolla）认为，葡萄牙人进入印度洋后，由于其强大的火炮优势和在船上开设炮眼的先进技术使其舰队威力无比，很快取代了阿拉伯人的海上优势。"当欧洲舰队从大西洋到达印度洋时，它们几乎所向无敌。正如阿尔布科尔克 1513 年致国王信件中自豪地写道：'由于我们的船要来的消息传言，当地的船都消失得无影无踪，连鸟儿也不敢再从水面掠过。'这不是溢美之辞。在葡萄牙首次到达印度洋水域后 15 年之内，他们彻底摧毁了阿拉伯人的海军力量，葡国王能恰如其分地自称

---

① C. R. Boxer, *The Portuguese Seaborne Empire 1415 – 1825*, Hutchinson & Co., 1969, pp. 45 – 46.
② 阿曼苏丹国新闻部：《阿曼苏丹国》（解传广、李光斌、马玉芝译），世界知识出版社 1990 年版，第 17 页。

'埃塞俄比亚、阿拉伯、波斯和印度的征服、航行与商业之王。'"① 如果能从征服、航行与商业三个方面自称为王，其实力当然不可小视。不容置疑，葡萄牙军舰的火炮确实大大加强了其进攻力，从而使得葡萄牙人在印度洋的存在比历史上任何时候都要明显。然而，说他们在进入这片水域的 15 年之内即"彻底摧毁了阿拉伯人的海军力量"，这就有些言过其实了。

当时，奥斯曼帝国也在扩张之中。1555 年，哈布斯堡皇室派驻君士坦丁堡的大使奥吉尔·吉斯莱恩·德巴斯贝克在一封家书中这样描述土耳其士兵："［象哈布斯堡皇室和奥斯曼帝国］那样不同的世界之间的斗争必定会导致怎样的结果呢？我一想到这一点就不寒而栗。……在他们方面，他们所属的帝国极为富有，资源未受损耗，使用武器熟练，军队富有作战经验，胜利一个接一个连续不断，甘愿忍受艰苦，团结一致，秩序井然，纪律严明，崇尚节俭，行事谨慎。在我们方面，则是国库空虚，习惯奢侈，资源耗尽，精神颓丧，军队缺乏作战经验且桀骜不驯，将领们贪得无厌，纪律无人注重，到处是胡作非为，人们沉溺于酗酒和淫逸放荡，而最糟的是，敌人们习惯于胜利，我们习惯于失败。这种截然不同的情况会导致怎样的结果，难道我们还拿不准吗？"②

然而，随着时间的推移，奥斯曼帝国从 17 世纪起开始衰败。为什么奥斯曼帝国最终会败于欧洲呢？这个问题相当复杂，也有各种不同观点。斯塔夫里阿诺斯对穆斯林帝国（奥斯曼帝国、萨菲帝国和莫卧儿帝国）的衰落给予以下解释。第一，这些穆斯林帝国都很腐败，这种腐败导致了社会基础的动摇。第二，它们缺乏那种"使欧洲社会发生彻底变革"的动力，从而导致了"经济上的停滞不前"。第三，穆斯林

---

① C. M. Cipolla, *Guns and Sails*, pp. 82, 137. 转引自［美］伊曼纽尔·沃勒斯坦《现代世界体系》第一卷，尤来寅等译，注释 114，第 446 页。

② C. T. 福斯特和 F. H. B. 丹尼尔编：《奥吉尔·吉斯莱恩．德巴斯贝克的生平和书信》，伦敦，1881 年，第 221、222 页。转引自斯塔夫里阿诺斯《全球通史 1500 年以后的世界》，吴象婴、梁赤民译，上海社会科学院出版社 1992 年版，第 48 页（个别译文有修改）。

对西方的优越感。这种唯我独尊的态度使得科学知识和技术的交流变得几乎不可能。第四,当时兴盛的穆斯林帝国(奥斯曼帝国、萨菲帝国和莫卧儿帝国)都是陆上帝国。尽管它们都征服了一些沿海地区,但它们从根本上对海外贸易不感兴趣。"因此,当葡萄牙人开始夺取印度洋上所有的战略位置时,他们未采取行动加以制止。"①

(二)"海运贸易中的真空"?

特雷弗—罗珀认为葡萄牙人先在印度洋随后在中国海建立短暂优势的主要原因是"海运贸易中的真空"(vacuum in sea-borne trade):"亚洲的巨大贸易对捷足者是敞开的,而与欧洲的长途贸易只是其中的一小部分。葡萄牙人来了,并得到了它:只要这个真空还存在——即直至欧洲赶上他们或者亚洲反抗他们之前——他们就独家垄断。"沃勒斯坦认为这种观点"毫无疑问"。当然,沃勒斯坦表明:这种真空不是经济的,而是政治的——葡萄牙人从未创造过印度洋上的贸易网络,"他们接过了当时已经存在的穆斯林商人(阿拉伯和古吉拉特人)在印度洋和倭寇海盗在中国海的贸易网络"②。尽管作者后来明确表示:葡萄牙人对穆斯林商人的驱逐是靠野蛮的力量而不是和平的竞争,但我们认为,这种表述存在着某种不妥,因为它隐藏着这样一种逻辑:在这片广袤的海洋必须有一国政治力量的控制才算正常。这从根本上说是欧洲中心论的表现。作者既承认在亚洲存在着"巨大贸易"活动,也认识到欧洲的长途贸易只是其中的小部分,还意识到亚洲贸易是一种开放的体系。那么,为什么这是一种所谓的"海运贸易中的真空"呢?为什么必须有一种政治力量来控制呢?这种观点颇受近代以来欧洲列强以"力"和"利"争霸天下这一逻辑的影响。下面我想用史实来说明亚洲与非洲之间在印度洋进行交往的实例。

研究发现,马达加斯加与亚洲有某种联系,主要体现在人种、语言

---

① [美]斯塔夫里阿诺斯:《全球通史:1500年以后的世界》,吴象婴、梁赤民译,上海社会科学院出版社1992年版,第57—63页。

② [美]伊曼纽尔·沃勒斯坦:《现代世界体系》第一卷,尤来寅等译,第420页。

和习俗三个方面。马尔加什人有三种不同的种族类型：亚洲人、非洲人和混血人。① 这些亚洲人是如何抵达马达加斯加的呢？除了航海别无它途。亚洲人与马尔加什人的联系还可以从语言上找到证据。马尔加什语言与印度尼西亚语和马来语有一种天然联系。这样，马尔加什人与印度尼西亚人之间的关联不言而喻。② 早期殖民官员以及当地学者还从各方面包括风俗习惯说明马尔加什人来源于马来人或中国人。③ 不仅仅是马达加斯加可以找到亚洲人的痕迹，东非沿岸的不少地方也发现了各种亚洲人的遗留物甚至有关中国商人的记录。

（三）宋代印度洋贸易的证据

前章已谈到早期中国与阿曼人的海上交往。宋代中国商船与阿曼的佐法尔地区的交通已是常事。④ 此外，中国与东非沿岸的贸易往来也有证据。根据考古发掘和研究，东非海岸出土了大量的中国瓷器，还有来自越南、泰国和日本的瓷器。⑤ 早在 12 世纪左右，桑给巴尔岛上就出现了华人。古代著名学者伊德里斯（Al Idrisi，1100—1166 年）是一位享誉全球的阿拉伯地理学家。他的著述至今仍是人们理解古代阿拉伯和相关地区历史的重要资料。根据他的记载，中国人曾居住在桑给巴尔并与当地人进行贸易活动。他指出，他曾听说一些中国人住在桑给巴尔，他们在中国或印度出现动乱时会将贸易活动转到桑给巴尔或附近岛屿。"这个岛屿（桑给巴尔岛）有许多互相连结的建筑，岛上许多村庄也养牛。人们栽种稻谷，商业活动频繁，每年进口的商品种类繁

---

① Hubert Deschamps, *L'Histoire de Madagascar*, Paris：Berger – Levrault, 1965, p. 15.

② Pierre Verin, "L'Origine Indonesienne des Malgaches", *Bulletin de Madagascar*, No. 259, December 1967, p. 958.

③ Leon M. S. Slawecki, *French Policy Towards the Chinese in Madagascar*, Connecticut：The Shoe String Press, 1971, pp. 9 – 14, 181 – 184.

④ 《岭外代答》记载，麻离拔国产乳香、龙涎、真珠、犀角、象牙、木香、没药、苏合油、蔷薇水等，"皆大食诸国至此博易"。以前认为麻离拔是印度的马拉巴海岸。据后来考证，麻离拔国即今佐法尔地区，佐法尔是中世纪的大贸易港。"香料、象牙等宝货，乃宋朝特需，因此宋船奔往佐法尔是理所当然的。"马文宽、孟凡人：《中国古瓷在非洲的发现》，紫禁城出版社 1987 年版，第 102 页。

⑤ ［日］三上次男：《陶瓷之路》，文物出版社 1984 年版，第 32 页。

多。据说，一旦中国国内发生叛乱或是在印度发生不法情事和暴乱，中国人就会将主要商务活动迁移到桑给巴尔及附近岛屿。中国人对与岛上居民开展贸易关系感到非常愉快，因为岛上的居民处事公道，经营方式令人喜爱，跟他们做生意也很轻松。由于这一点，桑给巴尔岛因此繁荣了起来，旅行到这里的人也相当多。"① 从时间上推断，这种贸易活动应该发生在宋代。美国作者李露晔（Louise Levathes）针对伊德里斯的描述指出，"伊德里斯用阿拉伯字 'ishra 来形容中国人与斯瓦希里人之间的关系，'ishra 的意思是友谊随着时间的延续而日益密切，有时甚至是亲密的同盟关系"②。这充分说明中国人与桑给巴尔人的密切关系。

无独有偶，在东非海岸的多个地区，例如阿宜宰布、摩加迪沙、布腊瓦、基尔瓦、马菲亚岛以及桑给巴尔岛，确实发现了大量的宋代钱币。特别是在桑给巴尔岛发现了多批次甚至大批量的中国钱币。据不完全统计，共发现钱币 12 批次，共计 300 余枚，其中最多一次是在桑给巴尔的一个贮藏处发现的，钱币多达 250 枚。③

表6－2 非洲发现的宋代钱币线索一览

时间	地点	枚数	钱币年代	发现者	资料来源
1888?	桑给巴尔	?	宋代（与宋代瓷器一起发掘，后存大英博物馆）	John Kirk	F. Hirth（夏德）
1898	摩加迪沙	8	13 世纪前，多为 11—12 世纪	Stuhlmann	同上
1898	同上	7	同上，现存于柏林 Museum fur Volkerkunder）	Strandes	同上

---

① Al - Idrisi, *Opus geographicum*, Neapoli - Romai, Instituto Universitario Orientaledi Napoli, 1970, p. 7, p. 62. Louise Levathes, *When China Rules the Seas*, *The Treasure Fleet of the Dragon Throne*, *1405 - 1433*, Oxford University Press, 1994, pp. 200 - 201.

② Louise Levathes, *When China Rules the Seas*, *The Treasure Fleet of the Dragon Throne*, *1405 - 1433*, p. 201.

③ 有关以下宋钱的资料来源，还可参见 F. Hirth, "Early Chinese notices of East African territories", *Journal of the American Orient Society*, Vol. 30, No. 1（Dec. 1909）, pp. 46 - 57；张铁生：《中非交通史初探》，生活·读书·新知三联书店1963年版，第49—50 页；G. S. P. Freeman Greenville, *The Medieval History of the Coast of Tanganyika*, Berlin：Adademie·Verlag, 1962.

续表

时间	地点	枚数	钱币年代	发现者	资料来源
1916	马菲亚	1	宋神宗	皮尔斯	张铁生引自皮尔斯
?	摩加迪沙		713—1201	?	F. Greenville
?	摩加迪沙和布腊瓦	24	16枚为宋真宗-宋理宗时期；6枚明代，2枚清代	?	张铁生引自F. Greenville
1939	桑给巴尔	5	宋代？	Walker	F. Greenville
1945	桑给巴尔卡珍瓦	176	4枚为唐代，8枚无法辨认。其余为宋真宗——宋度宗时期	Makam bin Mwalimu Mhadimu	同上
1954	桑给巴尔	2	宋宁宗、宋理宗	Kirkman	同上
1955	马菲亚	2	宋代？	G. E. Organ	同上
?	基尔瓦	5	宋太宗、宋徽宗	斯密士	张铁生
?	基尔瓦	1	宋太宗	皮尔斯	张铁生
1991	阿宜宰布	?	宋代	川床睦夫	加尔法

＊并非宋钱被发掘的时间，而是展现或公示时间。

1939年、1954年和1955年发现这三批铜钱的地址与1945年这一大批宋钱的发现地不远。克尔克曼认为中国人喜欢将过时的钱币输出以作为装饰物，但格伦维尔不同意这种看法。有意思的是，数量最大的那批钱币是在桑给巴尔的卡珍瓦被当地人从一贮藏处发现的。当时发现者穆哈迪姆用一根铁锹将一些珊瑚版清除，突然发现一个洞，距离地面约3英尺，里面发现了大量的铜钱，比他上交的要多。因为当他展现这些铜钱时，一些乡亲拿走了一些，估计共有250枚左右。[①] 在一个相对集中的地方发现这么多的宋代钱币，特别是如此众多的铜钱被藏在一个洞穴里，这需要解释以下几个重要问题。

（1）收藏这些货币的人是谁？

由于这些货币或成堆出现，或相对较为集中，可以推测这些人应该是中国人。加上货币的量比较大，这些人应该是中国商人。

---

① G. S. P. Freeman Greenville, *The Medieval History of the Coast of Tanganyika*, pp. 184－185.

（2）目的何在？即为什么要收藏这些货币？

如果伊德里斯的描述是真实的，那些中国商人很可能准备以后返回中国，这样便可解释他们的动机。宋代始终禁止民间商人在海外贸易中经营铜钱。宋太祖时有令："铜钱阑出江南、塞外及南蕃诸国，差定其法，至二贯者徒一年，五贯以上弃市，募告者赏之。"[①] 嘉祐、熙宁、元丰年间都多次重申铜钱外销之禁。宋室南渡以后铜钱外销的禁令更加森严。因此，这些旅居东非的宋代华商对铜钱的收藏似有储备以防万一的动机。

（3）他们为什么会有这些货币？特别是收藏在贮藏处的那么多货币？

可以肯定，这些是他们出国时带来的货币。在买卖过程中，多以货易货，这些货币暂时没有用处。因此，商人倾向于将货币收藏以作回国之用。

我们目前还不能断定这些宋钱即为宋代人所藏，但它们由相近时代的人带去东非海岸的说法比较合理。这样，他们带去这些钱币的目的也较容易理解。不容否认，这些货币揭示了当时存在于中国与东非之间的贸易关系。[②] 这些宋钱可以说明：中国与东非海岸一些地区很早就存在着航运与贸易。在东非海岸而言，阿拉伯地区的阿曼人与这一地区关系最为密切。其一，阿曼位于阿拉伯半岛的东南角，在东南及东北两面濒临印度洋，阿曼人对于印度洋的贸易当然具有较有利的条件，因而在阿拉伯人的印度洋贸易的发展上占着重要的地位。其二，阿曼人在 11 世纪时是以善于造船而闻名于世，从而更有利于阿拉伯人的海上交通和海洋贸易。"阿曼船在东非同中国或南洋的交通上显然是有不小作用的。因此，在当时航行于南洋、中国海岸的外国贸易船或大食船中，一定包

---

① 《宋史》卷一八〇《食货志下二》。中华书局标点本，第 4375 页。

② 古代中非关系的近期研究参见 Li Anshan. "African diaspora in China: Reality, Research and Reflection", *Journal of Pan African Studies*, 7: 10 (May, 2015), pp. 10 - 43; Li Anshan, "Contact between China and Africa before Vasco da Gama: Archeology, document and historiography", *World History Studies*, 2: 1 (June, 2015), pp. 34 - 59.

括了一些阿曼船。"① 阿曼曾将王朝都城搬到桑给巴尔，中国商人很早就开始在东非从事贸易活动。

由此看来，印度洋存在"海运贸易中的真空"的说法颇为不妥。

二 阿曼人的反抗与光复

（一）葡萄牙人被驱逐

葡萄牙人侵入阿曼后，摧毁城市，掠夺财富，奴役人民，破坏商船。这种野蛮的行径迫使阿曼民众逃到山区以躲避侵略者的控制。然而，正如阿曼人所言："葡萄牙人的存在变成了民族团结一致反对侵略者的动力。于是，所有的爱国力量都团结在伊玛目纳赛尔·本·穆尔什德·叶阿拉比（Nasir ibn Murshid al - Ya'aribi，一译纳西尔·本·穆尔希德·西亚巴）的周围。1622 年阿曼人将葡萄牙人驱逐出海湾的入口处霍尔木兹海峡，这为将葡萄牙人最终于 1649 年被完全赶出马斯喀特创造了胜利的开端。"② 这位勇敢的民族英雄成为阿曼人民反对葡萄牙入侵的领导者并得到广大民众的支持。葡萄牙人虽然通过占领果阿、霍尔木兹和马六甲这三个印度洋上的重要战略支点控制了印度洋上的香料贸易航线，但这种控制实在超出了葡萄牙国力可承担的范围。③ 这种控制遭到两方面的挑战：持续反抗殖民侵略的亚洲本土力量和虎视眈眈的荷兰和英国海军力量。阿曼人民在纳西尔的领导下，反抗运动日益加强。在这种情况下，葡萄牙人被迫与阿曼求和。双方签订协议，规定葡萄牙可以在马斯喀特通行和自由贸易，其条件是退出其所占领的苏哈尔并每年向伊玛目纳贡。

1649 年年底，阿曼人最后夺回了由葡萄牙人控制的马斯喀特，并缴获了一些停靠在港口的葡萄牙舰船。很快，阿曼的领导人便建立了自

① 张铁生：《从东非史上看中非关系》，《历史研究》1963 年第 2 期，第 131—132 页。还可参见耿引曾《中国亚非关系史》，社会科学文献出版社 2014 年版，第 163—164 页。
② 阿曼苏丹国新闻部：《阿曼苏丹国》，第 17—18 页。亚里巴王朝于 1624 年建立。
③ C. R. Boxer, *The Portuguese Seaborne Empire 1415 - 1825*, Hutchinson & Co., 1969, p.47.

己的海军舰队，并在 1650—1730 年期间成功地与葡萄牙舰队进行抗争。双方在印度洋上进行了多次交战，并互相俘虏了对方的士兵。从现存的当时通信和描述看，阿曼人对俘虏的待遇要比葡萄牙人强。阿曼海军这一奇迹般的崛起引起了西方学者的惊讶，他们不知阿曼海军的大量舰船是通过购买获得还是缴获所得，他们对阿曼人从何处得到的造船木材一无所知，他们怀疑阿曼海军士兵是由葡萄牙海军的逃兵和叛变者组成。博克萨认为："在 17 世纪 60 年代，阿曼海上力量实际上从无到有的迅速崛起值得深入的调查和研究。"①

（二）重振阿曼之努力

当时的阿曼已振作起来，成为葡萄牙人和其他欧洲人的劲敌。"在 17 世纪，阿曼仍然是葡萄牙人与欧洲人最惧怕的敌人。葡萄牙人统治阿曼期间，在与阿曼人的海战中上了重要一课。葡萄牙人定居点不断遭到攻击，这些攻击并没有明确的目的。"② 实际上，葡萄牙在失去阿曼的各个据点后，遭遇到阿曼人的穷追猛打，一直被追到东非海岸。阿曼人不仅夺回了对波斯湾的控制，还向葡萄牙的印度洋霸权提出挑战。1660—1661 年，阿曼向蒙巴萨派出舰队。从 1661 年开始，他们开始对印度西部海岸的葡萄牙船只进行攻击；1668 年他们占领了古吉拉特的中心城市第乌并将该城劫掠一空。1670 年，他们袭击并差点就占领了莫桑比克岛上的城堡。1689 年，阿曼人摧毁了葡萄牙人在帕特的定居点。从 1696 年 3 月起，阿曼军队包围了蒙巴萨，最后终于在 1698 年 12 月占领了蒙巴萨。当时葡萄牙驻蒙巴萨总督在 1699 年蒙巴萨城堡陷落后的一份电文中指出："陛下，我可以向您保证，此次围城向国家而言损失惨重。一千多葡萄牙人和近一万土著在这场战斗中死去。陛下，这些人都是您的臣民，他们的去世都是因为感染所致。"③ 这场战争可以说终结了葡萄牙在东非海岸北部的统治。

① C. R. Boxer, *The Portuguese Seaborne Empire 1415 – 1825*, Hutchinson & Co., 1969, p. 134.
② [澳] 迈克尔·皮尔森：《港口城市与入侵者——现代社会早期斯瓦希里海岸、印度和葡萄牙》，闫蕺润译，民主与建设出版社 2015 年版，第 314 页。
③ C. R. Boxer, *The Portuguese Seaborne Empire 1415 – 1825*, Hutchinson & Co., 1969, p. 135.

17 世纪末，阿曼将葡萄牙彻底赶出了东非海岸的城邦国家以及帕特、奔巴、桑给巴尔和马林迪等地，并宣称对德尔加多角以北地区的主权。尽管在后来的日子里有所反复，但阿曼人对东非海岸的控制保持了相当长的时间。阿曼人对这段历史颇为自豪，认为他们将葡萄牙人赶出马斯喀特并结束了葡萄牙人在东非的统治，"这一胜利开创了一个力量和繁荣的时代。在此后的 50 年间，阿曼的舰队恢复了元气，阿曼作为一个非欧洲国家将其势力扩展到非洲大地，并在那里持续了 250 年之久"①。实际上，在亚里巴几任教长的领导下，阿曼不仅从葡萄牙人的统治下解放出来，还夺取了过去葡萄牙人在波斯、印度和非洲东海岸的殖民地，并拥有一支 400 只船只的舰队。虽然在 18 世纪中期波斯人曾入侵阿曼，但他们很快就被赶走。阿曼历史学家认为，亚里巴家族的统治（1624—1749）是中世纪帝国理想的复兴。随后，虽然有各种内斗和分裂，但帝国一直持续。②

（三）阿曼在东非海岸的扩展

18 世纪前半期，阿曼内斗不断，1749 年最后以赛义德王朝的胜利结束内乱。18 世纪早期，阿曼人已实际控制了东非海岸的大部分，18 世纪中期，阿曼人试图在桑给巴尔建立政权。然而，阿曼对东非海岸诸城邦国的控制并不稳固，蒙巴萨自 17 世纪末从葡萄牙的统治转手到阿曼人的统治后，多次尝试脱离阿曼的控制，在马兹鲁伊家族的领导下于 1741 年宣告独立。阿曼在东非海岸地区的政权直到 19 世纪，在击败当地各种地方势力后，赛义德素丹（Seyyid Said，1804—1856）在桑给巴尔巩固了自己的势力。赛义德素丹在统治期间大力发展海军力量，促进本土生产和贸易。同时，阿曼的势力已经扩展至东非海岸以及西印度洋海面。大约在 1830 年，赛义德素丹在桑给巴尔海边建造了两座王宫。从 1832 年到 1837 年，他时而住在马斯喀特，时而住在桑给巴尔的王

---

① 阿曼苏丹国新闻部：《阿曼苏丹国》，第 18 页。

② Carol J. Riphenburg, *Oman Political Development in a Changing World*, Westport: Praeger, 1998, pp. 30 – 40.

宫。然而，到 1840 年，他基本上将王宫整个挪到桑给巴尔。当时，赛义德王朝一方面通过原有的贸易通道在东非海岸经营象牙等当地特产以及奴隶的贸易。① 另一方面，阿拉伯人在东非沿岸以及西印度洋群岛（如留尼汪）引进了丁香。赛义德在桑给巴尔和奔巴岛大力鼓励种植丁香。1834 年，丁香的种植尚处于开始阶段，但到赛义德统治末期，每年的总产量已达到 700 万磅，出口价值已经超过了象牙和奴隶。② 正是在他的精心经营之下，阿曼取得了巨大的成就，他在历史上被称为"赛义德大帝"。③

三　阿曼—英国的不平等关系

（一）英国人控制的开始

1645 年，纳赛尔给英国东印度公司写信，答应向它提供贸易设施。这是阿曼与英国达成的第一个非官方协定。协定内容包括两项：英国人在阿曼享有宗教信仰自由；英国人保留司法权力。后来，美国和德国也享有类似特权。④

1793 年，阿曼教长艾哈迈德·赛义德允许法国在马斯喀特派驻一名代表。⑤ 1798 年，英国东印度公司迫使马斯喀特素丹国签订条约。马斯喀特承诺在处理国际事务时始终站在英国一边；战时为英为提供各种便利，不在自己领土上为法、荷提供贸易和基地；将在马斯喀特的法国人和法国舰船驱逐出境；在英法军舰交火时援助英国；在英国船只发生

---

① Michael F. Lofchie, *Zanzibar: Background to Revolution*, Princeton: Princeton University Press, 1965, pp. 23 – 51.

② R. Coupland, *East Africa and Its Invaders from the Earliest Times to the Death of Seyyid Said in 1856*, London: Oxford University Press, 1938, p. 314; Carol J. Riphenburg, *Oman Political Development in a Changing World*, Westport: Praeger, 1998, pp. 36 – 39.

③ 袁鲁林、萧泽贤:《赛义德王朝的兴衰与当代阿曼的复兴》,《西亚非洲》1992 年第 6 期, 第 65—71 页; Coupland, *East Africa and Its Invaders*, pp. 108 – 153, 195 – 360.

④ Ian Skeet, *Muscat and Oman: The End of an Era*, London, 1974, p. 65. 转引自全菲、韩志斌《阿曼》, 社会科学文献出版社 2010 年版, 第 50—51 页。

⑤ ［苏联］斯·西拉吉金诺夫:《阿曼民族解放运动史》,《亚非译丛》1963 年第 10 期, 第 27 页。

海难时予以救助和安置；允许英国在阿巴斯港建立一个有军事设施的代表处，并规定商品买卖征收与巴士拉和布什尔相同的税率。① 1800 年 1 月 18 日，马斯喀特素丹与英驻印度总督代表约翰·马尔科姆·巴哈多尔签订协议，确认和扩充两国 1798 年协定的新协定。协定确认两国间的友好关系，防止以后发生有损两国关系的事件，素丹同意英国在马斯喀特建立常设代表处，并由其代表英方处理涉及两国关系方面的事务。这些协议成为英国势力正式进驻并干预阿曼马斯喀特素丹国的开端。② 尽管英国人的经济渗透激起了阿曼人民的不满，但英国殖民主义者善于利用制造矛盾来进行控制。

（二）禁奴条约的签订

1822 年 9 月 10 日，英国舰长摩斯巴尔与马斯喀特伊玛目签订了有关禁奴的条约。英国通过这一条约，取得了两方面特权。一是英国以获取有关贩奴情报为由得到了在阿曼设立派驻代表和机构的权利，二是英舰有权扣押任何被发现试图向基督教国家贩奴的船只。③ 这种以海军舰队为工具、以人道主义为旗帜的海上禁奴举动成为英国获取和保持海上霸权的重要手段。1839 年，英国东印度公司海军舰长罗伯特·库甘与马斯喀特素丹代表哈桑签订《马斯喀特英国通商航海协定》，该协定虽然规定双方可相互在对方所有港口自由往来、居住和从事贸易活动，但实际上英国获得了两种重要的特权。一是英商输入马斯喀特货物税率不得超过 5%；二是双方互派领事，英国人享有事实上的领事裁判权；三是英舰禁奴巡逻的权力和范围进一步扩大。条约还对有关禁奴作了补充规定。在 1845 年和 1873 年，英国与马斯喀特素丹两次签订有关禁止和

---

① 钱其琛主编：《世界外交大辞典》，世界知识出版社 2005 年版，第 500 页。该条约于 1800 年 4 月 26 日由英驻印度总督批准生效。1844 年，马斯喀特同法国订立贸易条约后，协议中的排法条款因此失效。

② 钱其琛主编：《世界外交大辞典》，第 51 页。

③ 此条约也因英国委派的负责调查奴隶贸易专员莫尔斯比爵士（Sir Fairfax Moresby）签订而被称为"莫尔斯比条约"。有关调查和签订的过程，参见 R. Coupland, *East Africa and Its Invaders from the Earliest Times to the Death of Seyyid Said in 1856*, London: Oxford University Press, 1938, pp. 186 – 216。

终止奴隶贸易的协定和条约。库里亚穆里亚群岛是靠近阿曼佐法尔地区的一个群岛，包括赫兰尼亚岛、吉布里亚岛、索达岛、哈斯柯岛及古松德岛，是设计通往印度的一条海底电报电缆线路的重要中转站之一。为了保护英国在阿拉伯半岛的利益和印度的通信安全，英国皇家海军舰长弗里曼特尔要求马斯喀特素丹将这一群岛让给英国。1854 年 7 月 14 日，素丹答应了这项要求，签订契约，承诺将这一群岛让与维多利亚女王陛下，作为她及其继承人的财产。① 这时英国控制阿曼又一个阴谋得逞了。

（三）英国控制的策略：分而治之

在任何地区，殖民政府的统治方式都是希望以最小成本取得最大成效。"分而治之"是指一个这政治体对其殖民地、所属保护地甚至对手采取的统治策略和制度，分为三种情况。第一种是通过对当地统治者与被统治者的不同策略来实施有利于自身的政策，以达到制造矛盾坐享其利的目的。"英国殖民主义者善于投机，他利用阿曼人民的不满来加强对素丹的影响。他一方面唆使部落反对素丹，另一方面又答应签订有利于英国人的条约的情况下，帮助素丹镇压人民。"② 另一种是用各种手段（散布谣言、挑拨利用、亲疏有别或制造不和）来分化或分裂对手以达到削弱对手的目的，这种手段往往是在统治者阶层内使用。第三种是将殖民地或保护国分解为两个不同地区或不同群体并用不同方法进行统治。英国正是利用赛义德家族的兄弟不和达到了将阿曼和东非帝国分裂的目的。

尽管阿曼与西方列强特别是英国签订了各种不平等条约，但阿曼毕竟保持了自己的独立地位。在这期间，赛义德为阿曼的商业开辟了一个广阔的国际市场，马斯喀特成为整个海湾的重要商业中心，他与英国、美国、法国和荷兰等国家签订商业协定和条约。"这一切都使他作为一个英明的统治者，一个将国家向世界开放引来世界之光的统治者而名扬

---

① 钱其琛主编：《世界外交大辞典》，世界知识出版社 2005 年版，第 1305 页；郭应德：《阿拉伯史纲（610—1945）》，经济日报出版社 1997 年版，第 231 页。
② ［苏联］斯·西拉吉金诺夫：《阿曼民族解放运动史》，《亚非译丛》1963 年第 10 期，第 27 页。

四海。"① 1856 年，赛义德因病去世，这标志着一个阿曼强盛时代的结束。根据赛义德的遗愿，其子马斯喀特州长苏维尼继承王位，桑给巴尔总督马吉德（Majid）掌管东非地区。马吉德不服，发动了反抗苏维尼的斗争。兄弟之间的矛盾被英国利用。早就觊觎阿曼国土的英国和法国一直对强大的阿曼帝国有所忌讳，正好利用这一机会将强大的阿曼—东非帝国一分为二。

1861 年，在英国代表的仲裁下，阿曼被分为两个素丹国——由任马斯喀特州长的苏维尼任阿曼素丹，由马吉德任桑给巴尔素丹国素丹。"伦敦方面懂得，统治一个分裂的国家，要比控制一个强有力的中央集权国家方便得多。"② 1862 年 3 月 10 日，由英国特命全权大使洛德·考利与法国外交国务大臣图弗奈尔在巴黎签订《英法关于保证马斯喀特及桑给巴尔独立的宣言》，保证尊重这两个素丹国的独立。该协定事实上从未被英国遵守。英国外交部以"忘记"将缔约之事通知其印度总督为由，在十年内一直未受该协定的任何约束。直至 1872 年英国才正式公布该协定。通过这一协定，英国进一步加强对阿曼的控制与干涉。③

实际上，英国不仅在马斯喀特素丹国和桑给巴尔素丹国之间玩弄分而治之的策略，在阿曼这块领土上出现了马斯喀斯素丹国和相继由阿桑·伊本·凯伊斯和赛利姆·伊本·拉希德·哈鲁斯等教长领导的阿曼统一反抗力量对立的局面。英国再次出面并使用同样手段达到自己的目的。1915 年，反对马斯喀特和英国统治的力量组成"阿曼伊斯兰教长国"。在教长国进攻马斯喀特素丹国的斗争中，马斯喀特在英国派遣的印度军队支援下击退了进攻。1920 年 5 月 25 日（一说），经英国人调停，双方签订《西卜条约》。从此，阿曼分为马斯喀特素丹国和阿曼伊斯兰教长国两部分。

---

① 阿曼苏丹国新闻部：《阿曼苏丹国》，第 21 页。
② ［苏联］施瓦柯夫：《战斗的阿曼》，第 20 页。
③ ［苏联］钱其琛主编：《世界外交大辞典》，第 2313 页。

（四）海湾——英国的"内湖"

除了与英国保持着某种特殊关系外，马斯喀特素丹国先后与美国（1833 年）和法国（1844 年）签订了通商贸易条约。自从赛义德去世后，阿曼经历了各种内部矛盾和争权夺利。这些内斗为英国进一步干涉阿曼内政并确立自己在阿曼的独占地位提供了机会。1888 年，一直受到英国支持和保护的图尔基·赛义德病死，其子赛义德·费萨尔继位。1891 年 3 月 19 日，英国与马斯喀特缔结了通商条约。条约规定：阿曼对英国进行货物免除关税，阿曼制定关税政策必须征得英国的同意，阿曼的航海事业也必须置于英国的监督之下。然而，在签订这份通商条约时还附加了一份类似保证书的秘密文件，于次日由马斯喀特素丹赛义德·费萨尔与英国驻波斯湾政治专员爱德华·查尔斯·罗斯签订。这一秘密文件旨在确立英国在海湾的优势，排斥法国在马斯喀特的活动。素丹保证他本人和他的继承人及继任者将永远不将马斯喀特、阿曼及其他任何属地割让、出卖、抵押给除英国政府以外的第三者或让其他国家以其他方式占领。该保证书是英国取得在马斯喀特阿曼独占地位的主要法律依据，从同年 5 月 23 日由英国驻西姆拉印度总督批准生效后，直至 1939 年被新条约取代。①

1898 年，英国人又逼迫马斯喀特素丹费萨尔签订了第一个防御条约。条约规定：英国人监督阿曼的对外关系，充当阿曼的外交代表，阿曼王室全面受制于英国。这样，英国对阿曼的管辖权从政治、经济、外交和军事等方面得到了全面保障。1903 年，英国驻印度总督寇松在访问阿曼后大言不惭地宣称："在所有的场合，素丹的态度都是老实和严肃的，是一个追随和效忠于英国政府者的态度，而不是一个独立的统治者的态度。"他认为，费萨尔素丹相信，只有依靠英国、服从英国的利益才会确保自己的地位。② 1913 年费萨尔素丹去世，其子泰穆尔继位，并发表了由英国人起草的保证英国人利益的"登基公告"。在此期间，

---

① 钱其琛主编：《世界外交大辞典》，第 1304 页；全菲、韩志斌：《阿曼》，第 55 页。
② 袁鲁林、萧泽贤：《赛义德王朝的兴衰与当代阿曼的复兴》，第 65 页。

英国与海湾地区酋长国和素丹国如巴林（1892）、科威特（1899）、卡塔尔（1916）等签订了一系列的排他性条约和协定。这样，在19世纪末和20世纪初，海湾成了英国的"内湖"。[①]

马斯喀斯素丹泰穆尔的亲英举动引起反对英国及马斯喀特素丹各派别的强烈不满。实际上，早在1905年，这些派别成立"阿曼伊斯兰教长国"。这支力量开始壮大，并积极进行反对马斯喀特素丹的斗争。第一次世界大战期间，英国没有力量顾及阿曼。1920年，马斯喀特素丹被迫与阿曼伊斯兰教长国签订《西卜条约》，承认教长国独立。阿曼被分为"马斯喀特苏丹国"和"阿曼伊斯兰教长国"两部分。1967年，马斯喀尔素丹合并教长国，统一阿曼全境，建立了"马斯喀特和阿曼苏丹国"，1970年改国名为"阿曼苏丹国"。

第三节　中国与阿曼的交往

一　明代中国与阿曼的交往（1500年代—1600年）

（一）中国典籍上的阿曼

中国对阿曼地区很早就有认识，郑和西洋远航更加深了双方的交往。国人对阿曼的认识也通过典籍记录下来。在明代，各种历史典籍如《西洋番国志》（1434年）、《星槎胜览》（1436年）、《瀛涯胜览》（1451年）、《西洋朝贡典录》（1520纂修，1808年刊印）、《皇明世法录》（成书先于《明史》）及《明史》（1679—1739年）等均直接提到阿曼地区的"祖法儿国"、"佐法儿国"、"左法儿"（Zufar，Djofar对音，今佐法尔）。巩珍的《西洋番国志》描述"祖法儿国"，介绍了该地的地理位置、形貌服装、宗教习俗、气候、特产、动物、经济以及与中国的交往，对该地的宗教礼拜介绍较详。"祖法尔国，自古里国开

---

① 郭应德：《阿拉伯史纲（610—1945）》，经济日报出版社1997年版，第290—292页。

舡，投西北行，十昼夜可到。其国边海倚山，无城郭，东南大海，西北重山，王及国人皆奉回回教门，人体长大，貌壮语朴。……如遇礼拜日，上半日市绝交易。男子长幼皆沐浴，以蔷薇露或沉香油塗擦体面，始着新洁衣服。又以小土炉焚沉檀、俺八儿（龙涎香）等香，跨其上以熏体。如到礼拜寺礼拜及散经过街市，香气顿饭不散。其婚丧之礼悉教门。"① 这些描述表明中国对阿曼地区有所了解。

（二）有关中国—阿曼关系的记载

这些典籍又直接涉及佐法尔与中国的关系。《西洋番国志》言及佐法尔的特产以及与中国商品交易情况："土产乳香，其香乃树脂也。树似榆面叶尖长，斫树取香而卖。中国宝舡到，开读诏书并赏赐劳，王即遣头目徧谕国人，皆以乳香、血竭、芦荟、没药、安息香、苏全油、木别子之类来易紵丝磁器等物。"巩珍还言及佐法尔王遣人将乳香、驼鸡等本地特产表进中国。②《星槎胜览》的作者费信曾随郑和舰队西洋之行，他叙述了佐法尔与中国商品交换的情况："地产祖剌法、金钱豹、驼蹄鸟、乳香、龙涎香。货用金、银、檀香、米、谷、胡椒、缎绢、磁器之属。其酋长感慕恩赐，遣使奉贡方物。"③《西洋朝贡典录》中仅有一句提及佐法尔与中国关系，"其朝贡无常（永乐中，遣其臣朝贡方物)"④。《皇明世法录》中提及佐法尔王两次遣使来华，"永乐中，王亚里遣人来朝贡。宣德中，复至。产西马、鹤顶、驼鸡、福鹿、片脑、沉香、乳香、乳香即树脂，以易中国磁器纻丝"⑤。

《明史》"祖法尔国"条汇各家之言，详叙中国与阿曼关系，"永乐十九年，遣使偕阿丹、剌撒诸国入贡。命郑和赍玺书赐物报之。二十一年，贡使复至。宣德五年，和再使其国。其王阿里即遣使朝贡。八年，

---

① （明）巩珍：《西洋番国志》，向达校注，中华书局1961年版，"祖法儿国"，第33—34页。

② 巩珍：《西洋番国志》，向达校注，"祖法儿国"，第34、35页。"驼鸡身匾颈长，足有二指，其毛如骆驼，行亦如驼状，故以驼鸡名……"同上书，第34—35页。

③ 费信：《星槎胜览校注》，冯承钧校注，中华书局1954年版，"佐法儿国"，第19页。

④ 《西洋朝贡典录》卷下。

⑤ 《皇明世法录》卷八二。

达京师。正统元年，还国。赐玺书奖王。……天使至，诏书开读讫，其王徧谕国人，尽出乳香、血竭、芦荟、没药、苏合油、安息香诸物，与华人交易。乳香乃树脂，其树似榆，而叶尖长。土人吹树，取其脂为香。有驼鸡，颈长类鹤。足高三四尺，毛色若驼，行亦如之，常以充贡"①。这里言及祖法尔王于 1421 年遣使与阿拉伯半岛诸国使节访华，朝廷为回报，命郑和携皇帝诏书及物产回访。随后，双方多次互访，多次互相赠送礼物，表示互相尊重。

（三）苏哈尔的华瓷——中国—阿曼交往的明证

上述典籍如《西洋番国志》《星槎胜览》和《皇明世法录》多提到中国瓷器。有意思的是，在阿曼的苏哈尔（Suhar，Sohar）旧址确实出土了中国青瓷及明代青花瓷碎片。苏哈尔位于阿曼北部海岸，为古代阿拉伯与东方贸易的重要港口。在阿拉伯史籍中，苏哈尔一名始见于穆斯林纪元 8 年（公元 630 年）。在中世纪，苏哈尔的波斯语名称为 Mazun，唐代译作"没巽"，宋代译为"勿巡"。苏哈尔是中世纪海湾地区最繁华的城市之一，长期享有"通往中国的门户"之称。② 作为亚洲最大海港之一，苏哈尔扼守波斯湾通往印度洋的咽喉。海湾地区和东非沿岸国家的商贾基本上均由苏哈尔将其商品运往中国进行贸易。在中阿友好交往史上，流传着阿拉伯文学名著《一千零一夜》中的辛伯达航海历险故事。当年辛伯达乘坐大木船正是从苏哈尔出发，历经万难，抵达中国广州。1980 年至 1982 年，驻巴林和阿曼的法国考古队对苏哈尔遗址进行了发掘。出土的中国瓷器有晚唐至明清时期近 800 件，其中元明时期瓷片有 16 件，包括 10 件龙泉窑青瓷片。③

根据上述史料，我们看到，早期的中国与阿曼双方互相尊重，平等相待，建立了和谐的外交和贸易关系。

---

① 《明史》卷三二六《外国卷》。

② 张广达：《海泊来天方 丝路通大食——中国与阿拉伯世界的历史联系的回顾》，周一良主编：《中外文化交流史》，河南人民出版社 1987 年版，第 744—745 页。

③ 申浚：《浅谈西亚与南亚地区发现的元明龙泉窑瓷器》，《故宫博物院院刊》2013 年第 6 期，第 68—77 页。

二 清朝与民国时期的双方交流（1700年代—1949）

（一）中国—阿拉伯文化交往

郑和之后特别是有清以来，由于欧洲列强炮舰政策对印度洋的影响，加之中国为防倭寇而行海禁，中国与阿拉伯的交往一度削弱。然而，双方仍然关注着各自的文化，尽力进行着各种交流。从澳门经过中东抵达欧洲的航线一直在继续。根据陈迎宪的研究，在17世纪，澳门—欧洲航线到达的港口包括马斯喀特、莫桑比克、里斯本等港口。[①]

除了海上交往，中国与阿拉伯两种文化相互影响。明清之际，云南、陕西、江苏、山东等省的穆斯林，特别是朝觐归来的教职人员，着意发展伊斯兰教宗教教育，也出现了一批著名的宗教学者。著名学者李贽家族有阿拉伯血统，原姓林，1552年前因故改林姓李。林家几代人与泉州穆斯林五家家族（金、丁、马、迭、夏）以及当地著名的蒲姓通婚。明末的苏州人士张中在1640年完成了《归真总义》，这是伊斯兰教经典中最早的汉文本之一。[②] 清初的金陵王岱舆的祖先即阿拉伯人，明洪武年间来华朝贡，因精于天文历算，被授职钦天监，赐居京师。他自己学养深厚，著述有《正教真诠》《教真正答》等。刘智为清代穆斯林著名学者，著述甚多，如《天方性理》《天方典礼》《天方字典解义》《天方三字经》《五功释义》《天方至圣实录》。《天方至圣实录》是汉文第一部最全的穆罕默德传记。据统计，1657—1825年间，中国至少刊刻了二十种穆斯林著作。[③] 马复初是两次去阿拉伯学习和朝觐的中国知名穆斯林。他曾用阿拉伯语写成《朝觐途记》，后由弟子马安礼译成中文出版。

20世纪以来，不少中国学者负笈留学阿拉伯，对中国—阿拉伯文

---

① 陈迎宪：《海上丝路和地理大发现交汇的澳门海上航线》，"海表方行：海上丝绸之路国际研讨会"，香港，2016年11月20日，第18页。

② 杨晓春：《明末清初伊斯兰教学者张中生平行实考察》，《世界宗教研究》2012年第4期，第142—149页。

③ 张广达：《海泊来天方　丝路通大食——中国与阿拉伯世界的历史联系的回顾》，第787页。

化交流起到了至关重要的作用。除曾赴亚非各伊斯兰国家考察教育并回国创办北京回教师范学校的王浩然外，从 1931 年开始选派至埃及爱资哈尔大学学习的大批中国学者均学有所成，成为中阿文化交流的栋梁之材。他们中多人致力于《古兰经》的汉译工作。从 1927—1947 年的 20 年间，中国出现了 7 种《古兰经》译本。《论语》也被译成阿拉伯语在埃及出版。此外，王静斋的《阿汉字典》也出版了。①

表6-3　　　　　　　　　古兰经汉译本出版一览

译者	书名	出版地或出版社	出版年	备注
铁铮	可兰经	北京中华印书馆	1927	教外人士译
姬觉弥	汉译古兰经	上海爱俪园	1931	教外人士译
王静斋	古兰经详解	北京中国回教促进会	1932	又名王文清
王静斋	古兰经详解	宁夏石印本	1945？	
王静斋	古兰经详解	上海修订本	1946	
刘锦标	可兰经汉译附传	北京	1943	
杨仲明	古兰经大义	北京	1947	
马坚	古兰经	北京	1949	仅上册
马坚	古兰经	北京	1981	全译本

（二）从地理学角度对阿曼的认识

晚清正处于帝国主义瓜分世界的关键时期。随后世界大战的爆发，中国与阿拉伯地区均处于极其困难的时期。中国政府特别是一些有头脑的知识分子开始意识到中国以外还有其他的国家，都急切地希望了解域外世界，西方传教士也将各种地理知识介绍给中国人。这是一个现代地理学在中国广泛传播的时代。②

当时，林则徐主持了《四洲志》的编撰工作。后来，魏源的《海国图志》在《四洲志》的基础上较系统地介绍了各大洲的情况。徐继畲的《瀛环志略》是中国学界受西方地理学直接影响下的产物。这些

① 张广达：《海泊来天方　丝路通大食——中国与阿拉伯世界的历史联系的回顾》，第788—790 页；江淳、郭应德：《中阿关系史》，经济日报出版社2001 年版，第214 页。
② 邹振环：《晚清西方地理学在中国：以1815 至1911 年西方地理学译著的传播与影响为中心》，上海古籍出版社2000 年版。

书中均包括阿拉伯地区的地理和人文情况，对阿曼也有所介绍。例如，在《海国图志》卷三的"海国沿革图"中，有"西南洋五印度沿革图"，阿拉伯半岛为"天方"，清晰可见，并标有"阿丹"（亚丁）、"默德那"（麦地那）和"亚喇伯"（阿拉伯）等地名；在"亚细亚洲各国图"上，则直接标有"阿曼部"，还有"母士甲都"（马斯喀特），北邻"百耳西亚海"（波斯湾）。① 在《海国图志》卷二十四的"西南洋"中，有"阿丹国"。叙述阿曼为"科曼"和"阿曼"，"阿曼系东南之地，东及白西亚海隅，东南有沙漠。其君有权势，亦在邻地或亚非利加两海边开埠。其城曰母士甲，居民万二千口，是最广之埠"②。这段文字不仅提到了阿曼的地理位置，对其王权也有介绍且提及阿曼在东非海岸的领土。

此外，其他有关世界各地的书籍或介绍阿拉伯半岛，或介绍阿曼。宁波的龚柴所著《阿拉伯考略》被收入王锡祺于 1877—1897 年编录的《小方壶斋舆地丛钞》内。考略介绍了古代中国与阿拉伯的关系以及阿拉伯的历史，作者提到阿拉伯分五个部分，分别介绍了当地风土人情，其中一部为"呵曼"，在东南隅。③ 在王锡祺编录的《小方壶斋舆地丛钞三补编》里也提到阿拉伯地区："部之第一曰也门，僻处西南隅，为红海滨巨镇。其二曰阿曼，在东南隅，中隔亚达拉毛部，为第三部。其四曰剌少内德惹部，即在其中。"④ 这些著述通过翻译、编译或整理外国报刊或书籍上的知识，为国人介绍了阿拉伯或阿曼的知识。

---

① （清）魏源：《海国图志（上）》，陈华、常绍温、黄庆云、张廷茂、陈文源点校注释，岳麓书社 1998 年版，第 48、103 页。

② （清）魏源撰：《海国图志（中）》，陈华、常绍温、黄庆云、张廷茂、陈文源点校注释，第 776 页。

③ （清）王锡祺编：《小方壶斋舆地丛钞》第十帙（六），第 1041—1043 页。此外，在《小方壶斋舆地丛钞补编》十帙所收李光廷的《亚剌伯沿革考》中也提到"阿曼"。有的书引用时有误，《中阿关系史》提到此书，作者误作龚荣，参见江淳、郭应德《中阿关系史》，经济日报出版社 2001 年版，第 197 页，第 198 页注 1；彭树智在转引时也误作"龚荣"，彭树智：《阿拉伯国家史》：高等教育出版社 2002 年版，第 441 页。

④ （清）王锡祺编：《小方壶斋舆地丛钞三补编》第一帙（三），辽海出版社 2005 年版，第 166 页。

（三）欧洲殖民强权下的相拥相惜

中国的革命者对其他国家的命运也非常关注，中国人密切注视其他文明古国的形势，特别对欧洲列强在埃及的所为格外关注。出版或翻译和多种相关著述，如麦鼎华译《埃及近代史》（原著者为日本学者柴四郎，有多种译本）、赵必振译《埃及史》（原著者为日本学者北村三郎）以及《埃及惨状》（1903 年文明书局出版）以及新弹词《埃及惨状》等。1908 年，摩洛哥爆发反对法国殖民统治和本国统治者投降行为的运动。梁启超写成《摩洛哥问题》的文章，作为《欧洲战役史论》之第十三篇，专论英法德之争导致摩洛哥危机。孙中山先生曾高度赞扬了摩洛哥人民"不甘与孱王俱死，与主权同亡，乃发奋为雄，以拒外兵，以复昏主。内外受敌，危险莫测，而么民不畏也，惟有万众一心，死而后已"①。这种不惧与外敌抗争和与摩洛哥人同病相怜的表态正反映了当时中国革命者的心境。

中国知识分子一直关注着阿拉伯地区的形势。英国对阿拉伯半岛的政策历来分为两派。一派主张通过红海而经略巴勒斯坦及汉志（Hejaz），另一派则主张从印度逾波斯湾而经略内志（Nejd）等地。第一次世界大战爆发后，第一派占上风，英国的阿拉伯政策利用了麦加的侯赛因（Hussein Ibn Ali）以建立所谓汉志王国，从而与法国保护的叙利亚对抗，汉志也因此成为战后的独立国之一，且曾在巴黎和约上签字并加入国际联盟。然而，汉志的侯赛因却最终扶不起来，其国土被内志国胸怀大志的伊本·沙特（Ibn Saud）国王吞并。这实际上是英国外交政策的失败。然而，老到的英国殖民主义者很快又与内志签订条约，承认内志王国的完全独立，并与内志保持着良好关系。

第一次世界大战结束时该地区"第一件也是最重要的当然是在阿拉伯发现了石油这件事情"②。随后，英国与在叙利亚有利益的法国和

① 《论惧革命召瓜分者乃不识时务者也》，载《孙中山全集》第一卷，中华书局 1981 年版，第 380—381 页。
② ［英］约翰·巴戈特·格拉布：《英国和阿拉伯人：五十年情况研究 1908—1959》，世界知识出版社 1963 年版，第 13 页。此书对有关英国对阿拉伯地区的政策有所涉及。

以也门为保护地的意大利在该地区的矛盾导致了各种冲突。化鲁在评论中认为，作为瓦哈比领袖的沙特国王是"阿拉伯半岛的一个伟大的英雄"，阿拉伯地区自土耳其革命打破伊斯兰教统治地位后需要有一个统治中心，而"沙特却打算起而代之"，英国与意大利在阿拉伯的争夺是"意想中的事"。沙特国王面临两种选择：以内志为中心实现回教帝国的理想并进行反帝国主义的运动，还是和以前的汉志王一般最终成为一个帝国主义的工具。"这是很可注目的。"① 这场被称为"神圣宗教战争"（即圣战）的性质同样引起中国学者的注意。② 一些外国学者的文章也被翻译，对阿曼的地位也有定性："除上述委任统治区外，在阿拉伯半岛中尚有亚丁、娥曼（Oman）与库韦脱被保护国，以及内志与汉志，亚西尔（Asir），耶门及哈达拉行（Hadramut）等阿拉伯独立国家。"③

在20世纪30年代，阿拉伯半岛地区战火燃起。1934年，何孟祁在《阿拉伯战争概观》中详细分析了这场反殖民主义侵略和控制与争取该地区统一的民族主义战争。这篇长文分为六部分，分别阐述了伊本·沙特的崛起、战争的起因以及现阶段的进展、英国对阿拉伯用心之外交史绩、意大利之企图以及阿拉伯半岛之将来等问题。他对"阿拉伯四周均英之势力"的现况极为关注，分析了英国与法意在阿拉伯地区的潜在冲突，并特别指出"日本亦怀异志于亚非二洲之间"。他的结论颇为警醒："世变方极，又谁能担保阿拉伯半岛不为将来大战争之导火线。世界回教徒于第一次大战，既受帝国主义者利用为战线上之前哨，而所

---

① 化鲁：《阿拉伯的一个新国——内志》，《东方杂志》第24卷第20期（1927年10月25日），第3—4页。

② 当时，英国殖民大臣宣称英国自1917年至1923年付与沙特的津贴约542000镑。沙特拿了英帝国的钱，却又大肆反对帝国主义，"这真是喜欢利用金钱收买政策的英帝国主义者所梦想不至的事了"。此外，沙特将战争定性为"为全回教民族求解放"。瓦哈比教徒到麦加朝圣者在过去六七年间经常为英帝国主义的工具侯赛因所虐待，近来阿拉伯各地人民又不时为英国飞机所蹂躏。作者认为这些都是引发"圣战"的原因。育幹：《阿拉伯回教徒的反英战争》，《东方杂志》第25卷第5期（1928年3月10日），第2—3页。

③ R. Gordon Canning，《阿拉伯民族的出路问题》，《东方杂志》第26卷第24期（1929年12月25日），第57—62页。

获又如此，其于未来之战争，允宜有所觉悟矣!"① 作者对阿曼的定位很准确："阿曼名义上为一独立国，实际上仅与印度有往来频繁之贸易，自可视为英国所控制。"② 耿淡如明确指出英国控制巴勒斯坦的实质是为了保护石油供应线。③

在第二次世界大战结束以前，在欧洲列强的殖民控制和政治压迫之下，中国与阿拉伯国家虽然都处于弱势地位，但双方尽量保持着平等关系。一些阿拉伯国家与中国政府在伦敦使馆不时接触，在一些关键时刻也表达了相互支持的意愿。④

---

① 何孟祁:《阿拉伯战争概观》,《东方杂志》第31卷第13期（1934年7月1日），第47—52页。

② 何孟祁:《阿拉伯战争概观》,《东方杂志》第31卷第13期（1934年7月1日），第51—52页。

③ 耿淡如:《巴力斯坦事件之剖视》,《东方杂志》第33卷第15号（1936年8月1日），第15—24页。

④ 江淳、郭应德:《中阿关系史》，经济日报出版社2001年版，第203—224页。

第七章　国际政治与中阿关系（1949—1978）

苏伊士危机的直接后果对西方来说是一次惨重的失败，对纳赛尔及其苏联支持者来说却是一次彻底的胜利。美国同其欧洲盟国之间的关系遭到了严重的损害，尽管是暂时的。

——斯塔夫里阿诺斯

对一个发展中国家来说：石油既可以看成是福，也可以看成是祸，这要看石油怎样被利用。

——《海湾合作委员会的经济发展：石油的福与祸》

我希望，它将证明：亚洲和非洲已经再生了，新亚洲和新非洲已经诞生了。我们的任务首先是彼此取得谅解，从谅解中将产生彼此之间的更大的尊重，从尊重中将产生集体的行动。

——印尼总统苏加诺在万隆会议上的讲话

第一次世界大战后中东大规模发现石油。由于西方发达国家对石油的广泛利用最早最多，它们对石油的依赖使它们不惜一切代价来保护自身的利益。先是英国在中东地区的石油开采占第一位。到20世纪50年代，美国后来居上。为了打破西方石油公司的垄断，石油输出国组织成立，后来衍生出来的阿拉伯石油输出国组织却将经济组织变成了政治手段。从此，石油与政治混杂，或有机地结合，这完全取决于观察者的角度。"石油政治"这一专用名词随之出现。阿拉伯半岛因此经历了长期的动荡。大国在阿拉伯地区的博弈成为这一阶段的重头戏。

面对复杂的地区政治局势，阿曼人民克服了内部分裂。1967 年，马斯喀特素丹国合并教长国并统一阿曼全境，建立"马斯喀特和阿曼苏丹国"，1970 年改国名为"阿曼苏丹国"。正如阿曼人自己所言：自从赛义德素丹逝世以后，阿曼时而繁荣，时而衰落。"然而，这一切并未阻止历史发展的进程，也并未使阿曼人向往自己的国家蒸蒸日上，立足于世界各国之林的强烈愿望削弱或泯灭。"①

本章所涵盖的内容包括三个方面。一是英国在阿拉伯地区的衰落，其标志是苏伊士运河危机中的惨败。二是石油资源与地区政治，特别谈到美国在阿拉伯地区的崛起，这与美国利用与苏联的矛盾对这一地区进行积极干预的政策有直接关系，亚非合作与石油输出组织的成立也是这一时期的大事。三是中国与阿拉伯国家的关系，其中包括与阿曼的关系。② 这一地区之所以在战后凸显其地缘战略性，除了传统的扼波斯湾、红海、地中海等海上要道这一战略地位以及其扮演的亚、非、欧的交通枢纽外，与这里发现的石油资源以及各大国开始依赖这一重要的战略资源有直接关系。

第一节　苏伊士运河危机与英国的衰落

一　苏伊士运河危机

（一）1954 年协定与"苏伊士集团"的失败

英国在阿拉伯半岛这一地区的利益不言而喻。然而，在所谓保卫帝

---

①　阿曼苏丹国新闻部：《阿曼苏丹国》，第 21 页。

②　学术界对中国与阿曼关系的著述极少。有关当代中国外交史的著作几乎从未提及中国与阿曼的关系，在《中国外交辞典》中，只有"中华人民共和国与阿曼关系"一个辞目。参见唐家璇主编《中国外交辞典》，世界知识出版社 2000 年版，第 543 页。少数著作提及中国—阿曼关系，参见仝菲、韩志斌《阿曼》，第 257—265 页；黄培昭、苏丽雅《当代阿曼苏丹国社会与文化》，上海外语教育出版社 2003 年版，第 98—101 页；江淳、郭应德《中阿关系史》，第 492—494 页。

国领土的过程中，英国与法国和以色列联合对埃及出兵可以说是英帝国走向衰落过程中最不识时务的举措之一。1954 年对于英国人民是重要的一年，因为这一年结束了定量配给制。这一年对二战功臣丘吉尔先生也是重要年头。虽然他在前一年中风，但 1954 年 11 月 30 日是他 80 岁生日。然而，这一年对于英帝国而言则是一个屈辱之年。在阿拉伯半岛，英帝国的权威地位受到埃及的严峻挑战。7 月 27 日，埃及与英国签署了一项临时协议，协议承认运河是埃及的一部分，也是一条有国际重要性的水道。两个国家都同意拥护规定自由通航的 1888 年国际协定。协议规定英国军队在二十个月内完全撤出。埃及将负责运河基地的安全，设备将由英国的非军职的承办人来维持。10 月 19 日，《英国和埃及关于苏伊士运河区军事基地的协定》在开罗签订，明确规定英国军队自协定签字之日起二十个月内完全撤出埃及领土。[①]

保守党特别是当时主张对埃及采取强硬态度的所谓的"苏伊士集团"坚决支持对埃及采取强硬措施。这个集团由保守党议员组成，包括前党主席拉尔夫·阿什顿等人。他们坚决反对 1954 年作出的从苏伊士运河区撤出英国军队的协议，认为这一行动会破坏英国人在中东的地位。[②] 这个集团的重要领导人朱利安·艾默里在反对这一协定时明确表示："这不是最后的一战，倒也许是回到英帝国的使命和命运那种信念的开端。在我看来，如果没有那种信念，那我国人民将永远不会得到繁荣、安全和自由。"[③] 他甚至认为纳赛尔的国有化行动提供了"在稳固和永久的基础上重建英国在中东的势力"的一个难得的机会。另一位成员沃特豪斯上校认为"必须不惜任何代价和采取一切措施，去抵抗和打败纳赛尔的侵犯。因为我们毫不怀疑地认为，英国现在正处于它历

---

① 《英国和埃及关于苏伊士运河区军事基地的协定》，《国际条约集（1953—1955）》，世界知识出版社 1960 年版，第 263—267 页。

② ［英］T. F. 林赛、［英］迈克尔·哈林顿：《英国保守党》，复旦大学世界经济研究所译，上海译文出版社 1979 年版，第 187、199—201 页；［英］格拉布：《英国和阿拉伯人：五十年情况研究 1908—1959》，第 305 页。

③ 《英国议会记事录》，1954 年 7 月 29 日。转引自［英］T. F. 林赛、［英］迈克尔·哈林顿《英国保守党》，第 199 页。

史上重要的十字路口"。"使用武力""炮舰政策"等用辞都在为苏伊士集团处理运河危机的议院辩论中表达出来。①

（二）苏伊士运河危机的缘起

纳赛尔在充满冷战色彩的著述里永远是个负面形象。② 苏伊士运河危机虽然有其历史根源，但如果仅就这一历史事件而言，他给埃及以及阿拉伯带来的变化则是划时代的。西方的著作习惯将1956年7月26日苏伊士运河的国有化作为这一危机的起点，这是对历史的一种曲解。实际上，就在7月19日，即埃及政府宣布将派大使到华盛顿接收美国援助（7月15日）的四天后，美国和英国决定撤回关于援助埃及修建阿斯旺高坝建议。③ 这对埃及政府既是一个政治羞辱，也是一个经济打击。一个星期后，纳赛尔总统宣布将苏伊士运河公司收归国有，同时保证运河航行自由。这一举措引发西方大国的强烈反对。8月1日，美、英、法三国经过紧急会谈后发表联合公报，以苏伊士运河具有国际性质为借口，反对将其收归国有的决定。8月16—21日，由美、英、法三国建议召开的讨论苏伊士运河问题的国际会议在伦敦召开，22国参加会议，会议没能达成任何协议。9月10日，埃及向各国发出照会，建议组织苏伊士运河各使用国家的谈判机构，解决运河问题。英法两国首脑于9月11日就埃及问题举行会议，会议公报继续攻击和威胁埃及。此事引起国际社会的强烈关注。10月5日，联合国安理会开始讲座苏伊士运河问题。在英法提出的新提案中包括由英、法、埃达成协议的六项原则，新提案的这一部分获得通过，其余部分被大会否决。

（三）战争的结果

1956年10月29日，以色列军队侵入埃及，第二次中东战争爆发。10月30日，英、法两国以以色列侵入埃及为借口，向埃及发出最后通

---

① ［英］T. F. 林赛、［英］迈克尔·哈林顿：《英国保守党》，第200页。

② 参见［英］安东尼·纳丁《纳赛尔》，范语译，上海人民出版社1976年版。纳丁曾是英国外交大臣，负责代表英国政府到埃及谈判并签订英军撤出苏伊士运河区基地的协定。

③ 关于美国撤销对阿斯旺高坝的援助这一政策的决策过程，参见［美］M. 贝科威茨等《美国对外政策的政治背景》，张禾译，商务印书馆1979年版，第87—106页。

牒，要求埃及同意英法军队进驻苏伊士运河港口。埃及政府拒绝英法通牒，下令全国总动员。10 月 31 日，英、法对埃及发动侵略战争，随后遭到包括苏联、中国、美国和阿拉伯国家的国际社会的强烈谴责。11 月 6 日，英、法两国政府被迫下令其进攻埃及的军队午夜停火。12 月 3 日，英国和法国军队同意遵守联合国要求英法军队从埃及撤退的决议。1957 年 4 月 21 日，埃及政府发布关于苏伊士运河和对其管理办法的宣言，宣言自公布之日起生效。① 同年 5 月中旬，英国政府不得不劝告船主们使用完全在埃及管辖下重新开放的运河。苏伊士运河危机的正式结束意味着英国政府不得不在世界面前承认自己的彻底失败。

长期在阿拉伯地区工作的英国将军格拉布表示："不论英国政府在第一次世界大战以后可能犯什么错误，在第二次世界大战以后，它的唯一目标就是要获得阿拉伯人的友谊，这一点是没有怀疑余地的。"② 如果英国的政策真如格拉布将军所言，那它为什么还要不顾一切地对埃及动武呢？当然，结果只能是加速了它的衰落。难怪美国历史学家认为："苏伊士事件以英国势力在中东的崩溃，阿拉伯民族主义的增强和埃及俄国关系的巩固而收场。"③

二 英国失败的原因解释与两个历史逻辑

（一）格拉布的观点与斯帕尼尔的解释

苏伊士运河危机以英国人的失败而告终。英国将军格拉布爵士认为英国政府在处理苏伊士运河危机时犯下了两个主要错误。一是"英国显然错估了美国的反应和这种反应的猛烈程度"。由于英国与美国在外交上经常彼此磋商，因此美国对英国出兵所表达出来的愤慨令英国人不

---

① "运河应由苏伊士运河当局，即 1956 年 7 月 26 日埃及政府所创立的自治机构予以管理和经营。"《埃及政府发布关于苏伊士运河和对其管理办法的宣言》，《国际条约集（1956—1957）》，世界知识出版社 1962 年版，第 567—571 页。
② ［英］格拉布：《英国和阿拉伯人：五十年情况研究 1908—1959》，第 306 页。
③ ［美］J. 斯帕尼尔：《第二次世界大战后美国的外交政策》，段若石译，商务印书馆 1992 年版，第 113 页。

知所措。第二个错误是英国人与阿拉伯最大的两个敌人以色列和法国携手出兵。法国在非洲可谓臭名远扬。"如果英国愿意采取行动的话，它应该在其他一切方法都失败之后，采取单独行动——或者和美国共同行动。"①

斯帕尼尔认为"美国反对入侵苏伊士是制止这场战斗的关键因素"②。美国为什么会在最后一刻背叛自己的英国盟友呢？根据斯帕尼尔的分析，美国政府一直在等待机会证明自己不像阿拉伯人普遍认为的那样——美国采取的政策是亲犹太人的。埃及遭受侵略为美国提供了一个获得埃及和阿拉伯人友谊的时机。"总之，反对这场侵略，美国就能同整个不发达世界的反殖民主义打成一片，特别是能够迎合阿拉伯世界那种反以色列的民族主义情绪。既然英国势力在中东继续存在只会同阿拉伯人发生对抗，那么消除这种势力并用美国的影响取而代之，不仅符合美国的利益，而且还符合所有西方列强的利益。用这种方法可以更妥善地保卫西方的战略和经济利益。"更因为如此，美国一方面可以不惜用经济制裁的威胁来迫使英国停火，另一方面，"它可以用威胁以色列和进攻英国和法国来拯救纳赛尔的手法，从阿拉伯人那里赢得最大的信任"③。这种分析有一定道理，但未回答根本问题，为什么会这样？

（二）艾登企图的失败

英国人有时喜欢将苏伊士的失误归咎于英国首相艾登。一是他着力以说教的态度企图说服埃及参加巴格达条约组织。这一企图不仅未达到目的，反而刺激了纳赛尔的民族主义情绪。艾登为了说服埃及参加巴格达条约而专程访问开罗。纳赛尔表示了应有的礼节，他来到英国大使馆拜会艾登，而不是在自己的总统府召见这位英国首相。当时三位参加了晚宴的当事人都有自己的回忆。

纳赛尔的朋友、新闻记者哈曼德·海喀勒回忆："晚宴之前艾登先

① ［英］格拉布：《英国和阿拉伯人：五十年情况研究1908—1959》，第328页。
② ［美］J.斯帕尼尔：《第二次世界大战后美国的外交政策》，第111页。
③ ［美］J.斯帕尼尔：《第二次世界大战后美国的外交政策》，第111—113页。

生大谈起他是一位埃及事务专家，在这个话题上纳赛尔总统一言未发，全由艾登谈他在阿拉伯事务中的经历……我觉得艾登先生这样过分的表现是个错误。"英帝国总参谋长、陆军元帅哈丁爵士叙述了艾登与纳赛尔会面的情况："会晤的目的是要努力说服纳赛尔相信，他成为巴格达条约中的一个积极的成员符合他的利益。……令我狼狈不堪的是安东尼随后又花了将近一个小时来说服纳赛尔赞同我认为是不言而喻的结论，即他们应加入巴格达条约，但纳赛尔却说目前的时机不对头。我想那次会晤是艾登对纳赛尔完全不信任的开端。"外交部使团成员拉尔夫·默里的批评更为直接："艾登不知趣地试着对纳赛尔大讲特讲他的防卫安排将如何如何，这对纳赛尔产生了一个极坏的作用，因为他不喜欢被人教训。艾登似乎觉得他能够在应付来自北方的苏联入侵之可能性的防卫安排上与纳赛尔携手共进，纳赛尔对这类事情不感兴趣。"① 纳赛尔对艾登傲慢的表现十分吃惊，从而使他更加坚定了英国希望通过这一条约控制中东地区的想法。当纳赛尔将运河国有化之后，艾登认为纳赛尔会将运河当作政治讹诈的工具。②

（三）对格拉布爵士被解职的过激反应

一直统率着约旦军队的英国将军格拉布爵士于 1956 年 3 月 1 日被约旦年轻国王侯赛因解除约旦陆军总参谋长一职，艾登首相对此似乎反应过度。他认为这是埃及总统纳赛尔在背后打击英国的威信。如果英国想在中东地区保持应有的地位，就必须与纳赛尔针锋相对。外交部国务大臣安东尼·纳丁回忆了当时的情景："艾登对格拉布被撤职一事的反应很是暴躁。他咒骂纳赛尔，并声称他与纳赛尔不共戴天。他们两人中必须有一人下台，是夜他宣告了一场对阿卜杜拉的个人战争。当晚大部分时间里我与他呆在一起，起先是在内阁会议室，随后，当他躺到床上时我又坐在他的床边。我们继续争执下去，一直到凌晨五点钟。……他

---

① ［英］布赖恩·拉平：《帝国斜阳》，钱乘旦、计秋枫、陈晓律译，上海人民出版社1996年版，第306—307 页。

② ［美］J. 斯帕尼尔：《第二次世界大战后美国的外交政策》，第110 页。

正在失去理智。"① 这种举动甚至引起了内阁成员的担忧。

艾登似乎对议院甚至自己所担任的职务已经失去了控制。时任外交部国务大臣的纳丁对艾登的行为举止颇有微词。他指出："据说他对各种事情已失去控制。他缺乏处理财政和经济问题的经验，这方面的缺陷正在开始显示出来。外交能手当不好领袖；他无法控制他的大臣。人们不可避免地会把他同他的前任对比，他在丘吉尔的斗篷面前，看起来总是相形见绌。"② 一位记者也描述了艾登在1956年3月7日议院里的窘态："安东尼爵士看上去病容满面，窘态百出，简直无法叫大家安静下来，有一段时间不得不救助于下院议长来恢复秩序。这是一个可怕的场面，很难相信在外交事务上一直控制着下院的安东尼爵士成了这个场面的中心人物。政府在表决时胜利了，但是，安东尼爵士的威信受到了一次打击，这从坐在艾登背后的保守党议员们的默默无言和垂头丧气中明显地反映出来。"③ 是这种近乎失去理智的情绪导致了艾登对埃及发动了战争吗？

（四）两个历史逻辑

我们不想否认艾登在整个事件中非常拙劣的处理手段，也不想否认冷战因素（苏联的介入与美国的插手）在这次事件中的重要作用。④ 然而，苏伊士运河危机实际上归因于与国际政治相关的两个更重要的历史逻辑。

一是民族独立的世界潮流。二战以后各个殖民地的民族主义风起云

① ［英］布赖恩·拉平：《帝国斜阳》，钱乘旦、计秋枫、陈晓律译，上海人民出版社1996年版，第311—312页。
② ［英］安东尼·纳丁：《一个永远要记取的教训》，1967年，第24页。转引自［英］T. F. 林赛、［英］迈克尔·哈林顿：《英国保守党》，第196—197页。
③ ［英］T. F. 林赛、［英］迈克尔·哈林顿：《英国保守党》，第198页。
④ 有关美国的作用，参见 Douglas Little, *American Orientalism：The United States and the Middle East since 1945*, London：I. B.Tauris, 2003；有关1947—1967年间苏联的中东政策，参见 V. V. Naumkin, chief ed. , *Blizhnevostochnyi konflikt：Iz dokumentov Arkhiva uneshnei politiki Rossiiskoi Federatsii*（《近东冲突：俄联邦对外政策档案馆所藏文件》）（2 Vols. ；Moscow：Mezhdunarodnyi fond "Demokratiia", 2003）；有关苏联1967—1973年间的中东政策，参见 Fred Wehling, *Irresolute Princes：Kremlin Decision in Middle East Crisis, 1967 – 1973*, London：Palgrave, 1997。

涌，这种非殖民化运动遍布亚非地区，大英帝国的崩溃成为一种历史必然。埃及所代表的全球兴起的民族主义浪潮，它既推动着诸多国家摆脱殖民主义的统治，也使英帝国认识到殖民地的民族独立不可避免并开始制定非殖民化计划。第二次世界大战以后，民族独立运动迅猛发展，大英帝国开始解体。从其迅速解体的过程看，1956年苏伊士运河危机从某种程度上促使英帝国开始制定系统的非殖民化计划。① 英国前首相霍姆勋爵和历史学家安东尼·洛均不认为苏伊士运河危机未改变英帝国解体的速度。拉平在著作中分析了当时在非洲大陆兴起的民族主义运动，并从六个方面论证了苏伊士事件如何加速了帝国的终结。② 试想，如果没有这种汹涌澎湃的民族独立运动的潮流，美国会为了讨好阿拉伯国家而对英国翻脸吗？几乎所有的英联邦国家会对英国的行径进行谴责吗？

二是殖民主义的思维惯性。英国的殖民主义统治是建立在种族优越感上，对殖民地人民实施政治压迫、经济剥削和文化灌输。在艾登试图说服纳赛尔时，他表现出来的是高人一等的姿态。他以为英国人的观点必然会被对方所接受，而一旦遭到拒绝，就无法接受。"如果听任纳赛尔对西方采取这种重大的挑战行动而不受到惩罚，那么西方在整个中东的影响将丧失殆尽。其他的阿拉伯政府将会没收西方的石油利益，纳赛尔所有的对手都将无可奈何，并同他妥协。……因此英国决心和纳赛尔作对，坚决要对运河实行某种形式的国际控制。"③ 苏伊士集团成员沃特豪斯上校认为"必须不惜任何代价和采取一切措施，去抵抗和打败纳赛尔的侵犯。因为我们毫不怀疑地认为，英国现在正处于它历史上重要的十字路口"。"使用武力""炮舰政策"等用词都在为苏伊士集团处理运河危机的议院辩论中表达出来。④ 对新兴的民族主义高潮，他们不是采取现实主义的态度，而是采取一种习以为常的蔑视，它觉得自己可

---

① 李安山：《日不落帝国的崩溃——论英国非殖民化的"计划"问题》，《历史研究》1995年第1期，第169—185页。有关"非殖民化"的概念，还可参见李安山《论"非殖民化"：一个概念的缘起与演变》，《世界历史》1998年第4期，第1—12页。

② ［英］布赖恩·拉平：《帝国斜阳》，第330—337页。

③ ［美］斯帕尼尔：《第二次世界大战后美国的外交政策》，第110—111页。

④ ［英］T. F. 林赛、［英］迈克尔·哈林顿：《英国保守党》，第199—200页。

以通过武力解决一切问题。

两者的冲突导致了 1956 年危机的爆发以及结果。

第二节　石油资源与地区政治

1953 年 5 月 11—28 日，美国国务卿杜勒斯对亚、非、欧 12 国进行调查访问，其中中东阿拉伯国家占绝大多数，包括埃及、以色列、外约旦、叙利亚、黎巴嫩、伊拉克、沙特阿拉伯、利比亚等国。他在赴中东访问前的演说表达了他对这一地区的担忧："四亿五千万中国人离开我们曾使我们感到震惊……在中东也可能发生同样的事情。"他接着表示，这些国家的人民都愿意独立，他们反对殖民主义，但它们对与殖民国家——英国、法国和其他国家结成同盟的美国感到怀疑。他承认，这个地区有巨大的战略意义，是欧亚非三个洲之间的桥梁，它的自然资源对美国的幸福有极其重要的意义。① 这里的自然资源指的主要是石油。虽然在 1946 年英国在中东地区的石油开采量仍高于美国，然而，美国在 1955 年大大超过了英国在该地区的石油开采量。正是由于西方大国对中东地区石油资源的占有和垄断，阿拉伯国家的石油输出国决定采取行动。石油输出国组织应运而生。

一　石油资源与大国博弈

（一）石油资源与英国的困境

石油对于一个国家工业化以及能源交通的重要性使得它成为必不可少的战略物资，因此有人称石油为"现代工业的血液"。这种战略重要性因石油的三个特点得以加强，一是不可再生，二是交通运输，三是国际共用。石油资源虽然从其发现和利用以来不断发现，其蕴藏量也不断攀升，但用一桶就少一桶，终有一天会成为稀有资源甚至枯竭。这种资

① "国务院公报"，1953 年 6 月 15 日，第 831 页。转引自［苏联］格列切夫《第二次世界大战后的美国殖民政策》，何清新译，世界知识出版社 1960 年版，第 281 页。

源除正常的开采加工外，还必须用交通运输工具使其得以利用，或车船，或管道。这种特性使得运输通道尤为重要，否则无法利用。作为一种国际公共产品，石油的开采、运输和利用是否顺畅，既可以使一个国家运转自如，也可以使一个国家瘫痪。这种国际性不仅加强了石油的战略性，也增强了各国对石油占有以保障持续供应的强烈愿望。①

根据 1960 年代末的统计，截至 1969 年年底，波斯湾地区已探明的石油蕴藏量为 450 亿吨，即占世界总蕴藏量的 62%。此外，还有 9% 在北非，也是阿拉伯地区。剩余的 29% 分布在世界其他地区，其中 11% 在苏联集团境内，近 7% 在美国，3% 在委内瑞拉，2% 在加拿大。印度洋地区除印度尼西亚之外没有一个国家的石油蕴藏量值得一提。此外，中东的石油开采相对特别便宜。一般认为，中东石油的成本为每桶平均 10 美分，利比亚的石油成本约为 15 美分，其他国家的成本要高得多。委内瑞拉为 60 美分，印度尼西亚为 80 美分，美国为 1.5 美元，苏联可能相当于 1 美元以上。② 正是由于这一地区丰富的石油资源和低廉的开采成本，西方国家包括日本对这一地区的依赖逐渐增加。③

"没有石油，欧洲就要衰落。"④ 这是一个常识。第一次世界大战揭示了石油在战争中的重要性。随后，对中东地区石油的不断发现增加了这一地区的战略重要性。⑤ 1939—1956 年任英军的阿拉伯军团总司令的约翰·巴戈特·格拉布曾毫不掩饰地指出："第一次世界大战结束以后，有几件有趣的事情的发展曾经影响阿拉伯走廊。在这些事情中，第

---

① 1956 年 3 月，艾登首相在下院的一次演说中承认中东石油在英国人生活中所起的作用。他说，英国人不得不留在塞浦路斯以保护石油之流向英国。[美] 费希尔：《中东史》，下册，第 944 页。

② 根据 M. A. 安迪尔曼（见《石油新闻》，1966 年 5 月号）和鲍乌尔·G. 过勃兰特莱（见《原油生产经济学》，阿姆斯特丹，1967 年）的估计。转引自 [美] A. J. 科特雷尔、[美] R. M. 伯勒尔编《印度洋在政治、经济、军事上的重要性》，上海人民出版社 1976 年版，第 33 页。

③ "日本几乎全部依赖波斯湾石油——1969 年，在它的 17000 万吨的全部进口中，15000 万吨来自中东，其余几乎都来自印度尼西亚。《1969 年世界石油生产统计学报》（伦敦）。转引自 [美] A. J. 科特雷尔、[美] R. M. 伯勒尔编《印度洋在政治、经济、军事上的重要性》，第 38 页。

④ [美] J. 斯帕尼尔：《第二次世界大战后美国的外交政策》，段若石译，商务印书馆 1992 年版，第 106 页。

⑤ 参见王联《中东政治与社会》，北京大学出版社 2009 年版，第 433—436 页。

一件也是最重要的当然是在阿拉伯发现了石油这件事情。这些石油全都蕴藏在阿拉伯半岛的东侧和波斯，这些石油中有一部分是靠横贯沙漠的油管输送到地中海沿岸的，这正像两千年前阿拉伯的骆驼商队把东方的贸易商品越过沙漠运送到培特拉和帕尔米拉一样。"① 两次世界大战之间，英国控制着大部分阿拉伯地区，对中东的占领完全可以满足其油气需求。这样，一个合乎逻辑的结果出现了：英国越来越依赖中东的石油。然而，经济上的需要可以刺激却不能保证政治上的控制，后者是需要实力的。

1950 年，英国在 19 个国家或地区拥有海外军事基地（德国除外），在 19 个国家或地区拥有海外空军基地，两者偶有重合，如欧洲的奥地利，非洲的索马里兰，中东的亚丁和外约旦，亚洲的新加坡和马来亚。② 英国经济处于急剧衰落的境况，丘吉尔首相 1952 年曾提醒国人："我现在发出警报，但不仅是警报，而是紧急警报。"他说，"历史上从来没有那一个国家像我们这样庞大，这样复杂，这样爬到了使人晕眩的高度，而基础却那样危险。……千年来的传统和胜利，已经因为动荡的世界上市场和商业交易的起伏涨落而成了问题。……我们的一切成就，我们所拥有的一切，我们所有的光荣，都有可能很快化为乌有。"③ 苏伊士运河证实了他的预言。

到 20 世纪 60 年代，英国在中东的势力仅局限于波斯湾的巴林、卡塔尔、阿曼和特鲁西尔国家④等小国以及由亚丁及其属地组成的南阿拉

---

① ［英］约翰·巴戈特·［英］格拉布：《英国和阿拉伯人：五十年情况研究 1908—1959》，世界知识出版社 1963 年版，第 13 页。此书中一位知情者对有关英国对阿拉伯地区的政策有所涉及。

② ［英］帕姆·杜德：《英国和英帝国危机》，苏仲彦、桂成芳、希明译，世界知识社 1954 年版，第 275 页。

③ ［英］帕姆·杜德：《英国和英帝国危机》，苏仲彦、桂成芳、希明译，世界知识社 1954 年版，第 431—432 页。

④ "特鲁西尔"（trucial）来自英语 truce（休战）一词。英国于 1820 年占领今阿拉伯联合酋长国这一地区以后，曾强迫各酋长国签订所谓《永久休战条约》。后来即称这些国家为"特鲁西尔国家"。刘竞、安维华主编：《现代海湾国家政治体制研究》，中国社会科学出版社 1994 年版，第 30 页，注释 1。1971 年 3 月 1 日，英国宣布同各酋长国签订的条约于年底终止。同年 12 月 2 日，阿拉伯联合酋长国宣告成立，由阿布扎比、迪拜、沙迦、富查伊拉、乌姆盖万和阿治曼 6 个酋长国组成联邦国家。1972 年 2 月 10 日，哈伊马角加入联邦。有关阿拉伯联合酋长国的历史，参见仝菲《阿拉伯联合酋长国现代化进程研究》，社会科学文献出版社 2013 年版。

伯联邦。"在 1967 年危机期间以及随之而来的 6 月份的以、阿短期战争
中，英国在联合国安全理事会辩论时发言的软弱无力以及它对以色列、
阿拉伯各国、印度或其他国家的国策的相对地缺乏影响力量，都是昭然
于世的。英国的利益可能继续存在下去，可是它的权势已去。1968 年，
它宣布将于 1971 年从波斯湾全部撤退完毕。"① 随着英国势力的退却，
美国和苏联开始在这个地区争夺。

（二）美国对中东石油的垄断

美国公司早在第二次世界大战前就开始在中东地区投资。战后，由
美国操控的阿拉伯美国石油公司（ARAMCO，简称为"阿美公司"）已
通过沙特阿拉伯成为对欧洲的最大石油出口商。美国后来居上。1950
年，杜鲁门政府更是迫使阿美石油公司将其收入与沙特人均分以保证美
国与沙特结成牢固的伙伴关系。② 在 50 年代，就整个世界而言，绝大部
分石油开采集中在七个大公司手上，分别为新泽西美孚石油公司、加利
福尼亚美孚石油公司、海湾石油公司、得克萨斯石油公司、飞马牌石油
公司、英荷壳牌石油公司和英国石油公司，其中五家是美国公司。在当
时占到世界石油储藏量 70% 以上和世界石油开采量约 24% 的中东地区，
美国在 1955 年控制了全部石油生产的约 60%。根据《纽约时报》的统
计，就 1946 年中东的石油开采量而言，美国在中东占 35.3%，英国占
49.9%；到 1955 年，美国所占开采量已达 58.4%，英国下降至
28.4%。③ 美国对这一地区的石油的占有可谓不择手段，与时俱进。这
些油田有的是直接通过勘探从所有国购得（如在沙特阿拉伯），有的是
通过支持国有化政策而通过经济援助获得（如伊朗）。

---

① ［美］费希尔：《中东史》，姚梓良译，下册，商务印书馆 1980 年版，第 939—940 页。
② ［挪］文安立：《全球冷战：美苏对第三世界的干涉与当代世界的形成》，牛可等译，世界图书出版公司 2012 年版，第 119 页。
③ *New York Times*，February 17，1957.

表 7 - 1 美国垄断组织对中近东石油的控制

国家	开采量（百万吨）	控制开采的垄断公司	美国垄断公司控制的开采量%
科威特	54.8	海湾勘探公司	50
沙特阿拉伯	47.6	加利福尼亚美孚石油公司	30
		得克萨斯石油公司	30
		新泽西石油公司	30
		飞马牌石油公司	10
伊拉克 *	33.7	新泽西石油公司	23.75
		飞马牌石油公司	
伊朗	16	海湾石油公司	7
		飞马牌石油公司	7
		新泽西石油公司	7
		加利福尼亚美孚石油公司	7
		得克萨斯石油公司	7
		伊利康石油开发公司	5/40
巴林群岛	1.5	加利福尼亚美孚石油公司	50
		得克萨斯石油公司	50
卡塔尔 *	5.4	新泽西石油公司	23.75
		飞马牌石油公司	

资料来源：*The Wall Street Journal*，July 21 1956.

* 两公司平均。

　　美国的战略是全方位和全球性的。它除了在经济上拥有巨大财富资源外，它在军事上也具有绝对优势。根据 1952 年的统计，美国在全球的陆、海空军基地共有 32 个，遍及亚洲、非洲、拉丁美洲等地，包括沙特阿拉伯、摩洛哥、利比亚、的里雅斯特、奥地利、德国、法国、英国、冰岛、亚速尔群岛、纽芬兰、格陵兰、加拿大、阿拉斯加、阿留申群岛、科的亚克岛、百慕大、巴拿马、古巴、波多黎各、特立尼达、菲律宾、台湾岛、冲绳岛、日本、朝鲜、关岛、琉球群岛、马绍尔群岛、中途岛、约翰斯敦岛、夏威夷群岛。[1] 美国在 50 年代的这种军事布局使它得以在世界各地实施任何军事手段来维护自身利益。

---

① ［英］帕姆·杜德：《英国和英帝国危机》，第 276 页。

1973 年，当阿拉伯石油输出国组织以石油为武器惩罚那些支持以色列的西方国家时，美国总统尼克松最初差一点就决定用武力占领沙特阿拉伯等国的油田。①

（三）法国与苏联的冲击

美国在政治和经济上不断向中东地区推进，并以反对苏联的扩张为借口，通过各种手段不断侵蚀老牌欧洲殖民列强的领地，力图建立对这一地区的控制。美国通过经济和政治手段获得了沙特阿拉伯、伊朗以及其他国家的石油开采权；倡议并策划了中东司令部的计划，并为后来的《巴格达条约》提供了各种帮助。1957 年，为了保障美国在这一地区的战略和经济利益，艾森豪威尔总统通知美国国会：必须在苏联之前去填补力量真空。鉴于这一地区的一些国家摆脱了英国殖民主义统治并取得独立地位，苏联正在加强自己的战略布局，美国有必要增加对这一地区的经济特别是军事援助。

法国在中东的势头已经失去。"法国在第二次世界大战中的彻底失败及其经济上的脆弱使法国在中东的大部分威望烟消云散。"② 它后来对埃及的出兵及结果特别是在阿尔及利亚的战争及其惨败，使得它在阿拉伯国家中的影响力大大下降。③

苏联作为二战后的新生力量，无疑对以美英为首的西方集团构成了威胁。这一点在本章涉及的阶段主要是通过苏伊士运河危机事件、对阿拉伯国家的军事援助以及各种大型基础设施项目等方面体现出来。④ 从某种程度上说，苏伊士运河危机的缘起因素之一是纳赛尔转向苏联。⑤

---

① Lizette Alvarez, "Lifting History's Curtain: Nixon Considered Seizing Oil Fields in '73", *International Herald Tribune*, January 2, 2004.

② ［英］费希尔：《中东史》，下册，第 940 页。

③ 陈晓红：《戴高乐与非洲的非殖民化研究》，中国社会科学出版社 2003 年版，第 150—207 页。

④ ［英］费希尔：《中东史》，下册，第 942—945 页；［美］A. J. 科特雷尔、［美］R. M. 伯勒尔编：《印度洋在政治、经济、军事上的重要性》，第 465—471 页。

⑤ 美国外交政策研究专家斯帕尼尔认为是美国点燃了苏伊士运河危机这场大火的火星。［美］J. 斯帕尼尔：《第二次世界大战后美国的外交政策》，段若石译，商务印书馆 1992 年版，第 110 页。

苏联在这一地区的影响力引起了西方集团的极大恐惧。一个由美国为首的集团和一个以苏联为首的集团的对峙成为二战后的主要政治现象，中东为重要地区之一。①

二　巴格达条约及其影响

（一）巴格达条约的出笼

1951 年 10 月，美国、英国、法国和土耳其四国政府提出了建立"中东司令部"的计划，在阿拉伯国家引发震动。根据这一计划，阿拉伯国家应允许在自己的领土上建立军事基地，将自己的军队置于中东司令部的监督之下。美国承担武器供应。当年 11 月，在联合国大会和六届会议上，阿拉伯国家的代表在发言中指出建立"中东司令部"是干涉阿拉伯国家主权的计划。阿拉伯国家后来又拒绝了 1953 年提出的实质上与该计划颇为相似的所谓"共同防御"计划。英美等国为了维护在这一重要地区的利益，并未放弃建立军事政治集团的战略设计。正是在这一战备思维的推动下，英美决定通过土耳其这个与北大西洋公约组织有联系的亚洲国家来逐渐实现建立中东集团的计划。1955 年 2 月 24 日，《土耳其—伊拉克防御条约》在巴格达签订，4 月 4 日英国加入了这个条约。1955 年 11 月 21—22 日，在巴格达举行了有英国、土耳其、伊拉克、伊朗和巴基斯坦参加的会议。在这个会议上，正式组成了军事政治同盟——巴格达条约。

（二）巴格达条约的作用

巴格达条约完全是西方大国炮制的产物。这个组织是美国这个战后兴起的最强大的资本主义国家和英国这一老牌殖民主义国家为了维护自

---

① ［美］戴维·霍罗威茨：《美国冷战时期的外交政策：从雅尔塔到越南》，上海"五·七"干校六连翻译组译，上海人民出版社 1974 年版；［挪］文安立：《全球冷战：美苏对第三世界的干涉与当代世界的形成》，牛可等译，世界图书出版公司 2012 年版；［美］沃伊切克·马斯特尼、朱立群主编：《冷战的历史遗产——对安全、合作与冲突的透视》，聂文娟、樊超译，社会科学文献出版社 2015 年版。

身利益而策划成立的。它起到了四重作用：战略布局、经济利益、防范基地和分裂工具。

首先，它旨在加强西方国家在这一地区的战略利益，通过占有这一具有地缘政治优势的地区，保障北大西洋公约组织与东南亚集体防务条约组织之间的联结。

其次，保存并维护殖民宗主国和西方集团的经济利益，因为这一地区具有丰富的石油资源和重大的经济价值。

第三，建立抵御和防范苏联和中国的基地，使"美国完成了对中苏势力的包围圈"①。

第四，分裂了阿拉伯国家。由于纳赛尔对这个组织的性质有自己的认识。他不仅将巴格达条约看作是"限制俄国的工具"，也是"西方在这个地区维护其统治的手段"。由于伊拉克与埃及在地区政治特别是阿拉伯领导权问题上分庭抗礼，它与另一个地区大国伊朗加入巴格达条约使这一地区的地缘政治更为复杂。② 纳赛尔认为这是对埃及和他个人的一种挑战。因此，他决定通过组织一个对立的联盟来暗中削弱亲西方的阿拉伯各国政府，以达到破坏巴格达条约的目的。③ 从这个意义上说，巴格达条约造成的最大恶果是不论从表面上还是实质上导致了阿拉伯国家间的不团结，并为大国介入当地事务留下了空隙。由于伊拉克的退出，它将总部从巴格达迁往土耳其的安卡拉，名称也不得不改为"中央条约组织"，最后由于成员相继退出，该组织于1979年9月28日不再存在。

（三）美国在巴格达条约中的角色

可以这样说，第二次世界大战使美国获得了政治、经济、军事以及意识形态上无比强大的影响力，它成为世界舞台上占统治地位的资本主义强国。那么，为什么美国在开始并未参加巴格达条约呢（它在1959

---

① ［美］J. 斯帕尼尔：《第二次世界大战后美国的外交政策》，段若石译，商务印书馆1992年版，第105页。

② 伊拉克1958年推翻了国王，新政府在1959年退出巴格达条约。

③ ［美］J. 斯帕尼尔：《第二次世界大战后美国的外交政策》，第108—109页。

年才加入）？美国有着战略上的谋划。

当时，几乎所有的阿拉伯国家对殖民主义统治都有切身体会，对巴格达条约十分反感，严厉谴责这一条约具有干涉他国内政的殖民主义性质。美国不断对外进行各种干涉（如朝鲜、伊朗、越南、危地马拉等）。"在'二战'结束后的一段时期内，美国一再对外实施干涉，以期对席卷整个第三世界的变革进程施加影响。在欧洲一些地方（而且也经常在第三世界内）人们常常谈论说，在同反殖民激进主义展开斗争的过程中，美国正在取代欧洲殖民国家。"① 很明显，由于美国在阿拉伯国家有着巨大的经济利益，它不愿意与这些阿拉伯国家的矛盾尖锐化。然而，美国却不仅是该组织的策划者和倡议者，而且是各委员会（经济委员会、军事委员会和反颠覆委员会）的成员。1956 年 2 月 1 日艾森豪威尔与艾登的联合声明表达得十分明确："美国今后将对条约的目的和任务给予有效的支持，而它的观察员将在该条约各个委员会的工作中起建设性的作用。"② 毛泽东主席在 1958 年第 15 次最高国务会议上指出，美国组成巴格达条约等军事集团的性质是侵略。"这些团体的性质究竟怎么样？我们讲它们是侵略的。它们是侵略的，那是千真万确的。"这些军事集团的锋芒指向何处？"我看现在是向民族主义进攻，就是向埃及、黎巴嫩和中东那些弱的国家进攻。"③

三　亚非合作与石油输出国的团结

（一）万隆会议的意义和影响

1955 年 4 月 18 日举行的万隆会议是一次亚非国家自主召开的盛会，共有 29 个国家参加。1954 年 6 月周恩来总理访问印度时，尼赫鲁总理向他透露了正在酝酿召开亚非会议，周总理十分赞同，并予以大力支

① ［挪］文安立：《全球冷战：美苏对第三世界的干涉与当代世界的形成》，牛可等译，世界图书出版公司 2012 年版，第 110 页。

② *New York Times*, February 2, 1956.

③ 中华人民共和国外交部、中共中央文献研究室编：《毛泽东外交文选》，中央文献出版社、世界知识出版社 1994 年版，第 343 页。

持。1954 年 12 月 1 日，缅甸总理吴努访华时，与毛泽东主席谈到准备召开亚非会议，毛主席当即表示支持，并说明中国希望参加。1954 年 12 月 29 日，印度尼西亚、印度、缅甸、巴基斯坦和锡兰（今斯里兰卡）五国总理在雅加达北部的茂物聚会，会后发表了《联合公报》，宣布由五国联合发起召开亚非会议，在印度尼西亚山城万隆市举行。邀请信由印度尼西亚总理代表五国发出。《联合公报》明确指出："任何一国的政府形式和生活方式绝不应受到另外一国的干涉。一个或一个以上的参加国在会议上所表示的意见对任何其他国家都无约束力。会议的基本目的是，使有关的国家能够更好地了解彼此的见解。"① 1955 年 1 月 15 日，印度尼西亚总理阿里·沙斯特洛阿米佐约代表亚非会议发起国的五国总理给中国政府发来邀请电，周恩来总理欣然答复应邀参加。

亚非会议于 4 月 18—24 日在万隆召开。这次洲际会议最有意思的是既未邀请部分国土位于亚洲的社会主义集团的代表苏联参加，也不邀请自诩为民主国家首脑的美国参加，却邀请在抗美援朝战争中打败美国的社会主义新中国参加，这让美国十分恼怒。中东地区的独立国家都参加了会议，其中包括阿拉伯民族的两位重量级人物——沙特阿拉伯国王沙特·本·阿卜杜勒—阿齐兹·阿勒沙特和埃及总统纳赛尔。从美国的角度看，沙特阿拉伯国王是坚定的反共分子，对他的所作所为不必在意。然而，纳赛尔的举动则是另一回事。29 个国家的代表经过交流，亚非会议发表了公报，就经济发展、文化合作、人权和自决、附属地人民问题及促进世界和平和合作等问题达成了共识。会议"认识到对促进亚非区域经济发展的迫切性"，并深信"发展文化合作是促进各国之间的了解的最有力的方法之一"。亚非会议专门发表了《关于促进世界和平和合作的宣言》，并提出了作为实行宽容，和平共处和发展友好合作之基础的十条原则：

（1）尊重基本人权，并尊重联合国宪章的宗旨和原则。

---

① 王泰平主编：《新中国外交 50 年》（上册），北京出版社 1999 年版，第 130 页。

（2）尊重一切国家的主权和领土完整。

（3）承认一切种族的平等，承认一切大小国家的平等。

（4）不干预或干涉他国内政。

（5）尊重每一国家按照联合国宪章单独地或集体地进行自卫的权利。

（6）1）不使用集体防御的安排来为任何一个大国的特殊利益服务；

2）任何国家不对其他国家施加压力。

（7）不以侵略行为或侵略威胁，或使用武力来侵犯任何国家的领土完整或政治独立。

（8）按照联合国宪章，通过如谈判、调停、仲裁或司法解决等和平方法以及有关方面自己选择的任何其他和平方法来解决一切国际争端。

（9）促进相互的利益和合作。

（10）尊重正义和国际义务。[①]

此次会议对加强中国与阿拉伯国家的关系起到了重要作用。第一，与会国家中包括阿拉伯半岛国家和海湾国家——埃及、约旦、黎巴嫩、利比亚、沙特阿拉伯、叙利亚、也门、伊朗和伊拉克代表团，这是中国第一次与独立的阿拉伯国家正式接触，从而有机会达到双方增进了解的目的。第二，中国开始第一次有机会了解巴勒斯坦问题以及这一问题在阿拉伯国家的敏感性和复杂性。第三，在美国对中国进行遏制和禁运的情况下，中国通过此次会议大大加强了亚非国家特别是阿拉伯国家的经贸关系，同时也逐渐与相关国家建立了各种联系，从而打破了美国为首的西方集团的经济封锁，并改善了相对孤立的政治局面。第四，通过这次会议，中华人民共和国取代台湾成为中国在这一地区的合法代表，并

---

① 《亚非会议最后公报（1955 年 4 月 24 日万隆）》，《国际条约集（1953—1955）》，世界知识出版社 1960 年版，第 423—430 页。

先后与埃及、叙利亚、也门、摩洛哥、伊拉克和苏丹建立了外交、经济与文化关系。[1]

这次会议第一次团结了众多的亚非国家。"万隆会议为什么能够团结这么许多亚非国家？因为帝国主义就是侵略压迫人家的。这些帝国主义国家，主要是美国。"[2] 与会的亚非国家不仅社会制度和意识形态不同，在民族、语言、文化、宗教信仰、历史背景和经济发展程度上存在很大差异；他们之间有的建立了外交关系且相互友好，有的却不仅没有什么联系还存在着各种问题和分歧；有的参加了明显具有反共性质的马尼拉条约组织（即东南亚集团防务条约）和巴格达条约组织，有的则受到美国的影响和控制，领袖的人格魅力也各有千秋。会议却最后达成了共识。[3]

这是一次亚非国家团结合作的大会。会议制定的原则至今仍具有重要的现实意义。[4]

（二）物极必反：从依赖到抗争的石油输出国

二战后初期，世界石油的勘探、开采和销售几乎全部控制在西方石油垄断财团手中。这个垄断控制的后果是西方发达国家获得超额利润。以美国为例，当时的美国国务卿杜勒斯说得十分明确："我们在中东的政策是为了保卫大石油公司的租让权。"[5] 这种租让权使美国公司获得了大量的超额利润。以沙特阿拉伯为例。从表 7-1 可以看出，沙特阿拉伯的石油开采全部由美国控制。因此，沙特阿拉伯对美国石油开采租金的依赖与日俱增。这样，美国在这一地区的经济利益和政治控制与日

---

[1] Hashim S. H. Behbehani, *China's Foreign policy in the Arab World*, 1955 – 75, *Three Case Studies*, London: Kegan Paul International Ltd, 1981, pp. 20 – 23; Mohamed Bin Huweidin, *China's Relations with Arabia and the Gulf 1949 – 1999*, London: Routledge Curzon, 2002, p. 100.

[2] 中华人民共和国外交部、中共中央文献研究室编：《毛泽东外交文选》，中央文献出版社、世界知识出版社1994年版，第279页。

[3] 文安立：《全球冷战：美苏对第三世界的干涉与当代世界的形成》，第96—108页。

[4] 有关万隆会议的情况，还可参见江淳、郭应德《中阿关系史》，第245—251页。

[5] ［美］维克托·佩洛：《美国金融帝国》，玖仁译，世界知识出版社1958年版，第342页。

俱增。"美国逐渐得到了英国自 1912 年以来一向所占的地位。"① 1952
年，沙特阿拉伯的原油生产费用每桶为 0.35 美分，但美国公司的售价
为 1.75 美元。② 美国公司控制科威特石油开采量的 50% 以上，科威特
生产费用每桶只用 0.1 美元，但售价却为每桶 1.65 美元。③

美国在中东地区的基本经济利益主要来自财政方面，因为它控制着
中东石油的一半以上以及利比亚石油的五分之四以上。1969 年，美国
在中东和利比亚石油投资中的收入估计为 15 亿美元以上。④ 这对美国
非常重要，因为这一数字相当于美国每年国际收支逆差总额的一半左
右。此外，西方国家的原材料消费不断上升。以美国为例。美国人口在
70 年代中只占世界人口的 6%，然而他们却消费全世界 30% 至 35% 的
石油，55% 至 60% 的天然气，15% 的煤，20% 的钢，35% 的铝和 30%
的铜。⑤ 这种消费的增长不仅需要原料的供应，还要保证运输线的畅
通。中东是两者兼备的地区。对这一地区的掌握、控制甚至垄断成为大
国的战略意图之一。

一方面是美国等西方国家的巧取豪夺，另一方面是第三世界主要产
油国的经济利益受到损害。亚、非、拉一些石油生产国为了反对国际石
油垄断公司的掠夺和剥削，为了抗衡主要西方石油公司，借以降低油价
和生产者的负担，石油输出国组织（Organization of Petroleum Exporting
Countries，OPEC，简称为欧佩克）应运而生。1960 年 9 月，伊朗、伊
拉克、科威特、沙特阿拉伯和委内瑞拉在巴格达举行石油生产国会议，
决定成立石油输出国组织以协调成员国的石油政策，采取一致行动以应
对外国垄断资本的谈判和斗争。这个组织最初只是一个非官方的议价小

---

① ［英］格拉布：《英国和阿拉伯人：五十年情况研究 1908—1959》，第 346 页。

② *The Economist*，February 26，1955，p. 740.

③ *The Wall Street Journal*，March 17，1956.

④ ［美］兰开琪·爱尔·马哈哈：《中东石油的一些数量》，纽约：美国—阿拉伯工商联，
1970 年。转引自转引自［美］科特雷尔、［美］伯勒尔编《印度洋在政治、经济、军事上的重要
性》，第 39 页。

⑤ ［美］J. 斯帕尼尔：《第二次世界大战后美国的外交政策》，段若石译，商务印书馆 1992
年版，第 313 页。

组, 藉以减价销售至第三世界国家, 同时争取在西方石油公司中争取更大的利益占有率和更高层面的生产控制。后来, 成员国不断增加, 阿尔及利亚、厄瓜多尔、加蓬、印度尼西亚、利比亚、尼日利亚、卡塔尔和阿拉伯联合酋长国相继加入。

(三) 阿拉伯石油输出国组织——石油成为政治武器

1967 年第三次中东战争后, 石油输出国欧佩克的阿拉伯成员国决定采取行动。1968 年 1 月 9 日, 科威特、利比亚和沙特阿拉伯三国创立了阿拉伯石油输出国家组织 (Organization of Arab Petroleum Exporting Countries, OAPEC)。该组织的目的主要是集中向支持以色列的西方施压。当时的协议规定石油收入占国民收入主要部分的阿拉伯国家可参加该组织。1971 年 12 月, 为了更广泛地吸收成员国, 该组织修改了协议, 规定石油收入占国民总收入一部分的阿拉伯国家也可参加。埃及和叙利亚随后加入阿拉伯石油输出国家组织, 以协助达成其目标。[①] 1973 年第四次中东战争 (赎罪日战争) 的爆发坚定了阿拉伯石油输出国团结对外的决心。当时, 由于美国对以色列的紧急补给, 使以军抵挡住埃及和叙利亚军队。为了打击以色列及其支持者美国等西方国家, 阿拉伯石油输出国组织以石油为武器, 决定各成员国立即把对美国等支持以色列进行侵略的国家的石油供应逐月减少 5%, 并通过减产、禁运、提价、国有化和增加本国持股等措施打击对手。当年 12 月, 欧佩克宣布收回原油标价权, 并将其基准原油价格从每桶 3.011 美元提高到 10.651 美元, 国际市场上的石油价格因此从每桶 3 美元涨到 12 美元, 沉重打击了西方主要工业大国, 史称第一次石油危机。[②]

中国坚决支持阿拉伯国家的这一行动。1974 年 4 月 10 日, 中国代

---

① 阿拉伯石油输出国组织现在的成员国包括阿尔及利亚、阿联酋、巴林、埃及、伊拉克、卡塔尔、科威特、沙特阿拉伯、叙利亚、突尼斯和也门。总部设在科威特。

② 王泰平:《新中国外交 50 年》(上), 第 566—570 页; 王联:《中东政治与社会》, 北京大学出版社 2009 年版, 第 443 页。有关欧佩克石油政策的研究以及几次石油危机及反向石油危机, 参见刘冬《石油卡特尔的行为逻辑——欧佩克石油政策及其对国际油价的影响》, 社会科学文献出版社 2015 年版, 第 35—39 页。

表团团长邓小平在出席联合国讲座国际经济问题的特别会议上发言中热情赞扬了阿拉伯国家团结一致用石油作为武器的正义行动。他指出："这件事做得好，做得对。这是发展中国家在反帝斗争中的一个创举。它大长了第三世界人民的志气，大灭了帝国主义的威风。它冲破了帝国主义长期以来垄断国际经济的局面，也充分显示了发展中国家团结起来进行战斗的巨大威力。……石油斗争打开了人们的眼界。在石油斗争上已经做到的事情，在其他原料问题上也应该、而且能够做到。"① 这次由阿拉伯石油输出国发起的行动至少产生了以下四种影响。

首先，这一行动是处于相对落后状态的原料生产国第一次通过集体行动将产品或原料变为政治武器以争取自身的权益。它也展示了这些国家团结对外的精神。其次，西方国家第一次认识到曾被它们任意宰割的第三世界团结的力量。具有启示意义的是，虽然美国政府曾经准备运用武力，但最终可能因政治代价而放弃。西方国家并不敢采用武力干涉的手段，相反，这些国家中有的开始考虑奉行"亲阿拉伯"的政策。再次，它向其他资源丰富的第三世界国家展示了联合起来反对西方的前景，使它们认识到团结的力量，从而克服了在西方国家面前一直存在的自卑感。最后，它向石油输出国和石油输入国揭示了一个真理：地球上的人类是不容许弱肉强食的，相反，它是互相依存的。只有互相忍让，互相理解，这个世界才有希望。

四　国际政治中的阿曼：殖民侵略与抗英起义

（一）西卜协定与石油政治

阿曼长期以来一直是英国的附属国。虽然美国均与马斯喀特签订协定，但美国—阿曼关系与英国—阿曼关系有很大不同。长期以来，英国的领事馆有权干涉阿曼内政，而美国领事馆则没有这种权力。英国殖民主义者公开宣布马斯喀特为自己的领地。早期的英国驻印度总督曾宣

---

① 转引自王泰平《新中国外交50年》（上），第569页。

称：阿曼是英国的附属国，如果哪个国家向马斯喀特进攻，那就是对英国的进攻。他写道："我不怀疑，在马斯喀特的王宫上飘扬着我国国旗的日子将一定会到来。"①

阿曼内地教长国所属的部落长期以来反对英国扶植的马斯喀特素丹统治。1913 年，教长塞利姆·本·拉希德·哈鲁斯统一内地山区各部落，反对赛义德王朝和英国势力，并取得胜利，成立"阿曼伊斯兰教长国"，建都尼兹瓦。英印联军帮助赛义德王朝马斯喀特统治者泰穆尔·本·费萨尔进行镇压无效，加之英国因忙于第一次世界大战无力干涉。经过长达 7 年的顽强斗争，阿曼内地部落取得了胜利，并成立"阿曼伊斯兰教长国"。马斯喀特素丹被迫求和。英国为了保持对这一地区的长期控制，在马斯喀特素丹和阿曼教长之间进行协调，最后说服双方签订了《西卜条约》(Treaty of Sib)。《西卜条约》是承认阿曼教长国独立地位的秘密条约。1920 年 5 月 25 日由马斯喀特素丹与阿曼教长国在马斯喀特附近西卜镇签订。主要内容是马斯喀特承认阿曼教长国独立，允诺不干涉内地事务；各部落可自由安全出入马斯喀特，内地来的货物征税不超过 5%等；阿曼教长国不得攻击马斯喀特城镇；不干涉政府事务，不庇护马斯喀特罪犯等。② 从此，阿曼分为"马斯喀特素丹国"和"阿曼伊斯兰教长国"两个互相独立的部分。然而，英国并未放弃将阿曼教长国置于马斯喀特素丹国统治下的企图，后者长期以来一直得到它的支持。

1953 年，英国地质学家发现阿曼和布赖米绿洲蕴藏有丰富的石油。布赖米绿洲是阿曼同沙特阿拉伯以及今阿拉伯联合酋长国的接壤地区。英国同马斯喀特素丹签订"租让合同"，合同将勘探和开采石油的范围

---

① ［苏联］斯·西拉吉金诺夫：《阿曼民族解放运动史》，《亚非译丛》1963 年第 10 期，第 28 页。

② 条约全文可参见［苏联］安·瓦·施瓦柯夫《战斗的阿曼》，注释 1，第 45 页；《西卜条约》，钱其琛主编：《世界外交大辞典》(下)，第 2125 页。

扩大到阿曼教长国，因而阿曼教长国拒绝给予英国人开采石油的特权。[①] 英国为了制造矛盾并分而治之，唆使马斯喀特素丹撕毁《西卜条约》并向教长国发动进攻。阿曼随即公布此条约。1955 年 12 月 15 日，英军上校契斯曼指挥马斯喀特军队，在英空军掩护下，入侵阿曼教长国。阿曼部落的武装坚决抵抗入侵者，后转入山区。1957 年 7 月 19 日，阿曼教长的兄弟塔里布率部进攻，重创由英国指挥的马斯喀特素丹军队。分布在 7 个要塞的 8000 余名马斯喀特士兵被切断了与后方的联系。阿曼教长向亚非国家、美国、苏联以及各阿拉伯国家发出呼吁，要求谴责英国对阿曼的武装干涉。《经济学家》杂志写道："英国人指望把这次对阿曼的军事行动搞得迅速而又不露声色，以免使它成为一个国际性的问题而弄得满城风雨，从而引起阿拉伯人的怀疑。"三个星期里，英国空军不断从空中袭击阿曼人的据点。仅在 1957 年 7 月 24 日一天内，就对尼兹瓦这个城市轰炸了 12 次，投掷了大量炸弹、火箭和烧夷弹。阿曼的部队进行了坚决抵抗。英国侵略军强攻阿达耳山达三个月之久。驻马斯喀特的英军司令部代表瓦特菲尔德上校对阿曼人民的顽强抵抗精神所震撼，"我曾经以为阿曼的战斗很快就能结束。我没料到阿曼人民用这样的大无畏精神和高度的战斗意志继续作战。"英国派重兵镇压阿曼起义军，于 8 月 11 日占领教长国首都尼兹瓦，起义军退入山区。《纽约时报》指出："起义危及英国最重大的利益，因为它威胁到通向石油资源的道路。"开罗的《晚报》说得十分明确："大不列颠侵略阿曼的真正原因，……就是那个国家地下蕴藏着石油。"[②]

---

① ［苏联］斯·西拉吉金诺夫：《阿曼民族解放运动史》，《亚非译丛》1963 年第 10 期，第 29 页。一说是 1949 年发现石油，1949 年沙特对布赖米绿洲提出主权要求，1952 年沙特派武装人员占领了属于阿曼的绿洲村落。1955 年，阿曼和阿布扎比酋长国（今属阿联酋）联合赶走沙特入侵者。1971 年 12 月和 1972 年 4 月，卡布斯两次访沙特，沙特宣布承认阿曼苏丹国，并提供经济援助。1974 年签署"布赖米绿洲问题"协议：原属阿曼的三个村仍属阿曼，其余属阿布扎比，交换条件是，阿曼同意沙特使用穿越佐法尔通向阿拉伯海的一条陆上通道。但边界问题仍未解决，时有冲突。沙特国王法赫德和阿曼苏丹卡布斯执政后，两国关系逐步密切。参见《布赖米绿洲问题》，钱其琛主编：《世界外交大辞典》（上），第 352 页。

② 有关英国的入侵与阿曼的反抗，参见［苏联］安·瓦·施瓦柯夫《战斗的阿曼》，第 23—44 页。

石油与政治在阿曼的有机结合以英国欺凌阿曼的霸权方式体现出来。

(二) 英国的入侵与阿曼的抵抗

1957 年 8 月 20 日，联合国安理会开始讨论由埃及等 11 个阿拉伯国家提出的关于将英国武装入侵阿曼、威胁近东和平与安全的问题列入议事日程的要求，由于英国和美国的阻挠，投票赞成的 4 票（包括苏联），反对的 5 票，阿曼问题未列入安理会的议事日程。美英就阿曼问题在伦敦达成"协议"，规定阿曼管理权归英国，石油开采权归美国。《芝加哥每日新闻》写道：阿曼石油的开采权，就在美国"城市服务石油公司"和"伊拉克石油公司"之间瓜分了，双方都在从事钻探。[1] 1958 年 12 月 22 日美国与马斯喀特素丹签订了所谓友好、经济关系和领事权条约。阿曼教长国在 1959 年 2 月 28 日发表声明，严厉谴责美国政府干涉阿曼内政。[2] 这种对大国为获取石油干涉阿曼内政的谴责引起美国和英国的恐惧。

英国对阿曼的军事行动不断升级。然而，1959 年以来，阿曼人民利用山区地势，用诱敌深入和伏击的战术打击英国侵略军，将活动范围扩大到沿海城市和英军交通线，并多次打败英国侵略军。抵抗运动的中心是阿达耳山（即绿山）地区。7 月 21 日阿曼民族抵抗运动部队收复首都尼兹瓦，马斯喀特素丹请求英国援助。英国增派海军和陆军去阿曼，并使用喷气式飞机、火箭和化学武器等袭击教长国的居民点。当英军重新占领尼兹瓦和一些重要居民点之后，又集中两个师的兵力强攻艾赫达耳山区达三个月之久。阿曼人民抵抗力量击退英国侵略军的多次进攻，给敌人以重创。

1959 年初，英军又试图占领艾赫达耳山区。参加这次战役的有 1 万名英军，动用了坦克兵和炮兵，12 个英国空军大队在这个山区的农

---

① ［苏联］安·瓦·施瓦柯夫：《战斗的阿曼》，第 26、46—50 页。
② 《世界知识年鉴》，世界知识出版社 1961 年版，第 291—292 页；Hashim S. H. Behbehani, *China's Foreign Policy in the Arab World，1955 - 1975*，London：Kegan Paul International Ltd.，1981，pp. 134 - 140.

村投下了千余吨炸弹。在抵抗力量的坚决打击下，英军和马斯喀特素丹国的军队伤亡惨重。阿曼人民的反英武装斗争，得到世界人民的支持。英国陆军和空军清剿阿达耳地区，但占国土四分之三的腹地山区仍为起义军游击队所控。据阿曼教长宣布，到 1959 年 8 月，阿曼起义部队已扩大到两万人。在 1959 年，阿曼突击队就打死打伤约 2000 名英军，炸毁各种英国车辆 214 辆。1960 年的前 7 个月，阿曼战士打死打伤 1600 余名英军，1960 年年初，阿曼四分之三的地区都在起义部队的控制之下。①

在 1960 年召开的十五届联合国大会上，阿拉伯国家集团又一次提出了讨论英国入侵阿曼的问题。尽管这一提案引起英国代表的严重不满，但最后还是列入了十五届联合国大会的议事日程。这是为自由而斗争的殖民地人民的重大胜利，英国实际上是以被告的身份站在世界舆论的面前。1961 年 1 月，阿曼教长代表和英国当局举行会谈。由于英国政府拒绝答应阿曼提出的关于承认阿曼的主权、从阿曼领土撤退英国军队和赔偿战争损失等要求，结果会谈破裂。阿曼教长国驻开罗办事处于 3 月 15 日就会谈破裂发表声明说，阿曼人民决心继续斗争，直到实现完全的自由和主权并将英帝国主义者赶出他们的国土为止。1961 年 4 月 21 日，13 个亚非国家和南斯拉夫向联合国大会政治委员会提交了一个关于阿曼问题的决议案，要求英国承认阿曼人民有权独立，从阿曼领土撤出外国军队，号召双方通过和平途径解决争端。由于西方集团设法推迟了问题的审议，将问题移交给了下一届联合国大会。然而，这一决议案提出本身已经达到了惊醒世界的目的，国际社会认识了英国侵略者的丑恶嘴脸。②

英国政府在 1961 年不得不撤换指挥波斯湾地区陆上武装部队的陆军准将埃德瓦尔·季克尔，任命里恰尔·布拉依尔将军接替。为了准备新的军事行动，航空母舰"布尔维耳克"号将 700 名陆战队士兵送到

---

① 《世界知识年鉴》，世界知识出版社 1961 年版，第 291—292 页。

② ［苏联］安·瓦·施瓦柯夫：《战斗的阿曼》，第 50—59 页。

马斯喀特附近的西达特港口，然后乘坐 104 辆汽车开往"马拉赫酋长"军事区，并将军事装备用直升机送达军事区。飞机还将英国军队空运至阿曼内地。此外，英国还从东非地区调来 8000 名英国士兵，并在由阿曼教长管辖的马西拉岛登陆。①

1961 年后，英国采取武力镇压与政治诱降相结合的政策。阿曼教长妥协。阿曼人民反英武装斗争失败。阿曼教长国被并入马斯喀特素丹国。

（三）英国—阿拉伯的关系：石油、政治与殖民主义

英国的阿拉伯政策特别是入侵阿曼事件不仅引起阿拉伯人民的激烈反抗，激起了发展中国家的强烈谴责，在西方国家甚至英国自身学者中也引向了强烈反响。1957 年 7 月 23 日，法国《战斗报》对阿曼发生的英国入侵的事件是这样评论的："最近的事件，原因是这个地区有丰富的石油。1939 年，英国开采的石油占近东第一位，而现在，近东四分之三的石油是由三家公司开采的，它们正想尽一切办法来排挤自己的竞争者——英国公司。"7 月 27 日，《纽约时报》指出："在中东有两类统治者，一类是有丰富石油的统治者，一类是希望自己成为有丰富石油的统治者。赛义德·本·帖木耳（即泰穆尔）属于第二类。美国政府和英美石油公司与他有着共同的希望。"②

法国《国防评论》在 1964 年 8—9 月号上刊登的一篇文章认为，"英国的南阿拉伯政策，是与范围广泛、影响极深远的一系列迫切问题互相关联的。……英国在阿拉伯东方的政策以维护英国在这个地区的巩固地位为基本原则"③，以前的重要战略目的是保证印度通路的畅通。随着二战后印度的独立，阿拉伯地区的重要性因其丰富的石油资源和交

---

① ［苏联］斯·西拉吉金诺夫：《阿曼民族解放运动史》，《亚非译丛》1963 年第 10 期，第 30 页。

② ［苏联］斯·西拉吉金诺夫：《阿曼民族解放运动史》，《亚非译丛》1963 年第 10 期，第 29 页。

③ ［法］皮埃尔·隆多：《英国在阿拉伯半岛的政策：它的产生和演变》，《亚非译丛》1965 年第 2 期，第 34 页。

通要道而日显重要。二战后英国政府在这一地区的统治计划进行了适当的调整，以继续实行其长期以来的分而治之的政策。由于埃及的崛起，纳赛尔的出现使英国失去了埃及、约旦于 1956 年春天将英国军事顾问格拉布解职使英国失去了在这一国家的影响力。苏伊士运河危机使得英国在该地区的影响力大受影响，英国所能做到的只是维持原有的基地或势力范围。这些基地对保持英国在阿拉伯地区的殖民统治与经济利益所起的作用不同。面对阿拉伯地区不断高涨的民族解放运动和越来越多国家对英国的离心倾向，英国正加紧与美国相勾结，共同在印度洋中一些英属珊瑚岛建立新的基地，作为连接东南亚和澳大利亚这条防御链条上的中间环节，以稳定阿拉伯地区的局势，进一步对亚洲进行侵略和扩张。①

英国著名学者、1925—1956 年间英国皇家国际问题研究所的研究主任阿诺德·汤因比对英国的阿拉伯政策评价极低。他在《国际生活》1964 年第 1 期的文章中指出："今天，英国同阿拉伯世界的关系，要比任何一个西方国家都糟。"他看到了戴高乐总统的高明之处，认为戴高乐在改变阿拉伯人心目中的法国形象方面显示了想象力和意志力，英国则仍然保持着"老牌帝国主义强国的丑角"这一形象，不愿意离开自己在阿拉伯世界的立足点。"今天，我们的权力已经被局限于阿拉伯世界的东南一隅。我们仍然控制着南阿拉伯和东南阿拉伯从亚丁环行到卡塔尔和巴林那一带沿海地区。不幸，我们在阿拉伯世界的这一部分也表现了我们从 1882 年到 1956 年在我们对埃及的行为中表现出来的那种不甘心撒手的情绪。"他批驳了在英国政界和军界存在着的各种力图保留这一地区殖民地的借口，提出应该由联合国组织一个有关南阿拉伯地区（包括阿曼）各国人民真实愿望的调查。他指出："可以断言，无论采取什么方式，我们不久将不得不从阿拉伯撤走。"既然非走不可，与其

---

① ［英］伊丽莎白·门罗：《英国在中东的基地：财富还是负担?》，《亚非译丛》1966 年第 5 期，第 23—30 页。

被人赶走，不如"安静地走，特别是快走，对我们将有利得多"[①]。

因而，英国政府并未如汤因比所说的主动撤出这一地区。1965—1975 年对阿曼佐法尔地区的入侵是它卷入的多次战争之一。尽管英国政府有先进的武器和军事情报系统，然而，它在这里的军事存在已经不合时宜。[②] 汤因比是对的，虽然英国在这一地区仍然赖了一段时间，在这里获得了一时之利，但被赶走是不可避免的结局。根本原因是殖民主义已经成为被人民唾弃的历史垃圾。

第三节　国际政治中的中国—阿拉伯关系

一　中国与阿拉伯国家的关系

（一）万隆会议前的中国—阿拉伯关系

中华人民共和国诞生时，阿拉伯地区大多数国家对新中国有诸多误解。中国在坚持一个中国原则的基础上循序渐进，先与这些国家发展经贸文化关系，增进往来，加深了解。[③] 1951 年，埃及发生反对英国殖民侵略的抗议运动，得到中国人民的热情回应。几乎所有中国报纸都刊登了普通老百姓支持埃及人民的来信。各界人士纷纷表达他们的信念，坚决相信中、埃两国人民将在反对帝国主义强盗的斗争中获得最后的胜利。北京大学研究埃

---

① ［英］阿诺德·汤因比：《英国和阿拉伯人的关系需要从新开始》，《亚非译丛》1965 年第 3 期，第 1—6 页。

② 有关军事情报在这一场战争中的作用，可参见 Clive Jones, "Military Intelligence, Tribes, and Britain's War in Dhoar, 1970 – 1976", *Middle East Journal*, 65：4 (Autumn2011), pp. 557 – 574。关于这场战争的近期研究，参见 Geraint Hughes, "A 'Model Campaign' Reappraised：The Counter – Insurgency War in Dhofar, Oman, 1965 – 1975", *Journal of Strategic Studies*, 32：2 (2009), pp. 271 – 305；Marc Devore, "The United Kingdom's last hot war of the Cold War：Oman, 1963 – 1975", *Cold War History*, Vol. 11, No. 3 (2011), pp. 441 – 471。

③ 有关中国与阿拉伯国家的关系，参见裴坚章主编《中华人民共和国外交史 第一卷 1949—1956》，世界知识出版社 1994 年版，第 274—293 页；王泰平主编《中华人民共和国外交史 第二卷 1957—1969》，世界知识出版社 1998 年版，第 106—149 页；黄安余《新中国外交史》，人民出版社 2005 年版，第 215—224 页。

及问题的马坚教授还专门撰文介绍埃及人民反对英国殖民统治斗争。①

1952年1月，英军和埃及游击队在塞得港发生冲突。英国巡洋舰"利物浦号"炮轰塞得港。两天后，英军侵占伊斯美利亚。埃及举行大规模游行示威，抗议英军暴行。中华全国民主青年联合会给埃及学生发去电报，表示中国青年将和他们团结一致，共同反对帝国主义，保卫世界和平。万隆会议的召开为中国打破封锁，争取亚非国家的理解、同情和支持提供了机会。由于美国对中国的敌视态度，致使亚非许多新独立的国家对中国存在各种误解和猜疑，敢于与中国建交的国家为数很少。② 当时，与中国建交的亚洲和非洲国家只有7个，在参加亚非会议的29个国家中仅占四分之一。③

（二）万隆会议上的中国

周恩来总理不仅在开幕式和闭幕式上表达中国的立场，还尽量利用一切机会与亚非国家的代表接触并交流意见，求同存异，为会议创造了合作谅解的气氛。他专门会见了也门、埃及、叙利亚、黎巴嫩等未建交的阿拉伯国家的代表，还与沙特阿拉伯的代表进行了友好接触。④

在亚非会议上，周恩来总理与纳赛尔总统进行了直接交谈。对此，西方政客颇为在意。"1955年4月，第一次的所谓亚非会议在爪哇的万隆举行。加麦尔·阿卜杜勒·纳赛尔亲自参加了这个会议。在那里看来他是头一次和共产党的领袖们，特别是和中国的周恩来进行直接的接触。纳赛尔回到开罗以后，埃及和各铁幕内国家之间的商谈就开始了。"⑤ 正是在这次会议上，纳赛尔向周恩来总理提出了埃及面临着缺

---

① 载《人民日报》1951年11月19日。
② 1955年4月11日发生了克斯米尔公主号的飞机空难事件，美蒋特务的暗杀目标直指周恩来。周恩来总理曾于1955年4月12日给邓颖超写过一封信，信中写道："有这一次教训，我当更加谨慎，更加努力。文仗如武仗，不能无危险，也不能打无准备的仗，一切当从多方考虑，经过集体商决而后行。"《周恩来同志参加万隆会议前夕给邓颖超同志的一封信》，《人民日报》1985年4月24日。
③ 朱毅：《万隆交响曲——纪念亚非会议50周年》，辽宁人民出版社2005年版，第3页。
④ 王泰平主编：《新中国外交50年》（上册），北京出版社1999年版，第128—158页。
⑤ ［英］格拉布：《英国和阿拉伯人：五十年情况研究1908—1959》，第310—311页。

少武器的困难，并希望中国政府给予帮助。周恩来回答中国的武器也是靠苏联供给，没有多余的可以出售；并建议埃及可以直接向苏联提出要求，他可以负责转达这一意愿。后来，中国政府帮助双方建立了联系。①

在亚非会议上，中国对埃及、叙利亚等国拒绝参加美英策划的中东军事集团的立场表示支持。在讨论亚非会议公报关于和平相处的原则时，中国和埃及使团相互支持，终于使"不使用集体防御的安排来为任何一个大国的特殊利益服务"的内容写入会议公报。② 当时，有些国家考虑到与以色列的关系，不愿将巴勒斯坦问题列入议程。周总理在与巴勒斯坦解放组织前主席艾哈迈德·舒凯里会见时，听取了他对巴勒斯坦问题的介绍后，向有关方面做了工作，使巴勒斯坦问题得以列入议程，经过讨论取得良好效果，从而使公报表达了亚非会议支持巴基斯坦的阿拉伯人民的权利的愿望，并要求实施联合国关于巴勒斯坦的各项决议和实现巴基斯坦问题的和平解决。③ 后来，中国重返联合国后，也一直支持巴勒斯坦人民的正义斗争。④

（三）艾森豪威尔主义与中国的立场

1957 年 1 月 5 日出台的"艾森豪威尔主义"的主要内容就是由国会授权在中东实行"军事援助和合作计划"；在为"对付共产主义"的情况下在中东地区使用美国武装部队；两年内额外拨款 4 亿美元向中近东国家提供经济援助。美国认为维护中东地区的现状对美国的安全至关重要。因此，它准备用武力帮助所有那些"为抵抗由国际共产主义控

---

① 埃及代表团回国几天后，苏联即向埃及表示，中国已将埃及的要求告知，苏联乐意提供任何数量的武器，包括现代化的坦克和飞机。埃及可以用延期偿付或用棉花和大米偿付。［英］安东尼·纳丁：《纳赛尔》，范语译，上海人民出版社 1976 年版，第 179—180 页。

② 王泰平主编：《新中国外交 50 年》（上册），第 543—544 页。

③ 在万隆会议上，周恩来率领的中国代表团利用一切机会与参会的阿拉伯国家广泛接触，加深了双方的了解。有关史实参见江淳、郭应德《中阿关系史》，第 245—251 页。

④ 江淳、郭应德：《中阿关系史》，第 395—427 页；王泰平主编《新中国外交 50 年》（上册），第 554—558 页。有关中国与阿拉伯国家的关系，参见裴坚章主编《中华人民共和国外交史第一卷 1949—1956》，世界知识出版社 1994 年版，第 274—293 页。

制的任何国家发动的武装侵略而提出求援的要求" 的那些国家或民族。① 这一计划的目的是 "在中东出现的真空必须在俄国人进来之前由美国来填补"。这一计划出笼后随即获得国会通过。3 月，美国政府派出总统特使詹姆斯·理查德访问伊朗、伊拉克等中东 11 国，极力推行艾森豪威尔主义以扩大美国在中东地区的影响。

艾森豪威尔主义出台后遭到阿拉伯国家的极力反对。1 月 10 日，叙利亚政府发表声明，批驳所谓势力 "真空" 的谬论，强调 "保持中东的和平和安全纯粹是中东地区人民的责任"。埃及总统纳赛尔多次抨击艾森豪威尔主义。他在 1 月 26 日讲话中明确指出："我们拒绝'艾森豪威尔主义'，不承认任何势力范围，任何地区的保卫应由这个地区本身来承担。"② 纳赛尔对帝国主义的认识是非常准确的，他指出："帝国主义是在这整个地区强行设下杀人不见血的包围圈的最强大的势力，它比我们在法鲁加战壕中所遭受的包围，比我们所有的军队和我们的命令所从出的各个首都和政府所遭受的包围，还要百倍地强大和残酷。"③ 纳赛尔靠近苏联的举动也引发了美国的担忧。美国之所以在苏伊士运河事件后马上宣布该计划，根本上是美国对纳赛尔的所作所为不放心，认为他有可能成为美国在中东实施自己计划的绊脚石。艾森豪威尔主义的具体措施随后在约旦（1957 年）、黎巴嫩（1958 年）很快实施了。美国相继通过援助和出兵干预了这两个国家的内政。④

中国一贯反对美国在中东地区建立军事集团。1957 年 2 月 17 日，中国政府发表声明，支持苏联政府关于维护中近东的和平和安全以及不干涉该地区国家内政问题的宣言，声明指出：艾森豪威尔主义 "企图乘英法侵略埃及战争失败的机会，来取代英法在中近东的殖民地位，把

---

① 格列切夫：《第二次世界大战后的美国殖民政策》，第 279—304 页。

② 王泰平主编：《中华人民共和国外交史 第二卷 1957—1969》，世界知识出版社 1998 年版，第 112 页。

③ ［埃及］加麦尔·阿卜杜勒·纳赛尔：《革命哲学》，张一民译，世界知识社 1956 年版，第 54 页。

④ ［美］斯帕尼尔：《第二次世界大战后美国的外交政策》，第 113—117 页；［美］贝科威茨等：《美国对外政策的政治背景》，第 107—124 页。

新的奴役强加在中近东人民头上"。3月5日,周恩来总理在政协第二届全国委员会第三次会议上分析了艾森豪威尔主义的性质,指出艾森豪威尔主义"公开主张由美国来填补英法殖民主义者在中近东地区遗留下来的所谓真空,使中近东局势重新趋于紧张。美国政府的目的就是要控制中近东地区,绝不会真正支持阿拉伯各国的民族独立运动"[①]。对于阿拉伯国家反殖反帝斗争,中国坚定支持。

二 中国对埃及的支持

(一)毛泽东:"埃及做了一件非常好的事"

中国与埃及在经过一段时间的接触和了解后,于1956年5月30日建立外交关系。这是中国—阿拉伯关系中的大事。[②] 中国在苏伊士运河危机时对埃及表示了全力支持。1956年9月17日,埃及驻华大使哈桑·拉加卜向毛泽东主席递交国书。毛主席在与他谈话时谈到了埃及收回苏伊士运河的相关问题。第一,埃及的举动得到世界人民的支持。"埃及做了一件非常好的事情,全中国人民都支持埃及,非洲、亚洲、拉丁美洲和全世界人民都支持埃及。"第二,他预言美国不会帮助英国夺回运河,而是为了取代英法在埃及的地位。他指出,"美国也同意埃及收回苏伊士运河。它不会帮助英国从埃及手里把运河夺回去,这样对美国也没有好处。……美国是想借这机会把英、法从中东赶出去,以便建立它自己的势力"。后来局势的发展证明毛泽东的判断完全正确。第三,埃及与中国反帝战线的关系。他指出:"埃及团结了八千万阿拉伯人民,组成了一条坚固的反对帝国主义的战线。在这条战线上,埃及是处在最前哨。中国是在另一条反帝战线的最前哨。有了你们,我们就好办了。如果你们垮台,我们这里就不好办"。第四,对纳赛尔的评价。

---

① 王泰平主编:《新中国外交50年》(上册),第544页;王泰平主编:《中华人民共和国外交史 第二卷 1957—1969》,世界知识出版社1998年版,第112页。有关中国与西亚各国的关系,参见黄安余《新中国外交史》,人民出版社2005年版,第215—224。

② 江淳、郭应德:《中阿关系史》,第252—261页。

"西方国家骂纳赛尔总统是个野心家，是个希特勒，说他想统治阿拉伯世界。但是我们认为，纳赛尔总统是亚非地区的民族英雄，因此帝国主义才不喜欢他。"第五，中国愿意帮助埃及。"中国也愿意尽力帮助埃及，我们的帮助没有任何条件。你们有什么需要，只要我们能力所及，一定帮助。我们对你们的帮助，你们能还就还，不能还就算了，我们可以给无代价的援助。当然，埃及是个有民族自尊心的国家，如果接受我们的援助还是要还，那末现在可以记帐，以后再说，或者过了一百年以后再还吧。埃及现在遭受西方国家的经济封锁，我们也经历过这种封锁，深知埃及人民的艰苦。"①

（二）中国对埃及反侵略战争的支持

当英法入侵埃及的消息传开后，中国政府发表声明，谴责英法的野蛮侵略行径。11月3日，中国政府对英法威胁世界和平及其狂暴的侵略行为提出严重抗议。同一天，毛泽东主席提出关于埃及反侵略战争的军事部署和战略方针的建议由周恩来总理转告以供埃及方面参考。11月7日，中国政府发表《关于支援埃及反抗侵略的声明》，坚决支持苏联政府关于采取紧急措施制止对埃及侵略的建议，坚决要求英、法和以色列撤出其侵入埃及的一切武装力量、停止对埃及的侵略战争。中国政府将尽其所能对埃及提供各种帮助。11月10日，周总理致电纳赛尔总统，并代表中国政府赠送埃及政府2000万瑞士法郎。11月22日，中国政府收到的纳赛尔总统致周恩来的回信说："你的来信深深地感动了我和埃及人民。你们对于我们为维护自由和独立而进行的斗争所给予的支持，加强了我们对自己的正义事业的信心。这使我们更有决心去粉碎英、法和他们的走卒以色列侵犯埃及主权的帝国主义企图。"②

---

① 中华人民共和国外交部、中共中央文献研究室编：《毛泽东外交文选》，中央文献出版社、世界知识出版社1994年版，第247—249页。

② 裴坚章主编：《中华人民共和国外交史 第一卷 1949—1956》，世界知识出版社1994年版，第280—284页。

三　中国与阿拉伯国家的友好关系

（一）周恩来亚非之行与五项原则

1963 年 12 月 3 日至 1964 年 2 月 26 日，周恩来总理和陈毅副总理兼外长先后访问了亚非十三国，[①] 包括阿拉伯联合共和国（今埃及）、阿尔及利亚、摩洛哥、突尼斯和苏丹等阿拉伯国家。在访问途中，他提出了中国政府同阿拉伯国家和非洲国家相互关系的五项原则。

（1）支持非洲和阿拉伯各国人民反对帝国主义和新老殖民主义，争取和维护民族独立的斗争。

（2）支持非洲和阿拉伯各国政府奉行和平中立的不结盟政策。

（3）支持非洲和阿拉伯各国人民用自己选择的方式实现统一和团结的愿望。

（4）支持非洲和阿拉伯国家通过和平协商解决彼此之间的争端。

（5）主张非洲国家和阿拉伯国家的主权应得到一切其他国家的尊重，反对来自任何方面的侵犯和干涉。

这些原则宣示了中国与阿拉伯国家关系中的主要立场，受到阿拉伯国家的欢迎。[②] 在亚非之行期间，周恩来总理利用在阿尔及利亚与突尼斯访问，与双方国家元首建立了互信关系，打开了中国—阿尔及利亚和中国—突尼斯外交关系的新格局。

（二）"革命不要超越阶段"

1968 年，周恩来总理在接见南也门外交部部长塞弗·艾哈迈德·扎莱时提到了两个重要问题。他说："革命不要超越阶段，这话是对

---

① 有时说 14 国，其中包括 1964 年 1 月对欧洲国家阿尔巴尼亚的访问。

② 王泰平主编：《中华人民共和国外交史 第二卷 1957—1969》，世界知识出版社 1998 年版，第 123—125 页。

的。你们现在要把民族独立搞彻底，巩固起来，搞社会主义是下一阶段的问题。"他说："我们的援助一定要有利于你们的经济独立，而不是助长你们的依靠。助长依靠是害你们，得不到好处，不是真正的朋友。只要你们为独立而奋斗，需要东西，我们尽可能帮助。"①

这一谈话体现了中国与阿拉伯国家的真诚关系。第一点是革命要循序渐进，不能超越阶段；并不是所有的国家都适合搞社会主义。第二点是中国的援助是使受援国独立，而不是加强受援国的依赖性。正是这种真诚的平等友好态度，逐渐赢得了阿拉伯国家的依赖。科威特与中国在1971年3月建立外交关系，成为第一个与中国保持友好关系的海湾国家。随后，中国与西亚的两个地区大国伊朗和土耳其建交。在70年代，中国又与多个阿拉伯国家建立了外交关系，包括阿曼。这些态势表明中国在阿拉伯地区开始表示自己的存在，可以这样说，中国进入海湾地区从某种意义上得益于苏联的扩张态势，海湾国家对苏联大势扩张的担忧为中国进入这一地区提供了机会。②

（三）"文化大革命"中双方关系的波折

在"文化大革命"中，中国与一些阿拉伯国家之间出现了一些分歧，双方甚至发生了不愉快的事件。双方关系产生这些问题的主要责任在中国，当时的外交工作也受到极"左"思潮的干扰。一些外交人员在阿拉伯国家散发毛主席语录、像章、著作和其他宣传品，引起阿拉伯国家的不满和警惕，对中国外交官员开始进行监视，有的甚至提出抗议。毛泽东主席在1967年10月曾严厉批评了对外交往中的"大国沙文主义"和"强加于人的做法"，他指出："驻在人家国家里，人家接受不了的，硬要那么搞，这不是大国沙文主义？"他在1968年5月又指示："要注意不要强加于人。"③ 由于毛泽东主席和周恩来总理较早发现

---

① 中共中央文献研究室编：《周恩来年谱 一九四九——一九七六 下卷》，中央文献出版社1997年版，第260页。

② Wu Bingbing, "Strategy and politics in the Gulf as seen from China", Bryce Wakefield & Susan L. Levenstein, eds., *China and the Persian Gulf*: *Implications for the United States*, p. 13.

③ 江淳、郭应德：《中阿关系史》，第433—434页。

了外交领域里的这种极"左"思潮，并给予严厉的批评，及时制止了一些不良做法。当然，这些只是中阿关系中的小曲折，并未对双方关系产生实质性的影响。①

第四节　中国与阿曼的关系

一　阿曼的反英斗争与中国的态度

（一）阿曼伊斯兰教长国的反英斗争

1950年代，中国对当时海湾国家局势的复杂性并不十分了解。中国作为社会主义阵营一分子，对与英美接近的国家保持一定距离。万隆会议以后，中国开始与一些亚非国家接触，并在反对帝国主义和殖民主义的斗争中互相支持。1957年发生的英国入侵阿曼事件引发了全世界爱好人民的抗议。中国对这一殖民主义行径表示了强烈谴责。

阿曼驻华大使阿卜杜拉·萨利赫·萨拉迪从新现实主义的视角分析了中国—阿曼关系，他的观点非常精辟。然而，他认为，中国从1950年代后期将海湾阿拉伯地区看作"针对西方帝国主义发动革命武装运动的潜在战场和中苏对抗的竞技场"②。这种分析有一定道理。然而，就50年代末英国入侵阿曼这一历史事件而论，如果完全忽略中国政府反对英国入侵的正义立场有失客观公正。1957年8月，中国政府照会阿拉伯国家联盟，坚决反对英国干涉阿曼内政。1959年2月，阿曼伊斯兰教长国副教长哈尔赛访华，受到中国领导人的接见。中国政府决定向阿曼伊斯兰教长提供援助，包括20万美元的现汇和70万美元的军援。由于运输问题，仅向对方交付了现汇，军援未能兑现。1967年，当马斯喀特素丹国合并了教长国，统一了阿曼并宣布成立"马斯喀特

---

① 江淳、郭应德：《中阿关系史》，第429—436页。
② ［阿曼］阿卜杜拉·萨利赫·萨阿迪：《新中国与阿曼关系的历史与现状》，《阿拉伯世界研究》2012年第4期，第56—72页。

和阿曼素丹国"以后，加利布兵败逃往沙特，中国政府即中止了与教长国的关系。①

（二）佐法尔人民的反英斗争

在阿曼人民的反英斗争中，佐法尔解放运动在阿曼历史上写下了值得记住的一页。在20世纪60年代，佐法尔地区进行的反对英国殖民主义侵略的武装斗争得到了一些阿拉伯国家的同情和支持，但由于其斗争目标也针对一直寻求英国支持的马斯喀特素丹，因而引发了一些阿拉伯政权的恐惧与反感。这样，一场反对英国外来侵略的斗争在英国政府的唆使和策划下变成了阿拉伯地区一场以伊斯兰教反对共产主义的具有强烈意识形态色彩的战争。② 中国当时在外交方面处于比较困难的时期。一方面，以美国为首的西方集团仍然对中国实行遏制和封锁的措施，另一方面，由于中苏两国在意识形态方面的分歧，中国与苏联的关系非常紧张。中东也成为中国与这两个超级大国争夺影响力的地区。

中国政府曾多次接待过佐法尔解放阵线代表团和"解放被占领的阿拉伯湾人民阵线"代表团，与他们交流反帝反殖的经验。例如，1967年6月27日，佐法尔解放阵线（Dhofar Liberation Front，DLF）代表团应中国人民外交学会的邀请，在解放阵线领导成员穆罕默德·艾赫迈德·加萨尼率领下第一次访问中国。代表团团员有佐法尔解放阵线的政治委员会成员萨里姆·阿里·穆萨拉姆和军事委员会成员艾赫迈德·苏海尔·法雷赫。③ 1968年9月的赫尔敏会议（Hirmin Conference）后，佐尔法

---

① 黄培昭：《中国和阿曼关系》，《阿拉伯世界研究》2000年第2期，第15页。

② 英国政府一些传单上的口号十分有效的煽动了当地穆斯林的恐惧，如"现在是你们选择自由的时刻。摆脱共产主义压迫者的枷锁"，"为了友谊加入我们吧，手上扛着开膛的枪，作为伊斯兰教的战友，加入我们打败共产主义的战斗"。有关这一问题的讨论，参见 Marc Devore，"The United Kingdom's last hot war of the Cold War: Oman，1963 - 1975"，*Cold War History*，Vol. 11，No. 3 (2011)，pp. 441 - 471。一些西方学者的研究有关这场战争的局限性，还可参见 Geraint Hughes，"A Proxy War in Arabia: The Dhofar Insurgency and Cross - Boarder Raids into South Yemen"，*Middle East Journal*，Vol. 69，No. 1 (Winter 2015)，pp. 91 - 104。

③ 《佐法尔解放阵线代表团到京》，《人民日报》1967年6月24日。Abdel Razzaq Takriti，*Monsoon Revolution，Republicans，Sultans，and Empires in Oman 1965 - 1976*，Oxford University Press，2013，pp. 101 - 106.

解放阵线更名为"解放被占领的阿拉伯海湾人民阵线"（Popular Front for the Liberation of the Occupied Arabian Gulf，PFLOAG）。① 1970 年 4 月 2 日，国务院总理周恩来和中国人民解放军总参谋长黄永胜接见了佐法尔"解放被占领的阿拉伯湾人民阵线"代表团成员，该代表团由总指挥部执行委员会委员塔拉勒·萨阿德·马哈茂德率领下当时正在中国访问。②

（三）中国对佐法尔反英斗争的报道

中国报刊曾多次报道有关阿曼人民反抗英国军队侵略的消息，让中国人民了解在阿曼发生的事情。这些消息有的是关于战争的进展以及阿曼军民反抗英军入侵的事迹，例如，《人民日报》曾在 1970 年 1 月 8 日报道了阿曼人鲁维尔、谢默斯和艾哈迈德这三位英雄在反抗英国侵略者斗争中的光辉事迹。③ 有的是在年度国际形势报道中提及佐法尔的反抗英国侵略斗争的局势。④ 有的报道是转载国外报刊有关消息，如《人民日报》1970 年 12 月 28 日转载了伊拉克《共和国报》的评论，谴责英国向阿拉伯湾地区增派军队以企图镇压佐法尔地区人民武装斗争。评论揭露英国军队的这一行动不仅"戳穿了英国要从那里撤出的谎言"，同时意味着英帝国主义正试图玩火，"从而严重地威胁这个地区的安全"。评论指出，英帝国主义的这一行动是对全体阿拉伯人民的挑战，呼吁一切进步和爱国的阿拉伯政府对付这一威胁。⑤ 还有的报道是关于佐法尔解放阵线的外交活动或访华活动。

---

① Mohamed Bin Huweidin, *China's Relations with Arabia and the Gulf 1949 – 1999*, London: Routledge Curzon, 2002, pp. 102 – 104; Abdel Razzaq Takriti, *Monsoon Revolution, Republicans, Sultans, and Empires in Oman 1965 – 1976*, pp. 107 – 129.

② 《周恩来总理、黄永胜总参谋长　接见佐法尔"解放被占领的阿拉伯湾人民阵线"代表团》，《人民日报》1970 年 4 月 3 日；黄培昭：《中国和阿曼关系》，《阿拉伯世界研究》2000 年第 2 期，第 15—16 页。有关这方面的研究，还可参见阿曼驻华大使的文章，[阿曼]阿卜杜拉·萨利赫·萨阿迪：《新中国与阿曼关系的历史与现状》，《阿拉伯世界研究》2012 年第 4 期，第 58—59 页。

③ 《不屈的战士　英雄的人民——记佐法尔地区军民抗击英国殖民军的英雄事迹》，《人民日报》1970 年 1 月 8 日。

④ 红壮志：《喜看亚非拉革命武装斗争烽火连天》，《人民日报》1970 年 4 月 7 日。

⑤ 《伊拉克〈共和国报〉发表评论　谴责英国向阿拉伯湾地区增派军队　企图镇压佐法尔地区人民武装斗争》，《人民日报》1970 年 12 月 28 日。

再次，中国政府在力所能及的情况下给予佐法尔抗英战争以物质援助。①

二　中国为什么支持佐法尔的民族解放运动？

（一）外国学者的解释

一些外国学者研究过中国支持佐法尔民族解放运动这一问题。综合他们的观点，主要有以下原因：反对英美及其追随者、寻求缓冲地带、培养革命力量、输出革命模式和支持也门。

（1）反对英美的追随者。中国认为阿曼素丹（即马斯喀特素丹）一直与英美帝国主义保持密切联系，因此支持当地的伊玛目加利卜·本·阿里领导的反阿曼素丹运动，甚至向他们提供军事援助。

（2）寻求缓冲之地。中国希望在海湾和阿拉伯半岛地区寻求一个立足之处，在与埃及和伊拉克关系出现紧张状态时有一个缓冲之地。

（3）培养革命力量，与美苏抗衡。中国对美国在海湾地区的势力和苏联在该地区进行的扩张有所警惕，希望在这一地区通过培养革命力量来与美苏两个大国抗衡。

（4）推行中国的革命模式。中国力图在海湾地区推行革命变革，鼓励"解放被占领的阿拉伯湾人民阵线"采取中国模式的革命并以此进行推广。

（5）为了保护也门而将佐法尔作为缓冲区。中国十分看重新独立的也门人民民主共和国，希望将佐法尔作为一个缓冲区，因为中国和也门都不愿意看到英国通过佐法尔地区侵略也门。②

---

① Ian Skeet, *Oman：Politics and Development*, London：Macmillan, 1992, p. 38；Mohamed Bin Huweidin, *China's Relations with Arabia and the Gulf 1949 - 1999*, London：Routledge Curzon, 2002, pp. 102 - 106，201 - 203.

② Hashim S. H. Behbehani, *China's Foreign policy in the Arab World，1955 - 75，Three Case Studies*，London：Kegan Paul International Ltd，1981，pp. 175 - 188，236 - 238；Mohamed Bin Huweidin, *China's Relations with Arabia and the Gulf 1949 - 1999*, London：Routledge Curzon, 2002, pp. 102 - 104；［阿曼］阿卜杜拉·萨利赫·萨阿迪：《新中国与阿曼关系的历史与现状》，《阿拉伯世界研究》2012 年第 4 期，第 56—72 页。

（二）中国政策的缘由

这些分析无疑有其道理。然而，中国之所以支持阿曼人民反抗外来侵略的斗争，不仅有其现实的考虑，也有着与自身受屈辱的历史命运相关的思想根源。可以说，当时中国的这种支持反抗外来侵略的政策包含着某种历史根源和现实诉求。

（1）历史根源。中国深受殖民主义的政治压迫和经济剥削，对有着相同命运的国家和民族具有深厚的同情心。这种同情心是建立在相似的历史命运和斗争目标。双方都抱着从殖民主义的压迫下解放出来的决心。佐法尔人民反对的是帝国主义和殖民主义势力。

（2）反对英美英国在阿拉伯半岛和海湾地区有着长期的占领经历。这里有它的附属国，有它的殖民地，有它的势力范围。美国作为二战后的西方大国，占有这些主要的油气资源。民族解放运动反对的就是这种势力。

（3）广大民众的诉求。最重要的原因在于这是一场受到广大民众支持的反对外来侵略的运动。由于英国长期统治该地区，其残酷镇压民众起义的恶劣行径引起了人民的痛恨。阿曼人民对英国统治有清醒的认识。"英帝国主义利用自己的权力通过各种方法在我们国家来为它自己的利益服务，将我们人民的注意力从他们自身最根本的问题转移开来。"①

（4）开辟新阵地。中国基于国际政治的现实考虑，当时提出"反帝反修"的口号使自己不得不同时面对两个强大的敌人，政府不得不花费大量人力、物力和财力用于备战。这一口号也使自己在国际舞台上处于困难的境地。为了对抗美苏两个敌人，中国政府决定在阿拉伯地区开拓新的局面。

（5）武装斗争新模式。中国外交当时受"世界革命"和极"左"思潮影响，对采取武装斗争方式的政党和组织格外看重。②

---

① Hashim S. H. Behbehani, *China's Foreign Policy in the Arab World*, *1955 – 1975*, *Three Case Studies*, Appendix 3, "Arab Labour Party of Oman's study on the historical development of Oman", p. 281.
② 裴坚章主编：《中华人民共和国外交史 第一卷1949—1956》，世界知识出版社1994年版，第274—293页；王泰平主编：《中华人民共和国外交史 第二卷1957—1969》，世界知识出版社1998年版，第106—149页；黄安余：《新中国外交史》，人民出版社2005年版，第215—224页。

当时，毛泽东的"枪杆子里面出政权"和"农村包围城市"的思想对该地区解放阵线的领导人影响很大。中国也为这一组织提供了政治、经济和军事援助。这样，"中国的意识形态和政治影响通过这些支持贯穿其整个运动。国际社会和地区国家因此也称这场运动为'毛主义运动'"①。这种输出革命和支持武装斗争的做法引起了一些阿拉伯海湾国家的反感。

（三）反抗的缩影——"人民的忠实儿子，殖民主义的死敌！"

20世纪60年代，中国政府对佐法尔地区的反英斗争采取了坚决支持的政策。为了使中国民众对当时的局面有所了解，新闻媒体不断报道佐法尔地区的斗争形势，并不断强调英国人的侵略行径和阿曼人民的反抗精神以及得道多助、失道寡助的道理。以1971年佐法尔地区爱国军民取得的一次重大胜利为例。当时，敌人发动大规模"秋季攻势"，出动了数千兵力，第一次动用了它所训练的"适于山地和沙漠作战"的突击队。然而，在佐法尔军民的英勇抗击下，敌人遭到了彻底失败。在这次持续两个多月的反击战中，佐法尔军民对敌作战200多次，打死打伤敌军350多人，包括11名英国军官，击落敌机两架、直升机一架，击毁敌人军车七辆、大炮13门、机枪12挺，捣毁敌人据点13个。英国报纸也承认，这次"攻势"受到了损失，连英国空降潜入解放区进行侦察和破坏活动的所谓"特种空军兵团小分队"的武装特务也在这次战役中被打死两人，打伤四人。②从报道中可以看出，佐法尔地区的爱国军民给英国侵略军以沉重打击。

《人民日报》还报道了这样一位英勇面对入侵的英国殖民军队的阿曼战士：

一九六五年六月十日，即佐法尔地区的自由战士发动反英武装

---

① ［阿曼］阿卜杜拉·萨利赫·萨阿迪：《新中国与阿曼关系的历史与现状》，《阿拉伯世界研究》2012年第4期，第58—59页。

② 《佐法尔地区人民武装斗争不断取得新胜利》，《人民日报》1972年6月9日。

起义的第二天，贫苦牧民出身的战士赛义德·加林姆·鲁维尔奉命下山去中部地区的一个山庄执行任务。鲁维尔刚走出山坳，就遇上了前来"围剿"游击队的大批英国殖民军。只身一人的鲁维尔面对着四面包围上来的大批敌人，坚定沉着，毫不畏惧。他机敏地伏在一块山石后面对敌人开枪射击。鲁维尔以准确的枪法一连打死了六个英国殖民军。但是，当他用最后一颗子弹打死第七个敌人时，自己也负了重伤。这时，英国殖民军象饿狼似地向鲁维尔扑来。鲁维尔支撑着负伤的身子，蔑视着敌人，镇定地站立着。当一名英国军官走到鲁维尔身边时，鲁维尔用尽全身的力气，把枪朝敌人猛砸过去，这个殖民军官立即应声倒地。其他殖民军惊慌地向鲁维尔开枪射击。鲁维尔倒在血泊里，怒目圆睁。一个英国军官野蛮地用枪托打着已经不能动弹的鲁维尔，一边打，一边吼叫："你说，你要做皇家军（即英国殖民军）的朋友，还是要做敌人？"鲁维尔坚定地回答："牧民和狼不能共存，佐法尔人是殖民主义的敌人！"英国军官打得更凶了："你说，你要做朋友，还是要做敌人？"鲁维尔回答得更响亮："我，赛义德·加林姆·鲁维尔是人民的忠实儿子，殖民主义的死敌！"一大群嚎叫的英国殖民军，面对着坚强不屈的游击战士鲁维尔，犹如一群乌鸦喊喊喳喳地围着威武的雄鹰一样，毫无办法。第二天，万恶的英国殖民军在撤走前，杀死了鲁维尔。当战友们含着悲愤的眼泪掩埋鲁维尔的遗体时，鲁维尔仍然睁着刚毅坚定的眼睛。鲁维尔是佐法尔地区的自由战士，在一九六五年六月九日发动反英武装起义后牺牲的第一个烈士。鲁维尔并没有死，他仍然活在广大佐法尔人民的心里，他的英雄事迹，激励着佐法尔地区全体军民更加英勇地同英国殖民军战斗。①

---

① 《不屈的战士 英雄的人民——记佐法尔地区军民抗击英国殖民军的英雄事迹》，《人民日报》1970 年 1 月 8 日。

三 中国—阿曼：从疏远到接近

进入 70 年代，中国、阿曼以及世界形势均发生了重要变化。这种变化牵涉国际上苏联与美国的争斗日益加剧。中国的国际环境产生了重大变局，中国重返联合国使它在国际舞台活动的机会大大增加，阿曼的国内政治发生重大变化，成为联合国成员，阿曼民族解放阵线的战略目标发生了根本性的变化。

（一）中国形势的变化

中国的形势有喜有忧。1971 年，中国在发展中国家的支持下重返联合国，这是中国外交上的一场意义重大的胜利。对支持中国重返联合国提案投赞成票的阿拉伯国家不少。阿尔及利亚与叙利亚一直是恢复中华人民共和国在联合国的合法权利这一提案的提案国，1971 年的 23 国提案中，阿拉伯国家占 7 个（阿尔及利亚、伊拉克、毛里塔尼亚、民主也门、苏丹、叙利亚和阿拉伯也门）。在 1971 年 10 月 25 日的投票中，与中国建交的 11 个阿拉伯国家（阿尔及利亚、埃及、伊拉克、科威特、毛里塔尼亚、摩洛哥、民主也门、苏丹、叙利亚、突尼斯和阿拉伯也门）以及未与中国建交的利比亚均投了赞成票；未建交的阿拉伯国家巴林、约旦、黎巴嫩、卡塔尔投弃权票，仅沙特阿拉伯投反对票。[①] 最有意思的是阿曼在此次投票中的表现。阿曼在同年 10 月 7 日（即对中国问题进行投票的前 18 日）成为联合国成员国。阿曼加入联合国后的第一次行使权利就是对中华人民共和国重返联合国的提案进行投票。当时，卡布斯素丹的叔叔塔利克·本·泰穆尔（Sayyid Tarik bin Taimur）协助他进行外交工作，为说服诸多阿拉伯国家支持阿曼成为联合国成员国尽了很大努力。当时，阿曼驻联合国代表阿赫迈德·马基（Ahmed Makki）就是否支持中国一事分别从塔利克和卡布斯素丹两人那里得到了截然相反的指示。最后，他无法选择，只好以"因病缺席"这一惯

---

① 江淳、郭应德：《中阿关系史》，第 451 页。

用的外交手段来完成阿曼在联合国大会的第一次使命。①

中国的处境因为苏联扩张主义而变得日益险恶。1968 年苏联入侵捷克斯洛伐克后，在勃列日涅夫的领导下，苏联的大国沙文主义逐渐演变成霸权主义。"国际分工论"和"有限主权论"等明显带有霸权意味的理论一应出笼。1969 年的珍宝岛冲突使中苏关系降至冰点，中国对苏联入侵危险性的警惕进一步提高。② 同时，苏联在包括中东的世界各地的扩张不断加剧，其霸权主义的色彩日益浓厚。由于以色列在美国支持下不断对阿拉伯地区进行侵略，阿拉伯国家急需军事援助，苏联乘势在这一地区迅速扩张。苏联向埃及、叙利亚、伊拉克、阿尔及利亚、阿拉伯也门、民主也门（1990 年与阿拉伯也门合并）、苏丹等国出售大批武器并向这些国家派出军事专家和顾问。③ 中国对苏联的担忧因苏联与伊拉克等多个阿拉伯国家结盟而加剧。同时，中美正在接近，双方关系的缓和在基辛格秘密访华后有所进展。④

（二）阿曼形势的变化

阿曼的形势也发生了巨大的变化。首先，1970 年发生阿曼政变。赛义德·本·泰穆尔素丹统治阿曼近 40 年，实行封建专制和闭关自守政策，使阿曼长期处于贫困落后之中。1970 年 7 月 23 日，在英国人的支持下，从英国桑赫斯特军事学院毕业的卡布斯·本·赛义德废黜其父赛义德·本·泰穆尔，自任素丹。⑤ 随后，"马斯喀特和阿曼苏丹国"改国名为"阿曼苏丹国"。卡布斯既得到了英国的支持，同时也具有独

---

① Ian Skeet, *Oman: Politics and Development*, London: Macmillan, 1992, p. 58.

② 王泰平主编：《新中国外交 50 年》（下），北京出版社 1999 年版，第 894—952 页。有关苏联方面关于珍宝岛事件的观点，参见 [苏] 奥·鲍·鲍里索夫、鲍·特·科洛斯科夫《苏中关系 1945—1980》，肖东川、谭实译，生活·读书·新知三联书店 1982 年版，第 350—359 页。

③ Mohamed Bin Huweidin, *China's Relations with Arabia and the Gulf 1949 - 1999*, pp. 104 - 111.

④ 这种接近有其相似的战略需求。正如基辛格所言："中国领导人所要的是，美国担保不会与克里姆林宫合作施行勃列日涅夫主义；尼克松所要的是，想知道中国是否可能与美国合作，对付苏联在地缘政治上的攻势。"亨利·基辛格：《大外交》，顾淑馨、林添贵译，海南出版社 1997 年版，第 672 页。

⑤ Carol J. Riphenburg, *Oman Political Development in a Changing World*, Westport: Praeger, 1998, p. 49.

立意志和改革决心。① 他上位后，发动了复兴运动，"在建设和发展中克服急躁冒进情绪的既定思想基础上，在可能性和计划性、思维和实践密切结合"，在排除任何混乱的基础上提出了旨在为整个阿曼人民实现福利的建设规划。② 同时，他在叔叔塔利克的帮助下积极开展外交活动，以赢得国际社会对新政权的承认。1971 年 10 月 4 日，联合国安理会一致同意推荐阿曼成为联合国成员国。10 月 7 日，联合国代表大会通过阿曼成为 131 位成员国。③ 同年，阿拉伯联盟也接受阿曼为新成员。④ 阿曼面临着新的国际局势。1973 年，英国撤出。美国与苏联加强了争夺阿曼。

（三）阿曼民族解放阵线目标的改变

阿曼民族解放运动的内部也出现变化。1971 年 12 月 22 日，在佐法尔地区的伊赫利希（Ihlish）举行了一个统一大会。这个会议上作出了三点决议。第一，"解放被占领的阿拉伯湾人民阵线""解放阿曼和阿拉伯湾民族民主阵线"（National Democratic Front for the Liberation of O-man and the Arab Gulf）两个组织合并为一个，名称为"解放阿曼和阿拉伯湾人民阵线"（People's Front for the Liberation of Oman and the Arab Gulf，PFLOAG）。第二，对由筹备委员会提出的有关民族民主工作计划和内部组织地位进行讨论并批准。第三，选举"解放阿曼和阿拉伯湾人民阵线"的单一领导。⑤

值得注意的是，虽然这个组织名称的英文缩写和以前的组织名称一样（PFLOAG），但原来名称中缩写字母"O"与新组织中的字母"O"指代不一样。原来的"被占领的"（Occupied）被"阿曼"（Oman）代

---

① Ian Skeet, *Oman: Politics and Development*, London: Macmillan, 1992, pp. 35 – 41.
② 阿曼苏丹国新闻部：《阿曼苏丹国》，第 1 页。
③ 表决结果为 117 票赞成，一票反对（也门人民民主共和国），两票弃权（古巴和沙特阿拉伯）。Ian Skeet, *Oman: Politics and Development*, London: Macmillan, 1992, pp. 58, 60 – 62.
④ Calvin H. Allen, Jr., *Oman: The Modernization of the Sultanate*, Boulder: Westview Press, 1987, p. 114.
⑤ Hashim S. H. Behbehani, "*China's Foreign Policy in the Arab World*, 1955 – 1975", *Three Case Studies*, p. 156.

替。这样，新名称删除了原名中的"被占领的"一词。从某种意义上说，这种改变将原来的反抗外来入侵变成了对内的革命，革命目标从赶走英国人改变为国内政治，成了单纯推翻现在统治者。这既是一种立场的改变，也是一种战略的改变。更有甚者，"解放阿曼和阿拉伯湾人民阵线"提出"解放海湾"等极"左"主张。

以上各种局面的改变促使中国的国际战略进行调整。1978 年 5 月，中国与阿曼在伦敦宣布建立大使级外交关系。

20 世纪 50—70 年代，阿拉伯国家经历了巨大的变化：民族国家的独立、苏伊士运河的收回、石油的发现与运用、民族意识的觉醒以及阿以矛盾的加深。老牌殖民主义者的逐渐退出引发一系列国际政治的变化，美国与苏联的介入成为新的地缘政治因素。中国开始从国际政治和国家利益的角度与阿拉伯国家发展关系。60—70 年代，阿曼南部的佐法尔省开始追求独立。中国与阿曼开始接触，由于冷战历史条件的局限和双方政策的差异，加上中国对佐法尔解放运动的支持，中国和阿曼的关系一度陷入紧张状态。双方的经济往来虽然不多，但一直保持。这种情况一直维持到 1978 年，中国—阿曼外交关系的建立加快了双方合作的步伐。

第八章　和解建交与求同存异（1978—2015）

阿曼能够从她的真诚的朋友的经验中学到许多东西。中国支持第三世界被压迫人民的正义的和公正的斗争，包括巴勒斯坦人民争取独立的斗争一向声誉昭著。它总是全力支持第三世界的国家为反对发达世界经济的不公正行动而进行的斗争。在中东危机中，中国总是大力支持阿拉伯国家解放他们被占领的领土的斗争。这些和其他许多领导的才能为中国在世界上赢得了许多朋友。阿曼也赞赏中国在世界事务中所起的作用。

——《阿曼消息报》1979 年 5 月 13 日社论

含有中国因素的产业和投资项目都在阿曼的经济发展中起比较大的作用，所以我们非常欢迎中国的企业能够到阿曼去。这些都是零障碍进入的，我们阿曼使馆可以为中国的投资者提供任何需要的信息，我们的大门是永远向中国朋友敞开的。

——阿曼驻中国大使阿卜杜拉·萨阿迪

20 世纪 70 年代末，由于波斯湾及阿拉伯半岛成为大国霸权争夺的重要地区，阿曼的安全和生存环境也面临严重挑战。伊朗发生的突变和苏联的扩张使保障霍尔木兹海峡的安全成为阿曼安全的首选。阿曼的外交政策是根据自身利益的轻重缓急来实行的。在这种复杂的局面下，它首先要维护海湾国家的团结，其次要搞好与阿拉伯国家的关系，最后是在世界政治舞台上发挥自己的作用。正是在变幻莫测的世界局势中，中国与阿曼关系稳定发展。本章将分为三个部分，分别叙述国际局势变化中的海湾政局、大国的介入和阿曼的应对以及中国与阿曼建交以后双方合作的持续推进。

第一节　海湾政治生态与阿曼应对之策

一　霍尔木兹：不平静的海峡

（一）波斯湾、石油与海峡

波斯湾自古以来一直因其地缘政治和战略通道成为兵家的必争之地。这里繁忙的海道和重要港口使得这个海湾成为各个国家激烈竞争的目标。这里的远洋贸易、航海技艺和造船工业一直引领世界航海业。近现代以来的石油发现给这一地区的重要性加码。霍尔木兹海峡东西长约150千米，最宽处达97千米，最狭处只有38.9千米，南北宽56—125千米，平均水深70米，最浅处10.5米，最深处219米。霍尔木兹是通过波斯湾进入印度洋的海峡，亦是唯一一个进入波斯湾的水道。自从中东地区发现石油后，这里每天有数以百计的运油船经过。因此，霍尔木兹海峡可以说是中东地区的"油库总阀门"。世界上35%—40%的海上原油都要通过霍尔木兹海峡进入印度洋，并分运到亚洲、欧洲和美洲。每年有7.5亿吨以上运往世界各地的中东石油须经过这里，占海湾地区石油总出口量的90%、全球石油产量的五分之一及出口贸易量的三分之一。阿曼控制了霍尔木兹南海岸，它长达1060英里的海岸线正处在从欧洲到亚洲的直达航海线上。正因如此，这条海峡有时被称为"阿曼海峡"。伊朗人则控制了大约65英里之外的北海岸。

（二）伊朗的行动：占领通布岛

1908年，伊朗首先发现了石油。20世纪30年代，位于波斯湾西边的阿拉伯国家才有类似的发现。1962年6月，阿布扎比的石油第一批装运出口。阿曼直到 1967 才开始出口第一桶石油。① 目前，波斯湾地区仍是世界石油蕴藏量最为丰富的地区。正是由于海上通道和石油蕴藏的战略性，海湾地区成为大国竞争激烈的关键地区之一。

伊朗作为波斯湾的地区大国，深刻认识到石油资源对其国运的重要性，一直保持着显著的军事优势，并主动承担着保障霍尔木兹海峡的顺畅通行。阿布穆萨岛、大通布岛及小通布岛位于霍尔木兹海峡西方的中央处，虽然缺乏经济价值，但由于位于霍尔木兹海峡入口处，又临近多个主要油田，因此具有重要的战略意义。1971 年 11 月，英国殖民势力撤离海湾后，伊朗出兵占领了原属英国保护地的阿布穆萨岛和大小通布岛，引起了阿拉伯半岛国家"愤怒的反应"。② 伊朗可以通过海峡沿岸及三个岛上部署的岸炮或反舰导弹基本实现对海峡的封锁，实际上扼住了该地区运输要道。这一行径不仅引起其他海湾阿拉伯国家的不满和阿联酋的强烈反对（后者宣称对三岛拥有主权），也为后来的两伊战争埋下了隐患。③ 70 年代初，伊朗军队应阿曼的请求一直在阿曼境内帮助打击"解放阿曼和阿拉伯湾人民阵线"，希望以这一行动来缓解阿拉伯国家的怒气。

（三）伊朗革命与霍尔木兹海峡

20 世纪 70 年代末，这一地区的地缘政治因为各种因素变得十分诡异。海湾国家（伊朗、伊拉克、科威特、沙特阿拉伯、巴林、卡塔尔、阿拉伯联合酋长国和阿曼）的处境也因为地区政治的突变而更为复杂。在这些国家中，阿曼的地位尤为特殊。伊朗革命打破了这里的政治生态平衡。阿曼作为一个小国难以像以前的伊朗那样担负起对霍尔木兹海峡的保障作用。

在伊朗革命发生后，这条航道的安全与稳定成为西方世界和海湾地区国家的心病。阿曼素丹一方面认识到自己国家所处的重要战略位置，

---

① Calvin H. Allen, Jr., *Oman: The Modernization of the Sultanate*, Boulder: Westview Press, 1987, pp. 89 – 91.

② Ian Skeet, *Oman: Politics and Development*, London: Macmillan, 1992, p. 49.

③ J. M. Abdulghani, *Iraq & Iran: The Years of Crisis*, London: Croom Helm, 1984, pp. 89 – 96.

另一方面，在面对苏联在这一地区加强影响力的情况下，他也清醒地意识到光靠自己的军力无法保障海湾特别是海峡的安全。[①] 卡布斯素丹认为，霍尔木兹海峡的安全保障需要合作来完成。他于1979年国庆讲话时提出了合作计划。第一，保卫霍尔木兹海峡的计划并不需要外国派来军队。换言之，阿曼可以自身解决防务问题。第二，这条水道要求盛产石油的海湾阿拉伯国家提供资金以保障水道安全。第三，合作的另一方西方国家应该提供军事装备来保卫这条海峡。[②] 这一计划遭到苏联和南也门的攻击，认为这是五角大楼为公开干涉海湾国家的事务寻找借口，是美国渗透这个地区的证明。此外，海湾相关国家反对的理由是任何有外国帮助的海湾安全计划都不可取。

二 伊朗革命与波斯湾局势

（一）巴列维王朝的崩溃

冷战史专家文安立认为，卡特在伊朗问题上犯的最大错误是决定在1978年1月访问德黑兰。[③] 这有些言过其实。然后，不容否认的是，伊朗人民对美国的仇恨和对国王的嫌恶确实导致了巴列维王朝的崩溃。1月中旬，德黑兰等城市爆发骚乱，人们谴责国王是卖国贼，对被国王流放的阿亚图拉霍梅尼表示敬佩。9月发生的示威活动以及被警察镇压致死的数百人表明伊朗政府对局势已经失去控制。1979年1月，经过长期动乱之后，伊朗皇室宣布，组成以巴赫蒂亚尔首相为首的九人摄政委员会，代行国王权力。1月16日，国王巴列维被迫离开伊朗，前往埃及。2月1日，伊朗宗教领袖霍梅尼从巴黎回到德黑兰。2月5日，霍梅尼任命巴扎尔甘为伊朗总理，组织临时政府。2月18日，巴扎尔甘临时政府正式接管伊朗国家权力。5月13日，伊朗革命委员会批准临

---

① 博斯格拉夫：《阿曼：处于不幸的海峡》，《新闻周刊》1979年9月24日。

② 《阿曼苏丹卡布斯国庆讲话中谴责苏联推行扩张政策》，美联社马斯喀特1979年11月18日电。

③ ［挪］文安立：《全球冷战：美苏对第三世界的干涉与当代世界的形成》，牛可等译，世界图书出版公司2012年版，第302页。

时政府的一项法案，取消前国王执政期间给予美国军事顾问的外交豁免权。6 月 12 日，霍梅尼接见苏联驻伊朗大使，要求苏联不要干涉伊朗内政，同时要求苏联不要干涉阿富汗。

（二）伊朗与美国的决裂

1979 年 11 月，伊朗与美国关系破裂。11 月 4 日，一些学生占领美国驻伊朗大使馆，扣押大使馆 60 多名美国人员作为人质，要求美国将在纽约治病的前伊朗国王巴列维引渡回伊朗受审，遭美国拒绝。随后的事件愈演愈烈。

11 月 5 日，伊朗政府决定，废除伊朗在 1959 年和美国签署的一项条约和 1921 年同苏联签署的友好条约中的某些条款。

11 月 7 日，美国国务院发表声明，要求美国公司撤出在伊朗的工作人员。

11 月 9 日，美国政府下令停止向伊朗运送军事装备部件。

11 月 12 日，美国下令停止从伊朗进口石油。

11 月 13 日，伊朗决定停止向美国出口石油。

11 月 14 日，美国宣布冻结伊朗在美国的财产。伊朗封闭领空、领海，禁止美国飞机、舰船进入。

对于伊朗人民和伊斯兰社会而言，这场斗争的结果是美国及其支持的伊朗国王的失败，是以霍梅尼为领袖的伊斯兰教共和国的胜利。正如当时的一位参加革命的伊朗学生所言："帝国主义剥削着我们，主宰着全世界。帝国主义想让所有人都对它俯首称臣，想成为全人类的主人。美国就希望将伊朗和伊朗人民掌控在自己手中。而伊斯兰教共和国正好与之相反，赞成所有追求正义的自由独立的政府。"[①]

（三）波斯湾的震荡

伊朗针对巴列维王朝和支持者美国的这场胜利却给波斯湾地区的国家带来了巨大的挑战：以前位于霍尔木兹海峡东面的海湾地区大国伊朗

---

① ［挪］文安立：《全球冷战：美苏对第三世界的干涉与当代世界的形成》，牛可等译，世界图书出版公司 2012 年版，第 304—305 页。

长期保护着这一条航道。"在伊朗发生革命之后，阿曼是一个最有希望承担霍尔木兹海峡（每天有几十艘油船通过）防务的候选人。"① 霍尔木兹海峡是一条国际水道，霍尔木兹海峡是石油运往欧洲和日本的所有油船的必经之道，每21分钟就有一艘油轮从这里通过。世界上原油交易的60%是经这条水道运输。霍尔木兹海峡的安全也是处于霍尔木兹海峡南岸的小国阿曼必须操心的事。

表8-1　　　　　中东地区石油储量与产量（1999年1月1日）②　　　单位：万吨

国家和地区	剩余探明储量（1999年1月1日）	占世界总量（%）	估计产量（1998）	占世界总量（%）
沙特阿拉伯	3532760.0	25.03	40290.0	12.15
伊拉克	1534500.0	10.87	10670.0	3.22
阿拉伯联合酋长国	1333992.0	9.45	11390.0	3.44
科威特	1282160.0	9.09	8980.0	2.71
伊朗	1223506.0	8.67	17985.0	5.43
阿曼	72060.1	0.51	4473.0	1.35
中立区	68200.0	0.48	2735.0	0.83
卡塔尔	50468.0	0.36	3320.0	1.00
巴林	2182.4	0.02	510.5	0.15
中东总计	9188548.2	65.11	104937.5	31.65

资料来源：美国《油气杂志》1999年年终号。百分比为作者根据相关数据计算得出。

三　阿曼与南也门的关系

（一）英国的殖民占领及其撤离

1839年英国侵占亚丁，后将南也门变成自己的殖民地。1959—

---

① 《阿曼外交国务大臣同卡林顿会谈后说海湾国家应协调努力对抗苏南下的威胁》，路透社马斯喀特1980年1月11日电。
② 王铁铮主编：《世界现代化进程（中东卷）》，江苏人民出版社2010年版，第228页，表1。

1963 年间，英国又将亚丁保护地 13 国和亚丁殖民地组成"南阿拉伯联邦"。① 由于这种政策缺乏代表性，带来的是不断地反抗。然而，1966 年 2 月，英国政府宣布，到 1968 年底，它要结束对这块殖民地的统治，也将撤出它在亚丁的军事基地。当时参与了联邦政府运作的奥拉基邦的穆罕默德·法利德素丹曾回忆道英国单方面宣布撤出时他们的反应："我们意识到，英国政府对邦联已毫无兴趣并不再亟盼它平衡地走向独立了。我的一位同事把这种行为说成是英国政府一方朝三暮四、背信弃义的行径。我们大家都同意这一看法。"② 英国人这种策略还不能单从"朝三暮四"或"甩掉"责任来解释。③ 更重要的是，英国的这种撤离方式仍是"分而治之"策略的继承，虽然是不得以而为之，但必须是一种深谋远虑的战略谋划。④ 换言之，英国人占领这块地有着战略目的，离开这块地时也有战略考虑。英国留下当地各个集团为争夺领导权而陷入内斗，从而为英国以后介入当地政治留下祸根，也留下余地。

（二）独立后的南也门及其与阿曼的冲突

也门和保护领于 1967 年 11 月 30 日独立，成立南也门人民共和国。1970 年 11 月 30 日改名为也门民主人民共和国。机关算尽太聪明，英国算计下产生的这个政权后来成为反对英国帝国主义的最前哨。苏联的影响力从埃及扩展到阿拉伯半岛，在 70 年代初达到南也门这个独立不久的国家。当时，南也门是阿拉伯世界最穷的国家。然而，"它的领导人

---

① 英国首相哈罗德·麦克米伦在他 1961 年 5 月的日记中写道："真正的问题在于如何利用素［苏］丹们的影响和力量来帮助我们保住这块殖民地及其至关重要的防卫设施……"［英］布赖恩·拉平：《帝国斜阳》，钱乘旦、计秋枫、陈晓律译，上海人民出版社 1996 年版，第 351 页。

② ［英］布赖恩·拉平：《帝国斜阳》，钱乘旦、计秋枫、陈晓律译，上海人民出版社 1996 年版，第 365 页。有关英国人策划的也门从殖民地到独立的过程，参见该书第 339—377 页。

③ 当时执政的工党议员理查德·克罗斯曼在 1967 年 10 月 27 日（星期五）的日记中对退出亚丁作了以下描述："在内阁海外政策及防务委员会中，乔治·布朗发言说他不得不惭愧地告诉大家我们将于 11 月而非原定的 1 月撤出亚丁，接着就开始了对亚丁问题的讨论。委员会中的其他人都非常欣慰，我们在亚丁实在是太走运了，因为我们甩掉了我们本应担负的所有责任脱身而出。"［英］布赖恩·拉平：《帝国斜阳》，钱乘旦、计秋枫、陈晓律译，上海人民出版社 1996 年版，第 376—377 页。

④ 李安山：《日不落帝国的崩溃——论英国非殖民化的"计划"问题》，《历史研究》1995 年第 1 期，第 169—185 页。

是虔诚的马克思主义者，他们想要仿效苏联模式，通过社会改造来解决自己国家的问题"①。苏联与南也门的关系迅速升温。亚丁成为苏联的重要基地，苏联人在这里建立起一个广大的雷达和通信联合中心。南也门支持阿曼国内反政府力量"解放阿曼和阿拉伯湾人民阵线"，并为其在南也门设立活动基地和广播电台。阿曼对这一做法极为不满。②

卡布斯素丹多次通过阿拉伯国家的报刊传达自己的意见。他在黎巴嫩《安瓦尔报》发表的谈话指出：南也门同阿曼之间关系日趋恶化的真正原因是"亚丁当局要输出它的信仰，干涉阿曼内部事务。我们的坚定政策决定了我们不干涉他们的内政，即使遇到了这样的机会。同亚丁恢复正常关系的最理想的解决办法是亚丁当局主动宣布放弃对本地区国家内政的干涉，满足南也门人民的最低要求，而不要使南也门的土地构成对阿拉伯半岛和海湾安全主要威胁的外国军队的重要场地"③。卡布斯素丹在与沙特阿拉伯的《请读》月刊发表谈话时谈到南也门的危险性与阿曼的态度。他指出，"南也门政权对阿曼以及阿拉伯半岛和海湾的所有国家来说仍旧是一个威胁。我们这样说并不是我们两国之间存在着敌意，而是大概有多种迹象和事实证明我们的看法"。由于亚丁政府多次拒绝同阿拉伯联盟和沙特阿拉伯为在阿曼和亚丁之间进行斡旋所作的努力进行合作，阿曼又委托科威特尽力在阿曼与南也门之间进行斡旋。阿曼通过科威特向南也门提出了改善关系的三个条件。第一，停止针对阿曼的新闻宣传活动。第二，停止干涉阿曼的内政。第三，停止支持反阿曼的颠覆分子。④

（三）冲突后的和解

1981 年 3 月，双方在边界两次发生军事冲突。1981 年 4 月 23 日，

---

① ［挪］文安立：《全球冷战：美苏对第三世界的干涉与当代世界的形成》，牛可等译，世界图书出版公司 2012 年版，第 256 页。

② ［美］米德尔顿：《阿曼对苏联在南也门扩张势力感到不安》，《纽约时报》1979 年 6 月 8 日。

③ 《卡布斯对黎〈安瓦尔报〉谈阿曼同邻国关系等问题》，《参考资料》1979 年 11 月 30 日（下）。

④ 《我们面临的不是威胁而是危险》，《请读》月刊，1980 年 1 月号。

阿曼外交国务大臣扎瓦维在有阿拉伯和外国记者参加的记者招待会上强调，南也门不仅对阿曼构成威胁，而且对整个阿拉伯半岛都构成了威胁，因为苏联利用它在南也门的军事基地给阿拉伯也门共和国、阿曼和整个地区带来危险。[1] 同年 6 月，双方再次发生冲突。1982 年 10 月，在科威特和阿联酋的调解下，阿曼与南也门两国外长举行谈判，就两国关系正常化问题达成原则协议，并成立了由两国和科威特、阿联酋组成的四国委员会，讨论两国边界问题。这个双方关系正常化的协议包括四个方面：边界问题的谈判、不使用外国军队侵略对方的保证、停止敌对宣传以及双方交换大使。[2]

阿曼和南也门使用同样的语言，信奉同样的宗教。随着双边关系的改善，电台停止了宣传攻势，相互攻击也没有了。南也门提出了双方建立外交关系的可能性。1983 年 1 月，卡布斯素丹向记者罗杰·马修斯谈及阿曼和南也门关系时表示："我总是希望我们两国和平共处。睦邻关系将有益于两国人民。阿曼希望与每个人建立友好关系，而且不干涉别国内政。这是我们的一贯政策。他们不应该干涉我们的内政。一旦这些问题得到解决，我们才能接受友谊。"[3] 双方都停止了敌对活动，并致力于改善关系。卡布斯在 6 月 5 日会见《中东经济文摘》记者罗宾·艾伦时再次表示："如果形势继续得以改善的话，我们就会结束长时期的误会，代之以相互信任。"[4] 1983 年 10 月，两国正式建立大使级外交关系。

第二节　处于政治漩涡中的阿曼

阿曼外交处于极其困难的境地。一方面，它与诸多阿拉伯国家的关系因对伊朗的态度、埃及与以色列和解问题和巴勒斯坦问题上的分歧而

---

[1]　参考马斯喀特 1981 年 4 月 25 日电。

[2]　Calvin H. Allen, Jr., *Oman: The Modernization of the Sultanate*, p. 117.

[3]　《阿曼苏丹国是怎样看待今后的任务的》，《金融时报》1983 年 1 月 23 日。

[4]　《阿曼苏丹卡布斯同记者的谈话》，《中东经济文摘》（周刊）1983 年 6 月 10 日。

出现了某种裂痕。另一方面，霍尔木兹海峡的防务问题因伊朗革命推翻了以"海湾的警卫"自居的伊朗国王巴列维而出现危机。

一 阿拉伯国家的排斥

（一）阿曼与伊朗的关系

阿曼是伊巴德派占人口多数的国家。该派为哈瓦利吉派的一个支派，哈瓦利吉派是伊斯兰教中独立于逊尼派和什叶派之外的一个教派。阿曼一直与信奉什叶派为国教的伊朗及其国王保持着良好关系，伊朗国王也将这个海湾小国置于自己的保护之下。这种关系引起诸多信奉逊尼派的阿拉伯国家的不满。1978 年 1 月 3—16 日，阿尔及利亚总统布迈丁一口气先后访问了 14 个国家，其中包括了除伊朗和阿曼在外的所有海湾国家。这是什么信号呢？很有可能是由于阿曼与伊朗走得太近，它被地区国家排除在圈子之外。

（二）对"戴维营协议"的支持

阿曼受到阿拉伯及海湾国家排斥的另一个重要原因是他对埃及—以色列和谈持支持态度以及对和平解决巴勒斯坦问题的现实态度。1977年 11 月，埃及总统萨达特访问耶路撒冷，向以色列呼吁和平。1978 年 9 月，在美国调解、施压、提供保证及援助的情况下，埃及同以色列签订了《戴维营协议》。埃以和解迈出了中东和平进程的关键性的第一步。① 阿曼是支持萨达特总统关于和平进程的唯一的阿拉伯半岛国家。当时，绝大多数阿拉伯国家由于第四次中东战争失败而产生了各种激进的倾向。"和平条约刚刚签署，埃及的阿拉伯兄弟国就中止了埃及在阿拉伯的联盟中的成员资格，并在经济上对它进行了联合抵制，大多数阿

---

① 《戴维营协议》包括两个文件，《关于实现中东和平的纲要》和《关于签订一项埃及同以色列之间的和平条约的纲要》。1979 年 3 月，埃及和以色列正式签订了和平条约。有关中国学者对美国与埃以协议的关系以及阿拉伯国家政府调整的研究，见安维华、钱雪梅《美国与"大中东"》，世界知识出版社 2006 年版，第 263—283 页。

拉伯国家还同埃及断绝了外交关系。"① 然而，阿曼却认为埃及—以色列条约签订为阿以冲突带来了和平的曙光。阿曼为什么要支持萨达特呢？因为阿曼政府相信，"这个条约是解决中东问题和巴勒斯坦问题的第一步。而且，这是幸我们地区共同安全的一个现实的步骤"②。这主要是基于卡布斯素丹对和平解决一切国际问题（包括巴勒斯坦问题）的坚定立场和不干涉他国内政的原则。

（三）对巴以和解途径的判断

阿曼之所以对萨达特的和解政策表示支持，其根本原因是卡布斯认识到阿以矛盾只能通过和解来解决。这是他领导下的阿曼政府对阿以冲突时局的正确判断。阿曼外交大臣扎瓦维曾在回答记者为什么要支持埃及总统萨达特时表示："我们这样做是由于相信这个（和平）条约是解决中东问题和解决巴勒斯坦问题的第一步，而且是增进我们地区共同安全的现实步骤。"③ 1980 年，卡布斯素丹在回答记者有关巴勒斯坦问题和萨达特政策的立场时说得十分明白：大家都同意要尽力设法实现和平解决，以保证巴勒斯坦人的权利，使阿拉伯国家收复领土，使巴勒斯坦人在自己的领土上建立一个政府，以及恢复伊斯兰对耶路撒冷东城的主权。巴勒斯坦人应该做好准备，放弃他们要消灭以色列的计划。他还明确表示：对萨达特总统在这方面采取的第一步骤表示赞赏；只要埃及试图实现这一目标，阿曼就会支持埃及。④ 尽管这一政策受到阿拉伯国家的抵制，但阿曼仍然坚持自己的立场。

更重要的是，阿曼面临着另外两种巨大压力。它除了要面对当时正处于激进革命状态中的邻居南也门，还必须同时正视苏联不断扩张的事实与美国在海湾地区寻求立足点的企图。

---

① ［美］斯帕尼尔：《第二次世界大战后美国的外交政策》，第 340 页。有关美国对埃及和以色列的调解过程及《戴维营协议》产生的经过及其后果，参见第 330—343 页。
② 《渐渐脱离黑暗时代》，［美］《时代》1979 年 6 月 4 日。
③ 《阿曼最高级使者支持萨达特的步骤》，《华盛顿明星报》1979 年 6 月 7 日。
④ 《我们面临的不是威胁而是危险》，《请读》月刊，1980 年 1 月号。

二 苏联的扩张

（一）阿曼的担忧

苏联的扩张政策在海湾地区引起不安，特别是苏联在南也门的布局对阿曼造成了直接威胁。伦敦出版的《东方时代》杂志指出："苏联由于对波斯湾虎视眈眈，已把阿曼看作是未来战略意义的一种有利条件。正如南也门作为苏联在非洲采取行动的补给站和运兵基地已证明是无价宝一样，它也为俄国人起了对阿曼亲西方政权采取行动的基地的作用。"① 1978 年，阿曼素丹在对意大利周刊《晚邮报画刊》的谈话中提出了这种威胁："非洲之角和印度洋附近的国家必须应付苏联给它们的独立所造成的直接的、决定的威胁……已有明确证明，南也门已成了一个俄国的基地。特别令人痛心的是，这一基地成了向外国军队提供供应的。"② 苏联的扩张利用一连串的"仆从国家"，以建立一个地地道道的殖民地帝国。当时阿曼一位地理政治学者认为"从阿富汗到非洲之角，局势对我们来说都显得很暗淡"③。

（二）力劝美国介入的努力

阿拉伯半岛对苏联而言是一个非常重要的地区。针对苏联的行动，卡布斯素丹不断向美国发出呼吁："你们不应让俄国人破坏你们朋友的，因而也是你们自己的阵地。"卡布斯素丹的亲美态度和赞成萨达特的现实主义政策引起了苏联的不满。苏联评论员尤里·蒂索夫斯基在《评阿曼素丹的讲话》中称阿曼素丹为"相当寒酸的近东反苏乐队中一名新的独唱家"，认为《纽约时报》为他"提供讲话的舞台"④。阿曼素丹对苏联的扩张非常担忧。他明确表示，苏联扩张主义正在努力制订

---

① 《东方时代》杂志文章《中东：阿曼是苏名单上的下一个目标》，《参考资料》1978 年 4 月 10 日（下）。

② 《晚邮报画刊》1978 年 6 月 10 日。

③ ［阿曼］保罗·马丁：《阿曼：骚乱不安的邻国》，《新闻周刊》1979 年 2 月 19 日。

④ 《评阿曼苏丹的讲话》，塔斯社莫斯科 1979 年 5 月 28 日电。

一个旨在对处于具有战略意义地区的国家进行断然统治的计划。他不希望在这个地区驻有外国军队。[①]

（三）苏联入侵阿富汗带来的警觉

苏联 1979 年 12 月末入侵阿富汗使海湾国家倍加紧张。巴林外交大臣警告：苏联入侵阿富汗的最终目的是想使俄国人在盛产石油的海湾地区附近获得实力地位。阿曼对苏联根据喀布尔缔结的友好条约中的条款对阿富汗的入侵极其敏感，因为苏联与它的邻国南也门在 1978 年 11 月也签订了类似的友好条约。阿曼担心苏联随时都会利用这一条约来实现自己在这一地区的野心。在亲苏的利比亚、埃塞俄比亚和南也门宣布结成三国联盟后，阿曼的态度更为明确。阿曼外交副大臣阿拉维在 1981 年 8 月 26 日答《阿曼报》记者时说："我们认为，这三个国家宣布成立的联盟在政治上，它是苏联政治宣布的传声筒；军事上，它是苏联军事势力和苏联扩张主义的桥头堡。更为严重的是，三国都宣布，他们将使用军事力量和军事影响在印度洋和海湾进行扩张。为此，我们对这个突然发展势态给予极大的关注。阿曼将采取包括战略准备在内的一切措施，来保护自己的安全和领土不受来自这方面的任何干涉。"[②] 阿曼官员的这些担心并非空穴来风。

三　美国的用心

（一）阿拉伯海湾地区政治生态的失衡

60 年代末和 70 年代初发生的三件事打破了该地区政治生态平衡。虽然三件事的主体分别是西方国家（英国与美国）、苏联和阿拉伯国家，但却造成了阿拉伯海湾地区甚至是世界性的影响。一件事是英国政府于 1968 年宣布它将于 1971 年底撤离海湾地区。这可以说是战后这一地区最重要的地缘政治变动，对这一地区的利益相关者都产生了重要的

---

① 《嘹亮的号角声》，《阿曼消息报》1979 年 6 月 3 日。

② 阿曼外交副大臣阿拉维 1981 年 8 月 26 日答《阿曼报》记者问全文，《参考资料》1981 年 9 月 13 日。

影响。美国采取了相应的"双核心"(two pillars)防御战略,希望依靠由美国装备支持的伊朗和沙特阿拉伯两国来维持波斯湾地区的战略平衡以及美国在该地区的相关利益。第二件事是南也门从英国独立后苏联势力的介入。第三件事是随着1973年阿以战争而来的由沙特阿拉伯等阿拉伯石油国家发动的"石油危机"。伊朗推翻巴列维王朝的激进革命和苏联咄咄逼人的挑战使美国日益认识到这一地区的重要性。

(二)马西拉岛基地

马西拉岛属于阿曼,这里的拉夫空军基地有一条7000英尺的跑道,一直是英国空军加油之地,英国于1977年3月转交给阿曼。美国十分希望得到这个基地,并从1975年就开始与卡布斯素丹就这一问题进行接触。美国希望飞机可以在此降落并将马西拉作为一个中转地,从而与它从英国手上租来的印度洋上的迪戈加西亚岛上的军事基地连接起来。然而,长期的谈判并没有结果。主要原因之一是卡布斯坚持自己的原则,美国可以借用,不能驻扎。一直进行的谈判和新闻媒体的不断报道使外界产生了种种传闻。根据美国中央情报局的档案记录,1977年春天,英国将此岛交还阿曼后,阿曼官员扎瓦维与美国官员就美国飞机在该岛进行维修和加油一事进行了交谈。[①] 1979年9月中旬,一个由10人组成的美国军事代表团来到阿曼,进行为期三个月的调研以评估阿曼的安全需求。[②]

(三)使用阿曼军事设施的谈判

谈判一直进行到1980年。由于马西拉的战略位置以及阿曼与海湾国家的敏感关系,阿曼素丹在谈判过程中一直与海湾国家保持接触。根据卡布斯的说法,美国使用阿曼军事基地的条件非常明确:必须在阿曼或是大部分海湾国家的请求下;必须是它们遭到直接攻击并无法通过自

---

① Ian Skeet, *Oman: Politics and Development*, London: Macmillan, 1992, pp. 82—88; B. R. Pridham, ed., *Oman: Economic, Social and Strategic Development*, London: Croom Helm, 1987, p. 198.

② [美]博斯格拉夫:《阿曼:处于不幸的海峡》,《新闻周刊》1979年9月24日。

身力量击退攻击时美国才能使用。实际上，每一架美国飞机使用时都必须事先取得降落权。① 对于美国政府，阿曼政府非常谨慎，双方谈判非常艰难，主要牵涉是否容许美方人员在这些基地作为管理人员以及美国向阿曼提供所需的全部武器。② 然而，还是发生了一件令人意料不到的事。在条约签订前，美国空军竟然擅自使用马西拉基地。1979 年 11月，发生了美国人质在德黑兰大使馆被扣事件。1980 年 4 月，在一次拙劣的秘密营救计划中，6 架运载着 90 人组成的突击队和武器弹药与燃料的 C—130 美国飞机在未经获准的情况下擅自使用了马西拉基地。阿曼对这一事件十分愤怒，通知美方它不再准备为了向美国军舰和飞机开放它的军事设施而达成协议。③

四 大国争霸局面中的阿曼

(一) 美苏军力的对比

海湾地区的重要性和敏感性与日俱增。20 世纪 70 年代末以来，美、苏在波斯湾地区进行争夺，插手阿拉伯国家事务，使这一地区局势进一步恶化。阿曼认识到，美苏两个大国在海湾地区的争夺是不可回避的现实。正如阿曼外交国务大臣阿拉维所言："我们希望这里不存在大国争夺，但这只是希望。大国争夺、对印度洋的争夺已强加在我们头上，这就是现状。我们没有要求美国进来，同时也没有要求苏联进来，但是两个超级大国都已经在本地区存在，因为它们的政策都是基于剥削本地区的利益。……我们不想倒向反对苏联，我们也不想支持一个阵营，反对另一个阵营。"④

---

① Calvin H. Allen, Jr. , *Oman: The Modernization of the Sultanate*, Boulder: Westview Press, 1987, p. 118.

② [美] D. 麦克马纳斯：《阿曼在美国使用其基地的问题上进行激烈讨价还价》，《洛杉矶时报》1980 年 4 月 11 日。

③ [美] 威廉·比彻：《阿曼抗议我们（在阿曼）作了停留》，《波士顿环球报》1980 年 5月 3 日；Ian Skeet, *Oman: Politics and Development*, London: Macmillan, 1992, p. 88.

④ 《参考资料》1983 年 8 月 20 日。

美国和苏联在这一地区可谓剑拔弩张，部署的军事力量不断增加。苏联人一直不断地将各种武器运到南也门来支持其在非洲之角的军事冒险。这些武器包括苏制 RPG – 7 反坦克弹、迫击炮、机枪、PMN 防步兵地雷、AK47 和 SKS 步枪以及 122 毫米的喀秋莎火箭等。根据 80 年代中期的统计，除了海上和空中力量外，双方可调动的军事力量非常可观。苏联在海湾地区可调动的力量包括 11000 坦克部队士兵，步兵 152000名，航空联队 9000 人和炮兵 15000—18000 人。美国在海湾的两栖作战部队远远强于苏联（47500 对 5000 人），其陆军力量包括航空部队16200 人，突袭部队 17000 人，机械化部队 12300 人，特种兵 1200 人和空降机械化部队 2500 人。①

（二）阿曼对美苏的戒备

阿曼对美苏两个大国的争夺心存戒备。1983 年，阿曼外交国务大臣尤素福·阿拉维·阿卜杜拉在回答美国《新闻周刊》记者有关美国在海湾的存在与苏联扩张的关系时明确表示，"我们不能把两者分开。海湾是两个超级大国都说过的它们感兴趣的地区，因此，我们可以想象，它们在这一地区的行动同它们在世界上其他地方的行动差不多。我们估计，会出现竞争的局面。在这方面，我们对联合国未能宣布某些地区为和平区感到失望"②。阿曼因苏联在阿富汗的侵略行为而时刻保持着警惕，并坚持只有苏联改变这种扩张政策，双方关系才有望改善。虽然阿曼与美国的合作相对顺利，也愿意提供军事设施，但这主要是根据特殊情况处理。阿曼新闻大臣表示："我们相信世界和平，如果提出的要求目的是合作，那么我们的回答是'同意'，如果是为了基地，那么我们的回答将是'不同意'。"③

海湾国家对美国在该地区的军事存在持否定态度，控制着被称为

---

① B. R. Pridham, ed., *Oman: Economic, Social and Strategic Development*, London: Croom Helm, 1987, Table 13: 1 "Comparison of U. S. and Soviet forces available for a Gulf contingency", p. 218.

② 《"我们要注视苏联的行动"》，《新闻周刊》1983 年 1 月 10 日。

③ 《参考资料》1983 年 11 月 25 日。

"穆斯林的联合国"的伊斯兰会议组织的沙特阿拉伯对此尤其反对。主要原因有两个。一是20世纪50—60年代的教训,当时阿拉伯国家因西方与苏联的对立而分裂为两个阵营,破坏了阿拉伯民族的团结。这是沙特阿拉伯一直避免出现的情况。此外,由于阿拉伯与以色列积怨甚深,而美国一直是以色列的坚强后盾,多次为了以色列而损害了阿拉伯民族的利益,反对美国在阿拉伯半岛的军事集结成为所有阿拉伯国家的共同愿望。

(三)阿曼的外交困局与定力

阿曼的外交困境十分明显:它面临着苏联在海湾(南也门)及周边地区(非洲之角和阿富汗)的扩张行为和美国对英国撤离之后"填补真空"的热切期望;它也面临着以沙特为首的阿拉伯国家孤立伊朗的努力和伊朗在海湾地区发挥地区性大国作用(特别是保障霍尔木兹海峡的安全)的影响;它还面临着众多阿拉伯国家坚持要用武力解决阿以冲突的激进倾向和埃及愿与以色列进行和谈的理智决策。即使是海湾国家面临的危险来自何方,也有不同看法,有的人认为这一危险来自犹太复国主义者,有的则认识到苏联扩张的现实威胁……

面对纷繁复杂的局面,阿曼保持着作为一个小国的定力,在对外关系中坚持独立自主的政策。这种独立自主的外交政策可以从阿曼在处理多个事件的态度看出来。《阿曼》双周刊曾刊登了卡布斯素丹在黎巴嫩《安瓦尔报》发表的讲话。他在谈到与邻国关系时强调:阿曼既不干涉他国内政,也希望与其他国家"以相互尊重、互不干涉内政的政策为基础"[1]。卡布斯素丹并非盲目地跟随其他阿拉伯国家,也不是唯美国的马首是瞻。他坚持的是对整个海湾地区国家(包括阿曼)有利的政策。

阿曼一直反对美国在阿曼建立永久性军事基地,或美国军队驻扎在

---

① 《卡布斯对黎〈安瓦尔报〉谈阿曼同邻国关系等问题》,《参考资料》1979年11月30日(下)。

阿曼或波斯湾地区的任何地方。① 从英国撤出阿曼后，美国一直希望使用阿曼的基地，阿曼的条件一直是以国家主权为要求。1980 年 2 月，阿曼负责外交事务的国务大臣卡伊斯·杜勒—舟奈姆·拉瓦维表示，美国使用阿曼具有战略意义的机场和海港设施必须满足三个条件：短期使用这些设施、有助于整个地区（不仅是阿曼）的安全和阿曼防御部队从中受益。② 尽管 1980 年双方就美国使用阿曼的设施达成了协议，但阿曼没有美国基地，也不许美国军队驻扎。为了使海湾和印度洋成为和平区，阿曼外交部在回应勃列日涅夫关于使阿曼成为不受超级大国冲突影响的地区的建议时声明，要求苏联撤出在阿富汗的部队，拆除在南也门和非洲之角的军事基地，"苏联人必须摒弃领土扩张和霸权主义政策，在同整个第三世界、尤其是海湾国家打交道时采取一种坦率的政策"③。

第三节　阿曼的外交政策

阿曼虽然是一个地区小国，但其深厚的历史文化、丰富的石油资源和重要的地缘战略位置使得它的外交政策颇具特色，其主要特色是独立自主和平衡中立。

一　独立自主的外交政策

卡布斯素丹认识到，阿曼地处波斯湾这样一个石油丰富的敏感地区，又扼霍尔木兹海峡这一海上要道，唯有坚持独立自主的地位才能保证自身的安全。面对美苏两个超级大国的争夺，海湾国家当时有人认为，该地区的未来趋向是依靠欧洲，从而免受两个超级大国的摆布。当巴黎记者问及这一观点时，卡布斯素丹明确表示："尽管阿拉伯国家同

---

① "美联社报道阿曼正在向美国寻求武器和政治支持"，美联社马斯喀特 1979 年 11 月 25 日电；"阿曼外交国务大臣提出让美使用军事设施的三项条件"，美联社贝鲁特 1980 年 2 月 17 日电。

② "阿曼外交国务大臣提出让美使用军事设施的三项条件"，美联社贝鲁特 1980 年 2 月 17 日电。

③ "阿曼反对勃列日涅夫提出的海湾建议"，美联社马斯喀特 1980 年 12 月 17 日电。

欧洲国家的双边关系已取得不同程度的进展，但阿拉伯和欧洲的对话仍处于初级阶段，我们努力同世界各国加强关系，但我们同某一国家的关系不能建立在牺牲同另一个国家关系的基础上。"①

阿曼作为一个小国，不得不从各方面考虑自身民族以及海湾地区的安全、发展和福利。这种独立自主的外交政策表现在以下几个方面。

（一）《戴维营协议》后的特立独行

《戴维营协议》签订后，18 个阿拉伯国家、巴勒斯坦解放组织和伊朗相继表示反对，阿曼与摩洛哥是阿拉伯世界与埃及保持友好关系的国家，拒不执行制裁埃及的决定。卡布斯素丹支持萨达特，认为该协议是全面解决中东问题的重要一步。实际上，埃及和阿曼历史有相似之处。埃及和阿曼分别对人类历史和阿拉伯文明作出了贡献。卡布斯觉得，埃及保障着苏伊士运河和红海的安全，护卫着阿拉伯国家的北大门；阿曼负责霍尔木兹海峡和波斯湾的安全，保障着阿拉伯国家的南大门。② 阿曼一直挺住压力，"拒绝中断与埃及的关系，坚定地呼吁阿拉伯阵线的统一和阿拉伯立场的一致"。对于这一点，阿曼颇为自豪，"阿曼的这一政策充分表明它对于未来政策发展轨迹看得最远，最具预测能力"，自认为"一直是阿拉伯各国的典范"③。

（二）与激进主义的抗衡

第四次中东战争（赎罪日战争）失败以后，阿拉伯国家被一种悲情所笼罩，随之而来的是一种激进主义情绪的蔓延。与其他主张武装斗争的阿拉伯国家不同，卡布斯认为巴勒斯坦与以色列冲突应通过和平方式来解决。从后来阿以关系的发展看，阿曼的政策完全符合阿拉伯人民的现实利益。1982 年，在摩洛哥非斯召开的阿拉伯国家首脑会议通过了沙特阿拉伯国王法赫德 1981 年提出的第一个阿拉伯国家关于和平解

---

① 《阿曼报》1981 年 11 月 8 日。

② B. R. Pridham, ed., *Oman: Economic, Social and Strategic Development*, London: Croom Helm, 1987, pp. 206 – 207.

③ 阿曼苏丹国新闻部：《阿曼苏丹国》，第 44 页。

决中东问题的方案即非斯方案。这一方案实际上承认了以色列的客观存在。[①] 后来的"以土地换和平"（1991 年）的原则和约旦—以色列和平条约（1994 年）都说明了和平解决阿以冲突的前景。两伊战争持续 8 年，伊拉克和伊朗两败俱伤。阿曼在战争中保持中立，呼吁双方停火和谈。[②] 阿曼谴责伊拉克侵吞科威特，支持联合国对伊制裁，但反对孤立和肢解伊拉克。它一直与伊拉克保持外交关系，战后同情伊拉克人民处境，主张尽早解除制裁。阿曼对伊朗称雄海湾有所戒备，但保持正常往来，并认为伊朗应参加海湾安全事务。

（三）不参加石油输出国组织

与其他阿拉伯产油国不同，阿曼一直未参加欧佩克（石油输出国组织）。由于石油对阿曼太重要了，卡布斯素丹不愿任何来自外部的干涉，而希望对自己国家石油的管理有绝对的自由。他在早期处理石油的内部政策上也是这种态度，将与石油有关的各种关系操持在自己的控制之下。这样，阿曼不需要承受欧佩克的石油政策引发的任何消极影响或损失，却能享受其相关规定和措施带来的各种好处。当然，在必要的情况下，尽管阿曼不是欧佩克成员国，它却尽力支持该组织的决定。[③] 然而，它却是阿拉伯石油输出国组织成员。[④]

[①] 王泰平主编：《新中国外交 50 年》（上册），北京出版社 1999 年版，第 575 页。

[②] 两伊战争指伊拉克和伊朗为边界纠纷于 1980 年 9 月 22 日—1988 年 8 月 20 日发生的战争。1980 年 9 月 22 日，伊拉克为争夺位于两国之间的阿拉伯河，借口为抵御"伊斯兰革命"，向伊朗发动军事进攻，不久，战局发生转变，1982 年，伊朗占领伊拉克约 100 平方千米领土。战争持续 8 年。据不完全统计，双方伤亡 200 万人，经济损失 6000 亿美元。两伊在战前都是世界上主要产油国，战后负债累累。王泰平主编：《新中国外交五十年》（上），第 582 页。两伊战争的另一个恶果是给大国干涉海湾地区造成了机会，为海湾国家后来的稳定和发展留下了隐患。有关海湾国家对两伊战争的态度，参见 Efraim Karsh, ed., The Iran - Iraq War: Impact and Implications, Macmillan, 1987, pp. 121 - 132; Majid Khadduri, The Gulf War: The Origins and Implications of the Iraq - Iran Conflict, New York & Oxford: Oxford University Press, 1988, pp. 117 - 137。

[③] Ian Skeet, Oman: Politics and Development, London: Macmillan, 1992, pp. 102 - 103.

[④] Calvin H. Allen, Jr., Oman: The Modernization of the Sultanate, Boulder: Westview Press, 1987, p. 96.

二 阿曼的平衡政策

(一)卡斯布的平衡外交

小国在维护自身国家安全利益时往往坚持以下行为原则：现实性原则（安全目标的现实性、安全手段的现实性和地缘政治的现实性）、灵活性原则、平衡性原则和多元性原则。韦民在分析平衡性原则时指出，"维持各种安全因素之间的微妙均衡是小国必须具有的政治智慧"①。这种平衡包括独立性和依赖性之间的平衡、物质取向思维与观念取向思维之间的平衡、短期利益与长期利益之间的平衡、毗邻大国与域外大国之间的平衡。②

卡布斯素丹对平衡外交的掌握可谓炉火纯青，因为他知道，作为一个小国，阿曼必须寻求与大国保持友好关系，但不能依赖任何大国。在诸多的国际事务中，阿曼始终保持着这种谨慎且平衡的外交政策。正是这种政策，使得阿曼在复杂多变的海湾局势中逐渐开始扮演了一个其他国家无可替代的角色：在海湾国家、地区大国和超级大国之间协调各方在海湾和中东问题的立场。

(二)阿曼与美国：妥协的协议

美国希望得到阿曼的基地，阿曼希望借助美国之力来平衡苏联的扩张。双方各有所求，最后于1980年6月5日达成经济和防御援助协议。协议的主要内容包括美国使用阿曼的机场和港口设施；美国向阿曼提供美制装甲车、反坦克武器、防空导弹、运输机等军事装备以及经济援助；阿曼将得到优惠的军事信贷方便；确定两国在经济发展和贸易、防务装备、训练和发展等方面进行双边合作的原则。在签订协议的同时，阿曼外交大臣扎瓦维和美国驻阿曼大使威利互换照会，双方就以下三点达成谅解：第一，美国将得到某些陆上和海上的便利，这些便利不超过

---

① 韦民：《小国与国际安全》，北京大学出版社2016年版，第363页。
② 韦民：《小国与国际安全》，第363—364页。

友好国家在阿曼苏丹国享有的特殊权利的范围；第二，决不在阿曼建立任何美国基地。第三，决不在阿曼领土上驻扎任何美国军事部队。美方认为，这项协议将增强美在面临危机时部署快速反应部队的能力，"在苏联扩张主义面前，加强这一地区的稳定和安全"。阿曼政府表示：阿曼属于第三世界，合作的目的在于加强阿曼发展经济、保证它的领土完整的能力。美国还向阿曼提供三亿多美元贷款，帮助阿曼扩充萨姆里特、马西拉、西卜和穆桑达姆四个空军基地，五年完成；双方每年举行小型联合军事演习。① 美国与阿曼谈判使用军事基地之事对苏联的刺激很大。

（三）阿曼对美国的批评

阿曼希望与美国发展友好关系，也希望美国能够提供一些军援以抵消苏联在该地区的影响，但阿曼政府对美国的一些做法并不赞成。首先，要求美国不要干涉阿曼内政。阿曼外交大臣扎瓦维曾批评美国，"美国一直在我们国内应该采取什么行动方面向我们发号施令，而没有认识到，我们有我们自己的准则、传统和管理方法……我们不喜欢让他们在我们应如何解决我们内部问题上向我们发号施令"。其次，不赞成美国搞双重标准。扎瓦维认为美国正"指手划脚叫我们步美国的后尘，并改变我们的作法，以适应美国的需要"。美国自身在妇女和黑人享有选举权这一点上存在问题，却要将美国关于人权的概念强加于阿拉伯地区。这种做法是"建立双重标准"。② 最后，美国可以在征得阿曼的同意下使用一些海陆设施进行加油或维修，但不能在阿曼建立基地，也不能在此驻扎军队。为了长远的利益，它可以不计前嫌。1985 年，阿曼与苏联建立了外交关系。③

---

① "美国务院宣布美同阿曼达成经济和防御援助协议"，合众国际社华盛顿 1980 年 6 月 5 日电；"阿曼同意美得到某些陆上和海上的便利"，卡塔尔通讯社马斯喀特 1980 年 6 月 5 日电。还可参见《波斯湾：在阿曼的患难朋友》，《新闻周刊》1980 年 12 月 1 日。

② 《阿曼最高级使者支持萨达特的步骤》，《华盛顿明星报》1979 年 6 月 7 日。

③ Calvin H. Allen, Jr., *Oman: The Modernization of the Sultanate*, p. 120.

三　加强与阿拉伯和海湾国家密切合作

阿曼知道靠自身的力量不可能保障霍尔木兹海峡的安全，它在艰难的条件下（因支持萨达特而被排除出局）从各个方面试图争取其他海湾国家参加保卫海峡的计划。阿曼力争回到海湾国家的这个大集体之中。在 70 年代，阿曼与海湾国家在多方面展开合作。海湾航空公司、海湾新闻社、阿拉伯海湾劳工组织和海湾工业咨询组织等相继成立，阿曼也成为阿拉伯石油输出组织成员（尽管它未参加石油输出组织）。这一时期，海湾国家在教育、劳工、石油、传媒和社会福利等领域不断举办部长会议以促进地区合作。[①]

（一）阿曼与海湾国家

卡布斯素丹采取了多方位多层次的外交行动。1976 年，他专门邀请 8 个海湾国家的外交部长齐聚马斯喀特，讨论地区安全问题。虽然此次会议未有成果，但却推进了海湾地区的合作。阿曼派代表参加了1979 年 9 月 23 日在沙特阿拉伯举行的海湾石油谈判。此次会议旨在为将要在巴黎举办的海湾国家和欧洲经济共同体之间的对话作准备。[②]1979 年 12 月 21 日，卡布斯素丹呼吁海湾国家团结一致。他指出，"我们现在彼此在谈论采取哪种形式的问题……我希望看到我们用一个声音讲话，当我们去参加世界会议的时候，以一个坚如磐石般的组织的身份进行表决，并且毫无例外地在各条战线和一切领域团结一致"[③]。

（二）对海湾国家合作委员会的支持

在海湾合作委员会的建立过程中，阿曼一直采取支持的态度。阿曼外交大臣扎瓦维 1981 年 4 月曾表示，阿曼对海湾合作委员会将要发挥的作用抱有很大的希望，同时也抱着乐观的态度。他认为，这个海湾机

---

① Ibid. , pp. 114 – 117.

② 《阿曼消息报》1979 年 9 月 30 日。

③ ［美］乔治·安妮·盖耶:《阿曼苏丹为美国出主意:把力量摆在波斯湾附近》,《华盛顿明星报》1979 年 12 月 21 日。

构应该是在经济、卫生、教育等各个方面进行合作的委员会。委员会应该在未来的会议上研究该地区的防御和安全问题。① 由于苏联从非洲之角到阿富汗已构成对海湾地区的钳形包围，阿曼认为自己处在这一包围圈中央，受的威胁也最大。面对苏联的严峻威胁和挑战，阿曼政府坚定了反对苏联扩张主义的立场，并加强了同美国的关系。它还同西方国家广泛接触，并提出北约与海湾国家建立联系的主张。然而，它始终坚持尊重海湾其他国家的意见，以海湾地区的利益为重。②

1981 年 5 月 25 日，6 个海湾阿拉伯国家（阿拉伯联合酋长国、阿曼、巴林、卡塔尔、科威特和沙特阿拉伯）的国家元首在阿联酋开会，宣布成立海湾阿拉伯国家合作委员会，并签署了合作委员会章程。阿曼在此次会议上提出了一份关于海湾安全的文件，主要是关于海湾地区所面临的危险以及应对之策。随后在沙特阿拉伯举行的合作委员会外长会议上，与会者讨论了这一文件，基本同意阿曼的观点。③ 阿曼成为海湾国家合作委员会成员后，一方面借助海湾国家帮助自己调解与南也门的关系，另一方面加强外交活动，与约旦进行元首和大臣互访，同突尼斯互设大使馆，多次向吉布提提供援助。这些措施大大加强了阿曼与海湾国家与其他阿拉伯国家的关系。阿曼也将致力于同海湾和阿拉伯国家协调和合作作为自己的外交努力之一，并希望在海湾和中东事务中发挥协调和联系作用。④

（三）与海湾国家合作委员会的矛盾

阿曼与海湾国家合作委员会之间特别是在防务政策方面是否有矛盾呢？答案是肯定的。首先，合作委员会希望在组织上有一个整体的防务结构和正式的联盟。阿曼对此持保留意见。而倾向于各国拥有单独的国防部队，但在训练和行动上保持紧密合作。阿曼主要有两点担心。一是海湾国家的军事联盟可能会使伊朗产生阿拉伯国家蓄意针对自身的疑

① 新华社马斯喀特 1981 年 4 月 25 日电。
② B. R. Pridham, ed., *Oman: Economic, Social and Strategic Development*, pp. 197–203.
③ 《阿曼报》1981 年 11 月 8 日。
④ Ian Skeet, *Oman: Politics and Development*, pp. 90–97.

心；二是快速反应部队可能会容许对任何成员国进行干涉。这种情况是阿曼不愿意看到的。在对待美国参与本地区防务的问题上，阿曼比较开放，希望加强合作，但其他成员国都希望与两个超级大国保持距离。①这些分歧并未影响阿曼与海湾国家的合作以及在该组织中扮演重要角色。②

第四节　中国—阿曼友好关系的建立

一　从相疑到相交

新中国自 1949 年成立后，中国奉行的是"一边倒"的政策。③ 这种亲苏联的政策也表现在处理与阿拉伯国家的相关政策上。50—60 年代，中国对海湾国家的政策是将它们作为反帝反殖的同盟军。如前章所述，中国对阿拉伯和海湾国家的逐步了解是从万隆会议开始的。1960年代中苏的意识形态分歧和苏联的大国沙文主义致使中苏交恶，中国面临着"反帝反霸"这两条战线的斗争困境，70 年代，随着基辛格访华和中美关系的改善，中国在阿拉伯国家的政策开始有所变化。阿拉伯国家成为抵消和抗衡苏联霸权主义的潜在力量。阿曼虽是一个小国，但战略地位至关重要。在卡布斯素丹的领导下，它一直坚持独立自主的外交政策。由于中国、阿曼和国际这三个方面的形势变化，中国于 1972 年停止了对佐法尔人民阵线的支持。1978 年中国—阿曼双方建立外交关系。可以说，中国与阿曼的关系经历了从相疑到相交的过程。

（一）中国与阿曼的经贸往来

20 世纪 50 年代，中国与海湾国家的经贸关系非常薄弱。1950—

---

① Calvin H. Allen, Jr., *Oman: The Modernization of the Sultanate*, p. 115.

② B. R. Pridham, ed., *Oman: Economic, Social and Strategic Development*, pp. 195–208.

③ 有关中国为什么要实行这种政策，可参见毛泽东的《"一边倒"对不对?》《中美关系和中苏关系》等讲话，中华人民共和国外交部、中共中央文献研究室编《毛泽东外交文选》，第278—283 页。

1955 年，中国与这一地区（伊朗、伊拉克、科威特、阿曼、沙特阿拉伯和也门）的贸易额仅有 170 万美元，其中中国的进口占 75%。[1] 阿曼 50 年代发现石油，早期的发现均缺少商业开发价值。1967 年 8 月 1 日，阿曼开始出口石油。[2] 其主要财政来源依赖石油出口。工业生产仅限于手工艺产品，其中珠宝产品和金属家庭用具比较有名。一些基本生活资料如大米、糖和棉布也靠进口。中国与阿曼自 20 世纪 50 年代开始有民间贸易往来，主要是中国对阿曼有出口业务。

表 8 -2　　　　　中国与阿曼的贸易统计（1955—1978）　　单位：百万美元

年份	中国出口	中国进口	总计
1955	0.01	无统计	0.01
1956	0.19	无统计	0.19
1957	0.18	无统计	0.18
1958	0.37	无统计	0.37
1959	0.11	无统计	0.11
1960	0.16	无统计	0.16
1961	0.12	无统计	0.12
1962	0.12	无统计	0.12
1963	0.18	无统计	0.18
1964	0.29	无统计	0.29
1965	0.38	无统计	0.38
1966	0.73	无统计	0.73
1967	1.28	无统计	1.28
1968	2.79	无统计	2.79
1969	2.20	无统计	2.20
1970	2.61	无统计	2.61
1971	1.61	无统计	1.61
1972	2.58	无统计	2.58

[1]　Mohamed Bin Huweidin, *China's Relations with Arabia and the Gulf 1949 - 1999*, pp. 97 - 98.
[2]　关于阿曼的石油勘探与发现的历史记载，参见 B. R. Pridham, ed. , *Oman: Economic, Social and Strategic Development*, London: Croom Helm, 1987, pp. 172 - 174。

年份	中国出口	中国进口	总计
1973	3.68	无统计	3.68
1974	5.07	无统计	5.07
1975	6.35	无统计	6.35
1976	5.85	无统计	5.85
1977	5.39	无统计	5.39
1978	7.38	无统计	7.38

资料来源：Editorial Board 1984：844；IMF 1990：135；IMF 1997：158. Mohamed Bin Huweidin, *China's Relations with Arabia and the Gulf 1949 – 1999*, p. 280.

（二）中国何时中止对佐法尔反政府力量的支持

二战以后，石油日益成为驱动经济的主要资源，具有丰富资源的中东地区由此成为国际政治的关注点。美国取代英国成为世界政治的霸权国，垄断资本对石油的控制日益加强。面对美国势力的加强，英国极力维护其在这一地区的传统优势及在石油开采上的统治地位。这种强权争夺一度成为阿拉伯地区政治的重要特点。就连英国陆军中将约翰·巴戈特·格拉布也不得不承认："和英国政府组织的不健全同样使人沮丧的是卑鄙的嫉妒心，这种嫉妒至少在中东经常使美国人和英国人彼此对立，便利双方都不能有所作为。"[1] 作为英国的传统势力范围，阿曼一直是英国在阿拉伯半岛的重要基地。1955 年 12 月 15 日，为了强占阿曼的石油开采权，英国甚至不惜运用武力，入侵阿曼。阿拉伯国家的代表将这一事态列入联合国大会十五届会议的议题，从而对英国产生了巨大的压力。

20 世纪 60 年代到 70 年代初，中国与阿曼关系的症结是佐法尔"人民阵线"问题。卡布斯素丹曾在 1972 年表示：尽管科威特和伊朗与中国建立了外交关系，阿曼将不会与中国打交道。[2] 他的主要担心仍

---

① ［英］约翰·巴戈特·［英］格拉布：《英国和阿拉伯人：五十年情况研究 1908—1959》，何新译，世界知识出版社 1963 年版，第 443 页。

② A. H. H. Abidi, *China, Iran, and the Persian Gulf*, New Delhi: Radiant Publisher, 1982, p. 252.

是中国对佐法尔人民阵线的支持。对于中国政府中止支持"人民阵线"的年份有两种说法：贝赫贝哈尼（Behbehani）认为是 1972 年,[①] 胡维丁（Huweidin）认为是 1971 年。[②] 我觉得 1971 年的说法有误。

第一,《人民日报》在 1972 年共发了 8 条关于佐法尔人民武装斗争的消息，都是表示中国支持的信息。这说明，1971 年中国中止支持"解放阿曼和阿拉伯湾人民阵线"的说法不成立。第二，1972 年 8 月 30 日，中国官方媒体《人民日报》发表了最后一条有关支持佐法尔人民武装斗争的消息，此后再也没有关于佐法尔"人民阵线"的报道，1973 年一条类似消息都没有。[③] 可以推断，从 1972 年 9 月开始，中国政府决定中止对佐法尔"人民阵线"的支持。第三，如果中国政府在 1971 年即停止了援助，卡布斯素丹没有理由在 1972 年 4 月仍表示阿曼不愿与中国打交道。[④] 第四，中国与科威特和伊朗分别于 1971 年 3 月和 8 月建立外交关系。科威特一直担心阿曼革命运动会波及自身，伊朗则一直支持阿曼素丹打击反政府武装。这两个国家很有可能就中国与阿曼改善关系提出了建设性意见，从而使中国对"人民阵线"采取了更为理智的政策。综上所述，中国政府很有可能是在 1972 年 9 月停止了对"人民阵线"的支持。

（三）中国—阿曼建立外交关系

随着国际形势的变化，中国与阿曼两国都表现出建立友好关系的诚意。1973 年，阿曼通过第三国领导人试探与中国建交。[⑤] 当时，正值阿曼政府请求伊朗对派遣军队入境镇压国内的"人民阵线"。自从 1972

---

① Hashim S. H. Behbehani, *China's Foreign Policy in the Arab World*, *1955 - 1975*, *Three Case Studies*, p. 161; Calvin H. Allen, Jr., *Oman: The Modernization of the Sultanate*, Boulder: Westview Press, 1987, p. 73. 中国学者黄培昭持 1972 年说。参见黄培昭《中国和阿曼关系》,《阿拉伯世界研究》2000 年第 2 期，第 16 页。

② Mohamed Bin Huweidin, *China's Relations with Arabia and the Gulf 1949 - 1999*, p. 106.

③ 《袭击据点 巧打伏击 佐法尔人民解放军英勇战斗》,《人民日报》1972 年 8 月 30 日。

④ ［阿曼］阿卜杜拉·萨利赫·萨阿迪:《新中国与阿曼关系的历史与现状》,《阿拉伯世界研究》2012 年第 4 期，第 59 页。

⑤ 钟志成:《中东国家通史 海湾五国卷》，商务印书馆 2007 年版，第 470 页。

年 4 月阿曼政府开始了针对"人民阵线"的辛巴行动后，很快占领了
萨尔法伊特（Sarfait）。这一战略胜利虽然具有象征意义，但该地离阿
曼的塞拉莱（Salala）基地遥远，只能靠空中运输供养。为了向这一兵
营提供物质供应，伊朗国王应阿曼要求派遣了 9 架贝尔 205 型直升机。
卡布斯素丹还通过他的武官提姆·兰登向伊朗国王提出派遣军队的要
求。伊朗反应积极，其重要原因之一是它在英国撤出海湾地区后迅速占
领了通布岛，从而引起海湾阿拉伯国家的强烈不满。伊朗在 1973 年 12
月派出 1500 名伊朗帝国作战部队士兵抵达阿曼以帮助镇压"人民阵
线"。①

　　阿曼与伊朗的亲密关系引起了诸多阿拉伯国家的不满。中国从国际
政治和国家利益的角度考虑，觉得此时与阿曼建立外交关系容易引起海
湾阿拉伯国家的误解，认为建交时机并不成熟。后来，阿曼国内局势好
转，伊朗也宣布从阿曼撤军，阿曼与阿拉伯国家关系改善。1977 年埃
及总统萨达特向以色列发出和平呼吁后，中国政府表示支持。邓小平同
志给予积极评价，称赞埃及为解决阿以争端迈出了"勇敢的一步"。②
1978 年 2 月，萨达特总统派他的特使哈桑·图哈米访问中国。李先念
副总理对他说，萨达特总统亲自赴以色列开辟了埃及和以色列直接谈判
的渠道，我们理解，这是萨达特总统为打破长期不战不和的局面，为排
斥苏联插手，要自己掌握和谈主动权而采取的一个果敢行动；埃及坚持
收复失地和恢复巴勒斯坦人民的民族权利的两项基本原则，坚持全面解
决中东问题的基本立场，是符合埃及人民、阿拉伯人民和巴勒斯坦人民
的根本利益的。③ 不难看出，在对待萨达特总统处理埃以关系的政策
上，中国与阿曼的态度完全一致。

　　阿曼伊斯兰教长国和解放阿曼人民阵线是阿曼历史上两个特定的历
史时期的两个颇有影响力的组织。中国为了反对帝国主义的侵略和支持
被殖民民族的斗争，在一段时间内支持阿曼人民反对英国殖民侵略的斗

① Ian Skeet, *Oman: Politics and Development*, London: Macmillan, 1992, pp. 48 - 49.
② 王泰平：《邓小平外交思想研究论文集》，世界知识出版社 1998 年版，第 232 页。
③ 王泰平主编：《新中国外交 50 年》（上册），北京出版社 1999 年版，第 574 页。

争。中国支持的时间不长，提供援助的数量不多。这些情况得到了阿曼政府的理解。在阿曼与中国进行建交谈判的过程中，阿曼外交大臣扎瓦维曾表示："中国奉行不干涉别国内政的政策。60 年代中国支持阿曼民族解放运动，那是历史上的事情，现在已减少……阿曼政府愿与中国建立外交关系。"1978 年 6 月，外交大臣扎瓦维访华期间，中国领导人特意就"佐法尔问题"向他表示，中国尊重阿曼的主权，阿曼内部的问题应由阿曼自己解决。这样，中国与阿曼双方达成了互相谅解，这一问题得到解决。

1978 年 5 月 25 日，中国与阿曼双方政府在伦敦签订联合公报，决定正式建立外交关系。伊朗与阿曼的长期友好关系使它对促使卡布斯素丹与中国建交一事中做出了应有贡献。① 两个国家建立外交关系被认为是"为了抵销苏联在具有战略意义的海湾地区周围不断增长的影响而采取的步骤"②；两国建交"对于苏联及其在海湾、红海和印度洋的影响所持的共同敌视的态度，在阿曼和中国达成建交协议中可能起了决定性的作用"③。

二　从相交到信任——平等关系的确立与发展

（一）相同的外交理念

埃及是第一个与中国建交的阿拉伯国家。1971 年，科威特成为第一个与中国建交的海湾国家。1990 年 7 月 21 日同沙特阿拉伯王国建交，历时 34 年，中国同阿盟 22 个成员国都建立了正常的外交关系。然而，阿曼是海湾国家中与中国建交的第二个国家。

中国坚持奉行独立自主的外交政策，和平共处五项原则是重要基石，即互相尊重主权和领土完整、互不侵犯、互不干涉内政、平等互利

---

① Ian Skeet, *Oman: Politics and Development*, London: Macmillan, 1992, pp. 100, 176, Note 63.

② 合众国际社马斯喀特 5 月 26 日电。《西方通讯社评我与阿曼建交》，《参考资料》1978 年 5 月 27 日（下）。

③ 路透社马斯喀特 5 月 26 日电。《西方通讯社评我与阿曼建交》，《参考资料》1978 年 5 月 27 日（下）。

和和平共处。阿曼外交主要是坚持独立自主和平衡的政策，也有自己的原则。这些基本原则主要有以下几点：

（1）遵循睦邻友好、不干涉创办双方的政策。

（2）尊重国际法和惯例。

（3）支持阿拉伯海湾国家之间的合作。

（4）巩固与阿拉伯国家之间的关系并支持阿拉伯世界所关注的事业。

（5）支持伊斯兰的合作。

（6）遵循不结盟政策。

（7）支持非洲的正义事业。

（8）与一切友好国家建立友好关系。①

正是在这种基本理念相同的基础上，中国与阿曼建立了外交关系。

在双方建交一周年时，《阿曼消息报》于 1979 年 5 月 13 日发表了题为《阿曼和中国之间的关系》的社论。文章指出："阿曼人民和中国人民有历史悠久的友好关系和文化关系。四百年前，一艘传统的阿曼独桅三角帆船同中国作了一次具有历史意义的贸易。以后，两国就有了贸易和文化关系。去年五月，阿曼和中华人民共和国建立了外交关系。这一步骤促进了两国的关系和合作。……阿曼能够从她的真诚的朋友的经验中学到许多东西。中国支持第三世界被压迫人民的正义的和公正的斗争，包括巴勒斯坦人民争取独立的斗争一向声誉昭著。它总是全力支持第三世界的国家为反对发达世界经济的不公正行动而进行的斗争。在中东危机中，中国总是大力支持阿拉伯国家解放他们被占领的领土的斗争。这些和其他许多领导的才能为中国在世界上赢得了许多朋友。阿曼也赞赏中国在世界事务中所起的作用。"② 1981 年 4 月，阿曼外交国务

---

① 阿曼苏丹国新闻部：《阿曼苏丹国》，第 44—45 页。
② 《阿曼和中国之间的关系》（社论），《阿曼消息报》1979 年 5 月 13 日。

大臣扎瓦维在回答记者关于阿曼在重大问题上的立场及其对外政策时说：阿曼的政策首先是与一切希望在平等和相互尊重的原则基础上合作的国家建立友好关系，而不应将国家分成是倾向西方或是倾向东方的。阿曼与中华人民共和国、南斯拉夫、罗马尼亚这样的一些社会主义国家建立了友好关系，阿曼也愿意像阿拉伯半岛的其他一些国家一样，坚持同愿意在这些原则基础上同友好国家合作与共处的政策。[①]

（二）相似的外交实践

在外交实践中，中国与阿曼的对外政策非常相似。在对阿拉伯与以色列冲突的解决问题上，中国与阿曼都支持和平方式；在对埃及总统萨达特中东政策的问题上，中国与阿曼同样秉持相同的立场。苏联在海湾地区的霸权主义政策受到阿曼等海湾国家的坚决抵制，中国对苏联的扩张政策也强烈反对。阿曼对两伊战争持中立态度，呼吁双方停火；中国也持同样态度，并于 1987 年 7 月 20 日与联合国安理会其他成员一起通过关于停止两伊战争的 598 号提案（阿曼后来对此表示感谢）；在伊拉克入侵科威特事件中，中国与阿曼两国都对伊拉克的行径进行谴责并要求其无条件撤军，但在战后制裁问题上双方都反对孤立和肢解伊拉克，主张尽早解除制裁。两国都与埃及、伊拉克、伊朗等国保持着友好关系。

在对待以色列的政策上，中国与阿曼也颇为相似。中国虽然与以色列的接触在 50 年代即已开始，但由于各种原因，双方直到 1992 年才建立外交关系。[②] 阿曼虽然一直未与以色列建交，但 1994 年邀请以色列代表团访阿，以色列前总理拉宾任期内于 1994 年访问阿曼，前总理佩雷斯也应邀对阿曼进行友好访问。阿曼与以色列还互设贸易处，并在互相旅游方面提供便利。中国与阿曼联均谴责任何形式的恐怖主义，认为打击恐怖主义特别是采取军事行动，应有确凿证据，不应伤及无辜。几乎

---

① 新华社马斯喀特 1981 年 4 月 25 日电。

② 有关阿拉伯人与以色列人对中国与以色列关系的两种不同角度，参见 Johathan Goldstein, ed., *China and Israel, 1948—1998: A Fifty Year Retrospective*, Westport: Praeger, 1999, pp. 47–63, 153–178。

在所有重大的国际问题上，最大的发展中国家中国与海湾地区的小国阿曼都是持有相同的态度或相似的政策。这是十分难得的默契。更有意思的是，阿曼于 2000 年成为世贸组织成员，中国于第二年即 2001 年加入这一国际组织。

1989 年下半年，中国受到西方国家和日本的打压，除政治上施压外，外来投资和经济合作的项目也告停。1989 年 12 月 26—28 日，国家主席杨尚昆应阿曼苏丹国素丹卡布斯·本·赛义德的邀请，对阿曼进行了正式友好访问。这是中国国家主席首次访阿，受到阿曼政府和人民的隆重接待，数以千计的阿曼人在路旁举着两国国旗，对杨尚昆主席表示热烈欢迎。卡布斯素丹表示，虽然阿曼与中国信仰和社会制度不同，但在增进经济合作、加强对重大国际和地区问题的协调以及交流有关经验等方面潜力巨大，前景广阔。他向杨主席表达谢意，感谢中国政府支持联合国安理会对有关两伊战争的 598 决议案。双方就共同关心的国际和地区问题及双边关系交换了看法，取得了广泛的一致。两国领导人还回顾了中国—阿曼建交 11 年来友好关系的发展，共同表示希望进一步发展两国在各个领域的友好关系。杨主席还对阿曼在发展民族经济和文化方面所取得的成就表示赞赏，赞扬阿曼政府奉行的独立自主、中立和不结盟的和平外交政策，以及阿曼坚持睦邻友好，为维护海湾地区的和平与稳定、推动两伊和谈、促进阿拉伯团结和支持巴勒斯坦人民的正义斗争所做出的积极努力。此行，杨尚昆主席还访问了埃及和另外两个海湾国家阿联酋和科威特。①

杨主席此行有多重目的。首先，向海湾国家表达中国的态度——并未改变对海湾地区的外交政策，仍然支持和平解决两伊分歧和冲突。其次，向世界传递中国继续改革开放的信息，一些国家鉴于中国的强硬手段，对中国的改革方向产生了怀疑。第三，阿曼及大部分海湾和阿拉伯国家既未跟随西方对中国进行指责，也未采取不友好的行动。杨主席此

---

① Mohamed Bin Huweidin, *China's Relations with Arabia and the Gulf 1949 – 1999*, pp. 208, 111；［阿曼］阿卜杜拉·萨利赫·萨阿迪：《新中国与阿曼关系的历史与现状》，《阿拉伯世界研究》2012 年第 4 期，第 56—72 页。.

行是为了对阿曼及相关国家表示感谢。当然，中国也希望海湾国家与中国继续进行经济合作。由于西方停止经济合作，中国希望海湾国家能到中国投资。① 随同杨主席访问的外交部副部长齐怀远分别会见了阿曼外交大臣尤素福·本·阿拉维和外交部政治事务次大臣海塞姆·本·塔里克，双方就国际问题和双边关系进行了晤谈。

（三）经济合作的展开

1959 年，中国的石油年产仅 373 万吨。随着大庆油田的开发，石油依赖进口的状态在 1963—1964 年结束。中国的改革开放为经济发展带来了活力，同时对能源的要求也大大增加，海湾国家成为中国输入石油的理想目标。中国与阿曼的经贸关系在 80 年代比较弱。中国在建交初期主要从阿曼进口椰枣。1983 年，阿曼成为第一个向中国输出石油的阿拉伯国家。② 1985 年，中国原油进口达创纪录的 3000 万吨。1993 年，中国成为原油净进口国。1995—1996 年，中国成为成品油净进口国。③ 2009 年中国成为仅次于美国的原油消费国和第三大石油进口国（美国第一，日本第二）。④

1996 年，中阿贸易总额为 7.53 亿美元，1997 年，这一数额猛增至12.23 亿美元。2008 年，中阿双边贸易额达 124.16 亿美元，增长十倍。其中中国对阿曼出口 7.92 亿美元，主要为机电产品、钢铁及其制品、高新技术产品、纺织品等；进口 116.24 亿美元，主要为原油。2011 年，中国与阿曼双边贸易额达 152.83 亿美元，比 2010 年增长 49.6%。其中阿曼对中国出口（包括转口）141.89 亿美元，同比增长 53.2%，与阿

---

① *EIU Country Report*, No. 1, 1990, p. 29; Mohamed Bin Huweidin, *China's Relations with Arabia and the Gulf 1949 - 1999*, p. 244.

② Giorgio Cafiero, "Oman Looks East", *Gulf Pulse*, http：//www. al - monitor. com/pulse/originals/2015/11/oman - china - diplomacy - role - future - partners. html.

③ Zha Daojiong, "China's Energy Security：Domestic and International Issues", *Survival*, Vol. 48, No. 1, March 2006, pp. 179 - 189.

④ Mahmoud Ghafouri, "China's Policy in the Persian Gulf", Vol. 16, No. 2（Summer 2009）, *Middle East Policy*, http：//www. mepc. org/journal/middle - east - policy - archives/chinas - policy - persian - gulf? print. 有关中国石油的需求和进口情况，可参见 Zha Daojiong, "China's Energy Security：Domestic and International Issues", *Survival*, Vol. 48, No. 1, March 2006。

曼出口总值之比高达 30.1%。出口中国的主要是石油产品，非石油出口仅占 8.51 亿美元，但同比猛增 79.1%，产品主要包括石化产品如甲醇、对二甲苯和聚丙烯等。阿曼从中国进口 10.94 亿美元，增长 14.3%，虽然比 2010 年的增长率（11.7%）要高，但仅占阿曼进口总额的 4.6%，不但远低于阿联酋和日本，还低于美国、沙特和印度等国。阿曼从中国进口金额较大的产品有钢管、通信设备、道路施工机械及零配件等。[①]

表 8-3 　　　　　　　　　阿曼的主要贸易伙伴国 　　　　　　单位：百万美元

出口至	1993	1994	1995	1996	1997
日本	1416	1689	1694	1774	1665
中国	510	376	438	753	1223
泰国	273	361	438	753	1212
韩国	1016	716	844	1103	921
美国	277	452	292	407	237
合计	5370	5545	5962	7339	7630

资料来源：EIU 199：33. Mohamed Bin Huweidin, *China's Relations with Arabia and the Gulf 1949 – 1999*, p. 212.

中国的石油工业从自产原油开始，由于消费较少，一直是原油出口国。随着中国经济的快速发展，中国的能源储量与消耗之间产生了巨大的赤字。这种赤字随着中国经济的发展与日俱增。1988 年，中国开始通过国际市场进口阿曼原油。1996 年 3 月，中国与阿曼签订直销协议，从此中国可直接从阿曼购买原油。[②] 据石油输出国组织统计，中国在 1991 年每日的差额为 16.7 千桶，到 1997 年，这一赤字已达到 1108.8 千桶，增长了约 60 倍（见下表）。1993 年，中国的原油生产 25 年来第一次进口超过出口约 1000 万吨。[③] 1997 年，中国成为阿曼石油出口的

---

① 中国石油化工集团公司经济技术研究院课题组编著：《中东海湾国家油气资源及投资环境分析》，中国石化出版社 2013 年版，第 237 页。

② 黄培昭：《中国和阿曼关系》，《阿拉伯世界研究》2000 年第 2 期，第 14 页。

③ Mohamed Bin Huweidin, *China's Relations with Arabia and the Gulf 1949 – 1999*, p. 131.

主要目标国。①

表8-4　中国原油的生产、消费、出口和赤字统计（1991—1997）　单位：日千桶

	1991	1992	1993	1994	1995	1996	1997
生产	2804.6	2814.5	2910.9	2974.7	2996.2	3173.2	3252.4
消费	2368.5	2561.9	2962.5	3040.8	3218.2	3542.4	3963.5
出口	452.8	429.8	391.2	373.2	377.9	406.6	397.7
赤字	-16.7	-177.2	-442.8	-439.3	-599.9	-775.8	-1108.8

资料来源：OPEC 1998：84，86，76；1993：84，86，76；Mohamed Bin Huweidin, *China's Relations with Arabia and the Gulf 1949 – 1999*, p. 131.

阿曼出口中国的原油逐年增加。1993年和1994年，中国从阿曼分别进口原油2790万桶和2650万桶。1995年，阿曼出口中国的石油增加到3280万桶，约占出口原油的11.4%，1995年，这一数字增加到4240万桶，占比14.2%。1996年，阿曼出口中国的原油迅速上涨至6920万桶，百分比上升到22.7%，比1993年增加了约2.5倍，也比两年前的出口量增加了一倍有余。2008年，中国从阿曼进口原油1458万吨（约112亿美元），同比增长6.6%，占当年原油进口总量的8%。2011年，阿曼对华出口石油达138亿美元，占其对华出口总额的89.6%。②

表8-5　　　　中国与阿曼的贸易统计（1978—1996）　单位：百万美元

年份	中国出口	中国进口	总计
1979	10.45	无统计	10.45
1980	12.76	—	12.76
1981	11.29	—	11.29

---

①　有关中国是否成为阿曼第一大石油出口国，胡维丁的说法似乎前后矛盾。一说1997年阿曼出口中国的原油达到每天约230000桶，从而使中国取代日本成为主要原油进口国。一说中国在1997年成为阿曼的第三大原油出口国，排在日本和泰国之后。参见 Mohamed Bin Huweidin, *China's Relations with Arabia and the Gulf* 1949—1999, pp. 132, 210。

②　Oman Ministry of Development, *Statistical Yearbook* 1994, p. 189; *Statistical Yearbook* 1995, p. 193; *Statistical Yearbook*, 1997, p. 173; Mohamed Bin Huweidin, *China's Relations with Arabia and the Gulf 1949 – 1999*, p. 211；中国石油化工集团公司经济技术研究院课题组编著：《中东海湾国家油气资源及投资环境分析》，第237页。

年份	中国出口	中国进口	总计
1982	10.48	—	10.48
1983	10.00	—	10.00
1984	11.00	—	13.00
1985	9.00	—	9.00
1986	10.00	—	10.00
1987	8.00	—	8.00
1988	7.00	67.00	74.00
1989	7.00	132.00	139.00
1990	8.00	125.00	133.00
1991	10.00	400.00	410.00
1992	8.00	447.00	455.00
1993	11.00	561.00	572.00
1994	18.00	413.00	431.00
1995	15.00	482.00	497.00
1996	14.00	828.00	842.00

资料来源：Editorial Board 1984：844；IMF 1990：135；IMF 1997：158；Mohamed Bin Huwei-din, *China's Relations with Arabia and the Gulf 1949 – 1999*, p. 280.

（四）阿曼与中国台湾的经贸合作

1977 年 3 月，中国台湾在阿曼首都马斯喀特设置商务代表团。中国与阿曼建交后，中国台湾商务代表团于 1979 年 4 月关闭。同年 9 月，中国台湾"远东贸易中心驻阿曼代表处"成立，以维持双方商务等实质关系。该代表处于 1991 年 7 月 1 日更名为"台北经济文化办事处"。阿曼为吸引台商投资及加强双方经贸合作，于 1991 年 10 月 1 日在台北成立"阿曼王国驻台商务办事处"，负责中国台湾人赴阿曼的签证、文件证明与拓展双方经贸业务。中国台湾对阿曼的出口以塑料制品、机械用具及电机设备为主，自阿曼进口的绝大部分为石化产品、铜矿及海产等。根据中国台湾方面资料，阿曼是中国台湾前 40 大贸易伙伴，2012年截至 8 月底贸易总值为 27.01 亿美元，比 2011 年增加 310%。中国台湾销往阿曼之产品以车辆及零件、化学产品、塑料制品等为主，阿曼对其出口的为矿物燃料、矿油（石油）和化学产品、金属产品、矿石等。①

三 全方位合作机制的创立

中国与阿曼建交后，为了促进双方关系的发展，更有效地在国际事务和经贸方面交流合作，双方建立多种交流机制和平台，包括两国外交部的外交磋商机制和工商贸易方面的经贸混委会机制。

（一）外交工作的交流：从工作磋商到政治磋商

中国—阿曼外交部官员的不定期外交磋商是双方经过协商确定下来的，希望通过这种工作磋商使双方有机会在国际事务上交流意见，促进共识，从而达到互相理解和互相支持的目的。1987 年 12 月 14—16 日，根据中国与阿曼外交部达成的协议，中国外交部亚非司长杨福昌同阿曼外交部亚洲司司长达哈卜在阿曼首都马斯喀特进行了两国外交部官员首次不定期外交磋商。这一机制有以下特点。第一，外交磋商初期为不定期，会议时间视双方需要而定。第二，磋商机制确定后，每次的议题由双方确定。第三，参加磋商的主要官员为外交部司级以上官员。然而，随着这一机制重要性的提高，官员级别不断提高。第四，磋商机制的重要性不断提高，由不定期改为每年一次。由原来的"外交磋商"升级为"政治磋商"（后来提升为"战略磋商"），级别更高，磋商内容更全面。

表 8 −6　　　　中国—阿曼外交部工作磋商机制（1987—2003）

年/月份	名称	地点	中国外交部参会者	阿曼外交部参会者
1987/12	第一次不定期外交磋商	马斯喀特	亚非司司长杨福昌	亚洲司司长达哈卜
1988/12	第二次不定期外交磋商	北京	部长助理兼亚非司司长杨福昌	亚洲司司长达哈卜

---

① 黄培昭：《中国和阿曼关系》，《阿拉伯世界研究》2000 年第 2 期，第 16 页。还可参见网络资料：http：//multilingual. mofa. gov. tw/web/web＿ UTF − 8/almanac/almanac2007/html/08 − 1 − 2. htm。

年/月份	名称	地点	中国外交部参会者	阿曼外交部参会者
1989/10	第三次不定期工作磋商	马斯喀特	亚非司司长王昌义	亚洲司司长达哈卜
1990/8	第四次工作磋商	北京	亚非司司长王昌义?	亚洲司司长哈迈德·本·纳塞尔·图比
1991/11	第五次工作磋商	马斯喀特	亚非司司长王昌义	亚洲司司长图比?
1992/10	第六次政治磋商	北京	亚非司司长王昌义?	亚洲司司长图比
1993/12	第七次政治磋商	马斯喀特	亚非司司长安惠侯	亚洲司司长图比
1994/9	第八次政治磋商	北京	外交部副部长田曾佩	外交部次大臣海赛姆·本·塔里克
1995/10	第九次政治磋商	马斯喀特	外交部副部长田曾佩	外交部次大臣海赛姆·本·塔里克
1996/9?	第十次政治磋商	北京	外交部副部长田曾佩?	外交国务大臣尤素福·本·阿拉维·本·阿卜杜拉?
1997/6	第十一次政治磋商	马斯喀特	外交部副部长田曾佩	外交部秘书长海赛姆·本·塔里克
2000/1	第十二次政治磋商	马斯喀特	外交部副部长吉佩定	外交代理次大臣巴德尔·本·哈马德①
2001/6	第十三次政治磋商	北京	外交部副部长杨文昌	外交次大臣巴德尔·本·哈马德
2003/9	第十四次政治磋商	马斯喀特	外交部部长助理吕国增	外交次大臣巴德尔·本·哈马德?

资料来源：外交部网站、《中国外交》和相关学术文章。"?"系本人根据各种资料的推测。

1997 年 6 月 9 日，双方外交部经过协商，签订《中华人民共和国外交部和阿曼苏丹国外交部合作议定书》，决定将这一机制固定化，"双方建立定期政治磋商制度，将根据需要和可能，在两国首都轮流举行高级官员会晤，每年进行一次，就双边关系和两国共同感兴趣的地区

---

① 此人姓名在《中国外交》年鉴中有以下多种译法：巴德尔（2001 年）、巴德尔·本·哈马德·本·哈穆德·布赛义迪（2002 年）、巴德尔·本·哈马德·本·哈穆德·布赛义（2008 年）、巴德尔·本·哈马德（2009 年）、巴德尔·本·布赛义德（2016 年）。姓名后的年份为《中国外交》出版年份。

和国际问题进行磋商"。中阿曼双方经过十年的实践，认识到这一磋商机制在促进双方互相了解、交流看法和提高合作有效性方面的作用。

（二）外交工作交流的升级：战略磋商机制的建立

2004 年 6 月，阿曼外交大臣阿拉维出席在青岛举办的第三届亚洲合作对话（ACD）外交部长会议，李肇星外长会见了阿拉维。6 月 21日，中国和阿曼签订《中华人民共和国外交部和阿曼苏丹国外交部战略磋商谅解备忘录》，商定成立中国—阿曼合作战略磋商小组。这一举措被阿曼驻华大使萨阿迪称为"阿曼和中国外交史上的一个里程碑"。①战略磋商小组的宗旨如下：研究对加强双边关系具有战略意义的政治、经济、安全合作等特定议题，并就两国共同关心的地区和国际问题进行磋商；就双边关系的各个方面及对地区和国际问题立场进行协调，并为两国战略合作项目的执行提供直接便利；双方可随时提出附加项目或建议，交战略磋商小组研究。战略磋商小组由中国外交部副部长或部长助理和阿曼外交次大臣担任两组长，成员由双方根据每次会议议程的要求予以提名。战略磋商小组每年召开一次会议，会议轮流在两国举行。中国—阿曼外交部战略磋商机制建立后，运转正常，磋商内容涉及两国在经济、贸易、投资及文化、新闻等领域的合作，双方还就地区和国际的政治、经济、人道主义等问题交换意见。从 2006 年第一届战略磋商开始，至今仍在继续。②

表 8–7　　　　中国—阿曼外交部战略磋商机制（2006—2016）

2006/2	第一轮战略磋商	马斯喀特	外交部副部长吕国增	外交次大臣巴德尔·本·哈马德③

---

① ［阿曼］阿卜杜拉·萨利赫·萨阿迪：《新中国与阿曼关系的历史与现状》，《阿拉伯世界研究》2012 年第 4 期，第 70 页。

② 有学者认为中阿战略磋商始于 2005 年，这种说法有误。Muhammad Zulfikar Rakhmat, "Exploring the China and Oman Relationship", *The Diplomat*, May 10, 2014, http：//thediplomat.com/2014/05/exploring – the – china – and – oman – relationship/。

③ 此人姓名在《中国外交》年鉴的不同年份中有以下多种译法：巴德尔·本·哈马德·本·哈穆德·布赛义迪（2002 年）、巴德尔（2007 年）、巴德尔·本·哈马德·本·哈穆德·布赛义（2008 年）、巴德尔·本·哈马德（2009 年）、巴德尔·本·布赛义德（2016 年）。姓名后的数字为《中国外交》出版年份。

2007/4	第二轮战略磋商	北京	外交部部长助理翟隽	外交次大臣巴德尔·本·哈马德
2008/5	第三轮战略磋商	马斯喀特	外交部部长助理翟隽	外交次大臣巴德尔·本·哈马德
2009/11	第四轮战略磋商	北京	外交部部长助理翟隽	外交部秘书长巴德尔·本·哈马德
2010/12	第五轮战略磋商	马斯喀特	外交部副部长翟隽	外交部秘书长巴德尔·本·哈马德
2011/12	第六轮战略磋商	北京	外交部副部长翟隽	外交部秘书长巴德尔·本·哈马德
2013/1	第七轮战略磋商	马斯喀特	外交部副部长翟隽	外交部秘书长巴德尔·本·哈马德
2014/4	第八轮战略磋商	北京	外交部副部长张明	外交部秘书长巴德尔·本·哈马德
2015/9	第九轮战略磋商	马斯喀特	外交部副部长张明	外交部秘书长巴德尔·本·哈马德
2016/10	第十轮战略磋商	北京	外交部副部长张明	外交部秘书长巴德尔·本·哈马德

资料来源：外交部网站、《中国外交》年鉴和相关学术文章。

（三）中阿经贸混（联）委会的成功运作

为了促进中国—阿曼双方的经贸合作，两国于 1989 年成立了经贸混委会。经贸混委会的成立为两国不定期碰面商讨与经贸相关事宜交换意见提供了更好的平台。中国—阿曼经贸混委会有以下特点。第一，会议不定期，或相隔一年或三、五年，视双方要求而定，议题由双方确定。第二，会议地址在双方首都轮换，即在北京和马斯喀特轮流举办会议。第三，一般由双方参会的部长级（以上）官员共同主持会议并签署纪要。例如中国—阿曼经贸混委会第一届会议于 1992 年 10 月在北京举办，时任外经贸部部长李岚清与来华访问的阿曼工商大臣马格勒布·苏尔坦共同主持会议；2016 年 3 月在马斯喀特举办的中阿经贸联委会第八届会议由率中国经贸代表团访问阿曼的商务部副部长钱克明与阿曼工商部次大臣迪布共同主持。第四，中阿经贸混委会于 2011 年 10 月第七届会议更名为"中国—阿曼经贸联委会"①。

表 8-8　　　中国—阿曼经贸联委会会议一览（1989—2016）

年/月份	名称	举办地点	参与者或相关信息
1989/12	中—阿经贸混委会成立	马斯喀特	杨尚昆主席访阿曼期间签署协议
1992/10	经贸混委会第一届会议	北京	阿工商大臣马格勒布·苏尔坦访华并参会
1993/7	经贸混委会第二届会议	马斯喀特	李岚清副总理访问阿曼并参会
1997/6	经贸混委会第三届会议	北京	阿工商大臣马格布勒·苏尔坦访华并参会
2000/10	经贸混委会第四届会议	马斯喀特	外经贸部孙广相副部长访问阿曼并参会
2002/10	经贸混委会第五届会议	北京	阿工商大臣马格布勒·苏尔坦访华并参会
2005/6	经贸混委会第六届会议	马斯喀特	曾培炎副总理访问阿曼并参会
2011/10	经贸联委会第七届会议	北京	阿工商次大臣艾哈迈德·哈桑·迪布访华并参会
2016/3	经贸联委会第八届会议	马斯喀特	商务部副部长钱克明访问阿曼并参会

资料来源：《中国外交》年鉴、商务部网站、中国驻阿曼大使馆网站及相关学术文章。

中国与阿曼的交流和磋商还可以通过其他多边合作的机制，例如中国与阿曼所在的区域性组织"海湾阿拉伯国家合作委员会"于 1997 年建立政治经济磋商机制；1999 年 1 月，唐家璇外长在开罗阿盟总部与马吉德秘书长签署了《中华人民共和国外交部与阿拉伯国家联盟秘书处关于建立政治磋商机制的谅解备忘录》。2004 年 1 月，胡锦涛主席访问阿盟总部，会见穆萨秘书长及 22 个阿盟成员国代表，双方共同宣布"中阿合作论坛"成立。这些多边机制有助于中国与阿曼在更大的框架或范围内商讨双边及多边合作。

二　中国—阿曼经济合作的坚实基础

不容否认，1989 年成立的中国—阿曼经贸混（联）委会这一机制

_____

① 在一些书籍和文章里，对来华访问并在第一届和第三届会议与中方共同主持会议的阿曼工商大臣分别为苏尔坦和马格布勒。实际上这是一个人，全名为马格布勒·本·阿里·本·苏尔坦。

不仅使双方对经贸合作的进展有充分的了解，对今后合作的方向、领域、方式和内容都可以预先筹划，从而大大提高了经贸合作的效率。

（一）共同的政治意愿

阿曼是世袭君主制国家，素丹（即国王）享有绝对权威。在整个中东地区，阿曼在政治、经济和社会方面一直是一个稳步发展相对稳定的国家。[1] 阿曼不仅石油资源丰富（目前探明储藏量达 55 亿桶），[2] 而且战略位置重要。阿曼一直保持与邻为善的平衡独立的外交政策，近年来在国际和地区扮演了重要的调解角色，是海湾地区颇为重要的力量。1970 年卡布斯素丹执政以来，采取了一系列改革措施，社会发展迅速，经济不断振兴。中国自改革开放以来经济增长较快，在国际交往中主张国家不论大小一律平等，一直奉行不干涉他国内政的政策。中国与阿曼保持平等的合作关系，有利于维护世界和平的大局、保持与阿拉伯国家的友好关系及实现海湾地区和平发展的良好愿望。阿曼和中国都希望保持阿拉伯和海湾地区局势稳定，排除外来干涉，大力发展经济。中国—阿曼两国的定期外交磋商不仅互相交流对国际局势的看法，也大大增强了政治互信。海上丝绸之路的愿景，一方面可以与阿曼自身的发展对接，同时也将为这一地区带来新的发展机遇，因此受到包括阿曼国家在内的海湾国家的欢迎。正是在这一共同意愿之下，阿曼积极响应海上丝绸之路的倡议，并作为第一批意向创始成员国加入亚洲基础设施投资银行，成为同中国共建海上丝路的重要伙伴。

（二）地缘政治的因素

霍尔木兹是通过波斯湾进入印度洋的海峡，亦是唯一可进入波斯湾的水道。自从中东地区发现石油后，这里每天有数以百计的运油船经过。因此，霍尔木兹海峡可以说是中东地区的"油库总阀门"。世界上

---

① 2011 年 1 月 17 日，阿曼首都马斯喀特发生了以反对物价上涨、提高工资和反腐败为口号的群众示威游行。阿曼政府的妥善处理使骚动迅速平息。参见仝菲《阿曼动乱迅速平息的解析》，《中东黄皮书——中东发展报告 No. 14（2011—2012）：中东政局动荡的原因和影响》，社会科学文献出版社 2012 年版，第 68—76 页。

② *Oil and Gas Journal* [Tulsa], January 1, 2014.

35%—40% 的海上原油都要通过霍尔木兹海峡进入印度洋，并分运到亚洲、欧洲和美洲。每天约 1340 万桶原油从霍尔木兹海峡运出，每年有 7.5 亿吨以上运往世界各地的中东石油须经过这里，占海湾地区石油总出口量的 90%、全球石油产量的五分之一及出口贸易量的三分之一。由此看来，这个海峡的海上安全对全球经济的影响和发展极为重要。阿曼正是处于这条重要水道上，控制霍尔木兹海峡这一海上枢纽。目前，中国的原油约 50% 来自中东地区产油国。多年来中国已成为阿曼石油最大购买方。2013 年，中国从阿曼进口原油 2547.13 万吨，同比增长 30.2%，阿曼成为中国在世界上第三大原油进口国。[①] 中国 2014 年自阿曼进口原油 2974 万吨，占当年进口总量的 9.6%；[②] 2015 年从阿曼进口的原油达 3207.1 万吨，同比增长 7.82%。[③] 值得注意的是，阿曼的原油适合中国现有的炼油技术与能力。这意味着，阿曼将依然是中国的重要贸易伙伴。国家利益决定了中国必须与阿曼保持友好关系，从而为中国海上石油运输安全提供坚实的保障。

（三）合作有利于互利共赢

近年来，中国政府不断鼓励企业走出去。阿曼政府鼓励外来投资，大力兴建基础设施，改善交通和公共服务系统。作为一个发展潜力很大的国家，阿曼十分欢迎中国企业的投资。从双方合作的角度看，中国方面可以得到阿曼稳定的石油供应以保证经济持续发展，阿曼的港口和自贸区给中国带来了投资的新机会，同时也使中国可能通过阿曼进军中东的广阔市场。对阿曼而言，中国是联合国安理会常任理事国，与中国的牢固关系有利于阿曼在国际舞台上扮演更重要的角色。这种友好关系不

---

① 《中国的外交政策及中国与阿曼的友好关系 驻阿曼大使吴久洪在阿曼军事指挥和参谋学院作演讲》，2014 年 4 月 21 日，外交部网站，http：//news. ifeng. com/gundong/detail_ 2014_ 04/21/35925386_ 0. shtml。

② 《2014 年中国和阿曼经贸合作简况》，中国驻阿曼苏丹国大使馆经济商务参赞处，2015 年 5 月 14 日。http：//om. mofcom. gov. cn/article/zxhz/201505/20150500971722. shtml。

③ 中国海关信息网，转引自《对外投资合作国别（地区）指南 阿曼》（2016 年版），商务部国际贸易经济合作研究院/商务部投资促进事务局/中国驻阿曼大使馆经济商务参赞处，2016 年，第 28 页。

仅使阿曼经济多样化的政策得以落实，也可以使其外交政策更平衡。美国 2001 年针对阿富汗的战争和 2003 年对伊拉克的入侵激起了阿曼民众的强烈反对，示威群众受到政府警察的弹压。群众的情绪从某种意义上也是对阿曼与美国走得太近的警告。与中国发展关系可使阿曼减少对西方的长期依赖，增加自身的独立性。[①] 经过多年的磨合，双方合作更加默契。可以说，阿曼是中东投资环境较好的理想国家。

表 8 - 9　　　　中国与阿曼双边贸易统计 (2004—2011)　　　单位：亿美元

年份	总额	增幅%	出口	增幅%	进口	增幅%
2004	43.9	112.3	1.1	35.6	42.8	115.5
2005	43.3	-1.4	1.9	71.9	41.4	-3.3
2006	64.7	49.4	3.4	77.8	61.3	48.1
2007	72.7	12.3	5.5	61.1	67.2	9.6
2008	124.1	70.7	7.9	44.7	116.2	72.9
2009	61.6	-50.4	7.5	-5.9	54.1	53.5
2010	107.2	74.0	9.4	26.4	97.7	80.6
2011	158.8	48.0	10.0	5.7	148.8	52.1
2012	189.90	18.3	18.10	81.5	169.70	14.1
2013	229.2	22.0	19.00	4.9	210.20	23.8
2014	258.58	12.7	20.65	8.6	237.93	13.1
2015	171.89	-33.6	21.17	2.5	150.72	-36.7

资料来源：中国商务部，转引自《对外投资合作国别（地区）指南　阿曼》（2012 年版），商务部国际贸易经济合作研究院/商务部投资促进事务局/中国驻阿曼大使馆经济商务参赞处，2012 年，第 26 页；中国海关信息网，转引自《对外投资合作国别（地区）指南　阿曼》（2016 年版），商务部国际贸易经济合作研究院/商务部投资促进事务局/中国驻阿曼大使馆经济商务参赞处，2016 年，第 27 页。

（四）阿曼成为中国石油主要供应国

阿曼是世界生产原油最多的国家之一。据估计，阿曼的石油储量高

---

① Giorgio Cafiero, "Oman Looks East", *Gulf Pulse*, http：//www. al - monitor. com/pulse/originals/2015/11/oman - china - diplomacy - role - future - partners. html。

达 57 亿桶，天然气储量 5400 亿立方米。[①] 1983 年，阿曼成为第一个向中国输出石油的阿拉伯国家。从 1995 年开始，中国成为阿曼最大的原油出口市场。阿曼是我国重要的石油进口国。2007 年，中国从阿曼进口原油约 1354 万吨，66 亿美元，仅次于沙特、安哥拉、伊朗和俄罗斯，占我国全年原油进口总量的 8.3%。自 2003 年起，我国一直是阿曼原油出口最大目的地国，进口原油量占当年阿曼原油出口总量的比例从 2003 年 27.7% 提高到 2007 年的 44.7%，进口额从 2003 年的 19.8 亿美元提高到 2007 年的约 66 亿美元。[②]

表 8-10　　　　　　　中国的石油消费（百万桶/天）[③]

历史			预测					平均年变化率%
1990	2003	2004	2010	2015	2020	2025	2030	2004-30
2.3	5.6	6.4	9.4	10.5	11.6	13.6	15.7	3.5

Source：EIA, Report # DOE/EIA-0484 (2007), www.eia.doe.gov/oiaf/ieo/excel/ieoreftab_s.xls.

多年来中国一直维持着阿曼石油主要购买方的地位。2013 年，中国从阿曼进口原油 2547.13 万吨，同比增长 30.2%，阿曼成为中国在世界上第三大原油进口国。[④] 从 2014 年起，中国成为阿曼最大的石油出口国。截至 2015 年 7 月，中国大陆已进口原油约 1.17 亿桶，增长了 16.9%；中国台湾进口 2000 万桶，日本进口 1160 万桶。根据《马斯喀特日报》的报道，2015 年 9 月，阿曼原油的 95% 出口到中国。[⑤]

---

① 这一数据来自阿曼中央银行的统计。根据《油气杂志》，阿曼的石油储藏量为 55 亿桶，居世界第 23 位。参见 *Oil and Gas Journal* (Tulsa), January 1, 2014.

② Mahmoud Ghafouri, "China's Policy in the Persian Gulf", *Middle East Policy*, Vol. 16, No. 2 (Summer 2009), http://www.mepc.org/journal/middle-east-policy-archives/chinas-policy-persian-gulf? print.

③ Mahmoud Ghafouri, "China's Policy in the Persian Gulf", *Middle East Policy*, Vol. 16, No. 2 (Summer 2009), http://www.mepc.org/journal/middle-east-policy-archives/chinas-policy-persian-gulf? print.

④ 《中国的外交政策及中国与阿曼的友好关系　驻阿曼大使吴久洪在阿曼军事指挥和参谋学院作演讲》，2014 年 4 月 21 日，外交部网站，http://news.ifeng.com/gundong/detail_2014_04/21/35925386_0.shtml。

⑤ Chris Zambelis, "China and the Quiet Kingdom: An Assessment of China-Oman Relations", *China Brief*, Volume XV · Issue 22 · November 18, 2015, p. 13.

中国对阿曼生产的天然气也表达了强烈的兴趣。1997 年，中国政府开始进口阿曼液化天然气（LNG）。2009 年，天然气在中国能源消费中仅占 3%。随着中国能源消费结构的改善，天然气可及性强、清洁等特点，将促使它成为未来主力能源。在过去十年里，中国天然气消费量年均增长 13% 以上。然而，天然气在中国一次能源消费中的比例仅为 5.8%，而国际人均用气量在 2009 年为 23%。[①]

表 8 - 11　　　　中国的天然气消费（万亿立方英尺）[②]

历史			预测					平均年变化率%
1990	2002	2003	2010	2015	2020	2025	2030	2003 - 30
0.5	1.1	1.2	3.0	3.9	5.1	6.2	7.0	6.8

Source：Appendix A，EIA（2007），http：//www.eia.doe.gov/oiaf/ieo/pdf/ieoreftab_5.pdf.

随着中国能源消费结构、节能减排等因素的影响，天然气必将成为国家支持发展的能源品种，未来发展空间较大。2016 年，中国国家能源局提出，天然气到 2030 年在我国一次能源消费中的比重将达到 15% 左右。这表明天然气消费量将维持快速增长的态势。[③] 这意味着中国与阿曼在天然气领域具有广阔的合作前景。

三　战略合作的全面拓展

正如专门从事中国—阿拉伯关系研究的学者穆罕默德·祖勒菲卡尔·拉赫迈特指出的，"尽管石油生意在中国—阿曼关系中毫无疑问据主导地位，但双方关系已经远超出碳氢化合物的范畴"[④]。2010 年 11

① Mahmoud Ghafouri，"China's Policy in the Persian Gulf"，*Middle East Policy*，Vol.16，No.2（Summer 2009），http：//www.mepc.org/journal/middle - east - policy - archives/chinas - policy - persian - gulf? print.

② Mahmoud Ghafouri，"China's Policy in the Persian Gulf"，*Middle East Policy*，Vol.16，No.2（Summer 2009），http：//www.mepc.org/journal/middle - east - policy - archives/chinas - policy - persian - gulf? print.

③ 《天然气消费比重将上升　未来或成中国"主力"能源》，2016 年 7 月 8 日，生意社。http：//finance.sina.com.cn/money/future/nyzx/2016 - 07 - 08/doc - ifxtwchx8266683.shtml。

④ Muhammad Zulfikar Rakhmat，"Exploring the China and Oman Relationship"，*The Diplomat*，May 10，2014.

月，全国政协主席贾庆林在阿曼访问期间与阿曼协商会议主席会谈。双方就共同关心的问题、增进中阿关系等深入交换了意见并达成一致。中国愿意在以下领域持续加深两国关系：一、尊重彼此的利益，促进双方战略互信；二、深化务实合作，增强经济贸易、能源、基础建设、渔业领域的合作，扩大新领域的合作范围；三、扩大文化交流，促进两国人民友好关系，加强在教育、文化、艺术等领域的交流，旨在建立中阿长期友好关系坚实的基础；四、在涉及安理会改革、国际金融系统改革、全球气候变化、中东地区热点问题时应加强多边合作，保持紧密联系，共同维护发展中国家权力和利益，维护中东海湾地区的和平与稳定，维护世界的共同财产和永久和平。阿曼高度赞赏了中方在政治、经济、社会领域给予阿拉伯人民的坚定支持。阿曼希望继续扩大友好关系，促进合作，从而推动双边关系长期稳定的发展。① 除了上述有关石油等方面的合作正在快速发展外，中国—阿曼合作在文化教育、公共卫生、双方或三方合作、金融、民间交往及和平安全等领域全面拓展。

（一）文化教育——"苏哈尔"号的来访

中国与阿曼的文化交流有一个逐渐提升的过程。阿曼驻中国大使萨阿迪指出，阿曼政府高度重视与中国政府的文化合作。阿曼人十分珍视其祖先远航至中国的伟大成就，并将该壮举视作中阿友好交流的象征。阿曼驻华大使在一篇正式发表的论文中陈述了建交后阿曼与中国丰富的文化交流活动。1980 年 11 月—1981 年 7 月的阿曼仿古双桅木帆船"苏哈尔"号从马斯喀特港口驶出并抵达广州。1981 年 8 月 15 日，中国对外文化交流委员会主任黄镇与阿曼大使在北京签署了双方文化、卫生、新闻等方面的合作协定，主要包括举办文艺互展、艺术家与艺术团互演、交流考古经验、教育专家互访和相互提供奖学金等项目。1983 年，中国文化部部长朱穆之访问阿曼，之后两国开展了副部长级的频繁交流。

---

① ［阿曼］阿卜杜拉·萨利赫·萨阿迪：《新中国与阿曼关系的历史与现状》，《阿拉伯世界研究》2012 年第 4 期，第 68 页。

90 年代，中国与阿曼负责文化教育的官员交访频繁，"文化周"活动在双方城市先后举行。1991 年 7 月，阿曼国家遗产及文化部秘书访问广州，并参加中国"苏哈尔"——仿古木船十周年庆典及"阿曼文化周"活动。1993 年 10 月，中国提出 1994—1996 年两国文化交流计划，并在此基础上签署了 1997—1999 年实施方案。1995 年，由阿曼资助的"苏哈尔"船纪念碑在广州洲头咀鹅潭公园建成。① 中国与阿曼的合作在文化、教育、新闻、体育、宗教、考古等领域取得成功。两国教育机构建立合作关系，通过人员、经验和信息的交流，加强体育机构的相互联系，鼓励在新闻和技术领域的合作。

21 世纪双方的交流不断增多，各种文化艺术团包括中国残疾人艺术团访问频繁，受到阿曼人民的热烈欢迎。马斯喀特艺术节上的来自中国各地的杂技、文艺及手工等各种艺术团同台竞技。2000 年，4 位阿曼学生留学中国，留学生人数逐年增长。2001 年 9 月 30 日，值阿曼"苏哈尔"号仿古船驶抵广州 20 周年和中国国庆 52 周年之际，阿驻华大使侯萨尼向杨文昌副外长转交了阿曼素丹卡布斯·本·赛义德赠送给江泽民主席的"苏哈尔"号船模型，江泽民主席随后致函卡布斯素丹表示感谢。2005 年 11 月，阿曼教育秘书参加联合国教科文组织的"中国第五届国家教育高层会议"，北京大学校长许智宏访问阿曼。2006 年 11 月，苏丹卡布斯大学校长纳塞尔访华。2007 年 7 月 3 日，阿曼和中国共同成立"北京大学卡布斯素丹阿拉伯研究项目"，双方达成协议在北京大学成立阿拉伯研究教席。②

（二）公共卫生——王宫附近的中医诊所

1981 年，中阿双方签署了《中华人民共和国政府和阿曼苏丹国政

---

① 碑文如下："公元 8 世纪，阿曼和中国贸易文化交流频繁，苏哈尔港业已成为与广州通商贸易中心。自 1970 年卡布斯本赛义德苏丹陛下执政以来，两国文化贸易合作与日俱增。在中华人民共和国文化部协助下，阿曼苏丹国民族遗产和文化部特立此碑，永志两国友好。"1995 年，该纪念碑举行揭幕仪式。

② ［阿曼］阿卜杜拉·萨利赫·萨阿迪：《新中国与阿曼关系的历史与现状》，《阿拉伯世界研究》2012 年第 4 期，第 56—72 页。还可参见黄培昭、苏丽雅《当代阿曼苏丹国社会与文化》，上海外国语教育出版社 2003 年版，第 244—247 页。

府文化、卫生、新闻合作协定》。然而，该协定有关卫生合作的只有一条："第五条　缔约双方同意在医药卫生方面进行经验交流，交换资料。"1984 年，阿曼卫生大臣协同苏丹特使访华，与中国卫生部副部长郭子恒举行会谈，促进了中阿双方在药用植物资源调查及针灸师麻醉师培训等方面的合作。1992 年 4 月 26 日，双方签订《中华人民共和国卫生部和阿曼苏丹国卫生部关于卫生合作的议定书》，合作内容涵盖交换情报和立法资料、互派专家、医疗机构合作、人员培训、招聘人员和科学研究等 6 个方面。这是中阿双方在充分了解对方情况下扩展合作的典型。

1997 年 10 月，双方卫生部部长签署了《1997—1999 年卫生合作执行计划》。1999 年 9 月，受张文康部长的邀请，阿曼卫生大臣阿里·本·穆萨（Ali bin Moussa）访华。双方就公共卫生合作举行正式会谈，并交流意见。阿曼部长提出中国派中医师和护理人员去阿曼交流，增强在医学研究领域的相互合作。目前，有不少中国医生、护士和其他医护人员在阿曼交流学习，中国制药厂拥有专利的药品已占据阿曼药品市场，乌鸡白凤丸、人参蜂王浆等深受阿曼人民好评，这标志着中阿两国在医疗卫生领域的合作持续发展。由于阿曼文化具有包容性，加上从1990 年代就出现了中医治疗，目前阿曼民众对中医的认知度较高。① 阿曼民众相信中医与国王的态度有关。卡布斯素丹本人对中医和阿曼传统医学颇为了解。"他早年在伦敦留学，知道中医与西药相比有副作用少、疗效独特等优势，还亲自接受过中医师的治疗，所以决定建立这个诊所。"这所中医诊所位于马斯喀特王宫附近。2008 年，经卡布斯素丹提议，阿曼驻华使馆与中国政府协商后，由天津中医药大学第一附属医院选派的 5 名优秀医生来此开办这所诊所。作为阿曼王室与中国政府卫生领域的重要合作项目，这家诊所由阿曼王室支付经费，专为王室工作人员免费治疗。②

---

① 牛博真：《阿曼苏丹国中医与针灸发展概况》，《中国中医药信息杂志》2015 年第 3 期，第 13—15 页。

② 《中医走进阿曼王室》，《中医药国际参考》2010 年第 11 期，第 15—16 页。

（三）互相合作——巴加莫约港

中国与阿曼还进行了多项双向投资和三方经济合作。2002 年，中石油与阿曼 MB 集团联合买下阿曼五区块勘探和开发权益，双方各拥有 50％ 股权。该区块从原来日产原油 4500 桶/日提高至 2009 年的 30000 桶/日，中石油在数年后即收回全部投资。2004 年 8 月，中石化国际勘探开发公司与阿曼油气部签署阿曼 36/38 区块的勘探开发。阿曼石油公司与韩国 GS 集团签署协议，购买青岛丽东化工有限公司 30％ 的股份。阿曼油公司与中国燃气共同投资 4000 万美元在百慕大注册成立合资企业，双方各持 50％ 权益。[①] 2015 年 5 月 16 日，三一集团与阿曼阿瓦穆集团签订合作协议，共同开发阿曼风电市场。[②] 巴加莫约港位于坦桑尼亚，是东非重要港口，自古是连接非洲和亚洲的连接点。这一项目对坦桑尼亚、中国和阿曼而言，具有诸多重要意义，如促进收入来源多样、进一步发展物流业和港口业，促进三方投资、生产和贸易的对接。该港也将成为阿曼企业进入非洲这一广阔市场的重要门户，从而带来众多贸易、投资机遇。中国、阿曼、坦桑尼亚三方于 2014 年开始筹备合作开发巴加莫约港口项目。该项目于 2015 年 10 月举行奠基典礼。巴加莫约港由中国招商局集团、阿曼主权基金和坦桑尼亚政府共同开发，建设港口及配套经济特区，有望成为非洲与亚洲的关键节点。

（四）金融合作——"中国业务柜台"

2014 年 10 月，阿曼与 21 个亚洲国家的代表共同签署了建立亚洲基础设施投资银行的谅解备忘录，成为该银行首批意向创始成员国之一，并在此后出席了一系列筹备会议，商谈协定条款。中国与阿曼的金融合作早在 2010 年已经开始。当时，中国银行与阿曼最大的商业银行——马斯喀特银行了合作协议，中国银行将在马斯喀特银行设立"中国

---

① 中国石油化工集团公司经济技术研究院课题组编著：《中东海湾国家油气资源及投资环境分析》，中国石化出版社 2013 年版，第 237—238 页。

② 《经济互补：中阿（阿曼）"一带一路"合作优势独具》，2015 年 12 月 8 日，引自国务院新闻办公室网站，http://www.scio.gov.cn/ztk/wh/slxy/31208/Document/1458475/1458475.htm。

（业务）柜台"，目的是为中阿两国之间，以及中国与海湾国家、中东和非洲国家的贸易、投资提供便利。① "中国业务柜台"是中国银行拓展全球服务网络的一种创新模式。在尚未设立经营性分支机构的国家和地区，中国银行利用其丰富的海外代理行资源，通过向代理行派驻工作人员，利用代理行业务平台，为"走出去"中国企业提供贴身金融服务。2011年，中国银行已在阿曼、加纳、秘鲁开设了3家"中国业务柜台"。

阿曼国家公共储备基金作为阿曼政府的全权代表，为阿曼以创始成员国身份加入亚投行做出了突出贡献，是阿方参与"一带一路"建设的引领者。2016年，阿曼国家公共储备基金首席执行官穆尔西堤在与中国驻阿曼大使于福龙会面时表示：不断加强同中国的合作是阿曼的既定政策，阿曼十分关注习近平主席不久前对地区进行的重要访问和发布的中东政策。阿中双方经济互补性强，阿曼愿在"一带一路"框架下加强两国合作。阿曼国家公共储备基金作为参与"一带一路"建设的先行者，将继续发挥自身优势，为推动阿中两国务实合作作出积极贡献。② 中国与阿曼的合作领域不少，金融机构应在各方面为双方经贸机构和人员提供更为便捷的服务，双方在金融合作方面还有很大潜力。

（五）民间交往——圣火传递

中国与阿曼签署的第一个文化合作协定（1981年）系统地阐述了双方艺术家与民间团体交流机制。1981年，中国伊斯兰教协会代表团回访阿曼。1982年，阿曼青年代表团访华，签署了一份关于青少年交流合作的协定。各种民间或半官方机构团体致力于中国与阿曼的经贸合作和文化交流。2005年12月，中国国际友好城市联合会会长陈吴苏访问阿曼，推进两国人民的友好交流与合作。2006年4月，阿曼旅游大臣访华，两国签署了关于中国旅游团到阿曼执行计划的谅解备忘录。

---

① 《中国银行与阿曼最大商业银行－马斯喀特签署合作协议》，2010年3月29日，商务部网站，http://finance.sina.com.cn/roll/20100329/02497648228.shtml。

② 《驻阿曼大使于福龙会见阿曼国家公共储备基金首席执行官》，2016年2月16日，外交部网站，http://www.fmprc.gov.cn/web/wjdt_674879/zwbd_674895/t1340953.shtml。

2007 年 6 月 28 日，"中国—阿曼友好协会"建立。该组织希望全面发展两国关系，进一步加强文化交流。同年，马斯喀特当选为 2008 年奥运会火炬境外传递城市之一。2008 年 4 月 14 日北京奥运圣火在阿曼首都马斯喀特成功传递，这是阿曼历史上第一次迎来奥运圣火，也是本次奥运圣火传递中经过的唯一的阿拉伯国家。传递当日，阿曼驻华大使阿卜杜拉·萨阿迪在接受中国记者专访时掩饰不住内心的喜悦，称赞圣火的传递是"我们两国千年友谊的见证"①。2008 年汶川地震后，阿曼援建了 350 户民宅以及医疗和教育设施。2010 年成立的阿曼—中国友好协会为两国的民间友好人士提供了交流平台。2010 年上海世博会期间，阿曼馆的展出取得了成功，迎来了 300 多万名参观者。② 2010 年 9 月，阿曼—中国工商论坛开幕。③

（六）安全合作——反海盗护航舰队的补给

自从中阿外交官员的交流机制建立以来，双方在反对全球的恐怖主义、海上运输安全、石油输送安全等方面一直进行磋商。阿曼位于巴基斯坦瓜达尔的对面，是中国连接自己的战略运输线的必经之地。中国—阿拉伯合作论坛体现了双方互为依靠的战略支撑，自成立以来已经取得了重要成就。中国与海湾国家的合作也是题中应有之意。自中国海军 2009 年在红海及亚丁湾参与反索马里海盗的国际合作军事行动以来，中国担任反海盗任务的舰队已经在阿曼的萨拉拉港口停泊过 20 多次，实施加油、综合补给、人员休整，阿方提供了大力协助。这充分说明中国对阿曼苏丹国的信任，也证明双方关系的稳固。

---

① 常云：《圣火照耀海上丝绸之路——阿曼采访印象》，《国际商报》2008 年 5 月 26 日。

② Giorgio Cafiero，"Oman Looks East"，*Gulf Pulse*，November，2015. http：//www. al - monitor. com/pulse/originals/2015/11/oman - china - diplomacy - role - future - partners. html.

③ Ammar Shikhani，"Oman，China relations witnessing social and economic developments"，*Global Arab Network*，Wednesday，29 September，2010.

第九章　新丝绸之路与中国—阿曼关系

　　从 1978 年 5 月 25 日两国建立外交关系以来，两国关系已有新的进展。为了维护和发展悠久的历史关系，阿中双方采取了每年进行政治磋商、经常性的经济讨论、各个层次的商业谈判等机制，双方努力开展定期的文化、新闻交流、互访和联合投资。

——前阿曼驻华大使阿卜杜拉·侯萨尼

　　中国与阿曼从 1978 年建交以来，双方关系发展稳定，经济、政治与文化教育合作持续推进。双方不仅在各自国家的经济建设层面加强合作，在国际舞台上也保持着密切接触和合作。前阿曼驻华大使侯萨尼 2002 年即指出："阿曼苏丹国与中国是友好国家。当前，阿曼苏丹国在卡布斯·本·赛义德苏丹陛下的英明领导下，非常重视巩固和发展与友好的中华人民共和国的友好合作关系。从 1978 年 5 月 25 日两国建立外交关系以来，两国关系已有新的进展。为了维护和发展悠久的历史关系，阿中双方采取了每年进行政治磋商、经常性的经济讨论、各个层次的商业谈判等机制，双方努力开展定期的文化、新闻交流、互访和联合投资。"① 中国是一个发展中的大国，阿曼是一个小国，为什么双方关系能持续推进，并不断改善和加强呢？

---

　　① ［阿曼］阿卜杜拉·侯萨尼：《中国与阿曼苏丹国的历史关系》，《阿拉伯世界》2002 年第 1 期，第 7 页。

第一节　中国与阿曼的合作：国际关系与现实需求

从中国的国家战略层面看，中国—阿曼关系应从两个维度来分析。一是国际关系的层次，二是双方关系的内容。

一　国际关系的四个层面

从国际关系看，中国—阿曼关系应从四个层次来理解：中国世界、阿拉伯国家、海湾地区和阿曼。

中国外交有自己的理念、原则和具体政策。中国愿与世界任何国家在和平共处五项原则基础上建立平等友好的关系，这是最重要的前提。阿曼奉行独立自主的平衡外交政策，与中国的原则契合。前章已提及，不必赘述。

1956 年 5 月 30 日，埃及成为第一个与中国建交的阿拉伯国家。1971 年，科威特成为第一个与中国建交的海湾国家。1990 年 7 月 21 日，中国同沙特阿拉伯王国建交，历时 34 年，中国同阿盟 22 个成员国都建立了正常的外交关系。2004 年，"中国—阿拉伯国家合作论坛"成立，2016 年，"中国对阿拉伯国家政策文件"发表。阿拉伯国家面临的任务是和平和发展，面对的共同问题是巴以和解。中国始终从战略高度看待中阿关系，巩固和深化中阿传统友好，是中国长期坚持的外交方针。[①] 在这一问题上，中国与阿曼的立场完全一致。

海湾地区包括海湾合作委员会国家（阿联酋、阿曼、巴林、卡塔尔、科威特、沙特）和伊朗、伊拉克共 8 个国家。海湾地区位于"两种资源"（石油与天然气）聚集之地，"三洲"（亚洲、非洲、欧洲）交汇之处、毗接"四峡"（博斯普鲁斯海峡、达达尼尔海峡、曼德海

---

① 有关中国对阿拉伯国家的政策，参见《中国对阿拉伯国家政策文件》，2016 年 1 月，外交部网站，http：//www. fmprc. gov. cn/web/ziliao_ 674904/tytj_ 674911/zcwj_ 674915/t1331327. sht-ml。国外评论参见 Shannon Tiezzi，"Revealed：China's Blueprint for Building Middle East Relations"，*The Diplomat*，January 14，2016。

峡、霍尔木兹海峡），邻近"五海"（地中海、红海、阿拉伯海、里海、黑海），战略地位极其重要。海湾地区需要恢复和平，维护稳定，团结一致，共同发展。中国和阿曼都主张海湾地区自强自立，排除外来干涉，以经济发展为主要任务。①

二　中国与阿曼之间的现实需求

中国和阿曼互有所需，这与其自身的重要性相关。前章已经提及，主要包括以下方面：中国与阿曼相近的外交理念、双方相似的外交实践，这是双方彼此互信的基础。从中国的现实利益考虑，阿曼自身的重要性和所处的地理位置是关键因素之一。阿曼在印度洋航海的历史地位不可忽视。它曾击败葡萄牙的海上霸权，并将葡萄牙赶出东非海岸。近代以来，它擅长平衡外交，主张独立自主，在海湾地区的诸多冲突中保持中立。作为阿盟、海合会和环印度洋地区合作联盟的成员，阿曼逐渐在地区政治中发挥重要的调解作用。阿曼扼霍尔木兹海峡，为东亚与阿拉伯海湾地区之间的通道，在印度洋航运安全上至关重要。任何危及海湾地区的举动必将对中国的发展带来损害。在这一点上，阿曼的重要性日显突出。阿曼一直为中国护航舰队提供重要的补给基地。阿曼稳定的石油供应直接关系到中国的国家利益。

从阿曼的现实利益看，与中国建立密切关系给经济发展带来直接收益，中国经济快速增长大大提高了对石油的需求，为阿曼原油保证了稳定的市场。中国商品的多样化不仅满足了阿曼快速发展的经济需求，也为阿曼人民不断提高的生活水平提供了各种便捷。双方的经济合作使阿曼的经济多元化有了更充足的保障，创造了各方面的机会，包括基础设施、人力资源、经验分享、科技信息和资金投入。当然，与中国保持健康稳定的关系使阿曼在国际上提高了政治影响力。阿曼长期与西方保持

---

① 有关中国与海湾国家的关系，可参见吴冰冰《从中国与海湾八国关系的发展看"中阿合作论坛"》，《阿拉伯世界研究》2011 年第 1 期，第 10—18 页；杨光《中国与海湾国家的战略性经贸互利关系》，《国际经济评论》2014 年第 3 期，第 101—110 页；刘中民《中国与海湾国家关系的历史变迁》，《阿拉伯世界研究》2016 年第 2 期，第 17—30 页。

着密切联系，中国作为联合国安理会常任理事国的重要作用也更有利于阿曼在国际舞台上开展平衡外交。正如阿曼驻华大使萨阿迪指出的："中阿之间的这种经济联系不仅促进了双边的政治互信，也帮助实现双方优势互补，实现利益最大化及合作共赢。一方面，随着现代产业的不断拓展，这种双赢的经济联系成为全球化经济互动原则的新发展；另一方面，它也是新经济环境下所应坚持的基本原则。实践证明互利双赢是具有重大现实和指导意义的原则。"①

正是基于上述各种因素，中国与阿曼的关系自 1978 年以来一直稳步推进，并逐步扩大到各个领域。

第二节　新丝路与多元化的契合

一　可能性与现实性的交汇

新丝绸之路确实为中国与沿线国家的合作提供了新的机会。然而，这种可能性与现实性的交汇点在何处呢？以阿拉伯海湾地区为例，一方面，这一地区是"新丝路经济合作带"的陆路必经之地，也是"21 世纪海上丝绸之路"的沿线地区，历史上与中国的交往颇为频繁，文化交流绵延不断。1980 年代以来，双方关系稳步发展。在政治层面，高层互访相对频繁，合作机制逐步建立。在经贸方面，双方合作在油气方面相对突出，同时阿拉伯国家成为中国商品的主要出口市场之一，金融合作势头良好，互联互通正在推进。②

当然，这一地区长期以来一直是美国的战略重点，俄罗斯也在这一地区有很深厚的基础。阿拉伯人"向东看"的势头持续发展引起了一些西方学者和政府的警觉。一方面，他们认为阿拉伯与中国发展关系意

---

① ［阿曼］阿卜杜拉·萨利赫·萨阿迪：《新中国与阿曼关系的历史与现状》，第71—72 页。
② 吴磊、杨泽渝：《"一带一路"背景下的中国与阿拉伯世界》，《国别和区域研究》2016 年第 1 期，第46—60 页。

味着全球经济的再平衡。① 另一方面，他们已经习惯以自我为中心的优越感，习惯于世界秩序围绕着"我们的标准和欲望"而形成的固定模式，对世界的中心从欧美开始转移到中东和亚洲忧心忡忡。② 由于这一地区中小国家众多，又是不同文化的交汇之地，加之多国的权力交接过程迫近，地区秩序因宗教纷争和民族矛盾而失衡，大国互相争夺并相继插手，地区政治稳定与经济发展均遭遇一定困难。我国在实施国家战略的过程中应有充分的思想准备。③

历史与现实的交汇同样重要。1980 年 11 月，阿曼仿古双桅帆船"苏哈尔"号从马斯喀特港口出发，历经 6000 英里和 7 个多月的航海历程，1981 年 7 月 1 日抵达广州。这只航船成为中国与阿曼古代友好关系的象征。这只船回去后放在阿曼的国宾馆展示，成为马斯喀特市的一景。阿曼政府提出还将在郑和下西洋时曾七次到过的塞拉莱港建立一座郑和纪念园区，竖立纪念碑，建成一个休闲区，内设中国餐馆，既可纪念郑和，也为中国游客创造一个园区，以带动双方文化和旅游交流，凸显出历史与现实的交汇。如果能够通过这种方式促进友好往来与经贸合作，将对中国和阿曼巩固友谊有深远的意义。④

二 "丝绸之路项目" 与阿曼的优势

阿曼苏丹国于 1974 年参加联合国教科文组织以来，与该组织一直保持着密切关系。阿曼在 1983 年 "对话之路" 项目（The Roads of Dialogue Project）酝酿过程及随后成立的 "丝绸之路整体研究项目" 荣任咨询理事会副主席，它在支持联合国教科文组织该项目中扮演着十分重

---

① Ben Simpfendorfer, *The New Silk Road: How a Rising Arab World is Turning Away from the West and Rediscovering China*, Palgrave Macmillan, 2009.

② "Gulf nations tighten investment ties with China", *Financial Times*, April 8, 2008.

③ 吴磊：《构建 "新丝绸之路"：中国与中东关系发展的新内涵》，《西亚非洲》2014 年第 3 期；罗林：《"一带一路" 在中东的主要风险及战略选择》，《国别和区域研究》2016 年第 1 期，第 40—45 页；

④ 吴思科：《 "一带一路" ——来自中东的声音》，http://observe.chinaiiss.com/html/20154/9/a7893b.html，登录时间：2017 年 6 月 6 日。

要的引领角色。该项目分为三部分：草原之路（起自黑海的北岸）、沙漠之路（起自土耳其）和海上之路。① 这一项目与后来中国提出的新丝绸之路有异曲同工之妙。

阿曼苏丹国遵循中立、不结盟、睦邻友好和不干涉别国内政的原则，同埃及、沙特、约旦、科威特等阿拉伯温和国家关系密切，它虽然与邻国有边界之争，但先后于1990年、1996年和1999年解决了同邻国沙特、也门和阿联酋的领土争端。阿曼积极参加地区和国际活动，主张国家间加强对话，互利合作，致力于维护海湾地区的安全与稳定，在阿拉伯和地区事务中，奉行温和务实政策，发挥着独特作用。它支持伊斯兰合作，主张印度洋成为和平区，倡导成立环印度洋地区合作联盟。该联盟于1997年3月成立时，阿曼当选为副主席国。阿曼主张中东问题在联合国有关决议和"土地换和平"原则基础上，通过和平对话全面公正解决，支持恢复巴勒斯坦人民的合法民族权利。

阿曼的这种外交优势既使它成为中国与阿拉伯海湾地区国家合作的典范，也造就了它可能成为中国深入拓展与这一地区友好关系的引领力量的潜力。

三　产能合作与多元化对接

关于中国与发展中国家的产能合作，最早由林毅夫教授提出。他在担任世界银行副行长时曾14次访问非洲，探讨非洲发展之道，并将中国的华坚集团引进埃塞俄比亚，促进了当地制鞋业的发展。这一案例在国际上产生广泛影响。② 在这一实践的基础上，他提出了工业发展的行业对接和窗口期的相关理论，并开始将这种理论运用到新结构经济学之中。林毅夫教授认为："在帮助发展中国家发展方面，中国还拥有一个重要的优势，即巨大的劳动密集型产业。由于国内工资上涨，中国在这

---

① Ian Skeet, *Oman: Politics and Development*, p. 129.

② The World Bank, *Chinese FDI in Ethiopia: A World Bank Survey*, Washington D. C. , The World Bank, (2012.)

方面的比较优势逐渐消失。以前类似的转移已有多次，这次的新特点在于中国劳动密集型产业规模庞大。按照第三次工业普查，中国制造业的就业人员是1.24亿人，相当于当年日本的12倍。"① 中国的重工业产能出现的过剩问题与发展中国家的产能不足问题并存为国际产能合作带来了新希望，产能问题的这种互补性为中国与发展中国家产能合作展现了巨大的投资机会。

阿曼是石油资源十分丰富的国家，同时也是最早提出经济多元化的阿拉伯国家。1983年，阿曼苏丹国已经成为阿拉伯半岛上第一个减少对石油的巨大依赖并开始发展研磨金属工业并出口其产品的国家。同时，它在天然气替代石油和发展铜制品工业（如铜管和铜丝）方面也取得了很大进展。② 经过多年的努力，1989年，阿曼已经实现了水泥和面粉两种重要产品的自给，同时发展了纺织、冶炼（铜、铝等金属）、地毯等行业。工业各行业的排名以非矿山矿砂产品工业占工业产品为首位，其次是包括家具在内的木制品，最后是冶金、机械和设备制造。此外，还有食品、饮料、纺织、成衣、皮革等工业。为了达到经济多元化的目的，政府实施了各种优先政策。第一，政府为相关工业提供贷款。第二，阿曼工厂进口的设备或工业生产原料享受免税，并在海关实行有利于本地产品竞争的优惠措施。第三，在卢赛勒工业区的基础上，开始兴建赖苏特、苏哈尔、尼兹瓦、苏尔等新的工业区。与此同时，阿曼还大力发展金融业和旅游业。这种多元化战略的目的是以本国产品代替进口货，并能向其他国家出口。③

四 阿曼的期盼与"零障碍进入"

随着中国与阿曼经贸关系的发展，双向合作日益增多。2007年，

---

① 林毅夫：《"一带一路"需要加上"一洲"》，共识网，2015年1月18日，http://www.21ccom.net/articles/china/ggcx/20150118119130.html。

② 《在政治和安全稳定之后，加深和经济和社会的联系》，［黎巴嫩］《事件》1983年11月25日。

③ 阿曼苏丹国新闻部：《阿曼苏丹国》，第159—169页。

时任阿曼驻华大使阿卜杜拉·萨阿迪对中国的金融机构在阿曼支持的项目和开展的投资都非常支持和欢迎。他指出："含有中国因素的产业和投资项目都在阿曼的经济发展中起比较大的作用，所以我们非常欢迎中国的企业能够到阿曼去。这些都是零障碍进入的，我们阿曼使馆可以为中国的投资者提供任何需要的信息，我们的大门是永远向中国朋友敞开的。……我们非常热切地期盼中国的友好投资商能够到阿曼投资。阿曼也有十年规划和五年计划。阿曼的第七个五年计划就是从 2006 年到 2010 年。这一个五年计划对外国投资者展示了非常好的开放和投资机会。新的五年计划将支持机场、港口、公路和其他的基础设施建设，这方面可为中国投资者提供 600 亿美元的投资机会。"① 近年来，阿曼政府为了实现国民经济多元化发展，重点鼓励外国企业投资农业、渔业、旅游、矿业等。

一些国家的多元化往往强调金融和旅游业，或是某种中介作用。阿曼的多元化是强调工业，其发展规划是成为中东的制造业中心。目前正在兴建的杜库姆经济特区隶属于阿曼中部省杜库姆州，也是阿曼东北沿海的中心点，对面就是印度洋，它处在东亚、南亚、非洲、欧洲远航线路的要冲地带，常住人口现在还不到 5000 人，区位优势很独特，通航条件比霍尔姆斯海峡好。杜库姆经济特区建成后将包括港务、工业、物流、渔业、商业、休闲、旅游、教育八大功能区块。阿曼希望加强与中国进行合作，鼓励中国积极参与。2017 年，中国—阿曼（杜古姆）产业园奠基典礼正式举行，该工业园是"一带一路"发展倡议之后第一批确定的国际产能合作示范工业园，既是中国的企业"抱团出海"的着陆点，也是中国阿曼经济合作的新起点。②

---

① 印久青：《阿曼的经济多元化需要中国的合作》，《中国信息报》2007 年 11 月 16 日。

② 《中国在阿曼建产业园　宁夏河北等地 10 家企业入驻投资 220 亿》，2017 年 4 月 20 日，观察者网，http：//www.guancha.cn/Third－World/2017_ 04_ 20_ 404511.shtml。

第三节　华侨华人：中国—阿曼合作的实践者

　　人类历史就是一部移民史。中国—阿拉伯文化交流历史悠久，贸易交往从古代起从陆路和海路齐头并进。近代以来，中国与阿拉伯地区双向移民出现，既有去麦加朝圣后在阿拉伯地区留下来的华人从业者，也有从阿拉伯来中国经商后留下来的侨民。① 然而，最大的移民潮是自改革开放以来到阿拉伯国家做生意的华侨华人。

　　海湾国家作为华侨华人的目标国，主要还是依经济发展、政治稳定、移民政策和认识程度而定。阿联酋是海湾国家中吸引华侨华人最多的国家。华商早就开始聚集在阿联酋，仅迪拜就有华商25万人之多。阿曼的人经常到迪拜采购各种建材轻工产品。据中国驻阿曼大使馆统计，2014年阿曼的华人总数约有1800人。其中中资机构人员900人，当地华侨华人协会注册人数150余人。② 华商近年开始向阿曼转移，因此有华商从迪拜"转战"阿曼之说。这种人员的流动与中国商品的流动成正比，原来在迪拜打拼的华商企业金龙集团决定在阿曼建商城。金龙商城的总经理表示："我们决定在阿曼建立商城，倾力为在阿华人和国内企业在中东地区搭建一个展示个人才华和拓展发展空间的新平台。同时，也为阿曼市场的繁荣、经济社会的发展，以及中国阿曼间经济贸易的交流与合作做出应有的一份贡献。"③ 专营中国建材的中拓商城和经营中国小商品的金龙商城于2014年相继开业。金龙商城距马斯喀特市中心约40分钟车程，是阿曼最大的综合购物商城，也是远近闻名的"中国城"。这里商品齐全，包括衣裤鞋包、数码产品、家居用品、装

---

　　① 马步芳部队中相当一部分人在解放战争失败后从台湾地区撤到阿拉伯地区，最后流散在世界各地。相对其他地区而言，华人移民阿拉伯地区的较少。李安山：《少数民族华侨华人：迁移特点、辨识标准及人数统计》，《华侨华人历史研究》2003年第3期，第1—18页。

　　② 《"一带一路"与中国—阿曼经济合作前景》，http：//pit.ifeng.com/a/20151125/46384214_0.shtml。查阅日期：2016年2月20日。

　　③ 《您的辉煌，是我们的追求——阿曼金龙商城总经理栾风亮访谈录》，2012年11月24日，迪拜中文网，http：//www.dibainews.com/thread－23888－1－1.html。查阅日期：2017年6月2日。

修建材等。2015 年阿曼约有 3000 名常住华人，其中约 2000 人是中国企业员工，1000 人为华商。①

阿拉伯地区具有各种不同的宗教和文化习俗，华人熟悉当地社会的政治与法律，了解当地的民风民俗，这为新丝路的沟通和顺利进行创造了条件。华人长期以来与当地各个阶层友好相处，他们建立的人脉和经济网络为中国企业融入当地社会提供了条件。阿曼华人提出的"您的辉煌，是我们的追求"实际上说明了华侨华人为后来者架设事业之桥、文化之桥和友谊之桥的作用。华侨华人社会本身也是互联互通的实践者。他们作为两种不同文化的桥梁，既是中华文化的传播者，也是当地文化的接受者和体验者。这种桥梁作用无疑将有助于增进中国与阿曼的关系。

第四节　结论

中国和阿曼关系经历了从相疑到相识，从相识到相知，再从相知到相信的发展阶段。双方关系从经济合作到政治互信，双方交流从外交工作到战略磋商。由于双方关系是建立在互相尊重和平等互利的基础上，中国与阿曼在这种合作中达到了利益的最大化，互利双赢成为一种理想结果。正如阿曼驻中国大使萨阿迪先生所言："目前中阿关系进展十分显著并步入了一个发展的黄金期。阿曼愿进一步与中国进行和谐的经济贸易往来。几个世纪之前，通过丝绸之路和香料之路，中国与阿曼建立友好往来关系。一艘装满香料名叫'苏哈尔'的商船和泉州古寺中'千古'的石碑记录了两国的友好关系。两国历史上的交往为目前双边关系发展打下了坚固的基础。中国是阿曼重要的经济伙伴，在国际和地区形势不断变化的背景下，两国加强友好关系和各领域合作是共同愿望。这对于增进理解、加强友好关系、扩大共识、深化合作、进一步促

---

① 《阿曼起房子　广州买建材》，《广州日报》2015 年 1 月 22 日，http：//news. ifeng. com/a/20150122/42989764_ 0. shtml 查阅日期，2016 年 2 月 20 日。

进中阿全方位、宽领域、多层次的合作有着重要意义。这为中阿两国人民重新回首古'丝绸之路'、重温两国的深厚感情提供了一次机会，并为'现代丝绸之路'翻开了新的一页。"①

"长风破浪会有时，直挂云帆济沧海。"苏哈尔号和郑和之行承载着古代中国与阿曼的友好之情，也预示着双方友谊与新丝绸之路共存。

---

① ［阿曼］阿卜杜拉·萨利赫·萨阿迪：《新中国与阿曼关系的历史与现状》，第72页。

附录一　中国驻阿曼苏丹国历任大使一览表

袁鲁林　　（1979.04—1985.03）

管子怀　　（1985.04—1987.06）

臧士雄　　（1987.03—1992.10）

张志祥　　（1992.07—1996.11）

王小庄　　（1996.08—2000.07）

赵学昌　　（2000.04—2003.02）

邓绍勤　　（2002.08—2006.10）

潘伟芳　　（2006.11—2010.12）

吴久洪　　（2010.12—2014.10）

于福龙　　（2014.10—2018.10）

李凌冰　　（2018.12—）

附录二 中国—阿曼关系大事记
(截至 2015 年)

1世纪

班超重新打通西域通道，派遣副使甘英从陆路经中亚到西亚各国访问，由此获得了前人所不知道的有关阿拉伯半岛的许多材料，《后汉书》上第一次出现阿蛮（即阿曼）。①

661 年

阿曼佐法尔地区的国王派遣使者到中国，来中国进行贸易的阿曼商人随之增多，其中著名商贾阿布·欧贝德和纳扎尔等人的活动名闻遐迩。唐政府善待阿曼商人，要求国民与这些外商公平买卖，禁止向他们"重加率税"，对滋事违纪的官吏严惩不贷。②

8 世纪

据阿曼史籍记载，阿曼人阿布·欧贝达·阿卜杜拉·本·卡西姆（Abu Ubayda Abdallah al – Qasim）从苏哈尔港出发，航行到中国广州。③

---

① 陈公元：《中国阿曼友好关系小史》，《西亚非洲》1981 年第 5 期，第 51 页。
② 黄培昭：《中国和阿曼关系》，《阿拉伯世界研究》2000 年第 2 期，第 12 页。
③ Calvin H. Allen, Jr., *Oman: The Modernization of the Sultanate*, Boulder: Westview Press, 1987, p.29; 阿卜杜拉·侯萨尼：《中国与阿曼丹丹国的历史关系》，《阿拉伯世界》2002 年第 1 期，第 6 页。

851 年

唐代曾来华访问的阿拉伯航海家苏莱曼在所著《苏莱曼游记》中详细记载了从阿曼航海东来广州的路程和海外商人在广州的商贸活动情况。他在书中写道："由于中国船只吃水较深，各地的阿拉伯货物都要先从阿曼港口运到波斯湾的西拉甫港，然后装上中国船，再远航印度和中国。"

1011 年和 1072 年

阿曼苏哈尔地区的执政者先后两次派遣使者赴中国，双方交往进一步增多。阿曼著名巨商辛甲特罗在宋朝政府当差，官至广州蕃坊蕃长，具体负责管理地方上的外国商人。宋朝当政者在对待这些阿曼商人的问题上，沿袭唐朝政策，主张中外一视同仁，维护商人的合法权益。[①]

15 世纪

郑和下西洋的船队曾多次到达阿曼的佐法尔沿海一带，与当地进行易货贸易。随郑和出访阿拉伯诸国的费信、马欢、巩珍等人所撰写的《星槎胜览》《瀛涯胜览》和《西洋蕃国志》均有不少关于阿曼的内容。[②]

1960 年代

阿曼佐法尔地区建立了为反帝、反封建而进行武装斗争的"解放阿曼人民阵线"，该组织得到了一些阿拉伯国家的支持。中国基于国际政治的考虑，也予以一定的支持。因此，阿曼政府采取敌视中国的政策。

1967 年

6 月 22 日，佐法尔解放阿曼人民阵线代表团由解放阵线领导成员穆罕默德·艾赫迈德·加萨尼率领抵达北京。代表团团员有佐法尔解放阵线的政治委员会成员萨里姆·阿里·穆萨拉姆和军事委员会成员艾赫迈德·苏海尔·法雷赫。代表团是应中国人民外交学会邀请来我国访问的。

---

① 黄培昭：《中国和阿曼关系》，《阿拉伯世界研究》2000 年第 2 期，第 12 页。
② 黄培昭：《中国和阿曼关系》，《阿拉伯世界研究》2000 年第 2 期，第 13 页。

1970 年

3 月 13 日，在中国对外友协举行的报告会上，正在北京访问的"解放被占领的阿拉伯湾人民阵线"代表团团长塔拉勒·萨阿德·马哈茂德，塔拉勒团长介绍佐法尔地区人民反对殖民主义和帝国主义的英勇斗争。

4 月 2 日下午，国务院总理周恩来、中国人民解放军总参谋长黄永胜接见由总指挥部执行委员会委员塔拉勒·萨阿德·马哈茂德率领的佐法尔"解放被占领的阿拉伯湾人民阵线"代表团全体成员，同他们进行了亲切友好的谈话。

1972 年

4 月，由于中国与阿曼反政府运动的联系，阿曼卡布斯素丹宣布：尽管中国与科威特、伊朗建立了正式外交关系，阿曼依然与中国断绝任何交往。

9 月，中国决定停止对"解放被占领的阿拉伯湾人民阵线"的支持。

1978 年

5 月 25 日，中华人民共和国和阿曼苏丹国在伦敦签署了建交公报，双方建立大使级外交关系并互派大使。阿曼是继科威特后第二个与新中国建交的阿拉伯海湾国家。

6 月 20—27 日，阿曼外交事务国务大臣卡伊斯·阿卜杜勒·穆乃姆·扎瓦维对中国进行正式访问。华国锋主席会见扎瓦维先生。

1979 年

11 月，中国伊斯兰教协会代表团由副会长穆罕默德·阿里·张杰率领访问阿曼并参加 11 月 18 日的阿曼国庆庆典活动。

中国在马斯喀特的驻阿曼大使馆设立经商处。

1980 年

5 月，阿曼伊斯兰宗教事务代表团访华。数月后，由中国伊斯兰教协会副会长沈遐熙率领的中国伊斯兰代表团回访阿曼。

6 月，阿曼传媒代表团访华，成员包括杂志社和报业代表。

10 月 14 日，阿曼工商大臣祖贝尔访华，双方签订《中华人民共和国政府和阿曼苏丹国政府贸易协定》，协定于当月生效。

10 月，中国副总理姬鹏飞对阿曼进行友好访问。

11 月，阿曼民族遗产与文化部和阿曼政府文化代表团一行人搭乘由素丹卡布斯命名的阿曼仿古双桅木帆船"苏哈尔"号，从马斯喀特港口出发，沿着 1200 年前传说中辛巴达开创的航线，横渡印度洋，向中国进发。

阿曼水电大臣哈穆德·阿卜杜拉·哈尔西访问中国。

阿曼宗教大臣瓦里德·本·扎西尔·希奈访问中国。

1981 年

5 月，阿曼司法、宗教和伊斯兰教事务大臣访问北京。

7 月，为纪念公元 6 世纪连接阿曼北部城市苏哈尔和中国广州之间的"海上丝绸之路"，阿曼"苏哈尔"号仿古友谊船历经 6000 英里、7 个多月的航海历程，抵达广州，中方举行隆重欢迎仪式。1981 年 7 月 3 日，"苏哈尔"号船员参观怀圣寺，受到广州伊斯兰教界的热烈欢迎。

8 月 15 日，中国对外文化交流委员会主任黄镇与阿曼大使在北京签署了《中华人民共和国政府和阿曼苏丹国政府文化、卫生、新闻合作协定》，协定于当日生效。

阿曼副国防大臣萨利姆·本·阿卜杜拉·加扎里访问中国。

1982 年

6 月，阿曼青年代表团访华，两国签署了促进双方青少年交流合作互访的协议。

11 月，阿曼负责国防安全的副首相法赫尔·本·泰木尔·阿萨德（H. H. Sayyid Fahr Bin Taimur Al-Said）访问中国。

阿曼司法大臣希拉勒·本·哈迈德·萨马尔访问中国。

1983 年

5 月 3 日，双方签订《中华人民共和国政府和阿曼苏丹国政府民用航空运输协定》，协定于当日生效。

10 月 20—23 日，国务委员兼外交部部长吴学谦对阿曼进行友好访问。中国文化部部长朱穆之访问阿曼。

1984 年

7 月，应乌兰夫副主席的邀请，阿曼素丹卡布斯的特别代表苏维尼·本·谢哈卜（H. H. Sayyid Thuwaini Bin Shihab Al Said）访问中国。李先念主席和乌兰夫副主席会见苏维尼并与他举行会谈。

11 月，由司法部部长邹瑜率领的中国司法代表团访问了阿曼。

12 月，由解放军副总参谋长何政文将军率领的中国军事代表团对阿曼进行了访问。何政文会见了一些阿曼高级军事官员，包括阿曼总参谋长助理，素丹武装卫队指挥官、空军指挥官、武装力量训练营指挥官、海军上校等。这是两国军官的首次会晤。

阿曼卫生大臣携同素丹特使访华，与中国卫生部副部长郭子恒举行会谈。他希望中方能够派出专家，帮助阿曼在药用植物资源调查及针灸师麻醉师培训等方面开展工作。

1985 年

1 月，体委主任李梦华访问阿曼。双方签署了旨在促进体育交流的协议。

11 月，中华人民共和国特使、国务院副总理姚依林应邀出席了阿曼国庆 14 周年庆典。

1986 年

7 月，阿曼外交事务国务大臣尤素福·阿拉维·阿卜杜拉对中国进行正式友好访问，国务院代总理万里会见了阿拉维，吴学谦外长与阿拉维举行了会谈。

10 月，阿曼教育和青年事务次大臣哈马德·加夫里率团访华，商讨了双方体育交往与合作问题。

1987 年

2 月 25 日至 3 月 1 日，应阿曼教育和青年事务部的邀请，中华全国青年联合会副主席杨乐率中国青年代表团访问阿曼，会见了教育和青年事务大臣蒙泽里等阿曼政府官员，双方表示要进一步促进和加强两国青年间的交往。

3月31日至4月7日，阿曼社会事务与劳工大臣穆斯特海勒·本·艾哈迈德·马沙尼应中国劳动人事部部长赵东宛的邀请访问中国，田纪云副总理和荣毅仁副委员长分别会见了马沙尼，双方就加强和发展两国的友好合作关系进行了交谈。

双方外交部建立定期磋商机制，定期就国际形势进行磋商。

6月13—14日，光大实业公司董事长王光英应国际商业信贷银行阿曼分行的邀请访问阿曼。中国国际贸易促进会派出展览团参加了在马斯喀特举行的国际贸易博览会。

12月14—16日，根据中国与阿曼外交部达成的协议，中国外交部亚非司司长杨福昌同阿曼外交部亚洲司司长达哈卜在阿曼首都马斯喀特进行了两国外交部官员首次不定期外交磋商。杨福昌司长在阿曼停留期间还会见了外交事务国务大臣阿拉维和工商次大臣马基，双方就发展双边关系和海湾形势问题交换了意见。

1988 年

4月2—5日，国家主席李先念的特使、外交部副部长齐怀远应阿曼外交部政治事务次大臣海塞姆·本·塔里克邀请，对阿曼进行了访问。访问期间，齐怀远副外长会见了阿曼素丹卡布斯，并向他转交了李先念主席的信。齐怀远副外长还会见了卡布斯素丹的特别代表苏维尼、民族遗产和文化大臣费萨尔和外交事务国务大臣阿拉维，并与海塞姆次大臣就海湾形势、两伊战争、阿富汗和柬埔寨等双方共同关心的国际问题举行了会谈，双方还就加强两国在各个领域的共同合作等问题交换了看法。

4月7—17日，中国伊斯兰教协会副会长马贤和该协会研究部主任马忠杰二人应阿曼教育和青年大臣兼卡布斯大学代校长的邀请访问阿曼，参加伊斯兰法学国际研讨会，并向大会提交了关于中国穆斯林状况的书面发言。

5月25日，中、阿两国建交十周年纪念日。外交部部长钱其琛和阿曼外交事务国务大臣阿拉维互致贺电，并分别出席了两国驻对方大使举行的庆祝活动。

8月15—24日，阿曼教育和青年部社会活动司司长阿里·本·马哈福兹，应中华全国青年联合会的邀请率团访问中国，了解中国青年工作情况和活动经验。

9月19—24日，阿曼外交部政治事务次大臣海塞姆·本·塔里克应齐怀远副外长邀请访问中国。访问期间，吴学谦副总理、外交部部长钱其琛、农业部部长何康和对外经济贸易部副部长吕学俭分别会见了海塞姆。齐怀远副外长和海塞姆次大臣举行了会谈。

10月1—10日，福建、广东、浙江等口岸省市在马斯喀特举办中国工艺品展销会。

10月7—16日，阿曼工商会主席马格卜勒应中国国际贸易促进委员会的邀请访华，同贸促会、国务院特区办以及轻工、纺织、土畜产、粮油、海湾等各贸易公司就扩大双方贸易往来问题进行了广泛的探讨。除北京外，马格卜勒一行还访问了上海和广州，参观了第六十四届中国出口商品交易会。

11月1—10日，辽宁省经贸委在阿曼举办了贸易展览会。

11月15—27日，中国前驻阿曼大使袁鲁林夫妇应阿曼新闻部邀请赴阿曼参加其国庆18周年庆祝活动。

11月，阿曼国防部军需督察阿卜杜拉上校应中国国防科学技术工业委员会邀请来华参观在北京举行的1988年亚洲防务展览会。

12月16—23日，根据中国与阿曼两国外交部达成的协议，阿曼外交部亚洲司司长达哈卜访华，同中国外交部部长助理兼亚非司司长杨福昌在北京举行了两国外交部官员第二次不定期外交磋商。双方就两国关系和共同关心的国际问题交换了意见。访问期间，外交部副部长齐怀远、广播电影电视部副部长马庆雄和中国国际贸易促进委员会副会长郭东坡分别会见了达哈卜一行。

中国开始通过国际市场进口阿曼的原油。

1989 年

5 月 11—15 日，文化部副部长刘德有率政府文化代表团应邀访问阿曼，同阿曼民族遗产和文化部次大臣苏维迪就两国间的文化合作与交流举行了工作会谈。刘德有副部长还会见了素丹特别代表苏维尼·本·谢哈布、教育和青年大臣叶海亚·本·马哈福兹·蒙泽里和民族遗产和文化大臣费萨尔·本·阿里·本·费萨尔。

8 月 14—21 日，阿曼民族遗产和文化部次大臣苏维迪应邀访问中国，同中国文化部副部长刘德有就进一步加强两国文化合作举行了会谈。全国人大常委会副委员长彭冲会见了苏维迪。

9 月 30 日至 10 月 2 日，根据两国外交部达成的协议，中国外交部亚非司司长王昌义访问阿曼，同阿曼外交部亚洲司司长达哈卜在马斯喀特举行了两国外交部官员第三次不定期工作磋商，就共同关心的国际问题及两国关系交换了意见。访问期间还先后会见了阿曼外交部政治事务次大臣海塞姆、工商部代理次大臣和阿曼工商会主席马格卜勒。

12 月 26—28 日，应阿曼苏丹国素丹卡布斯·本·赛义德的邀请，国家主席杨尚昆对阿曼进行了正式友好访问。这是中国国家主席首次访问阿曼，取得圆满成功。杨主席同卡布斯素丹举行了诚挚、友好的会谈，就共同关心的国际和地区问题及双边关系交换了看法，取得了广泛的一致。双方签署了两国政府贸易协定修改议定书，并成立了中、阿两国经贸混委会。随同杨主席访问的外交部副部长齐怀远分别会见了阿曼外交事务国务大臣尤素福·本·阿拉维和外交部政治事务次大臣海塞姆·本·塔里克，就国际问题和双边关系进行了晤谈。

12 月 27 日，随同杨尚昆主席访问阿曼的经贸部副部长吕学俭同阿曼民族遗产和文化部次大臣萨利姆·本·阿里·苏维迪和工商部次大臣亚格赞·本·阿里·海纳伊分别代表本国政府签署了关于中国以赠款方式为阿曼陶器厂和织布厂更新设备的换文和中阿两国贸易协定修改协议。

1990 年

1 月 12—17 日，中国航空航天部副部长孙家栋访问阿曼，同阿曼邮电大臣、阿拉伯卫星通讯组织年度主席艾哈迈德·本·苏维丹·巴鲁什就双边关系和加强中国同阿拉伯卫星通讯组织之间的合作进行会谈。访问期间，孙家栋副部长还会见了阿曼外交事务国务大臣尤素福·本·阿拉维。

3月15—17日，中国化工部和中国石化总公司代表团访阿曼，考察港口设施和石油运输情况。

4月3—8日，阿曼邮电大臣艾哈迈德·本·苏维丹·巴鲁什应航空航天部的邀请访华，参观"亚洲一号"通讯卫星发射，并同航空航天部负责人就加强双方在卫星通讯方面的合作进行了会谈。访华期间，杨尚昆主席会见了巴鲁什。

8月27日至9月2日，阿曼外交部亚洲司司长哈迈德·本·纳塞尔·图比访华，参加两国外交部官员第四次工作磋商。双方就国际问题、海湾危机和两国关系交换了看法。访问期间，图比司长还分别会晤了外交部副部长刘华秋、文化部副部长刘德有和中国国际贸易促进会副会长徐大有等。

10月10—17日，应中国政府邀请，阿曼素丹卡布斯的外事顾问欧迈尔·本·阿卜杜勒·穆奈姆·扎瓦维访华。在京期间，杨尚昆主席、田纪云副总理和对外贸易经济合作部部长郑拓彬分别会见了他，钱其琛外长同他举行了会谈。欧迈尔在会谈中表示，阿曼国家领导人和政府一贯重视发展同中国的友好合作关系，对两国关系的顺利发展表示满意。双方还就海湾危机交换了看法。

11月10—17日，中国机械进出口总公司派代表参加在马斯喀特举行的第四届阿曼国际贸易博览会。

11月13日，中国和阿曼在马斯喀特签订阿曼聘请10名中国体育教练的协议。

11月16—23日，中国全国人大常委会委员何英应阿曼政府邀请参加阿国庆20周年庆祝活动。在受到卡布斯素丹接见时，何英委员转达了杨尚昆主席对卡的祝贺和问候。访问期间，何英会见了阿曼国家协商委员会主席阿卜杜拉·本·阿里·本·卡塔比，向其转达万里委员长的问候和访华邀请，并就进一步加强中国全国人大和阿国家协商委员会之间的友好关系进行了会谈。何还会见了阿曼外交事务国务大臣尤素福·本·阿拉维。

11月18日，新华社、《人民日报》、《光明日报》、《中国青年报》和《世界知识》杂志社的记者应阿曼新闻部的邀请参加阿曼国庆20周年庆祝活动。

11月19—25日，中国青海省民族艺术团应邀赴阿进行访问演出。

1991 年

4月8—14日，阿曼卫生部医疗司司长访华，考察中医药事业，探讨双方在医疗方面进行合作的问题。

4月26日至5月10日，阿曼宫廷农业顾问马基访华，考察中国农业种植技术。

7月，阿曼在中国举办"阿曼文化周"，主要活动有阿曼民间艺术团演出和阿曼综合艺术展览。

7月7—17日，阿曼民族遗产和文化大臣费萨尔访华，参加阿曼"苏哈尔"号仿古船航抵广州10周年庆祝活动及"阿曼文化周"活动。访问期间，王震副主席会见费萨尔。

9月27日，国务委员兼外交部长钱其琛在出席联大会议期间，会见了包括阿曼在内的海湾合作委员会六国外交大臣。

10月2—10日，中国文化部代部长贺敬之访问阿曼，会见了卡布斯素丹特别代表苏维尼和新闻大臣拉瓦斯，与民族遗产和文化大臣费萨尔举行了会谈。

10月17—23日，中国农业代表团访问阿曼，考察阿曼农业情况。

10月，中国在阿曼举办"中国文化周"，主要活动有中国图书展览和新疆歌舞团演出。

11月2—4日，中国外交部西亚北非司司长王昌义访问阿曼，参加两国外交部官员第五次工作磋商，双方就中阿双边关系、共同关心的国际和地区问题交换了意见。访问期间，王昌义司长会见了阿曼外交国务大臣阿拉维和卫生部次大臣哈姆丹。

11 月 20—26 日，中国青年代表团访问阿曼，会见了阿曼教育和青年大臣，就加强两国在青年领域的友好合作进行了会谈。

11 月 26 日，全国人大常委会委员长万里致电卡塔比，祝贺他就任咨询委员会主席。

11 月，中国文化部代部长贺敬之访问阿曼，并主持阿曼的中国文化周活动。

12 月，由阿曼资助的"苏哈尔"号船纪念碑在广州建成。

1992 年

4 月 25—28 日，中国卫生部副部长胡熙明访问阿曼。双方签署《中华人民共和国卫生部和阿曼苏丹国卫生部关于卫生合作的议定书》。

8 月 15 日，杨尚昆主席致电阿曼素丹卡布斯，对阿皇太后去世表示哀悼。

8 月 27 日和 28 日，钱其琛国务委员兼外交部长、李鹏总理分别会见即将离任的阿曼驻华大使穆什塔格·本·阿卜杜拉·萨利赫。

9 月 23 日，国务委员兼外交部长钱其琛在出席联大会议期间，会见了包括阿曼在内的海湾合作委员会六国外交大臣。

10 月 11 日，阿曼素丹卡布斯会见即将离任的中国驻阿曼大使臧世雄。

10 月 19 日，阿曼工商大臣马格布勒·本·阿里·本·苏尔坦访华，与中国经贸部长李岚清共同主持在北京举行的中阿贸易混委会第一次会议。双方签署了会谈纪要。马格布勒一行参观了广交会。

10 月 22 日，中国、阿曼外交部官员第六次政治磋商在北京举行。双方就中阿双边关系、共同关心的国际的地区问题交换了意见。杨福昌副外长会见了参加磋商的阿曼外交部亚洲司司长图比一行。

10 月，阿曼工商业大臣率领代表团访问中国，与对外经贸部部长李岚清共同举办了阿曼—中国混合委员会第一次会议。

11 月 15 日，中国新任驻阿曼大使张志祥向阿曼素丹卡布斯递交国书。

11 月 15—19 日，中国人民对外友好协会会长韩叙访问阿曼，会见了阿曼民族遗产和文化大臣费萨尔。

11月30日至12月7日，中国《经济日报》代表团访问阿曼。

12月10—11日，阿曼石油代表团访华，与中国石油天然气总公司探讨了在石油方面加强合作的途径。

12月10—13日，中国新闻工作者代表团访问阿曼，会见了阿曼新闻大臣拉瓦斯。

在中国学习的阿曼留学生为1人。

1993 年

1月6—7日，国务委员兼外交部长钱其琛访问阿曼，会见了阿曼素丹卡布斯、副首相扎瓦维，同阿曼外交国务大臣尤素福·本·阿拉维就国际、地区形势和进一步发展双边关系的途径进行了会谈。

4月13日，中国化工进出口总公司总经理郑敦训应阿曼的邀请，以观察员身份出席了在阿曼召开的石油输出国组织和独立石油输出国部长级联席会议。

4月16—20日，中国石油天然气总公司总经理王涛访问阿曼，同阿曼油矿大臣尚法里举行会谈。双方探讨了两国在石油勘探、开发等领域进行互利合作的途径。

6月，中国石油天然气集团总公司副总经理邱中建访问马斯喀特，石油合作被提上议事日程。随着中国成为石油净进口国，中国开始进口大量阿曼原油。

7月6—8日，中国副总理李岚清率政府代表团访问阿曼，会见了卡布斯素丹、马格布勒工商大臣、费萨尔民族遗产与文化大臣和尚法里油矿大臣等。李岚清访问期间，中国—阿曼签订了从阿曼进口石油的协定。中阿双方举行了两国贸易混委会第二次会议并签署了会议纪要，草签了两国鼓励和保护投资协定。

9月24日—10月2日，卡布斯素丹外事顾问扎瓦维以奥姆赛公司董事长身份来华做私人顾问，全国政协副主席孙孚凌会见。扎瓦维分别同中心公司董事长王军、中国石油天然气总公司总经理王涛等进行了业务洽谈。

10月12—19日，阿曼卫生部次大臣艾哈迈德·加萨尼访华，同中国卫生部签署了两国1993年—1995年度卫生合作执行计划，并对中国的传统医学，整形外科、烧伤、药用植物、骨科、护理工作等方面做调查。陈敏章部长会见了加萨尼次大臣。

10月18—25日，阿曼油矿大臣尚法里访华，同中国石油天然气总公司总经理王涛主要就进一步发展两国在石油领域的合作进行会谈。尚法里大臣会见了邹家华副总理，并转交了卡布斯素丹致江泽民主席的一封信。

10月19—23日，中国文化部部长助理高运甲访问阿曼，双方签署了1994—1996年度文化交流执行计划。

10月25—27日，中国国际交流协会总干事时钟本率团访问阿曼，阿曼外交次大臣会见。

10月27—31日，全国政协副主席孙孚凌率团访问阿曼，这是中国政协代表团第一次访阿曼。孙副主席同阿咨询会议主席卡塔比举行会谈。阿曼副首相扎瓦维、民族遗产与文化大臣和外交国务大臣阿拉维等分别会见了代表团。

10月28日，全国政协副主席孙孚凌率中国政协代表团访问阿曼。

10月，阿曼卫生部副大臣访华，

10月，中国文化部长助理高运甲访问阿曼，提出了1994—1996年两国文化交流计划，并在此基础上签署了1997—1999年实施方案。两国的合作在文化、教育、新闻、体育、宗教、考古等领域取得了成功。

12月2—5日，中国外交部亚非司司长安惠侯访问阿曼，同阿外交部亚洲司司长图比举行第七次政治磋商。双方就进一步发展双边关系的途径和共同关心的国际、地区形势交换了看法。阿曼外交部次大臣海塞姆、民族遗产与文化部次大臣苏维德、油矿部次大臣沙班及农渔部有关负责人分别会见。

12月13—19日，中国艺术家小组一行七人应阿曼民族遗产与文化部的邀请，对阿曼进行访问演出。

1994 年

1 月 28 日，中国卫生部外事司副司长赵同彬率卫生代表团访问阿曼。阿曼卫生部负责卫生事务的次大臣加萨尼会见代表团并举行会谈。中阿双方签署了两国卫生部会谈纪要。

2 月 15 日，阿曼民族遗产和文化部顾问哈比卜前往福建省泉州市，出席联合国教科文组织同中国联合举办的"伊斯兰文化在航海贸易中的作用"研讨会。

3 月 10—20 日，中国广西桂林杂技团同新加坡东方艺术团合作在阿曼国际展览中心举行商业性演出。

4 月 18—25 日，阿曼皇家卫队副司令苏勒曼准将率团赴北京、南京和上海等地考察中国培训杂技演员的情况。

5 月 2—11 日，应中国人民对外友好协会邀请，阿曼工商会主席雅古卜·本·哈马德·哈尔西访华，全国人大常委会副委员长王光英、友协副会长许群、贸促会副会长徐大有等分别会见哈尔西一行。

8 月 4—15 日，应阿曼乒乓球协会邀请，中国少年乒乓球队赴阿，帮助培训阿少年乒乓球队队员。

8 月 26 日，阿曼素丹国新任驻华大使阿卜杜拉·法里西向国家主席江泽民递交国书。9 月 1 日和 12 月 6 日，李鹏总理和国务院副总理兼外交部长钱其琛分别会见法里西大使。

9 月 14—27 日，应中国国家体育运动委员会邀请，阿曼射击队一行 14 人来华进行友好访问和训练。

9 月 19—27 日，应外交学院院长刘山邀请，阿曼外交部培训司司长兼外交学院院长加利卜·雅非大使访华，同刘山院长就两国外交学院的友好合作交换了意见。

9 月 19—24 日，阿曼外交部次大臣海赛姆·本·塔里克访问中国，同外交部副部长田曾佩一起主持中、阿外交部官员第八次政治磋商。双方就进一步发展双边关系的途径和共同关心的国际、地区问题交换了看法。访问期间，国务院副总理兼外交部长钱其琛、国务院外事办公室主任齐怀远、农业部副部长张延喜登会见了海赛姆一行。

9月29日至10月3日，阿曼协商会议主席阿卜杜拉·阿里·卡塔比访问中国，并参加中华人民共和国成立45周年庆祝活动。访华期间，全国政协主席李瑞环和副主席孙孚凌同卡塔比会见和会谈。国家副主席荣毅仁也礼节性会见了卡塔比一行。卡塔比转达了阿曼卡布斯素丹对中国领导人的问候，强调发展阿中两国关系符合两国人民的利益。

10月3—9日，中国贸促会组织了16个省市的33家外贸公司和企业，参加1994年马斯喀特国际博览会，贸促会秘书长种敏、阿曼商业和工业大臣马格布勒·本·阿里·本·苏勒坦等为中国馆剪彩并出席中国馆馆日招待会。

10月18日，海赛姆次大臣致函田曾佩副外长，对其访华成果表示满意，并正式邀请田副外长访问阿曼。

11月10日，田曾佩副外长复函海赛姆次大臣，感谢他的邀请，并期待在双方方便的时候成行。田副外长还对海赛姆荣任阿曼外交部秘书长表示诚挚的祝贺。

广东省政府与阿曼签署液化气网络合作协议。

1995 年

3月6—13日，阿曼农业和渔业资源部顾问穆拉扎访华，参加中水公司成立暨中国远洋捕鱼创业十周年庆祝活动。

3月17—20日，中国农业部副部长张延喜率农业部代表团访问阿曼。阿曼农业和渔业资源大臣穆罕默德·本·阿卜杜拉·哈纳伊会见，阿农渔部代理次大臣与之会谈。双方主要就发展渔业合作交换了意见。

3月18日，中国驻阿曼大使张志祥与阿曼副首相兼财政经济事务大臣扎瓦维正式签署了《中华人民共和国政府和阿曼苏丹国政府关于促进和保护投资协定》。

3月26—31日，阿曼刑事法院院长布赛义迪访华。最高人民法院院长任建新会见，副院长刘家琛主持会谈。全国人大常委会副委员长李沛瑶、最高人民检察院副检察长王文元、司法部副部长肖建章会见。双方就促进中、阿司法界的交流与合作及推动两国关系进一步发展交换意见。

4月1—5日，中国外交学院常务副院长石午山应阿曼外交学院院长雅菲的邀请访阿。阿曼外交部府秘书长海赛姆和亚洲司司长图比分别会见，雅菲院长会谈。双方讨论了两国外交学院交流事宜并签署了两国外交学院合作议定书。

4月2—8日，中国工艺精品大展在阿曼首都举行。阿曼内阁副秘书长哈利德·布赛义迪主持开幕剪彩，民族遗产和文化部两位次大臣出席了开幕式。

9月1日，由阿曼社会事务和劳动部顾问霍达·加扎利率领的妇女代表团一行11人出席在北京举行的联合国第四次世界妇女大会。

9月13日，国家主席江泽民、国务院总理李鹏致电阿曼素丹国素丹兼首相卡布斯，对其车祸安然无恙表示慰问，并对阿曼副首相兼财政经济事务大臣卡伊斯·本·阿卜杜勒·扎瓦维不幸身亡表示哀悼。

10月11—19日，卡布斯大学秘书长加弗利应邀访华。加先后访问北京外国语大学和北京大学，签署了卡大与北外年度执行计划和卡大与北大校际合作意向书。

10月24—28日，外交部副部长田曾佩访问阿曼，同阿曼外交部秘书长海赛姆·本·塔里克举行第九次中、阿外交部官员政治磋商。双方就双边政治和经贸关系以及共同关心的国际、地区问题交换了意见。

11月9—21日，中国南京杂技团一行30人访阿，参加阿曼国庆25周年的庆祝演出。杂技团分别在阿尼兹瓦、苏哈尔、萨拉拉市和首都马斯喀特演出。

12月9—12日，中国贸促会副会长徐大有率贸促会经贸代表团访问阿曼，与阿曼工商会会长、企业界人士进行了会谈。

12月11—14日，应北京市政府的邀请，阿曼马斯喀特市市长兼市政委员会主席阿卜杜勒·阿巴斯率团访华。李其炎市长会见。双方探讨了两市互利合作和结为友好城市有关事宜。

12月25—28日，应文化部部长刘忠德的邀请，阿曼民族遗产和文化大臣费萨尔访华，并在广州出席阿曼"苏哈尔"号古船纪念碑揭幕仪式。

中国与阿曼政府签订增加原油购买数量的合同，进口原油量将从1995年的每天2万桶提高到1996年的每天10万桶。

1996 年

1月27日—2月1日，外交学院袁士槟教授应邀到阿曼外交学院讲学。

3月2—3日，应海湾合作委员会秘书处的邀请，中国国际交流协会总干事吴兴唐率团访问阿曼，吴兴唐总干事会见了协商会议主席卡塔比、外交部秘书长海赛姆、工商会会长赫利里，并同亚洲司司长图比举行了会谈，双方就双边关系及共同关心的问题交换了意见。

3月9—12日，外经贸部西亚非洲司副司长李本率中国购油代表团访问阿曼，同阿曼石油矿产部销售司长就中国直接进口阿曼原油事进行会谈，中国化工进出口总公司代表同阿曼石油矿产大臣签署了1996—1997年度中国每日直接进口阿曼原油1万桶的合同。

3月12—19日，应阿曼协商会议的邀请，全国政协副主席钱伟长对阿曼进行正式访问。钱副主席会见阿曼协商会议主席卡塔比，向其转交了李瑞环主席的信，并同协商会议副主席艾夫拉赫举行会谈。钱副主席还分别会见了卡布斯素丹特别代表苏维尼、民族遗产大臣费萨尔、石油矿产大臣尚法里、工商大臣马格布勒、外交国务大臣阿拉维及工商会会长赫利里，双方就两国的政治、经济关系及共同关心的其他问题交换了看法。

4月7—12日，中国对外承包工程商会副会长秦汉昌率团访问阿曼，考察承包与劳务市场。代表团与阿曼工商会长赫利里举行会谈，就双边经济合作问题交换了意见，代表团还与阿曼工商会承包与劳务委员会就两国私营部门的合作问题举行了会谈。

5月10—12日，应阿曼 W. J. TOWELL 集团董事长阿里·苏尔坦的邀请，中国有色金属工业总公司总经理吴建常访阿。双方就合作兴建苏哈尔炼铝厂项目进行了洽谈。其间，吴建常还分别会见了阿曼环境、石油矿产、工商、国民经济大臣和工商会会长等有关负责人。

9月12—14日，应国务院副总理兼外长钱其琛的邀请，阿曼外交国务大臣尤素福·本·阿拉维·本·阿卜杜拉访华。其间，李鹏总理会见，钱其琛副总理兼外长同其会谈。双方对两国关系的顺利发展表示满意。阿拉维强调，阿曼政府重视发展同中国的双边关系，两国合作的前景是广阔的。双方还就国际和地区形势交换了看法。国家计划委员会主任陈锦华、外交部副部长田曾佩、中国国际贸易促进委员会副会长徐大有分别会见了阿拉维一行。

9月29日至10月7日，广东省新会市副市长冯天佑率贸易代表团访问阿曼，会见了阿曼工商会会长赫利里及其他工商界人士，就开拓阿曼与新会市贸易、投资新领域等问题交换了意见。

10月9—13日，应马斯喀特市政府的邀请，北京市外办副主任周炎云访问阿曼，会晤阿曼工商会会长赫利里、马斯喀特市政委员会主席阿巴斯，转交了李其炎市长致阿巴斯主席的信件，并同马斯喀特市政委员会副主席举行会谈，双方就城市建设、道路、绿化等方面的具体合作事宜交换了意见。

10月15—18日，应中国贸促会的邀请，阿曼工商会会长赫利里一行访问广州，参观广交会，分别会晤外经贸部部长助理刘向东、中国贸促会副会长徐大有，双方就进一步加强两国经贸和投资合作等问题交换了意见。赫利里会长表示希望在华设立商务处，中方表示积极支持。

11月27日，中国驻阿曼大使张志祥向卡布斯素丹辞行，双方进行了友好谈话。

11月29日至12月3日，外经贸部外资管理司副司长胡景岩率中国经贸代表团一行40人访问阿曼，会见了阿曼工商大臣、次大臣、工商会会长等，并在马斯喀特举行了招商引资研讨会。

12月30日，中国新任驻阿曼大使王小庄向卡布斯素丹递交国书。

中国正式与阿曼所在的区域性组织"海湾阿拉伯国家合作委员会"建立政治经济磋商机制。

1997 年

1 月 4 日，中国驻阿曼大使王小庄向阿方转交了中国国务院总理李鹏致阿曼素丹卡布斯的信函，邀请阿派团出席 1999 年昆明国际园艺博览会。

2 月 22—28 日，阿曼素丹卡布斯、协商会议主席卡塔比、外交国务大臣阿拉维分别向国家主席江泽民、全国政协主席李瑞环、国务院副总理兼外长钱其琛发来唁电，对邓小平逝世表示悼念。

2 月 27 日至 3 月 1 日，中国人民对外友好协会会长齐怀远率团访阿，分别会见了石油矿产大臣尚法里、协商会议主席卡塔比、民族遗产和文化大臣费萨尔等。

3 月 16—19 日，上海振华港口机械有限公司总经理管彤贤访阿，同阿方签署了价值约 1300 万美元的出售 12 台轮胎吊港口机械合同。

3 月 30 日至 4 月 1 日，中国社会科学院副院长滕藤率团访问卡布斯大学，会见了卡大秘书长格雷比，双方就合作事宜交换了意见。

4 月 4 日，《中华人民共和国政府和阿曼苏丹国政府关于阿曼苏丹国在中华人民共和国香港特别行政区保留名誉领事馆的换文》

4 月 13—16 日，中国小天使艺术团一行 20 人访阿。阿曼民族遗产和文化大臣费萨尔观看了艺术团的表演。

6 月 9—14 日，应国家副主席荣毅仁的邀请，阿曼素丹特别代表苏维尼·本·谢哈卜率大型代表团访华，江泽民主席、李鹏总理、荣毅仁副主席和钱其琛副总理兼外长分别会见。外经贸部部长吴仪与阿曼工商大臣马格布勒共同主持两国经贸混委会第三次会议并签署了会谈纪要；水利部部长张春圆、农业部副部长白志坚、卫生部副部长王陇德分别会见阿曼水资源大臣哈密德，农、渔业大臣穆罕默德·海纳伊和卫生部次大臣艾哈迈德·加萨尼博士。

6 月 9 日，田曾佩副外长与阿曼外交部秘书长海塞姆共同主持两国外交部第 11 次政治磋商，并签署《中华人民共和国外交部和阿曼苏丹国外交部合作议定书》

6月9日，文化部副部长徐文伯会见阿曼民族遗产和文化部次大臣萨利姆并签署《中华人民共和国政府和阿曼苏丹国政府文化、卫生、新闻合作协定一九九七、一九九八、一九九九年文化执行计划》

8月10日，阿曼素丹卡布斯外事顾问欧·扎瓦维访华，与中国远洋运输总公司的负责人商谈有关海运事务。

9月28日至10月4日，最高人民法院副院长罗豪才率司法代表团访阿，分别会见了阿曼内阁事务副首相法赫德、协商会议主席卡塔比、法律事务国务大臣等，与阿曼刑事法院院长布赛义迪就两国司法领域合作问题举行会谈。

10月16—21日，应阿曼卫生部的邀请，卫生部部长陈敏章访问阿曼，会见了素丹特别代表苏维尼、高等教育大臣蒙泽里，与阿曼卫生大臣阿里就两国卫生领域的合作进行交流，并签署10月，双方卫生部长签署了《1997~1999年卫生合作执行计划》。

11月24—27日，应阿曼外交部秘书长海塞姆的邀请，外交部副部长田曾佩访问阿曼。会见阿曼内阁事务副首相法赫德殿下，向其转达了江泽民主席致阿曼国家元首卡布斯素丹的口信。田曾佩还分别会见了石油矿产大臣尚法里、外交国务大臣阿拉维，并同外交部秘书长海塞姆殿下进行两国外交部间的政治磋商。

中国成为阿曼第三大原油进口国，仅次于日本和泰国；1997年，中国开始进口阿曼液化天然气（LNG）。中国选择三个沿海地点建设液化气接收站。

1998 年

4月10—12日，中国人民解放军副总参谋长吴铨叙中将率军事代表团访问阿曼。阿曼内阁国防事务大臣巴德尔·本·沙乌德·本·哈里卜和总参谋长哈米斯·卡勒巴尼中将会见吴一行。

5月24日，外交部长唐家璇和阿曼主管外交事务大臣阿拉维互致电函，祝贺双方建交20周年。

5月26日，中国驻阿曼大使王小庄在马斯喀特举行中阿建交20周年招待会，阿曼主管外交事务大臣阿拉维到会祝贺。同日，中国对外友协也在京举办庆祝活动。

5月27日，华大使阿卜杜拉·本·穆罕默德·法里西在京举行中阿建交20周年招待会，卫生部长张文康出席并致词

5月31日，国家税务总局管理司司长范巍率税务代表团访问阿曼，就中阿税收协定进行谈判。

8月17日，阿曼素丹卡布斯致电国家主席江泽民，对中国发生洪水灾害表示慰问。

9月8日，阿曼素丹特别代表苏维尼·本·谢哈卜致函国家副主席胡锦涛，邀请胡副主席访问阿曼。11月20日，胡锦涛副主席复函苏维尼，感谢并原则接受访问邀请。

1999 年

5月17—21日，应阿曼协商会议主席卡塔比的邀请，全国政协主席李瑞环对阿曼进行正式友好访问。阿曼素丹卡布斯、副首相法赫德和国家委员会主席哈尔希分别会见，卡塔比主席同李瑞环主席举行会谈。李瑞环主席向素丹卡布斯转交了江泽民主席的信，双方就加强中国政协与阿曼协商会议的联系、进一步增进两国关系广泛交换了看法。

5月23日，阿曼主管外交事务大臣阿拉维致信唐家璇外长，就中国驻南联盟使馆遭北约轰炸表示慰问。

9月19—25日，应卫生部邀请，阿曼卫生大臣穆萨访华。访华期间，卫生部长张文康与穆萨举行工作会谈。

9月，受张文康部长的邀请，阿曼卫生大臣阿里·本·穆萨（Ali bin Moussa）访华。双方就公共卫生合作举行正式会谈。

12月1—4日，应阿曼国家委员会主席哈尔希的邀请，全国人大常委会委员长李鹏对阿曼进行正式友好访问。访问期间，哈尔希同李鹏举行会谈，阿曼副首相法赫德会见。

12月27日，阿曼主管外交事务大臣阿拉维致信唐家璇外长，祝贺澳门回归中国。

双方制定了避免双重征税的协定，法律手续完成后正式签署。

2000 年

1 月 19—20 日，应阿曼外交部邀请，吉佩定副外长访阿。访问期间，吉副外长会见了阿曼主管外交事务大臣的阿拉维，转交了江泽民主席致卡布斯素丹的亲笔信，与阿曼外交部代理次大臣巴德尔进行政治磋商，并会见了阿曼工商部次大臣阿里。

7 月 3—9 日，应中国人民解放军总参谋长傅全有上将的邀请，阿曼武装部队参谋长卡勒巴尼中将访华。访华期间，中央军委副主席、国务委员兼国防部长迟浩田上将会见卡一行，傅全有总长主持欢迎仪式。

10 月 25—28 日，应阿曼政府的邀请，外经贸部副部长孙广相率中国政府经贸代表团访问阿曼。访问期间，与阿工商部次大臣阿里共同主持了第 4 届中阿经贸混委会会议，并签署了会议纪要。孙副部长还分别会见了阿油气大臣、农渔部次大臣、国民经济部次大臣和工商会主席。

10 月 31 日，江泽民主席在人民大会堂接受阿曼新任驻华大使侯斯尼递交的国书。

11 月 6 日，中国驻阿曼新大使赵学昌向素丹卡布斯递交国书。

12 月，阿方资助泉州海外交通史博物馆兴建伊斯兰阿拉伯文化陈列室。

2001 年

4 月 7—8 日，外交部部长助理张业遂率中国政府代表团出席在阿曼首都马斯喀特举行的环印度洋地区合作联盟第三届部长理事会会议。会议期间，阿曼外交事务主管大臣尤素夫·本·阿拉维·本·阿卜杜拉会见了张部长助理一行。

4 月 22—26 日，应外经部贸部长石广生邀请，阿曼石油和天然气大臣穆罕默德·本·哈姆德·鲁姆希访华。吴仪国务委员会见，石广生部长与其会谈。访问期间，阿方与中国石油化工集团公司签署了每天直接购阿 1.7 万桶原油的合同，与中国化工进出口总公司续签了五年期的直接购阿 1.7 万桶原油的协议。

6 月 24—27 日，阿曼外交次大臣巴德尔·本·哈迈德·本·哈穆德·布赛义迪访华。外交部长唐家璇、中共中央对外联络部副部长张志军、对外贸易经济合作部部长助理和晓卫分别予以会见，外交部副部长杨文昌与巴举行了中阿外交部第 13 轮政治磋商。

9 月 20—23 日，济南军区司令员陈炳德中将率中国军事代表团访问阿曼，阿国防事务主管大臣巴德尔和总参谋长卡勒巴尼中将分别予以会见。

9 月 30 日，值阿曼"苏哈尔"号仿古船驶抵广州 20 周年和中国国庆 52 周年之际，阿驻华大使侯斯尼向杨文昌副外长转交了阿曼素丹卡布斯·本·赛义德赠送给江泽民主席的"苏哈尔"号船模型；10 月 31 日，江泽民主席致函卡布斯素丹，表示感谢。

2002 年

3 月 22 日，受阿曼政府邀请，国务委员吴仪率领中国政府代表团对阿曼进行为期 4 天的友好访问。3 月 23 日，在东南部城市塞拉莱，卡布斯素丹会见吴仪。卡布斯指出，阿曼一直以来十分关心中国的发展，并希望与中国进一步在政治、经济、贸易和其他领域发展合作关系。吴仪高度赞扬在卡布斯领导下阿曼取得的伟大成就以及奉行中立、不结盟、睦邻友好的外交政策。吴仪出席了"中阿石油合作备忘录"签字仪式，并签署了两份石油直接贸易合同。她还会见了阿曼内阁事务副首相法赫德·本·马哈迈德·阿勒赛义德、外交事务主管大臣尤素福·本·阿拉维·本·阿卜杜拉，向卡布斯素丹转交了江泽民主席的亲笔信，并与工商大臣马格布勒·本·阿里·本·苏尔坦举行了会谈。双方签署了石油领域合作框架协议，续签了两项从阿购油协议。

3 月 25 日，双方签署《中华人民共和国政府和阿曼苏丹国政府关于对所得避免双重征税和防止偷漏税的协定》，本协定执行日期为 7 月 20 日。

4 月，阿曼地方市政、环境与水资源大臣哈米斯、宗教基金与宗教事务大臣萨勒米先后访华。阿曼素丹卡布斯和内阁事务副首相法赫德分别致电江泽民主席，对我民航客机在韩国釜山失事表示慰问。

6月，中国外交部部长李肇星会见来参加"亚洲合作对话第三届外交部部长级会议"的阿曼外交大臣。双方签署了中阿部长级战略磋商备忘录。

7月，阿曼国家经济金融事务部代表团对中国进行了访问。

10月，水利部长汪恕诚访问阿曼，与阿曼农渔大臣会谈，并会见了内阁事务副首相。工商大臣马格布勒访华，与外经贸部部长石广生主持了中阿第5届经贸混委会并签署了混委会会议纪要。国务委员吴仪会见了马格布勒。

2003 年

2003年是中阿建交25周年，两国外长互致贺电，双方还发行纪念首日封。

7月，中国集装箱总公司开通了至撒拉拉港（Salalah Port）的集装箱班轮，为扩大两国直接贸易提供了便利。

9月，外交部部长助理吕国增赴阿曼进行两国外交部第14轮政治磋商，与阿外交、工商等多个部门负责人就加强双边合作广泛交换了意见。

10月，中共中央政治局常委、中央纪委书记吴官正访问阿曼，会见了卡布斯·本·赛义德素丹等领导人，他强调中国重视发展与阿曼的友好合作关系，阿领导人表示愿意继续深化阿中传统友谊。

12月，阿曼外交主管大臣尤素福·本·阿拉维·本·阿卜杜拉访华，国家副主席曾庆红会见了阿拉维，外交部部长李肇星与其会谈，双方就双边关系和共同关心的国际地区问题交换了意见。

中国石化集团与阿曼石油部签署协议，授权中国企业在阿曼南部地区开采石油并开展石油交易活动。

2004 年

1月，中国与阿盟联合建立了"中阿合作论坛"。这是中国和包括阿曼在内的阿拉伯国家的一个新的对话和合作机制。

1月，国家宗教事务局局长叶小文率团访问阿曼，分别会见了内阁事务副首相法赫德·本·马哈茂德、宗教基金和宗教事务大臣阿卜杜拉·本·穆罕默德·萨利米，双方就两国开展宗教领域的合作交换了意见，并签署了《中华人民共和国国家宗教事务局与阿曼苏丹国宗教基金和宗教事务部谅解备忘录》。

6月，阿曼外交事务主管大臣阿拉维出席在青岛举办的第三届亚洲合作对话（ACD）外交部长会议，李肇星外长会见了阿拉维。6月21日，双方在青岛签署《中华人民共和国外交部和阿曼苏丹国外交部战略磋商谅解备忘录》，这是双方外交史上的一个里程碑。两国有关部门还签署了《中华人民共和国国家林业局与阿曼苏丹国地方城镇、环境与水资源部合作备忘录》。

9月11日，外交部长李肇星访问阿曼，分别会见了素丹卡布斯·本·赛义德、国民经济兼财政事务大臣艾哈迈德·本·阿卜杜·奈比·马基，并与外交主管大臣尤素福·本·阿拉维·本·阿卜杜拉举行了会谈。双方就双边关系和共同关心的国际、地区问题交换了意见。

中国成为阿曼石油的第一大进口国。

2005 年

6月，国务院副总理曾培炎访阿，会见了阿内阁事务副首相法赫德·本·马哈迈德·阿勒赛义德，双方签署了能源、通信等领域的合作协议。

8月，阿外交事务主管大臣尤素福·本·阿拉维·本·阿卜杜拉非正式访华，会见了外交部部长李肇星，双方就双边关系及联合国改革等问题交换了看法。

9月24—28日，应中国政府的邀请，阿曼内阁事务副大臣法赫德·本·哈茂德（H. E. Fahd Bin Mahmoud）率代表团对中国进行正式访问，国务院总理温家宝、副总理曾培炎会见了法赫德，国家副主席曾庆红与法赫德举行了会谈，双方就双边关系及共同关心的国际和地区问题交换了意见。代表团包括外交部、工商部、农业和渔业部、石油和天然气部、新闻部等部官员以及一些商业和工业著名企业家和商会主席。

9 月 27 日，阿曼大使馆在北京召开了中阿合作商业繁荣峰会。工商大臣率领阿曼代表团参加。

11 月，阿曼教育大臣叶海亚·本·苏欧德·苏莱米来华出席联合国教科文组织"中国第五届国家教育高层会议"；北京大学校长许智宏访问阿曼。

12 月，中国国际友好城市联合会会长陈吴苏访问阿曼，推进两国人民的友好交流与合作。

中国批准阿曼为中国公民出国旅游目的地国。

2006 年

2 月，外交部副部长吕国增访阿，分别会见阿外交事务主管大臣阿拉维、工商大臣马格布勒，并与阿外交次大臣巴德尔举行两国外交部首轮战略磋商。

4 月，阿曼旅游大臣拉吉哈访华，与中国国家旅游局签署《关于中国旅游团队赴阿曼旅游实施方案的谅解备忘录》。

5 月，阿外交次大臣巴德尔出席在北京举行的中阿合作论坛第二届部长级会议。

6 月，中共中央政治局委员、广东省委书记张德江访阿，分别会见阿内阁事务副首相法赫德、工商大臣马格布勒和国民经济监管财政大臣马基。

6 月，阿曼文化遗产大臣访问中国并参加阿拉伯艺术节。阿曼 IOC 青年代表团访华。

11 月，素丹卡布斯大学校长纳塞尔访华。

2007 年

3 月，阿曼外交部副部长访华、并参加两国举行的第二轮部长级战略协商。

4 月，阿外交次大臣巴德尔·本·哈马德·本·哈穆德·布赛义访华，外交部部长李肇星会见，外交部部长助理翟隽与巴德尔共同主持两国外交部第二轮战略磋商。

4月，国家发展和改革委员会副主任陈德铭访问阿曼，分别会见阿石油和天然气大臣穆罕默德·本·赛义夫·鲁姆希、国民经济大臣艾哈迈德·马基。

5月，阿国民经济大臣马基、商业和工业大臣马格布勒·本·阿里·本·苏尔坦访问山东，出席青岛丽东石化项目揭幕仪式。

6月28日，中国阿曼友好协会宣布成立，中国阿曼友好交流基金也同时设立。

6月，阿曼遭受严重的飓风袭击，外交部部长杨洁篪致电阿外交事务主管大臣尤素福·本·阿拉维·本·阿卜杜拉表示慰问，驻阿中资机构积极开展各项救灾、援助工作。

7月3日，阿曼和中国共同成立"北京大学卡布斯素丹阿拉伯研究项目"。

7月，阿曼教育大臣叶海亚·本·沙特出席在北京举行的"北京大学卡布斯素丹阿拉伯研究讲习"项目协议签署仪式。阿曼首都马斯喀特当选2008年北京奥运会火炬境外传递城市之一，也是唯一的阿拉伯国家城市。

9月，阿国家委员会主席叶海亚·本·马哈福兹·本·萨利姆·蒙泽里访华，全国政协主席贾庆林、国家副主席曾庆红、全国人大常委会副委员长司马义·艾买提分别会见。

11月8日，中国全国人大常委会副委员长司马义·艾买提访问阿曼，并得到阿曼内阁事务副首相的亲切会见。9日，司马义·艾买提分别与阿曼国家委员会主席和阿曼协商会主席展开会谈。双方就进一步促进双边关系和立法机构间的交流深入的交换了意见。

12月，全国人大常委会副委员长司马义·艾买提访阿，会见阿内阁事务副首相法赫德·本·马哈茂德阿勒赛义德、协商会议主席艾哈迈德·本·穆罕默德·埃赛伊，并与国家委员会主席蒙泽里举行会谈。

陕西杂技团、北京舞蹈学院艺术团、北京百工坊集团参加了马斯喀特艺术节。

2008 年

3 月，农业部副部长牛盾访问阿曼。

4 月，北京奥运会火炬在阿曼首都马斯喀特成功传递，马斯喀特成为北京奥运火炬境外传递中唯一的阿拉伯国家城市。

5 月 22 日，中阿建交 30 周年纪念日，外交部部长杨洁篪与阿曼外交事务主管大臣尤素福·本·阿拉维互致贺电。

5 月，中国四川汶川大地震灾害发生后，阿曼国家委员会主席叶海亚·本·马哈福兹·本·萨利姆·蒙泽里、外交事务主管大臣阿拉维分别致电全国人大常委会委员长吴邦国、外交部部长杨洁篪表示慰问。

5 月，外交部部长助理翟隽赴阿曼同阿曼外交次大臣巴德尔·本·哈马德共同主持两国外交部第三轮战略磋商。

6 月，阿曼向四川地震灾区运送价值 200 万美元的救灾物质。阿曼政府决定在四川广元地区援建 350 户地震灾民住宅"阿曼援建村"以及教育、医疗等配套设施（总金额约为 3200 万元人民币）

9 月，阿曼工业和商业大臣马格布勒·本·苏尔坦出席在天津举行的夏季达沃斯论坛。

10 月，阿曼社会发展大臣莎利法·叶海亚伊亚访华。

11 月，中央军委委员、国务委员兼国防部长梁光烈访问阿曼，会见阿曼素丹兼首相、财政大臣、国防大臣、外交大臣、武装部队最高统帅和皇家警察司令卡布斯·本·赛义德，与防卫事务主管大臣巴德尔·本·赛义德举行会谈。

2009 年

1 月，外交部部长杨洁篪过境阿曼，会见阿曼外交事务主管大臣尤素福·本·阿拉维。

2 月，国务院法治办副主任张穹访问阿曼，与阿方就能源立法问题进行交流。水利部副部长胡泗一访问阿曼，参加在阿曼举行的七十七国集团水资源部长级论坛。

6 月，中国在索马里海域执行护航任务的海军护航编队开始在阿曼萨拉拉港实施综合补给、人员休整，阿方提供了大力协助，后成为惯例。

7月，阿曼国民经济大臣艾哈迈德·本·阿卜杜纳比·马基访问上海。

10月，阿方捐资修建泉州清净寺礼拜堂。

11月12日，中共中央政治局委员、人大常委会副委员长王兆国过境阿曼，在马斯喀特会见了阿曼国家委员会副主席萨伊德·布赛义迪。

11月，阿曼外交部秘书长巴德尔·本·哈马德访华，与外交部部长助理翟隽共同主持两国外交部第四轮战略磋商。

卡布斯捐资修建的泉州清净寺拜堂竣工。阿曼政府在其海港城市萨拉拉选定修建郑和纪念碑碑址。

2010 年

4月，阿曼国家委员会副主席萨伊德·布赛义迪访华，全国人大副委员长王兆国会见。

5月，阿曼外交部总干事出席了"第四届中阿合作论坛部长级会议"。

7月，阿曼国家委员会主席蒙泽里出席上海世博会阿曼国家馆日活动。阿曼外交事务主管大臣尤素福·本·阿拉维对华进行私人访问。

中国甘肃舟曲遭遇特大山洪泥石流灾害后，阿曼素丹卡布斯和国家委员会主席蒙泽里分别致电国家主席胡锦涛和全国人大常委会委员长吴邦国表示慰问。

9月27日，"中国—阿曼贸易论坛"在上海召开，50个企业代表，超过250位中国商界人士就如何在阿曼快速发展阶段寻找双边贸易机遇这一话题展开讨论。

11月6日，应阿曼协商会议的邀请，中国人民政治协商会议主席贾庆林开始了对阿曼的国事访问，分别会见阿曼素丹卡布斯、内阁事务副首相法赫德·本·马哈茂德·阿勒赛义德、国家委员会主席叶海亚·本·马哈福兹·蒙泽里，并同协商会议主席艾哈迈德·本·穆罕默德·

埃赛伊举行会谈，双方还签署了有关经贸、文化等领域四项合作文件。贾庆林出席了两国建造郑和纪念碑的奠基仪式。

11月18日，阿曼国庆40周年之际，国家主席胡锦涛致电阿曼素丹卡布斯·本·塞义德表示祝贺。

11月25日，阿曼在四川广元地区援建的350户居民住宅以及教育、医疗配套设施举行竣工仪式，成为中阿友好的新标志。

12月，外交部副部长翟隽访问阿曼，同阿曼外交部秘书长巴德尔·本·哈马德举行两国外交部第五轮战略磋商。

阿曼—中国友好协会正式组建。中国残疾人艺术团赴阿曼演出获得巨大成功；阿曼民间艺术团来华参加第二届阿拉伯艺术节活动，增进了两国人民之间的友谊。

阿曼在上海世博会期间举办了文化旅游周、投资贸易周、妇女周等专题活动，中方参观阿国家馆人数突破300万人次。

2011 年

8月，阿曼体育代表团参加深圳第26届世界大学生运动会。

9月，阿曼中国友好协会理事会海辛·海达尔·达尔维什访华。

9月，中共中央政治局委员、天津市委书记张高丽访问阿曼。分别会见阿曼素丹卡布斯·本·赛义德、内阁事务副首相法赫德·本·马哈茂德·阿勒赛义德等。

10月，阿曼商工次大臣艾哈迈德·哈桑·迪布来华举行两国第七届经贸联委会。

12月，阿曼外交部秘书长巴德尔·本·哈马德来华同外交部副部长翟隽共同举行两国外交部第六轮战略磋商，中共中央政治局委员、天津市委书记张高丽和外交部部长杨洁篪分别会见。

2012 年

2月，应阿曼国家委员会邀请，中国全国人大常委会副委员长韩启德率全国人大代表团对阿曼进行了友好访问，分别会见阿曼内阁首相法赫德·本·马哈迈德·阿勒赛义德、国家委员会主席叶海亚·蒙泽里和协商会议主席哈立德·马瓦利等。

2月，中国春节民族音乐会、文化部"欢乐春节"中外节目组和安徽省杂技团先后访问阿曼；阿曼军事参谋和指挥学院、马斯喀特大学等院校先后组织两批学员访华学习。

5月，阿曼外交事务主管大臣尤素福·阿拉维率团出席在突尼斯举行的中阿合作论坛第五届部长级会议，并与外交部部长杨洁篪会见；阿曼交通通信大臣艾哈迈德·弗泰西来华出席中国为阿建造的两艘38万吨超大型矿砂船的命名和交接仪式。

2013年

1月，外交部副部长翟隽访问阿曼，同阿曼外交部秘书长巴德尔·本·哈马德举行两国外交部第七轮战略磋商。

1月，阿曼海军司令阿卜杜拉·本·哈米斯·拉伊希少将访华。

3月，阿曼素丹卡布斯·本·赛义德致电祝贺习近平当选国家主席；外交事务主管大臣尤素福·本·阿拉维·本·阿卜杜拉分别致电祝贺杨洁篪就任国务委员、王毅就任外交部部长。

4月，阿曼素丹卡布斯就四川芦山地震向国家主席习近平致电慰问。

6月，阿曼外交官代表团访华。

重庆艺术团赴阿曼演出；山东非物质文化遗产展在阿曼举行；宁夏医科大学代表团、中国现代国际关系研究院代表团、中国人民对外友好协会代表团访问阿曼。

中国自阿曼进口原油1.86亿桶，阿曼成为中国在世界上第三大原油进口国。

2014年

1月，承载着中国—阿曼"苏哈尔"号帆船纪念碑在广州重建工程完工。

2月，中国外交部副部长张明访问阿曼，分别会见阿内阁事务副首相法赫德·本 马哈茂德·阿勒赛义德、卡布斯素丹外事顾问、阿曼—

中国友好协会名誉会长欧麦尔·扎瓦维，并与阿外交部秘书长巴德尔·本·哈马德举行会谈。

4月，阿外交部秘书长巴德尔来华同张明副外长共同举行两国外交部第八轮战略磋商。

6月，阿外交事务主管尤素福·本·阿拉维来华出席中国—阿拉伯国家合作论坛第六届部长级会议，其间与外交部部长王毅会见。

10月，阿曼与21个亚洲国家的代表共同签署了建立亚洲基础设施投资银行的谅解备忘录，成为该银行首批意向创始成员国之一，并在此后出席了一系列筹备会议，商谈协定条款。

12月，中国外交官代表团访问阿曼。

中国自阿曼进口原油超过2亿桶，中国成为阿曼原油最大买家。

中国艺术团组多次赴阿曼演出。

阿曼作为创始成员国加入亚洲基础设施投资银行。两国在非洲开展三方合作迈出实质步伐，中国招商局同阿公共储备基金及坦桑尼亚政府就共同开发巴加莫约港达成一致。

2015 年

4月，阿曼法务大臣阿卜杜拉·本·赛义迪来华出席亚非法协第54届年会。

9月，外交部副部长张明访问阿曼，同阿曼外交部秘书长巴德尔·本·布赛义德举行两国外交部第九轮战略磋商，并分别会见阿曼内阁事务副首相法赫德·本·马哈茂德·阿勒赛义德、外交事务主管大臣尤素夫·本·阿拉维。

12月，阿曼外交官代表团访华。

中国成为阿曼第一大贸易伙伴国和原油最大出口目的地国。中阿商定在杜库姆经济特区建设中阿产业园区。

附录三 中国与阿曼外交文件选编

1. 中华人民共和国和阿曼苏丹国建立外交关系的联合公报
1978 年 5 月 25 日

中华人民共和国政府和阿曼苏丹国政府决定自一九七八年五月二十五日起建立大使级外交关系并互派大使。

中华人民共和国政府坚决支持阿曼苏丹国政府维护民族独立、发展民族经济的正义事业。

阿曼苏丹国政府承认中华人民共和国政府是代表全中国人民的唯一合法政府。

两国政府同意在互相尊重国家主权和领土完整、互不侵犯、互不干涉内政、平等互利、和平共处的原则基础上发展两国之间的友好和合作关系。

中华人民共和国政府代表　　　　　阿曼苏丹国政府代表
褚启元（签字）　　　　　　　　　纳赛尔·赛夫·布阿里（签字）
一九七八年五月二十五日于伦敦

2. 中华人民共和国政府和阿曼苏丹国政府贸易协定

1980 年 10 月 14 日

中华人民共和国政府和阿曼苏丹国政府，为了增进两国政府和人民之间的友谊，在平等互利的基础上发展两国贸易关系，达成协议如下：

第一条 缔约双方同意根据两国现行法律和规章，努力发展和增加两国间的贸易额。

第二条 缔约双方同意根据两国现行法律、规章，对商品进口、出口许可证的发给、发给手续、关税、捐税和商品进口、出口、过境、存仓、转船的海关手续，以及对缔约一方的船只进入、停泊和离开另一方港口，在捐税、费用、服务方面，均相互给予最惠国待遇。

本条中规定的最惠国待遇不适用于：

（一）中华人民共和国政府已经给予或者将来可能给予任何邻国的优惠和便利。

（二）阿曼苏丹国政府已经给予或者将来可能给予任何阿拉伯国家和邻国的优惠和便利。

第三条 两国之间的商品交换，应按照各自国家现行有关法律和规章进行。

第四条 缔约双方同意，根据本协定进行交易的商品以双方同意的可兑换的货币支付。

·第五条 缔约双方同意相互在对方国家举办商品展览，并在各自法律和规章许可下给予对方举办商品展览的各种便利。

第六条 本协定自缔约双方相互通知履行完毕各自的法律手续之日起生效，有效期为一年。在期满前三个月，如缔约任何一方未以书面通知另一方要求修改或废除本协定，则本协定的有效期将自动延长一年，并依此法顺延。

本协定于一九八〇年十月十四日在北京签订，共两份，每份都用中文和阿拉伯文写成，两种文本具有同等效力。

3. 中华人民共和国政府和阿曼苏丹国政府文化、卫生、新闻合作协定

1981 年 8 月 15 日

中华人民共和国政府和阿曼苏丹国政府为加强两国间友好关系和促进两国在文化、卫生、新闻领域的交流和合作，经过友好协商，决定缔结本协定，条文如下：

第一条 缔约双方同意根据平等互利和互相尊重主权的原则，发展两国在文化、教育、科学、卫生、体育、出版、新闻和广播等方面的交流和合作。

第二条 缔约双方在文化与艺术方面按下列方式进行交流和合作：

一、相互举办文化艺术展览，互派艺术家访问，互派乐团、剧团访问演出；

二、根据各自现行制度，互派团体和个人进行访问，了解对方文化、艺术方面的经验；

三、互派博物馆、图书馆和历史文献方面的专家，交换文献纪录片；

四、为研究与两国有共同意义的历史文献和原稿提供方便；

五、在考古方面进行经验交流并相互提供帮助。

第三条 缔约双方同意在教育方面按下列方式进行交流和合作：

一、互派专家进行访问、考察；

二、根据双方需要与可能，相互提供奖学金名额；

三、建立两国教育机构和高等院校之间的联系和合作；

四、双方鼓励本国教师和学者应聘赴对方任教和讲学。

第四条 缔约双方同意加强两国体育机构间的联系和合作，互派体育代表团、体育队进行访问，开展体育技术交流。

第五条 缔约双方同意在医药卫生方面进行经验交流，交换资料。

第六条 缔约双方根据各自的可能，鼓励在新闻及其技术方面进行合作。

第七条　缔约双方根据各自的可能，加强各种社会科学资料的交换。

第八条　缔约双方定其协商执行本协定的方式。

第九条　本协定自缔约双方履行各自国家的法律手续，并相互照会通知之日起生效。

第十条　本协定有效期为五年，如缔约任何一方在期满前六个月未以书面通知另一方要求终止本协定，则本协定将自动延长五年。

本协定于一九八一年八月十五日在北京签订，一式两份，每份都用中文和阿拉伯文写成，两种文本具有同等效力。

中华人民共和国政府代表　　　　阿曼苏丹国政府代表

黄镇　　　　　　　　　　　　易卜拉欣·哈穆德·苏卜希

4. 中华人民共和国政府和阿曼苏丹国政府民用航空运输协定

1983 年 5 月 3 日

中华人民共和国政府和阿曼苏丹国政府（以下称为"缔约方"），均系一九四四年十二月七日在芝加哥开放签字的国际民航公约的参加国，希望便利中国人民和阿曼苏丹国人民之间的友好往来，发展两国民用航空方面的相互关系，就建立和经营两国领土间以及延伸至各自领土以远地区的定期航班，达成协议如下：

第一条 定义

除非文中另有需要，本协定中：

（一）"航空当局"，中华人民共和国方面指中国民用航空总局，阿曼苏丹国方面指民航总局，或双方均指受权执行上述当局目前履行的职能的任何个人或机构；

（二）"空运企业"，指提供或经营国际航班的任何航空运输企业；

（三）"指定空运企业"，指根据本协定第三条经指定和获准的空运企业；

（四）"航班"，指以飞机从事旅客、行李、货物或邮件的公共运输的任何定期航班；

（五）"国际航班"，指经过一个以上国家领土上空的航班；

（六）"非运输业务性经停"，指任何目的不在于上下旅客、行李、货物或邮件的降停；

（七）"动力"，

（1）就飞机而言，指该飞机在航线或航段上可提供的商务载量；

（2）就规定航班而言，指飞行这一航班的飞机的运力乘以该飞机在一定的时期内在航线或航段上所飞行的班次；

（八）"运价"，指为运输旅客、行李和货物所支付的价格以及采用这些价格的条件，包括提供代理和其他附属服务的价格和条件，但不包括运输邮件的报酬或条件；

（九）"航线表"，指本协定所附的航经表或根据本协定第十六条的规定所修改过的航线表。该表构成本协定的组成部分。除另有规定外，对本协定的一切援引应包括对该航线表的援引。

第二条　授权

一、缔约一方给予缔约另一方以本协定规定的权利，以使其指定空运企业能在航线表规定的航线上建立和经营国际航班（以下分别称为？规定航线？和？协议航班？）。

二、在不违反本协定规定的情况下，缔约一方指定空运企业在规定航线上经营协议航班时，应享有下列权利：

（一）不降停飞越缔约另一方领土；

（二）在上述领土内缔约双方航空当局协议的地点作非运输业务性经停；和

（三）在航线表中规定的上述领土内的地点经停，以便上下国际旅客、行李、货物和邮件。

三、本条第二款的规定不应被认为是给予缔约一方指定空运企业在缔约另一方领土内为取酬或出租而装上旅客、行李、货物或邮件运往该缔约另一方领土内另一地点的权利。

四、缔约一方指定空运企业如欲在规定航线上作加班或包机飞行，缔约一方航空当局应向缔约另一方航空当局提出申请，获得许可后方可飞行。此项申请应在飞机起飞七十二小时前提出。

第三条　指定和许可

一、缔约一方有权书面向缔约另一方指定一家空运企业，在航线表规定的航线上经营协议航班。

二、缔约各方指定空运企业的主要所有权和有效管理权应属于该缔约方或其国民。

三、在不违反本条第一款规定的情况下，缔约另一方在收到上述指定后，应不延误地给予该空运企业以合适的经营许可。

四、缔约另一方航空当局可要求缔约一方指定空运企业向它证明，该空运企业有资格履行根据法律和规章所制定的条件，这些法律和规章是上述当局在经营国际航班方面所通常和合理地予以实施的。

五、空运企业按照上述一经指定和获准，即可在任何时候开始经营协议航班。

第四条　许可的撤销

一、在下列情况下，缔约一方有权撤销和暂停业已给予缔约另一方指定空运企业的经营许可，或对该指定空运企业行使本协定第二条规定的权利，规定它认为必要的条件：

（一）如它对该空运企业的主要所有权和有效管理权是否属于指定该空运企业的缔约方或其国民的情况有疑义；或

（二）如该空运企业不遵守给予其权利的缔约方的法律和规章；或

（三）如该空运企业在其他方面没有按照本协定规定的条件经营。

二、除非本条第一款所述的撤销、暂停或规定条件必须立即执行，以防止进一步违反法律和规章，这种权利只能在与缔约另一方协商后方可行使。

第五条　提供技术服务及其费率

一、缔约一方应在其领土内指定供缔约另一方指定空运企业经营规定航线所使用的主用机场和备降机场，并提供飞行协议航班所需的通信、导航、气象和其他附属服务。具体办法由缔约双方航空当局协商确定。

二、缔约一方指定空运企业使用缔约另一方的机场按缔约另一方有关当局所规定的公平合理的费率付费。这些费率不应高于从事国际航班飞行的缔约另一方本国空运企业使用类似设施和服务所付的费率。

第六条　关税和税收

一、缔约一方指定空运企业飞行国际航班的飞机，以及留置在飞机上的正常设备、零备件、燃料、润滑油和机上供应品（包括食品、饮料和烟草），如这些设备和物品留置在飞机上直到再次运出或在缔约另一方领土内的航段上使用，在进入缔约另一方领土时，应豁免一切关税、检验费和其他税捐。

二、缔约一方指定空运企业运入或代表该企业运入缔约另一方领土的只供飞行国际航班使用的燃料、润滑油、零备件、正常设备和机上供应品，或装上该企业飞机的上述物资，即使在装机的缔约方领土内的航段上使用，也应豁免所有税收和费用，包括缔约另一方领土内所征收的关税和检验费。可要求将上述物资交海关监管。

三、留置在缔约任何一方飞机上的机上正常设备、零备件、机上供应品、燃料和润滑油，只能在缔约另一方海关当局同意后，方可在缔约另一方领土内卸下。该当局可要求这些物品置于他们监管之下，直至再次运出，或按海关规定另作处理。

四、缔约任何一方指定空运企业运入缔约另一方领土的客票、货运单以及宣传品和小纪念品，应豁免一切关税、检验费和其他税捐。

第七条　财务规定

缔约任何一方允许缔约另一方指定空运企业按正式比价，自由结汇该指定空运企业因运输旅客、行李、货物和邮件在缔约一方领土内所得的收支余额。如缔约双方间的支付按一项专门协定办理，则该协定应适用。

第八条　豁免收入所得税和其他税收

一、缔约一方指定空运企业经营协议航班所得的收入或利润，在缔约另一方领土内应豁免所得税或其他类似税收。

二、缔约一方指定空运企业为经营协议航班而在缔约另一方领土内雇用的人员，如系缔约任何一方的国民，其因受雇而取得薪金、津贴或其他收入，在该领土内应豁免所得税或其他类似税捐。

第九条　入境和放行规章

一、缔约一方关于从事国际航班飞行的飞机进出其领土和在其领土内停留、航行的法律和规章以及关于旅客、空勤组、行李、货物和邮件进出其领土和在其领土内停留的法律和规章，均适用于缔约另一方指定空运企业在缔约一方领土内的飞机、空勤组和该机所载运的旅客、行李、货物和邮件。在缔约另一方提出要求时，缔约一方应立即向其提供上述法律和规章的文本。

二、对直接过境缔约任一方领土的旅客，至多只采取非常简化的控制措施。直接过境的行李和货物应豁免关税、检验费和其他税收和费用。

第十条 运力规定

一、缔约双方指定空运企业在规定航线上经营协议航班方面，应有公平均等的机会。

二、有关班次、机型、飞行时刻表、地面服务和关于经营协议航班的其他事项，应由缔约双方指定空运企业协商确定。如此协议的班次、机型应经缔约双方航空当局批准。

三、缔约一方指定空运企业在规定航线上经营协议航班时，应考虑缔约另一方指定空运企业的利益，以免不适当地影响后者在整条航线或其航段上经营的航班。

四、指定空运企业提供的协议航班，其主要目的应是以合理的载运比率提供足够的运力，以满足当前和合理地预料到的，来自或前往指定该空运企业的缔约方领土的旅客、邮件和货物运输的需要。缔约一方指定空运企业在缔约另一方领土地点上下前往或来自第三国的国际业务的权利应是辅助性质的，其运力应与下列各点有关：

（一）指定该空运企业的缔约方领土和规定航线上各点间的运输要求；

（二）在考虑该空运企业的协议航班所经过地区内各国空运企业建立的其他航班后，该地区的运输要求；

（三）联程航班经营的需要。

五、初期运力的提供应在协议航班开航前由缔约双方商定。此后，运力的提供应由缔约双方航空当局随时商讨，对商定的运力作任何改变以换文确认。

第十一条 资料和统计资料

缔约任一方航空当局应根据缔约另一方航空当局的要求，向其提供审议缔约一方指定空运企业在规定航线上提供的运力时可能合理地需要的统计资料。这些资料应包括为确定已载运的业务量所需的全部情况。

第十二条 班期时刻表的批准

一、缔约一方指定空运企业应不晚于在航定规线上开始飞行协议航班三十天前，将航班类别、机型和班期时刻表通知缔约另一方航空当局。这一规定同样适用于此后的更改以及每一夏季和冬季时刻表。

二、收到该班期时刻表的航空当局对该时刻表通常应予批准或提出修改意见。在任何情况下，上述指定空运企业不得在上述航空当局批准该时刻表前开始经营航班。这一规定同样适用于此后的更改。

第十三条　运价的制定

一、任何协议航班的运价应在合理的水平上制定，适当考虑到一切有关因素，包括经营成本、合理的利润、航班特点（如速度和舒适水平），以及其他空运企业在规定航线任何航段上所收取的运价。这些运价应根据本条下列规定制定。

二、本条第一款所述运价，应由缔约双方指定空运企业达成协议，在有必要和可能时，应与在该航线或其航段上经营的其他空运企业进行磋商。达成协议的运价应经缔约双方航空当局批准，并至少应在其拟议采用之日九十天前提交各自航空当局。在某些情况下，经上述当局同意，这一期限可予缩短。

三、如指定空运企业不能就这些运价中的任何一项达成协议，缔约双方航空当局应设法达成协议，确定运价。

四、如双方航空当局未能就批准根据本条第二款向其提交的任何运价达成协议，或未能根据第三款就运价的确定达成协议，这一问题应根据本协定第十七条规定提交缔约双方解决。

五、在根据本条规定确定新运价前，已生效的运价应继续有效。但是，运价不应由于本款规定在其应失效之日十二个月后仍然有效。

第十四条　文件

缔约任一方指定空运企业在规定航线上飞行的飞机应具有该缔约方的国籍标志和登记标志，并携带下列证件和文件：

（一）登记证；

（二）适航证；

（三）航行记录表；

（四）机上无线电台执照；

（五）空勤组成员的执照或证件；

（六）空勤组名单；

（七）注明起讫地点的旅客名单；

（八）货物、邮件舱单；

（九）总申报单。

缔约一方发给或核准的上述有效证件和执照，缔约另一方应予承认。

第十五条　寻找和营救

缔约一方指定空运企业的飞机如在缔约另一方领土内遇险或失事，缔约另一方应：

一、立即将失事情况通知缔约一方；

二、立即进行寻找和营救；

三、对旅客和空勤组提供援助；

四、对飞机和机上装载物，采取一切安全措施；

五、调查事故情况；

六、允许缔约一方的代表接近飞机，并作为观察员参加对事故的调查；

七、如调查中不再需要遇险或失事的飞机和其装载物，应予放行；

八、将其调查结论和最后报告书面通知缔约一方。

第十六条　协商

一、缔约双方航空当局应在必要时互相交换意见，以确保紧密合作，并批准所有与执行本协定有关的事项。

二、缔约一方为了修改本协定或航线表，可随时要求与缔约另一方进行协商。此项协商应在收到进行协商要求之日起六十天内开始。经协商达成的对本协定的任何修改，应在以外交换文陈明已根据各自国家法律履行了法律程序之日起生效。

三、如修改只涉及航线表，则应在缔约双方航空当局间进行协商。在上述当局就一项新的或经修改的航线表达成协议后，此项修改应在以外交换文确认后即行生效。

第十七条 争端的解决

缔约双方应密切合作，互相支持，保证本协定的正确实施。如对本协定的解释或实施发生分歧，缔约双方主管当局应本着友好合作、互相谅解的精神直接协商解决。此项协商应在收到进行协商要求之日起六十天内开始。如不能在六十天内达成协议，缔约双方应通过外交途径解决。

第十八条 终止

缔约任一方可随时将其终止本协定的决定通知缔约另一方。通知发出后，本协定在缔约另一方收到终止通知之日起十二个月后即告终止，除非缔约双方在期满前同意撤销该通知。在通知之日起十四天后，或将通知递交缔约另一方在缔约一方领土内的外交机构之日，该项通知应认为已被收到。

第十九条 标题

本协定每条均冠以标题，只是为了查阅方便，而决非对本协定的范围或意图予以解释、限制或说明。

第二十条 生效

本协定自以外交换文确认缔约双方已完成了各自法律程序之日起生效。

下列签字人，经其各自政府正式授权，已在本协定上签字为证。

本协定于一九八三年五月三日在马斯喀特签字，正本共两份，每份都用中文、阿拉伯文和英文写成，三种文本具有同等效力。如对中文和阿拉伯文文本的解释发生分歧，以英文文本为准。

航线表

一、中华人民共和国政府指定空运企业经营的往返航线为：

中国境内一点——两个中间经停点——马斯喀特——两个以远点。

注：航班可以飞行规定航线上的两个中间经停点和两个以远点，但马斯喀特和上述地点间不得行使业务权。

二、阿曼苏丹国政府指定空运企业经营的往返航线为：

阿曼苏丹国境内一点——两个中间经停点——北京——两个以远点。

注：航班可以飞行规定航线上的两个中间经停点和两个以远点，但北京和上述地点间不得行使业务权。

三、说明：

（一）缔约任一方指定空运企业在任何或所有飞行中，可以不经停规定航线上的任何或所有地点，但航班须在指定该空运企业的缔约方领土内始方和终止。

（二）该指定空运企业应在开始飞行协议航班和以后更换班期时刻表前，指定上述两个中间经停点和两个以远点并提交缔约另一方航空当局批准。这些地点，每次飞行不必相同。

5. 中华人民共和国卫生部和阿曼苏丹国卫生部关于卫生合作的议定书

1992 年 4 月 26 日

中华人民共和国卫生部和阿曼苏丹国卫生部（以下简称双方），根据中华人民共和国政府和阿曼苏丹国政府一九八一年八月十五日签订的文化、卫生及新闻合作协定第五条和第八条的规定，为促进健康和发展卫生事业，考虑到在卫生保健领域里加强国际合作的重要性和继续发展各自国家的卫生保健事业的愿望，双方同意在卫生和医学合作方面签署本议定书。

一、交换情报和立法资料

双方在各自国家法律规定允许的范围内互换有关公共卫生方面的立法及其它情报资料。

二、互派专家

双方根据商定的条件，鼓励和促进两国专家进行互访。

三、医疗机构合作

双方鼓励两国的卫生机构以及类似机构，包括医学院校、科研单位和医院之间的合作。

四、人员培训

双方将为互相参加研究和进修的另一方学生以及专家提供奖学金。并根据需要，通过协商、安排医生和护理人员到另一方进修学习。

五、招聘人员

双方同意就互聘医生和护理人员到对方国家工作进行磋商。有关聘用条件和期限将由双方另行商定。

六、科学研究

双方应鼓励和促进两国科研机构进行合作和共同研究。

七、执行计划

为执行本议定书，双方将签订为期两年的执行计划，该执行计划包括双方合作的具体项目及财务规定。

八、生效、终止和修改

本议定书自签字之日起生效。除非双方中的任何一方提前九十天用书面形式通知另一方终止本议定书，则本议定书将长期有效。

如对本议定书进行修改，须经双方以交换信函方式确认后生效。

本议定书于一九九二年四月二十六日在马斯喀特签订，一式两份，每份均用中文、阿拉伯文和英文写成，三种文本同等作准。如双方对本议定书在解释上有分歧，以英文本为准。

6. 中华人民共和国政府和阿曼苏丹国政府关于促进和保护投资协定

1995 年 3 月 18 日

中华人民共和国政府和阿曼苏丹国政府（以下合称缔约双方，分称缔约一方），

愿为进一步扩大两国间的经济合作，特别是为缔约一方的投资者在缔约另一方领土内的投资创造良好的条件；

认识到依照国际协定鼓励和相互保护此种投资将有助于激励经营的积极性并增进两国的繁荣；

达成协议如下：

第一条　定义

本协定内：

一、"投资"一词系指缔约一方投资者依照缔约另一方的法律和法规在缔约另一方领土内投入的各种财产。特别是，但不限于：

（一）动产、不动产以及其它物权，如抵押权、留置权、质权、用益权和其它类似权利；

（二）公司的股份、股票和债券或该类公司中的其它权利或权益及政府发行的证券；

（三）与投资有关的金钱请求权或具有经济价值的行为请求权；

（四）版权、商标、专利、工业设计和其它工业产权、专有技术、商业秘密、商名和商誉；

（五）由法律或合同所赋予的权利以及依法获得的许可和允许，包括勘探和开发自然资源的权利。

二、"投资者"一词系指在缔约另一方领土内投资的缔约一方的自然人或法人。

三、"自然人"一词系指依照缔约任何一方法律具有其国籍的自然人。

四、"法人"一词系指根据缔约任何一方的法律设立并被认为是法人的任何实体，如公共机构、公司、机关、基金会、私人公司、商行、企业和组织，而不论其责任是否有限，以及在缔约一方管辖权外作为法人设立的由该缔约方或其国民或在其管辖权内设立的法人拥有优势权益的任何实体。

五、"收益"一词系指投资所产生的或将产生的款项，特别是，但不限于：利润、利息、资本所得、股息、提成费或酬金、技术援助和技术服务费和其它各种约因，包括再投资的收益和资本所得。

六、"领土"一词系指缔约一方在其法律中所确定的领土以及根据国际法缔约一方行使主权权利或管辖权的毗邻区域。

第二条　促进和保护投资

一、缔约各方应促进和鼓励缔约另一方的投资者在其领土内投资，并依照其法律和法规接受此种投资。

二、缔约各方在任何时候都应保证给予缔约另一方的投资者的投资和收益以公正和公平的待遇。缔约各方应依照其法律和法规保证缔约另一方的投资者对在其领土内投资的管理、维持、使用、享有或处置不受任何不合理或歧视性措施的约束或损害。

第三条　最惠国条款

一、缔约各方在其领土内应给予缔约另一方投资者的投资及收益不低于其给予任何第三国投资者的投资及收益的待遇。

二、缔约各方在其领土内应给予缔约另一方投资者有关投资和与投资有关的其它活动的管理、维持、使用、享有或处置的待遇不低于其给予任何第三国投资者的待遇。

三、上述待遇不适用于缔约任何一方因其参加关税同盟、共同市场、自由贸易区、地区或分地区安排、多边国际经济协定或避免双重税收协定或为了方便边境贸易而给予第三国投资者的任何优惠。

第四条　国有化或征收

一、只有为了与国内需要相关的公共目的，并给予合理的补偿，缔约任何一方的投资者在缔约另一方领土内的投资方可被征收、国有化或采取与此种征收或国有化效果相同的措施（以下称"征收"）。

二、此种补偿应按征收决定公布或为公众知道前一刻投资的市场价值为基础计算。若市场价值不易确定，补偿应根据公认的估价原则和公平的原则确定，尤其应把投入的资本、折旧、已汇回的资本、更新价值和其它有关因素考虑在内。补偿应包括从征收之日至支付之日按初始投资所用货币以当时伦敦银行同业拆息率计算的利息。

三、当缔约一方对在其领土内按其有效法律而建立或特许的法人的资产实行国有化或征收时，如缔约另一方的自然人或法人在其中拥有股份、股票、债券或其它权利或利益，则应保证其得到以可自由兑换的货币支付的公平、合理的补偿，并允许汇回。补偿应按国有化或征收决定公布或为公众知道前一刻公认的估价原则如市场价值为基础来确定。补偿应包括自征收之日至支付之日以初始投资所用货币以当时伦敦银行同业拆息率计算的利息。

四、投资者和缔约一方就补偿款额的确定不能达成协议，应提交仲裁。最终确定的补偿额应以可自由兑换的货币向投资者支付和允许汇回，不得无故迟延。

五、本条第一、二、三款的规定同样适用于投资的经常性收益和清算时的清算所得。

第五条 *损害或损失的补偿*

一、缔约一方的投资者在缔约另一方领土内的投资，因在投资另一方领土内发生战争或其他武装冲突、全国紧急状态、叛乱或骚乱而遭受损失，缔约另一方给予缔约一方投资者的待遇，不应低于其给予任何第三国投资者的待遇。

二、在不损害本条第一款的情况下，缔约一方的投资者在缔约另一方领土内，在上款所述事态下遭受损失，是由于：

（一）缔约另一方的军队或当局征用了他们的财产；或

（二）缔约另一方的军队或当局非因战斗行动或情势必须而毁坏了

他们的财产。

应予以恢复或予以适当、公平和非歧视性的补偿。

三、根据本条产生的款项应以可兑换货币支付，能自由转移并不得无故迟延。被补偿投资者有权要求按导致其损失的事件发生前最后营业日的能行汇率将当地货币进行兑换。

第六条　资本和收益的汇回

一、缔约任何一方的投资者在履行其财政义务后，能够不无故迟延地转移其资本和收益，包括：

（一）资本和用于维持、增加和扩大现有投资的追加资本款项；

（二）净收益、股息及由技术援助产生的服务费、利息和缔约一方投资者的投资产生的其他经常性利润；

（三）由缔约一方投资者的投资的全部或部分出售或全部或部分清算产生的款项；

（四）缔约一方投资者对货款及其利息的偿还款项；

（五）缔约一方的国民根据缔约另一方的国内法律和法规因从事与在其领土内的投资有关的工作和服务获得的收入。

二、在不限制本协定第三条一般原则的情况下，缔约双方承诺对本条第一款所述的转移给予与第三国投资者来源于投资的转移以相同的待遇。该转移应以可兑换货币并按转移之日的通行汇率进行。

第七条　代位

如果缔约一方或其机构对其投资者在缔约另一方领土内的某项投资的非商业性风险做了担保，并据此担保向投资者作了支付，缔约另一方应承认受保投资者的权利转让给担保缔约一方。缔约一方的代位不得超过该投资者的原有权利。关于缔约一方根据代位所得支付款项的转移，第四、五、六条应分别得到适用。

第八条　缔约双方之间争端的解决

一、缔约双方对本协定的解释或适用所产生的争端应尽可能通过外交途径协商解决。

二、如在六个月内通过协商不能解决争端，根据缔约任何一方的要求，可将争端提交专设仲裁庭。

三、专设仲裁庭由三名仲裁员组成。缔约双方应在缔约另一方收到要求仲裁的书面通知之日起的两个月内各委派一名仲裁员。该两名仲裁员应在其后的两个月内共同推举一名与缔约双方均有外交关系的第三国的国民为第三名仲裁员，并由缔约双方任命为首席仲裁员。

四、如果在收到要求仲裁的书面通知后四个月内专设仲裁庭尚未组成，缔约双方间又无其他约定，缔约任何一方可以提请国际法院院长任命尚未委派的仲裁员。如果国际法院院长恰好是缔约任何一方的国民，或由于其他原因不能履行此项任命，应请国际法院中非缔约任何一方国民的资深官履行此项任命。

五、专设仲裁庭应自行制定其程序规则。仲裁庭应依照本协定的规定和缔约双方均承认的国际法原则作出决定。

六、仲裁庭的决定以多数票作出。裁决是终局的，对缔约双方具有约束力。应缔约任何一方的请求，专设仲裁庭应说明其作出决定的理由。

七、缔约双方应负担各自委派的仲裁员和出席仲裁程序的有关费用，首席仲裁员和专设仲裁庭的有关费用由缔约双方平均负担。

第九条　投资争议的解决

一、缔约一方的投资者与缔约另一方之间就在缔约另一方领土内的投资产生的任何争议应尽量由当事方友好协商解决。

二、如争议在六个月内未能协商解决，当事任何一方有权将争议提交接受投资的缔约一方有管辖权的法院。

三、如涉及征收补偿款额的争议，在诉诸本条第一款的程序后六个月内仍未能解决，可应任何一方的要求，将争议提交专设仲裁庭。如有关的投资者诉诸了本条第二款所规定的程序，本款规定不应适用。

四、该仲裁庭应按下列方式逐案设立：争议双方应各任命一名仲裁员，该两名仲裁员推选一名与缔约双方均有外交关系的第三国的国民为首席仲裁员。前两名仲裁员应在争议任何一方书面通知另一方提出仲裁后的两个月内任命，首席仲裁员应在四个月内推选，如在上述规定的期限内，仲裁庭尚未组成，争议任何一方可提请解决投资争端国际中心秘书长作出必要的委任。

五、仲裁庭应自行制定其程序，但仲裁庭在制定程序时可以参照解决投资争端国际中心仲裁规则。

六、仲裁庭的决定以多数票作出。裁决是终局的，对争议双方具有约束力。缔约双方根据各自的法律应对强制执行上述裁决承担义务。

七、仲裁庭应根据接受投资缔约一方的法律（包括其冲突法规则）、本协定的规定以及普遍承认的国际法原则作出裁决。

八、争议各方应负担其委派的仲裁员和出席仲裁程序的费用，首席仲裁员的费用和仲裁庭的其余费用应由争议双方平均负担。

第十条 缔约双方之间的关系

不论缔约双方间是否存在外交或领事关系，本协定的规定均应适用。

第十一条 其他规则的适用

如果缔约一方根据其法律、法规或其他具体规定给予缔约另一方投资者的待遇比本协定所给予的待遇更为优惠，应从优给予。

第十二条 适用

本协定适用于其生效前及生效后缔约任何一方投资者根据缔约另一方的法律、法规在其领土所作的投资。

第十三条 生效

本协定自缔约任何一方通过外交途径最后通知缔约另一方已完成使本协定生效的国内法律手续之日起生效。

第十四条 期限和终止

一、本协定有效期为十年。除非缔约任何一方至少在期满前一年书面通知终止，本协定将继续有效十年或更长的时间。

二、在本协定终止之日前进行的投资，本协定第一条至第十二条的规定应自本协定终止之日起继续有效十年。

由双方政府正式授权其各自代表签署本协定，以昭信守。

本协定于一九九五年三月十八日即回历一四一五年十月十六日在马斯喀特签订。一式两份，每份都用中文、阿拉伯文和英文写成。三种文本同等作准。若发生分歧，以英文本为准。

中华人民共和国政府代表　　　　　　　阿曼苏丹国政府代表

张志祥　　　　　　　　　　　　　　　卡伊斯·本·阿卜杜勒

7. 中华人民共和国政府和阿曼苏丹国政府文化、卫生、新闻合作协定一九九七、一九九八、一九九九年文化执行计划

1997 年 6 月 9 日

中华人民共和国政府和阿曼苏丹国政府为发展两国的文化关系，加强两国文化领域的友好合作，根据两国 1981 年 8 月 15 日在北京签署的文化、卫生、新闻合作协定，同意签署 1997、1998、1999 年执行计划，条文如下：

第一条 双方鼓励互办文化和艺术展览，具体细节在适当时间商定。

第二条 双方鼓励中国国家图书馆与阿曼国家图书馆交换资料和印刷品。

第三条 双方派政府文化机构官员互访，鼓励文化、艺术和文学界人员互访，以便交流经验。访问人数和时间通过外交途径商定。

第四条 双方鼓励在儿童文化和其它文化活动方面的合作与交流。

第五条 双方鼓励考古、博物馆方面的专家和专业人员互访，并互换该领域的资料和印刷品。

第六条 双方鼓励相互举办展览、文化周。

第七条 双方鼓励在修缮手抄本和文献方面交流经验。

第八条 双方可通过外交途径实施上述协定第二条规定范围内的本计划外交流项目。

第九条 本计划通过外交途径予以实施。

第十条 双方应提前一个月向对方提供有关出访人员的资料，提前三个月提供出访团组的资料。出访人员和团组在抵达前三周将确切行期通知接待方。

第十一条 派遣方负担出访团组和人员的国际旅费；接待方负担其食宿和国内交通费用。

第十二条 属本计划内派出的人员在访问期间如患病，接待方负担

其急诊医疗费用。

第十三条 送展方负担展品运抵首展地和由最终展地运回的运输费用和保险费用；承展方负担组织、展厅租用、说明书、海报印刷及展品在其国内的运输费用。有关展览的资料，送展方应在开幕前三个月寄至承展方。

本计划自签字之日起生效。

本计划于 1997 年 6 月 9 日在北京签署，一式两份，每份均用中文和阿拉伯文书就，两种文本具有同等效力。

中华人民共和国政府代表　　阿曼苏丹国政府代表
　　　　　　　　　　　　阿曼苏丹国民族遗产与文化部次大臣
徐文倡　　　　　　　　　萨利姆·伊斯梅尔·本·苏维德

8. 中华人民共和国政府和阿曼苏丹国政府关于阿曼苏丹国在中华人民共和国香港特别行政区保留名誉领事馆的换文

发布日期：1997 年 4 月 4 日

中方复照

阿曼苏丹国驻华大使馆：

中华人民共和国外交部向阿曼苏丹国驻华大使馆致意，并荣幸地收到大使馆一九九七年三月二十八日第 165 号来照，内容如下：

"阿曼苏丹国驻华大使馆向中华人民共和国外交部致意，并谨代表阿曼苏丹国政府确认，双方经过友好协商，就阿曼苏丹国政府在中华人民共和国香港特别行政区保留名誉领事馆问题，达成协议如下：

一、中华人民共和国政府同意阿曼苏丹国政府在中华人民共和国香港特别行政区保留名誉领事馆，领区为香港特别行政区。

二、名誉领事可以是协议双方公民或第三国公民，但不得是无国籍者，且必须是中华人民共和国香港特别行政区永久性居民。

三、阿曼苏丹国向香港特别行政区委派职业领事后，除非职业领事被撤销，不得再委派名誉领事。

四、名誉领事应根据《维也纳领事关系公约》和中华人民共和国有关法律和规定执行领事职务，并享有相应的特权与豁免。

上述内容，如蒙外交部代中华人民共和国政府复照确认，本照会和外交部的复照即构成两国政府间的一项协议，并自一九九七年七月一日起生效。"

中华人民共和国外交部谨代表中华人民共和国政府确认，同意上述照会内容。

顺致最崇高的敬意。

中华人民共和国外交部（印）

一九九七年四月四日于北京

9. 中华人民共和国外交部和阿曼苏丹国外交部合作议定书

中华人民共和国外交部和阿曼苏丹国外交部（以下简称"双方"），鉴于两国和两国人民之间的传统友好关系；为发展互利合作，加强两国外交部之间业已存在的磋商；在地区和国际事务中，坚持两国共同努力维护的界和平与安全原则；并遵循联合国宪章的宗旨和原则，经过友好协商，达成协议如下：

第一条

（一）双方建立定期政治磋商制度，将根据需要和可能，在两国首都轮流举行高级官员会晤，每年进行一次，就双边关系和两国共同感兴趣的地区和国际问题进行磋商。

（二）派遣方负担国际旅费，接待方负担住宿和国内交通费用。

第二条

双方鼓励两国驻其他国家的使领馆进行接触，就共同感兴趣的问题交换意见。

第三条

双方将鼓励两国常驻联合国和其他国际组织的代表团及其出席国际会议的代表进行接触，并根据需要就共同感兴趣的问题进行磋商。

第四条

一、双方磋商的问题包括：

（一）与加强两国间双边合作有关的问题；

（二）与亚洲和海湾地区的安全与合作有关的问题；

（三）双方共同感兴趣的其他国际问题。

二、任何一方在需要的时候可要求举行非例行磋商。

第五条

经双方商定可对本议定书进行修改。

第六条

本议定书自签字之日起生效，有效期五年。如果任何一方在期满前六个月未以书面形式通知另一方要求终止本议定书，则本议定书将自动延长五年。

本议定书于一九九七年六月九日在北京签订，一式两份，每份用中文、阿拉伯文写成，两种文本同等作准。

中华人民共和国外交部代表　阿曼苏丹国外交部代表

田曾佩（签字）　　　　　海塞姆·本·塔里克·阿勒赛义德（签字）

10. 中华人民共和国政府和阿曼苏丹国政府关于
对所得避免双重征税和防止偷漏税的协定

发布日期：2002 年 3 月 25 日

执行日期：2002 年 7 月 20 日

中华人民共和国政府和阿曼苏丹国政府，愿意缔结关于对所得避免双重征税和防止偷漏税的协定，达成协议如下：

第一条　人的范围

本协定适用于缔约国一方或者同时为双方居民的人。

第二条　税种范围

一、本协定适用于缔约国一方或其地方当局对所得征收的所有税收，不论其征收方式如何。

二、对全部所得或某项所得征收的税收，包括对来自转让动产或不动产的收益征收的税收以及对资本增值征收的税收，应视为对所得征收的税收。

三、本协定特别适用的现行税种是：

（一）在阿曼苏丹国：

1. 根据皇家修订法令第 47/1981 号征收的公司所得税；和

2. 根据皇家修订法令第 77/1989 号征收的商业和工业利润税。

（以下简称"阿曼税收"）

（二）在中国：

1. 个人所得税；

2. 外商投资企业和外国企业所得税，包括地方所得税。

（以下简称"中国税收"）

四、本协定也适用于本协定签订之日后征收的属于增加或者代替现行税种的相同或者实质相似的税收。缔约国双方主管当局应将各自税法所作出的实质变动，在适当时间内通知对方。

第三条　一般定义

一、在本协定中，除上下文另有解释的以外：

（一）"阿曼苏丹国"一语是指阿曼苏丹国领土及其所属岛屿，包括领海，以及根据国际法和阿曼苏丹国法律，阿曼苏丹国拥有勘探和开发海底和底土资源以及海底以上水域资源的主权权利的领海以外的区域；

（二）"中国"一语是指中华人民共和国；用于地理概念时，是指实施有关中国税收法律的所有中华人民共和国领土，包括领海，以及根据国际法，中华人民共和国拥有勘探和开发海底和底土资源以及海底以上水域资源的主权权利的领海以外的区域；

（三）"缔约国一方"和"缔约国另一方"的用语，按照上下文，是指阿曼苏丹国或者中国；

（四）"人"一语包括个人、公司和其他团体；

（五）"税收"一语按照上下文，是指阿曼税收或者中国税收；

（六）"公司"一语是指法人团体或者在税收上视同法人团体的实体；

（七）"缔约国一方企业"和"缔约国另一方企业"的用语，分别指缔约国一方居民经营的企业和缔约国另一方居民经营的企业；

（八）"国际运输"一语是指缔约国一方企业以船舶或飞机经营的运输，不包括仅在缔约国另一方各地之间以船舶或飞机经营的运输；

（九）"国民"一语是指：

1. 任何具有缔约国一方国籍的个人；

2. 任何按照缔约国一方现行法律建立的法人、合伙企业或团体；

（十）"主管当局"一语是指：

1. 在阿曼苏丹国方面，国家经济部大臣和财政部总监，或其授权的代表；

2. 在中国方面，国家税务总局或其授权的代表。

二、缔约国一方在实施本协定时，对于未经本协定明确定义的用语，除上下文另有解释的以外，应当具有该缔约国适用于本协定的税种的法律所规定的含义。该缔约国税法适用的含义应优先于该国其他法律所规定的含义。

第四条　居民

一、在本协定中，"缔约国一方居民"一语是指按照该缔约国法律，由于住所、居所、总机构所在地，或者其它类似的标准，在该缔约国负有纳税义务的人。本用语也包括该国或其地方当局。

二、由于第一款的规定，同时为缔约国双方居民的个人，其身份应按以下规则确定：

（一）应认为是其有永久性住所所在缔约国的居民；如果在缔约国双方同时有永久性住所，应认为是与其个人和经济关系更密切（重要利益中心）所在缔约国的居民；

（二）如果其重要利益中心所在国无法确定，或者在缔约国任何一方都没有永久性住所，应仅认为是其有习惯性居处所在国的居民；

（三）如果其在缔约国双方都有，或者都没有习惯性居处，应仅认为是其国民所属缔约国的居民；

（四）如果其同时是缔约国双方的国民，或者不是缔约国任何一方的国民，缔约国双方主管当局应通过协商解决。

三、由于第一款的规定，除个人以外，同时为缔约国双方居民的人，缔约国双方主管当局应通过协商解决。

第五条　常设机构

一、在本协定中，"常设机构"一语是指企业进行全部或部分营业的固定营业场所。

二、"常设机构"一语特别包括：

（一）管理场所；

（二）分支机构；

（三）办事处；

（四）工厂；

（五）作业场所；

（六）矿场、油井或气井、采石场或者其它开采自然资源的场所。

三、"常设机构"一语还包括：

（一）建筑工地，建筑、装配或安装工程，或者与其有关的监督管理活动，但仅以该工地、工程或活动连续九个月以上的为限。

（二）缔约国一方企业通过雇员或雇用的其他人员，在缔约国另一方为同一个项目或相关关联的项目提供的劳务，包括咨询劳务，仅以其连续或累计超过九个月的为限。

四、虽有本条上述规定，"常设机构"一语应认为不包括：

（一）专为储存、陈列或者交付本企业货物或者商品的目的而使用的设施；

（二）专为储存、陈列或者交付的目的而保存本企业货物或者商品的库存；

（三）专为另一企业加工的目的而保存本企业货物或者商品的库存；

（四）专为本企业采购货物或者商品，或者搜集情报的目的所设的固定营业场所；

（五）专为本企业进行其它准备性或辅助性活动的目的所设的固定营业场所；

（六）专为本款第（一）项至第（五）项活动的结合所设的固定营业场所，如果由于这种结合使该固定营业场所的全部活动属于准备性质或辅助性质。

五、虽有第一款和第二款的规定，当一个人（除适用第六款规定的独立代理人以外）在缔约国一方代表缔约国另一方的企业进行活动，有权并经常行使这种权力以该企业的名义签订合同，这个人为该企业进行的任何活动，应认为该企业在该缔约国一方设有常设机构。除非这个人通过固定营业场所进行的活动限于第四款的规定，按照该款规定，不应认为该固定场所是常设机构。

六、缔约国一方企业仅通过按常规经营本身业务的经纪人、一般佣金代理人或者任何其他独立代理人在缔约国另一方进行营业，不应认为在该缔约国另一方设有常设机构。但如果这个代理人的活动全部或几乎全部代表该企业，不应认为是本款所指的独立代理人。

七、缔约国一方居民公司，控制或被控制于缔约国另一方居民公司或者在该缔约国另一方进行营业的公司（不论是否通过常设机构），此项事实不能据以使任何一方公司构成另一方公司的常设机构。

第六条　不动产所得

一、缔约国另一方居民从位于缔约国另一方的不动产取得的所得（包括农业或林业所得），可以在该缔约国另一方征税。

二、"不动产"一语应当具有财产所在地的缔约国的法律所规定的含义。该用语在任何情况下应包括附属于不动产的财产，农业和林业所使用的牲畜和设备，有关地产的一般法律规定所适用的权利，不动产的用益权以及由于开采或有权开采矿藏、水源和其它自然资源取得的不固定或固定收入的权利。船舶和飞机不应视为不动产。

三、第一款的规定应适用于从直接使用、出租或者任何其它形式使用不动产取得的所得。

四、第一款和第三款的规定也适用于企业的不动产所得和用于进行独立个人劳务的不动产所得。

第七条　营业利润

一、缔约国一方企业的利润应仅在该缔约国征税，但该企业通过设在缔约国另一方的常设机构在该缔约国另一方进行营业的除外。如果该企业通过设在该缔约国另一方的常设机构在该缔约国另一方进行营业，其利润可以在该缔约国另一方征税，但应仅以属于该常设机构的利润为限。

二、除适用第三款的规定以外，缔约国一方企业通过设在缔约国另一方的常设机构在该缔约国另一方进行营业，应将该常设机构视同在相同或类似情况下从事相同或类似活动的独立分设企业，并同该常设机构所隶属的企业完全独立处理，该常设机构可能得到的利润在缔约国各方应归属于该常设机构。

三、在确定常设机构的利润时，应当允许扣除其进行营业发生的各项费用，包括行政和一般管理费用，不论其发生于该常设机构所在国或者其它任何地方。但是，常设机构由于使用专利或其它权利支付给企业总机构或其他办事处的特许权使用费、报酬或其它类似款项，具体服务或管理的佣金，或者借款给该常设机构所支付的利息，银行企业除外，都不得作任何扣除（属于偿还代垫实际发生的费用除外）。

四、如果缔约国一方习惯于以企业总利润按一定比例分配给所属各单位的方法来确定常设机构的利润，则第二款规定并不妨碍该缔约国按这种习惯分配方法确定其应纳税的利润。但是，采用的分配方法所得到的结果，应与本条所规定的原则一致。

五、不应仅由于常设机构为企业采购货物或商品，将利润归属于该常设机构。

六、在上述各款中，除有适当和充分的理由需要变动外，每年应采用相同的方法确定属于常设机构的利润。

七、利润中如果包括本协定其它各条单独规定的所得项目时，本条规定不应影响其它各条的规定。

第八条 海运和空运

一、缔约国一方企业以船舶或飞机经营国际运输业务所取得的利润，应仅在该缔约国征税。

二、第一款规定也适用于参加合伙经营、联合经营或者参加国际经营机构取得的利润。

第九条 联属企业

一、当：

（一）缔约国一方企业直接或者间接参与缔约国另一方企业的管理、控制或资本，或者

（二）同一人直接或者间接参与缔约国一方企业和缔约国另一方企业的管理、控制或资本；

在上述任何一种情况下，两个企业之间的商业或财务关系不同于独立企业之间的关系，因此，本应由其中一个企业取得，但由于这些情况而没有取得的利润，可以计入该企业的利润，并据以征税。

二、缔约国一方将缔约国另一方已征税的企业利润，而这部分利润本应由该缔约国一方企业取得的，包括在该缔约国一方企业的利润内，

并且加以征税时，如果这两个企业之间的关系是独立企业之间的关系，该缔约国另一方应对这部分利润所征收的税额加以调整，在确定上述调整时，应对本协定其它规定予以注意，如有必要，缔约国双方主管当局应相互协商。

第十条　股息

一、缔约国一方居民公司支付给缔约国另一方居民的股息，可以在该缔约国另一方征税。

二、然而，这些股息也可以在支付股息的公司是其居民的缔约国，按照该缔约国法律征税。但是，如果收款人是股息受益所有人，则所征税款不应超过股息总额的百分之五。缔约国双方主管当局应协商确定实施该限制税率的方式。

本款不应影响对该公司支付股息前的利润所征收的公司利润税。

三、本条"股息"一语是指从股份或者非债权关系分享利润的权利取得的所得，以及按照分配利润的公司是其居民的缔约国法律，视同股份所得同样征税的其它公司权利取得的所得。

四、如果股息受益所有人是缔约国一方居民，在支付股息的公司是其居民的缔约国另一方，通过设在该缔约国另一方的常设机构进行营业或者通过设在该缔约国另一方的固定基地从事独立个人劳务，据以支付股息的股份与该常设机构或固定基地有实际联系的，不适用第一款和第二款的规定。在这种情况下，应视具体情况适用第七条或第十四条的规定。

五、缔约国一方居民公司从缔约国另一方取得利润或所得，该缔约国另一方不得对该公司支付的股息征收任何税收。但支付给该缔约国另一方居民的股息或者据以支付股息的股份与设在缔约国另一方的常设机构或固定基地有实际联系的除外。对于该公司的未分配的利润，即使支付的股息或未分配的利润全部或部分是发生于该缔约国另一方的利润或所得，该缔约国另一方也不得征收任何税收。

第十一条　利息

一、发生于缔约国一方支付给缔约国另一方居民的利息，可以在该缔约国另一方征税。

二、然而，这些利息也可以在该利息发生的缔约国，按照该缔约国的法律征税。但是，如果收款人是利息受益所有人，则所征税款不应超过利息总额的百分之十。缔约国双方主管当局应协商确定实施该限制税率的方式。

三、虽有第二款的规定，发生于缔约国一方支付给：

（一）在阿曼苏丹国：

1. 阿曼苏丹国政府及其地方当局；

2. 阿曼中央银行；

3. 国家总储备基金；

4. 阿曼发展银行；以及

5. 缔约国双方主管当局随时协商同意的，由阿曼苏丹国政府全部拥有的任何其他金融机构；

（二）在中国：

1. 中国政府及其地方当局；

2. 中国人民银行；

3. 国家发展银行；

4. 中国进出口银行；

5. 中国农业开发银行；

6. 缔约国双方主管当局随时协商同意的，由中国政府全部拥有的任何其他金融机构，

应仅在该缔约国另一方征税。

四、本条"利息"一语是指从各种债权取得的所得，不论其有无抵押担保或者是否有权分享债务人的利润；特别是从公债、债券或者信用债券取得的所得，包括其溢价和奖金。由于延期支付的罚款，不应视为本条所规定的利息。

五、如果利息受益所有人是缔约国一方居民，在利息发生的缔约国另一方，通过设在该缔约国另一方的常设机构进行营业或者通过设在该缔约国另一方的固定基地从事独立个人劳务，据以支付该利息的债权与

该常设机构或者固定基地有实际联系的，不适用第一款、第二款和第三款的规定。在这种情况下，应视具体情况适用第七条或第十四条的规定。

六、如果支付利息的人为缔约国一方政府、其地方当局或该缔约国居民，应认为该利息发生在该缔约国。然而，当支付利息的人不论是否为缔约国一方居民，在缔约国一方设有常设机构或者固定基地，支付该利息的债务与该常设机构或者固定基地有联系，并由其负担利息，上述利息应认为发生于该常设机构的固定基地所在缔约国。

七、由于支付利息的人与受益所有人之间或者他们与其他人之间的特殊关系，就有关债权所支付的利息数额超出支付人与受益所有人没有上述关系所能同意的数额时，本条规定应仅适用于后来提及的数额。在这种情况下，对该支付款项的超出部分，仍应按各缔约国的法律征税，但应对本协定其它规定予以适当注意。

第十二条　特许权使用费

一、发生于缔约国一方支付给缔约国另一方居民的特许权使用费，可以在该缔约国另一方征税。

二、然而，这些特许权使用费也可以在其发生的缔约国，按照该缔约国的法律征税。但是，如果收款人是特许权使用费受益所有人，则所征税款不应超过特许权使用费总额的百分之十。缔约双方主管当局应协商确定实施该限制税率的方式。

三、本条"特许权使用费"一语是指使用或有权使用文学、艺术或科学著作，包括电影影片、无线电或电视广播使用的胶片、磁带的版权，专利、商标、设计或模型、图纸、秘密配方或秘密程序所支付的作为报酬的各种款项，或者使用或有权使用工业、商业、科学设备或有关工业、商业、科学经验的情报所支付的作为报酬的各种款项。

四、如果特许权使用费受益所有人是缔约国一方居民，在特许权使用费发生的缔约国另一方，通过设在该缔约国另一方的常设机构进行营业或者通过设在该缔约国另一方的固定基地从事独立个人劳务，据以支付该特许权使用费的权利或财产与该常设机构或固定基地有实际联系的，不适用第一款和第二款的规定。在这种情况下，应视具体情况适用第七条或第十四条的规定。

五、如果支付特许权使用费的人是缔约国一方政府、其地方当局或该缔约国居民，应认为该特许权使用费发生在该缔约国。然而，当支付特许权使用费的人不论是否为缔约国一方居民，在缔约国一方设有常设机构或者固定基地，支付该特许权使用费的义务与该常设机构或者固定基地有联系，并由其负担这种特许权使用费，上述特许权使用费应认为发生于该常设机构或者固定基地所在缔约国。

六、由于支付特许权使用费的人与受益所有人之间或他们与其他人之间的特殊关系，就有关使用、权利或情报支付的特许权使用费数额超出支付人与受益所有人没有上述关系所能同意的数额时，本条规定应仅适用于后来提及的数额。在这种情况下，对该支付款项的超出部分，仍应按各缔约国的法律征税，但应对本协定其它规定予以适当注意。

第十三条　财产收益

一、缔约国一方居民转让第六条所述位于缔约国另一方的不动产取得的收益，可以在该缔约国另一方征税。

二、转让缔约国一方企业在缔约国另一方的常设机构营业财产部分的动产，或者缔约国一方居民在缔约国另一方从事独立个人劳务的固定基地的动产取得的收益，包括转让常设机构（单独或者随同整个企业）或者固定基地取得的收益，可以在该缔约国另一方征税。

三、缔约国一方居民转让从事国际运输的船舶或飞机，或者转让属于经营上述船舶、飞机的动产取得的收益，应仅在该缔约国征税。

四、转让一个公司财产股份的股票取得的收益，该公司的财产又主要直接或者间接由位于缔约国一方的不动产所组成，可以在该缔约国一方征税。

五、转让第四款所述以外的其它股票取得的收益，该项股票又相当于缔约国一方居民公司至少百分之二十五的股权，可以在该缔约国一方征税。

六、转让第一款至第五款所述财产以外的其它财产取得的收益，应仅在转让者为其居民的缔约国征税。

第十四条　独立个人劳务

一、缔约国一方居民由于专业性劳务或者其它独立性活动取得的所得，应仅在该缔约国征税。但具有以下情况之一的，可以在缔约国另一方征税：

（一）在缔约国另一方为从事上述活动设有经常使用的固定基地。在这种情况下，该缔约国另一方可以仅对属于该固定基地的所得征税；

（二）在有关会计年度中在缔约国另一方停留连续或累计达到或超过一百八十三天。在这种情况下，该缔约国另一方可以仅对在该缔约国进行活动取得的所得征税。

二、"专业性劳务"一语特别包括独立的科学、文学、艺术、教育或教学活动，以及医师、律师、工程师、建筑师、牙医师和会计师的独立活动。

第十五条　非独立个人劳务

一、除适用第十六条、第十八条、第十九条、第二十条和第二十一条的规定以外，缔约国一方居民因受雇取得的薪金、工资和其它类似报酬，除在缔约国另一方从事受雇的活动以外，应仅在该缔约国一方征税。在该缔约国另一方从事受雇的活动取得的报酬，可以在该缔约国另一方征税。

二、虽有第一款的规定，缔约国一方居民因在缔约国另一方从事受雇的活动取得的报酬，同时具有以下三个条件的，应仅在该缔约国一方征税；

（一）收款人在有关会计年度开始或终止的任何十二个月中在该缔约国另一方停留连续或累计不超过一百八十三天；

（二）该项报酬由并非该缔约国另一方居民的雇主支付或代表该雇主支付；

（三）该项报酬不是由雇主设在该缔约国另一方的常设机构或固定基地所负担。

三、虽有本条上述规定，在缔约国一方企业经营国际运输的船舶或飞机上从事受雇的活动取得的报酬，应仅在该企业为其居民的缔约国征税。

第十六条　董事费

缔约国一方居民作为缔约国另一方居民公司的董事会成员取得的董事费和其它类似款项，可在以该缔约国另一方征税。

第十七条　艺术家和运动员

一、虽有第十四条和第十五条的规定，缔约国一方居民，作为表演家，如戏剧、电影、广播或电视艺术家、音乐家或作为运动员，在缔约国另一方从事其个人活动取得的所得，可以在该缔约国另一方征税。

二、虽有第七条、第十四条和第十五条的规定，表演家或运动员从事其个人活动取得的所得，并非归属表演家或运动员本人，而是归属于其他人，可以在该表演家或运动员从事其活动的缔约国征税。

三、虽有本条上述规定，作为缔约国一方居民的表演家或运动员在缔约国另一方按照缔约国双方政府的文化交流计划进行活动取得的所得，在该缔约国另一方应予免税。

第十八条　退休金

一、除适用第十九条第二款的规定以外，因以前的雇佣关系支付给缔约国一方居民的退休金和其它类似报酬，应仅在该缔约国一方征税。

二、虽有第一款的规定，缔约国一方政府或地方当局按社会保险制度的公共福利计划支付的退休金和其它类似款项，应仅在该缔约国一方征税。

第十九条　政府服务

一、（一）缔约国一方政府或地方当局对履行政府职责向其提供服务的个人支付退休金以外的报酬，应仅在该缔约国一方征税。

（二）但是，如果该项服务是在缔约国另一方提供，而且提供服务的个人是该缔约国另一方居民，并且该居民：

1. 是该缔约国另一方国民；或者

2. 不是仅由于提供该项服务，而成为该缔约国另一方的居民，该项报酬，应仅在该缔约国另一方征税。

二、（一）缔约国一方政府或地方当局支付或者从其建立的基金中支付给向其提供服务的个人的退休金，应仅在该缔约国一方征税。

（二）但是，如果提供服务的个人是缔约国另一方居民，并且是其国民的，该项退休金应仅在该缔约国另一方征税。

三、第十五条、第十六条、第十七条和第十八条的规定，应适用于向缔约国一方政府或地方当局举办的事业提供服务取得的报酬和退休金。

第二十条 教师和研究人员

一、任何个人是、或者在紧接前往缔约国一方之前曾是缔约国另一方居民，主要是为了在该缔约国一方的大学、学院、学校或为该缔约国一方政府承认的教育机构和科研机构从事教学、讲学或研究的目的，停留在该缔约国一方。对其由于教学、讲学或研究取得的报酬，该缔约国一方应自其第一次到达之日起，两年内免予征税。

二、本条第一款的规定不适用于不是为了公共利益而主要是为了某个人或某些人的私利从事研究取得的所得。

第二十一条 学生和实习人员

一、学生、企业学徒或实习生是、或者在紧接前往缔约国一方之前曾是缔约国另一方居民，仅由于接受教育或教训的目的，停留在该缔约国一方，对其为了维持生活、接受教育或教训的目的收到的来源于该缔约国以外的款项，该缔约国一方应免予征税。

二、第一款所述学生、企业学徒或实习生取得的不包括在第一款的赠款、奖学金和劳务报酬，在接受教育或培训期间，应与其所停留国居民享受同样的免税、优惠或减税。

第二十二条 其它所得

一、缔约国一方居民取得的各项所得，不论在什么地方发生的，凡本协定上述各条未作规定的，应仅在该缔约国一方征税。

二、第六条第二款规定的不动产所得以外的其它所得，如果所得收款人为缔约国一方居民，通过设在缔约国另一方的常设机构在该缔约国另一方进行营业，或者通过设在该缔约国另一方的固定基地在该缔约国另一方从事独立个人劳务，据以支付所得的权利或财产与该常设机构或固定基地有实际联系的，不适用第一款的规定。在这种情况下，应视具本情况分别适用第七条或第十四条的规定。

第二十三条 消除双重征税方法

一、在阿曼苏丹国，消除双重征税如下：

阿曼苏丹国居民从中国取得的所得，按照本协定规定在中国缴纳的税额，可以在对该居民征收的阿曼苏丹国税收中扣除，无论是直接或通过扣除。但是，扣除额不应超过扣除前对归属于可以在中国征税的所得计算的那部分所得税数额。

二、在中国，消除双重征税如下：

中国居民从阿曼苏丹国取得的所得，按照本协定规定在阿曼苏丹国缴纳的税额，可以在对该居民征收的中国税收中抵免。但是，抵免额不应超过对该项所得按照中国税法和规章计算的中国税收数额。

三、本第一款和第二款提及的在缔约国一方应纳税额，应视为包括假如没有按照该缔约国一方为促进经济发展给予的税收优惠而本应缴纳的税收。

第二十四条 无差别待遇

一、缔约国一方国民在缔约国另一方负担的税收或者有关条件，不应与该缔约国另一方国民在相同情况下，负担或可能负担的税收或者有关条件不同或比其更重。虽有第一条的规定，本规定也应适用于不是缔约国一方或者双方居民的人。

二、缔约国一方企业在缔约国另一方常设机构的税收负担，不应高于该缔约国另一方对其本国进行同样活动的企业。本规定不应理解为缔约国一方由于民事地位、家庭负担给予该缔约国居民的任何扣除、优惠和减免也必须给予该缔约国另一方居民。

三、除适用第九条第一款、第十一条第七款或第十二条第六款规定外，缔约国一方企业支付给缔约国另一方居民的利息、特许权使用费和其它款项，在确定该企业应纳税利润时，应与在同样情况下支付给该缔约国一方居民同样予以扣除。

四、缔约国一方企业的资本全部或部分，直接或间接为缔约国另一方一个或一个以上的居民拥有或控制，该企业在该缔约国一方负担的税收或者有关条件，不应与该缔约国一方其它同类企业的负担或可能负担的税收或者有关条件不同或比其重要。

第二十五条　协商程序

一、当缔约国一方居民认为，缔约国一方或者双方所采取的措施，导致或将导致对其不符合本协定规定的征税时，可以不考虑各缔约国国内法律的补救办法，将案情提交本人为其居民的缔约国主管当局或者如果其案情属于第二十四条第一款，可以提交本人为其国民的缔约国主管当局。该项案情必须在不符合本协定规定的征税措施第一次通知之日起，三年内提出。

二、上述主管当局如果认为所提意见合理，又不能单方面圆满解决时，应设法同缔约国另一方主管当局相互协商解决，以避免不符合协定的征税。达成的协议应予执行，而不受各缔约国国内法律的时间限制。

三、缔约国双方主管当局应通过协议设法解决在解释或实施本协定时所发生的困难或疑义，也可以对本协定未作规定的消除双重征税问题进行协商。

四、缔约国双方主管当局为达成第二款和第三款的协议，可以相互直接联系。为有助于达成协议，双方主管当局的代表可以进行会谈，口头交换意见。

第二十六条　情报交换

一、缔约国双方主管当局应交换为实施本协定的规定所需要的情报，或缔约国双方关于本协定所涉及的税种的国内法律的规定所需要的情报（以根据这些法律征税与本协定不相抵触为限）特别是防止偷漏税的情报。情报交换不受第一条的限制。缔约国一方收到的情报应作密件处理，仅应告知与本协定所含税种有关的查定、征收、执行、起诉或裁决上诉有关的人员或当局（包括法院和行政管理部门）。上述人员或当局应仅为上述目的使用该情报，但可以在公开法庭的诉讼程序或法庭判决中公开有关情报。

二、第一款的规定在任何情况下，不应被理解为缔约国一方有以下义务：

（一）采取与该缔约国或缔约国另一方法律或行政惯例相违背的行政措施；

（二）提供按照该缔约国或缔约国另一方法律或正常行政渠道不能得到的情报；

（三）提供泄露任何贸易、经营、工业、商业、专业秘密、贸易过程的情报或者泄露会违反公共政策（公共秩序）的情报。

第二十七条　外交代表和领事官员

本协定应不影响按国际法一般规则或特别协定规定的外交代表或领事官员的税收特权。

第二十八条　生效

缔约国任何一方应通知缔约国另一方已履行为本协定生效所必需的法律程序。本协定应自后一方通知之日起的第三十天开始生效。本协定将适用于在协定生效年度的次年一月一日或以后开始的纳税年度中取得的所得。

第二十九条　终止

本协定在缔约国任何一方提出终止前应长期有效。但缔约国任何一方可以在本协定生效之日起满五年后任何历年底至少六个月或以前，通过外交途径书面通知对方终止本协定。在这种情况下，本协定对终止通知发出年度的次年一月一日或以后开始的纳税年度中取得的所得停止有效。

下列代表，经正式授权，已在本协定上签字为证。

本协定于二〇〇二年三月二十五日在马斯喀特签订，按照回历为1423年1月11日，一式两份，每份都用中文、阿拉伯文和英文写成，所有文本具有同等效力。如解释上遇有分歧，应以英文本为准。

中华人民共和国政府代表　阿曼苏丹国政府代表

程法光（签字）　　　　　艾哈迈德·本·阿卜杜纳比·迈奇（签字）

国家税务总局副局长　　　国民经济大臣、财政能源委员会副主席

议定书

在签订中华人民共和国政府和阿曼苏丹国政府关于对所得避免双重征税和防止偷漏税的协定（以下简称"协定"）时，双方同意下列规定应作为协定的组成部分：

一、协定第四条第一款提及的"总机构"一语，是指根据缔约国一方法律设立的负责该缔约国一方企业的管理、经营和控制的中心机构。

二、关于协定第四条第一款，由阿曼苏丹国拥有权益和控制的国家总储备基金，在本协定中也应认为是阿曼苏丹国居民。

三、关于从海湾航空公司取得的利润，协定第八条第一款的规定应仅适用于根据海湾航空公司的组建合同，归属于阿曼苏丹国政府拥有股份的那部分利润。

四、关于协定第十五条，缔约国一方的空运、海运企业派驻缔约国另一方的雇员，该雇员是缔约国一方国民的，其报酬应仅在首先提及的缔约国征税。

五、关于协定第二十四条，对在阿曼苏丹国从事经营活动企业所适用的税率没有统一以前，阿曼苏丹国将不能完全执行本条规定。

下列代表，经正式授权，已在本议定书上签字为证。

本议定书于二〇〇二年三月十五日在马斯喀特签订，按照回历为 1423 年 1 月 11 日，一式两份，每份都用中文、阿拉伯文和英文写成，所有文本具有同等效力。如解释上遇有分歧，应以英文本为准。

中华人民共和国政府代表　　阿曼苏丹国政府代表

程法光（签字）　　　　　　艾哈迈德·本·阿卜杜纳比·迈奇（签字）

国家税务总局副局长　　　　国民经济大臣、财政能源事务委员会副主席

11. 中华人民共和国外交部和阿曼苏丹国外交部战略磋商谅解备忘录

(2004 年 6 月 21 日)

基于中华人民共和国和阿曼苏丹国间的传统友好关系，并为进一步加强和推动这一关系，中华人民共和国外交部和阿曼苏丹国外交部商定成立中国—阿曼双边合作战略磋商小组。

一、战略磋商小组的宗旨：

（一）研究对加强双边关系具有战略意义的政治、经济、安全合作等特定议题，并就两国共同关心的地区和国际问题进行磋商；

（二）就双边关系的各个方面及对地区和国际问题立场进行协调，并为两国战略合作项目的执行提供直接便利；

（三）双方可随时提出附加项目或建议，交战略磋商小组研究。

二、战略磋商小组由中国外交部副部长或部长助理和阿曼外交次大臣担任两组长，成员由双方根据每次会议议程的要求予以提名。

三、战略磋商小组每年召开一次会议，会议轮流在两国举行。经双方商定，小组可随时召开特别会议。派遣方负担国际旅费，接待方负担住宿和国内交通费用。

四、经双方同意，可对本备忘录文本进行修改。

五、本备忘录自签署之日起生效，除非任何一方书面通知另一方终止本备忘录效力，本备忘录将长期有效。

六、一俟本备忘录生效，两国外交部于一九九七年六月九日签订的《中华人民共和国外交部和阿曼苏丹国外交部合作议定书》自动中止效力。

附录四 驻阿曼中资企业一览

截至 2009 年 12 月

序号	企业名称	电话	传真	电子邮箱
1	中油国际（阿曼）公司 Mazoon Petrogas（BVI）Ltd, Muscat Branch	24523965 24523801 24607309	24523951	feng@ dapeco. com. om sheng@ daoeco. com. om
2	BGP 油气服务有限责任公司 BGP Oil & Gas Services LLC	24498837	24496190	mengqingbing@ gmail. com lizhifeng@ bgp. com. cn
3	长城钻井公司阿曼分公司 Great Wall Drilling Company Ltd.（Muscat Branch）	24496730 24496731	24496736	Jichenglou. gwdc@ cnpc. ccom. cn guobaomin@ gmail. com
4	中国石油技术开发公司驻阿曼代表处 Sino Gulf Energy Enterprises LLC	24577200	24480518	Louis_ lhy@163. com
5	中油测井技术服务有限责任公司阿曼分公司 China National Logging Corporation（Oman Branch）	24503133	24503322	zhangyingjin@ cnlc. cn taohongliang@ cnlc. cn
6	大庆油田力神泵业有限公司阿曼分公司 Daqing Oilfield Powerlift Pump Industry Co., Ltd（Oman Branch）			liujy@ cnpc. com. cn popwilliam@ gmail. com
7	海默技术有限责任公司 Haimo Technologies & Co. LLC	24503828 24503866	24503617	Shflv@ haimotech. com
8	中石化阿曼石油服务有限公司 SINOPEC PETROLEUM SERVICE CO. LLC	24613242	24613145	zmwang@ sipsc. com
9	华为技术投资公司阿曼分公司 Huawei Tech Investment Oman Branch	24489004	24481706	wuweitao@ huawei. com yuebin53405@ huawei. com
10	山东电力建设第三工程公司 SEPCOIII Electric Power Construction Corp.	98570623		qw@ sepco3. com

续表

序号	企业名称	电话	传真	电子邮箱
11	中铁18局（集团）有限公司马斯喀特分公司 China Railway 18th Bureau（Group）Co.，Ltd（Muscat Branch）	24539903	24539918	cr18goman@ 163. com
12	中国水利水电建设集团公司阿曼分公司 Sinohydro Oman Branch	24488851		xiashuifang@ cwbeleven. com zhouxueqin11@ gmail. com
13	中国建材装备有限公司 China National Building Material Equipment Co.，Ltd.（Oman Branch）	24536588	24539177	lyue@ cbmec. com cxing@ cbmec. com
14	中国机械工业建设公司 China EMIIC Engineering & Construction LLC	96093071	95521920	blshu@ cmiic. com. cn r. x. bai@ cmiic. com. cn
15	中国水产总公司驻阿曼代表处 China National Fisheries Corp. Delegation in Oman	24813976	24814460	cnfcmct@ omantel. net. om tang1019688@ hotmail. com
16	广东南洋渔业有限公司 Guangdong Nanyang Fishery Company，Ltd.	96348411		zongxing_ liang@ 163. com hefx_ 2006@ 163. com
17	中国港湾工程有限责任公司 China Harbor Engineering Company			
18	中兴通讯股份有限公司 ZTE Corporation（Sultanate of Oman）	95426912		wang. fang3@ zte. com. cn

阿曼华人华侨协会（联系人）：

王志梅：Tel：92824434　　　　E－mail：mayfield50@ hotmail. com

杨先洪：Tel：99318613　　　　E－mail：Henry_ Yang@ oxy. com

唐五代大食汉文
史料汇编校释

Three Studies
on
the History of
Relations between
Oman and China（3）

吴玉贵 著

绪论　唐五代大食汉文史料概说

　　7 世纪上半叶，大食帝国的兴起并向东方发展，引发了此后内亚地区政治版图、文化面貌以及种族分布的大变动。大食统一阿拉伯半岛后不久，就在唐高宗永徽二年（651），派遣使节出使唐朝，正式开始了双方的官方交往。此后迄止五代（907—960）末年，汉文史料对大食国的记载绵绵不绝，为了解和研究大食帝国及其东扩的历史提供了重要的参考资料。我们希望通过对唐五代时期（618—960）大食汉文史料的系统挖掘和整理，从史料学的角度，反映这一时期汉文史料记载的大食历史及大食帝国与唐朝的交往，为相关领域的研究提供一些帮助。同时还希望通过对与唐五代大食汉文史料相关的文献的介绍，使读者对唐五代传统文献有一个初步的了解。

一　唐五代汉文文献史料学研究现状及问题

　　唐五代时期的大食汉文史料，散见于各类汉文文献之中，要研究和利用这些史料，除了要具备这一时期的汉文文献的必要知识外，还应该对这些文献的史料学性质有所了解。这里首先对唐五代汉文文献及其史料学研究现状做简要的介绍。

　　从广义上说，包括文字资料、各种类型的实物资料、考古遗存在内，所有能用于说明和研究唐五代历史的材料，都可以称之为唐五代的历史史料。本书只涉及反映唐五代历史的汉文文献史料。

　　史料学与历史文献学有密不可分的关系。历史文献学主要以书面文字资料的载体"历史文献"作为研究对象。由于中国古代历史悠久，文献完备且数量繁多，历史文献学久已成为一门非常成熟的学科。在历史文献学之下发育出了目录学、版本学、校勘学、辨伪学、金石学、档案学和古文书学等多个不同门类的从属学科，使历史文献学的内容不断得到充实和完善。

　　与历史文献学以"文献"作为研究对象不同，"史料学"是研究如何认识和利用"文献史料"的学问。也就是说，历史文献学主要研究历史上某一时段或某一领域有哪些文献，这些文献的内容、形式、类别、流变及外在形态等等，而史料学则侧重研究如何从史料的角度认识和利用某一时期或特定学科的历史文献。对文献史料的认识和利用，有赖于历史文献学的进步和完善，但历史文献学并不能取代史料学的研究。

　　从史料学的角度来看，目前学术界对唐五代汉文文献史料的认识和史料学分类，还完全处在传统历史文献学的笼罩之下，远远没有能够从历史文献学的窠臼中脱离出来，形成相对独立的理论和方法。《中国古代史史料学》和《唐史史料学》是当今国内史学界研究唐五代文献史料最重要和最权威的两部著作①。以下试对这两种著作的结构和主要内容作简要的叙述，希望通过介绍，使读者在比较全面了解唐五代历史文献的同时，能够对当今学术界隋唐五代文献"史料学"状况获得一个粗浅的一般性的认识。

　　《中国古代史史料学》的第五章《隋唐五代史史料》，由张泽咸先生撰写，专门讨论隋唐五代史史料学。本章分为三节，第一节"概况"，第二节"多种体裁的基本史料书"和第三节"丰富多彩的其他资料"。

　　第一节分为九个部分，介绍了隋唐五代历史文献及其时代特点。包

---

　　① 《中国古代史史料学》，陈高华、陈智超等著，北京出版社 1983 年版；修订本，天津古籍出版社 2006 年版。《唐史史料学》，黄永年著，陕西师范大学出版社 1989 年版；修订本，上海书店出版社 2002 年版；中华书局，2014 年版。

括（一）官修史书占重要地位；（二）政书的崛兴；（三）别集显著增多；（四）地图、地志学的大发展；（五）杂史、故事、笔记的增多；（六）类书的出现；（七）碑志众多；（八）佛道经典极多；（九）史评的出现。

第二节具体介绍了反映隋唐五代历史的主要史籍或文献。分别为（一）《隋书》；（二）《旧唐书》；（三）《新唐书》；（四）《旧五代史》；（五）《新五代史》；（六）十国史籍；（七）《资治通鉴》《资治通鉴考异》；（八）《唐六典》；（九）《通典》；（十）《唐会要》；（十一）《五代会要》；（十二）《唐律疏议》；（十三）《唐大诏令集》；（十四）《册府元龟》；（十五）《文苑英华》；（十六）《全唐文》；（十七）《全唐诗》；（十八）《元和郡县图志》；（十九）《太平寰宇记》。

第三节分为四个部分，（一）唐人别集；（二）别史、杂记、小说；（三）后人所补表志；（四）考古文献资料。从不同的方面，介绍了唐人著述、正史外有关隋唐五代的史籍及后代对唐史文献的补充整理情况，最后还着重介绍了近人对敦煌、吐鲁番文书的整理和研究情况。

黄永年先生所著《唐史史料学》稍后于《中国古代史史料学》，是迄今为止研究唐史史料学的唯一一部专著。本书章节结构安排，大体沿用了《四库全书》使用的传统的古籍分类法并根据现存唐代文献的具体情况作了一些变通，将唐代文献分为十五个大类进行了论述。具体如下：

一　纪传类，包括《旧唐书》《新唐书》《隋书》《旧五代史》《新五代史》等正史，以及《廿二史考异》《十七史商榷》《唐方镇年表》《唐折冲府考》《唐书兵志笺证》等与正史相关的考证、辑补著作。

二　编年类，《资治通鉴》《资治通鉴补》《大唐创业起居注》《顺宗实录》等编年性质的著作。

三　典章制度类，《通典》、《续通典》（辑本）、《唐会要》等制度类史籍。

四　职官类，《大唐六典》。

五　仪注类，《大唐开元礼》《大唐郊祀录》。

六　法令类，《唐律疏议》《唐令拾遗》。

七　诏令类，《唐大诏令集》。

八　地理类，包括《括地志》《元和郡县图志》《太平寰宇记》《两京新记》《长安志》《长安志图》等记载长安地理的史籍；《大唐西域记》《大慈恩寺三藏法师传》《唐大和上东征传》《入唐求法巡礼行记》《蛮书》《北户录》《桂林风土记》《岭表录异》等与边疆及四邻相关的史籍；以及《唐两京城坊考》《隋唐两京丛考》等历史地理学研究专著。

九　谱牒及职官姓名类，主要讨论了《元和姓纂》《翰林志》《承旨学士院记》《唐御史台精舍题名考》《郎官石柱题名考》《登科记考》《唐仆尚丞郎表》《唐人行第录》等文献和近人研究论著，包括唐代谱牒和各类职官名录及补证、辑录著作。此外，在本节中还介绍了《唐五代传记人物资料综合索引》《唐五代五十二种笔记小说人名索引》等近人编写的工具书。

十　杂史杂说小说类，包括《贞观政要》《安禄山事迹》《奉天录》《朝野佥载》《大唐新语》《开元天宝遗事》《唐语林》《类说》《说郛》《太平广记》等48种在《四库全书》分类中属于史部杂史类和子部杂家类、小说类的著作。

十一　诗文类，包括王勃《王子安集》、张九龄《曲江张先生文集》、颜真卿《颜鲁公集》、岑参《岑嘉州集》、崔致远《桂苑笔耕集》以及《文苑英华》《全唐文》《全唐诗》等唐人别集、总集72种。

十二　类书类，包括《初学记》《白氏六帖》《太平御览》《册府元龟》《玉海》等五种唐宋时期编纂的重要类书。

十三　金石类，包括《集古录》《金石录》《金石萃编》《金石续编》《金石萃编补正》《唐代墓志汇编》等石刻题跋和汇录著作。

十四　书目类，主要介绍了《旧唐书·经籍志》《新唐书·艺文志》《日本国见在书目》《崇文总目辑释》《秘书省续编到四库阙书目》《中兴馆阁书目辑考》《郡斋读书志》《直斋书录解题》等著录唐人著述的重要书目类著作。

十五　敦煌吐鲁番文书类，主要介绍传世文献之外，晚近以来在敦煌、吐鲁番两地发现的以唐代为主的古文书史料，包括《敦煌石室遗书》《鸣沙石室佚书》《敦煌掇琐》《敦煌石室写经题记与敦煌杂录》《流沙遗珍》《敦煌资料》《敦煌宝藏》《敦煌丛刊初集》《中国古代籍帐研究》《吐鲁番文书》等近 27 种著作。

张泽咸先生和黄永年先生都是国内从事唐五代历史研究的一时无两的前辈专家，他们的著作出版较早，影响很大，后出的相关史料学著作对唐五代文献史料的介绍大多不出他们划定的范围，分类及编纂结构的设置也大同小异。

目前通行的唐五代史料学研究著作的这种编纂结构，便于根据存世文献不同的类别，审视和把握唐五代文献资料的一般状况，便于初学，容易掌握，有非常明显的优长。但是这种本质上类似于"书目提要"式的撰著方式，与传统历史文献学的畛域并不十分清晰，在结构上部分或完全承袭了历史文献学的分类方式，名义上是"史料学"，但论述的重点却仍然是"文献"而不是"史料"。虽然在具体介绍某部或某类文献时，也会侧重探讨不同文献的"史料价值"，可是由于这些探讨完全是在传统历史文献学的框架之下进行，因此并不能从整体上反映唐五代历史文献史料的"史料学"特点。这种结构和内容的背离，既影响了对唐五代历史文献的史料学理论和方法的探讨与深入，也不利于从整体上全面认识唐五代传统文献的史料价值，从而无法真正在"史料学"的层面上开展对唐五代历史文献史料的研究。

这里只举一个非常浅显的例证。《贞观政要》是一部专门记录唐太宗君臣治国理政的言论集，有许多内容不见于其他史书记载。这部著作的作者吴兢，是唐武则天和玄宗时代的史官，曾参加过《武则天实录》和唐朝《国史》的修撰。陈寅恪先生认为《贞观政要》是《太宗实录》的"分类节要本"，而黄永年先生则认为除了《实录》外，起居注、国史等唐朝本朝"旧史"也属于这部著作的史料来源。虽然说法不同，但都认为这是一部史料价值很高的著作。在传统的四部分类中，这部书属于史部杂史类，张泽咸、黄永年先生都按照传统分类，将

《贞观政要》放在"别史、杂记、小说"中介绍。传统杂记小说虽然多属于缀辑琐语、诬谩失真的闾巷之言，但也具有"寓劝戒、广见闻、资考证"的性质①，与作为言论集的《贞观政要》，在记述内容和表现形式上都有相似之处。从历史文献学的角度来说，将它们归为一类，自有其允当的理由。但是从"史料学"的角度来说，《贞观政要》源自《实录》和《国史》，与"采摭民言"或杂采历代"百家小说"编纂而成的具有强烈传闻性质的杂记、小说类著述②，在史料价值上完全不在同一档次，将它们归为一类，显然是不合适的。这个例证比较典型地说明了当前唐五代文献史料学所采用的文献学分类框架与"史料学"内容的无法调和的尴尬处境。

类似因为结构与内容的背离引起的问题还有很多，此不一一赘举。我们认为，只有建立史料学自身的理论，从结构和分类上划清史料学与历史文献学的界限，才能从源头上解决在唐五代史料学领域普遍存在的叙述结构或分类与内容相背离的问题。如何建立或完善唐五代汉文文献史料学理论的问题，应该是一个长期探索的过程，绝非这本小书所能解决。《唐五代大食汉文史料汇编辑校》只是希望在介绍这一时期大食汉文史料的同时，根据我们对史料学的粗浅理解，尝试对与大食相关的唐五代汉文文献进行新的分类，希望在全面辑录相关史料的同时，能够对整体上认识和把握唐五代大食汉文史料有一些帮助。

二 唐五代与大食相关的汉文文献的史料学分类

唐代著名史学理论家刘知几总结中国古代史书的撰著称："夫为史之道，其流有二。何者？书事记言，出自当时之简；勒成删定，归于后来之笔。"他称"书事记言"为"当时草创者"，即类似董狐、南史等当时记录朝政大事的史官；称"勒成删定"为"后来经始者"，即类似

---

① 参见《四库全书总目》卷一四〇"子部·小说家类"，第1182页。
② 参见《四库全书总目》卷一二三"子部·杂家类"《类说》提要，第1061页；《四库全书总目》卷一四〇"子部·小说家类"《开元天宝遗事》提要，第1187页。

班固、陈寿等后来的史书编撰者。认为前者需要"博闻实录",后者贵在"俊识通才"①。刘知几的认识,对唐五代与大食相关的汉文文献的史料学分类具有至关重要的指导意义。

首先,根据唐五代汉文文献的特点,我们可以将与大食相关的汉文文献史料分为原始史料和著述史料两种类型。所谓原始史料,主要是指当时或后代编纂的偏重记录性质的文献,约略等于刘知几指出的"书事记言"的"当时之简"。唐五代汉文原始史料是以多种形式存在的,比如起居注、实录类的史学著作、《唐会要》、《五代会要》、《唐大诏令集》等在文献学上属于不同种类的辑录原始政制及诏令的专书、主要摘录起居注、实录、国史资料而成的《贞观政要》、留存在总集和别集中的诏令、奏议等原始文献,都应该属于原始史料的范畴。此外,有些唐五代史籍虽然不属于记录性质,但因为是当时人撰写,我们也将它们归为原始史料,比如杜佑所撰《通典》就是如此。其他如当时撰著的以碑志为主体的石刻史料,甚至当时人创作的诗文、小说等等,也都属于原始史料的范围。简单地说,我们说的"原始史料",就是指当时或后代编纂的偏重记录性质的文献,以及当时人撰著的各种文体或类别的文字资料。

著述史料是相对于原始史料而言的。顾名思义,著述史料的主要属性是"著述"而不是"记录",基本上相当于刘知几说的"勒成删定"的"后来之笔"。原始史料是著述类著作的史料来源和基础,著述类著作是原始史料的进一步提炼和升华。史家在撰写著述类历史著作时,不管对原始史料采取何种态度,都必须要对原始史料进行重新组织、剪裁,以适应编纂新著的需要。也就是说,虽然著述类史料的编撰有先后,改纂史料的程度有差异,因而史料价值高低有所区别,但有一点是相同的,就是这类著作都对原始史料进行了再加工,并在加工过程中形成了各自的史料学特点。虽然在原始史料不足或阙失的情况下,著述类史料往往会成为研究唐五代历史依赖的最重要的史料,但是对著述类著

---

① 《史通通释》卷一一《外篇·史官建置》,第325页。

作对原始史料"再加工"特点的清醒认识，是科学利用著述类史料的一个基本前提。举其大端而言，与唐五代大食相关的著述类史料主要有《旧唐书》《新唐书》《旧五代史》《新五代史》等纪传体正史，也有编年体史书《资治通鉴》，还有在传统分类中归入地理类的《太平寰宇记》等等体裁不同、年代各异的史学和其他题材的著作。

需要特别指出的是，原始史料和著述类史料，只是根据唐五代文献的史料学性质作出的一个相对的划分，二者之间并不存在一条泾渭分明的界限。有时候原始史料保存的内容其实并不"原始"，而著述类著作中反而可能保留了更"原始"的史料。比如将《唐会要》《五代会要》《唐大诏令集》归入原始史料，是因为我们认为这些著作属于辑录原始政制及诏令的专书，相对于原始的诏令而言，它们在辑录的过程中大多进行过删节（比如《唐会要》在记录唐代的诏令时，就屡屡提到"节文"）。但因为很多诏令原文已不可见，不得已将后来辑录的内容当作了原始资料。而作为著述类史料的《旧唐书》，因为编纂比较粗疏，往往原封不动地保留了大量唐代各朝实录和国史的原始内容。在《通鉴考异》和其他著述类著作中，也明确引用了不少唐代本朝实录的原文。

就唐五代大食汉文史料来说，我们可以举《通典》为例来作一个简单的解释。如果根据是否属于记录性质的原则，则《通典》应该属于著述类史籍，只是因为它是唐朝本朝人撰写的著作，我们才将它纳入原始史料。但是在《通典》中节录了作者杜佑的族侄杜环游历大食的著作《经行记》，所以它又是唐五代大食汉文史料中最原始、最具史料价值的。以上例证说明，原始史料与著述类史料只是一个相对的概念。

在唐五代汉文文献中，传统四部分类中属于"类书"的文献，是上文提出的原始史料和著述史料的分类无法涵盖的。所谓类书，是古人为了写诗作文查找典故方便，从各类书籍中摘录而成的书籍。《四库全书总目》说"类事之书，兼收四部而非经非史，非子非集。四部之内，乃无类可归"①，在传统文献学分类中，这类著作就因"无类可归"而

---

① 《四库全书总目》卷一三五"子部·类书类"，第1141页。

自成一类。就史料学的角度而言，"类书"文献中既有出自原始史料的内容，也有摘录著述类史料的内容，很难根据其史料特点做出明确的归类。尤其是保留了最大量的唐五代原始史料的大型类书《册府元龟》，在辑录史料时根本就不注明出处，更无从区分《册府元龟》的记载的相关史料哪些属于原始史料，哪些属于著述史料。因此我们将类书的史料作为一个特殊的类别，单独论列。

我们认为，相对于传统文献学分类来说，原始史料、著述史料、类书史料的分类更便于从史料学的角度认识和利用大食汉文史料，是一种比较科学的史料学分类方式。

三　唐五代大食汉文史料的分布及其特点

以上原始史料、著述史料、类书史料三个类别，只是根据史料学性质，对唐五代历史文献史料做的一般性区分。具体就唐五代大食汉文史料的分布而言，这种区分并不能充分反映这一时期大食汉文史料的特点。与汉文史料对其他边疆部族及域外政权的记载一样，唐五代大食汉文史料分布也呈现局部集中、整体分散的状态。所谓"整体分散"，是指大部分大食史料都零星分布在不同的汉文史籍之中；而"局部集中"，则是说在正史《大食传》和政书或地志"大食"专目中，集中记载了当时人所知的大食的历史资料，为了解大食史提供了很大的便利。

具体来说，集中记载汉文大食史料的著作包括《旧唐书》《新唐书》为大食设立的列传，《通典》《唐会要》和《太平寰宇记》在"四夷"门下针对"大食"设立的专目。这些列传或专目最集中和最系统地记载了唐五代官方记述的大食帝国的历史发展线索，构建了汉文记载中的大食历史的基本框架，是唐五代大食汉文史料中最基础和最核心的内容，具有非常特殊的地位，因此我们特别将这些集中记载大食历史的汉文史料从其他史料中抽离出来，作为大食汉文史料中的"基础史料"专门加以介绍和讨论。

需要特别解释的是，按照我们对唐五代史料的分类，《唐会要》和

《通典》"大食"专目属于原始史料，而《旧唐书·大食传》《新唐书·大食传》《太平寰宇记》"大食"专目则属于著述史料，属于不同性质的史料，但由于他们都属于专门集中记载大食历史的史料，所以我们将几种史料集中在一起加以讨论。

唐五代汉文大食史料的另一个特点，是史料来源的多样化。以《新唐书》为例，经过研究，我们可以知道《新唐书》卷二二一下《大食传》的史料来源至少有七种，即安西节度使盖嘉运《西域记》、段成式《酉阳杂俎》前集卷一〇《物异》、贾耽《古今郡国县道四夷述》、杜佑《通典》卷一九三《大食》、王溥《唐会要》卷一〇〇《大食》、刘昫《旧唐书》卷一九八《大食传》以及唐修《实录》等（参见第一编"唐五代及后代大食汉文基础史料"四"《新唐书》卷二二一下《大食传》【考释】"）。多种多样的来源，既有助于对《大食传》文本构成的了解，同时也为相关史料的进一步鉴别和研究提供了可能。以下试举两个例证。

第一个例证是，《新唐书·大食传》称拨拔力国"兵多牙角"，何谓"牙角"，仅仅从字面意义上是完全无法了解的。《酉阳杂俎》原文称拨拔力国"自古不属外国。战用象牙排、野牛角为稍，衣甲弓矢之器，步兵二十万，大食频讨袭之"（参见第二编"唐五代大食汉文原始史料"七"唐人杂史小说中的大食汉文史料"引）。可知所谓"牙角"，就是指"象牙排"和"野牛角"。《新唐书》的作者片面追求"文省事增"，对原始史料删削过甚，以至于完全不知所云。如果不探讨《新唐书》的史料来源，就根本无从发现类似的问题。

另一个性质相近的例证是，《旧唐书》卷一九八《大食传》载，大食国"出驼马，大于诸国"，与上文《新唐书》例不同，《旧唐书》这里的文字表面上看没有任何可疑之处，而且《太平御览》卷七九五《四夷部·大食》引《唐书》的记载也完全相同（参见第四编"汉文类书中的大食史料"二"《太平御览》大食史料"引）。但是《册府元龟》卷九六〇《外臣部·土风》记载，大食国"出驼、马、驴、骡、羖羊等，其马大于诸国"，多出了"驴骡羖羊等其马"七字。按，本段文字《唐会要》阙载，《通典》卷一九三《大食》也称，"出驼、马、驴、骡、殺羊等"，对比各种记载可知，诸书与《册府元龟》同出一源，《册府元龟》保留内容最为完备，《通典》略去了"其马大于诸国"六字，《太平御览》引《唐书》和《旧唐书》略去了"驴骡殺羊等其马"七字。前者删略内容，只是相对减少了信息，没有影响文意的正误；而后者则造成了文字理解的歧义，使原来的"其马大于诸国"，变成了"驼马大于诸国"。

唐五代汉文大食史料的第三个特点是，对于同一事件往往有多种相近的记载，而这些看似重复的记载，很多时候却可以成为校订史实正误的重要依据。以下试再举两个例证。第一个例证是，《唐会要》卷一〇〇《大食》载："开元（713—741）初，遣使来朝，进良马、宝钿带。其使谒见，平立不拜，云'本国惟拜天神，虽见王亦不拜。'所司屡诘责之，其使遂依汉法致拜。"据此，则大食使节不遵从唐朝仪轨的行为，遭到了唐朝官员斥责，最终还是按照汉法拜见了玄宗皇帝。但是，《旧唐书》则记载"开元初，遣使来朝，进马及宝钿带等方物。其使谒见，唯平立不拜，宪司欲纠之，中书令张说奏曰：'大食殊俗，慕义远来，不可置罪。'上特许之。寻又遣使朝献，自云在本国惟拜天神，虽见王亦无致拜之法，所司屡诘责之，其使遂请依汉法致拜。"《新唐书》卷二二一下《大食传》也记载："开元初，复遣使献马、钿带，谒见不拜，有司将劾之，中书令张说谓殊俗慕义，不可置于罪，玄宗赦之。使者又来，辞曰：'国人止拜天，见王无拜也。'有司切责，乃拜。"可知在开元初年是否应该跪拜皇帝的外交风波中，经张说调和，大食使节并没有遵从唐朝礼仪跪拜，而是经过玄宗特许，按照大食风俗"平立"致礼。只是到了后来，大食使节再次入朝时，才因为受到礼官的切责，依照汉法实行了跪拜之礼。《唐会要》本节删节过简，因而将开元后第二次入朝发生的事，误植在了"开元初"入朝事之下。

第二个例证是，《通典》卷一九三《大食》载大食风俗称，大食人"刻石蜜为（卢）〔庐〕舍，有似中国宝舆。每至节日，将献贵人琉璃器皿、鍮石瓶钵，盖不可算数"。（《经行记笺注》断句同）点校本《太平寰宇记》卷一八六《大食国》也从《通典》，称"每至节日，将献贵人琉璃器皿、鍮石瓶钵，盖不可算数"。而《新唐书》卷二二下《大食传》则记载，大食人"刻石蜜为庐如舆状，岁献贵人"。由此可知，"将献贵人"的物品，是庐舍形状的石蜜，而不是"琉璃器皿、鍮石瓶钵"。点校本《通典》和《太平寰宇记》的断句都错了。应该作"刻石蜜为（卢）〔庐〕舍，有似中国宝舆，每至节日，将献贵人。琉璃器皿、鍮石瓶钵，盖不可算数"。如果《通典》和《太平寰宇记》的点校者参考《新唐书》的相近记载，则可以避免发生断句的错误。正是因为这些看似重复的史料有纠错勘误的功能，所以我们对大食史料的辑录采取了"宁繁勿删，有文必录"的原则。

从整体而言，唐五代汉文大食史料属于所谓"他者"的记载。在汉文史料中，衡量某个事件是否有记录的价值，如何记录，或者记录内容的多寡详略，主要是由史官从唐五代官方的立场来决定的。许多有关大食的重要史事，很可能因为与唐五代官方无关或关系不重要，或是因为不在史官关注的范围之内而没有留下记载。千余年之后，我们在利用汉文史料时可以尽可能地摆脱当时官方的偏见或者意识形态的影响，也可以仔细甄别史料文本自身的正误，但对史料的有无或多寡却根本无能为力。

比如在历史上非常著名的怛逻斯之战，不仅在《旧唐书·大食传》以及《通典》《唐会要》《太平寰宇记》的"大食"专目中根本就没有提及，就是在这次战役的主帅高仙芝的传记中（《旧唐书》卷一〇四《高仙芝传》）也见不到这次战役的片言只字。相关史书中记载少或不记载的原因其实很简单，就是在这次战役中，高仙芝率领的唐朝军队打了败仗。有关这次战役的主要细节，我们是从参加这次战役的唐朝将领李嗣业和段秀实的传记中得到的（《旧唐书》卷一〇九《李嗣业传》、《新唐书》卷一三八《李嗣业传》、《旧唐书》卷一二八《段秀实传》、《新唐书》卷一五三《段秀实传》）。为什么怛逻斯战役的详情会出现在他们的传记中呢？是因为李嗣业和段秀实在唐军撤退的过程中起了重要作用，使唐军避免了全军覆没的命运。为了评功摆好，才在他们的传记中连带记录了相关情节，而后人也因而有幸能从汉文史料记载的角度来了解这次战役的始末。

除了受记述立场或角度的影响而造成的史料分布的失衡外，现存大食汉文史料中，难免也有由于同样原因造成的夸饰或避讳的成分，这也是我们在利用汉文史料时应该特别注意的一个问题。此不赘述。

第一编　唐五代及后代大食汉文基础史料

　　本书所说的"基础史料",是指专门记述唐五代"大食"历史的传记或类似传记的史料。具体来说,就是《旧唐书》和《新唐书》的"四夷类传"中的"大食传",以及《通典》《唐会要》及《太平寰宇记》等著作中在"四夷"下设立的"大食"专目。从传统四部分类来看,《旧唐书》《新唐书》属于史部正史类,《太平寰宇记》属于史部地理类总志之属,分类归属各不相同;如果单纯从史料学角度判断,则它们都属于著述性质的史料。《唐会要》虽然在传统分类中与《通典》属于同类,但从史料学的角度来看,《唐会要》更接近于唐代各类典章制度资料的分类汇编或摘录,与著述类史书存在明显区别,应该属于原始史料。《通典》在传统分类中属于史部政书类通制之属,按照我们的史料学分类,也属于著述类史料,但因为《通典》是唐人杜佑所作,因此也应该归为原始史料。也就是说,本书辑录的"大食基础史料"中,《旧唐书》《新唐书》《太平寰宇记》属于著述类史料,而《唐会要》《通典》则归类于原始史料。虽然史料性质有别,但总体上来说,"大食传"和"大食"专目,都属于集中记载大食历史的资料,因此我们将这些史料汇集在一起,作为大食汉文史料中的"基础史料"。

　　与其他域外(或边疆)族群及政权的传记一样,《大食传》属于所谓的"四夷传"。唐朝政府规定了各主管部门应按时报送史馆以备修史的各种资料,其中涉及"四夷"的有两项,一是"蕃国朝贡",每当有各国使节到来时,"鸿胪勘问土地风俗,衣服贡献,道里远近,并其主名字报"。一是"蕃夷入寇及来降",相关表状由中书省录状报;露布由兵部录状报,"军还日,军将具录陷破城堡,伤杀吏人,掠掳畜产,并报"①。按照一般理解,上报史馆的这些资料,最终会成为撰写"四夷传"的最基础史料。但是具体从《大食传》和"大食"专目的实际情况来看,大食史料呈多源化的倾向,相关游记、地理学专书,甚至前代相关传记等,都是《大食传》的重要史料来源,而可能源自中书省和兵部录副的资料,反而并不占最重要的比重。这是我们利用《大食传》和"大食"专目的史料时,特别应该引起重视的一个特点。

一 《唐会要》卷一○○《大食》

《唐会要》一百卷,宋王溥撰,中华书局 1955 年版;上海古籍出版社 1991 年版(2006 年新 1 版)②。

根据中国传统古籍分类,《唐会要》与《通典》《文献通考》一样,都属于典章制度类的专书,但从史料性质来看,《唐会要》更接近于唐代各类典章制度资料的分类汇编,属于原始资料性质的史料,与《通典》《文献通考》等著述类史书有明显区别。

唐德宗(780—805)时,苏冕、苏弁兄弟编次唐高祖至德宗期间九朝(即高祖、太宗、高宗、武后、中宗、睿宗、玄宗、肃宗、代宗)"政事",撰成《会要》四十卷,这是《唐会要》最初的形态。在苏氏兄弟之前,在中国古代传统文献中并无"会要"类型的史书,"会要体"是苏氏兄弟的创举。苏冕曾任京兆府士曹、苏弁任杭州刺史,他们为了编撰《唐会要》,"先聚书至二万卷,皆手自刊正",做了非常充分的资料准备工作,最终完成了这项前无古人的编撰工作。唐宣宗大中七年(853),杨绍复、崔瑑、薛逢、郑言等人在苏氏兄弟旧著的基础上,续撰唐德宗至宣宗(847—859)期间七朝(即德宗、顺宗、宪宗、穆宗、敬

---

① 《唐会要》卷六二《史馆》上《诸司应送史馆事例》,第 1285—1286 页。
② 新出牛继清《唐会要校证》(三秦出版社 2012 年版),无参考价值。

宗、文宗、武宗）政事，成《续会要》四十卷，由监修官宰相崔铉进上①。以上两种《会要》由唐朝本朝人编撰，所以径称"会要"，未冠"唐"字。到北宋太祖建隆二年（961），再由王溥补充宣宗朝以后五朝（宣宗、懿宗、僖宗、昭宗、哀宗）政事，加上唐朝所编的两种"会要"，整合为《唐会要》一百卷。因为《唐会要》最后成于王溥之手，因此多以王溥作为《唐会要》的作者。王溥，《宋史》卷二四九有传。

《唐会要》刻本久已佚失，仅有钞本传世。今天流行各种版本，都出自清代《四库》馆臣的整理本。《四库全书总目》说，《唐会要》"凡分目五百十有四，于唐代沿革损益之制，极其详核。官号内有识量、忠谏、举贤、委任、崇奖诸条，亦颇载事迹。其细琐典故，不能概以定目者，则别为杂录，附于各条之后。又间载苏冕驳议，义例该备，有裨考证。今仅传抄本，脱误颇多。八卷题曰《郊仪》，而所载乃南唐事；九卷题曰《杂郊仪》，而所载乃唐初奏疏，皆与目录不相应。七卷、十卷亦多错入他文。盖原书残阙，而后人妄摭窜入，以盈卷帙。又一别本所阙四卷亦同，而有补亡四卷。采摭诸书所载唐事，依原目编类，虽未必合溥之旧本，而宏纲细目，约略粗具，犹可以见其大凡。今据以录入，仍各注补字于标目之下，以示区别焉"。今本《唐会要》增补的七、八、九、十等四卷，就是《提要》说的"别本"之"补亡四卷"。

现在流行的几种版本中，以上海古籍出版社点校本最便实用。但经当代学者研究，在补阙四卷外，至少第九二、九三、九四诸卷，也都出自后人之手补撰，并非《唐会要》原文②。《四库》馆臣整理《唐会要》的过程如何，整理本《唐会要》到底在写本的基础上做了哪些工作，经整理后不同版本间的关系如何，仍然都是有待进一步研究的问题。

《唐会要》"大食"专目，内容与《旧唐书》卷一九八《大食传》基本相同。与其他篇目大多钞录或节录当时的诏敕、奏议不同，《唐会要》的"大食"专目，与一般正史中的四夷"类传"非常相似（《唐

---

① 《唐会要》卷三六《修撰》，第769、772页。
② 黄丽婧：《〈唐会要〉阙卷后人伪撰考》，《江淮论坛》2012年第4期；吴玉贵：《〈唐会要〉突厥吐谷浑卷补撰考》，《文史》2015年第2期。

会要》其他"四夷"篇目也是如此）。我们怀疑《唐会要》"四夷"的内容，很可能是钞录自较早的唐朝本朝所修的《国史》或《唐书》，因而对研究《旧唐书·大食传》的史料来源有重要参考价值。除了特别记载阿拉伯帝国的"大食"专目外，在《唐会要》中还有一些有关大食的史料，请参见第二编"唐五代大食汉文原始史料"—"《唐会要》'大食'专目以外的大食史料"。

　　大食本在波斯之西。大业（605—617）中，有波斯胡纠合亡命，渡恒曷水，劫夺商旅，其众渐盛，遂割据波斯西境，自立为王。其王姓大食氏，名噉密莫末尼[一]，自云有国已三十四年，历三主矣。其国男儿黑而多须，鼻大而长，女子白皙，行必障面。文字旁行。日五拜天神，不饮酒举乐。有礼堂，容数百人，[二]率七日王高坐为下说法曰："死敌者生天上，杀敌致福。"故俗勇于战斗。土多沙石，不堪耕种，唯食驼马，不食豕肉。西邻大海，常遣人乘船，将衣粮入海，经八年而未极西岸。海中有一方石，上有树，干赤叶青，上总生小儿，长六寸，见人皆笑，动其手脚，既著树枝，若使摘取一枝，小儿便死。

　　永徽二年（651）八月，大食遣朝贡。至龙朔（661—663）中，击破波斯，又破拂菻，始有面米之属。又南侵婆罗门，吞并诸国[三]，胜兵四十余万。开元（713—741）初，遣使来朝，进良马、宝钿带。其使谒见，平立不拜，云"本国惟拜天神，虽见王亦不拜"。所司屡诘责之，其使遂依汉法致拜。其时康国、石国皆臣属。十三年，遣使苏梨满等十三人献方物，授果毅，赐绯袍银带，遣还。其境东西万里，东与突骑施相接焉。

　　又案贾耽《四夷述》云：隋开皇（581—600）中，大食族中有孤列种，代为酋长；孤列种中，又有两姓，一号盆尼（夷）〔奚〕深[四]，一号盘泥末换。其奚深后有摩诃末者，勇健多智，众立之为王[五]。东西征伐，开地三千里，兼克夏猎，[六]一名钐音所鉴反。城。摩诃末后十四代，至末换。末换杀其兄伊疾而自立，复残忍，其下怨之。有呼罗珊末麤人并波悉林举义兵，应者悉令著皂衣，旬日间，众盛数万，[七]鼓行而西，生擒末换，杀之，遂求得（夷）〔奚〕深种阿蒲罗拔立之。自后，末换以前种人谓之白衣大食，自阿蒲罗拔以后改为黑衣大食。阿蒲罗拔卒，立其弟阿蒲恭拂。至德（756—758）初，遣使朝贡。代宗之为元帅，亦用其国兵以收两都。宝应（762—763）初，其使又至。恭拂卒，子迷地立。迷地卒，子牟栖立。牟栖卒，弟诃论立。贞元二年（786），与吐蕃为劲敌。蕃兵大半西御大食，故鲜为边患，其力不足也。至十四年丁卯九月，[八]以黑衣大食使含嵯、焉鸡、沙北三人并为中郎将[九]，放还蕃。（《唐会要》卷一〇〇《大食》，第2125—2127页）

【校勘】

〔一〕噉密莫末尼　《旧唐书》卷一九八《大食传》作"噉密莫末腻"，《新唐书》卷二二一下《大食传》作"𪉖密莫末腻"，《太平御览》卷七九五《大食》引《唐书》作"磤密莫末腻"。

〔二〕容数百人　"百"，《通典》卷一九三《大食》引杜环《经行记》作"万"。盖繁体字"萬"或作"万"，因形近而讹作"百"。

〔三〕吞并诸国　《旧唐书》"国"上有"胡"字，文意较长。

〔四〕盆尼夷深　《旧唐书》作"盆尼奚深"。按《唐会要》下文载"奚深后有摩诃末者"云云，"盆尼夷深"与下文不属，据改。下同。点校本失校。

〔五〕众立之为王　"王"，《旧唐书》作"主"。

〔六〕夏猎　《旧唐书》、《新唐书》、《太平寰宇记》卷一八六《大食》作"夏腊"。

〔七〕众盛数万　"盛"，《旧唐书》作"盈"，文意较长。

〔八〕十四年丁卯　德宗贞元十四年戊寅，此称"丁卯"，误。《旧唐书》径作"十四年"，无"丁卯"二字。

〔九〕焉鸡沙北　"焉鸡"，《新唐书》、《太平寰宇记》作"乌鸡"；"沙北"，《册府元龟》卷九七六《外臣部·褒异》作"莎比"。

【考释】

本节自"至龙朔中，击破波斯"以下，与《旧唐书》卷一九八《大食传》

明显出自同一史源，而各有详略。《唐会要》此称："开元（713—741）初，遣使来朝，进良马、宝钿带。其使谒见，平立不拜，云'本国惟拜天神，虽见王亦不拜。'所司屡诘责之，其使遂依汉法致拜。"据此，则大食使节最终是从"汉法"即唐朝的礼节跪拜了玄宗。但是《旧唐书》则记载："开元初，遣使来朝，进马及宝钿带等方物。其使谒见，唯平立不拜，宪司欲纠之，中书令张说奏曰：'大食殊俗，慕义远来，不可置罪。'上特许之。寻又遣使朝献，自云在本国惟拜天神，虽见王亦无致拜之法，所司屡诘责之，其使遂请依汉法致拜。"《新唐书》卷二二一下《大食传》亦载："开元初，复遣使献马、钿带，谒见不拜，有司将劾之，中书令张说谓殊俗慕义，不可置于罪，玄宗赦之。使者又来，辞曰：'国人止拜天，见王无拜也。'有司切责，乃拜。"可知开元初，大食使入贡，经张说进谏，太宗允许大食使节按照大食风俗平立致礼。稍后再次入朝，受礼官切责，始依汉法行跪拜之礼。《唐会要》本节删节过简，因而将开元后第二次入朝发生的事，误植在了"开元初"入朝之下，遂致史事失实。

又，此称"又案贾耽《四夷述》云"，可知以下内容出自德宗朝宰相贾耽所撰《古今郡国县道四夷述》。但钞录《四夷述》的内容到底截止到哪里，《唐会要》并没有明言。从唐代文献的一般情况来看，有具体日期的外国使节的进贡纪录，多见于《旧唐书》和《新唐书》的"本纪"部分，或者是见于《册府元龟》"外臣部·朝贡"从历朝实录中抄录的内容，但是《唐会要》本段末所载贞元十四年（798）大食使节含嵯等三人朝贡授官的记载，却不见于两《唐书》的"本纪"和《册府元龟》"朝贡"记载。由此我们判断，本段自"又案贾耽《四夷述》云"至结尾"放还蕃"，可能全都引自贾耽《古今郡国县道四夷述》。这里还要补充的另一个证据是，据《旧唐书》卷一三《德宗纪》，《四夷述》四十卷，由贾耽在德宗贞元十七年（801）十月撰成进上[1]，与《唐会要》本段叙述大食事止于贞元十四年恰相符契。也从另一个角度表明，本段内容出自《四夷述》。《古今郡国县道四夷述》原书久佚，贾耽在"进书表"中记述此书编写体例称："中国以《禹贡》为首，外夷以《班史》发源，郡县纪其增减，蕃落叙其衰盛。前地理书以黔州属西阳，今则改入巴郡；前西戎志以安国为安息，今则改入康居。凡诸疏舛，悉从厘正。"[2]

---

[1] 《唐会要》卷三六《修撰》（第 769 页）亦在十七年十月。
[2] 《旧唐书》卷一三八《贾耽传》，第 3786 页。

可知在撰写《古今郡国县道四夷述》的过程中，贾耽曾下过一番研究考证的功夫。贾耽的自述，可以为判断本段记载的史料价值提供重要参考。

"又案贾耽《四夷述》云"以上的部分，除了"日五拜天神，不饮酒举乐。有礼堂，容数百（万）人，率七日王高坐为下说法曰：'死敌者生天上，杀敌致福。'故俗勇于战斗"一段内容明显出自《通典》引杜环《经行记》外①，其他内容与下文第四编"汉文类书中的大食史料"二"《太平御览》大食史料"下，《太平御览》卷七九五《四夷部·大食》引《唐书》的叙述范围、顺序、描述基本相同，只是内容各有繁简。我们认为，《唐会要》这部分内容与《御览》引《唐书》一样，应该出自署名韦述等人修撰的《唐书》而略有删节②。

综上所述，《唐会要》"大食"专目，可能主要有三种史料来源，一是唐人贾耽《古今郡国县道四夷述》，一是唐人韦述等修撰的《唐书》，最后一种是杜佑《通典》所引杜环《经行记》。弄清楚《唐会要》"大食"的史料来源，不仅有助于判断《唐会要》有关大食记载的史料价值，对研究《通典》《旧唐书》和《新唐书》有关大食的记载也不无裨益。

二　《通典》卷一九三《大食》

《通典》二百卷，唐杜佑著，王文锦等点校，中华书局1988年版。

杜佑，《旧唐书》卷一四七、《新唐书》卷一六六有传。《通典》是中国第一部通史体政书，全书分食货、选举、职官、礼、乐、兵、刑、州郡、边防等九个门类，③记载了从远古到唐玄宗天宝（742—756）末

---

① 参见下文本编二"《通典》卷一九三《大食》。"

② 参见《文献通考》卷一九二《经籍考》"《唐书》一百十三卷"引《崇文总目》，中华书局1986年版，第1627页；《新唐书》卷五八《艺文志》吴兢、韦述、柳芳、令狐峘、于休烈等撰《唐书》卷一百三十，第1458页。

③ 杜佑在《通典》的"序"中说，《通典》的编纂："以食货为之首（十二卷），选举次之（六卷），职官又次之（二十二卷），礼又次之（百卷），乐又次之（七卷），刑又次之（大刑用甲兵，十五卷。其次五刑，八卷），州郡又次之（十四卷），边防末之（十六卷）。"则"兵"与"刑"是合为一门。《四库全书总目》据此说："凡分八门：曰《食货》，曰《选举》，曰《职官》，曰《礼》，曰《乐》，曰《兵刑》，曰《州郡》，曰《边防》。每门又各分子目。"今人著述多据此称"八门"。但是从实际内容编次来看，"兵典"十五卷（卷148—162）、"刑法典"八卷（卷163—170），都分别排序，与其他各典并无二致。从内容安排上，不能反映"兵""刑"合一。也就是说，杜佑在《通典》序中的说法，与实际编次是有矛盾的。我们这里仍从实际内容，分为"九门"。

年，历代典章制度的沿革变迁①。《通典》在唐德宗贞元十七年（801）撰成，杜佑在进书表中称"自顷纂修，年涉三纪"，则开始修撰应在唐代宗永泰元年（765）左右②。除了史学家的身份外，杜佑在德宗、顺宗、宪宗三朝长期担任宰相职务，是唐朝重要的政治人物，这也使《通典》的编纂具有了独特的政治视角。

《通典》"边防典"共十六卷，专门记载所谓"四夷"的内容。从著述体例来说，《通典》是在正史"志"的基础上发展出来的一种新的撰著体裁，《通典》门类的划分，如"食货""职官""礼乐""州郡"等等，都可以明显看出与"志"的继承关系。在《通典》诸典中，唯一与"志"无关的是"边防典"。如果说其他诸典继承了正史"志"的话，"边防典"则直接继承了正史的"四夷传"。杜佑称，设置"边防典"的目的，是因为国家需要"置边防遏戎狄焉"③，明确表示了记述周边（或域外）族群（或政权）历史的他者立场。《通典》修撰时间较早，而且有关大食的篇目明显与《唐会要》卷一九三《大食》、《旧唐书》卷一九八《大食传》、《新唐书》卷二二一下《大食传》不同，反映了唐代较早时期对大食的了解和认识。特别重要的是，《通典》在"大食"目下保留了杜佑族侄亲历大食的部分记录，与"边防典"的其他内容相比，具有更加重要的史料价值。

> 大食，大唐永徽（650—655）中，遣使朝贡云。其国在波斯之西。或云：初有波斯胡人，若有神助，得刀杀人。因招附诸胡，有胡人十一来，据次第摩首受化为王。此后众渐归附，遂灭波斯，又破拂菻及婆罗门城，所当无敌。兵众有四十二万。有国以来三十四年矣。初王已死，次传第一摩首者，今王即是第三，其王姓大食。其国男夫鼻大而长，瘦黑多须鬟，似婆罗门，女人端丽。亦有

---

① 《通典》卷一《食货·序》称（第1页）："本初纂录，止于天宝之末，其有要须议论者，亦便及以后之事。"

② 《旧唐书》卷一四七《杜佑传》（第3893页）作"年踰三纪"。

③ 《通典》卷一《食货·序》，第1页。

文字，与波斯不同。出驼、马、驴、骡、羖羊等。土多砂石，不堪耕种，无五谷，惟食驼、马等肉，破波斯、拂菻，始有米面。敬事天神。又云：其王常遣人乘船，将衣粮入海，经涉八年，未极西岸。于海中见一方石，石上有树，枝赤叶青，树上总生小儿，长六七寸，见人不语而皆能笑，动其手脚，头著树枝，人摘取，入手即干黑。其使得一枝还，今在大食王处。杜环《经行记》云："一名亚俱罗。其大食王号暮门，都此处。其士女瓌伟长大，衣裳鲜洁，容止闲丽。女子出门，必拥蔽其面。无问贵贱，一日五时礼天。食肉作斋，以杀生为功德。系银带，佩银刀。断饮酒，禁音乐。人相争者，不至殴击。又有礼堂，容数万人[一]。每七日，王出礼拜，登高座为众说法，曰：'人生甚难，天道不易。奸非劫窃，细行谤言，安己危人，欺贫虐贱，有一于此，罪莫大焉。凡有征战，为敌所戮，必得生天，杀其敌人，获福无量。'率土禀化，从之如流。法唯从宽，葬唯从俭。郛郭之内，鄽闇之中，土地所生，无物不有。四方辐凑，万货丰贱[二]，锦绣珠贝，满于市肆。驼马驴骡，充于街巷。刻石蜜为（卢）〔庐〕舍[三]，有似中国宝舆，每至节日，将献贵人。琉璃器皿、鍮石瓶钵，盖不可算数[四]。粳米白面，不异中华。其果有偏桃人、千年枣。其蔓菁，根大如斗而圆，味甚美。余菜亦与诸国同。蒲陶大者如鸡子。香油贵者有二：一名耶塞漫，一名没团（女甲反）师。香草贵者有二：一名查塞蓥（蒲孔反），一名梨芦茇[五]。绫绢机杼，金银匠、画匠、汉匠起作画者，京兆人樊淑、刘泚，织络者[六]，河东人乐隈、吕礼。又以橐驼驾车。其马，俗云西海滨龙与马交所产也。腹肚小，脚腕长，善者日走千里。其驼小而紧，背有孤峰，良者日驰千里。又有驼鸟，高四尺以上，脚似驼蹄，颈项胜得人骑行五六里，其卵大如二升。又有荠树，实如夏枣，堪作油，食除瘴。其气候温，土地无冰雪。人多疟痢，一年之内，十中五死。今吞灭四五十国，皆为所役属，多分其兵镇守，其境尽于西海焉。"又云："末禄国在亚梅国西南七百余里。胡姓末者，兹土人也。其城方十五里，用铁为城门。城中有盐池，又有两所佛寺。其境东西百四十里，南北百八十里，村栅连接，树木交映，四面合匝，总是流沙。南有大河，流入其境，分渠数百，溉灌一州。其土沃饶，其人净洁。墙宇高厚，市鄽平正。木既雕刻，土亦绘画。又有细软迭布，羔羊皮裘，估其上者值银钱数百。果有红桃、白柰、遏白、黄李。瓜大者名寻支，十余人餐一颗辄足。越瓜长四尺以上。菜有蔓菁、萝卜、长葱、颗葱、芸台、胡芹[七]、葛蓝、军达、茴香、荄蓬[八]、瓠芦，尤多蒲陶。又有黄牛、野马、水鸭、石鸡。其俗以五月为岁，[九]每岁以画缸相献。有打球节、秋千节。其大食东道使镇此。从此至西海以来，大食、波斯参杂居止。其俗礼天，不食自死肉及宿肉，以香油涂发。"又云："苫国在大食西界，周回数千里。造屋兼瓦，垒石为壁。米谷殊贱，有大川东流入亚俱罗[一〇]，商客辏此聚彼，往来相继。人多魁梧，衣裳宽大，有似儒服。其苫国有五节度，有兵马一万以上，北接可萨突厥。可萨北又有突厥，足似牛蹄，好噉人肉。"（《通典》卷一九三《边防》九《大食》，第5279—5280页。参见张一纯《经行记笺注》，第46—66页）

【校勘】

〔一〕容数万人　　"万"，《唐会要》卷一〇〇《大食国》、《新唐书》卷二二一下《大食传》误作"百"。盖繁体字"萬"或作"万"，"百""万"形近，因而致误。

〔二〕万货丰贱　　"货"，《太平寰宇记》卷一八六《大食》作"物"。

〔三〕卢舍　　"卢"，《太平寰宇记》作"庐"，据改。原点校本失校。

〔四〕"刻石蜜"至"不可算数"　　点校本原断句作"刻石蜜为卢舍，有似中国宝舆。每至节日，将献贵人琉璃器皿、鍮石瓶钵，盖不可算数。"按，《新唐书》作"刻石蜜为庐如舆状，岁献贵人。"可知"将献贵人"者，是庐舍形状的石蜜，而不是"琉璃器皿、鍮石瓶钵"。原点校本断句误。《经行记笺注》断句作"刻石蜜为卢舍，有似中国宝舆。每至节日，将献贵人，琉璃器皿，鍮石瓶钵，盖不可数算"。（"数算"应是"算数"之误倒，参见点校本"校勘记"）亦误。此据文意重新断句。

〔五〕梨芦芨　　《太平寰宇记》作"黎庐菱"。

〔六〕织络者　　"织"，《太平寰宇记》作"机"。

〔七〕胡芹　　《经行记笺注》作"胡苏"。

〔八〕芨蓲　　《经行记笺注》作"英蓲"。

〔九〕以五月为岁　　《新唐书》"岁"下有"首"字。

〔一〇〕亚俱罗　　《经行记笺注》作"阿俱罗"。

【考释】

据《通典》卷一九一《西戎总序》记载，唐玄宗天宝十载（751），杜佑族子杜环随唐朝安西四镇节度使高仙芝参加了怛逻斯战役，被大食军队俘虏，此后在中亚、西亚各地游历了十多年，直到代宗"宝应（762—763年）初"，方才搭载商船由海路返回广州。杜环根据自己亲身经历写成的《经行记》一书，是了解和研究大食帝国及早期伊斯兰教的最珍贵的第一手资料。正是在本段记载中，杜环第一次完整而准确的记载了他在当时了解到的伊斯兰教的教法，对研究伊斯兰教具有十分重要的意义。《经行记》原书很早就已佚失，在清人所辑宋代王尧臣所撰《崇文总目》和欧阳修《新唐书·艺文志》中，都没有著录此书。也就是说，在北宋时《经行记》很可能就已经散佚，只有部分内容因为《通典》引述而得以留传至今。见于《太平寰宇记》及《新唐书》等史籍中记载的《经行记》的内容，都不出《通典》所引范围，应该都是从《通典》转引的。《通典》引述的《经行记》的记载，久已受到中外史学界的高度关注。仅就中国大陆来说，丁谦曾据《通典》所引，撰写《经行记考证》一书（《浙江图书馆丛书》本）、王国维先生也在《古行记四种》（《王国维遗书》）中，对《杜环经行记》进行了辑录和校勘。张毅先生更是前后两度对《经行记》进行笺注整理工作（张一纯《杜环经行记笺注》，私立福建协和大学中国文化研究会1944年版；张一纯《经行记笺注》，中华书局2000年版），为了解和研究《经行记》提供了重要的帮助。

本节所引杜环《经行记》，与《太平寰宇记》卷一八六《大食国》的引文基本相同，《太平寰宇记》明显源于《通典》。但《太平寰宇记》有些文字似较今本《通典》为胜，如"刻石蜜为卢舍"，《太平寰宇记》作"庐舍"。有些异文则可提供进一步研究的线索，如《通典》所引香草名"梨芦荄"，《太平寰宇记》作"黎庐菱"，"织络"作"机络"等等。又，根据《通典》本条所引，末禄与苫国为大食东、西界，末禄还是大食东道节度使驻节之地，故总附二国于大食下。

三 《旧唐书》卷一九八《大食传》

《旧唐书》二百卷，后晋刘昫等撰，中华书局点校本，1975年。

刘昫，《旧五代史》卷八九、《新五代史》卷五五有传。《旧唐书》的修撰实际上主要是由赵莹负责的，《旧唐书》修成后，刘昫因以宰相监修国史而得以署名，所以在他的传记中并没有修撰《旧唐书》的记载。

《旧唐书》修撰开始于后晋天福六年（941），到后晋开运二年（945）修成，前后历时不足五年。最初修成时名《唐书》，没有"旧"

字，由于后来北宋欧阳修又修了一部《唐书》，为了加以区别，到南宋以后，将刘昫署名的《唐书》称为《旧唐书》，将欧阳修《唐书》称为《新唐书》。《旧唐书》主要是利用唐朝各朝《实录》和《国史》资料撰修而成，因为撰修仓促，多受诟病；但也正因为在修撰《旧唐书》的过程中多因袭旧文，对原始史料剪裁、改编幅度不大，使它更多保留了原始资料的本来面目。北宋人吴缜评价《旧唐书》说，《旧唐书》"辍缉旧闻，次序实录，草创卷帙，粗兴规摹，仅能终篇，聊可备数"①。所谓"辍缉旧闻，次序实录"，意思是指责《旧唐书》编纂加工粗疏，没有对原始史料进行必要的加工改纂，不足以称著述。但是从史料学的角度来看，由于对原始资料改纂较少或径自袭用原文，恰恰更多保留了原始资料的本来面貌，提升了《旧唐书》的史料价值。作为著述的缺憾，却反而成了作为史料的优长。

　　大食国，本在波斯之西。大业（605—617）中，有波斯胡人牧驼于俱纷摩地那之山，忽有狮子人语谓之曰〔一〕："此山西有三穴，穴中大有兵器，汝可取之。穴中并有黑石白文，读之便作王位。"胡人依言，果见穴中有石及稍刃甚多，上有文〔二〕，教其反叛。于是纠合亡命，渡恒曷水，劫夺商旅，其众渐盛，遂割据波斯西境，自立为王。波斯、拂菻各遣兵讨之，皆为所败。

　　永徽二年（651），始遣使朝贡。其王姓大食氏，名噉密莫末腻〔三〕，自云有国已三十四年，历三主矣〔四〕。其国男儿色黑多须，鼻大而长，似婆罗门；妇人白皙。亦有文字。出驼马，大于诸国〔五〕。兵刃劲利。其俗勇于战斗，好事天神。土多沙石，不堪耕种，唯食驼马等肉〔六〕。俱纷摩地那山在国之西南，邻于大海〔七〕，其王移穴中黑石置之于国〔八〕。又尝遣人乘船，将衣粮入海，经八年而未及西岸。海中见一方石，石上有树，干赤叶青，树上总生小儿，长六七寸，见人皆笑，动其手脚，头著树枝，其使摘取一枝，

---

①　吴缜：《进新唐书纠谬表》，《新唐书纠谬》（《丛书集成》本），第1页。

小儿便死，收在大食王宫。又有女国，在其西北，相去三月行。

龙朔（661—663）初，击破波斯，又破拂菻，始有米面之属。又将兵南侵婆罗门，吞并诸胡国，胜兵四十余万。长安（701—704）中，遣使献良马。景云二年（711），又献方物。开元（713—741）初，遣使来朝，进马及宝钿带等方物。其使谒见，唯平立不拜，宪司欲纠之，中书令张说奏曰："大食殊俗，慕义远来，不可置罪。"上特许之。寻又遣使朝献，自云在本国惟拜天神，虽见王亦无致拜之法，所司屡诘责之，其使遂请依汉法致拜。其时西域康国、石国之类，皆臣属之，其境东西万里，东与突骑施相接焉。

一云隋开皇（581—600）中，大食族中有孤列种代为酋长，孤列种中又有两姓：一号盆泥奚深，一号盆泥末换。其奚深后有摩诃末者，勇健多智，众立之为主[九]，东西征伐，开地三千里，兼克夏腊[一〇]，一名钐城。（钐音所鉴反。）摩诃末后十四代，至末换。末换杀其兄伊疾而自立，复残忍，其下怨之。有呼罗珊木麤人并波悉林举义兵，应者悉令著黑衣，旬月间众盈数万[一一]，鼓行而西，生擒末换，杀之，遂求得奚深种阿蒲罗拔，立之。末换已前谓之白衣大食，自阿蒲罗拔后改为黑衣大食。阿蒲罗拔卒，立其弟阿蒲恭拂。至德（756—758）初遣使朝贡，代宗时为元帅，[一二]亦用其国兵以收两都。宝应（762—763）、大历（766—779）中频遣使来。恭拂卒，子迷地立。迷地卒，子牟栖立。牟栖卒，弟诃论立。贞元（785—805）中，与吐蕃为劲敌。蕃军太半西御大食，故鲜为边患，其力不足也。十四年（798），诏以黑衣大食使含嵯、焉鸡、沙北三人并为中郎将[一三]，各放还蕃。（《旧唐书》卷一九八《西戎·大食传》，第5315—5317页）

【校勘】

〔一〕忽有狮子人语谓之曰　"之"，《册府元龟》卷九五六《外臣部·种族》作"胡人"。"狮子"下有"从地踊出"四字。

〔二〕上有文　《册府元龟》卷九五六"上"上有"石"字。

〔三〕噉密莫末腻 《唐会要》卷一〇〇《大食》作"噉密莫末尼",《新唐书》卷二二一下《大食传》作"礉密莫末腻"、《太平御览》卷七九五《大食》引《唐书》作"礉密莫末腻"。

〔四〕三主 "主",《册府元龟》卷九五六作"王"。按,上文称"自立为王""王姓大食氏",则当以"王"为是,此涉形近误。点校本失校。

〔五〕出驼马大于诸国 《册府元龟》卷九六〇《外臣部·土风》作"出驼、马、驴、骡、羖羊等,其马大于诸国",《旧唐书》删节过甚,致文意产生歧义。参见下文本条【考释】。

〔六〕唯食驼马等肉 "驼马",《册府元龟》卷九六〇作"鸟兽"。

〔七〕在国之西南邻于大海 《册府元龟》卷九六〇作"在国之南,国西邻于大海"。

〔八〕置之于国 "置",《册府元龟》卷九六〇作"宝"。

〔九〕立之为主 "主",《唐会要》作"王"。

〔一〇〕夏腊 《唐会要》作"夏猎"。

〔一一〕旬月间 "月",《唐会要》作"日"。

〔一二〕代宗时为元帅 "时",《唐会要》作"之"。

〔一三〕焉鸡 《新唐书》卷二二一下《大食传》、《太平寰宇记》卷一八六《大食》作"乌鸡"。

【考释】

本节"龙朔初,击破波斯"以下,与《唐会要》卷一〇〇《大食》明显出自同一史源,而各有详略。"出驼马,大于诸国"一段,《唐会要》阙载,《太平御览》卷七九五《四夷部·大食》引《唐书》同(参见第四编"汉文类书中的大食史料"二"《太平御览》大食史料"引)。《册府元龟》卷九六〇《外臣部·土风》作"出驼、马、驴、骡、羖羊等,其马大于诸国"(参见上文本节【校勘】〔五〕),《通典》卷一九三《大食》也称"出驼、马、驴、骡、羖羊等",可知诸书与《册府元龟》同出一源,《册府元龟》保留内容最完备,《通典》略去"其马大于诸国",《旧唐书》略去了"驴骡羖羊等其马"七字,遂成为"出驼马,大于诸国"。从《太平御览》引《唐书》的记载可知,《旧唐书》与《太平御览》引《唐书》当出自同一史源,即唐朝本朝修撰的《唐书》。又,"一云隋开皇中"一段,《唐会要》作"又案贾耽《四夷述》云：隋开皇中"云云，可知《旧唐书》本段与《唐会要》一样，也源自贞元十七年（801）贾耽所撰《古今郡国县道四夷述》（参见上文《唐会要》卷一〇〇《大食》【考释】）。

四 《新唐书》卷二二一下《大食传》

《新唐书》二百二十五卷，欧阳修、宋祁等撰，中华书局点校本，1975 年。

《新唐书》是北宋官方主持修撰的一部正史。主持人为欧阳修和宋祁。欧阳修，《宋史》卷三一九有传；宋祁，《宋史》卷二八四有传。北宋时，普遍认为刘昫所修《唐书》"纪次无法，详略失中，文采不明，事实零落"，作为一家之史，不足以反映有唐一代三百年灿烂辉煌的历史文化①。到 11 世纪上半叶，仁宗朝宰相贾昌朝提议，由朝廷组织人力，在刘昫《唐书》的基础上重修唐史。从宋仁宗庆历五年（1045年）下诏修撰，到仁宗嘉祐五年（1060 年）完成，历时十七年。宋代官修唐史最初也称《唐书》，后来为了与后晋刘昫《唐书》相区别，习称作《新唐书》。

《新唐书》撰修时间很长，前期准备充分，领衔修撰者欧阳修为宋朝一代文宗，列传的修撰者宋祁兄弟二人"皆以文学显，而祁尤能文，善议论"②。参与修撰的其他人员也都各有专长，为一时之选。如宋敏求谙熟唐史，是《唐大诏令集》和《长安志》的作者，"家藏书三万卷，皆略诵习，熟于朝廷典故，士大夫疑议，必就正焉。补唐武宗以下《六世实录》百四十八卷，它所著书甚多，学者多咨之"，王尧臣"以敏求习唐事，奏为编修官"③。吕夏卿"学长于史，贯穿唐事，博采传

---

① 曾公亮：《进〈唐书〉表》，《新唐书》，第 6472 页。
② 《宋史》卷二八四《宋庠传》附《宋祁传》，第 9599 页。
③ 《宋史》卷二九一《宋绶传》附《宋敏求传》，第 9737 页。所谓"六世实录"，即《唐武宗实录》二十卷、《唐宣宗实录》三十卷、《唐懿宗实录》二十五卷、《唐僖宗实录》三十卷、《唐昭宗实录》三十卷和《唐哀帝实录》八卷（详见《宋史》卷二〇三《艺文志》二，第 5089页）。《艺文志》所载卷数与本传略有差歧。

记杂说数百家，折衷整比。又通谱学，创为世系诸表，于《新唐书》最有功云"①。刘羲叟"精算术，兼通《大衍》诸历"，"尤长于星历、术数"，"及修唐史，令专修《律历》、《天文》、《五行志》"②。从著述的角度来说，《新唐书》模仿《春秋》，讲究书法、义例，寓褒贬，明惩劝，在结构体例上有所创新，在内容上比《旧唐书》更完备，史料来源上更多样，具有明显的优点。但在史书最基本的叙事准确上却存在重大缺陷。宋人吴缜在《新唐书纠谬》中整理出了《新唐书》大量的史实错误，指出："夫为史之要有三，一曰事实，二曰褒贬，三曰文采。有是事而如是书，斯谓事实。因事实而寓惩劝，斯谓褒贬。事实、褒贬既得矣，必资文采以行之，夫然后成史。至于事得其实矣，而褒贬、文采则阙焉，虽未能成书，犹不失为史之意。若乃事实未明，而徒以褒贬、文采为事，则是既不成书，而又失为史之意矣。《新书》之病正在于此。其始也，不考其虚实有无，不校其彼此同异，修纪、志者，则专以褒贬、笔削自任；修传者，则独以文辞华采为先。不相通知，各从所好，其终也，遂合为一书而上之。故今之《新书》，其间或举以相校，则往往不啻白黑方圆之不同，是盖不考事实，不相通知之所致也。"③ 作为著述，《新唐书》在撰著和体例各方面都优于《旧唐书》，但从史料上来说，《新唐书》由于片面追求义例褒贬、文采华美和"文省事增"，因而造成了基本事实表述的失真和错谬。这是在利用《新唐书》史料时，特别应该加以警惕的一个问题。

　　大食，本波斯地。[一]男子鼻高，黑而髯。女子白皙，出辄鄣面。日五拜天神。银带，[二]佩银刀，不饮酒举乐。有礼堂容数百人，[三]率七日，王高坐为下说曰："死敌者生天上，杀敌受福。"故俗勇于斗。土饶砾不可耕，猎而食肉。刻石蜜为庐如舆状，岁献贵人。蒲陶大者如鸡卵。有千里马，传为龙种。

① 《宋史》卷三三一《吕夏卿传》，第10658—10659页。
② 《宋史》卷四三二《刘羲叟传》，第12838页。
③ 《新唐书纠谬序》，《新唐书纠谬》（《丛书集成初编》，第3835册），第3页。

隋大业（605—617）中，有波斯国人牧于俱纷摩地那山，有兽言曰："山西三穴，有利兵，黑石而白文，得之者王。"走视，如言。石文言当反，乃诡众哀亡命于恒曷水，劫商旅，保西鄙自王，移黑石宝之。国人往讨之，皆大败还，于是遂强。灭波斯，破拂菻，始有粟麦仓庾。南侵婆罗门，并诸国，胜兵至四十万，康、石皆往臣之。其地广万里，东距突骑施，西南属海。

海中有拨拔力种，无所附属。不生五谷，[四]食肉，刺牛血和乳饮之。俗无衣服，以羊皮自蔽。妇人明皙而丽。多象牙及阿末香，波斯贾人欲往市，必数千人纳甗劙血誓，乃交易。兵多牙角[五]，而有弓、矢、铠、槊，士至二十万，数为大食所破略。

永徽二年（651），大食王瞰密莫末腻始遣使者朝贡[六]，自言王大食氏[七]，有国三十四年，传二世[八]。开元（713—741）初，复遣使献马、钿带，谒见不拜，有司将劾之，中书令张说谓殊俗慕义，不可置于罪，玄宗赦之。使者又来，辞曰："国人止拜天，见王无拜也。"有司切责，乃拜。十四年（726），遣使苏黎满献方物，[九]拜果毅，赐绯袍、带。

或曰大食族中有孤列种，世酋长，号白衣大食。种有二姓，一曰盆尼末换，二曰奚深。有摩诃末者，勇而智，众立为王。辟地三千里，克夏腊城。传十四世，至末换，杀兄伊疾自王，下怨其忍。有呼罗珊木鹿人并波悉林将讨之[一○]，徇众曰："助我者，皆黑衣。"俄而众数万，即杀末换，求奚深种孙阿蒲罗拔为王，更号黑衣大食。蒲罗死，弟阿蒲恭拂立。至德（756—758）初，遣使者朝贡。代宗取其兵平两京。阿蒲恭拂死，子迷地立。死，弟诃论立[一一]。贞元（785—805）时，与吐蕃相攻，吐蕃岁西师，故鲜盗边。十四年，遣使者含嵯、乌鸡、沙北三人朝，皆拜中郎将，赍遣之。

传言其国西南二千里山谷间，有木生花如人首，与语辄笑，则落。

东有末禄，小国也。治城郭，多木姓。以五月为岁首，以画缸相献。有寻支瓜，大者十人食乃尽。蔬有颗葱、葛蓝、军达、芨蓶。

大食之西有苦者，亦自国。北距突厥可萨部，地数千里。有五节度，胜兵万人。土多禾。有大川，东流入亚俱罗。商贾往来相望云。

自大食西十五日行，得都盘，西距罗利支十五日行〔一二〕；南即大食，二十五日行；北勃达，一月行。

勃达之东距大食二月行；西抵岐兰二十日行；南都盘，北大食，皆一月行。

岐兰之东南二十日行，得阿没，或曰阿昧；东南距陀拔斯十五日行〔一三〕；南沙兰，一月行〔一四〕；北距海二日行〔一五〕。居你诃温多城，宜马羊，俗柔宽，故大食常游牧于此。

沙兰东距罗利支，北怛满，皆二十日行；西即大食，二十五日行〔一六〕。

罗利支东距都盘，北陀拔斯，皆十五日行；西沙兰，二十日行；南大食，二十五日行〔一七〕。

怛满〔一八〕，或曰怛没，东陀拔斯，南大食，皆一月行；北岐兰，二十日行〔一九〕；西即大食，一月行〔二〇〕。居乌浒河北平川中。兽多师子。西北与史接，以铁关为限。

天宝六载（747），都盘等（六）〔八〕国皆遣使者入朝，乃封都盘王谋思健摩诃延曰顺化王，勃达王摩俱涩斯曰守义王，阿没王俱那胡设曰恭信王，沙兰王卑路斯威曰顺礼王，罗利支王伊思俱习曰义宁王，怛满王谢没曰奉顺王。〔二一〕（《新唐书》卷二二一下《西域·大食传》，第6262—6265页）

【校勘】

〔一〕大食本波斯地 《唐会要》卷一〇〇《大食》、《旧唐书》卷一九八《大食传》作"大食国，本在波斯之西"，《通典》卷一九三《大食》、《太平寰宇记》卷一八六《大食》作"其国在波斯之西"，《新唐书》"地"，疑应作"西"。

〔二〕银带 《通典》"银"上有"系"字。

〔三〕容数百人 "百",《通典》卷一九三《大食》引杜环《经行记》作"万"。盖繁体字"萬"或作"万",因形近而讹作"百"。

〔四〕不生五谷 "生",《酉阳杂俎》前集卷四《境异》作"食"。

〔五〕兵多牙角 《酉阳杂俎》作"战用象牙排、野牛角为稍",《新唐书》删削过甚,殊失原意。

〔六〕徼密莫末腻 《唐会要》卷一〇〇《大食》作"噉密莫末尼",《旧唐书》卷一九八《大食传》作"噉密莫末腻"、《太平御览》卷七九五《大食》引《唐书》作"礉密莫未腻"。

〔七〕自言王大食氏 《旧唐书·大食传》《太平御览》"王"下有"姓"字。

〔八〕传二世 《旧唐书·大食传》《太平御览》作"历三主"。

〔九〕十四年遣使苏黎满献方物 "十四年",《唐会要》作"十三年","苏黎满"作"苏梨满"。

〔一〇〕木鹿 《唐会要》卷一〇〇《大食》作"末麤"。

〔一一〕阿蒲恭拂死子迷地立死弟诃论立 《唐会要》作"恭拂卒,子迷地立。迷地卒,子牟栖立。牟栖卒,弟诃论立"(《旧唐书·大食传》、《太平寰宇记》卷一八六《大食》、《册府元龟》卷九六六《外臣部·继袭》同),《新唐书》"迷地死"下夺"子牟栖立。牟栖卒"七字。

〔一二〕罗利支 《唐会要》卷一〇〇《四夷杂录》、《新唐书》卷四三下《地理志》、《太平寰宇记》卷一八六、《册府元龟》卷九六六作"罗刹支"。

〔一三〕东南距陀拔斯十五日行 "陀拔斯",《新唐书·地理志》作"陀拔国"。《唐会要》卷一〇〇《四夷杂录》、《太平寰宇记》卷二〇〇作"西至大食国两月程"。

〔一四〕南沙兰一月行 《唐会要》卷一〇〇《四夷杂录》、《太平寰宇记》卷二〇〇作"南至(沮)〔涅〕满国二十日程"。

〔一五〕北距海二日行 "日",《新唐书·地理志》作"月"。"五日程",《唐会要》卷一〇〇《四夷杂录》、《太平寰宇记》卷二〇〇作"北至海五月程"。

〔一六〕"沙兰"至"二十五日行" 《唐会要》卷一〇〇《四夷杂录》、

《新唐书·地理志》作"沙兰国南至大食国二十五日行，北至涅满国二十五日行"。《太平寰宇记》卷二〇〇作"沙兰国东至罗刹支国二十五日程，南至大食国二十日程，北至涅满国二十五日程"。差别较大。

〔一七〕南大食二十五日行　《唐会要》卷一〇〇《四夷杂录》、《太平寰宇记》卷二〇〇"二十五"作"二十"。

〔一八〕怛满　《唐会要》卷一〇〇《四夷杂录》、《太平寰宇记》卷二〇〇作"涅满"。

〔一九〕北岐兰二十日行　"二十日行"，《唐会要》卷一〇〇《四夷杂录》作"十日程"。

〔二〇〕西即大食一月行　"一月行"，《唐会要》卷一〇〇《四夷杂录》、《太平寰宇记》卷二〇〇作"两月程"。

〔二一〕都盘等六国皆遣使者入朝　据《册府元龟》卷九六五《外臣部·封册》本年二月册封陀拔斯单、罗利支、岐兰、涅蒲（怛满）国、渤达、都盘、阿没、沙兰等八国王，《新唐书》本条漏书陀拔斯单、岐兰二国，"六"应作"八"，据改。

【考释】

《新唐书·大食传》为我们了解唐五代大食汉文史料的多源性特点提供了典型的例证。通过与其他记载详细比较，可以按照不同的史料来源，将《新唐书·大食传》的内容分为不同的九个部分。

第一部分"大食本波斯地"至"传为龙种"，应该出自《通典》卷一九三《大食》，其中"出轹鄣面"以下，属于《通典》所引杜环《经行记》的内容。第二部分为"隋大业中"至"西南属海"，应该是延续了《旧唐书》卷一九八《大食传》的记载。第三部分"海中有拨拨力种"至"数为大食所破略"，摘抄自唐人段成式《酉阳杂俎》前集卷一〇《物异》。第四部分"永徽二年"至"赐绯袍、带"，应该是出自《唐会要》卷一〇〇《大食》或与《唐会要》同源的史料。第五部分"或曰大食族中有孤列种"至"赍遣之"，同样改写自《唐会要》卷一〇〇《大食》。《唐会要》在这段文字前明确称"又案贾耽《四夷述》云"，则更早的史源应出自贾耽《古今郡国县道四夷述》。第六部分"传言其国西南二千里山谷间，有木生花如人首，与语辄笑，则落"一段，亦出自《酉阳杂俎》前集卷一〇《物异》。第七部分"东有末禄"至"商贾往来相望云",同样出自《通典》所引杜环《经行记》。第八部分"自大食西十五日行"至"以铁关为限"一节,显然出自《唐会要》卷一〇〇《四夷杂录》记载的,天宝二年(743)鸿胪卿王忠嗣向唐玄宗解释西域诸国道里远近时依据的,开元年间(713—741)安西都护盖嘉运撰写的《西域记》[《唐会要》称"西域图(记?)"]。最后第九部分"天宝六载"至"奉顺王",未见他书记载,唯《册府元龟》一见,出自《玄宗实录》的可能性非常大。

对《新唐书·大食传》史料来源的探讨,可以帮助我们根据《新唐书》的直接史源或来源相同的记载,利用他校的方法来纠正《新唐书》的文字错讹。如上文"校勘记"指出的,《新唐书》"本波斯地","地"应作"西";"容数百人","百"应作"万",就是其例。此外,还可以根据史源,了解《新唐书》在编纂过程中造成的错误。如《新唐书》称拨拔力"兵多牙角",《酉阳杂俎》原文作"战用象牙排、野牛角为稍",由于《新唐书》删削过甚,与原来的文意几乎两不相干。这明显属于《新唐书》片面追求"文省事增"形成的错误。"校勘记"指出的,《新唐书》"迷地死"下误删"子牟栖立。牟栖卒"七字,"都盘等六国",是因为遗漏陀拔斯单、岐兰二国所致,"六"应作"八"等例证,也属于这一类的错误。

应该特别指出的是,《新唐书·大食传》所载王忠嗣所见《西域图》,又见于《唐会要》一〇〇《四夷杂录》和《新唐书》卷四三下《地理志》转引,但《新唐书·大食传》的引文中,有不见于《唐会要》和《新唐书·地理志》的内容,如阿没国下载"居你诃温多城,宜马羊,俗柔宽,故大食常游牧于此",怛满国下称"居乌浒河北平川中。兽多师子。西北与史接,以铁关为限"等等。可知《新唐书·大食传》本段记载直接源自《西域记》(《西域图》?)或另有其他来源,并非从《唐会要》转引。吉光片羽,弥足珍贵。

五 《太平寰宇记》卷一八六《大食国》

《太平寰宇记》二百卷,北宋乐史撰,王文楚等点校,中华书局2007年版。

《太平寰宇记》大约成书于宋太宗雍熙(984—987年)至端拱

（988—989）初年，是继唐宪宗元和年间（806—820）李吉甫著《元和郡县图志》之后的一部非常重要的全国地理总志。乐史在《太平寰宇记》的"序"中介绍说："虽则贾耽有《十道述》，元和有《郡国志》，不独编修太简，抑且朝代不同。加以从梁至周，郡邑割据，更名易地，暮四朝三。臣今沿波讨源，穷本知末，不量浅学，撰成《太平寰宇记》二百卷，并目录二卷，起自河南，周于海外。至于贾耽之漏落，吉甫之阙遗，此尽收焉。万里山河，四方险阻，攻守利害，沿袭根源，伸纸未穷，森然在目。不下堂而知五土，不出户而观万邦。"不仅增加了《元和郡县图志》之后唐末宋初的内容，而且对唐人志书阙漏的内容有所补正。

《太平寰宇记》"四夷"内容二十九卷，占了全书相当大的比例。最重要的是，《元和郡县图志》"起京兆府，尽陇右道"目的在于"辩州域之疆理"，即记载唐朝十道州县之地理，并不包括"四夷"的内容，而《太平寰宇记》不仅用较大篇幅记载了包括唐五代在内的"四夷"历史沿革，而且还另辟蹊径，在"四夷"各国（或族）下特别设置"四至"和"土俗物产"，丰富了唐五代边疆及域外政权的历史记载。就《大食传》而言，《太平寰宇记》的内容是四十年前修撰的《旧唐书·大食传》的一倍，与八十多年之后修撰的《新唐书·大食传》比较，内容也要丰富得多，具有十分重要的参考价值。

长期以来，《太平寰宇记》有关唐五代的内容，尤其是"四夷"的记载，一直被学术界忽略。其实《太平寰宇记》成书时间早于《新唐书》将近百年，而乐史除了撰写《太平寰宇记》外，还著有《登科记》《孝弟录》《卓异记》《广卓异记》《广孝传》《诸仙传》《坐知天下记》《掌上华夷图》等多种各类著作，并曾在史馆任职，是一位知识渊博的著作家和学问家。在《太平寰宇记》中，乐史引述了不少两《唐书》以外的重要记载，比如"四夷"部分，就多处引用了段国《沙州记》、宋膺《异物志》、韦节《西蕃记》、裴矩《西域图记》等佚书的内容，应该引起足够的重视。

大食国。唐永徽（650—655）中，遣使朝贡云。其国在波斯之西，或云隋大业（605—617）中，有波斯胡人渡恒曷水，若有神助，得刀杀人，劫夺商旅，其众渐盛，因招附诸胡，有胡人十一来，据次第摩首受化为王。此后众渐归附，遂割波斯西境，自立为王。姓大食氏，名辙虎槛切。密莫末腻。又破拂菻音廪。及波罗门城，所当无敌。兵众有四十二万。有国已三十四年。初王已死，次传第一摩首者，今王即是第三。又云其王常遣人乘船，将衣粮入海，经涉八年，未及西岸。于海中见一方石，石上有树，枝赤叶青，树上总生小儿，长六七寸，见人不语而笑，皆能动其手脚，头着树枝，人摘取，入手即黑干。其使得一枝还，今在大食王处。

长安（701—704）中，使至，贡良马。开元（713—741）中，遣使来朝，进良马、宝钿带，其使谒见，平立不拜。云："本国唯拜天神，虽见王亦不拜。"所司屡诘责之，其使遂依汉法致拜。今康国、石国，皆臣属之。开元十三年（725），遣使苏黎满等来朝贡，授果毅，赐绯袍、银带。

又按贾耽《四夷述》云："开皇（581—600）中，大食族中有孤列种，代为酋长。孤列种中，又有两姓，一号盆尼奚深，一号盆奚末换。"其奚深后有磨可末者，勇悍多智，众立为王，东西征伐，开地三千里，兼克夏腊[一]，一名钐所监切。城。磨可末后十四代，至末换，杀其兄伊疾而自立，性复残忍，其下怨之。有呼罗栅木鹿人并波悉林举义兵，应者悉令著皂，旬月众盈数万[二]，鼓行而西，生擒末换，杀之，遂求得奚深种阿蒲罗拔，立之。自末换以前谓之白衣大食，阿蒲罗拔后改为黑衣大食。阿蒲罗拔卒，立其弟阿蒲恭拂。至德初，遣使朝贡，代宗立为元帅，[三]亦用其国兵收两都。宝应（762—763）初，其使又至。恭拂卒，子迷地立。迷地卒，子牟栖立。牟栖卒，弟诃论立。贞元（785—805）初，与吐蕃为勍敌。蕃兵大半西御大食，故鲜为边患，其力不足也。至十四年（798）九月，以黑衣大食使含嵯、乌鸡、沙北三人并为中郎将[四]，还蕃。

四至：其境东西万里，与突骑施相接。

土俗物产：其俗男夫鼻大而长，瘦黑多须，似婆罗门，女人端丽。亦有文字，与波斯不同。出驼、马、驴、骡、羖羊等。土多沙石，不堪耕种，无五谷，唯食驼、马等肉，击破波斯、拂菻，始有米面。俗敬事天神。按杜环《经行记》云："一名亚俱罗。其大食王号暮门，都此处。其士女瓌伟长大，衣裳鲜洁，容止闲丽。女子出门，必拥蔽其面。无问贵贱，一日五时礼天。食肉作斋，以杀牲为功德。系银带，佩银刀。断饮酒，禁音乐。人相争者，不至殴击。又有礼堂，容数万人[五]。每七日，王出礼拜，登高座为众说法，曰：'人生甚难，天道不易。奸非劫窃，细行谩语，安已危人，欺贫虐贱，有一于此，罪莫大焉。'凡有征战，为敌所戮，必得生天，杀其敌人，获福无量。率土禀化，从之如流。法惟从宽，葬惟从俭，郛郭之内，鄽闬之中，天地所生，无物不有。四方辐辏，万物丰贱[六]，锦绣朱贝[七]，满于市肆。驼马驴骡，充于街巷。刻石蜜为庐舍，有似中国宝舆，每至节日，将献贵人。琉璃器皿、鍮石瓶钵，盖不可算数[八]。粳米白面，不异中华。其果有偏桃人、千年枣。其蔓菁，根大如斗而圆，味美甚。余菜亦与诸国同。葡萄大者如鸡子。香油贵者有二，一名耶塞漫，一名没匝师。香草贵者有二：一名查塞莽，一名黎庐菱[九]。绫绢机杼，金银匠、画匠、汉匠起作画者，京兆人樊淑、刘泚，机络者河东人乐隈[一〇]、吕礼。又以橐驼驾车。有马，[一一]俗云西海滨龙与马相交所产也，腹肚小，脚腕长，善者日驰千里。又有驼小而紧，背有孤峰，良者日驰千里。又有驼鸟，高四尺以上，脚似驼蹄，颈项胜得人骑行五六里，其卵大如二升。又有荼树，实大如夏枣，堪作油，食除瘴。其气候温，土地无冰雪。人多疟痢，一年之内，十中五死。今吞灭四五十国，皆为所役属，多分其兵镇守，其境尽于西海焉。"又云："末禄国在亚梅国西南七百余里。胡姓末者，兹土人也。其城方十五里，用铁为城门。城中有盐池，又有两所佛寺。其境东西一百四十里，南北一百八十里，村栅连接，树木交映，四面合匝，总是流沙。南有大河，流入其境，分渠数百，溉灌一州。其土沃饶，其人清洁。墙屋高厚，[一二]市鄽平正。木既雕刻，土亦绘画。又有细软叠布，羔羊皮裘，估其上者值银钱数百。果有红桃、白榛、遏白、黄李。瓜大者名寻枝，十余人食一颗辄足。越瓜长四尺以上。菜有蔓菁、萝卜、长葱、颗葱、芸苔、胡芹、葛蓝、军荙、茴香、芰薤、瓠芦，尤多葡萄。又有黄牛、野马、水鸭、石鸡。其俗以五月为岁，每岁以画缸相献。有打球节、鞦千节。其大食东道使镇于此。自此至西海以来，大食、波斯参杂居止。其俗礼天，不食自死肉及宿肉，以香油涂发。"又云："苫国在大食西界，周回数千里。造屋兼瓦，迭石为壁。米谷殊贱，有大川东流入亚俱罗，商客籴此粜彼，而往来相继。人多魁梧，衣裳宽大，有似儒服。其苫国有五节度，有兵马一万以上，北接可萨突厥。可萨北又有突厥，足似牛蹄，好噉人肉。"（《太平寰宇记》卷一八六《西戎》七《大食国》，第3574—3577页）

【校勘】

〔一〕夏腊　《唐会要》作"夏猎"。

〔二〕旬月　"月"，《唐会要》卷一〇〇《大食》作"日"。

〔三〕代宗立为元帅　"立"，《唐会要》作"之"，意长。

〔四〕乌鸡　《旧唐书》卷一九八《大食传》、《唐会要》作"焉鸡"。

〔五〕容数万人　"万"，《唐会要》、《新唐书》卷二二一下《大食传》作"百"。

〔六〕万物丰贱　"物"《，通典》卷一九三《大食》作"货"。

〔七〕锦绣朱贝　"朱"，《通典》作"珠"。

〔八〕"刻石蜜"至"不可算数"　原断句作"刻石蜜为庐舍，有似中国宝辇。每至节日，将献贵人琉璃器皿、鍮石瓶钵，盖不可算数"。按，《新唐书》作"刻石蜜为庐如舆状，岁献贵人。"盖将献贵人者，为庐舍形状之石蜜，而非"琉璃器皿、鍮石瓶钵"。原点校本断句误，此据文意重新断句。点校本盖从《通典》断句而误。参见上文《通典》卷一九三"校注"〔四〕）。

〔九〕黎庐菱　《通典》作"梨芦荄"。

〔一〇〕机络者　"机",《通典》作"织"。

〔一一〕有马　"有",《通典》作"其"。

〔一二〕墙屋高厚　"屋",《通典》作"宇"。

【考释】

此称"贾耽《四夷述》云",可知贞元十七年（801）贾耽所撰《古今郡国县道四夷述》四十卷（参见《旧唐书》卷一三《德宗纪》、《唐会要》卷三六《修撰》、《旧唐书》卷一三八《贾耽传》），应是《太平寰宇记》撰著大食史事的重要史料来源之一。经与上文《唐会要》卷一〇〇《大食》的引文比较，我们怀疑《太平寰宇记》所见《四夷述》的内容很可能是转引自《唐会要》，而不是直接源于《四夷述》。除《四夷述》外，《太平寰宇记》"土俗物产"下所引杜环《经行记》，也与《通典》卷一九三《大食国》引文基本完全相同，很可能也是源出《通典》，而不是直接来源于《经行记》。但《太平寰宇记》引文中，有些重要文字与《唐会要》和《通典》略有歧异，可供进一步研究之参考。

此外，本节第一段与《通典》所载相应的内容应该出自相同史源，但《太平寰宇记》保留内容更多。如《通典》"或云：初有波斯胡人，若有神助"，《太平寰宇记》作"或云隋大业（605—617）中，有波斯胡人渡恒曷水，若有神助"；"因招附诸胡"，《太平寰宇记》作"劫夺商旅，其众渐盛，因招附诸胡"等等，都是显例。如果与《旧唐书》相比较的话，则《旧唐书》卷一九八《大食传》的相应内容更简略。相比之下，可知《太平寰宇记》应该另有更早的史源。虽然史阙有间，对《太平寰宇记》的确切史源已无从得知其详，但通过对相同内容繁简的比较，可以帮助我们更具体地认识《太平寰宇记》的重要史料价值。

第二编　唐五代大食汉文原始史料

　　根据我们对唐五代大食汉文史料的理解和分类（参见上文"绪论"），大食汉文原始资料包括《唐会要》《通典》《唐六典》《五代会要》记载的大食史料（《唐会要》卷一〇〇《大食》、《通典》卷一九三《大食》除外），以及散见于唐人别集、总集、石刻、本草类著作中的大食史料。

一　《唐会要》"大食"专目以外的大食史料

　　关于《唐会要》的介绍，请参见上文第一编一"《唐会要》卷一〇〇《大食》"的解题。

　　【至德二载（757）】九月，回纥遂遣太子叶护领蕃兵四千余人来助讨贼。叶护入见，肃宗亲宴慰，赐以金帛。广平王俶领朔方、安西、回纥、南蛮、大食之众十五万讨安庆绪，既战，大败逆贼，遂收（东）〔西〕京[一]。（《唐会要》卷九八《回纥》，第2069页）

　　【校勘】

　　〔一〕遂收东京　据《旧唐书》卷一〇《肃宗纪》、《新唐书》卷六《代宗纪》、《资治通鉴》卷二二〇至德二载九月，此役为收复西京的战役，"东京"应为"西京"之误。据改。点校本失校。

【天宝】十一载（752），其王设阿忽与〔安〕国副王野解及九国王并上表，[一]请同心击黑衣大食，玄宗宴赐慰谕遣之。(《唐会要》卷九八《曹国》，第 2079 页)

【校勘】

〔一〕国副王野解　"国"，《册府元龟》卷一七〇《帝王部·来远》、《册府元龟》卷九七三《外臣部·助国讨伐》作"安国"，据补。点校本失校。

【开元】二十九年（741），其王伊〔捺〕吐屯屈勒遣使上表曰[一]："奴（自）〔身〕千代以来[二]，于国忠赤。祇如突（厥）骑施可汗[三]，忠赤之（中）〔日〕[四]，部落安贴，后背天可汗，脚底（大）〔火〕起[五]。今突厥已属天可汗，在于西头为患，惟有大食，莫踰突厥。伏乞天恩不弃突厥部落，讨得大食，诸国自然安贴。"(《唐会要》卷九九《石国》，第 2102 页)

【校勘】

〔一〕伊吐屯屈勒　《新唐书》卷二二一下《石国传》、《太平寰宇记》卷一八六《石国》作"伊捺吐屯屈勒"，据补。点校本失校。

〔二〕奴自千代以来　"自"，《太平寰宇记》作"身"，据正。点校本失校。

〔三〕突厥骑施　《太平寰宇记》作"突骑施"，据正。点校本失校。

〔四〕忠赤之中　"中"，《太平寰宇记》作"日"，据正。点校本失校。

〔五〕脚底大起　"大"，《太平寰宇记》作"火"，据正。点校本失校。

天宝（742—756）初，累遣朝贡。至五年（746），封其王子那俱车鼻施为怀化王，并赐铁券。九载（750），安西节度使高仙芝奏其王蕃礼有亏，请讨之。其王约降，仙芝使部送，去开远门数十里，负约，以王为俘，献于阙下，斩之。自后西域皆怨。仙芝所擒王之子，西走大食，引其兵至怛罗斯城，仙芝军大为所败。自是西附于大食。至宝历二年（763）及大历七年（772），并遣使朝贡。(《唐会要》卷九九《石国》，第 2102 页)

【考释】

怛逻斯之战的相关史料，请参见第三编 "唐五代及后代汉文著述类著作中的大食史料" 一 "《大食传》以外的正史大食史料"（一）"《旧唐书》大食史料"《旧唐书》卷一〇九《李嗣业传》【考释】。

永徽（650—655）中，其国频遣使告为大食所攻，兼征赋税。（《唐会要》卷九九《康国》，第 2105 页）

贞观十七年（643），其王波多力遣使献赤玻璃、石绿、金精等物[一]，太宗降玺书答慰。自大食强盛，渐陵诸国，遣将伐其都，乃岁输金帛，臣属大食焉。（《唐会要》卷九九《康国》，第 2110 页）

【校勘】

〔一〕赤玻璃石绿金精等物　点校本原断句作 "赤玻璃石、绿金精等物"，误。此据文意重新断句。又，《册府元龟》卷九七〇《外臣部·朝贡》作 "赤颇黎、绿颇黎、石绿、金精"，疑《唐会要》本条漏书 "绿玻璃" 三字。

开元八年（720）四月，遣使册立其王。时大食东与乌苌邻境，煽诱为虐，其王与骨咄王、俱位王皆守节不应，亦潜输款诚，玄宗深美之，故并降册名[一]。（《唐会要》卷九九《乌苌国》，第 2111 页）

【校勘】

〔一〕故并降册名　"名"，《册府元龟》卷九六四《外臣部·封册》作 "文"，文意较长。

龙朔元年（661），其国王卑路斯使奏频被大食侵扰，请兵救援之。诏遣陇州南由令王名远充使西域，分置州县，因列其地疾陵城为波斯都督府，授卑路斯为都督。（《唐会要》卷一〇〇《波斯国》，第 2118 页）

【考释】

《唐会要》本节与《旧唐书》卷一九八《波斯传》完全相同，应出自相同史源。王名远使西域，由吐火罗款塞而起，此称"其国王卑路斯使奏频被大食侵扰，请兵救援之。诏遣陇州南由令王名远充使西域"，似唐朝置州县是由卑路斯请兵而起，疑误。参见第三编"唐五代及后代汉文著述类著作中的大食史料"一"《大食传》以外的正史大食史料"（一）"《旧唐书》大食史料"【考释】。

仪凤三年（678），令吏部侍郎裴行俭将兵册送卑路斯还波斯国。行俭以路远，至安西碎叶而还。卑路斯独返，不得入，其国渐为大食所侵，[一]客于吐火罗二十余年，[二]部落数千人，后渐离散。（《唐会要》卷一〇〇《波斯国》，第2118—2119页）

【校勘】

〔一〕卑路斯独返不得入其国渐为大食所侵　点校本原断句作「卑路斯独返，不得入其国，渐为大食所侵」。

〔二〕客于吐火罗二十余年　泥涅师在中宗景龙二年（708）再回长安后病死（参见《旧唐书》卷一九八《波斯传》），客居吐火罗凡三十年（679—708），此「二十」疑是「三十」之误。

【开元】八年（720）五月，南天竺遣使献豹皮、五色能言鹦鹉，又奏请以战象兵马讨大食、吐蕃，求有以名其军。制书嘉焉，号为怀德军。（《唐会要》卷一〇〇《天竺国》，第2123页。）

天宝二年（743）四月二十五日[一]，上因问诸蕃诸国远近，鸿胪卿王忠嗣上言曰："臣谨按《西域图》：[二]陀拔（恩）〔思〕单国在疏勒西南二万五千里[三]，东至渤达国一月程[四]，西至（沮）〔涅〕满国一月程[五]，南至罗刹支国十五日程[六]，北至海两月程。罗刹支国东至都盘国十五日程，西至沙兰国二十日程，南至大食国二十日程，北至陀拔国十五日程[七]。都盘国东至大食国十五日程，西至罗刹支国十五日程〔八〕，南至大食国二十五日程，北至渤达国一月程。渤达国东至大食国两月程，西北至岐兰国二十日程，南至都盘国一月程〔九〕，北至大食国一月程。（河）〔阿〕没国（东至南）〔东南至〕陀拔国十五日程〔一〇〕，西北至岐兰国二十日程，从南至沙兰国一月程，从北至海两月程。岐兰国东南至（河）〔阿〕没国二十日程〔一一〕，西至大食国两月程，南至（沮）〔涅〕满国二十日程，北至海五日程〔一二〕。涅满国东至陀拔国一月程〔一三〕，西至大食国两月程，南至大食国一月程，北至岐兰国十日程〔一四〕。沙兰国东至罗刹支国二十五日程〔一五〕，南至大食国二十五日程〔一六〕，北至涅满国二十五日程。石国东至拔汗那国一百里，西南至东米国五百里。罽宾国在疏勒西南四千里，东至俱兰陀国七百里〔一七〕，西至大食国一千里，南至婆罗门国五百里，北至吐火罗国二百里。东米国在安国西北二千里〔一八〕，东至碎叶国五千里，西南至石国一千五百里，南至拔汗那国一千五百里。史国在疏勒西（四）〔二〕千里〔一九〕，东至俱蜜国一千里，西至大食国二千里，南至吐火罗国一百里〔二〇〕，西北至康国七百里。"（《唐会要》卷一〇〇《四夷杂录》，第2135—2136 页）

【校勘】

〔一〕天宝二年四月二十五日　"二年"，《太平寰宇记》卷二〇〇《四夷杂说并论》作"六载"。

〔二〕西域图　《太平寰宇记》作"西域图记"。疑《唐会要》夺"记"字，说见下文本条【考释】。

〔三〕陀拔恩单国　《太平寰宇记》《新唐书》卷四三下《地理志》作"陀拔思单国"，《册府元龟》卷九六五《外臣部·封册》作"陀拔斯单国"，据正。

〔四〕渤达国　《太平寰宇记》《新唐书·地理志》作"勃达国"。下同。

〔五〕沮满国　《太平寰宇记》《新唐书·地理志》作"涅满国"，据正。下同。《册府元龟》卷九六五作"涅蒲国"，当涉形近而误。又，《新唐书》卷二一下《大食传》作"怛满国"，姑存疑。

〔六〕罗刹支国　《册府元龟》卷九六五作"罗利支国"。下同。

〔七〕北至陀拔国十五日程　《新唐书·地理志》漏书本句。

〔八〕西至罗刹支国十五日程　《新唐书·地理志》漏书本句。

〔九〕南至都盘国一月程　《新唐书·地理志》漏书本句。

〔一〇〕河没国东至南陀拔国　点校本作"东至南陀拔国",以"南陀拔国"为国名。今按,"东至南",《太平寰宇记》《新唐书·地理志》作"东南至",据正。点校本误。又,"河没国",《太平寰宇记·四夷杂说并论》、《册府元龟》作"阿没国"。《新唐书·大食传》"岐兰之东南二十日行,得阿没,或曰阿眛",应是"阿没"之误,据改。下同。

〔一一〕东南至河没国二十日程　《新唐书·地理志》漏书本句。"河没国",《太平寰宇记》作"河漠国",即上文"河（阿）没国",据改。

〔一二〕五日程　"日",《太平寰宇记》作"月"。

〔一三〕涅满国东至陀拔国一月程　《新唐书·地理志》漏书本句。

〔一四〕十日程　"十",《太平寰宇记》《新唐书·地理志》作"二十"。

〔一五〕东至罗刹支国二十五日程　《新唐书·地理志》漏书本句。

〔一六〕二十五日程　《太平寰宇记》无"五"字。

〔一七〕俱兰陀国　《太平寰宇记》《新唐书·地理志》作"俱兰城国"。

〔一八〕东米国在安国西北二千里　"东米国",《太平寰宇记》作"东女国","二千"下有"二百"二字。

〔一九〕史国在疏勒西四千里　"四",《太平寰宇记》《新唐书·地理志》作"二",据改。

〔二〇〕一百里　"一",《太平寰宇记》《新唐书·地理志》作"二"。

【考释】

《新唐书》四三下《地理志》及《新唐书》卷二二一下《大食传》节略记载了本条史料,惟略作改写,可资相互校刊。此称王忠嗣根据《西域图》回答玄宗,《太平寰宇记》卷二〇〇《四夷杂说并论》作"西域图记"。今按,《新唐书》卷二二一下《大食传》节引本段史料,并在"阿没国"下载"居你诃温多城,宜马羊,俗柔宽,故大食常游牧于此","怛满国"下称"居乌浒河北平川中。兽多师子。西北与史接,以铁关为限"。叙述内容明显溢出了"图"的范围。根据《新唐书》的记载判断,应以"西域图记"为是。《唐会要》很可能在"图"下误夺"记"字。又，在王忠嗣上奏之前，唐朝曾数次组织撰著西域志书，显庆三年，分别遣使往康国和吐火罗访诸国古今废置及风俗物产，史官据此撰《西域图志》六十卷（《册府元龟》卷五六〇《国史部·地理》）；龙朔元年（661），吐火罗道置州县使王名远又进《西域图志》（《通典》卷一九三《吐火罗》）；开元年间（713—741），安西都护盖嘉运也曾撰写过一部《西域记》（《唐会要》卷一〇〇《结骨国》）。史阙有间，我们无法确知王忠嗣所说的《西域图（记）》到底是指哪部著作，但揆以情理，无论是显庆三年（658）的《西域图志》，还是龙朔元年的《西域图志》，上距本年玄宗君臣问答，都已经过去了八十多年，而这段时间正是波斯亡国，大食东进，西域局势发生剧烈变动的时期。在本段记载中，玄宗所问为"当时"西域诸国道里远近，显然以盖嘉运所撰《西域记》较合事理。

证圣元年（695）九月五日敕："蕃国使入朝，其粮料各分等第给：南天竺、北天竺、波斯、大食等国使宜给六个月粮，尸利佛誓、真腊、诃陵等国使给五个月粮，林邑国使给三个月粮。"（《唐会要》卷一〇〇《四夷杂录》，第2136页）

【考释】

早在唐高宗永徽二年（651），萨珊波斯政权就被新兴的大食帝国所灭。本条所称"波斯"，应该是指由萨珊王室后裔泥涅师在统领的位于吐火罗地区的波斯流亡政权。

二　《通典》"大食"专目以外的大食史料

关于《通典》的介绍，请参见上文第一编二"《通典》卷一九三《大食》"的解题。如果按照撰著体例来分，则《通典》属于著述类著作，但作者杜佑为唐人，所以我们仍将《通典》所载内容归为原始史料。

神龙（705—707）以后，黑衣大食强盛，渐并诸国，至于西海，分兵镇守焉。族子【杜】环随镇西节度使高仙芝西征，天宝十载（751）至西海，宝应（762—763）初，因贾商船舶自广州而回，著《经行记》。（《通典》卷一九一《边防》七"西戎总序"，第5199页）

【考释】

关于杜环《经行记》，请参见上文第一编二"《通典》卷一九三《大食》"【考释】。

杜环《经行记》云："拂菻国在苫国西，隔山数千里，亦曰大秦。其人颜色红白，男子悉着素衣，妇人皆服珠锦〔一〕。好饮酒，尚干饼，多淫巧，善织络。或有俘在诸国，守死不改乡风。琉璃妙者，天下莫比。王城方八十里，四面境土各数千里。胜兵约有百万，常与大食相御。西枕西海，南枕南海，北接可萨突厥〔二〕。西海中有市，客主同和，我往则彼去，彼来则我归。卖者陈之于前，买者酬之于后，皆以其直置诸物傍，待领直然后收物，名曰'鬼市'。又闻西有女国，感水而生。"又云："摩邻国，在勃萨罗国西南，渡大碛行二千里至其国。其人黑，其俗犷，少米麦，无草木，马食干鱼，人餐鹘莽。鹘莽，即波斯枣也。瘴疬特甚。诸国陆行之所经也，胡则一种，法有数般。有大食法，有大秦法，有寻寻法。其寻寻蒸报，于诸夷狄中最甚，当食不语。其大食法者，以弟子亲戚而作判典，纵有微过，不至相累。不食猪、狗、驴、马等肉，不拜国王、父母之尊，不信鬼神，祀天而已。其俗每七日一假，不买卖，不出纳，唯饮酒谑浪终日。其大秦善医眼及痢，或未病先见，或开脑出虫。"（《通典》卷一九三《边防》九《大秦》，第5266页）

【校勘】

〔一〕妇人皆服珠锦　点校本"校勘记"："《太平寰宇记》卷一八四'珠'作'朱'。"

〔二〕北接可萨突厥　点校本断句作"北接可萨、突厥"。此据文意去顿号。

【考释】

《经行记》所载"大食法"，应该是当时东亚世界对伊斯兰教法的记录。

杜环《记》云："自【波斯】被大食灭，至天宝（742—756）末已百余年矣。"（《通典》卷一九三《边防》九《波斯》，第5271页）

【考释】

《记》，即《经行记》略称。

杜环《经行记》云："（前略）其川【碎叶川】西接石国，约长千余里。川中有异姓部落，有异姓突厥，各有兵马数万。城堡闲杂，日寻干戈，凡是农人皆擐甲胄，专相虏掠以为奴婢。其川西头有城，名曰怛逻斯，石国人镇〔一〕，即天宝十年（751）高仙芝军败之地。从此至西海以来，自三月至九月，天无云雨，皆以雪水种田。宜大麦、小麦、稻禾、豌豆、毕豆。饮蒲萄酒、麋酒、醋乳。"（《通典》卷一九三《石国》，第5275—5276页）

【校勘】

〔一〕石国人镇　"人"，《太平寰宇记》卷一八六《石国》引作"大"。

【考释】

怛逻斯之战的相关史料，请参见第三编"唐五代及后代汉文著述类著作中的大食史料"一"《大食传》以外的正史大食史料"（一）"《旧唐书》大食史料"引《旧唐书》卷一〇九《李嗣业传》【考释】。

三　《唐六典》大食史料

《唐六典》三十卷，题名御撰，唐李林甫等奉敕注，陈仲夫点校，中华书局1992年版。

《唐六典》是一部仿照《周礼》六官之制，以唐玄宗开元年间（713—741）现行的中央、地方官职名称、员品、职掌为本，以注文的形式追溯职官源流的职官类专书。在编修之始，唐玄宗曾亲自书写了理典、教典、礼典、政典、刑典、事典六条纲目①，"令以类相从，撰录

---

① 《新唐书》卷五八《艺文志》，第1477页。"理典"即"治典"，避唐高宗讳改"理"。

以进"①，因此书成之后取名为"六典"，并题称"御撰"。从开元十年（722）陆坚奉旨撰修，《唐六典》前后由张说、萧嵩、张九龄等当朝宰相领衔主修，经集贤院毋煚、余钦、咸廙业、孙季良、韦述、陆善经、苑咸等学士之手，到二十七年（739）始完成进献，前后费时近20年。完成时正值宰相李林甫知集贤院事，所以题名为"李林甫等奉敕注"。《唐六典》直接取材于当时施行的令、式，具有很高的史料价值，是了解唐朝前期职官制度及唐以前历代职官沿革的重要的史籍。

　　凡四蕃之国经朝贡已后自相诛绝及有罪见灭者，盖三百余国。今所在者，有七十余蕃。谓三姓葛逻禄，处蜜，处月，三姓咽蔑[一]，坚昆，拔悉蜜，窟内有姓杀下，突厥，奚，契丹，远番靺鞨，渤海靺鞨，室韦，和解，乌罗护[二]，乌素固，达未娄[三]，达垢[四]，日本，新罗，大食，吐蕃，波斯，拔汗那，康国，安国，石国，俱战提，教律国[五]，罽宾国，东天竺，西天竺，南天竺，北天竺，中天竺，吐火罗，米国，火寻国，骨咄国，诃毗施国，曹国，拂菻国，谢䫻，教（时）〔特〕山，屋驮国[六]，狮子国，真腊国，尸（科）〔利〕佛誓国，[七]婆利国，葱岭国，俱位国，林邑国，护密国，怛没国，恒恒国，乌苌国，迦叶弥罗国，无灵心国，苏都瑟那国，史国，俱密国，于建国，可萨国，遏曜国，习阿萨般国，龟兹国，疏勒国，于阗国，焉耆国，突骑施等七十国，各有土境，分为四蕃焉。其朝贡之仪，享燕之数，高下之等，往来之命，皆载于鸿胪之职焉。（《通典》卷四《尚书·礼部》"主客郎中"，第129—130页）

【校勘】

〔一〕三姓咽蔑　　点校本"校勘记"："《隋书·突厥传》'姓'作'索'。"今按，"三姓咽蔑"见《隋书》卷八四《铁勒传》。原"校勘记"之"突厥传"当作"铁勒传"。

〔二〕和解乌罗护　　点校本将"和解乌罗护"作为一部，未予断开。今按，"乌罗护"又作"乌罗浑"或"乌洛侯"；"和解部"与乌罗护相邻，为室韦诸部之一（参见《新唐书》卷二一九《室韦传》），不当与"乌罗护"并

---

① 《直斋书录解题》卷六"职官类"《唐六典》引韦述《集贤注记》，第172页。

作一部，据断为二。

〔三〕达未娄 《新唐书》卷二二〇《流鬼传》作"达末娄"。

〔四〕达垢 《新唐书》卷二二〇作"达姤"。

〔五〕俱战提教律国 点校本断作"俱战，提教律国"，误。此据文意重新断句。

〔六〕谢䫻教时山屋驮国 点校本以"谢䫻教时山屋驮国"为一国，未予点断，误。按，谢䫻国见《新唐书》卷二二一下《谢䫻传》。"教时山"即"勃特山"（参见《册府元龟》卷九九九《外臣部·请求》）之讹文，据正，且分为三。

〔七〕尸科佛誓国 应为"尸利佛誓国"之误。参见《新唐书》卷二二二下《南蛮传》下《室利佛逝传》。据正。

【考释】

除"窟内有姓杀下"外，本文所列为六十九国，加上"窟内有姓杀下"，正符"七十国"之数。惟"窟内有姓杀下"所指不详，且不类国名，应有夺误。据《阿史那毗伽特勤墓志》记载，开元（713—741）初年，东突厥败乱，唐令阿史那毗伽特勤"招慰三窟九姓，因与九姓同斩默啜，传首京师"（《全唐文补遗》第三辑，第59—60页）。《臧怀亮碑》在谈及六胡州事变时，也有"猖狂三窟，澶漫数州"的描述（《文苑英华》卷九〇七，第4775—4777页），疑"窟内有姓"或是与"三窟九姓"相关的某个北方草原部族的表述。点校本在"窟内有姓杀下"下径施专名线，作为一部，恐不足据。此姑去专名线，存疑。又，"苏都瑟那"，又称率都沙那、苏对沙那或劫布呾那，都是东曹国的不同译音（参见《新唐书》卷二二一下《曹国传》）。

四 《五代会要》大食史料

《五代会要》三十卷，宋王溥撰，上海古籍出版社1978年版。《五代会要》是一部记述五代时期（907—960）后梁、后唐、后晋、后汉、后周五个政权的典章制度的著作。作者王溥其人，也是最后整合修撰《唐会要》的作者。《四库全书总目》载："五代干戈扰攘，百度凌夷。故府遗规，多未暇修举。然五十年间法制典章，尚略具于累朝实录。溥因检寻旧史，条分件系，类辑成编。于建隆二年（961）与《唐会要》并进，诏藏史馆。"① 也就是说，在五代结束的次年，王溥就已完成了《五代会要》的编纂，在时间上大大早于《旧五代史》和《新五代史》。《五代会要》保存了大量不见于新、旧《五代史》和《五代史》记载不完备的史料，有很高的史料价值。遗憾的是，《五代会要》并没有为大食设立专目，只是在"占城国"条下提到大食国。称占城"衣服制度大略与大食国同"，可供参考。

占城国在中国西南，其地东西七百里，南北三千里，东暨海，西暨云南，南暨真腊国，北暨驩州界。东北至两浙，海行一月程。其衣服制度大略与大食国同。所乘皆象马，粒食稻米，肉食水兕、山羊之类。兽之奇者有犀牛，鸟之珍者有孔雀。前世多不与中国通。（《五代会要》卷三〇《占城国》，第479页）

【考释】

占城风俗不当与大食同，此所谓"衣服制度大略与大食国同"，很可能是因为后周显德五年（958）占城转贡大食物产而误记（参见第三编"唐五代及后代著述类著作中的大食史料"一"《大食传》以外的正史大食史料"引《新五代史》卷七四《四夷附录·占城》【考释】）。

五 唐五代别集总集中的大食史料

唐五代别集、总集中有关大食的汉文史料非常稀见。别集中主要有《张九龄集》所载，开元（713—741）晚期唐朝与突骑施战争期间（734—739）张九龄代表朝廷起草的敕书。这些敕书中，在指令和协调安西、北庭、河西诸军军事战略时，提到当时唐朝西域守军与大食联络，东西夹击突骑施的作战计划等与大食相关的史料。这些史料真实反

---

① 《四库全书总目》卷八〇"史部·职官类"，第689页。

映了大食势力东扩引发的内亚局势的变化和动荡，以及大食东扩期间与唐朝、突骑施之间的关系，具有很高的史料价值。《全唐文》中有关大食的史料，几乎全部与《张九龄集》《太平御览》《册府元龟》等前代史籍重复，不能提供新的信息，因此我们对《全唐文》的大食史料，都附注于相关记载之下，作为校勘文字的参考（关于《全唐文》的介绍，请参见"附录：七世纪中叶至九世纪汉文海上交通史料摘编"引《全唐文》卷七五《太和八年疾愈德音》【考释】）。

（一）别集大食史料

敕河西节度使牛仙客：戎狄无义，禽兽不若，但当以兵威取此，岂可人道论之。突骑施顷者通和，朕每抚之如子，行李往来，不隔岁时，赐与优饶，非直君长。而窥我边隙，图陷庭川〔一〕，阙侯斤所以见诛，天下孰云不当！不思己过，仍敢我仇，率其犬羊，犯我城堡，是其送死之日，可谓天亡之时。若不因其自来，乘危决策，一失此便，后悔何追？宜密令安西征蕃汉兵一万人，仍使人星夜倍道，与大食计会，取叶护、勃达等路入碎叶；令王斛斯自领精骑，取其家口；河西节度内发蕃汉二万人，取瓜州比高同伯帐路西入，仍委卿简择骑将统率，仍先与西、庭等计会，克日齐入。此已敕朔方军、西受降城、定远城及灵州兼取大家子弟，并丰安、新泉等军，共征二万，于瓜州、北庭招托，就中简择骁健五千人先入，直赴北庭。从瓜州宜给一月熟粮，若至北庭，粮贮可支五年以上。凡此诸道征发，并限十二月上旬，齐集西、庭等州，一时讨袭。时不可失，兵贵从权，破虏灭胡，必在此举。卿可火急支计，无失便宜。今故使内侍程元宗催遣兵马，一一口具。秋气渐冷，卿及将士百姓已下，并平安好。遣书指不多及。（张九龄《敕河西节度使牛仙客书》，《张九龄集》卷八，第537—540页。参见《全唐文》卷二八四，第2885—2886页）

【校勘】

〔一〕庭川　点校本"注"称："庭川，指北庭。宋王延德《高昌行记》：

'北庭川，长广数千里。'"今按，"庭川"，《全唐文》作"庭州"。疑"川"应是"州"的误字，不必引"北庭川"，曲为解释。

【考释】

张九龄起草的这通敕书，记载了唐朝计划与大食连兵，共同打击突骑施的一次重大军事行动。开元二十三年（735）夏季，唐朝与突骑施正式交兵，至二十四年秋，崔希逸代替牛仙客任河西节度使。据《旧唐书》卷一〇三《牛仙客传》记载，张九龄作书时，牛仙客尚在河西节度使任上，且敕书称"秋气渐冷"，则起草敕书时间的上限，应该是在开元二十三年唐与突骑施决裂之后，下限在开元二十四年秋天河西节度使牛仙客离开河西之前。又，开元二十三年"冬中"，张九龄另起草过一封给牛仙客的敕书，内容也涉及令河西节度使牛仙客发兵援救安西（《张九龄集》卷一二《敕河西节度副大使牛仙客书》）。据此可以进一步推定，这通敕书的写作时间应该是在开元二十三年秋天。

敕瀚海军使、北庭都护盖嘉运及将吏军士百姓已下：苏禄反虏，敢为寇仇，犯我边城。初闻蚁附，投兵死地，果自冰销。朕始料之，一不差也。近得卿表，知其狼狈。而贼既不利，众必携离，犯顺违天，招殃破国，将在此举，已见其征。卿等坚守孤城，赤心边徼，言念于此，嗟尚久之。初解重围，差有劳苦，将士已下，并得如宜。又卿表所云叶护被杀，事势合尔，殆非妄传。向若安西出兵，乘虚讨袭，碎叶逋丑，皆可成擒。应为悬军，未能越境，逆虏漏刃，莫不由兹。今贼虽请和，恃我张势，以防大食之下，以镇杂虏之心，岂是真情？此其奸数！卿可与王斛斯计会，伺其动静，因利乘便，取乱侮亡，不以此时，知待何日！傥成功立业，重赏高班，信若四时，固必然也。近者所有效功，一皆委卿甄录，各据实状，具以名闻。初冬渐寒，卿及将吏军士百姓，并平安好。遣书指不多及。[张九龄《敕瀚海军使（北庭都护）盖嘉运（及将吏军士百姓已下）书》，《张九龄集》卷八，第537—540页。参见《全唐文》卷二八四，第2886页]

【考释】

与上文《敕河西节度使牛仙客书》一样，本条也是唐朝与突骑施交战期间张九龄代表朝廷起草的一通敕书。开元二十三年（735）冬，为解除突骑施对安西的压力，盖嘉运曾发兵深入突骑施腹地，并在二十四年正月破突骑施[参见《旧唐书》卷八《玄宗纪》；张九龄《敕瀚海军使（北庭都护）盖嘉运（及将士已下）书》，《张九龄集校注》卷一〇]，此称"初冬渐寒"，又称"初解重围"，则敕书当作于开元二十三年冬。上文《敕河西节度使牛仙客书》载，唐朝曾令安西"使人星夜倍道，与大食计会，取叶护、勃达等路入碎叶"，此称"今贼虽请和，恃我张势，以防大食之下，以镇杂虏之心"，所谓"贼"就是指突骑施。也就是说，在大食的压力之下，突骑施被迫向唐朝"请和"，以防备大食乘虚进攻。

敕〔四镇节度副大使、安西副大都护〕王斛斯[一]：得卿表并大食东面将军呼逻散诃密表，具知卿使张舒耀计会兵马回。此虽远蕃，亦是强国，观其意理，似存信义。若四月出兵是实，卿彼已合知之，还须量宜与其相应，[二]使知此者计会，不是空言。且突骑施负恩，为天所弃，诃密若能助国，破此寇雠，录其远劳，即合优赏。但未知事实，不可虚行，卿可观察蕃情，颇有定否，即须随事慰接，令彼知之。若舒耀等虚有报章，未得要领，岂徒不实，当有所惩。绝域行人，不容易也。今秋此贼形候何如，善须防之，勿使侵轶。时暑，卿及将士已下，并平安好。遣书指不多及。（张九龄《敕安西四镇节度副大使王斛斯书》，《张九龄集》卷一〇，第604—606页。参见《全唐文》卷二八五，第2896页）

【校勘】

〔一〕四镇节度副大使安西副大都护王斛斯　　"四镇节度副大使、安西副大都护"十三字为点校本据文意补。

〔二〕还须量宜　　全唐文"宜"作"意"。

【考释】

根据对上文《敕河西节度使牛仙客书》的考释，开元二十三年（735）

秋，唐朝曾计划"密令安西征蕃汉兵一万人，仍使人星夜倍道，与大食计会，取叶护、勃达等路入碎叶"，与北庭兵力联合夹击突骑施。从本通敕书可知，安西节度使王斛斯派出的使节是安西兵马使张舒耀。敕书所称"四月出兵"，就是张舒耀带回的与大食呼逻散诃密商定的大食方的发兵计划。经过开元二十三年冬至二十四年正月北庭驻军的反击，唐军已经挫败了突骑施入侵的势头，故尔联兵计划可能并未施行。此称"今秋此贼形候何如，善须防之，勿使侵轶"，表明西域形势已大体稳定。书称"时暑"云云，应作于开元二十四年夏秋之际。有趣的是，朝廷一方面表示"绝域行人，不容易也"，对张舒耀派兵联合大食表示钦赏；同时对张舒耀携回的与大食议定的联兵计划却并不完全相信，称"未知事实，不可虚行"，并且所以特别嘱咐王斛斯"若舒耀等虚有报章，未得要领，岂徒不实，当有所惩"。

交趾四封，图经详矣。然而管多生獠，境迩诸蕃，略采俚谭，用标方志。安南之为府也，巡属一十二郡峰、驩、演、爱、陆、长郡、谅、武定、武安、苏、茂、虞林，羁縻五十八州，府城东至南溪四百余里，有山横亘，千里而遥，邃穴深岩，为獠窟宅。蛮蜒之众，六种星居。邻诸蕃二十一区，管生獠二十一辈。水之西南则通阇婆、大食之国，陆之西北则接女国、乌蛮之路，曾无亭堠，莫审涂程。跂履者计日指期，沈浮者占风定信。二十一国鸡犬传声，服食所宜，大较相类。（崔致远《补安南录异图记》，《桂苑笔耕集校注》卷一六，第 554 页）

国家始踵隋制，开十六卫，将军总三十员，属官总一百二十八员，署宇分部[一]，夹峙禁省，厥初历今，未始替削。然自今观之，设官言无谓者，其十六卫乎？本原事迹，其实天下之大命也。始自贞观（627—649）中，既武遂文，内以十六卫畜养戎臣，褒公、鄂公之徒，并为诸御将军。外开折冲果毅府五百七十四以储兵伍。或有不幸，方二三千里为寇土，数十百万人为寇兵，蛮夷戎狄，践踏四作，此时戎臣当提兵居外。至如天下平一，暴勃消削，单车一符，将命四走，莫不信顺，此时戎臣当提兵居内。当其居内也，官为将军，绶有朱紫，章有金银，千百骑趋奉朝庙[二]，第观车马，歌儿舞女，念功赏劳，出于曲赐。所部之兵，散舍诸府，上府不越一千二百人，五百七十四府凡有四十万人。三时耕稼，袯襫耡耒，一时治武，骑剑兵矢。禆卫以课，父兄相言，不得业他。籍藏将府，伍散田亩，力解势破，人人自爱，虽有蚩尤为师[三]，雅亦不可使为乱耳。及其当居外也，缘部之兵，被檄乃来，受命于朝，不见妻子，斧钺在前，爵赏在后，以首争首，以力抟力，飘暴交捽，岂暇异略。虽有蚩尤为帅，雅亦无能为叛也。自贞观至于开元（713—741）末，百五十年间[四]，戎臣兵伍未始逆篡，此圣人所能柄统轻重，制障表里，圣算神术也。至于开元末，愚儒奏章曰："天下文胜矣，请罢府兵。"诏曰："可。"武夫奏章曰："天下力强矣，请抟四夷。"诏曰："可。"于是府兵内铲，边兵外作，戎臣兵伍，湍奔矢往，内无一人矣。起辽走蜀，缭络万里，事伍强寇，奚、契丹、吐蕃、云南、大食国。十余年中，亡百万人，尾大中干，成燕偏重。而天下掀然，根萌烬然，七圣旰食，求欲除之且不能也。由此观之，戎臣兵伍岂可一日使出落钤键哉！然为国者不能无也。居外则叛，韩、黥、七国，近者禄山、仆固是也。居内则篡，莽、卓、曹、马已下是也。使外不叛，内不篡，兵不离伍，无自焚之患，将保颈领，无烹狗之喻。古今已还，法术最长，其置府卫乎！近代已来，于其将也，弊复为甚。人嚣曰廷诏命将矣，名出视之，率市儿辈。盖多赂金玉[五]，负倚幽阴，折券交货所能也[六]，绝不识父兄礼义之教，复无慷慨感概之气[七]，百城千里，一朝得之，其强杰愎勃者，则挠削法制，不使缚己，斩族忠良，不使违己，力壹势便，罔不为寇。其阴泥巧狡者，亦能家算口敛，委于邪幸，由卿市公，去郡得都。四履所治，指为别馆。或一夫不幸而寿，则戮割生人，略匝天下。是以天下每每兵乱涌溢，齐人干耗，乡党风俗，淫窳衰薄，教化恩泽，拥抑不下，召来灾沴，被及牛马。嗟乎，自愚而知之，人其尽知之乎？且武者任诛，如天时有秋；文者任治，如天时有春。是天不能倒春秋，是豪杰不能总文武。是此辈受钺诛暴乎？曰于是乎在。某人行教乎？曰于是乎在。欲祸蠹不作，未之有也。伏惟文皇帝十六卫之旨，谁复而原，其实天下之大命也。故作《原十六卫》。（杜牧《原十六卫》，《樊川文集》卷五，第89—91页。参见《文苑英华》卷三七五，第1915—1916页；《全唐文》卷七五四，第7819—7820页）

【校勘】

〔一〕署宇分部　"宇"，《文苑英华》作"守"。

〔二〕趋奉朝庙　"庙"，《文苑英华》夹行小注称"集作'谒'"。与点校本不同。点校本失校。

〔三〕虽有蚩尤为师　点校本"校勘记"："《文苑英华》卷三七五'师'作'帅'。"今按，《全唐文》作"帅师"。下文"蚩尤为师"同。点校本失校。

〔四〕百五十年间　"五"，《文苑英华》作"三"，夹注称："集作'五'。"

〔五〕多赂金玉　"赂"，《文苑英华》作"稽"，夹注称："《文粹》作'赂'。"

〔六〕折券交货　"货"，《文苑英华》作"贳"。

〔七〕复无慷慨感概之气　《文苑英华》夹注称，"'概'，《文粹》作'激'。"又，"气"，《文苑英华》作"节"，夹注称，"集作'气'。"

【考释】

杜牧此文是研究唐代兵制及其变化的重要资料。文中称奚、契丹、吐蕃、云南（即南诏）、大食国为唐开元年间（713—741）的"伍强寇"。姑总附于此。又，这篇论著作于唐文宗太和七年（833），所谓"七圣旰食，求欲除之且不能也"，是指唐玄宗之后的肃宗、代宗、德宗、顺宗、宪宗、穆宗、敬宗七位皇帝。

太常楼船声嗷嘈，问兵刮寇趋下牢。牧出令奔飞百艘，猛蛟突兽纷腾逃。白帝寒城驻锦袍，玄冬示我胡国刀。壮士短衣头虎毛，凭轩拔鞘天为高。翻风转日木怒号，冰翼雪淡伤哀猱。镌错碧罂鸊鹈膏，锃锷已莹虚秋涛。鬼物撇捩辞坑壕，苍水使者扪赤绦，龙伯国人罢钓鳌。芮公回首颜色劳，分闸救世用贤豪。赵公玉立高歌起，揽环结佩相终始。万岁持之护天子，得君乱丝与君理。蜀江如线如针水，荆岑弹丸心未已。贼臣恶子休干纪，魑魅魍魉徒为耳，妖腰乱领敢欣喜。用之不高亦不庳，不似长剑须天倚。吁嗟光禄英雄弭，大食宝刀聊可比。丹青宛转麒麟里，光芒六合无泥滓。（杜甫《荆南兵马使太常卿赵公大食刀歌》，《杜甫全集校注》卷一五，4318—4328 页）

【考释】

杜甫是中国历史上就最伟大的诗人，他创作的诗歌具有强烈的现实主义倾向，被称为"诗史"。据研究，《大食刀歌》应创作于唐代宗大历元年（766）冬天。永泰元年（765）崔旰反，荆南节度使下兵马平叛至夔州，大历元年深冬，杜甫在夔州与兵马使赵公相遇，写下了著名的《大食刀歌》。"赵公"不详，"芮公"为时任荆南节度使卫伯玉。"翻风转日"，言大食刀挥霍之势；"冰翼雪淡"，极言刀之锋利。"木怒号"谓挥刀鼓风，"伤哀猱"形容骇利刃之伤。"鸶鹅膏""虚秋涛"大意都是表现大食刀锋锷磨莹，光芒深湛如秋水。

（二）总集大食史料

大中（847—860）初年，大梁连帅范阳公得大食国人李彦升，荐于阙下，天子诏春司考其才，二年以进士第名显，然常所宾贡者不得拟，或曰："梁，大都也；帅，硕贤也。受命于华君，仰禄于华民，其荐人也，则求于夷，岂华不足称也耶？夷人独可用也耶？吾终有惑于帅也。"曰："帅真荐才而不私其人也，苟以地言之，则有华夷也，以教言之，有华夷乎？夫华夷者，辨在乎心，辨心在察其趣向。有生于中州而行戾乎礼义，是形华而心夷也，生于夷域而行合乎礼义，是形夷而心华也。若卢绾少卿之叛亡，其夷人乎！金日磾之忠赤，其华人乎！由是观之，皆任其趣向耳。今彦升也，来从海外，能以道祈知于帅，帅故异而荐之，以激夫戎狄。俾日月所烛，皆归于文明之化，盖华其心而不以其地也，而又夷焉。"作《华心》。（陈黯《华心》，《文苑英华》卷三六四，第 1868 页。参见《全唐文》

卷七六七,第7986页)

【考释】

《文苑英华》一千卷,北宋李昉等人奉敕编撰。《文苑英华》是继梁昭明太子撰《文选》之后的一部重要的文章总集,不仅收录文章的时限上承《文选》,在体例上也与《文选》约略相同。《文苑英华》从北宋太宗太平兴国七年(982)开始修撰,六年之后在雍熙四年(987)修成。收录了大量唐人文章,《四库全书总目》称"考唐文者,惟赖此书之存,实为著作之渊海"。本文作者陈黯,主要活动在9世纪中叶,有文集五卷,佚。①"大梁"即宣武节度使所在地汴州,唐宣宗即位后,卢钧任宣武节度,封范阳郡公,"大梁连帅范阳公",即卢钧。大食人李彦升经卢钧举荐,在大中二年(848)进士及第。《旧唐书》卷一六八《封敖传》:"宣宗即位,迁礼部侍郎。大中二年,典贡部,多擢文士。"则李彦升应是在封敖门下及第。唐朝特别设立宾贡科,优遇在唐朝学习的边疆或异域仕子,此称李彦升"以进士第名显,然常所宾贡者不得拟",认为李彦升的及第,与寻常宾贡出身的仕子不同,对他的汉文化修养赞誉有加。《华心》是了解唐五代时间在华阿拉伯人生活状况的非常重要的史料,吉光片羽,弥足珍贵。

初,安西南有毒河源,远在葱岭西北河岸百步,人畜踏之者辄死。公威振西域,所向无不从者。因验图经,知其源,率兵三万人,历于阗、康居、大食等十余国。所过之国,令供资粮,仍署其国王为左右总管,率兵前进。北至葱岭,牙帐前十二国王兵百余万,其河源上有大树,高千余尺,垂阴数顷。大军至日,有黄龙绕树,以口吐毒气而拒官军,三军悉觇焉。公手书操檄文,令左拾遗张宣抗声读之毕,黄龙解树而下。公率诸军诛之,数日方倒,聚而焚焉。河源且绝,数十里内悉为良田。(张说《兵部尚书赠少保郭公行状》,《文苑英华》卷九七二,第5111—5112页。参见《全唐文》卷二三三,第

---

① 参见黄滔《颍川陈先生集序》,《全唐文》卷八二四,第8684—8685页;罗隐《陈先生集后序》,《罗隐集校注》杂著,第603—604页。《新唐书》卷六〇《艺文志》著录《陈黯集》三卷(第1609页)。

2354—2356 页）

【考释】

"郭公"即中宗景龙二年（708）之安西都护郭元振。《旧唐书》卷九七、《新唐书》卷一二二有传。《行状》下文称，郭元振"在安西十余年，四镇宁静。韦庶人知政，屡征不至，因下伪诏，令侍御史吕守素、中丞冯家宾相继巡边，欲将害之。未及，皆为娑葛等诸蕃劫杀之"。按，郭元振神龙二年（706）任安西都护，景云元年（710）征拜太仆卿，所谓"在安西十余年"，应该是包括了担任都护之前在西域的时间。《行状》所载率军征大食等国事，未见他书记载，且语涉神异，显然是出自传闻。姑附于此，供参考。按，《行状》下文中提到的吕守素、冯家宾（或作冯嘉宾）、娑葛其人其事，都见于正史记载。又，据《大唐新语》卷八《文章》记载，郭元振判官张宣明有胆气，富词翰，曾出使三姓咽面，赋诗抒怀"昔闻班家子，笔砚忽然投。一朝抚长剑，万里入荒陬。岂不厌艰险，只思清国仇。山川去何岁，霜露几逢秋。玉塞已遐廓，铁关方阻修。东都日窅窅，西海此悠悠。卒使功名建，长封万里侯"。被当时人赞为绝唱。我们怀疑《行状》中记载的"张宣"，应该就是"张宣明"其人。根据以上种种迹象判断，郭元振远征虽然事涉神异，但其中应该有一定事实的成分。

六 唐五代石刻大食史料

本书所说的"石刻史料"是一个比较宽泛的概念，既指传统史料之外的，刻写在墓碑及墓志上的史料，也包括留存在唐人别集或总集中的神道碑或墓志的录文。许多人将留存在文集等传统史料中的碑、志史料排除在"石刻"之外，我们认为刻写在碑、志上的史料，与传统文献中的同类史料，虽然物质载体不同，但从史料学的意义上都属于同一类型的史料，因此应该归作一类。

> 君讳元尚，字符尚，彭城人也。出自轩黄之后，继乎光武之胤，长源远派，□裔于公焉。祖高道不仕。父居心物外，混迹人间，绝粒归真，澄神息念。公禀灵□，得风云之气，感岳渎之精，

茂岁有奇，与同年而特异，弱冠从仕，于□卫而超功。简在帝心，于斯为美，解褐拜掖廷监，作大食市马使，燕王市于骏骨，伯乐顾之龙马，遂使三军迎送，万里循环，荣宠是加，超公内寺伯也。复为骨利干市马，崎岖百国，来往三春，追风跃而奔腾，逐日回而来献，遂加公谒者监。奚首领屈突于侵扰候亭，搅乱军旅，公密奉纶诰，勒公讨之，则知圣泽推贤，军容得士，公有坐帷之策，克日摧锋，立计之谋，应时瓦解。特拜内侍，答公之德也。北庭使刘涣躬行勃逆，委公斩之。又瀚海监临，宣慰四镇，兵士畏爱，将帅威慑，无何迁云麾将军、左监门卫将军、摄省事，宠恩极也。仍知武德中尚五作坊使。国家寄重，珍飤不轻，妙眩工输，巧从班氏，能为□□，干得公心，出入肃清，内外皆美。向一十五载，考绩逾深，何必上□下□能无有□，况招冤谤，徒有铄词。圣上委公清慎，特令无事，唯去官禄而不离家，得预悬车，于兹足矣。未锡楼船之号，俄闻梁木之歌，惟公以天宝十二载（753）八月十一日遘疾，薨于金城里之私第，春秋六十有八。皇情悲悼，朝野增伤，以天宝十三载十有一月廿九日窆于龙原府大人旧茔合祔礼也。势搞长原，气连秦岫，岗峦丛倚，宫阙峥嵘。嗣子守义常选，苏期内给事、上柱国，守志宫教博士，并泣血茹荼，哀缠触类，气添哽咽，痛感号□，哀筎断绝于长空，楚挽喧阗于广陌，克诚克信，有度有章，用展饰终，记之金石。铭曰：

帝轩之胤，光武传家，盈门金紫，宠幄荣华。夫盛必衰，有会克离，圣人既则，神道何为？物虑推迁，迹存不朽，勒石题铭，同天地久。（窦忻《刘元尚墓志》，《金石萃编》卷九〇，《石刻史料新编》第一辑，第二册，第1514—1516页。参见《全唐文》卷四〇三，第4118页）

【考释】

原题《大唐故云麾将军左监门卫将军上柱国彭城县开国公刘府君墓志铭并序》。《突厥集史》卷一〇《编年》（中华书局1958年版，第492页）录本节，"校勘记"："此不知碣年，唯下文接叙'奚首领屈突于侵扰候亭（中略）勒公讨之（中略）北庭使刘涣躬行勃逆，委公斩之'二事，《萃编》以为史皆无考。按，涣事在开元二十二年（734）。'屈突于'应即《旧书》一九九下'可突于'之异译，其叛在开元十八年（730），故附此于十七年。"供参考。刘元尚最初出使大食市马时，官居从九品下阶掖庭监作，市马归来后擢任正七品下阶内寺伯，连升数阶，所以墓志称"超公内寺伯"。墓志描写刘元尚任大食市马使，"三军迎送，万里循环"，在当时应该是一桩很耸动的事件。

皇唐七叶，我乾元大圣光天文武孝感皇帝陛下以至圣之姿，属艰虞之运，无少康一旅之众，当禄山强暴之初，乾巩劳谦，励精为理，推诚而万方胥悦，克己而天下归仁。恩信侔于四时，英威达于八表，功庸格天地，孝感通神明。故得回纥、奚、霫、契丹、大食、盾蛮之属，扶服万里，决命而争先；朔方、河东、平卢、河西、陇右、安西、黔中、岭南、河南之师，虓鞠五年，推锋而效死。摧元恶如拉朽，举两京若拾遗。庆绪遁逃，已蒙赤族之戮；思明跧伏，行就沸鼎之诛。拯已坠之皇纲，据再安之宗社，迎上皇于西蜀，申子道于中京。一日三朝，大明天子之孝；问安视膳，不改家人之礼。蒸蒸然，翼翼然，真帝皇之上仪，《诰》《誓》所不及已。历选内禅，生人以来，振古及隋，未有如我皇帝者也。而犹妪煦万类，勤唉四生，乃以乾元二年太岁己亥春三月己丑，端命左骁卫右郎将史元琮、中使张庭玉，奉明诏，布德音，始于洋州之兴道，洎山南、剑南、黔中、荆南、岭南、江西、浙西诸道，讫于升州之江宁，秦淮太平桥，临江带郭，上下五里，各置放生池，凡八十一所，盖所以宣皇明而广慈爱也。（后略）（颜真卿《天下放生池碑铭》，《颜鲁公文集》卷四，第1—3页。参见《全唐文》卷三三九，第3434—3435页）

【考释】

"皇唐七叶"，指唐高祖至肃宗七朝，即唐高祖、太宗、高宗、中宗、睿宗、玄宗、肃宗，这里特别将武则天统治时期排除在了唐朝皇统之外。大食等"扶服万里，决命而争先"，是指安史之乱后，黑衣大食派兵与西域军队入唐勤王事，时在唐肃宗至德二载（参见第三编"唐五代及后代汉文著述类著作中的大食史料"二"《资治通鉴》大食史料";第一编"唐五代及后代大食汉文基础史料"一"《唐会要》卷一〇〇《大食》";三"《旧唐书》卷一〇《肃宗纪》")。

公讳良瑶,字良瑶。其先周宣王子尚父,受封诸阳,实曰杨侯。晋灭其国,因以为氏。厥后,代济勋德,遂为名家。至若王孙以薄葬称,楼船以大功命,敞因廉畏为相,雄由辞赋荣名。洎乎伯起之慎四知,步节之去三惑,大鸟集于葬墓,飞鳝降于讲堂。或朱轮十人,或太尉四代,光照两汉,裕垂后昆,氏族源流,远矣盛矣。于是根蒂帝薄,枝叶蕃昌,有望表弘农,有族居天水,则公之先代,本弘农人也。及公曾祖,为唐元功臣,官至云麾将军、右威卫中郎将,以功多赏厚,赐业云阳,至今家焉,遂为京兆人矣。祖怀贞,皇许州别驾。考彦昱,处士,高标世利,处士园林,公即处士之第四子也。

公质状殊观,心灵独立,气概感激,慨于时流。少以节义为志行,长以忠勇为己任。故得入为内养,侍玉墀以承恩;出使外方,将天命而布泽。累经试效,益著功劳;诚素既彰,委任方重。当永泰(765—766)中,慈、隰等州狼山部落首领塌实力继章掠众聚兵,逼胁州县,不顾王命,恣行剽煞,虔刘晋郊之士庶,震骇虢略之封疆。于时,两河初平,四远犹耸,朝廷难于动众,皇上姑务安人。遂遣中使刘崇进衔命招抚,以公为判官。崇进畏懦而莫前,公乃愤发而独往,口宣恩德,气激凶顽,遂使天威挫其锋芒,皇泽流其骨髓,莫不交臂屈膝,弃甲投弓,革面回心,稽颡受诏。既而复命阙下,大惬圣衷,有诏赐禄[一],仍授文林郎、行内侍省掖庭局监作。由是恩顾稠叠,委任频繁,奉使必适于所难,临事未尝有不当。是用东西南北,匪遑正宁,险阻艰危,备尝之矣。

大历六年(771),加朝议郎、宫闱局丞。守职不渝,在公无替;昼日三接,风雨一心;天顽不违,圣眷斯至。当信重之际,罔敢告劳;安梯航之心,何远不届。遂奉使安南宣慰,降雨露于荒外，委忠信于洪波。德返无疑，匪偿程度。复命至于广府，会叛军煞将，凶徒阻兵，哥舒晃因纵狼心，将邀王命，承公以剑，求表上闻。公山立峭然，不可夺志〔二〕。事解归阙，时望翕然。至十二年，迁宫闱令。内官式叙，中禁肃清，由公是拜也。洎建中末，遇鸾舆顺动，随驾奉天，勤劳匪躬，始终一致。

兴元（784）初，天不悔祸〔三〕，蛇豕横途。皇上轸念于苍生，臣下未遑于定策。公乃感激出涕，请使西域；乞师而旋，遮寇以进〔四〕。覆武功之群盗，清周至之前途〔五〕，风云奔从而遂多，山川指程而无拥。兴元既得以驻跸，渭桥因得以立功。再造寰区，不改旧物，繄我公乞师之力也。其年二月，迁内侍省内给事。六月，加朝散大夫，此例骤迁，盖赏劳矣。

贞元（785—805）初，既清寇难，天下乂安，四海无波，九译入觐〔六〕。昔使绝域，西汉难其选；今通区外，皇上思其人。比才类能，非公莫可。以贞元元年（785）四月，赐绯鱼袋，充聘国使于黑衣大食，备判官、内傔，受国信、诏书〔七〕。奉命遂行，不畏厥远〔八〕。届乎南海，舍陆登舟。邈尔无惮险之容〔九〕，凛然有必济之色。义激左右，忠感鬼神。公于是剪发祭波，指日誓众，遂得阳侯敛浪，屏翳调风，挂帆凌汗漫之空，举棹乘颢淼之气，黑夜则神灯表路，白昼乃仙兽前驱。星霜再周，经过万国。播皇风于异俗，被声教于无垠。往返如期〔一〇〕，成命不坠，斯又我公杖忠信之明效也。四年（788）六月，转中大夫。七月，封弘农县开国男，食邑三百户。功绩既著，恩宠亦崇，若惊之心，日慎一日。十二年（796），加太中大夫，余如故。十四年（798）春，德宗虔虔孝思，陵寝是恤，将复修葺，再难其人。必求恪恭，祇奉于事。唯公惬旨，受命而行。夙夜在公，日月匪懈。不改经制，惜费省劳。焕乎咸新，无乖睿约。及乎卒事，议功莫俦。以其年八月，赐紫金鱼袋，判、傔等并加绿绶，非例也，特恩及之。其后贵主亲王，监护丧葬，圣情念切者，必委于公。至于以劳更赐金帛，纷纶不可备记矣。

十五年（799），陈许节使云正，淮西承叠而动，剽掠阳翟，攻逼许昌[一一]。汝、洛惊惶，关东大恐，天下激发二十万师，韩全义统之，且挠戎律。国家难于易帅，议者知必无功。时德宗皇帝负扆兴叹，凝旒轸虑，思安东都宗庙，念济河洛苍生，是用命公监东都畿汝州军事。闻命而三军增气，戾正而百姓咸宁。公知韩全义无才，乌合众难用，淮西城小而固，遐迩易动难安，遂思远图，独出奇策，使押衙东、惟司孙白身志和[一二]，深觇寇情，观衅而返。乃具所谋画，遽献表章，请缓天诛，许其悔过。当皇威未霁，事寝莫行。及全义大崩，诏用前计。遂申恩舍罪，罢讨息人。公乃居安虑危，处否思泰，复请完城聚谷，缮甲理兵，用简易而渐谋，不日月而功就，化怯懦为勇健，变藩篱为金汤。于是远近获安，道路斯泰，皆公之尽力竭忠经略所致也。至永贞元年（785），以事既宁辑，恋阙诚深，恳请归朝，供侍近密。夏五月，本官领右三军僻仗。

公素积威望，久著勋庸，警跸诚严，中外悦服。千官以之加敬，九重以之益深。日出彤庭而臣下朝肃，月固清禁而天子夜安。国朝之环拱得人心，于斯为盛。公以躬勤之故，衰朽易侵，心神耗消，体貌癯瘵，疾生而医药不救，善积而命运奈何，寒热内攻，风露外迫，遂至不起。呜呼哀哉！以元和元年（805）秋七月廿一终于辅兴里之私第，享年七十有一。皇上轸悼，士庶同悲。以其年十月十四日归葬云阳县龙云乡之原，顺其先志。盖以公之仲弟忠武将军良彩、季弟游击将军光晖、夫人彭城郡公刘氏，皆先公而终，坟墓所在，则临终之日，思及平生，友爱念深，遗命不忘之故也。

公自至德（756—758）年中，入为内养；永泰（765—766）之岁，出使有功。恩渥日深，委信渐重。至若震忠义以清慈、隰，明勇决以伏哥舒，乞师护于南巡，宣化安于北户，使大食而声教旁畅，临东畿而汝、洛小康，供奉四朝五十余载，议勤劳而前后无比，论渥泽而流辈莫先。故得胙土分茅，纡金拖紫，名高史荣，庆传子孙。况公壮年以忠勇自负，长岁以尽瘁勤王。及乎晚途，归信释氏，修建塔庙，缮写藏经，布金买田，舍衣救病，可谓竭臣子人间之礼，尽生死区外之因，孜孜善心，没齿无倦矣。长子升嗣子承议郎、内侍省内掖者监、赐紫金鱼袋、华清宫使希旻[一三]，次子操，移孝为忠，光昭令德，祗奉前训，罔极是思。谓福善无征，风树不正，诚感未达，隙驹莫留，想像既难于攀追，德业实惧于湮没，愿琢贞石，纪勒芳猷，见托为父，敢不书实。铭曰：

云从龙兮风从武，圣功出兮忠臣辅。天降公兮竭心府，历四纪兮奉四主。

鸡常鸣兮忘风雨，躬尽瘁兮心神苦。伏哥舒兮罚不吐，抚慈隰兮惩戎虏。

西乞师兮清中宇，南奉使兮慰北户。聘大食兮声教普，监汝洛兮勋超古。

校切业兮无俦伍，赐赏繁兮莫得数。一命偻兮三命俯，恩弥崇兮孰敢侮。

垂金章兮结绶组，既分茅兮亦祚土。琢贞石兮表忠臣，昭令德兮示后人。

元和元年岁次景戌十月庚申朔十四日癸酉建，吴郡朱士良刻字。（陆邳《杨良瑶碑》，录文据张世民《杨良瑶：中国最早航海下西洋的外交使节》，《咸阳师范学院学报》2005 年第 3 期，第 4—8 页；荣新江《唐朝与黑衣大食关系史新证》，《文史》2012 年第 3 期，第 231—243 页）

【校勘】

〔一〕既而复命阙下大悒圣衷有诏赐禄　本句原录文断句作"既而复命，阙下大悒，圣衷有诏赐禄，"此据文意重新断句。

〔二〕承公以剑求表上闻公山立岿然不可夺志　本句原录文断句作"承公以剑求表，上闻公山立，岿然不可夺志，"此从荣新江断句。

〔三〕天不悔祸　"不"，荣新江引文作"未"。

〔四〕遮寇而进　"遮"，原录文作"邃"，此从荣新江引文。

〔五〕清周至之前途　"清"，原录文作"请"，此从荣新江引文。

〔六〕九译入觐　"译"，原录文作"泽"，此从荣新江引文。

〔七〕备判官内傔受国信诏书　本句原录文断句作"备判官内，傔受国信诏书。"此据荣新江断句。

〔八〕不畏厥远　"厥"，原录文作"乎"，此从荣新江引文。

〔九〕邈尔无惮险之容　"邈尔"，原录文作"遐迩"，此从荣新江引文。

〔一〇〕往返如期　"往"，原录文作"德"，此从荣新江引文。

〔一一〕陈许节使云正淮西承叠而动剽掠阳翟攻逼许昌　原录文作"陈许节使云正，淮西承叠而动，剽掠阳翟，攻逼许昌"，今按，据《资治通鉴》卷一三五，贞元十五年八月，陈许节度使曲环薨，淮西吴少诚借机发兵攻掠临颍，陈许节度留后上官涗遣兵三千救援，悉数被所虏，吴少诚遂围许州。"淮西承叠而动，剽掠阳翟，攻逼许昌"，即此。本句文字疑有讹误，未见拓本原文，此姑仍旧。惟"云正"不词，且"攻逼许昌"下不当施逗号。此姑稍作改动。

〔一二〕使押衙东惟司孙白身志和　原录文如此。

〔一三〕长子升嗣子承议郎内侍省内掖者监赐紫金鱼袋华清宫使希旻　原录文断句作"长子升，嗣子承议郎、内侍省内掖者监、赐紫金鱼袋、华清宫使希旻"。

【考释】

原题"唐故右三军僻仗、太中大夫、行内侍省内给事、赐紫金鱼袋、上柱国、弘农县开国男、食邑三百户杨公神道碑铭并序"，"朝请郎、行南康县丞、云骑尉、翰林待诏陆邳撰，承务郎、守郴州司兵参军、云骑尉、翰林待诏赵良裔书，给事郎、守洪州都督府参军、云骑尉、翰林待诏汤陟篆额"。此碑未见拓片，据上引张世民论文中的录文过录。荣新江《唐朝与黑衣大食关系史新证》一文根据《杨良瑶碑》的史料，探讨了八世纪后半叶唐与黑衣大食的关系及交通，并对论文中涉及的《杨良瑶碑》的相关部分，根据他得到的拓本，对张世民的录文做了一些修订。据碑文记载，杨良瑶任内侍省内给事期间，曾在唐德宗贞元元年（785）四月，充当聘国使，作为唐朝皇帝的正式使节，奉命出使了黑衣大食。杨良瑶一行配备有判官、内傔，并携带国信、诏书，是一个正规的外交使团。碑称杨良瑶"届乎南海，舍陆登舟"，很可能是从广州入海西行。杨良瑶是继达奚弘通［参见第四编"汉文类书中的大食史料"三"《玉海》大食史料"引］之后，明确见于记载的第二位由南海出使大食的唐朝正式使节，对于研究唐朝与大食的关系具有重要的意义。另外可注意的一点是，杨良瑶在贞元四年（788）或稍前回到唐朝，而成书于贞元十七年（801）的贾耽《古今郡国县道四夷述》也详细记载了从广州到缚达（巴格达）的海上航程［参见第三编"唐五代及后代汉文著述类著作中的大食史料"一"《大食传》以外的正史大食史料"（二）"《新唐书》大食史料"引］。有理由相信，贾耽叙述的通往大食的海路航线，很可能与杨良瑶回国后提供的出使报告有关。《新唐书》引贾耽书载"海中立华表，夜则置炬其上，使舶人夜行不迷"，《杨良瑶碑》称"黑夜则神灯表路，白昼乃仙兽前驱"，两处描写高度相似，似乎也表明贾耽在撰写《古今郡国县道四夷述》时，确实参考了杨良瑶提供的资料（参见上引荣新江文）。

七　唐人杂史小说中的大食汉文史料

《四库全书总目》将"事系庙堂，语关军国。或但具一事之始末，非一代之全编；或但述一时之见闻，只一家之私记。要期遗文旧事，足以存掌故，资考证，备读史者之参稽"一类的著作，归为杂史，而将所谓"语神怪，供诙啁，里巷琐言，稗官所述"之类的著作划入杂家和小说家[①]，但实际上诚如黄永年先生所言，从具体记载的内容来看，杂史、杂家、小说三者是很难区分的[②]。在本书中，按照我们对史料学分类的理解，将唐五代本朝人撰著的杂史、杂家、小说归入原始史料。

　　　　高仙芝伐大食，得诃黎勒，长五六寸。初置抹肚中，便觉腹痛，因快痢十余行[一]。初谓诃黎勒为祟，因欲弃之，以问大食长老，长老云："此物人带，一切病消。痢者出恶物耳。"仙芝甚宝惜之。天宝（742—756）末被诛，遂失所在。（《广异记》"诃黎勒"，第163页。参见《太平广记》卷四一四《诃黎勒》引，第3239页；《重修政和经史证类备用本草》卷一四"诃梨勒"引，第342页）

---

① 《四库全书总目》卷五一《史部·杂史类》，第460页。
② 《唐史史料学》"杂史杂说小说类"，第131页。

【校勘】

〔一〕快痢十余行　　"快"，《证类本草》引作"大"。

【考释】

《广异记》，唐人戴孚撰。戴孚生活在八世纪下半叶，《广异记》是唐代早期的一部小说集。顾况序称此书二十卷，十余万言，部头较大。但从宋代起就只有残本或删节本流传。点校本由方诗铭先生辑录整理。

拨拔力国，在西南海中，不食五谷，食肉而已。常针牛畜脉取血，和乳生食。无衣服，唯腰下用羊皮掩之。其妇人洁白端正，国人自掠卖于外国商人，其价数倍。土地唯有象牙及阿末香，波斯商人欲入此国，团集数千，赍彩布〔一〕，没老幼共刺血立誓，乃市其物。自古不属外国。战用象牙排、野牛角为矟，衣甲弓矢之器，步兵二十万，大食频讨袭之。（《酉阳杂俎》前集卷四《境异》，第445页）

【校勘】

〔一〕彩布　　"彩"，《太平广记》卷四八二《拨拔力国》作"緤"。

【考释】

《酉阳杂俎》，唐人段成式（803—863）撰。段成式出身名门，六世祖志玄为唐开国功臣，父亲文昌，事穆、敬、文三朝（821—840），出将入相20年，母亲是宪宗朝宰相武元衡之女。段成式本人在《旧唐书》卷一六七、《新唐书》卷八九有传。段成式出身世家，不仅家庭庋藏丰富，而且在任秘书省校书郎期间，广泛阅读了朝廷官方收藏的图书，"秘阁书籍，披阅皆遍"①。特殊的家庭环境和生活经历使他接触了大量常人无从见到的奇篇秘籍，在唐代就以"博学强记"著称于世②。《酉阳杂俎》一书最能体现他学问驳杂的特点，举凡天文地理、草木鱼虫、飞禽走兽、鬼神妖异、奇闻轶事，几乎无所不包，不啻是一部百科全书式的著作。《酉阳杂俎》最突出的特点之一，是收录了大量与唐朝对外交往有关的内容，而且这些记载许多都是他亲自向商贾、

---

① 《旧唐书》卷167《段文昌传》附《段成式传》，第4369页。
② 《新唐书》卷89《段志玄传》附《段成式传》，第3764页。

僧人或使节调查的结果，有特别重要的史料价值。

人木，大食西南二千里有国，山谷间，树枝上化生人首，如花，不解语。人借问，笑而已，频笑辄落。（《酉阳杂俎》前集卷一〇《物异》，第 773 页）

马，俱位国以马种莳。大食国马解人语。（《酉阳杂俎》前集卷一〇《物异》，第 775 页）

【考释】

下文前集卷一六《广动植》亦载"大食国马解人语"（第 1179 页），与本条重出。

铜马，俱德建国乌浒河中，滩派中有火祆祠。相传祆神本自波斯国乘神通来此，常见灵异，因立祆祠。内无象，于大屋下置大小炉，舍檐向西，人向东礼。有一铜马，大如次马，国人言自天下，屈前脚在空中而对神立，后脚入土。自古数有穿视者，深数十丈，竟不及其蹄。西域以五月为岁，每岁日，乌浒河中有马出，其色金，与此铜马嘶相应，俄复入水。近有大食王不信，入祆祠将坏之，忽有火烧其兵，遂不敢毁。（《酉阳杂俎》前集卷一〇《物异》，第 777 页）

大食勿斯离国石榴重五六斤。（《酉阳杂俎》续集卷一〇《支植》下，第 2144 页）

广之属郡潮、循州多野象，牙小而红，最堪作笏。潮、循人或捕得象，争食其鼻。云肥脆，偏堪作炙。或云：象肉有十二种，象胆不附肝，随月转在诸肉。楚、越之间，象皆青黑。唯西方狒林、大食国即多白象。刘恂有亲表，曾奉使云南，彼中豪族，各家养象，负重致远，如中夏之畜牛马也。蛮王宴汉使于百花楼，楼前入舞象，曲动乐作，优倡引入。象以金羁络首，锦绣垂身，随拍腾蹋，动头摇尾，皆合节奏。即天宝（742—756）中舞马之类也。唐乾符四年（877），占城国进驯象三头，当殿引对，亦能拜舞。后放还本国。[《太平广记》卷四四一《杂说》（出《岭表录异》），第3604—3605页。参见《太平御览》卷八九〇《兽部·象》引《岭表录异》，第3532页]

【考释】

鲁迅校勘之《岭表录异》本段内容（卷上，第10页）与《太平广记》所引略有出入，最重要的是，鲁迅的校本中没有"楚、越之间，象皆青黑。唯西方狒林、大食国即多白象"这一段涉及大食的内容。姑附《太平广记》所引《岭表录异》于此，供参考。

《会要》云："大食国西邻大海，尝遣人乘船，经八年未极西岸。中有一方石，石上有树，干赤叶青。树生小儿，长六七寸，见人皆笑，动其手脚。尻著树枝，偶使摘取一枝，小儿即死也。"（《北户录》卷一"蛱蝶枝"，《丛书集成初编》第3021册，第11页）

【考释】

《北户录》三卷，唐人段公路撰。段公路，唐懿宗（860—873）时人，宰相段文昌之孙，段成式子侄辈（关于段文昌与段成式，请参见上文《酉阳杂俎》【考释】）。陆希声在《北户录》的序中称，段公路"间者以事南游五岭间，常采其民风土俗、饮食衣制、歌谣哀乐有异于中夏者，录而志之，至于草木果蔬、虫鱼羽毛之类，有瑰形诡状者，亦莫不毕载，非徒止于所闻见而已，又能连类引证，与奇书异说相参验，真所谓博而且信者矣"。又称，小说之类的著作或荒唐诞妄或滑稽诙谐或诋訾前贤，《北户录》所载"悉可考验"，"此盖博物之一助，岂徒为谭端而已乎"！对这部书给予了很高的评价。"树生小儿"又见今本《唐会要》卷一〇〇《大食》、《通典》卷一九三《大食》、《旧唐书》卷一九八《大食传》、《太平寰宇记》卷一八六《大食》（俱见第一编"唐五代及后代大食汉文基础史料"引）以及《太平御览》卷七九五《四夷部·大食》引《唐书》、《太平御览》卷九六一《木部·儿树》引《唐书》（参见第四编"汉文类书中的大食"二"《太平御览》大食史料"

引），据本条记载可以得知，大食树生小儿的传说，最早应该源出唐修《会要》（关于唐修《会要》，请参见第一编"唐五代及后代大食汉文基础史料"三"《唐会要》卷一〇〇《大食》"之介绍），并不是得自里巷传言。由此可以推测，这个传说最初很可能出自大食使者之口。

大安国寺，睿宗为相王时旧邸也。即尊位，乃建道场焉。王尝施一宝珠，令镇常住库。云："值亿万。"寺僧纳之柜中，殊不为贵也。开元十年（722），寺僧造功德，开柜阅宝物，将货之，见函封曰："此珠值亿万。"僧共开之。状如片石，赤色，夜则微光，光高数寸。寺僧议曰："此凡物耳，何得值亿万也！"试卖之。于是市中令一僧监卖，且试其酬直。居数日。贵人或有问者，及观之，则曰："此凡石耳，瓦砾不殊，何妄索直？"皆嗤笑而去。僧亦耻之。十日后，或有问者，知其夜光。或酬价数千，价益重矣。月余，有西域胡人，阅市求宝。见珠大喜，偕顶戴于首。胡人贵者也，使译问曰："珠价值几何？"僧曰："一亿万。"胡人抚弄迟回而去。明日又至，译谓僧曰："珠价诚值亿万。然胡客久，今有四千万求市，可乎？"僧喜，与之谒寺主，寺主许诺。明日，纳钱四千万贯，市之而去。仍谓僧曰："有亏珠价诚多，不赔责也。"僧问胡从何而来，而此珠复何能也？胡人曰："吾大食国人也。王贞观（627—649）初通好，来贡此珠。后吾国常念之，募有得之者，当授相位。求之七八十岁，今幸得之。此水珠也，每军行休时，掘地二尺，埋珠于其中，水泉立出，可给数千人。故军行常不乏水。自亡珠后，行军每苦渴乏。"僧不信。胡人命掘土藏珠，有顷泉涌，其色清泠，流泛而出。僧取饮之，方悟灵异。胡人乃持珠去，不知所之。[《太平广记》卷四〇二《水珠》（出《纪闻》），第3239页]

【考释】

《纪闻》，唐人牛肃撰。牛肃生活在8世纪中叶。此书久佚，本条由《太平广记》转引，姑附于此。此称大食王"贞观初"与唐通好，与诸书所载永徽二年（第一编"唐五代及后代大食汉文基础史料"《唐会要》卷一〇〇

《大食》、《旧唐书》卷一九八《大食传》、《新唐书》卷二二一下《大食传》；第三编"唐五代及后代汉文著述类著作中的大食史料"一"《大食传》以外的正史大食史料"［一］"《旧唐书》大食史料"《旧唐书》卷四《高宗纪》上），大食始与唐朝通使稍异。供参考。

　　贞元（785—805）中，有崔炜者，故监察向之子也，向有诗名于人间，终于南海从事。炜居南海，意豁然也。不事家，多尚豪侠，不数年，财业殚尽，多栖止佛舍。时中元日，番禺人多陈设珍异于佛庙，集百戏于开元寺。炜因窥之，见乞食老妪，因蹶而覆人之酒瓮，当垆者殴之。计其直，仅一缗耳。炜怜之，脱衣为偿其所直。妪不谢而去。异日又来，告炜曰："谢子为脱吾难。吾善灸赘疣，今有越井冈艾少许奉子，每遇疣赘，只一炷耳。不独愈苦，兼获美艳。"炜笑而受之，妪倏亦不见。后数日，因游海光寺，遇老僧赘于耳。炜因出艾试灸之，而如其说。僧感之甚，谓炜曰："贫道无以奉酬，但转经以资郎君之福佑耳。此山下有一任翁者，藏镪巨万。亦有斯疾。君子能疗之，当有厚报。请为书导之。"炜曰："然。"任翁一闻，喜跃，礼请甚谨。炜因出艾，一爇而愈。任翁告炜曰："谢君子痊我所苦，无以厚酬。有钱十万，奉子，幸从容，无草草而去。"炜因留彼。炜善丝竹之妙，闻主人堂前弹琴声，诘家童，对曰："主人之爱女也。"因请其琴而弹之。女潜听而有意焉。时任翁家事鬼，曰独脚神，每三岁必杀一人飨之。时已逼矣，求人不获。任翁俄负心，召其子计之曰："门下客既不来，无血属可以为飨。吾闻大恩尚不报，况愈小疾耳。"遂令具神馔，夜将半，拟杀炜。已潜扃炜所处之室，而炜莫觉。女密知之，潜持刃于窗隙间告炜曰："吾家事鬼，今夜当杀汝而祭之，汝可持此破窗遁去。不然者，少顷死矣。此刃亦望持去，无相累也。"炜恐悸汗流，挥刃携艾，断窗棂跃出，拔键而走。任翁俄觉，率家僮十余辈，持刃秉炬，追之六七里，几及之。炜因迷道失足，坠于大枯井中，追者失踪而返。炜虽坠井，为槁叶所藉而无伤。及晓视之，乃一巨穴，深百余丈，无计可出，四旁嵌空，宛转可容千人。中有一白蛇，盘屈可长数丈。前有石白岩，上有物滴下，如饴蜜，注白中。蛇就饮之。炜察蛇有异，乃叩首祝之曰："龙王，某不幸坠于此，愿王悯之，幸不相害。"因饮其余，亦不饥渴。细视蛇之唇吻，亦有疣焉。炜感蛇之见悯，欲为灸之，奈无从得火。既久，有遥火飘入于穴，炜乃燃艾启蛇而灸之，是赘应手坠地。蛇之饮食久妨碍，及去，颇以为便，遂吐径寸珠酬炜。炜不受，而启蛇曰："龙王能施云雨，阴阳莫测，神变由心，行藏在己，必能有道拯援沉沦。傥赐挈维，得还人世，则死生感激，铭在肌肤。但得一归，不愿怀宝。"蛇遂咽珠，蜿蜒将有所适。炜遂再拜跨蛇而去。不由穴口，只于洞中行。可数十里，其中幽暗若漆。但蛇之光烛两壁，时见绘画古丈夫，咸有冠带。最后触一石门，门有金兽啮环，洞然明朗。蛇低首不进，而卸下炜。炜将谓已达人世矣。入户，但见一室，空阔可百余步，穴之四壁，皆镌为房室，当中有锦绣帏帐数间，垂金泥紫，更饰以珠翠，炫晃如明星之连缀。帐前有金炉，炉上有蛟龙、鸾凤、龟蛇、鸾雀，皆张口喷出香烟，芳芬蓊郁。傍有小池，砌以金壁，贮以水银，凫鹥之类，皆琢以琼瑶而泛之。四壁有床，咸饰以犀象，上有琴瑟、笙篁、鼓、枳敔，不可胜记。炜细视手泽尚新，炜乃恍然，莫测是何洞府也。良久，取琴试弹之，四壁户牖咸启。有小青衣出而笑曰："玉京子已送崔家郎君至矣。"遂却走入。须臾，有四女，皆古环髻。曳霓裳之衣。谓炜曰："何崔子擅入皇帝玄宫耶？"炜乃舍琴再拜，女亦酬拜。炜曰："既是皇帝玄宫。皇帝何在？"曰："暂赴祝融宴尔。"遂命炜就榻鼓琴，炜乃弹《胡笳》。女曰："何曲也？"曰："《胡笳》也。"曰："何为《胡笳》？吾不晓也。"炜曰："汉蔡文姬，即中郎邕之女也，没于胡中。及归，感胡中故事，因抚琴而成斯弄，象胡中吹笳哀咽之韵。"女皆怡然曰："大是新曲。"遂命酌醴传觞。炜乃叩首，求归之意颇切，女曰："崔子既来，皆是宿分，何必匆遽，幸且淹驻，羊城使者少顷当来，可以随往。"谓崔子曰："皇帝已许田夫人奉箕箒，便可相见。"崔子莫测端倪，不敢应答。遂命侍女召田夫人，夫人不肯至。曰："未奉皇帝诏，不敢见崔家郎也。"再命不至。谓炜曰："田夫人淑德美丽，世无俦匹，愿君子善奉之，亦宿业耳。夫人，即齐王女也。"崔子曰："齐王何人也？"女曰："王讳横，昔汉初亡齐而居海岛者。"逡巡，有日影入照坐中。炜因举首上见一穴，隐隐然睹人间天汉耳。四女曰："羊城使者至矣。"遂有一白羊自空冉冉而下，须臾至座。背有一丈夫，衣冠俨然，执大笔，兼封一青竹简，上有篆字，进于香几上，四女命侍女读之曰："广州刺史徐绅死，安南都护赵昌充替。"女酌醴饮使者曰："崔子欲归番禺，愿为挈往。"使者唱喏，回谓炜曰："他日须与使者易服缉宇，以相酬劳。"炜但唯唯。四女曰："皇帝有敕令与郎君国宝阳燧珠，将往至彼，当有胡人具十万缗而易之。"遂命侍女开玉函取珠授炜。炜再拜捧受，谓四女曰："炜不曾朝谒皇帝，又非亲族，何遽贶遗如是？"女曰："郎君先人有诗于越台，感悟徐绅，遂见修缉。皇帝媿之，亦有诗继和。费珠之意，已露诗中，不假仆说。郎君岂不晓耶？"炜曰："不识皇帝何诗？"女命侍女书题于羊城使者笔管上云："千岁荒台隳路隅，一烦太守重椒涂。感君拂拭意何极，报尔美妇与明珠。"炜曰："皇帝原何姓字？"女曰："已后当自知耳。"女谓炜曰："中元日须具美酒丰馔于广州蒲涧寺静室，吾辈当送田夫人往。"炜遂再拜告去，欲蹑使者之羊背，女曰："知有鲍姑艾，可留少许。"炜但留艾，即不知鲍姑是何人也，遂留之。瞬息而出穴，履于平地，遂失使者与羊所在。望星汉，时已五更矣。俄闻蒲涧寺钟声，遂抵寺。僧人以早糜见饷，遂归广州。崔子先有舍税居，至日往舍询之，曰："已三年矣。"主人谓崔炜曰："子何所适而三秋不返？"炜不实告。开其户，尘榻俨然，颇怀凄怆。问刺史，则徐绅果死，而赵昌替矣。乃抵波斯邸，潜鬻是珠。有老胡人一见，遂匍匐礼手曰："郎君的入南越王赵佗墓中来。不然者，不合得斯宝。"盖赵佗以珠为殉故也。崔子乃具实告，方知皇帝是赵佗，佗亦曾称南越武帝故耳。遂具十万缗易之。

崔子诘胡人曰："何以辨之?"曰："我大食国宝阳燧珠也。昔汉初,赵佗使异人梯山航海,盗归番禺,今仅千载矣。我国有能玄象者,言来岁国宝当归。故我王召我具大舶重资抵番禺而搜索。今日果有所获矣。"遂出玉液而洗之,光鉴一室。胡人遽泛舶归大食去。炜得金,遂具家产。然访羊城使者,竟无影响。后有事于城隍庙,忽见神像有类使者,又睹神笔上有细字,乃侍女所题也。方具酒脯而奠之,兼重粉缋及广其宇,是知羊城即广州城,庙有五羊焉。又征任翁之室,则村老云:"南越尉任嚣之墓耳。"又登越王殿台,睹先人诗云:"越井冈头松柏老,越王台上生秋草。古墓多年无子孙,野人踏践成官道。"兼越王继和诗,踪迹颇异。乃询主者,主者曰:"徐大夫绅,因登此台,感崔侍御诗,故重粉饰台殿,所以焕嫩耳。"后将及中元日,遂丰洁香馔甘醴,留蒲涧寺僧室。夜将半,果四女伴田夫人至。容仪艳逸,言旨雅澹。四女与崔生进觞谐谑,将晓告去。崔子遂再拜讫,致书达于越王,卑辞厚礼,敬荷而已。遂与夫人归室。炜诘夫人曰:"既是齐王女,何以配南越人?"夫人曰:"某国破家亡,遭越王所虏,为嫔御。王崩,因以为殉。乃不知今是几时也。看烹郦生,如昨日耳。每忆故事,辄一潸然。"炜问曰:"四女何人?"曰:"其二,瓯越王摇所献;其二,闽越王无诸所进。俱为殉者。"又问曰:"昔四女云鲍姑,何人也?"曰:"鲍靓女,葛洪妻也。多行灸于南海。"炜方叹骇昔日之妪耳。又曰:"呼蛇为玉京子何也?"曰:"昔安期生长跨斯龙而朝玉京,故号之玉京子。"炜因在穴饮龙余沫。肌肤少嫩,筋力轻健。后居南海十余载,遂散金破产,栖心道门,乃挈室往罗浮访鲍姑,后竟不知所适。(裴铏《传奇·崔炜》,汪辟疆校录《唐人小说》,第333—338页。参见《太平广记》卷三四,第216—220页)

【考释】

裴铏在唐末曾任军将高骈从事,撰《传奇》三卷①,佚。此从汪辟疆先

---

① 《新唐书》卷五九《艺文志》,第1543页。

生校录本过录。《崔炜传》称，崔炜在"贞元中"误入枯井，偶遇神龙及仙人，得大食国宝阳燧珠，盘桓三年后出，适值赵昌代徐绅任广州刺史。据《旧唐书》卷一四《宪宗本纪》，元和元年（806）三月"壬寅，以前安南经略使赵昌为广州刺史、岭南节度使。癸卯，前岭南节度使徐申卒"。"徐绅"显即"徐申"。前推三年，则崔炜入枯井应在贞元十九年（803），与"贞元中"合。大食老胡称，汉时赵佗遣人盗取大食国宝，则在《传奇》作者心目中，阿拉伯地区很早就与中国发生了交往。徐申，《新唐书》卷一四三有传，赵昌，《旧唐书》卷一七〇、《新唐书》卷一五一有传。请参考。

八　唐人僧传类著作中的大食史料

僧传及佛教地理游历类著作，是了解唐五代周边及域外诸族或政权历史的最重要的史料类别。如玄奘、辩机《大唐西域记》、慧立、彦琮《大慈恩寺三藏法师传》、道宣《释迦方志》、真人元开《唐大和上东征传》、义净《大唐西域求法高僧传》和《南海寄归内法传》、道宣《续高僧传》、赞宁《宋高僧传》等史籍中，都有大量反映唐五代周边及域外历史的重要史料。但是在这类著作中，直接涉及大食的史料非常之稀少，就我们所见，只有《大唐西域求法高僧传》《唐大和上东征传》各保留了一条非常珍贵的记载。

（一）《大唐西域求法高僧传》大食史料

《大唐西域求法高僧传校注》两卷，唐义净原著，王邦维校注，中华书局1988年版。

《大唐西域求法高僧传》，是一部记录唐朝前期前往印度取经求法的僧人事迹的著作。作者义净本人，是中国历史上最著名的赴印度求法的三大僧人之一（另两位是东晋法显和唐朝玄奘）。义净本姓张，是唐代齐州（今山东济南市）人，他自幼出家，唐高宗咸亨二年（671）从海路赴印度求法，游历印度各地，并在那烂陀寺学习十余年。武后垂拱元年（685）取海路东归，途中在南海滞留了近十年，最后在武则天证圣元年（695）回到洛阳。《大唐西域求法高僧传》成书于武后天授二年（691），是义净留居南海室利佛逝国期间撰成，记载了唐太宗贞观十五年（641）至天授二年期间，前往印度求法的57位僧人的传记。

　　沙门玄照法师者。太州仙掌人也。梵名般迦舍末底。唐言照慧。乃祖乃父，冠冕相承。而鬌髻之秋，抽簪出俗。成人之岁，思礼圣踪。遂适京师，寻听经论。以贞观（627—649）年中，乃于大兴善寺玄证师处初学梵语。于是仗锡西迈，挂想祇园。背金府而出流沙，践铁门而登雪岭。漱香池以结念，毕契四弘；陟葱阜而翘心，誓度三有。途经速利，过睹货罗，远跨胡疆，到土蕃国。蒙文成公主送往北天，渐向阇阑陀国。未至之间，长途险隘，为贼见拘。既而商旅计穷，控告无所，遂乃援神写契，仗圣明衷，梦而咸徵，觉见群贼皆睡，私引出围，遂便免难。住阇阑陀国，经于四载。蒙国王钦重，留之供养。学经律，习梵文。既得少通，渐次南上到莫河菩提，复经四夏。自恨生不遇圣，幸睹遗踪。仰慈氏所制真容，著精诚而无替。爰以翘敬之余，沉情《俱舍》。既解《对法》，清想律仪，两教斯明。后之那烂陀寺，留住三年。就胜光法师学《中》、《百》等论，复就宝师子大德受《瑜伽十七地》。禅门定激，亟睹关涯。既尽宏纲，遂往羷巨亮反伽河北，受国王苫部供养。住信者等寺，复历三年。后因唐使王玄策归乡，表奏言其实德，遂蒙降敕旨，重诣西天，追玄照入京。路次泥波罗国，蒙王发遣，送至土蕃。重见文成公主，深致礼遇，资给归唐。于是巡涉西蕃，而至东夏。以九月而辞苫部，正月便到洛阳，五月之间，途经万里。于时麟德（664—665）年中，驾幸东洛，奉谒阙庭，遂蒙敕旨，令往羯湿弥啰国，取长年婆罗门卢迦溢多。既与洛阳诸德相见，略论佛法纲纪，敬爱寺导律师、观法师等请译《萨婆多部律摄》。既而敕令促去，不遂本怀，所将梵本，悉留京下。于是重涉流沙，还经碛石。崎岖栈道之侧，曳半影而斜通；摇泊绳桥之下，没全躯以傍渡。遭土蕃贼，脱首得全；遇凶奴寇，仅存余命。行至北印度界，见唐使人引卢迦溢多于路相遇。卢迦溢多复令玄照及使傔数人向西印度罗荼国取长年药。路过缚渴罗，到纳婆毗诃罗，唐云新寺。睹如来澡盆及诸圣迹。渐至迦毕试国，礼如来顶骨，香华具设，取其印文，观来生善恶。复过信度国，方达罗荼矣。蒙王礼敬，安居四载，转历南天，将诸杂药，望归东夏。到金刚座，旋之那烂陀寺，净与相见。尽平生之志愿，契总会于龙华。但以泥波罗道土蕃拥塞不通，迦毕试途多氏捉而难度，遂且栖志鹫峰，沉情竹苑。虽每有传灯之望，而未谐落叶之心。嗟乎！苦行标诚，利生不遂。思攀云驾，坠翼中天！在中印度庵摩罗跛国遘疾而卒。春秋六十余矣。言多氏者即大食国也。伤曰：

卓矣壮志，颖秀生田。频经细柳，几步祁连。祥河濯流，竹苑摇芊。翘心念念，渴想玄玄。专希演法，志托提生。呜呼不遂，怆矣无成。两河沉骨，八水扬名。善乎守死，哲人利贞。两河即在西国，八水乃属京都。（义净原著，王邦维校注，《大唐西域求法高僧传校注》卷上《太州玄照法师》，第9—36页）

【考释】

《玄照传》载玄照从泥婆罗国归国的行程称"路次泥波罗国，蒙王发遣，送至土蕃。重见文成公主，深致礼遇，资给归唐。于是巡涉西蕃，而至东夏。以九月而辞苦部，正月便到洛阳，五月之间，途经万里"。王邦维先生根据下文"麟德年中"判断，"蒙王发遣"是在麟德元年（664）九十月间。下文称"于时麟德年中，驾幸东洛，奉谒阙庭，遂蒙敕旨，令往羯湿弥啰国，取长年婆罗门卢迦溢多"，据《旧唐书》卷五《高宗纪》及《资治通鉴》卷二〇一，麟德二年正月，高宗从长安往东都，同年闰三月，抵达东都。十月，自东都前往泰山封禅。次年正月，在泰山朝觐坛宣布改麟德三年为乾封元年。则玄照在东都见到高宗并被派往羯湿弥啰国迎接卢迦溢多，只能是在麟德二年闰月至十月期间。此后再次涉流沙，经碛石，重返北印度，见到了迎接卢迦溢多的唐朝使节。卢迦溢多又命玄照一行往西印度罗荼国取长年药，于是经缚渴罗、纳婆毗诃罗、迦毕试国、信度国，抵达罗荼国。在罗荼国"安居四载"，又转历南天竺诸国求取"杂药"，再至那烂陀寺，与义净相见。"望归东夏"，返回唐朝。终因泥婆罗道被吐蕃拥塞，而迦毕失道又因多氏（即大食）

"捉而难度",最终"栖志鹫峰",赍志以殁。如果将从洛阳至罗荼国和游历南天竺的时间各算作一年,再加上在罗荼国安居的四年,则玄照二次游历天竺的时间为六年左右。也就是说,至少在唐高宗咸亨元年(670)左右,大食帝国已经控制了从迦毕失国前往吐火罗故地的道路。这条史料为了解大食帝国在东方的经略提供了重要的参考资料。

(二)《唐大和上东征传》大食史料

《唐大和上东征传》,日本真人元开著,汪向荣校注,中华书局1979年版。

真人元开(722—785),是日本奈良时代(710—794)著名的文学家,天智天皇的后裔,池边王之子。《唐大和上东征传》是真人元开58岁时所撰,约当唐代宗大历十四年(779)。所谓的"唐大和上",就是历史上著名的僧人,日本律宗的开山祖师鉴真和尚(688—763)。这本书详细记载了鉴真和尚六次东渡日本的经历,是了解唐代中日文化交流史的重要著作。同时因为书中记载了鉴真和尚在唐玄宗天宝九载(750)亲眼见到的,包括大食(大石)在内的商人及货物云集广州的景象,因而是了解大食与唐朝贸易往来的重要史料。

> 时南海郡大都督、五府经略·采访大使、摄御史中丞、广州太守卢奂牒下诸州,迎和上向广府。时【始安郡】冯都督来,亲送和上,自扶上船,口云:"古璞(即始安郡都督冯古璞——引者)与和上,终至弥勒天宫相见。"悲泣而〔别〕去。下桂江,七日至梧州,次至端州龙兴寺。荣睿师奄然迁化。大和上哀恸悲切,送丧而去。端州太守迎引送至广州,卢都督率诸道俗出迎城外,恭敬承事,其事无量。引入大云寺,四事供养,登坛受戒。此寺有诃梨勒树二株,子如大枣。又,开元寺有胡人造白檀《华严经》九会,率工匠六十人,三十年造毕,用物卅万贯钱,欲〔将往〕天竺;采访使刘〔巨鳞〕奏状,敕留开元寺供养,七宝庄严,不可思议。

又有婆罗门寺三所，并梵僧居住。池有青莲花，叶、〔茎〕、根并芬馥奇异。江中有婆罗门、波斯、昆仑等舶，不知其数；并载香药、珍宝，积载如山。其舶深六、七丈。师子国、大石国、骨唐国、白蛮、赤蛮等往来居〔住〕，种类极多。州城三重，都督执六纛，一纛一军，威严不异天子；紫绯满城，邑居逼侧。大和上住此一春，发向韶州，倾城远送；乘江七百余里，至韶州禅居寺，留住三日。韶州官人又迎引入法泉寺，乃是则天为慧能禅师造寺也，禅师影像今现在。后移开元寺，普照师从此辞和上向岭北去，〔至〕明州阿育王寺。是岁天宝九载（750）也。（日本真人元开著，汪向荣校注，《唐大和上东征传》，第73—74页）

【考释】

本条前承鉴真一行天宝七载（748）欲从扬州东渡日本，被风暴吹至海南岛，辗转抵达始安郡（即桂州，治今广西桂林）事。末云"是岁天宝九载也"，前称"住此一春"，则鉴真留居广州应在天宝九载春季。注向荣先生校注称："大石国，即大食国，指阿刺伯国家。"据置于此。

九　唐五代本草类著作中的大食史料

唐五代本草类著作大都亡佚，现在能见到的，多是后人辑本。检今人尚志钧先生所辑唐人苏敬《新修本草》（安徽科学技术出版社1981年版）、陈藏器《本草拾遗》（安徽科学技术出版社2002年版）及李珣《海药本草》（人民卫生出版社1997年版）等几部主要的唐本草著作，迄未见到直接记载大食物产的记载。本草书中有关西方物产，多冠以西国、西域、西番、西夷、西戎、波斯诸名，或笼统称为"舶上"来者。唯一具体提到大食的，是《海药本草》引《广州记》所载大食产金的记载，姑附于此。

【金屑】：按《广州记》云：出大食国。彼方出金最多，凡是货易，并使金钱。性多寒〔一〕，生者有毒，熟者无毒。主癫痫，风热上气咳嗽，伤寒，肺损吐血，骨蒸，劳极渴。主利五脏邪气，补心，并入薄于丸散服。（《海药本草》卷一，第5页。参见《重修政和经史证类备用本草》卷四引，第109页）

【校勘】

〔一〕并使金钱性多寒　"钱"，《证类本草》引《海药本草》作"金"，属下读。

【考释】

《海药本草》，唐末五代人李珣撰。李珣是唐代入华的波斯人后裔，即所谓的"土生波斯"。据载，当黄巢攻陷关中后，李珣的父祖在广明元年（880）随僖宗入蜀，授率府率，担任东宫侍卫官职，是充任宫廷侍从的波斯胡人。李珣的弟弟李玹，是一位专门从事香药买卖的商人，妹妹李舜弦是蜀后主王衍宫中的昭仪，也是一位才情出众的女诗人。李珣本人在历史上以诗词知名于世。由他创作的《琼瑶集》，是已知最早的词人专集，在中国文学史上占有突出的地位。除了诗词创作外，李珣还撰写了《海药本草》。所谓"海药"就是指这本著作主要记载通过海上交通流入唐朝的外来药物。香料和药物是唐朝进口的重要物品，而且主要由胡人经营，李玹"以鬻香药为业"，李珣研究外来药物，显然都与他们的家族世代经营香药贸易有直接关系。《海药本草》原本已佚，本书所引为今人顾尚钧辑本。又，此处所引之《广州记》，未标明作者，亦未见著录。已知晋唐时代的佚书中，至少有两部以《广州记》为名的著作，都是晋人所作，一为顾微，一为裴渊①。上文所载为大食史事，则上限只能在唐高宗永徽二年（651）大食与唐发生交往之后；而又被唐末成书的《海药本草》转引，则下限应在唐末之前。因此这里所引的《广州记》只能是出自唐人之手，或是唐人依托之作，绝不可能是晋人《广州记》原文。北宋洪遵所著《泉志》一书在论及武则天时御史中丞封思业从西域携回的"大食国钱"时，也曾引用了《广州记》的这条史料（参见第三编"唐五代及后代汉文著述类著作中的大食史料"七"《泉志》所载唐五代大食史料"），可参考。顾尚钧在上文注释中解释《海药本草》引《广州记》称："《广州记》，书名。本书有裴渊、顾微两家本子。《艺文类聚》、《太平御览》、《本草纲目》

---

① 参见杨恒平《裴渊〈广州记〉辑考》，《中国典籍与文化》2014年第1期，第88—94页。

援引本书，或作裴渊，或作顾微。清代文廷式《补晋书艺文志》收录两家《广州记》，唯顾微作顾徽。一般文献引裴渊撰的，标作裴渊《广州记》；引顾微撰的，仅作《广州记》。本书所引俱作《广州记》，疑是晋·顾微撰本。"（第4页）将此《广州记》归为晋人顾微所作同名著作，未安。

第三编　唐五代及后代汉文著述类著作中的大食史料

根据我们对唐五代汉文史料的理解和分类（参见上文"绪论"），大食汉文著述类史料包括《旧唐书》、《新唐书》"大食传"和《太平寰宇记》"大食"专目以外的大食史料，《资治通鉴》大食史料和后代撰写或转引的本草类著作中的唐五代大食史料等。

一　《大食传》以外的正史大食史料

（一）《旧唐书》大食史料

关于《旧唐书》的介绍，请参见上文第一编三"《旧唐书》卷一九八《大食传》"的解题。

【高宗永徽二年（651）】八月乙丑，大食国始遣使朝献。（《旧唐书》卷四《高宗纪》上，第69页）

【高宗永徽六年（655）】六月，大食国遣使朝贡。（《旧唐书》卷四《高宗纪》上，第69页）

【肃宗至德二载（757）九月】燉煌王承寀自回纥使还，拜宗正卿；纳回纥公主为妃，回纥封为叶护，持四节，与回纥叶护太子率兵四千助国讨贼。叶护入见，宴赐加等。丁亥，元帅广平王统朔方、安西、回纥、南蛮、大食之众二十万，东向讨贼。(《旧唐书》卷一〇《肃宗纪》，第247页)

【肃宗乾元元年（758）】五月壬申朔，回纥、黑衣大食各遣使朝贡，至阁门争长，诏其使各从左右门入。(《旧唐书》卷一〇《肃宗纪》，第252页)

【肃宗乾元元年（758）九月】癸巳，广州奏大食国、波斯国兵众攻城，刺史韦利见弃城而遁。(《旧唐书》卷一〇《肃宗纪》，第253页)

【代宗大历四年（769）正月】黑衣大食国使朝贡。(《旧唐书》卷一一《代宗纪》，第291页)

【代宗大历七年（772）】是秋稔。回纥、吐蕃、大食、渤海、室韦、靺鞨、契丹、奚、牂柯、康国、石国并遣使朝贡。(《旧唐书》卷一一《代宗纪》，第301页)

【德宗贞元七年（791）】黑衣大食遣使朝贡。(《旧唐书》卷一三《德宗纪》下，第371页)

【玄宗开元十三年（725）十一月】壬辰，玄宗御朝觐之帐殿，大备陈布。文武百僚，二王后，孔子后，诸方朝集使，岳牧举贤良及儒生、文士上赋颂者，戎狄夷蛮羌胡朝献之国，突厥颉利发，契丹、奚等王，大食、谢䫻、五天十姓，昆仑、日本、新罗、靺鞨之侍子及使，内臣之番，高丽朝鲜王，百济带方王，十姓摩阿史那兴昔可汗，三十姓左右贤王，日南、西竺、凿齿、雕题、牂柯、乌浒

之酋长，咸在位。(《旧唐书》卷三三《礼仪志》下，第900页)

【考释】

"十姓摩阿史那兴昔可汗"他处未见，原标点本在"摩阿史那"和"兴昔可汗"下加标专名线，表示二者都属于"十姓"。按，此处所谓"兴昔可汗"，应该就是唐高宗时期册授，由阿史那弥射及其子孙担任的"兴昔亡可汗"的简称，如苏颋《授阿史那献特进制》也称阿史那献为"兴昔可汗阿史那献"(《文苑英华》卷四一七)。岑仲勉先生《突厥集史》卷一〇录此条，认为"十姓"下的"摩"字为衍文。今按，开元六年、七年间(718—719)，阿史那献因被突骑施侵逼而率部东归内地，死于长安，此后弥射子孙湮没无闻。唐朝在河西设置的突厥府州有兴昔都督府，我们怀疑此都督府就是由当年追随阿史那献进入内地的西突厥部落所置(参见《新唐书》卷四三下《地理志》)。果如是，则此"兴昔可汗"很可能就是阿史那献的子侄，"十姓摩"下可能有夺文，点校本以"摩阿史那"作为人名，疑误。又，上文"五天十姓"之"十姓"，很可能是指这时已取代西突厥阿史那氏成为西突厥十姓首领的突骑施部落，而下文"十姓摩"之"十姓"则或者是指已经入唐的原西突厥十姓。供参考。

仪凤四年(679)[一]，十姓可汗阿史那匐延都支及李遮匐扇动蕃落，侵逼安西，连和吐番，议者欲发兵讨之。行俭建议曰："吐蕃叛换，干戈未息，敬玄、审礼，失律丧元，安可更为西方生事？今波斯王身没，其子泥涅师师充质在京，望差使往波斯册立，即路由二蕃部落，便宜从事，必可有功。"高宗从之。因命行俭册送波斯王，仍为安抚大食使。途经莫贺延碛，属风沙晦暝，导者益迷。行俭命下营，虔诚致祭，令告将吏，泉井非遥。俄而云收风静[二]，行数百步，水草甚丰，后来之人，莫知其处。众皆悦服，比之贰师将军。(《旧唐书》卷八四《裴行俭传》，第2802页)

【校勘】

〔一〕仪凤四年　点校本"校勘记"："'四'字各本原作'二'，据本书卷五《高宗纪》、《通鉴》卷二〇二改。"按，"校勘记"所称"本书卷五《高宗纪》",是指《旧唐书·高宗纪》所载本年九月壬午,裴行俭擒阿史那都支事。详绎前后史实,仪凤二年,是阿史那都支与吐蕃联合进攻安西的时间,而《旧唐书·高宗纪》所载是裴行俭征伐西突厥的时间,《通鉴》仪凤四年(六月,改调露元年)总述其事,故称"初,西突厥十姓可汗阿史那都支及其别帅李遮匐与吐蕃连和,侵逼安西"云云,可知仪凤二年都支叛,与本年唐军擒获都支,是前后相关的两件事。本文在仪凤二年阿史那都支叛唐下牵叙两年之后裴行俭伐都支事。《裴行俭碑》正作"仪凤二年",点校本改"二年"为"四年",未安。

〔二〕云收风静 "风",《册府元龟》卷三九八《将帅部·冥助》作"雨",疑误。

【考释】

此役裴行俭以册送波斯王子泥涅师为名,突袭阿史那都支、李遮匐,胜利后修建碎叶城而返,事件起因及经过都与大食全无干系,"仍为安抚大食使"一语,与实际情况不符。与此役相关的记载大多都提到"安抚大食",如《册府元龟》卷三六六《将帅部·机略》作"仍为安抚大食使",《新唐书》卷一〇八《裴行俭传》作"且为安抚大食使",《册府元龟》卷一三三《帝王部·褒功》、《册府元龟》卷四一〇《将帅部·壁垒》作"安抚大食使裴行俭",《新唐书》卷二一五下《西突厥传》作"并安抚大食"等等,惟独成文较早并且记载更为详尽的《裴行俭碑》中,无一语提及"安抚大食"事,只是记载"诏公以名,册送波斯,兼安抚大使"(参见《张说之文集》卷一四,第7—13页)。根据种种迹象,我们怀疑裴行俭的实际头衔应如《裴行俭碑》所载,是"安抚大使"。很可能是因为泥涅师父子最初是遭大食侵逼,避难长安,诸史中因"使""食"音近,而将"安抚大使"讹作"安抚大食",并衍生出了不同史料中的多种记载。姑存疑。

时有大石国使请献狮子[一],【姚】璹上疏谏曰:"狮子猛兽,唯止食肉,远从碎叶,以至神都,肉既难得,极为劳费。陛下以百姓为心,虑一物有失,鹰犬不蓄,渔猎总停。运不杀以阐大慈,垂好生以敷至德,凡在翾飞蠢动,莫不感荷仁恩。岂容自菲薄于身,而厚资给于兽,求之至理,必不然乎[二]"疏奏,遽停来使。(《旧

唐书》卷八九《姚璹传》，第 3902 页）

【校勘】

〔一〕大石国 《册府元龟》卷三二七《宰辅部·谏诤》作"石国"，疑夺"大"字。姑存疑。

〔二〕必不然乎 《太平御览》卷八八九《兽部·狮子》引《唐书》"乎"作"矣"，文意较长。疑《旧唐书》涉形近而误。

【考释】

《唐大和上东征传》"大食"作"大石"〔参见上文第二编"唐五代大食汉文原始史料"八"唐人僧传类著作中的大食史料"（二）"《唐大和上东征传》大食史料"引〕。《新唐书》卷一〇二《姚璹传》和《资治通鉴》也记载了此事，正作"大食"（参见本节〔二〕"《新唐书》大食史料"，下文本编二"《资治通鉴》大食史料"引）。又，上文《旧唐书》卷四《高宗纪》，永徽六年（655）六月大食国遣使朝贡，《册府元龟》卷九七〇《外臣部·朝贡》"大食"作"大石国"（参见第四编"汉文类书中的大食史料"一"《册府元龟》大食史料"引）。可知唐代史籍中的"大石"有时确是"大食"的别称。又，据《资治通鉴》，此事在武则天万岁通天元年（696），可参考。

天宝七载（748），安西都知兵马使高仙芝奉诏总军，专征勃律，选【李】嗣业与郎将田珍为左右陌刀将。于时吐蕃聚十万众于娑勒城〔一〕，据山因水，堑断崖谷，编木为城。仙芝夜引军渡信图河，奄至城下。仙芝谓嗣业与田珍曰："不午时须破此贼。"嗣业引步军持长刀上〔二〕，山头抛檑蔽空而下〔三〕，嗣业独引一旗于绝险处先登，诸将因之齐上。贼不虞汉军暴至，遂大溃，填溪谷，投水溺死，仅十八九。遂长驱至勃律城擒勃律王、吐蕃公主，斩藤桥，以兵三千人戍。于是拂林、大食诸胡七十二国皆归国家，款塞朝献，嗣业之功也。由此拜右威卫将军。（《旧唐书》卷一〇九《李嗣业传》，第 3298 页）

【校勘】

〔一〕吐蕃聚十万众于娑勒城 《通鉴》卷二一五天宝六载、《旧唐书》

卷一〇四《高仙芝传》、《新唐书》卷一三五《高仙芝传》俱载此役吐蕃两处兵力总共万人，此称"十万"，疑误。

〔二〕持长刀上　《册府元龟》卷三九六《将帅部·勇敢》作"持长刀乱上山"。

〔三〕抛櫑　"櫑"，《册府元龟》作"礌"。

【考释】

此作"天宝七载"，《通鉴》卷二一五系于天宝六载。疑天宝七载可能是李嗣业叙功的时间。

初，【高】仙芝绐石国王约为和好，乃将兵袭破之，杀其老弱，虏其丁壮，取金宝、瑟瑟、驼马等，国人号哭，因掠石国王东献之于阙下。其子逃难奔走，告于诸胡国。群胡忿之，与大食连谋，将欲攻四镇。仙芝惧，领兵二万深入胡地，与大食战，仙芝大败。会夜，两军解，仙芝众为大食所杀，存者不过数千。事窘，嗣业白仙芝曰："将军深入胡地，后绝救兵。今大食战胜，诸胡知，必乘胜而并力事汉。若全军没，嗣业与将军俱为贼所虏，则何人归报主？不如驰守白石岭，早图奔逸之计。"仙芝曰："尔，战将也。吾欲收合余烬，明日复战，期一胜耳。"嗣业曰："愚者千虑，或有一得，势危若此，不可胶柱。"固请行，乃从之。路隘，人马鱼贯而奔。会跋汗那兵众先奔〔一〕，人及驼马塞路，不克过。嗣业持大棒前驱击之，人马应手俱毙。胡等遁，路开，仙芝获免。仙芝表其功，加骠骑左金吾大将军。（《旧唐书》卷一〇九《李嗣业传》，第3298—3299页）

【校勘】

〔一〕跋汗那　《通鉴》卷二一六天宝十载、《新唐书》卷一三八《李嗣业传》作"拔汗那"。

【考释】

此役即著名的怛逻斯之战。相关史料请参见《唐会要》卷九九《石国》、《旧唐书》卷一二八《段秀实传》、《新唐书》卷五《玄宗纪》、《新唐书》卷一三五《高仙芝传》、《新唐书》一三八《李嗣业传》、《新唐书》卷二二一下《石国传》、《通鉴》卷二一六玄宗天宝十载等处的记载。

邓景山，曹州人也。文吏见称。天宝（742—756）中，自大理评事至监察御史。至德（756—758）初，擢拜青齐节度使，迁扬州长史、淮南节度。为政简肃，闻于朝廷。居职四年，会刘展作乱，引平卢副大使田神功兵马讨贼。神功至扬州，大掠居人资产，鞭笞发掘略尽，商胡大食、波斯等商旅死者数千人。（《旧唐书》卷一一〇《邓景山传》，第3313页）

【考释】

唐人记载中，多见波斯商胡，而鲜有大食商胡的记载。从实际情况来看，波斯灭亡之后，大食久已成为与东方贸易的主宰者。汉文各类史料中有关大食的记载，与大食在唐朝对外交往（尤其是海上贸易）中所起的作用是非常不相称的。我们认为很重要的原因是，波斯与中原王朝有数百年的交往，唐朝人往往会不加区分，将大食人也当作波斯人，因此虽然波斯久已亡国，但在相关史料中，波斯随处可见，但大食却难得一闻。从本条史料可知，唐代沿海大都市中居住了大批大食商胡，应该引起特别关注。

及回纥使叶护、帝得数千骑来赴国难[一]，南蛮、大食之卒相继而至。肃宗乃遣广平王为元帅，以【郭】子仪为副，而【仆固】怀恩领回纥兵从之沣水[二]。贼伏兵于营东，怀恩引回纥驰杀之，匹马不归，贼乃大溃。（《旧唐书》卷一二一《仆固怀恩传》，第3478页）

【校勘】

〔一〕叶护帝得　点校本标点作"叶护帝得"。今按，"帝得"即回纥将军"帝德"，"叶护、帝得"指"叶护太子"与"将军帝德"，此据文意加顿号。

〔二〕沣水　点校本"校勘记"："各本原作'汶水'，按西京一带无汶水，今据本书卷一九五《回纥传》改。"今按，《册府元龟》卷三五八《将帅部·立功》作"浍水"，《通鉴》卷二二〇肃宗至德二载作"交水"。

天宝四载（744），安西节度马灵察署【段秀实】为别将，从讨护蜜有功，授安西府别将。七载（748），高仙芝代灵察，[一]举兵围怛逻斯，黑衣救至，仙芝大衄，军士相失。夜中闻都将李嗣业之声，因大呼责之曰："军败而求免，非丈夫也。"嗣业甚惭，遂与秀实收合散卒，复得成军。师还，嗣业请于仙芝，以秀实为判官，授斥候府果毅。（《旧唐书》卷一二八《段秀实传》，第3583页）

【校勘】

〔一〕七载高仙芝代灵察　高仙芝代马灵察在天宝六载（747）十二月己巳（参见《资治通鉴》卷二一五），怛逻斯战役发生在天宝十载（751），本条"七"或是"十"之误字；或因十载怛逻斯之战而牵叙仙芝代灵察事，姑存疑。

【考释】

关于怛逻斯之战，请参见上文《旧唐书》卷一〇九《李嗣业传》【考释】。

时两河罢兵，中土宁乂，【韩】滉上言："吐蕃盗有河湟，为日已久。大历（766—779）已前，中国多难，所以肆其侵轶。臣闻其近岁已来，兵众寖弱，西迫大食之强[一]，北病回纥之众，东有南诏之防，计其分镇之外，战兵在河陇五六万而已。国家第令三数良将，长驱十万众，于凉、鄯、洮、渭并修坚城，各置二万人[二]，足当守御之要。臣请以当道所贮蓄财赋为馈运之资，以充三年之费。然后营田积粟，且耕且战，收复河陇二十余州，可翘足而待也[三]。"上甚纳其言。（《旧唐书》卷一二九《韩滉传》，第3602页）

【校勘】

〔一〕西迫大食之强　"迫"，《全唐文》卷四三四作"逼"。

〔二〕各置二万人　"二"，《册府元龟》卷四四六《将帅部·生事》、《全唐文》作"三"。

〔三〕收复河陇二十余州可翘足而待也　《册府元龟》《全唐文》作"河

陇二十余州，复之可翘足而待也"。

乾元元年（758）五月壬申朔，回纥使多亥阿波八十人[一]，黑衣大食酋长阁之等六人并朝见[二]，至阁门争长，通事舍人乃分为左右，从东西门并入[三]。（《旧唐书》卷一九五《回纥传》，第5200页）

【校勘】

〔一〕多亥阿波　《册府元龟》卷九一七《外臣部·朝贡》作"多乙亥阿波"，"乙"字疑涉下文"亥"字衍。又，《新唐书》卷二一七上《回鹘传》作"多彦阿波"，按，此人即本年六月入唐迎娶宁国公主之回纥使节"达亥阿波"（参见《唐会要》卷九八《回纥》），据此判断，"多彦阿波"应作"多亥阿波"，形近而误。

〔二〕阁之　《新唐书》同，《册府元龟》作"阊文"。

〔三〕从东西门并入　《册府元龟》此下有"文涉施黑衣大食遣使来朝见"十二字（《宋本册府》同），姑存疑。

【玄宗开元】八年（720），南天竺国遣使献五色能言鹦鹉。其年，南天竺国王尸利那罗僧伽请以战象及兵马讨大食及吐蕃等，仍求有（及）〔以〕名其军[一]，玄宗甚嘉之，名军为怀德军。（《旧唐书》卷一九八《西戎·天竺传》，第5309页）

【校勘】

〔一〕仍求有及名其军　"及"，《唐会要》卷一〇〇《天竺国》、《册府元龟》卷九七三《外臣部·助国讨伐》、《册府元龟》卷九九五《外臣部·交侵》、《太平寰宇记》卷一八三《天竺》作"以"，据正。点校本失校。

伊嗣（候）〔俟〕懦弱[一]，为大首领所逐，遂奔吐火罗，未至，亦为大食兵所杀。其子名卑路斯，又投吐火罗叶护，获免。（《旧唐书》卷一九八《西戎·波斯传》，第5312页）

【校勘】

〔一〕伊嗣候　《新唐书》卷二二一下《波斯传》作"伊嗣俟"，据正。

点校本失校。

卑路斯龙朔元年（661）奏言频被大食侵扰，请兵救援。诏遣陇州南由县令王名远充使西域，分置州县，因列其地疾陵城为波斯都督府，授卑路斯为都督。（《旧唐书》卷一九八《西戎·波斯传》，第5313页）

【考释】

此称卑路斯奏言被大食侵扰，诏遣王名远至西域置州县。强调唐朝此次置州县的活动，由波斯王卑路斯的奏请而起。但《旧唐书》卷四〇《地理志》载"龙朔元年，西域吐火罗款塞，乃于于阗以西、波斯以东十六国，皆置都督"云云，明谓置州县事因吐火罗款塞而起；而且诸书都说唐朝在"吐火罗国立碑，以记圣德"（参见《唐会要》卷七三《安西都护府》、《通典》卷一九三《吐火罗》等），也表明此次设置州府是应吐火罗的请求。《旧唐书》将卑路斯奏请救援事，径置于唐朝遣使设置羁縻府州之前，易生误会。又，卑路斯"奏言频被大食侵扰，请兵救援"云云，或可表明本年吐火罗"款塞"（参见《旧唐书》卷四〇《地理志》），很可能与来自大食的压力有关。明年正月，唐朝又特别以卑路斯为波斯王（参见《资治通鉴》卷二〇〇高宗龙朔二年），很可能也与大食势力在东方的发展有关。

仪凤三年（678），令吏部侍郎裴行俭将兵册送卑路斯为波斯王，行俭以其路远，至安西碎叶而还，卑路斯独返，不得入其国，渐为大食所侵，客于吐火罗国二十余年，有部落数千人，后渐离散。（《旧唐书》卷一九八《西戎·波斯传》，第5313页）

【考释】

参见上文《旧唐书》卷八四《裴行俭传》【考释】。

乾元元年（758），波斯与大食同寇广州，劫仓库，焚庐舍，浮海而去。（《旧唐书》卷一九八《西戎·波斯传》，第5313页）

贞观十七年（643），拂菻王波多力遣使献赤玻璃、绿金精等物[一]，太宗降玺书答慰，赐以绫绮焉。自大食强盛，渐陵诸国，乃遣大将军摩栧伐其都城，因约为和好，请每岁输之金帛，遂臣属大食焉。（《旧唐书》卷一九八《西戎·拂菻传》，第5314—5315页）

【校勘】

〔一〕赤玻璃绿金精 《册府元龟》卷九七〇《外臣部·朝贡》作"赤颇黎、绿颇黎、石绿、金精"，《旧唐书》本条当涉"绿"字重出，夺"绿颇黎石"四字。

（二）《新唐书》大食史料

关于《新唐书》的介绍，请参见上文第一编三"《新唐书》卷二二一下《大食传》"的解题。

【天宝十载（751）】七月，高仙芝及大食战于怛逻斯城，败绩。（《新唐书》卷五《玄宗纪》，第148页）

【考释】

怛逻斯之战的相关史料，请参见上文本节（一）"《旧唐书》大食史料"《旧唐书》卷一〇九《李嗣业传》【考释】。

【至德二载（757）】闰月甲寅，安庆绪寇好畤，渭北节度使李光进败之。丁卯，广平郡王俶为天下兵马元帅，郭子仪副之，以朔方、安西、回纥、南蛮、大食兵讨安庆绪。（《新唐书》卷六《肃宗纪》，第158页）

【乾元元年（758）九月】癸巳，大食、波斯寇广州。（《新唐书》卷六《肃宗纪》，第161页）

肃宗已即位，郭子仪等兵讨安庆绪，未克。肃宗在岐，至德二载（757）九月，以广平郡王为天下兵马元帅，率朔方、安西、回纥、南蛮、大食等兵二十万以进讨，百官送于朝堂，过阙而下，步出木马门，然后复骑。（《新唐书》卷七《代宗纪》，第166页）

广州东南海行，二百里至屯门山，乃帆风西行，二日至九州石。又南二日至象石。又西南三日行，至占不劳山，山在环王国东二百里海中。又南二日行至陵山。又一日行，至门毒国。又一日行，至古笪国。又半日行，至奔陀浪洲。又两日行，到军突弄山。又五日行至海硖，蕃人谓之"质"，南北百里，北岸则罗越国，南岸则佛逝国。佛逝国东水行四五日，至诃陵国，南中洲之最大者。又西出硖，三日至葛葛僧祇国，在佛逝西北隅之别岛，国人多钞暴，乘舶者畏惮之。其北岸则箇罗国。箇罗西则哥谷罗国。又从葛葛僧祇四五日行，至胜邓洲。又西五日行，至婆露国。又六日行，至婆国伽蓝洲。又北四日行，至师子国，其北海岸距南天竺大岸百里。又西四日行，经没来国，南天竺之最南境。又西北经十余小国，至婆罗门西境。又西北二日行，至拔颲国。又十日行，经天竺西境小国五，至提颲国，其国有弥兰太河，一曰新头河，自北渤昆国来，西流至提颲国北，入于海。又自提颲国西二十日行，经小国二十余，至提罗卢和国，一曰罗和异国，国人于海中立华表，夜则置炬其上，使舶人夜行不迷。又西一日行，至乌剌国，乃大食国之弗利剌河，南入于海。小舟泝流，二日至末罗国，大食重镇也。又西北陆行千里，至茂门王所都缚达城。

自婆罗门南境，从没来国至乌剌国，皆缘海东岸行；其西岸之西，皆大食国，其西最南谓之三兰国。自三兰国正北二十日行，经小国十余，至设国。又十日行，经小国六七，至扎伊尔瞿和竭国，当海西岸。又西六七日行，经小国六七，至没巽国。又西北十日行，经小国十余，至拔离歌磨难国。又一日行，至乌剌国，与东岸路合。

西域有陀拔思单国，在疏勒西南二万五千里，东距勃达国，西至涅满国，皆一月行，南至罗刹支国半月行，北至海两月行。

罗刹支国东至都盘国半月行[一]，西至沙兰国，南至大食国皆二十日行[二]。

都盘国东至大食国半月行，南至大食国二十五日行，北至勃达国一月行。

勃达国东至大食国两月行，西北至岐兰国二十日行，北至大食国一月行。

（河）〔阿〕没国东南至陀拔国半月行[三]，西北至岐兰国二十日行，南至沙兰国一月行，北至海两月行[四]。

岐兰国西至大食国两月行，南至涅满国二十日行，北至海五日行。

涅满国西至大食国两月行[五]，南至大食国一月行，北至岐兰国二十日行[六]。

沙兰国南至大食国二十五日行，北至涅满国二十五日行[七]。

石国东至拔汗那国百里，西南至东米国五百里。

罽宾国在疏勒西南四千里，东至俱兰城国七百里[八]，西至大食国千里，南至婆罗门国五百里，北至吐火罗国二百里。

东米国在安国西北二千里[九]，东至碎叶国五千里，西南至石国千五百里，南至拔汗那国千五百里。

史国在疏勒西二千里，东至俱蜜国千里，西至大食国二千里，南至吐火罗国二百里[一〇]，西北至康国七百里。（《新唐书》卷四三下《地理志》，第1153—1155页）

【校勘】

〔一〕罗刹支 《新唐书》卷二二一下《大食传》作"罗利支"。

〔二〕西至沙兰国南至大食国皆二十日行 《新唐书·大食传》作"西沙兰，二十日行；南大食，二十五日行"。

〔三〕河没国 《太平寰宇记》卷二〇〇《四夷杂说并论》作"阿没国"。《新唐书·大食传》"岐兰之东南二十日行，得阿没，或曰阿昧"，"河没"应是"阿没"之误，据改。点校本失校。

〔四〕北至海两月行　　"月"，《新唐书·大食传》作"日"。

〔五〕涅满国　　《新唐书·大食传》"怛满，或曰怛没"。

〔六〕北至岐兰国二十日行　　"二十"，《唐会要》卷一○○《四夷杂录》作"十"。

〔七〕沙兰国南至大食国二十五日行北至涅满国二十五日行　　《新唐书·大食传》作"沙兰东距罗利支，北怛满，皆二十日行；西即大食，二十五日行"。《太平寰宇记·四夷杂说并论》作"沙兰国东至罗刹支国二十五日程，南至大食国二十日程，北至涅满国二十五日程"。差别较大。姑存疑。

〔八〕俱兰城国　　《唐会要·四夷杂录》作"俱兰陀"。

〔九〕东米国在安国西北二千里　　"东米国"，《太平寰宇记·四夷杂说并论》作"东女国"，"二千"下有"二百"二字。

〔一○〕南至吐火罗国二百里　　"二百"，《唐会要·四夷杂录》作"一百"。

【考释】

以"西域有陀拔思单国"为界，《新唐书》本段记载可以分为两个部分，此前的内容摘引自唐德宗贞元十七年（801）成书的贾耽《古今郡国县道四夷述》，此后的内容可能摘引自唐玄宗天宝二年（743）成书的《西域图志》或《西域记》（参见第二编"唐五代大食汉文原始史料"一"《唐会要》'大食'专目以外的汉文史料"《唐会要》卷一○○《四夷杂录》【考释】）。

达奚通《海南诸蕃行记》一卷。（《新唐书》卷五八《艺文志》，第1508页）

【校勘】

〔一〕达奚通海南诸蕃行记　　"达奚通"，《玉海》卷一六《地理·唐西域记》引《中兴馆阁书目》作"达奚弘通"，此处或避唐讳省"弘"。"海南诸蕃行记"，《中兴馆阁书目》作"西南海诸蕃行记"，姑存疑。

【考释】

据《玉海》卷一六《地理·唐西域记》引《中兴馆阁书目》，达奚通在唐肃宗上元年间（760—761）出使南海三十六国，抵达阿拉伯海南部之虎那，此书"略载其事"。(参见第四编"汉文类书中的大食汉文史料"三《玉海》大食史料"),据附于此。

大食使者献师子[一],【姚】璹曰:"是兽非肉不食,自碎叶至都,所费广矣。陛下鹰犬且不蓄,而厚资养猛兽哉!"有诏大食停献。(《新唐书》卷一〇二《姚思廉传》附《姚璹传》,第3980页)

【校勘】

〔一〕大食 《通鉴》卷二〇五武则天万岁通天元年同。《旧唐书》卷八九《姚璹传》作"大石国"。

仪凤二年(677),十姓可汗阿史那都支及李遮匐诱蕃落以动安西,与吐蕃连和,朝廷欲讨之。行俭议曰:"吐蕃叛换方炽,【李】敬玄失律,【刘】审礼丧元,安可更为西方生事?今波斯王死,其子泥涅师质京师,有如遣使立之,即路出二蕃,若权以制事,可不劳而功也。"帝因诏行俭册送波斯王,且为安抚大食使。径莫贺延碛,风砾昼冥,导者迷,将士饥乏。行俭止营致祭,令曰:"水泉非远。"众少安。俄而云彻风恬,行数百步,水草丰美,后来者莫识其处。众皆惊,以方汉贰师将军。(《新唐书》卷一〇八《裴行俭传》,第4086页)

【考释】

裴行俭以册送波斯王子泥涅师为名,突袭阿史那都支、李遮匐,胜利后修建碎叶城而返。这次事件起因及经过都与大食无关,"且为安抚大食使"一语,与实际情况不符。参见本节(一)"《旧唐书》大食史料"《旧唐书》卷八四《裴行俭传》【考释】。

时两河罢兵,【韩】滉上言:"吐蕃盗河、湟久,近岁寖弱,而西迫大食,北扞回鹘,东抗南诏,分军外战,兵在河、陇者不过五六万,若朝廷命将,以十万众城凉、鄯、洮、渭,各置兵二万为守御,臣请以本道财赋馈军,给三年费,然后营田积粟,且耕且

战，则河、陇之地可翘足而复。"帝善其言。（《新唐书》卷一二六《韩休传》附《韩滉传》，第4437页）

小勃律，其王为吐蕃所诱，妻以女，故西北二十余国皆羁属吐蕃。自【田】仁琬以来三讨之，皆无功。天宝六载（747），诏【高】仙芝以步骑一万出讨。（中略）八月，仙芝以小勃律王及妻自赤佛道还连云堡，与【边】令诚俱班师。于是拂菻、大食诸胡七十二国皆震慑降附。（《新唐书》卷一三五《高仙芝传》，第4576—4577页）

【天宝】九载（750），【高仙芝】讨石国，其王车鼻施约降，仙芝为俘献阙下，斩之，由是西域不服。其王子走大食，乞兵攻仙芝于怛逻斯城，以直其冤。仙芝为人贪，破石，获瑟瑟十余斛、黄金五六橐驼、良马宝玉甚众，家赀累巨万。然亦不甚爱惜，人有求辄与，不问几何。（《新唐书》卷一三五《高仙芝传》，第4578页）

【考释】

怛逻斯之战的相关史料，请参见上文（一）"《旧唐书》大食史料"《旧唐书》卷一〇九《李嗣业传》【考释】。

初，【高】仙芝特以计袭取石，其子出奔，因构诸胡共怨之，以告大食，连兵攻四镇。仙芝率兵二万深入，为大食所败，残卒数千。事急，【李】嗣业谋曰："将军深履贼境，后援既绝，而大食乘胜，诸胡锐于斗，我与将军俱前死，尚谁报朝廷者？不如守白石岭以为后计。"仙芝曰："吾方收合余烬，明日复战。"嗣业曰："事去矣，不可坐须菹醢。"即驰守白石，路既隘，步骑鱼贯而前。会拔汗那还兵，辎饷塞道不可骋，嗣业惧追及，手梃鏖击，人马毙仆者数十百，虏骇走，仙芝乃得还。表嗣业功，进右金吾大将军，留为疏勒镇使。城一隅阤，屡筑辄坏，嗣业祝之，有白龙见，因其处蓝祠以祭，城遂不坏。汉耿恭故井久涸，祷已，泉复出。初讨勃律也，通道葱领，有大石塞隘，以足蹶之，抵穹窒，识者以为至诚

所感云。(《新唐书》卷一三八《李嗣业传》，第4616页)

【考释】

恒逻斯之战的相关史料，请参见上文（一）"《旧唐书》大食史料"《旧唐书》卷一〇九《李嗣业传》【考释】。

邓景山，曹州人。本以文吏进，累至监察御史。至德（756—758）初，擢拜青齐节度使，徙淮南。为政简肃。有鼍集城门，邓珽语景山曰："鼍，介物也。失所次，金不从革之象。其有兵乎？"未几，宋州刺史刘展反。初，展有异志，淮西节度使王仲升表其状，诏迁扬州长史兼江淮都统，密诏景山执送京师。展知之，拥兵二万度淮。景山逆击不胜，奔寿州，因引平卢节度副使田神功讨展。神功兵至扬州，大掠居人，发冢墓，大食、波斯贾胡死者数千人。展叛凡三月平，追景山入朝，拜尚书左丞，以崔圆代之。(《新唐书》卷一四一《邓景山传》，第4655页)

【考释】

参见上文一"《旧唐书》大食史料"《旧唐书》卷一一〇《邓景山传》【考释】。

天宝四载（745），【段秀实】从安西节度使马灵詧讨护蜜有功，授安西府别将。灵詧罢，又事高仙芝。仙芝讨大食，围恒逻斯城。会虏救至，仙芝兵却，士相失。秀实夜闻副将李嗣业声，识之，因责曰："惮敌而奔，非勇也；免己陷众，非仁也。"嗣业惭，乃与秀实收散卒，复成军，还安西，请秀实为判官。迁陇州大堆府果毅。(《新唐书》卷一五三《段秀实传》，第4847页)

【考释】

恒逻斯之战的相关史料，请参见上文（一）"《旧唐书》大食史料"《旧唐书》卷一〇九《李嗣业传》【考释】。

咸亨二年（671），以西突厥部酋阿史那都支为左骁卫大将军兼匐延都督，以安辑其众。仪凤（676—679）中，都支自号十姓可汗，与吐蕃连和，寇安西，诏吏部侍郎裴行俭讨之。行俭请毋发兵，可以计取。即诏行俭册送波斯王子，并安抚大食，若道两蕃者。都支果不疑，率子弟上谒，遂禽之，召执诸部渠长，降别帅李遮匐以归，调露元年（679）也。（《新唐书》卷二一五下《西突厥传》，第6064页）

【考释】

裴行俭以册送波斯王子泥涅师为名，突袭阿史那都支、李遮匐，胜利后修建碎叶城而返。这次事件起因及经过都与大食无关，"并安抚大食"一语，与实际情况不符。参见本节一"《旧唐书》大食史料"《旧唐书》卷八四《裴行俭传》【考释】。

香积之战，阵沣上，贼诡伏骑于王师左，将袭我，仆固怀恩麾回纥驰之，尽翦其伏，乃出贼背，与镇西、北庭节度使李嗣业夹廖之，贼大败，进收长安。怀恩率回纥、南蛮、大食众缭都而南，壁浐东，进次陕西，战新店。（《新唐书》卷二一七上《回鹘传》上，第6115页）

乾元元年（758），回纥使者多彦阿波与黑衣大食酋阁之等俱朝，争长，有司使异门并进。（《新唐书》卷二一七上《回鹘传》上，第6116页）

【黠戛斯】服贵貂、貀，阿热冬帽貂，夏帽金扣，锐顶而卷末，诸下皆帽白毡，喜佩刀砺，贱者衣皮不帽，女衣氎毼、锦、罽、绫，盖安西、北庭、大食所贸售也。（《新唐书》卷二一七下《黠戛斯传》，第6116页）

乾元（758—760）中，【坚昆】为回纥所破，自是不能通中国。后狄语讹为黠戛斯，盖回鹘谓之，若曰黄赤面云，又讹为戛戛斯。然常与大食、吐蕃、葛禄相依杖，吐蕃之往来者畏回鹘剽钞，必住葛禄，以待黠戛斯护送。大食有重锦，其载二十橐它乃胜，既不可兼负，故裁为二十四，每三岁一饷黠戛斯。而回鹘授其君长阿热官为"毗伽顿颉斤"。(《新唐书》卷二一七下《坚昆传》，第6149页)

开元（714—741）时，中天竺遣使者三至；南天竺一，献五色能言鸟，乞师讨大食、吐蕃，丐名其军，玄宗诏赐怀德军，使者曰："蕃夷惟以袍带为宠。"帝以锦袍、金革带、鱼袋并七事赐之。(《新唐书》卷二二一上《西域》上《天竺传》，第6239页)

大食与乌苌（东）〔西〕鄙接〔一〕，开元（714—741）中数诱之，其王与骨咄、俱位二王不肯臣，玄宗命使者册为王。(《新唐书》卷二二一上《西域》上《乌茶传》，第6240页)

【校勘】

〔一〕大食与乌苌东鄙接 大食在乌苌之西，不得与乌苌东鄙接，此"东"当作"西"。《唐会要》卷九九《乌苌》称："大食东与乌苌邻境"，可证。据改。点校本失校。

开元（713—741）初，【康国】贡锁子铠、水精杯、码瑙瓶、驼鸟卵及越诺、侏儒、胡旋女子。其王乌勒伽与大食亟战不胜，来乞师，天子不许。久之，请封其子咄曷为曹王，默啜为米王，诏许。(《新唐书》卷二二一下《西域》下《康国传》，第6244页)

【天宝】十一载（752），东曹王设阿忽与安王请击黑衣大食，玄宗尉之，不听。(《新唐书》卷二二一下《西域》下《西曹传》，第6245页)

【开元】二十八年（740)，又册【石国王】顺义王。明年，王伊捺吐屯屈勒上言："今突厥已属天可汗，惟大食为诸国患，请讨之。"天子不许。（《新唐书》卷二二一下《西域》下《石国传》，第6246页）

天宝（742—756）初，封【石国】王子那俱车鼻施为怀化王，赐铁券。久之，安西节度使高仙芝劾其无蕃臣礼，请讨之。王约降，仙芝遣使者护送至开远门，俘以献，斩阙下，于是西域皆怨。王子走大食乞兵，攻怛逻斯城，败仙芝军，自是臣大食。宝应（762—763）时，遣使朝贡。（《新唐书》卷二二一下《西域》下《石国传》，第6246页）

【考释】

怛逻斯之战的相关史料，请参见上文（一）"《旧唐书》大食史料"《旧唐书》卷一〇九《李嗣业传》【考释】。据《唐大诏令集》，册封那俱车鼻施在天宝十二载（《唐大诏令集》卷六四《赐故石国王男郍俱车鼻施进封怀化王并铁券文》），即怛逻斯战役之后。《新唐书》称"天宝初"，置于怛逻斯之战前，疑误。又，怛逻斯战役之后至宝应元年之前，石国至少在天宝十二载（753）十二月（《册府元龟》卷九七一《外臣部·朝贡》）和十四载（755）三月（《册府元龟》卷九七五《外臣部·褒异》）两次入唐朝贡。《新唐书》称，战后石国臣大食，"宝应时"始遣使朝贡。误。

米，或曰弥末，曰弭秣贺。北百里距康。其君治钵息德城，永徽（650—655）时为大食所破。显庆三年（658），以其地为南谧州，授其君昭武开拙为刺史，自是朝贡不绝。（《新唐书》卷二二一下《西域》下《米国传》，第6247页）

【小勃律王】没谨忙死，子难泥立。死，兄麻来兮立。死，苏失利之立，为吐蕃阴诱，妻以女，故西北二十余国皆臣吐蕃，贡献不入，安西都护三讨之无功。天宝六载（747），诏副都护高仙芝伐之。前遣将军席元庆驰千骑见苏失利之曰："请假道趋大勃律。"城中大酋五六，皆吐蕃腹心。仙芝约元庆："吾兵到，必走山。出诏书召慰，赐缯彩。缚酋领待我。"元庆如约。苏失利之挟妻走，不得其处。仙芝至，斩为吐蕃者，断娑夷桥。是暮，吐蕃至，不能救。仙芝约王降，遂平其国。于是拂菻、大食诸胡七十二国皆震恐，咸归附。执小勃律王及妻归京师，诏改其国号归仁，置归仁军，募千人镇之。（《新唐书》卷二二一下《西域》下《小勃律传》，第6251—6252 页）

【考释】

"安西都护三讨之无功"，是指开元（713—741）末至天宝（742—756）初，安西都护盖嘉运、田仁琬与夫蒙灵督征讨勃律事。

谢䫻居吐火罗西南，本曰漕矩咤，或曰漕矩，显庆（656—671）时谓诃达罗支，武后改今号。东距罽宾，东北帆延，皆四百里。南婆罗门，西波斯，北护时健。其王居鹤悉那城，地七千里，亦治阿娑你城。多郁金、瞿草。灊泉灌田。国中有突厥、罽宾、吐火罗种人杂居，罽宾取其子弟持兵以御大食。（《新唐书》卷二二一下《西域》下《谢䫻国传》，第6253 页）

俱蜜者，治山中。在吐火罗东北，南临黑河。其王突厥延陀种。贞观十六年（642），遣使者入朝。开元（713—741）中，献胡旋舞女，其王那罗延颇言为大食暴赋，天子但尉遣而已。（《新唐书》卷二二一下《西域》下《俱蜜国传》，第6255 页）

贞观十二年（638），【波斯国】遣使者没似半朝贡，又献活褥蛇，状类鼠，色正青，长九寸，能捕穴鼠。伊嗣俟不君，为大酋所逐，奔吐火罗，半道，大食击杀之。子卑路斯入吐火罗以免。遣使者告难，高宗以远不可师，谢遣，会大食解而去，吐火罗以兵纳之。（《新唐书》卷二二一下《西域》下《波斯国传》，第6259 页）

龙朔（661—663）初，【波斯国】又诉为大食所侵，是时天子方遣使者到西域分置州县，以疾陵城为波斯都督府，即拜卑路斯为都督。俄为大食所灭，虽不能国，咸亨（670—674）中犹入朝，授右武卫将军，死。（《新唐书》卷二二一下《西域》下《波斯国传》，第6259页）

开元（713—741）、天宝（742—756）间，【波斯国】遣使者十辈献码瑙床、火毛绣舞筵。乾元（758—760）初，从大食袭广州，焚仓库庐舍，浮海走。（《新唐书》卷二二一下《西域》下《波斯国传》，第6259页）

又有陀拔斯单者，或曰陀拔萨惮。其国三面阻山，北濒小海。居婆里城，世为波斯东大将。波斯灭，不肯臣大食。天宝五载（746），王忽鲁汗遣使入朝，封为归信王。后八年，遣子自会罗来朝，拜右武卫员外中郎将，赐紫袍、金鱼，留宿卫。为黑衣大食所灭。（《新唐书》卷二二一下《西域》下《陀拔斯单国传》，第6259页）

【考释】

据《册府元龟》卷九六五《外臣部·封册》，忽鲁汗受封在天宝六载二月，与《新唐书》“五载”稍异。或五载入朝，二载封王，二者并不矛盾。又，《册府元龟》卷九七五《外臣部·褒异》：“（天宝）十四载三月丁卯，陀拔国遣其王子自会罗来朝，授右武卫员外中郎将，赐紫袍、金带、鱼袋七事，留宿卫。”正符《新唐书》“后八年”之数。

贞观十七年（643），【拂菻国】王波多力遣使献赤玻璃、绿金精〔一〕，下诏答赉。大食稍强，遣大将军摩拽伐之，拂菻约和，遂臣属。（《新唐书》卷二二一下《西域》下《拂菻国传》，第6261页）

【校勘】

〔一〕赤玻瓈绿金精　《册府元龟》卷九七〇《外臣部·朝贡》作“赤颇黎、绿颇黎、石绿、金精”，《新唐书》本条当涉“绿”字重出，夺“绿颇黎石”四字。

【贞元】十七年（801）春，夜绝泸破虏屯，斩五百级。虏保鹿危山，毗罗伏以待，又战，虏大奔。于时，康、黑衣大食等兵及吐蕃大酋皆降，获甲二万首。又合鬼主破虏于泸西。（《新唐书》卷二二二上《南蛮》上《南诏传》上，第6277页）

贞观（627—649）中，【诃陵】与堕和罗、堕婆登皆遣使者入贡，太宗以玺诏优答。堕和罗丐良马，帝与之。至上元（674—676）间，国人推女子为王，号"悉莫"，威令整肃，道不举遗。大食君闻之，赍金一囊置其郊，行者辄避，如是三年。太子过，以足蹛金，悉莫怒，将斩之，群臣固请，悉莫曰："而罪实本于足，可断趾。"群臣复为请，乃斩指以徇。大食闻而畏之，不敢加兵。（《新唐书》卷二二二上《南蛮》下《诃陵传》，第6302页）

时回纥使叶护、帝得以四千骑济师，南蛮、大食等兵亦踵至。帝乃诏广平王为元帅，使怀恩统回纥兵，从王战香积寺北。（《新唐书》卷二二四上《叛臣》上《仆固怀恩传》，第6366页）

于是广平王率师东讨，李嗣业将前军，郭子仪将中军，王思礼将后军，回纥叶护以兵从。【张】通儒等衷兵十万阵长安中，贼皆奚，素畏回纥，既合，惊且嚣。王分精兵与嗣业合击之，【安】守忠等大败，引而东，通儒弃妻子奔陕郡。王师入长安，思礼清宫。仆固怀恩以回纥、南蛮、大食兵前驱，王悉师追贼，【严】庄自将兵十万与通儒合，钲鼓震百余里。尹子奇已杀张巡，悉众十万来，并力营陕西，次曲沃。先是回纥傍南山设伏，按军北崦以待。庄大战新店，以骑挑战，六遇辄北，王师逐之，入贼垒，贼张两翼攻之，追兵没，王师乱，几不能军。嗣业驰，殊死斗，回纥自南山缭击其背，贼惊，遂乱，王师复振，合攻之，杀掠不胜算，贼大败，追奔五十余里，尸髀藉藉满坑壑，铠仗狼扈，自陕属于洛。庄跳还，与庆绪、守忠、通儒等劫残军走邺郡。（《新唐书》卷二二五上《逆

臣》上《安禄山传》附《安庆绪传》，第 6421 页)

(三)《新五代史》大食史料

《新五代史》七十四卷，宋欧阳修撰。

与"奉诏"修撰《新唐书》不同，《新五代史》是欧阳修"私修"的一部纪传体正史，也是自唐朝开馆修史以后，历史上唯一一部由私人撰写的正史。欧阳修认为薛居正《五代史》"繁猥失实"，所以自撰五代史。欧书原称《五代史记》，后人为了与薛史区分，所以称为《新五代史》。与《新唐书》一样，欧阳修在《新五代史》的修撰中也贯彻了"《春秋》遗旨"，即通过义例、修辞来体现褒贬的意图。由于刻意追求义例，形成了《新五代史》与其他纪传体史书不同的一些特点。比如将所有列传归为"家人传""臣传""死节传""死事传""一行传""六臣传""义儿传""伶官传""宦者传""杂传"等十种类传；不列志，改为"司天考"和"职方考"；将十国列为"世家"；将传统四夷传改为"四夷附录"三卷等等，在正史中是非常独特的一种。

　　占城，在西南海上。其地方千里，东至海，西至云南，南邻真腊，北抵驩州。其人，俗与大食同。其乘，象、马；其食，稻米、水兕、山羊。鸟兽之奇，犀、孔雀。自前世未尝通中国。显德五年(958)，其国王因德漫遣使者莆诃散来，贡猛火油八十四瓶、蔷薇水十五瓶，其表以贝多叶书之，以香木为函。猛火油以洒物，得水则出火。蔷薇水，云得自西域，以洒衣，虽敝而香不灭。(《新五代史》卷七四《四夷附录·占城》，第 922 页)

　　【考释】

　　显德五年，占城国向后周转献大食蔷薇水及猛火油(参见本编六"后代本草及相关著作中的大食史料"引《陈氏香谱》卷一"蔷薇水"【考释】)，占城使臣所说"得自西域"，所谓"西域"，就是指当时的大食国。南亚、中东，风俗迥异，此称占城"俗与大食同"，很可能是因为占城转贡大食物产而误记。

二 《资治通鉴》大食史料

《资治通鉴》二百九十四卷，北宋司马光撰。

《资治通鉴》是北宋著名史学家司马光的呕心沥血之作。他在"进书表"中，描述在书局中的撰修生活说："臣既无他事，得以研精极虑，穷竭所有，日力不足，继之以夜。遍阅旧史，旁采小说，简牍盈积，浩如烟海，抉摘幽隐，校计豪厘。（中略）臣今骸骨癯瘁，目视昏近，齿牙无几，神识衰耗，目前所为，旋踵遗忘，臣之精力，尽于此书。"为《通鉴》的写作耗尽了心力。从宋英宗治平三年（1066）完成8卷试写稿，到宋神宗元丰七年（1084）最终完成，《通鉴》修撰时间长达19年。除了正文外，同时成书的还有《目录》30卷，《考异》30卷。《通鉴》的内容上起战国，下终五代（公元前403—959年），涵盖了中国古代1362年的历史时段，也包括了唐五代时期大食的历史。

《通鉴》是得到朝廷官方大力支持和襄助的一部个人著作。从正式开始编纂开始，就在皇帝授意下成立了专门的编书机构，指定专家协助司马光进行编撰工作。与大食相关的唐代部分由唐史专家范祖禹负责，五代部分由刘恕撰写。在编撰《通鉴》的过程中，除了传统的正史之外，还参考了杂史、笔记、奏议、文集等各种资料300多种，取材非常广泛。《通鉴》的工作程序是先由助手撰成长编，最后经司马光删改定稿，如范祖禹负责撰写的唐代部分长编有600卷之多，而最终定稿则只有80卷①。

修撰《通鉴》时，编纂《旧唐书》《新唐书》《旧五代史》《新五代史》所依据的实录、国史等原始史料都还存在，《通鉴》得以充分利用，在正史依据的实录、国史之外，《通鉴》还参考了几百种笔记、小说等史料，也就是说《通鉴》利用的史料范围实际上超出了唐、五代的正史，虽然是著述类的著作，但具有非常高的史料价值。更重要的是，《通鉴》创立了《考异》的体例，即在原始史料记载互有歧异时，

---

① 《直斋书录解题》卷四《续资治通鉴长编》，上海古籍出版社1987年版，第119页。

备列诸说，通过比较异同，说明《通鉴》正文取舍或采纳各种史料的理由，同时对史料做了精详的考证。

除了展示考证史料的方法外，《考异》至少在三个方面有重要的作用。首先，我们知道，包括正史在内的汉文传统史籍在记载历史事件时，大都不说明史料来源。通过《考异》，我们能够在很大程度上了解《通鉴》的史料来源。比如现在常说的《通鉴》利用史料的数目，就是统计《考异》引用的书目得到的。《考异》的第二个重要作用是，通过《考异》的引证，保留了许多现在已经佚失的重要原始史料的内容。第三点是，《考异》的引用和辨析，为今天对《旧唐书》《新唐书》等重要史学著作进行史料学的研究提供了非常重要的线索和依据。

【高宗永徽五年（654）】夏，四月，大食发兵击波斯，胡《注》："波斯国居达遏水之西，距京师万五千里而赢，东与吐火罗、康接，北邻突厥可萨部，西南皆濒海。其先波斯匿王，大月氏别裔，王因以姓，又以为国号。杜佑曰：波斯国即条支之故地，大月氏之别种，其先有波斯匿王，因以为号。大食本波斯地，隋大业（605—617）中，有波斯国人牧于俱纷摩地，山有兽，言曰：'山西三穴有利兵，黑质而白文，得之者王，'走视，如言。石文言当反，乃诡众衰亡命于恒曷水，劫商旅，保西鄙自王，移黑石宝之，国人往讨，皆大败而还，于是遂强。"杀波斯王伊嗣（候）〔俟〕，[一]伊嗣（候）〔俟〕之子卑路斯奔吐火罗。大食兵去，吐火罗发兵立卑路斯为波斯王而还。（《资治通鉴》卷一九九，第6284—6285页）

【校勘】

〔一〕伊嗣候 《新唐书》卷二二一下《波斯传》作"伊嗣俟"，据正。下同。不另校。

【考释】

大食杀伊嗣俟灭波斯在高宗永徽二年（651），《通鉴》因吐火罗扶持卑路斯而在永徽五年下总述前事。在叙述某一具体事件时，追叙此前相关史事或连带叙述此后的史事，是《通鉴》编纂中常用的"始言"或"终言"的叙事手段，应该引起特别关注。据《旧唐书》卷四《高宗纪》，大食首次与唐朝交往在永徽二年（651），即大食灭亡波斯的当年，《通鉴》在卑路斯逃奔吐火罗下附载波斯失国事，表明唐朝得到波斯亡国的消息是通过卑路斯派来的使臣，而不是通过大食。又，《通典》在引用《经行记》时，多处提到"可萨突厥"，一处称其苫国有五节度，有兵马一万以上，北接可萨突厥"（参见第一编"唐五代及后代大食汉文基础史料"二"《通典》卷一九三《大食》）。另一处称，拂菻国"胜兵约有百万，常与大食相御。西枕西海，南枕南海，北接可萨突厥"（参见第二编"唐五代大食汉文原始史料"二"《通典》'大食'专目以外的大食史料"）。在相关汉文史料中，并未见到波斯"北接可萨突厥"的记载。胡《注》称波斯国"东与吐火罗、康接，北邻突厥可萨部，西南皆濒海"，很可能是将传统文献中苫国或拂菻"北邻"可萨突厥的记载，错当成了波斯。又，胡《注》"大食本波斯地"云云，出自《新唐书》。"地"应是"西"之误字（第一编"唐五代大食基础史料"四"《新唐书》卷二二一下《大食传》"校注〔一〕），胡《注》从《新唐书》误。

【高宗龙朔三年（663）】是岁，大食击波斯、拂菻，破之；胡《注》："拂菻，古大秦国也，居西海上，一曰海西国，去京师四万里，北直突厥可萨部，西濒海，东南接波斯。杜佑曰：大秦，前汉犁靬国也。"南侵婆罗门，吞灭诸胡，胜兵四十余万。（《资治通鉴》卷二〇一，第6339页）

【高宗调露元年（679）六月】初，西突厥十姓可汗阿史那都支及其别帅李遮匐与吐蕃连和，侵逼安西，朝议欲发兵讨之。吏部侍郎裴行俭曰："吐蕃为寇，审礼覆没，干戈未息，岂可复出师西方！今波斯王卒，其子泥洹师为质在京师〔一〕，胡《注》："波斯为大食所灭，其王卑路斯入朝，授武卫将军而死，其子为质在京师。"《考异》曰："实录作'泥涅师'，《旧传》作'泥湟师'，《唐历》作'泥泹师'。今从《统纪》。"宜遣使者送归国，道过二虏，以便宜取之，可不血刃而擒也。"上从之，命行俭册立波斯王，《考异》曰："《唐纪》云，'波斯王卑路斯入朝未还，请遣使送归。'今从《实录》、《唐历》、《统纪》、《旧传》。"仍为安抚大食使。行俭奏肃州刺史王方翼以为己副，仍令检校安西都护。（《资治通鉴》卷二〇二，第6390—6391页）

【校勘】

〔一〕泥洹师　除了《考异》、胡《注》所引异称外，《旧唐书》卷八四《裴行俭传》作"泥涅师师"、《新唐书》卷一〇八《裴行俭传》作"泥涅师"。"洹"疑是"涅"之误字，形近而误。

【考释】

裴行俭以册送波斯王子泥涅师为名，突袭阿史那都支、李遮匐，胜利后修建碎叶城而返。这次事件起因及经过都与大食无关，"仍为安抚大食使"一语，与实际情况不符。参见本节一"《旧唐书》大食史料"《旧唐书》卷八四《裴行俭传》**【考释】**。

【武则天万岁通天元年（696）三月】大食请献师子。姚璹上疏，以为："师子专食肉，远道传致，肉既难得，极为劳费。陛下鹰犬不蓄，渔猎悉停，岂容菲薄于身而厚给于兽！"乃却之。（《资治通鉴》卷二〇五，第6505页）

【玄宗开元三年（715）十一月】拔汗那者，古乌孙也，内附岁久。吐蕃与大食共立阿了达为王〔一〕，发兵攻之，拔汗那王兵败，奔安西求救。**【张】**孝嵩谓都护吕休璟曰："不救则无以号令西域。"遂帅旁侧戎落兵万余人，出龟兹西数千里，下数百城，长驱而进。是月，攻阿了达于连城。孝嵩自擐甲督士卒急攻，自巳至酉，屠其三城，俘斩千余级，阿了达与数骑逃入山谷。孝嵩传檄诸国，威振西域，大食、康居、大宛、罽宾等八国皆遣使请降〔二〕。会有言其赃污者，坐系凉州狱，贬灵州兵曹参军。胡《注》："兵曹参军，即司兵参军。是后复用孝嵩为都护，著名西域。"（《资治通鉴》卷二一一，第6713—6714页）

【校勘】

〔一〕阿了达　《西域考古录》转引《戎幕随笔》所载《张孝嵩纪碑功》作"阿了达干"。

〔二〕八国皆遣使请降　点校本"校勘记"："章：十二行本'降'下有

'勒石纪功而还'六字；乙十一行本同；孔本同；张校同；退斋校同。"

【玄宗开元五年（717）七月】安西副大都护汤嘉惠奏突骑施引大食、吐蕃，谋取四镇，围钵换及大石城，胡《注》："钵换即拨换城。大石城盖石国城也。"已发三姓葛逻禄兵与阿史那献击之。（《资治通鉴》卷二一一，第6728页）

【考释】

胡《注》称"大石城盖石国城"。今按，据《新唐书》卷四三下《地理志》引贾耽《古今郡国县道四夷述》所载"安西入西域道"，"安西西出柘厥关，渡白马河，百八十里西入俱毗罗碛。经苦井，百二十里至俱毗罗城。又六十里至阿悉言城。又六十里至拨换城，一曰威戎城，曰姑墨州，南临思浑河。乃西北渡拨换河、中河，距思浑河百二十里，至小石城。又二十里至于阗境之胡芦河。又六十里至大石城，一曰于祝，曰温肃州"。则拨换城大体方位在安西柘厥关西四百二十里，约当今新疆阿克苏，大石城在西六百二十里，约当今新疆乌什。疑胡《注》误。又，《册府元龟》卷一五七《帝王部·诫励》，玄宗在给阿史那献和郭虔瓘的信中说："或云突骑施围逼石城，则缘史献致寇；或云葛逻禄征兵马，则被虔瓘沮谋。""石城"疑是"大石城"的简称。

【玄宗开元七年（719）】春，二月，俱密王那罗延、胡《注》："俱密国治山中，在吐火罗东北，南临黑河；其王，突厥延陀种。"康王乌勒伽、安王笃萨波提。胡《注》："杜佑曰：康国在米国西南三百余里，汉康居国也。"皆上表言为大食所侵掠，乞兵救援。（《资治通鉴》卷二一二，第6735页）

【玄宗开元八年（720）】夏，四月，丙午，遣使赐乌长王、骨咄王、俱位王册命。三国皆在大食之（西）〔东〕[一]。胡《注》："乌长即乌苌，又曰乌荼。骨咄在镬沙之东，或曰（阿）〔珂〕咄罗[二]，治思助建城。俱位，或曰商弥，治阿赊腲师多城，在大雪山勃律河北，地寒，冬窟室。"大食欲诱之叛唐，三国不从，故褒之。（《资治通鉴》卷二一二，第6740页）

【校勘】

〔一〕三国皆在大食之西　此三国在大食之东，"西"当作"东"。《唐会要》卷九九《乌苌国》称"大食东与乌苌邻境"，可证。据改。点校本失校。

〔二〕阿咄罗　《新唐书》卷二二一下《骨咄传》作"珂咄罗"，据正。点校本失校。

【玄宗天宝十载（751）】 高仙芝之虏石国王也，石国王子逃诣诸胡，具告仙芝欺诱贪暴之状。诸胡皆怒，潜引大食欲共攻四镇。仙芝闻之，将蕃、汉三万众击大食，《考异》曰："马宇《段秀实别传》云'蕃、汉六万众'，今从《唐历》。"深入七百余里，至（恒）〔怛〕罗斯城[一]，胡《注》："或作'怛罗斯城'。"与大食遇。相持五日，葛罗禄部众叛，胡《注》："葛罗禄，即葛逻禄。"与大食夹攻唐军，仙芝大败，士卒死亡略尽，所余才数千人。右威卫将军李嗣业劝仙芝宵遁，道路阻隘，拔汗那部众在前，胡《注》："拔汗那时从仙芝击大食。"人畜塞路；嗣业前驱，奋大梃击之，人马俱毙，仙芝乃得过。（《资治通鉴》卷二一六，第6907—6908页）

【校勘】

〔一〕恒罗斯城　《新唐书》卷五《玄宗纪》同。《旧唐书》卷一〇九《李嗣业传》、《新唐书》一三五《高仙芝传》、《新唐书》卷二二一下《石国传》、《唐会要》卷九九《石国》作"怛罗斯城"，《新唐书》涉形近误，《通鉴》盖从《新唐书》误。据正。

【考释】

怛逻斯之战的相关史料，请参见本节一"《大食传》以外的正史大食史料"（一）"《旧唐书》大食史料"《旧唐书》卷一〇九《李嗣业传》【考释】。

【肃宗至德二载（757）正月】 上闻安西、北庭及拔汗那、大食诸国兵至凉、鄯，甲子，幸保定。胡《注》："保定郡，本泾州安定郡，去载更郡名。"（《资治通鉴》卷二一九，第7014页）

【考释】

据《唐大诏令集》卷一一八《谕西京逆官敕载》，本年正月"使王思礼领安西、北庭、河陇马步五万"，可知此前西域军队已抵达关内前线，而这与《通鉴》卷二一八至德元载（756）七月李嗣业率安西军队至凤翔的记载是完全相符的。《通鉴》本条谓至德二载正月始听闻安西、北庭及及拔汗那、大食诸国兵至凉、鄯的记载，与上述记载不同，且不见其它史籍记载，或源出《郯侯家传》，姑存疑。

【肃宗乾元元年（758）九月】 癸巳，广州奏：大食、波斯围州城，胡《注》："广州治南海县，本汉番禺县。"刺史韦利见踰城走，二国兵掠仓库，焚庐舍，浮海而去。（《资治通鉴》卷二一九，第7062页）

【德宗贞元三年（787）七月】 【李】泌又言："边地官多阙，请募人入粟以补之，可足今岁之粮。"上亦从之，因问曰："卿言府兵亦集，如何？"对曰："戍卒因屯田致富，则安于其土，不复思归。旧制，戍卒三年而代，及其将满，下令有愿留者，即以所开田为永业。家人愿来者，本贯给长牒续食而遣之。胡《注》："戍兵家口，发赴边镇者，本贯为给长牒，所过郡县续食，以至戍所。"据应募之数，移报本道，虽河朔诸帅得免更代之烦，亦喜闻矣。不过数番，则戍卒土著[一]，乃悉以府兵之法理之，是变关中之疲弊为富强也。"上喜曰："如此，天下无复事矣。"胡《注》："泌所谓复府兵之策，当以积渐而成。帝遽谓之天下无复事，是但喜其言之可听而不察其事非旦暮之可集也。"泌曰："未也。臣能不用中国之兵使吐蕃自困。"上曰："计将安出？"对曰："臣未敢言之，俟麦禾有效，然后可议也。"上固问，不对。泌意欲结回纥、大食、云南与共图吐蕃，令吐蕃所备者多；知上素恨回纥，恐闻之不悦，并屯田之议不行，故不肯言。既而戍卒应募，愿耕屯田者什五六。（《资治通鉴》卷二三二，第7494—7495页）

【校勘】

〔一〕戍卒土著　点校本"校勘记"："章：乙十六行本'卒'下有'皆'

字；乙十一行本同；孔本同；张校同。"今按，《文献通考》卷一五一《兵考》三《兵制》亦有"皆"字。

【考释】

李泌议府兵事未见他书记载，疑应出自《邺侯家传》。《文献通考》所载内容与《通鉴》几无二致，明显源自《通鉴》，并非别有史源。

【德宗贞元三年（787）八月】 回纥合骨咄禄可汗屡求和亲，且请昏；上未之许。会边将告乏马，无以给之，李泌言于上曰："陛下诚用臣策，数年之后，马贱于今十倍矣！"上曰："何故？"对曰："愿陛下推至公之心，屈己徇人，为社稷大计，臣乃敢言。"上曰："卿何自疑若是！"对曰："臣愿陛下北和回纥，南通云南，西结大食、天竺，如此，则吐蕃自困，马亦易致矣。"上曰："三国当如卿言，至于回纥则不可！"胡《注》："以陕州之辱，恨回纥也。"泌曰："臣固知陛下如此，所以不敢早言。为今之计，当以回纥为先，三国差缓耳。"胡《注》："三国，谓云南、大食、天竺。"上曰："唯回纥卿勿言。"泌曰："臣备位宰相，事有可否在陛下，何至不许臣言！"上曰："朕于卿言皆听之矣，至于回纥〔一〕，宜待子孙；于朕之时，则固不可！"泌曰："岂非以陕州之耻邪！"上曰："然。韦少华等以朕之故受辱而死，朕岂能忘之！属国家多难，未暇报之，和则决不可。卿勿更言！"泌曰："害少华者乃牟羽可汗，陛下即位，举兵入寇，未出其境，今合骨咄禄可汗杀之。然则今可汗乃有功于陛下，宜受封赏，又何怨邪！其后张光晟杀突董等九百余人，合骨咄禄竟不敢杀朝廷使者，然则合骨咄禄固无罪矣。"上曰："卿以和回纥为是，则朕固非邪？"对曰："臣为社稷而言，若苟合取容，何以见肃宗、代宗于天上！"胡《注》："凡人言死，则曰见某人于地下。人主之前，尊君之祖、父，则曰见于天上，言其神灵在天，死则将得见之。"上曰："容朕徐思之。"自是泌凡十五余对，未尝不论回纥事，上终不许。泌曰："陛下既不许回纥和亲，愿赐臣骸骨。"上曰："朕非拒谏，但欲与卿较理耳，何至遽欲去朕邪！"对曰："陛下许臣言理，此固天下之福也。"上曰："朕不惜屈己与之和，但不能负少华辈。"对曰："以臣观之，少华辈负陛下，非陛下负之也。"上曰："何故？"对曰："昔回纥叶护将兵助讨安庆绪，肃宗但令臣宴劳之于元帅府，先帝未尝见也。胡《注》："讨安庆绪之时，代宗以广平王为元帅。"叶护固邀臣至其营，肃宗犹不许。及大军将发，先帝始与相见。所以然者，彼戎狄豺狼也，举兵入中国之腹，不得不过为之防也。陛下在陕，富于春秋，少华辈不能深虑，以万乘元子径造其营，又不先与之议相见之仪，使彼得肆其桀骜，岂非少华辈负陛下邪？死不足偿责矣。且香积之捷，叶护欲引兵入长安，先帝亲拜之于马前以止之，叶护遂不敢入城。当时观者十万余人，皆叹息曰：'广平王真华夷主也！'然则先帝所屈者少，所伸者多矣。叶护乃牟羽之叔父也。牟羽身为可汗，举全国之兵赴中原之难，故其志气骄矜，敢责礼于陛下；陛下天资神武，不为之屈。当是之时，臣不敢言其它，若可汗留陛下于营中，欢饮十日，天下岂得不寒心哉！而天威所临，豺狼驯扰，可汗母捧陛下于貂裘，叱退左右，亲送陛下乘马而归。陛下以香积之事观之，则屈己为是乎？不屈为是乎？陛下屈于牟羽乎？牟羽屈于陛下乎？"上谓李晟、马燧曰："故旧不宜相逢。朕素怨回纥，今闻泌言香积之事，朕自觉少理。卿二人以为何如？"对曰："果如泌所言，则回纥似可恕。"上曰："卿二人复不与朕，朕当奈何！"泌曰："臣以为回纥不足怨，向来宰相乃可怨耳。今回纥可汗杀牟羽，其国人有再复京城之勋，胡《注》："回纥，至德二载与代宗复两京，宝应元年（762）又与帝复东京，是有再复京城之勋。"夫何罪乎！吐蕃幸国之灾，陷河陇数千里之地，又引兵入京城，使先帝蒙尘于陕，此乃必报之雠[二]，况其赞普尚存[三]，胡《注》："言牟羽已死，则回纥为可恕；赞普尚存，则国雠当必复。"宰相不为陛下别白言此，乃欲和吐蕃以攻回纥，此为可怨耳。"上曰："朕与之为怨已久，又闻吐蕃劫盟，今往与之和，得无复拒我，为夷狄之笑乎？"对曰："不然。臣曩在彭原，今可汗为胡禄都督，与今国相白婆帝皆从叶护而来，臣待之颇亲厚，故闻臣为相而求和，安有复相拒乎！臣今请以书与之约：称臣，为陛下子，每使来不过二百人，印马不过千匹，胡《注》："《唐六典》：有诸监马印。凡诸监马驹，以小官字印印左髀，以年辰印印右髀，以监名依左、右厢印印尾侧。若形容端正，拟送尚乘者，则不须印监名。至三岁起脊[四]，量强弱渐以飞字印印右髀。细马、次马俱以龙形印印项左。送尚乘者，于尾侧依左、右闲印以三花。其余杂马上乘者，以风字印印左髀，以飞字印印右髀。经印之后，简入别所者，各以新入处监名印印左颊。官马赐人者，以赐字印。配诸军及充传送驿者，以出字印并印右颊[五]。诸蕃马印随部落各为印识。回纥马印**虎马以南**。此所谓印马者，回纥以马来与中国为互市，中国以印印之也。"无得携中国人及商胡出塞。五者皆能如约，则主上必许和亲。如此，威加北荒，旁詟吐蕃，足以快陛下平昔之心矣。"上曰："自至德（756—758）以来，与为兄弟之国，今一旦欲臣之，彼安肯和乎？"对曰："彼思与中国和亲久矣，其可汗、国相素信臣言，若其未谐，但应再发一书耳。"上从之。（《资治通鉴》卷二三三，第7501—7505页）

【校勘】

〔一〕至于回纥　点校本"校勘记"："章：乙十六行本'于'下有'和'字；乙十一行本同；孔本同；张校同。"

〔二〕此乃必报之雠　点校本"校勘记"："章：乙十六行本'乃'下有'百代'二字；乙十一行本同；孔本同；张校同；退斋校同。"

〔三〕赞普尚存　点校本"校勘记"："章：乙十六行本'普'下有'至今'二字；乙十一行本同；孔本同；张校同。"

〔四〕至三岁起脊　点校本原文"脊"字属下句，此据文意径正。

〔五〕"官马赐人"至"印右颊"　点校本原文断句作"官马赐人者，以赐字印配诸军。及充传送驿者，以出字印并印右颊。"误。此试据文意重新断句。

【德宗贞元三年（787）八月】既而回纥可汗遣使上表称儿及臣，凡【李】泌所与约五事，一皆听命。上大喜，谓泌曰："回纥何畏服卿如此！"对曰："此乃陛下威灵，臣何力焉！"上曰："回纥则既和矣，所以招云南、大食、天竺奈何？"对曰："回纥和，则吐蕃已不敢轻犯塞矣。次招云南，则是断吐蕃之右臂也。云南自汉以来臣属中国，胡《注》："云南，本汉之哀牢夷，后汉永平之间，始臣属中国，其地在汉永昌郡界。"杨国忠无故扰之使叛，臣于吐蕃，苦于吐蕃赋役重，未尝一日不思复为唐臣也。大食在西域为最强，自葱岭尽西海，地几半天下，胡《注》："大食既并波斯，突骑施又亡，其地东尽葱岭，西南际海，方万余里。"与天竺皆慕中国，代与吐蕃为仇，臣故知其可招也。"（《资治通鉴》卷二三三，第7505页）

三 《南唐书》《吴越备史》大食史料

马氏《南唐书》三十卷，北宋马令撰。陆氏《南唐书》十五卷，南宋陆游撰。《吴越备史》四卷，北宋钱俨撰。

马令《南唐书》成书于宋徽宗崇宁四年（1105），采用纪传体的体例，只是"本纪"称"书"，南唐君主也不称"帝"，称"主"。另外一个重要特点是，马令仿照《新五代史》体例，凡列传都以类传的名目归类。除了记载南唐史事外，另立"灭国传"两卷，保留了被南唐所灭的闽、楚二国的史事。《四库全书总目》批评马令《南唐书》"于诗话小说不能割爱，亦不免芜杂琐碎，自秽其书"。与马令相比，陆游《南唐书》叙事简洁，在体例上也按照传统正史称"本纪""列传"，且增加了若干列传的内容。《吴越备史》原书应是十五卷，今传本残存四卷，补遗一卷。是书记载了五代时吴越国从建国到纳土归宋的过程。

女冠耿先生，鸟爪玉貌，宛然神仙。保大中，游金陵，以道术修炼为事。元宗召见，悦之，常止于卧内。先是，大食国进龙脑油二器，其味辛烈，服之蠲疾，元宗秘惜。先生见之，曰："此非嘉者。当为陛下致之。"乃以绢囊悬龙脑于屋栋，顷刻沥液如注，香味逾所进者。（马令《南唐书》卷二四《方术传·耿先生传》，《丛书集成初编》第3852册，第164页）

耿先生者，父云军大校。耿少为女道士，玉貌鸟爪。常著碧霞帔，自称比丘先生。始因宋齐丘进。尝见宫婢持粪帚，谓元宗曰："此物可惜，勿令弃之。"取置铛中，烹炼良久，皆成白金。尝遇雪拥炉，索金盆贮雪，令宫人握雪成锭投火中，徐举出之，皆成白金，指痕犹在。又能爆麦粒成圆珠，光彩粲然夺真。大食进龙脑油，元宗秘爱。耿视之，曰："此未为佳者。"以夹缣囊贮白龙脑数斤，悬之，有顷，沥液如注，香味逾于所进。（陆游《南唐书》卷一七《杂艺方术节义传·耿先生传》，《丛书集成初编》第3854册，第390—391页）

【贞明五年（919）】春三月，【文穆】王率水师大小战舰五百余艘，皆刻龙形，自东州发舰，遥趋淮甸。夏四月乙巳，大战淮人于狼山江。将战之夕，王召指挥使张从宝计之曰："彼若径下，当避其初以诱之，制胜之道也。"乃命军中宿理帆樯，每舟必载石灰、黑豆、江沙以随焉。翌日昧爽，淮人果乘风自西北而下。危樯巨舰，势若云合，我师皆避之。贼舟既高且巨，不能复上，我师反乘风以逐之，复用小舟围其左右。贼回舟而斗，因扬石灰，贼不能视。及轴轳相接，乃撒豆于贼舟，我舟则沙焉。战血既渍，践豆者靡不颠踣，命进火油焚之。（火油得之海南大食国，以铁筒发之，水沃其焰弥盛。武肃王以银饰其筒口，脱为贼中所得，必剥银而弃其筒，则火油不为贼所有也。）斩其将百胜军使彭彦章，获士卒七千余人。贼船四百余艘，皆焚之。斩馘之盛，自江及岸数十里皆殷焉。（钱俨《吴越备史》卷三文穆王，《景印文渊阁四库全书》第464册，第543—544页）

【考释】

武肃王即吴越国王钱镠（907—932在位），文穆王即钱镠子钱元瓘（932—941年在位）。此所谓"火油"，应该就是《册府元龟》卷九七二《外臣部·朝贡》之"猛火油"（参见第四编"汉文类书中的大食史料"一"《册府元龟》汉文史料"引）。此称"火油"得之于"海南大食国"，也可表明"猛火油"或"火油"是与蔷薇水一起，由占城国贡献的大食物品，并非直接源于大食（参见本编六"后代本草及相关著作中的唐五代大食史料"《陈氏香谱》卷一"蔷薇水"【考释】）。

四 《太平寰宇记》大食史料

关于《太平寰宇记》的介绍，请参见上文第一编五"《太平寰宇记》卷一八六《大食》"的解题。

裴行俭，字守约，闻喜人。为安抚大食使，生擒都支、遮匐而还。（《太平寰宇记》卷四七《河东道·绛州》，第984页）

【考释】

裴行俭以册送波斯王子泥涅师为名，突袭阿史那都支、李遮匐，胜利后修建碎叶城而返。这次事件起因及经过都与大食无关，"仍为安抚大食使"一语，与实际情况不符。参见本编一"《大食传》以外的正史大食史料"（一）"《旧唐书》大食史料"《旧唐书》卷八四《裴行俭传》【考释】。

永徽（650—655）中，【康国】频遣使告为大食所攻，兼征赋税。显庆三年（658），高宗遣果毅董寄生列其所居城为康居都护府，仍以其王拂呼缦为都督。（《太平寰宇记》卷一八三《西戎·康居国》，第3494页）

至【天宝】十一载（752），其王设阿忽与〔安〕国副王野解及九国王并上表[一]，请同心击黑衣大食国，玄宗（实）〔宴〕赐慰劳之[二]。（《太平寰宇记》卷一八三《西戎·曹国》，第3495页）

【校勘】

〔一〕国副王野解 "国"，《册府元龟》卷一七〇《帝王部·来远》、《册府元龟》卷九七三《外臣部·助国讨伐》作"安国"，据补。点校本失校。

〔二〕实赐慰劳之 "实"，《唐会要》卷九八《曹国》、《册府元龟》卷一七〇、《册府元龟》卷九七三作"宴"，据改。点校本失校。

【开元】八年（720），南天竺遣使贡豹皮及黄色鹦鹉〔一〕，又奏请以战象兵马讨大食国及吐蕃，求有以名其军。制书嘉焉，号为怀德军。（《太平寰宇记》卷一八三《西戎·天竺国》，第3503页）

【校勘】

〔一〕黄色鹦鹉　点校本"校勘记"："'黄'，《册府元龟》卷九七一作'五'，《旧唐书·西戎传》、《唐会要》卷一〇〇皆作'五色能言鹦鹉'，此'黄'为'五'字之误。"

开元八年（720），遣使册其王。时大食东与乌苌邻境，扇诱为盗。其王与骨咄王、俱位王皆守忠节不应，潜输诚信。玄宗嘉奖，故并降册命。（《太平寰宇记》卷一八三《西戎·乌苌国》，第3504页）

贞观十七年（643），其王波多力遣使贡赤玻璃、绿玻璃、石绿、金精等物。后臣属大食国焉。乾封二年（667），其国遣使贡底也伽。开元七年（719），因吐火罗大首领贡师子二、羚羊二，遣僧来朝贡。《外国图》云："从隰臣北，有国亦名大秦。其种长大，身丈五六尺。"又杜环《经行记》云："拂菻在苫国西，隔山数千里，亦曰大秦。其人颜色红白，男子悉著素衣，妇人皆服珠锦。好饮酒，尚干饼，多工巧，善织络。或有俘在诸国，守死不改乡风。琉璃妙者，天下莫比。王城方八十里，四面境土各数千里。胜兵约有百万，常与大食相御。西枕西海，南枕南海，北接可萨突厥〔一〕。西海中有市，客主同和，我往则彼去，彼来则我归。卖者陈之于前，买者酬之于后，皆以其直置诸物旁，待领直然后收物，名曰鬼市。又闻西有女国，感水而生。"又云："摩邻国，在勃萨罗国西南，渡大碛行二千里至其国。其人黑，其俗犷，少米麦，无草木，马食干鱼，人食鹘莽。鹘莽，即波斯枣也。瘴疠特甚。诸国陆行之所经也。胡则一种，法有数般，有大食法，有大秦法，有寻寻法。其寻寻蒸报，于诸夷狄中最甚，当食不语。其大食法者，以弟子亲戚而作判典，纵有微过，不至相累。不食猪、狗、驴、马等肉，不拜国王、父母之尊，不信鬼神，祀天而已。其俗每七日一假，不买卖，不出纳，唯饮酒谑浪终日。其大秦善医目及痢，或未病而先见，或开脑出虫。"（《太平寰宇记》卷一八四《西戎·大秦国》，第3516页）

【校勘】

〔一〕北接可萨突厥　点校本原作"北接可萨、突厥"，按"可萨突厥"，即突厥之可萨部，参见《旧唐书》卷一九八《波斯传》、《新唐书》卷二二一下《波斯传》，此据文意改。

【考释】

本条所引《经行记》，疑出自《通典》卷一九三《边防》九《大秦》（参见第二编"唐五代大食汉文原始史料"二"《通典》大食专目以外的大食史料"引）。

至仪凤三年（678），令吏部侍郎裴行俭将兵册送卑路斯还波斯国，行俭以其路远，至安西碎叶而还，卑路斯独返，不得入其国，渐为大食所侵，客于吐火罗二十余年，有部落数千人，后渐离散。（《太平寰宇记》卷一八五《西戎·波斯国》，第3550页）

杜环《经行记》云："其国城一名赭支，一名大宛。天宝中，镇西节度使高仙芝擒其王及妻子归京师。国中有二水，一名珍珠河，一名质河，并西北流。土地平敞，多果实，出好犬良马。"又云："碎叶国，从安西西北千余里有教达岭，岭南是大唐北界，岭北是突骑施南界。西南至葱岭二千余里。其水岭南流者尽过中国，而归东海；岭北流者尽经胡境，而入北海。又北行数日，度雪海。其海在山中，春夏常雨雪，故曰雪海。中有细道，道傍往往有水孔，嵌空万仞，辄堕者莫知所在。教达岭北行千余里至碎叶川，其川东头有热海，兹地寒而不冻，故曰热海。又有碎叶城，天宝七年，北庭节度使王正见薄伐至此，城壁摧毁，邑居零落。昔交河公主居止之处，建大云寺，犹存。其川西接石国，约长千余里。川中有异姓部落，有异姓突厥，各有兵马数万。城堡闲杂，日寻干戈，凡是农人皆擐甲胄，专相虏掠以为奴婢。其川西头有城，名曰怛逻斯，石国大镇，即天宝十年（751）高仙芝之军所败之地。"（《太平

寰宇记》卷一八六《石国》，第 3568 页）

【考释】

怛逻斯之战的相关史料，请参见第三编"唐五代及后代汉文著述类著作中的大食史料"一"《大食传》以外的正史大食史料"（一）"《旧唐书》大食史料"《旧唐书》卷一〇九《李嗣业传》【考释】。

天宝六载（747）四月二十五日[一]，上因问西蕃诸国远近，鸿胪卿王忠嗣奏曰：臣谨按《西域图记》[二]：

陀拔思单国，在疏勒西南二万五千里，东至勃达国一月程，西至涅满国一月程[三]，南至罗刹支国十五日程[四]，北至海两月程。

罗刹支国东至都盘国十五日程，西至沙兰国二十日程，南至大食国二十日程[五]，北至陀拔国十五日程。

都盘国东至大食国十五日程，西至罗刹支国十五日程，南至大食国二十五日程，北至勃达国一月程。

勃达国东至大食国两月程，西北至岐兰国二十日程，南至都盘国一月程，北至大食国一月程。

阿没国东南至陀拔国十五日程，西北至岐兰国二十日程，南至沙兰国一月程，北至海二月程。

岐兰国东南至（河漠）〔阿没〕国二十日程[六]，西至大食国两月程，南至涅满国二十日程，北至海五月程[七]。

涅满国东至陀拔国一月程[八]，西至大食国两月程[九]，南至大食国一月程，北至岐兰国二十日程。

沙兰国东至罗刹支国二十五日程，南至大食国二十日程[一〇]，北至涅满国二十五日程[一一]。

罽宾国在疏勒西南四千里，东至俱兰城国七百里[一二]，西至大食国一千里，南至婆罗〔门〕国五百里[一三]，北至吐火罗国二百里。

东女国在安国西北二千二百里[一四]，东至碎叶国五千里，西南至石国一千五百里，南至拔汗那国一千五百里。

史国在疏勒西二千里[一五]，东至俱蜜国一千里，西至大食国二千里，南至吐火罗国二百里[一六]，西北至康国七百里。（《太平寰宇记》卷二〇〇《四夷杂说并论》，第3850—3852页）

【校勘】

〔一〕天宝六载四月二十五日　"六载"，《新唐书》卷四三下《地理志》作"二年"。

〔二〕西域图记　《新唐书·地理志》作"西域图"。

〔三〕涅满国　《新唐书》卷二一下《大食传》作"怛满国"。

〔四〕罗刹支国　《新唐书·大食传》、《册府元龟》卷九六五《外臣部·封册》作"罗利支国"。下同。

〔五〕南至大食国二十日程　"二十"，《新唐书·大食传》作"二十五"。

〔六〕河漠国　《新唐书·大食传》"岐兰之东南二十日行，得阿没，或曰阿眜"，本段上文亦作"阿没国"。据改。点校本失校。

〔七〕五月程　"月"，《新唐书·大食传》作"日"。

〔八〕涅满　《新唐书·大食传》作"怛满"。

〔九〕西至大食国两月程　"两月程"，《新唐书·大食传》作"一月行"。

〔一〇〕南至大食国二十日程　"二十"，《唐会要·四夷杂录》作"二十五"。《新唐书·大食传》作"西即大食，二十五日行"。

〔一一〕北至涅满国二十五日程　"二十五"，《新唐书·大食传》作"二十"。

〔一二〕俱兰城国　《新唐书·大食传》作"俱兰城国"。

〔一三〕南至婆罗国五百里　"婆罗国"，《唐会要·四夷杂录》、《新唐书·地理志》作"婆罗门国"，据补。点校本失校。

〔一四〕东女国　《唐会要·四夷杂录》、《新唐书·地理志》作"东米国"。

〔一五〕史国在疏勒西二千里　"二"，《新唐书·大食传》作"四"。

〔一六〕二百里　"二"，《唐会要·四夷杂录》作"一"。

【考释】

本条内容请参见第一编"唐五代及后代大食汉文基础史料"三"《新唐书》卷二二一下《大食传》";第二编"唐五代大食汉文原始史料"一"《唐会要》大食专目以外的大食史料"引《唐会要》卷一〇〇《四夷杂录》;本编一"《大食传》以外的正史大食史料"(二)"《新唐书》大食史料"引《新唐书》卷四三下《地理志》。

五 后代杂史小说中的唐五代大食史料

后代杂史小说类著作中有关唐五代大食史料非常罕见。此据管见所及,录《铁围山丛谈》和《续博物志》中的涉及五代大食物产的数条史料。

奉宸库者,祖宗之珍藏也。政和四年(1114),太上始自揽权纲,不欲付诸臣下,因踵艺祖故事,检察内诸司。于是乘舆御马,而从以杖直手焉。别本"杖直手"并作"校直",无"手"字,未知孰是。大内中诸司局大骇惧,凡数日而止。因是,并奉宸俱入内藏库。时于奉宸中得龙涎香二,琉璃缶、玻璨母二大筐。玻璨母者,若今之铁滓,然块大小犹儿拳,人莫知其方。吴本"方"作"用",张本云"莫知其何用"。又岁久无籍,且不知其所从来。或云柴世宗显德间(954—959)大食所贡,又谓真庙朝物也。玻璨母,诸珰以意用火煅而模写之,但能作珂子状,青红黄白随其色,而不克自必也。香则多分赐大臣近侍,其模制甚大而质古,外视不大佳。每以一豆火蓺之,辄作异花气,芬郁满座,终日略不歇。于是太上大奇之,命籍被赐者,随数多寡,复收取以归中禁,因号曰"古龙涎"。为贵也,诸珰争取一饼,可直百缗。吴本作"千缗"。金玉穴,而以青丝贯之,佩于颈,时于衣领间摩挲以相示,坐此遂作佩香焉。今佩,因古龙涎始也。(《铁围山丛谈》卷五,第97页)

【考释】

《铁围山丛谈》六卷,北宋蔡绦撰。蔡绦是权臣蔡京的儿子。据说蔡京晚年昏眊不能视事，政事悉由蔡绦代替处理。蔡京后来被钦宗流放死于岭南，蔡绦也流死于白州（今广西博白）。此书是蔡绦流放期间所作，因为白州有铁围山（在今广西郁林西），因此名为《铁围山丛谈》。《铁围山丛谈》主要记叙了宋太祖建隆（960—963）至宋高宗绍兴（1131—1162）二百年间的朝廷掌故和琐事异闻。由于蔡绦特殊的经历，《铁围山丛谈》是宋代笔记中非常重要的一种，有很高的史料价值，历来受到学术界重视。《四库全书总目》说"其人虽不足道，以其书论之，亦说部之佳本也"。对此书评价很高。"艺祖"即宋太祖赵匡胤。

旧说蔷薇水，乃外国采蔷薇花上露水，殆不然。实用白金为甑，别本"为甑"上并有"为瓶"二字。采蔷薇花蒸气成水，则屡采屡蒸，积而为香，此所以不败。但异域蔷薇花气，馨烈非常。故大食国蔷薇水虽贮琉璃缶中，蜡密封其外，别本并无"密"字。然香犹透彻，闻数十步，洒着人衣袂，经十数日不歇也。至五羊吴本作"近年"，似校者误改。效外国造香，则不能得蔷薇，第取素馨茉莉花为之，亦足袭人鼻观，但视大食国真蔷薇水，犹奴尔。（蔡绦《铁围山丛谈》卷五，第97—98页）

【考释】

大食蔷薇水，请参见本编六"后代本草及相关著作中的唐五代大食史料"《陈氏香谱》卷一"蔷薇水"【考释】。

南唐女冠耿先生鸟爪玉貌，获宠于元宗。将诞之夕，震雷绕室，大雨河倾，半夜雷止，耿身不复孕。大食国进龙脑油，上所秘惜，先生见之曰："此非佳者。当为大家致之。"乃缝夹绢囊，贮白龙脑一斤，垂于栋上，以胡瓶盛之。有顷如注。上骇叹不已，命酒泛之，味逾于大食国进者。（《续博物志》卷三，《景印文渊阁四库全书》，第1047册，第945页）

【考释】

《续博物志》十卷，南宋李石撰。李石大体生活在宋高宗绍兴（1131—

1162）至宋孝宗乾道（1165—1173）年间。此书依照晋人张华《博物志》而作，间涉五代异闻。耿先生与大食龙脑香的传说，请参见马令《南唐书》卷二四《方术传·耿先生传》、陆游《南唐书》卷一七《杂艺方术节义传·耿先生传》。

六　后代本草及相关著作中的唐五代大食史料

与杂史小说一样，后代本草类著作中有关唐五代大食史料也非常罕见。《本草纲目》所载多出自《重修政和经史证类备用本草》。《证类本草》杂取前代著述，有不少反映唐五代的内容，此姑迻录明确提及大食的两条史料。

> 无名异，味甘平，主金疮、折伤、内损。止痛，生肌肉。出大食国，生于石上，状如黑石炭，蕃人以油炼如鐾石，嚼之如饧。今附。臣禹锡等谨按：《日华子》云："无名异，无毒异，无毒。"《图经》曰：无名异出大食国，生于石上。今广州山石中及宜州南八里龙济山中亦有之。黑褐色，大者如弹丸，小者如墨石子，采无时。《本经》云，味甘平，主金疮、折伤、内损，生肌肉。今云味咸，寒消肿毒痈疣，与《本经》所说不同，疑别是一种。又岭南人云，有石无名异，绝难得；有草无名异，彼人不甚贵重。岂《本经》说者为石，而今所有者为草乎？用时以醋磨涂傅所苦处。又有婆娑石，生南海，解一切毒。其石绿色，无斑点，有金星，磨之成乳汁者为上。胡人尤珍贵之，以金装饰，作指弸带之。每欲食及食罢，辄含吮数四以防毒。今人有得指面许块，则价直百金。人莫能辨，但水磨涓滴，点鸡冠热血，当化成水，乃真也。俗谓之摩娑石。《衍义》曰：无名异，今《图经》曰，《本经》云味甘平，治金疮、折伤，生肌肉。今云味咸寒，消肿毒痈肿，与《本经》所说不同，疑别是一种。今详上文三十六字，未审"今云"字下，即不知是何处云也。（《重修政和经史证类备用本草》卷三，第 95 页）

【考释】

《重修政和经史证类备用本草》，又简称《证类本草》，三十卷，宋人唐慎微撰。此书原名《经史证类备用本草》，宋大观二年（1108）经医官艾晟等重修，作为官定本刊行，易名《经史证类大观本草》。到政和六年（1116），又由医官曹孝忠重加校定，再改名《重修政和经史证类备用本草》。本书广泛搜集了宋以前有关药物的文献并加以考订，在《本草纲目》问世前，一直是本草学最权威的范本著作。

【象牙】（《图经》云）：楚粤之象皆青，惟西竺、弗林、大食诸国乃多白象。樊绰《云南记》、平居诲《于阗行程记》皆言其事。（《重修政和经史证类备用本草》卷十六，第371页）

【考释】

《云南志》或称《蛮书》。《宋史》卷二〇四《艺文志》著录"樊绰《云南志》十卷"，即本条之"樊绰《云南记》"。本书向达校注本名《蛮书校注》（中华书局1962年版，2018年再版）；木芹补注本作《云南志补注》（云南人民出版社1995年版）。今本《云南志》或《蛮书》未见大食多白象事，惟卷十称，骠国"当国王所居门前有一大象，坐高百余尺，白如霜雪"。可参考。《宋史》同卷著录"平居诲《于阗国行程录》一卷"，即本条之"平居诲《于阗行程记》"。《于阗国行程录》亡佚，《新五代史》卷七四《四夷附录》、《演繁录》卷一"陷沙"、《重修政和经史证类备用本草》卷三"玉"节引了《于阗国行程录》，俱未见本条所引大食多白象事。"平居诲"，《新五代史》误作"高居诲"。

【龙涎香】叶庭珪云：龙涎出大食国，其龙多蟠伏于洋中之大石，卧而吐涎，涎浮水面，人见乌林上异禽翔集，众鱼游泳争嗜之，则没取焉。然龙涎本无香，其气近于臊。白者如百药，煎而腻理黑者亚之，如五灵脂而光泽，能发众香，故多用之以和香焉。潜斋云："龙涎如胶，每两与金等。舟人得之则巨富矣。"温子皮云："真龙涎，烧之置杯水于侧，则烟入水，假者则散。尝试之，有验。"（《陈氏香谱》卷一"龙涎香"，《景印文渊阁四库全书》第844册，第252页）

【考释】

《陈氏香谱》四卷，宋陈敬撰。此书汇集了沈立、洪刍等十一家《香谱》，为集大成之作。是书本名《香谱》，为了与其他香谱类著作相区别，又称《陈氏香谱》。本条所载大食国龙涎香事，未提到具体时代。据《铁围山丛谈》卷五，"柴世宗显德（954—959）间"大食就已向后周贡献龙涎香（参见本节五"后代杂史小说中的大食史料"引），据附于此。又，"叶庭珪"即叶廷珪，宋徽宗政和五年（1115）进士，学问博洽，知名当时。著有《海录碎事》和《南蕃香录》等著作。《南蕃香录》佚，《陈氏香谱》屡引叶庭珪语，应即《南蕃香录》。"潜斋"为宋人何梦桂（1229—1303）别号。

【蔷薇水】叶庭珪云：大食国花露也。五代时，蕃将蒲诃散以十五瓶效贡，厥后罕有至者。今则采末利花，蒸取其液以代焉。然其水多伪杂。试之，当用琉璃瓶盛之，翻摇数四，其泡自上下者为真。后周显德五年（958），昆明国献蔷薇水十五瓶，得自西域，以之洒衣，衣敝而香不灭。（陈敬《陈氏香谱》卷一"蔷薇水"，《景印文渊阁四库全书》第844册，第253—254页）

【考释】

参见上文《陈氏香谱》卷一"龙涎香"【考释】。下文《全芳备祖》前集卷一七与本条略同，俱称此"十五瓶"蔷薇水是五代时大食国所献。《册府元龟》卷九七二《外臣部·朝贡》亦载此事称"【后周太祖显德】五年九月，占城国王释利因德漫遣其臣萧诃散等来贡方物。中有洒衣蔷薇水一十五琉璃瓶，言出自西域。凡鲜华之衣，以此水洒之，则不黯而复郁烈之香连岁不歇。又进猛火油八十四琉璃瓶。是油得水而愈炽，彼国凡水战则用之。"（参见第四编"汉文类书中的大食史料"一"《册府元龟》大食史料"引）明确记载花露水及猛火油为占城国所献，与《陈氏香谱》及诸书不同。但值得注意的是，《册府元龟》称，占城国的使臣说蔷薇水"出自西域"。综合两种记载，我们认为蔷薇水确实是占城国所献，但占城使臣明确告知，蔷薇水和猛火油出自"西域"，而使臣所说的"西域"，就是指大食国。正因为蔷薇水出自大食，因此下文《陈氏香谱》径称为"大食水"。《全芳备祖》也记载"蔷薇红露，大食国花露也。五代时，以十五瓶入贡，厥后罕有至者"（见第四编"汉文类书中的唐五代大食史料"四"《全芳备祖》大食史料"引）。虽然没有具体指出是何人所贡，但稍作对比可知，"五代时"贡献的十五瓶"大食国花露"，就是占城国转贡的十五瓶大食蔷薇水。至于本条前称"五代时，蕃将蒲诃散"所献，后谓"后周显德五年，昆明国献"，则显然是将不同来源的记载混淆在了一起。

【大食水】今按，此香即大食国蔷薇露也。本土人每蚤起，以爪甲于花上取露一滴置耳轮中，则口眼耳鼻皆有香气，终日不散。(陈敬《陈氏香谱》卷一"大食水"，《景印文渊阁四库全书》第 844 册，第 255页)

【考释】

参见上文《陈氏香谱》卷一"蔷薇水"【考释】。此径称"蔷薇露"称作"大食水"，可知蔷薇露原产大食，殆无疑义。

【熏华香】今按，此香盖以海南降真劈作薄片，用大食蔷薇水浸透，于甑内蒸干，慢火熏之，最为清绝。樟镇所售尤佳。(陈敬《陈氏香谱》卷一"熏华香"，《景印文渊阁四库全书》第 844 册，第 256 页)

【考释】

参见上文《陈氏香谱》卷一"蔷薇水"【考释】。

七 《泉志》所载唐五代大食史料

《泉志》十五卷，宋人洪遵著。

洪遵此书，是继封演、张台、李孝美、顾烜等诸家钱谱著述之后的一部重要的钱币学著作。《四库全书总目》称此书"汇辑历代钱图，分为九品，自皇王偏霸以及荒外之国，凡有文字可纪，形象可绘者，莫不毕载，颇为详博"。但对书中臆绘的钱币图形提出了批评，称为"务求详博之过"。《泉志》中对武则天时期御史大夫封思业从西域携回的包括大食钱在内七种西域钱币的记载，未见他书提及，特别值得引起关注。

右何国钱。徐氏曰："以银为之，径寸五厘，不开孔，面为人面，背为草木状。"

右康国钱。徐氏曰："以银为之，径九分，不开孔，背面皆作人面，面文侧，而背文正，面文绕以连珠之状。"《旧唐书·西戎传》曰："康国生子，必以胶置掌内，欲其成长，掌中执钱如胶之黏物。"

右拔汗国钱。徐氏曰："以金为之，径七分五厘，无文字。又一种有三旋文，并不开孔。"

右条支国钱。乐史《太平寰宇记》曰："条支国市列钱货，其钱独文为人，幕为骑马。"

右拂菻国钱。《神宗国史》曰："拂菻国历代朝贡不至。熙宁四年，其王灭伊灵改撒，始来贡。"交易为金银钱，无孔，面凿弥勒佛，背国王名。

右大食国钱。《广州记》曰："生金出大食国，彼方出金最多，凡诸货易，并使金钱。"《国朝会要》曰："大中祥符九年十一月，大食国以金钱、银钱各千文入贡。"余按，此钱以金为之，面文象形，形制甚小，余至南海尝见之。（洪遵《泉志》卷一〇《外国品》上，《续修四库全书》第1112册，第242页）

【考释】

《泉志》下文卷一二"外国品"下载"碎叶国铁钱"条称："圣历中，御史封思业使西域，监斩叛厥阿悉结薄露。大足中还洛阳，得西域诸国钱，此（按，指碎叶铁钱——引者）与何国以下六品并是也。"所谓"何国以下六品"，就是指本条所载何、康、拔汗、条枝、拂菻、大食等六国的六种钱品。据《资治通鉴》卷二〇七记载，封思业监斩阿悉结薄露事在武则天久视元年（700），可知与碎叶铁钱一样，大食等国的钱币，也是封思业从西域带回唐朝的纪念品。《泉志》原文描摹了六种钱币的图像，其中大食钱只有一面，为大象的形象。又，唐人封演和张台，分别著有《泉志》（《遂初堂书目》）和《钱录》两种钱币著作。《郡斋读书志校证》卷一四《钱谱》下载："右梁顾烜尝撰《钱谱》一卷，唐张台亦有《钱录》二卷。皇朝绍圣间，李孝美以两人所纂舛错，增广成十卷，分八品云。"洪遵在《钱通》中多次引用封演、张台书，但本条文字所引"徐氏"不详。揆诸情理，"徐氏"著作中有关唐西域钱币的记载，应该也源自唐人钱谱类著述。又，本条"大食国钱"下所引之《广州记》，未标明作者，亦未见著录。今按，晋唐时代佚书中，至少有两部以《广州记》为名的著作，都是晋人所作。本文所载为大食史事，则只能出自唐人之手，或是唐人依托之作，不可能是晋人《广州记》的原文（参见第二编"唐五代大食汉文原始史料"九"唐五代本草著作中的大食史料"《海药本草》【考释】）。

第四编　汉文类书中的大食史料

一　《册府元龟》大食史料

《册府元龟》一千卷，北宋王钦若、杨亿等撰，周勋初等校订。

宋真宗景德二年（1005），宋廷下诏以王钦若为提总，组织当时最有声名的一批文士编修《历代君臣事迹》，大中祥符六年（1011）书成，改名《册府元龟》。与同时代编纂的类似百科全书的《太平御览》不同，《册府元龟》是一部专门记载历代政事的类书。全书分三十一部，子目一千一百四门，部有总序，门有小序，在史料来源上"取六经子史，不录小说"，汇集了五代之前的大量历史资料。《册府元龟》除了摘录《旧唐书》和《旧五代史》外，还保留了大量唐五代《实录》的内容，具有很高的史料价值。虽然《册府元龟》引书不具出处，无法明确区分出引自《实录》的内容，但通过与《旧唐书》和《旧五代史》的记载详细比对，还是能够从中发现不见于《旧唐书》和《旧五代史》记载的新的史料；而那些可能出自《旧唐书》和《旧五代史》的记载，至少也具有反映早期版本情况的意义。

　　至德二年（757）九月丁亥，帝受命东讨，统朔方、安西、回纥、南蛮、大食之众二十万，鼓行而前。将行，百寮拜送于朝堂，帝答拜。既出，当阙不乘马，步出木马门，而后登车。观者美之。

（《册府元龟》卷二〇《帝王部·功业》，第 200 页）

【考释】

"帝"即唐代宗，时为广平王，任天下兵马元帅。《旧唐书》卷四《肃宗纪》载此事，称"【至德二载九月】丁亥，元帅广平王统朔方、安西、回纥、南蛮、大食之众二十万，东向讨贼"[参见第三编《唐五代及后代汉文著述类著作中的大食史料》一"《大食传》以外的正史大食史料"（一）"《旧唐书》大食史料"引]。《册府》称广平王为"帝"，表明本条可能出自《代宗实录》。

【帝】 亲率大军而东，时逆贼安庆绪尽出精锐十余万，使其党严庄、张通儒合军保陕州，帝与副元帅郭子仪、大将李嗣业、王思礼等率回纥、南蛮、大食等会战于陕西。贼军大败，生擒斩馘十余万，通儒等遁走。庆绪闻之，窃与其党自苑北门夜遁，奔于河朔，东京平（《册府元龟》卷二〇《帝王部·功业》，第 200 页）

【考释】

"帝"即唐代宗。参见上文《册府》同卷【考释】。

代宗为广平王，天宝（742—756）末为天下兵马元帅。至德二载（757）九月丁亥，受命东讨，统朔方、安西、回纥、南蛮、大食之众二十万，鼓行而前。将行，百寮拜送于朝堂，帝答拜。既出，当阙不乘马，步出木马门而后登车，观者美之。（《册府元龟》卷四八《帝王部·谦德》，第 516 页）

【考释】

参见上文《册府》卷二〇《帝王部·功业》【考释】。

【至德二载（757）】 九月，以元帅广平王【李】豫领朔方、安西、回纥、南蛮、大食之众十五万，号二十万，出讨叛逆，便收两京。以镇西、北庭行营节度使李嗣业为前军，朔方、河西、陇右行营节度使郭子仪为中军，关内行营节度使王思礼为后军，遂收长安。广平王城中号令三日，领大兵而东追残贼，兼收河洛。(《册府元龟》卷一二二《帝王部·征讨》，第1331页)

仪凤（676—679）中，司列少常伯、安抚大食使裴行俭擒伪可汗【阿史那】都之及李遮匐还[一]，帝赐宴，谓行俭曰："卿文武兼资，今都授卿二职。"即日拜礼部尚书、兼检校右卫大将军。(《册府元龟》卷一三三《帝王部·褒功》，第1468页)

【校勘】

〔一〕司列少常伯安抚大食使裴行俭擒伪可汗都之及李遮匐还　点校本断句作"司列少常伯安抚大食，使裴行俭擒伪可汗都之及李遮匐还。"误。

【考释】

裴行俭以册送波斯王子泥涅师为名，突袭阿史那都支、李遮匐，胜利后修建碎叶城而返。这次事件起因及经过都与大食无关，"安抚大食使"，与实际情况不符。参见第三编"唐五代及后代汉文著述类著作中的大食史料"一"《大食传》以外的大食史料"（一）"《旧唐书》大食史料"《旧唐书》卷八四《裴行俭传》【考释】。

【梁太祖开平四年（910）】七月，福州贡方物，献桐皮扇。广州贡犀、玉，献船上蔷薇水。(《册府元龟》第一九七《闰位部·纳贡献》，第2214页)

【考释】

蔷薇水又称"大食水"或"大食花露"，是当时大食国的特产（参见第三编"唐五代及后代著述类著作中的大食史料"七"后代本草及相关著作中的大食史料"《陈氏香谱》卷一"蔷薇水"【考释】）。据附于此。

【至德】二年（757）四月，【郭子仪】进位司空，充关内、河东副元帅。是年九月，副广平王东征，子仪率回纥及南蛮、大食之众十五万，屯京西南隅，陈于浐水。镇西、北庭节度使李嗣业为前军，关内节度王思礼为后军，子仪奉元帅为中军，弥亘三十里。贼将李归仁、安守忠众十万阵于其北。归仁先薄我军，我军将乱，李嗣业前冲之，杀十余骑乃定。回纥以奇兵出其后而夹攻之，贼军大溃，斩首六万级。伪将张通儒等走陕州。翼日，子仪整军入京师，遂收华阴、弘农，数日而东。（《册府元龟》卷三五八《将帅部·立功》，第 4041 页）

裴行俭为秦州镇抚右军总管。仪凤二年（677），讨西突厥，擒其十姓可汗阿史那都支及别帅李遮匐以归。初，都支、遮匐与吐蕃连和，侵逼安西。议者欲发兵讨之。行俭上言曰："吐蕃叛扰，干戈未息，【李】敬玄、【刘】审理，失律丧师，安可更为西方生事？今波斯王身没，子泥涅（帅）〔师〕师充质在此〔一〕，差使往波斯册立，即路由二蕃，便宜从事，可不劳而有功也。"高宗从之。因命行俭册送波斯王，乃为安抚大食使。至西州，人吏郊迎，行俭召其豪杰子弟千余人随己而西。扬言绐其下曰："今正炎蒸，热坂难冒，自秋凉之后，方可渐行。"都支觇知，遂不设备。行俭徐乃召四镇诸蕃酋长谓曰："昔任西州长史，忆此从禽，未尝厌倦。虽还京华，无时暂忘。今因是行，欲寻旧赏，谁能从吾猎也？"蕃酋子弟投募者仅万人。行俭假为畋游，校试部伍。数日，遂倍道而进。去都支部落十余里，先遣都支使，亲问其安否。外示闲暇，似非讨袭。续又使人，从召相见。都支先与遮匐通谋，秋中拟拒汉使。卒闻军到，计无所出，自率子侄首领等五百余骑，就营来谒，遂擒之。是日，传其契箭，召诸部酋长悉诣命，并执送碎叶城。简其精骑，赍粮晓夜前进，掩遮匐。匐闻都支就擒，遽诣行俭降。于是将吏已下立碑于碎叶城，以纪其功。（《册府元龟》卷三六六《将帅部·机略》，第 4145 页）

【校勘】

〔一〕子泥涅帅师充质在此　　"泥涅帅师"，《旧唐书》卷八四《裴行俭传》、《旧唐书》卷一九八《西戎·康国传》、《新唐书》卷二二一下《西域·

康国传》作"泥涅师师",据正。

【考释】

参见上文《册府元龟》卷一三三《帝王部·襃功》【考释】。

唐李嗣业为中郎将,玄宗天宝七载(748),安西都知兵马使高仙芝奉诏总军专征勃律,选嗣业与郎将田珍为左右陌刀将,遂长驱至勃律城,擒勃律王、吐蕃公主。斩藤桥,以兵三千人戍。于是拂林、大食诸胡七十二国皆归国家,款塞朝献,嗣业之功也。由此拜右威武将军。(《册府元龟》卷三八五《将帅部·襃异》,第4348页)

唐裴行俭,麟德(664—665)中为安抚大食使,册送波斯王。途经莫贺延碛,属风沙晦冥,导者益迷。行俭命下营,虔诚致祭,令告将吏,泉井非遥。俄而云收雨静,行数百步,水草甚丰。后来之人莫知其处。众皆悦服,比之贰师将军。(《册府元龟》卷三九八《将帅部·冥助》,第4514页)

【考释】

参见上文《册府元龟》卷一三三《帝王部·襃功》【考释】。

唐王方翼为安西都护。高宗朝,安抚大食使裴行俭之讨遮匐也[一],诏以方翼为副。行俭军还,方翼始筑碎叶镇城,立四面十二门,皆屈曲作隐伏出没之状,五旬而毕。西域胡夷竞来观之,因献方物。(《册府元龟》卷四一○《将帅部·壁垒》,第4643页)

【校勘】

〔一〕唐王方翼为安西都护高宗朝安抚大食使裴行俭之讨遮匐也 点校本断句作"唐王方翼,为安西都护,高宗朝安抚大食使。裴行俭之讨遮匐也,"误。

【考释】

参见上文《册府元龟》卷一三三《帝王部·襃功》【考释】。

韩滉为润州节度。贞元二年（786），滉朝京师。时两河罢兵，中土宁乂。滉上言："吐蕃盗有河湟，为日已久。大历（766—779）以前，中国多难，所以肆其侵轶。臣闻其近岁以来，兵众寖弱，西迫大食之强，北病回纥之众，东有南诏之防，计其分镇之外，战兵在河陇者五六万而已。国家若令三数良将，长驱十万众，于凉、鄯、洮、渭，并修坚城，各置三万人，足当守御之要。臣请以当道所贮蓄财赋，为馈饷之资，以充三年之费。然后营田积粟，且耕且战，河陇二十余州复之，可翘足而待也。"德宗甚纳其言。滉之来也，至汴州，厚结刘玄佐，将荐其可任边事。玄佐纳其略，因许之。及其来觐，帝访问焉。初，颇领命，及滉以病归第，玄佐意怠，遂辞边任，盛陈犬戎未衰，不可轻进。无几，滉薨，竟寝其事，人亦幸焉。（《册府元龟》卷四四六《将帅部·生事》，第5033页）

裴行俭，仪凤（676—679）中为司列少常伯、安抚大食使，擒伪可汗【阿史那】都之及李遮匐还。（《册府元龟》卷六五六《奉使部·立功》，第7858页）

【考释】

参见上文《册府元龟》卷一三三《帝王部·褒功》【考释】。

大食国，（大）〔本〕波斯之别种也[一]。隋大业（605—617）中，有波斯胡人牧驼于俱纷摩地那之山，忽有狮子从地踊出，人语谓胡人曰："此山西有三穴，穴中大有兵器，汝可取之。"至穴中，有刀及稍甚多。石上有文，教其反叛。于是纠合亡命，渡（常）〔恒〕曷水[二]，劫夺商旅，其众渐盛，遂割据波斯西境，自立为王。波斯、拂菻各遣兵讨之，反为所败。其王姓大食，名噉密莫末腻。至唐高宗时来朝贡，自云有国已三十四年，历三王矣。（《册府元龟》卷九五六《外臣部·种族》，第11072页）

【校勘】

〔一〕大波斯 "大"，《旧唐书》卷一九八《西戎·大食传》作"本"，据正。点校本失校。

〔二〕常曷水 《旧唐书》作"恒曷水"。盖宋本讳"恒"改"常"，据正。点校本失校。

大食国，本在波斯国之西，后众渐盛，遂割据波斯西境，自立为王。西邻于大海，有胜兵四十余万。（《册府元龟》卷九五八《外臣部·国邑》，第11100页）

大食国，在南海中，其国男夫黑色多须，鼻大而长，似婆罗门。妇人白皙。亦有文字。出驼、马、驴、骡、羖羊等，其马大于诸国。兵刃劲利。其俗勇于战斗，合事天神[一]。而土多沙石，不堪耕种，惟食鸟兽等肉[二]。俱纷摩地那山在国之南，国西邻于大海[三]。其王移穴中黑石，宝之于国。（《册府元龟》卷九六〇《外臣部·土风》，第11120页）

【校勘】

〔一〕合事天神 "合"，《旧唐书》卷一九八《西戎·大食传》作"好"。

〔二〕惟食鸟兽等肉 "鸟兽"，《旧唐书》作"驼马"。

〔三〕在国之南国西邻于大海 《旧唐书》作"在国之西南，邻于大海"。

占城国，其衣服、制度大略与大食国同，所乘皆象、马，粒食稻米，肉食水兕、山羊之类。兽之奇者有犀牛，禽之大者有孔雀。（《册府元龟》卷九六〇《外臣部·土风》，第11120页）

【考释】

占城风俗不当与大食同。此所谓"衣服、制度大略与大食国同"，很可能是因为后周显德五年（958）占城转贡大食物产而误记（参见第三编"唐五代及后代著述类著作中的大食史料"一"《大食传》以外的正史大食史料"《新五代史》卷七四《四夷附录·占城》【考释】）。

【开元八年（720）】四月，遣使册立乌长国王、骨咄国王、俱立国王，并降册文，皆赐彩二百段。三国在安西之西，与大食邻境，大食煽诱为虐，俱守节不从，潜布款诚于朝廷。帝深嘉之。（《册府元龟》卷九六四《外臣部·封册》，第11172页）

【天宝】六载（747）二月，封陀拔斯单国王忽鲁汗为归信王，罗利支国王伊思俱习为义宁王[一]，岐兰国王卢薛为义宾王，涅蒲国王谢没为奉顺王[二]，渤达国王摩俱滿思为守义王[三]，都盘国王谋思健摩诃延为顺德王，阿没国王俱般胡没为恭信王[四]，沙兰国王卑略斯威为顺礼王[五]。（《册府元龟》九六五《外臣部·封册》，第11179页）

【校勘】

〔一〕罗利支国 《唐会要》卷一〇〇《四夷杂录》、《新唐书》卷四三下《地理志》作"罗刹支国"。

〔二〕涅蒲国 "涅蒲"，《新唐书》卷二二一下《西域·大食传》作"怛满"。

〔三〕摩俱滿思 《新唐书》卷二二一下作"摩俱涩斯"。

〔四〕俱般胡没 《新唐书》卷二二一下作"俱那胡设"。

〔五〕卑略斯威 《新唐书》卷二二一下作"卑路斯威"。

【考释】

《新唐书》录此条（参见第一编"唐五代大食基础史料"四"《新唐书》卷二二一下《大食传》"），唯漏书陀拔斯单、岐兰二国，误称"都盘等六国"。

大食国，隋大业（605—617）中，其王名噉蜜莫末腻[一]，自云有国已四十四年，历三主矣。一说隋开皇（581—600）中，大食族中有孤列种，代为酋长。孤列有二姓，一号盆尼奚深，一号盆尼末换。后有摩诃末者，勇健多智，众立之为王。摩诃末后十四代，至末换，杀其兄，为部人所杀，遂求得奚深种阿蒲罗拔立之。阿蒲罗拔卒，立其弟阿蒲恭拂。恭拂卒，子迷地立。迷地卒，子车

栖立。牟栖卒，弟论立。是岁贞（观）〔元〕二年也[二]。（《册府元龟》卷九六六《外臣部·继袭》，第11193页）

【校勘】

〔一〕啋密莫末尼　《旧唐书》卷一九八《西戎·大食传》作"啋密莫末腻"，《新唐书》卷二二一下《西域·大食传》作"磝密莫末腻"，《太平御览》卷九七五《大食》引《唐书》作"磝密莫未腻"。

〔二〕牟栖卒弟论立是岁贞观二年也　《唐会要》卷一〇〇《大食》"牟栖卒，弟诃论立。贞元二年（786），与吐蕃为劲敌"。《旧唐书·大食传》"牟栖卒，弟诃论立。贞元（785—805）中，与吐蕃为劲敌。"（《新唐书·大食传》略同）《册府》之"贞观"显为"贞元"之误。据改。点校本失校。

【永徽】二年（651）八月，大食国始遣使朝贡。（《册府元龟》卷九七〇《外臣部·朝贡》，第11401页）

【永徽】六年（655）六月，大石国、盐莫念并遣使朝贡。（《册府元龟》卷九七〇《外臣部·朝贡》，第11232页）

【考释】

《旧唐书》卷六《高宗纪》上载，本年六月，"大食遣使朝贡"，则本条之"大石国"，应该就是《旧唐书》的"大食"（参见第三编"唐五代及后代汉文著述类著作中的大食史料"一"《大食传》以外的正史大食史料"（一）"《旧唐书》大食史料"《旧唐书》卷八九《姚璹传》【考释】）。

永隆二年（681）五月，大食国、吐火罗国各遣使献马及方物。（《册府元龟》卷九七〇《外臣部·朝贡》，第11233页）

永淳元年（682）五月，大食国、波斯、真腊国，九月，石国，十二月，南天竺及于阗国，各遣使献方物。（《册府元龟》卷九七〇《外臣部·朝贡》，第11233页）

【长安】三年（703）三月，大食国遣使献良马。（《册府元龟》卷九七〇《外臣部·朝贡》，第 11234 页）

【景云二年（711）】十二月，突厥献食。大食、新罗、林邑、狮子国遣使献方物。（《册府元龟》卷九七〇《外臣部·朝贡》，第 11235 页）

【开元四年（716）】七月，大食国黑密牟尼苏利漫遣使上表，献金线织袍，宝装玉洒地瓶各一〔一〕。（一云开元初进名宝、钿带等方物。）（《册府元龟》卷九七一《外臣部·朝贡》，第 11237 页）

【校勘】

〔一〕宝装玉洒地瓶　点校本《校勘记》："地，原作'池'，据宋本改。"今按，下文《册府元龟》卷九七四《外臣部·褒异》亦作"地"。

【开元七年（719）】六月，大食国、吐火罗国、康国、南天竺国遣使朝贡。其吐火罗国支汗那王帝赊上表献解天文人大慕闍，"其人智慧幽深，问无不知，伏乞天恩，唤取慕闍亲问。臣等事意及诸教法，知其人有如此之艺能。望请令其供奉，并置一法堂，依本教供养。"（《册府元龟》卷九七一《外臣部·朝贡》，第 11238 页）

【开元十二年（723）】三月，大食遣使献马及龙脑香。识匿国王遣使献马及金精。（《册府元龟》卷九七一《外臣部·朝贡》，第 11239 页）

【开元十三年（724）正月】大食遣其将苏黎等十三人并来贺正旦，献方物。（《册府元龟》卷九七一《外臣部·朝贡》，第 11239 页）

【开元十三年（724）】三月，大食国遣使苏黎满等十三人献方物。（又云，献马及毛锦。）识匿国遣使献马（《册府元龟》卷九七一《外臣部·朝贡》，第 11239 页）

【开元十七年（729）】九月，大食国遣使来朝，且献方物。（《册府元龟》卷九七一《外臣部·朝贡》，第11240页）

【开元二十一年（733）】十二月，可汗那王易米施遣使首领婆延达干，大食国王遣首领摩思览达干等来朝。（《册府元龟》卷九七一《外臣部·朝贡》，第11241页）

【天宝三载（744）】四月，新罗，七月，大食国、康国、史国、西曹国、米国、谢颱国、吐火罗国、突骑施、石国并遣使献马及宝。（《册府元龟》卷九七一《外臣部·朝贡》，第11243页）

【天宝四载（745）】四月，新罗，五月，大食、舍么国，七月，石国王特勒，安国王屈底波并遣使来朝贡。（《册府元龟》卷九七一《外臣部·朝贡》，第11243页）

【天宝六载（747）】五月，大食国王遣使献豹六，波斯国王遣使献豹四，石国王遣使献马。（《册府元龟》卷九七一《外臣部·朝贡》，第11243页）

【天宝十一载（752）】十二月，黑衣大食谢多诃蜜遣使来朝，舍么国、宁远国并遣使来朝，康国遣使朝贡。（《册府元龟》卷九七一《外臣部·朝贡》，第11244页）

【天宝十二载（753）】三月，罽宾国、谢颱国、归仁国、黑衣大食并遣使献方物。（《册府元龟》卷九七一《外臣部·朝贡》，第11245页）

【天宝十二载（753）】四月，三葛禄遣使来朝，凡一百三十人，分为四队，相继而入，各授官赏，恣其请求，皆令满望。黑衣大食遣使来朝。（《册府元龟》卷九七一《外臣部·朝贡》，第11245页）

【天宝十三载（754）】四月，宁远国及九姓回纥、米国、突骑施黑姓可汗及黑衣大食、吐火罗、石汗那、俱位国并遣使来朝。（《册府元龟》卷九七一《外臣部·朝贡》，第 11245 页）

【天宝十四载（755）】六月，日本国，七月，黑衣并遣使贡献。（《册府元龟》卷九七一《外臣部·朝贡》，第 11245 页）

【天宝】十五载（756）七月，黑衣大食遣大酋望二十五人来朝。（《册府元龟》卷九七一《外臣部·朝贡》，第 11245 页）

肃宗至德（756—758）初，大食国遣使朝贡。（《册府元龟》卷九七一《外臣部·朝贡》，第 11245 页）

乾元元年（758）五月壬申朔，回纥使多乙亥阿波八十人，黑衣大食酋长闹文等六人并朝见[一]，至阁门争长。通事舍人乃分左右，从东西门并入。文涉施、黑衣大食使来朝见。（《册府元龟》卷九七一《外臣部·朝贡》，第 11245 页）

【校勘】

〔一〕闹文 《旧唐书》卷一九五《回纥传》、《新唐书》卷二一七上《回鹘传》作"阁之"。

唐代宗宝应元年（762）五月戊申，回纥、吐蕃、黑衣大食等国，六月，宁远、吐蕃、狮子、波斯等国，八月奚、契丹、宁远国，九月，波斯、新罗，十二月，黑衣大食、寻、宁远、石国并遣使朝贡。（《册府元龟》卷九七二《外臣部·朝贡》，第 11248 页）

【大历】四年（769）正月，牂牁、诃陵、黑衣大食，二月，牂牁，三月，渤海靺鞨，十二月，回纥、吐蕃、契丹、奚、室韦、渤海、诃陵并遣使朝贡。（《册府元龟》卷九七二《外臣部·朝贡》，第 11248 页）

【大历】七年（772）五月，新罗，十二月，回纥、吐蕃、大食、渤海靺鞨、室韦、契丹、奚、牂牁、康国、米国、九姓等各遣使朝贡。（《册府元龟》卷九七二《外臣部·朝贡》，第11248页）

【大历九年（774）】七月，回纥遣使骨咄禄梅还达干等来朝，并进马四十匹。黑衣大食、吐蕃并遣使来朝。（《册府元龟》卷九七二《外臣部·朝贡》，第11249页）

【贞元】七年（791）正月，回鹘大首领史勃羡，渤海、黑衣大食，五月，回鹘，九月，契丹并遣使来朝。（《册府元龟》卷九七二《外臣部·朝贡》，第11249页）

【显德】五年（958）九月，占城国王释利因德漫遣其臣萧诃散等来贡方物。中有洒衣蔷薇水一十五琉璃瓶，言出自西域。凡鲜华之衣，以此水洒之，则不黦而复郁烈之香连岁不歇。又进猛火油八十四琉璃瓶。是油得水而愈炽，彼国凡水战则用之。（《册府元龟》卷九七二《外臣部·朝贡》，第11257页）

【考释】

据《陈氏香谱》（参见第三编"唐五代及后代著述类著作中的大食史料"六"后代本草及相关著作中的大食史料"引）、《铁围山丛谈》卷五（参见同上五"后代杂史小说中的大食史料"引）和《全芳备祖》前集卷一七（参见本编四"《全芳备祖》大食史料"引），此所谓"出自西域"的蔷薇水，就是指大食国所产蔷薇露或"大食水"。又据《吴越备史》卷三（参见第三编"唐五代及后代汉文著述类著作大食史料"三"《南唐书》、《吴越备史》大食史料"引），此"猛火油"显然也是由占城国转贡的大食物产。据附于此。

【开元】八年（720），南天竺国王尸利那罗僧伽请以战象及兵马讨大食及吐蕃等，仍求有以名其军，帝甚嘉之，名军为怀德军。（《册府元龟》卷九七三《外臣部·助国讨伐》，第11265页）

【至德二载（757）】九月，回纥叶护太子领兵四千余众助讨逆贼，回纥叶护太子入见，帝亲宴慰赐，以金帛器物，恣其所欲，待之甚厚。元帅广平王领朔方、安西、回纥、大食之兵十五万，将收西京。王既见回纥王子叶护，约为兄弟，接之颇有恩信。叶护大喜。是月戊子，回纥大首领达干等一十三人从叶护至扶风见郭子仪，留之设宴三日。叶护太子曰："国家有难，远来相助，何暇食为？"子仪固留之。宴毕便发。庚子，蕃汉大军齐进。壬寅，元帅广平王分回纥锐卒，剪其埋军。贼知伏，师败气索。回纥又取大营之背，与北庭行营节度李嗣业合势，表里夹战，自午及酉，斩首六万级，填沟涧而死者十二三。贼军大溃，余军入城中，嚣声夜不止。癸卯，元帅广平王整军容入长安。中军兵马使仆固怀恩领回纥及南蛮、大食等军，从城南过浐水东下营。十月壬戌，遂收复东京。（《册府元龟》卷九七三《外臣部·助国讨伐》，第11266页）

【开元四年（716）】七月戊子，大食国黑密牟尼苏于（于）〔利〕漫遣使献金线织（就）〔袍〕〔一〕、宝装、玉洒地瓶各一〔二〕，授其使员外中郎将，放还蕃。（《册府元龟》卷九七四《外臣部·褒异》，第11276页）

【校勘】

〔一〕黑密牟尼苏于漫遣使献金线织就　"黑密牟尼苏于漫"，上文《册府元龟》卷九七一《外臣部·朝贡》作"黑密牟尼苏利漫"，"就"作"袍"，据正。点校本失校。

〔二〕宝装玉洒地瓶各一　点校本"宝装"从上句，作"大食国黑密牟尼苏于漫遣使献金线织就宝装、玉洒地瓶各一"，误。

【开元十三年（725）正月】丙午，大食遣其将苏黎等十二人来献方物，并授果毅，赐绯袍银带，放还蕃。（《册府元龟》卷九七五《外臣部·褒异》，第11282页）

【开元十六年（728）三月】辛亥，大食首领提卑多等八人来朝，并授郎，将放还蕃。(《册府元龟》卷九七五《外臣部·褒异》，第11284页)

【开元十七年（729）】九月乙未，大食国遣使来朝且献方物，赐帛百疋，放还蕃。(《册府元龟》卷九七五《外臣部·褒异》，第11284页)

【开元二十一年（733）十二月】癸丑，大食王遣首领摩思览达干等七人来朝，并授果毅，各赐绢二十疋，放还蕃。(《册府元龟》卷九七五《外臣部·褒异》，第11286页)

【开元二十九年（741）】十二月丙申，大食首领和萨来朝，授左金吾卫将军，赐紫袍、金钿带，放还蕃。(《册府元龟》卷九七五《外臣部·褒异》，第11288页)

【天宝十一载（752）】十二月己卯，黑衣大食谢多诃密遣使来朝，授左金吾卫员外大将军，放还蕃。(《册府元龟》卷九七五《外臣部·褒异》，第11289页)

【天宝】十二载（753）七月辛亥，黑衣大食遣大酋望二十五人来朝，并授中郎将，赐紫袍、金带、鱼袋，放还蕃。(《册府元龟》卷九七五《外臣部·褒异》，第11289页)

【天宝】十三载（754）四月丙戌，突骑施黑姓可汗及黑衣大食、吐火罗、(右可)〔石〕汗郡、俱位国并遣使来朝[一]，各赐帛有差，放还蕃。(《册府元龟》卷九七五《外臣部·褒异》，第11290页)

【校勘】

〔一〕吐火罗右可汗郡俱位国并遣使来朝　上文《册府元龟》卷九七一《外臣部·朝贡》同年四月作"突骑施黑姓可汗及黑衣大食、吐火罗、石汗

那、俱位国并遣使来朝”，“右可汗郡”应作“石汗那”，据正。原点校本作
“突骑施黑姓可汗及黑衣大食、吐火罗右可汗郡俱位国，并遣使来朝”，断句
亦误。

【贞元十四年（798）】九月丁卯，以黑衣大食使含差、乌鸡、
莎比三人并为中郎将，各放还蕃。（《册府元龟》卷九七六《外臣部·褒
异》，第11295页）

初，帝欲遣阿史那献为北蕃主，而苏禄拒而不纳，乃命王惠宣
恩赐慰喻。惠未行，会安西（阳）〔汤〕嘉（会）〔惠〕奏至[一]，宰
相宋璟、苏颋奏曰：“嘉（会）〔惠〕表称突骑施车鼻施勾引大食、
吐蕃，[二]拟取四镇，见围钵换及大石城[三]，嘉（会）〔惠〕已发三
姓葛逻禄兵，与史献同掩袭。臣等伏以突骑施等迹已叛换[四]，葛
逻禄等志欲讨除，自是夷狄相攻，元非朝廷所遣，若大伤小灭，皆
利在国家，成败之状，即当闻奏。王惠充使，本为绥怀，事意既
殊，未可令去。望待以西表至，续更商量。”从之。（《册府元龟》卷
九九二《外臣部·备御》，第11488页。参见宋璟《请缓令王惠充使往车鼻施
奏》，《全唐文》卷二〇七，第2092—2093页）

【校勘】

〔一〕阳嘉会　点校本“校勘记”称：“‘会’，宋本作‘惠’。本条下
同。”今按，此人即开元五年至十年（717—722）期间担任安西都护的汤嘉惠
其人，繁体字“阳”“汤”形近，“会”“惠”音近，因而致误。据正。下同。

〔二〕突骑施车鼻施　原点校本作“突骑施、车鼻施”，按，“车鼻施”
就是指突施首领苏禄，苏禄统治西突厥十姓前，曾担任突骑施别部车鼻施啜，
故名。不得断而为二。径正。

〔三〕钵换　《全唐文》“拨换”。

〔四〕叛换　“换”，《全唐文》作“涣”。

【永徽】五年（654）五月，大食引兵击波斯及米国，皆破之。

波斯（五）〔王〕伊嗣（候）〔俟〕为大食兵所杀,[一]伊嗣（候）〔俟〕之子卑路（期）〔斯〕走投吐火罗,[二]遣使来告难，上以路远，不能救之。寻而大食兵退，吐火罗遣兵援立之而还。(《册府元龟》卷九九五《外臣部·交侵》，第11521页)

【校勘】

〔一〕波斯五伊嗣候　　"五"当为"王"之讹字；"伊嗣候"《新唐书》卷二二一下《西域·波斯传》作"伊嗣俟"据正。下同。点校本失校。

〔二〕卑路期　　点校本"校勘记"称："宋本同，然史书均作'卑路斯'。"今按，"期"当涉形近讹"斯"，径正。

玄宗开元八年（720）七月，南天竺国王尸利那罗僧伽摩请以战象兵马讨大食及吐蕃，仍求有以名其军制，玄宗嘉之，名为怀德军。(《册府元龟》卷九九五《外臣部·交侵》，第11522页)

【开元】六年（718）十一月丁未，阿史特勤仆罗上书诉曰[一]："仆罗兄吐火罗叶护，部下管诸国王、都督、刺史总二百一十二人，谢䫻国王统领兵马二十万众，罽宾国王统领兵马二十万众，骨（吐）〔咄〕国王[二]、石汗那国王、解苏国王、石匿国王、悒达国王、护密国王、护时健国王、范延国王、久越德建国王、勃特山王各领五万众，仆罗祖父已来并是上件诸国之王，蕃望尊重。仆罗兄般都泥利承嫡继袭[三]，先蒙恩敕，差使持节就本国册立为王。然〔吐〕火罗叶护积代已来于大唐忠赤[四]，朝贡不绝，本国缘接近大食、吐蕃，东界又是四镇，仆罗兄每征发部落下兵马讨论，击诸贼，与汉军相知，声援应接，在于边境，所以免有侵渔。仆罗兄前后屡蒙圣泽，媿荷国恩，遂发遣仆罗入朝，侍卫玉阶，至愿献忠殉命，以为臣妾。仆罗至此，为不解汉法，鸿胪寺不委蕃望大小，有不比类流例，高下相悬，即奏拟授官。窃见石国、龟兹并余小国王子、首领等入朝，元无功效，并缘蕃望，授三品将军。况仆罗身特勤，本蕃位望，与亲王一种，比类大小，与诸国王子悬殊，却授仆罗四品中郎。但在蕃王子弟（婆）〔婆〕罗门瞿昙金刚〔五〕、龟兹王子白孝顺等，皆数改转，位至诸卫将军，唯仆罗最是大蕃，去神龙元年（705），蒙恩敕授左领军卫翊府中郎将，至今经一十四年，久被沦屈，不蒙准例授职，不胜苦屈之甚。"敕鸿胪卿准例定品秩，勿令称屈。（《册府元龟》卷九九九《外臣部·请求》，第11557—11558页。参见仆罗《诉授官不当上书》，《全唐文》卷九九九，第10355页）

【校勘】

〔一〕阿史特勒　点校本《校勘记》："阿史特勒，原本、宋本同，然据史书，当作'阿史那特勤'。"今按，下文称"况仆罗身特勤，本蕃位望，与亲王一种"，可证"特勒"应作"特勤"。

〔二〕骨吐国　当是"骨咄国"之误，径正。点校本失校。

〔三〕般都泥利　《全唐文》《新唐书》卷二二一下《吐火罗传》作"那都泥利"，姑存疑。

〔四〕火罗叶护　"火罗"当作"吐火罗"，径补。点校本失校。

〔五〕婆罗门　《宋本册府》《全唐文》作"婆罗门"，据正。点校本失校。又，点校本断句作"但在蕃王子弟、婆罗门瞿昙金刚"，此据文意去顿号。

【开元】七年（719）二月，安国王笃萨波提遣使上表论事曰："臣笃萨波提言，臣是从天（主）〔生〕领普天下贤圣皇帝下百万（重）〔里〕草类奴〔一〕，在远叉手胡跪礼拜天恩威相如拜诸天〔二〕。自有安国已来，臣种族相继作王不绝，并军兵等并赤心奉国。从比年来被大食贼每年侵扰，国土不宁。伏乞天恩滋泽，救臣苦难，仍请敕下突（厥）〔骑〕施〔三〕，令救臣等。臣即统领本国兵马，计会翻破大食。伏乞天恩，依臣所请。今奉献波斯毹二、佛林绣毾㲪一、郁金香三十斤、生石蜜一百斤，臣今借紫讫，伏乞天恩赐一员三品官。又臣妻可敦奉进柘壁大毾㲪二、绣毾㲪一上皇后。如蒙天恩滋泽，请赐臣鞍辔、器仗、袍带，及赐臣妻可敦衣裳妆粉。"

(《册府元龟》卷九九九《外臣部·请求》，第 11558 页。参见东安国王笃萨波提《论事表》，《全唐文》卷九九九，第 10353 页)

【校勘】

〔一〕从天主领普天下贤圣皇帝下百万重草类奴　下文《宋本册府》卷九九九《外臣部·请求》所载康国王表"主"作"生"，"重"作"里"；《全唐文》卷九九九安国王《论事表》亦作"里"，据正。点校本失校。

〔二〕"臣是"至"如拜诸天"　点校本断句作"臣是从天主领普天下贤圣皇帝下百万重草类，奴在远叉手胡跪礼拜天恩威相，如拜諸天"，以"奴"字属下句，未安。此据文意重新断句。

〔三〕突厥施　应为"突骑施"之误。径正。点校本失校。

【开元七年（719）二月】 其月戊辰，俱密国王那罗延上表曰："臣曾祖、父叔、兄弟等，旧来赤心向大国，今大食来侵，吐火罗及安国、石国、拔汗那国并属大食，臣国内库藏珍宝及部落百姓物，并被大食征税将去，伏望天恩处分大食，令免臣国征税。臣等即得久长守把大国西门，伏乞照临，臣之愿也。"（《册府元龟》卷九九九《外臣部·请求》，第 11558 页。参见俱蜜王那罗延《请处分大食国表》，《全唐文》卷九九九，第 10356 页)

【开元七年（719）二月】 其月庚午，康国王乌勒伽遣使上表曰："臣乌勒伽言，臣是从天（主）〔生〕普天皇帝下百万里马蹄下草土类奴〔一〕，臣种族及诸胡国旧来赤心向大国，不曾反叛，亦不侵损大国，为大国行神益事，从三十五年来，每共大食贼斗战，每年大发兵马，不蒙天恩送兵救助。经今六年，被大食元率将异密屈底波领众军兵来此，共臣等鬬战。臣等大破贼徒，臣等兵士亦大死损。为大食兵马极多，臣等力不敌也。臣入城自固，乃被大食围城，以三百抛车傍城，三穿大坑，欲破臣等城国。伏乞天恩知委，送多少汉兵来此，救助臣苦难。其大食只合一百年强盛，今年合满，如有汉兵来此，臣等必是破得大食。今谨献好马一、波斯骆驼

一、騪二。如天恩慈泽，将赐臣物，请付臣下使人将来，冀无侵夺。"（《册府元龟》卷九九九《外臣部·请求》，第11558页。参见康国王乌勒伽《请发兵救援表》，《全唐文》卷九九九，第10353页）

【校勘】

〔一〕从天主普天皇帝下百万里马蹄下草土类奴 《宋本册府》"主"作"生"，据正。点校本失校。又，点校本以"奴"字属下句，未安。此据文意属上。

【考释】

康国王在信中说"从三十五年来，每共大食贼斗战"，又说"其大食只合一百年强盛，今年合满"等，是研究大食势力向东方发展进程的重要史料。又，上文《册府》同卷载安国王上表称"从天（主）〔生〕领普天下贤圣皇帝下百万（重）〔里〕草类奴"，两相勘校并补充省文，可知当时河中地区土著政权与唐朝正式交往时正式自称应该是"从天生领普天下贤圣皇帝下百万里马蹄下草土类奴"。

【开元】十五年（727），吐火罗叶护遣使上言曰："奴身罪逆不孝，慈父身被大食统押，应彻天聪，颂奉天可汗进旨云〔一〕：大食欺侵，我即与你气力。奴身今被大食重税欺苦实深，若不得天可汗救活，奴身自活不得，国土必遭破散，求防守天可汗西门不得，伏望天可汗慈悯，与奴身多少气力，使得活路。又承天可汗处分突（厥）〔骑〕施可汗云〔二〕：西头事委你，即须发兵除却大食。其事若实，望天可汗却垂处分。奴身缘大食税急，不求得好物奉进，望天可汗照之。所欲驱遣奴身及须已西方物，并请处分，奴身一一头戴，不敢怠慢。"（《册府元龟》卷九九九《外臣部·请求》，第11559页。参见吐火罗叶护支汗那《请助讨大食表》，《全唐文》卷九九九，第10354页）

【校勘】

〔一〕颂奉天可汗进旨云 "进旨"云云，似不合吐火罗使上表的语气。姑存疑。

〔二〕突厥施 应为"突骑施"之误，径改。

大食国以高宗龙朔中（661—663）击破波斯，又破拂菻，又南侵婆罗门，吞并诸国，胜兵四十余万。（《册府元龟》卷一〇〇〇《外臣部·强盛》，第11570页）

二　《太平御览》大食史料

《太平御览》一千卷，北宋李昉等撰。

宋太宗太平兴国二年（977），李昉等人受诏编纂《太平类编》，八年（983）书成，改名《太平御览》。据称此书编成之后，太宗"日览三卷，一岁而读周"，因此赐名《太平御览》。《太平御览》分五十五部，四千五百多子目，分类辑录了北宋以前的相关记载，引书近一千七百种，其中许多为宋以后亡佚的重要史籍，是今人辑录佚书的渊薮。《四库全书总目》评价《太平御览》说"四库菁华，汇于巨帙，猎山渔海，采摭靡穷"。《太平御览》与隋唐五代大食汉文史料关系最密切的，是在书中频繁引用的《唐书》的内容。《太平御览》引《唐书》与今本《旧唐书》时有歧异，不仅文字较胜，而且内容往往溢出《旧唐书》。学界或认为《太平御览》引《唐书》是唐修国史、实录的总称，或认为是北宋大规模修订前的《旧唐书》的原始版本。无论如何，它都是研究唐五代大食历史的珍贵史料。

【肃宗至德二载（757）九月】丁亥，元帅广平王统朔方、安西、回纥、南蛮、大食之众二十万，东向讨贼。（《太平御览》卷一一二《皇王部·肃宗宣皇帝》引《唐书》，第540页）

仪凤三年（678），令吏部侍郎裴行俭将兵册送卑路斯还为波斯王。行俭以其路远，至安西碎叶而还。卑路斯独返，不得入，其国渐为大食所侵，客于吐火罗国二十余年，有部落数千人，后渐离散。（《太平御览》卷七九四《四夷部·波斯》引《唐书》，第3526页）

大食国，本在波斯之西。大业（605—617）中，有波斯胡人牧驼于俱纷摩地那之山。忽有师子人语谓之曰："此山西有三穴，穴中有大兵器，汝可取之。穴中并有异石白文，读之便作王位。"胡人依言，果见穴中有石及稍刃甚多，上有文，教其反叛。于是纠合亡命，渡常曷水，劫夺商旅，其众渐盛。遂割据波斯西境，自立为王。永徽二年（651），始遣使朝贡。其王姓大食氏，名磝 音呼滥反 密莫未腻[一]，自云有国已三十四年，历三主矣。其国男夫黑色多须，鼻大而长，似婆罗门。妇人白皙。亦有文字。出驼马，大于诸国[二]。兵刃劲利。其俗勇于战斗，好事天神。土多沙石，不堪耕种，唯食驼、马等肉。国西邻于大海，其王移穴中异石，宝之于图[三]。（《太平御览》卷七九五《四夷部·大食》引《唐书》，第 3531 页）

【校勘】

〔一〕磝密莫未腻 《旧唐书》卷一九八《大食传》作"噉密莫末腻"、《新唐书》卷二二一下《大食传》作"徽密莫末腻"。

〔二〕出驼马大于诸国 《册府元龟》卷九六〇《外臣部·土风》作"出驼、马、驴、骡、殺羊等，其马大于诸国"（参见本编一"《册府元龟》大食汉文史料"引），《太平御览》引《唐书》删节过甚，致文意产生歧义（参见第一编"唐五代及后代大食汉文基础史料"三"《旧唐书》卷一九八《大食传》【考释】）。

〔三〕宝之于图 "图"，《册府元龟》作"国"，义长。

其王常遣人乘船，将衣粮入海，经八年而未极西岸。海中见一方石，石上有树，干赤叶青。树上总生小儿，长六七寸，见人皆笑，动其手脚，头著树枝。其使摘取一枝，小儿便死，收在大食王官。（《太平御览》卷七九五《四夷部·大食》引《唐书》，第 3531 页）

【考释】

参见下文《太平御览》卷九六一《儿树》引《唐书》【考释】。

龙朔（661—663）中，灭波斯、拂菻，其国始有米面之属。又将兵南侵婆罗门，吞并诸胡，胜兵四十余万。长安（701—704）

中，遣使献良马。景云二年（711），又献方物。开元（713—741）初，遣使来朝及进马并宝钿带等方物。其使谒见，唯平立不拜。宪司欲纠之，中书令张说奏曰："大食殊俗，远来慕义，不可置罪。"上特许之。寻又遣使朝献，自云："在本国唯拜天神，虽见王亦无致拜之法。"所司屡诘责之，其使遂请依汉法致拜。（《太平御览》卷七九五《四夷部·大食》引《唐书》，第3531页）

杜（还）〔环〕《经行记》云〔一〕："一名亚俱罗。其大食王号慕门，都〔此处〕〔二〕。其士女瓖伟长大，衣常鲜洁，容止闲丽。女子出必拥面。无问贵贱，一日五时礼天。食肉作斋，以杀生为功德。系银束〔三〕，佩银刀，断饮酒，禁音乐。人相争者，不至殴击。"（《太平御览》卷七九五《四夷部·大食》引杜环《经行记》，第3531—3532页）

【校勘】

〔一〕杜还　显为"杜环"之误。径正。

〔二〕其大食王号慕门都　《通典》卷一九三《大食》、《太平寰宇记》卷一八六《大食国》作"其大食王号暮门，都此处"据补"此处"二字。

〔三〕系银束　"束"，《通典》作"带"。

其果有偏桃、千年枣，其蔓菁根大如斗而圆，味甚美。蒲桃大者如鸡卵。（《太平御览》卷七九五《四夷部·大食》引杜环《经行记》，第3532页）

波斯于西海中见一方石，上有树，干赤叶青。树上总生小儿，长六七寸，见人皆笑，动其手脚，头著树枝，其使摘取一枝，小儿便死。今在大食王处。（《太平御览》卷九六一《木部·儿树》引《唐书》，第4268页）

【考释】

此传说又见于《通典》卷一九三《大食》、《旧唐书》卷一九八《大食》、《唐会要》卷一〇〇《大食》、《太平寰宇记》卷一八六《大食国》（参见第一编《唐五代及后代大食基础史料》）及上文《太平御览》卷七九五《大食》引《唐书》，虽详略有别，但内容基本一致，诸书无一例外，都将此事置于"大食"下，此称"波斯于西海中见一方石"，与诸书不同，且与下文"今在大食王"处，前后不同。疑"波斯"应是"大食"之误。

三 《玉海》大食史料

《玉海》二百卷，南宋王应麟撰。

《四库全书总目》指出，宋代设博学鸿词科取士，王应麟此书就是"为词科应用而设"。全书分立天文、律历、地理、帝学、圣文、艺文、诏令、礼仪、车服、器用、郊祀、音乐、学校、选举、官制、兵制、朝贡、宫室、食货、兵捷、祥瑞等21门，240余子目，在每个子目下，按时代先后罗列相关记载，对引用资料间有说明性的文字或考证。《玉海》引用的史籍，很多在宋以后佚失，通过《玉海》，可以提供一些非常重要的史料。比如《中兴馆阁书目》著录的《海南诸蕃行记》，记载了唐朝正式使臣达奚弘通由海路出访阿拉伯的珍贵史事。但是今天不仅见不到《海南诸蕃行记》，即使是《中兴馆阁书目》也已佚失，只是通过《玉海》的转引，我们才得以对唐五代与大食关系的这一重要事件有所了解。此外，《玉海》大量引用了《唐会要》和唐修《实录》的内容，对了解和研究唐五代大食汉文记载也有很重要的参考价值。

> 达奚通《海南诸蕃行记》一卷[一]。《书目》云："《西南海诸蕃行记》一卷[二]，唐上元中唐州刺史达奚弘通撰。弘通以大理司直使海外，自赤土至虔那，凡经三十六国，略载其事。"（《玉海》卷一六《地理·唐西域记》，第300—301页）

【校勘】

〔一〕达奚通海南诸蕃行记 "达奚通"，下文引《中兴馆阁书目》作"达奚弘通"，此处或避唐讳改。"海南诸蕃行记"，《中兴馆阁书目》作"西南海诸蕃行记"，姑存疑。

〔二〕西南海诸蕃行记 本条上文及《新唐书》卷五八《艺文志》（参见第三编"唐五代及后代汉文著述类著作中的大食史料"一"《大食传》以外

的正史大食史料"（二）"《新唐书》大食史料"引）作"海南诸蕃行记"。

【考释】

本条所引《书目》，即南宋陈骙（1128—1203）编纂的《中兴馆阁书目》（又称《中兴书目》）的简称。此称达奚弘通"自赤土至虔那，凡经三十六国"，苏继顾先生很早就关注并研究了《玉海》的这条记载，指出"唐时曾横渡印度洋而有姓名可知者，一为上元中（公元674—675）自马来半岛南部西岸西航之达奚弘通。一为宝应元年（公元762年）自波斯湾头东航之杜环。达奚弘通（又省称达奚通）有《海南诸蕃行记》一卷，原书久佚，《玉海》卷十六引《中兴书目》，言其自赤土至虔那经三十六国，略记其事。（中略）虔那当为达奚氏在西南海最后访问之地，此名似可还原为 Kane 或 kana，在今阿拉伯半岛南部之 Bandar Hisn Ghorah，康泰《吴时外国传》（《太平御览》卷七七一引）之加那调州亦为其地。两《唐书》于达奚氏之膺此使节皆未书只字，幸《玉海》引《中兴书目》及之。《新唐书·艺文志》亦举有其行记名，可补《旧唐书·经籍志》之缺。"（《岛夷志略校释》"叙论"，中华书局1981年版，第5—6页）全面考察了《玉海》本条涉及的相关问题。按，达奚弘通是当时从海路出使阿拉伯的正式的唐朝使节，而《玉海》是记载此事的唯一史料，今不惮烦赘，对苏先生的意见略作一点补充。《旧唐书·经籍志》系抄录开元（713—741）时所撰《古今书录》而成，著录范围仅限于"开元盛时四部诸书"[①]，并不包括开元以后的书籍。也就是说，《旧唐书》没有著录《海南诸蕃行记》，并不是因为记载的阙漏，而是因为《海南诸蕃行记》成书在开元以后，不在《旧唐书·经籍志》的著录范围之内。苏先生称"可补《旧唐书·经籍志》之缺"，未安。与这个问题相关的是，《中兴书目》称"唐上元中唐州刺史达奚弘通撰"，根据《旧唐书》不曾著录《海南诸蕃行记》的线索，"唐上元中"应该是指唐肃宗上元年间（760—761），即"后上元"，而不应该是唐高宗上元（674—676），苏先生及一些后出的著作将达奚弘通出使南海的时间定在高宗上元年间，显然是不合适的。

《传》：大勃律，万岁通天（696—697）逮开元（713—741）

[①] 《岛夷志略校释》叙论，第5—6页。

时，三遣使朝，册其君为王。再贡方物。小勃律，开元初，王没慎来朝，玄宗子畜之，以其地为绥远军。天宝六载（747），高仙芝平其国，于是拂菻、大食诸胡七十二国皆震恐归附。改其国号归仁，置归仁军，募千人镇之。（《玉海》卷一五三《朝贡·唐勃律来朝》，第2812—2813页）

《会要》：开元（713—741）初，大食国遣使进良马、宝钿带。（《玉海》卷一五四《朝贡·唐叶护献宝钿金带》，第2826页）

《传》：本波斯地（波斯别种），永徽二年（651）八月，始遣使朝贡。开元（713—741）初，献钿带。十四年（736）（《会要》十三年），遣使苏黎满十三人献方物，拜果毅，赐绀袍、银带。至德（756—758）初，朝贡。（奚深种更号黑衣大食，至德初，遣使朝贡。）《会要》：长安（701—704）中，献良马。开元（713—741）初，遣使来朝，进良马、宝钿带。至十四年九月丁卯，以黑衣大食使二人为中郎将，放还。（《玉海》卷一五四《朝贡·唐大食献方物》，第2828页）

《通鉴》：开元八年（720）四月丙午，遣使赐乌苌、骨咄、俱位王，册命。三国皆在大食之西，大食欲诱之叛，不从，故褒之。（《玉海》卷一五四《朝贡·唐赐思摩鼓纛》，第2840页）

《通鉴》：开元三年（715），监察御史张孝嵩陈碛西利害，请察其形势。枝汗那者，古乌孙也，内附岁久。吐蕃、大食共立阿了达为王，发兵攻之。枝汗那兵败，奔安西求救。孝嵩遂帅戎落兵万余人，出龟兹西数千里，下数百城，长驱而进。十一月，攻阿了达于连城，屠其三城，俘斩千余级。阿了达逃入山谷，孝嵩传檄诸国，威振西域。大食、康居、大宛、罽宾等八国皆遣使请降，勒石纪功而还。（《玉海》卷一八八《兵捷·唐监察御史张孝嵩传檄诸国》，第

2428—2429 页)

《纪》：调露元年（679）六月辛亥，吏部侍郎裴行俭伐西突厥。九月壬午，裴行俭败西突厥，执其可汗都支。（十一月癸未，帝亲劳宴曰："行俭提孤军，深入万里，兵不血刃，叛党禽夷。可谓文武兼备矣。"）《传》：咸亨二年（671），阿史那步真死，以西部突部酋阿史那都支为左骁卫大将军〔一〕、兼匐延都督，以安辑其众（四月甲申）。仪凤二年（677），乃自号十姓可汗。及李遮匐诱蕃落以动安西，与吐蕃连和，朝廷欲讨之。行俭曰："吐蕃叛涣方炽，安可更生事西方？今波斯王死，其子泥涅师质京，有如遣使立之，即路出蕃。若权以制事，可不劳而功也。"帝因诏行俭册送波斯王，且为安抚大食使。至西州，诸蕃郊迎。行俭召豪杰千余自随，扬言大热，未可以进，宜驻车须秋。都支觇知之，不设备。行俭徐召四镇酋长，伪畋游。谓曰："吾念此乐，未始忘。孰能从吾猎者？"于是子弟愿从者万人。乃阴勒部伍，数日倍道而进。去都支帐十余里，先遣其所亲问安否。若外间暇，非讨袭者。又使人趣召都支，都支本与遮匐计，及秋拒使者。已而闻军至，仓卒不知所出，率子弟五百余人诣营谒，遂禽之。是日，传契箭召诸部渠长悉来请命，并执送碎叶城。简精骑约赍袭遮匐〔二〕，道获其使者，释之，俾谕其主，遮匐乃降。悉俘至京师，将吏为刻石碎叶城以纪功（王方翼筑碎叶城）。（《玉海》卷一九一《兵捷·唐吏部侍郎裴行俭执都支》，第 3493 页）

【校勘】

〔一〕西部突部酋　后"部"字疑是"厥"之误字。

〔二〕简精骑约赍袭遮匐　《册府元龟》卷三六六《将帅部·机略》作"简其精骑，赍粮晓夜前进，掩遮匐"（参见上文"《册府元龟》大食史料"引）。

【考释】

参见上文《册府元龟》卷三九八《将帅部·冥助》【考释】。

《纪》：天宝六载（747），安西副都护高仙芝及小勃律国战，败之。《高仙芝传》：开元（713—741）末为安西副都护，小勃律其王为吐蕃所诱，妻以女，故西北二十余国皆羁属吐蕃。自田仁琬以来三讨之，皆无功。天宝六载，诏仙芝以步骑一万出讨。仙芝自安西过拨换城，入握瑟德，经疏勒，登葱岭，涉播密川，遂顿特勒满川，行凡百日。特勒满川，即五识匿国也。仙芝分军为三，使疏勒赵崇玭自北谷道拨换，贾崇瓘自赤佛道，仙芝与监军边令诚自护密俱入，约会连云堡。涉婆勒川，遂登山挑战。日未中破之，披其城，斩五千级，生禽千人，马千余匹，衣资器甲数万计。仙芝欲遂深入，遂引师过坦驹岭，下娑夷河（弱水也）。既行三日，越胡来迎。明日，至阿弩越城，遣将军席元庆以精骑一千先往，谓小勃律王曰："不窥若城，吾假道趋大勃律耳。"城中大酋领皆吐蕃腹心，仙芝密令元庆赐以缯彩，至皆缚以待仙芝。至，悉斩之。王苏失利之及妻逃山穴，仙芝招谕，乃出降，因平其国。急遣元庆断娑夷桥。其暮，吐蕃至，不克渡。八月，仙芝以小勃律王及妻自赤佛道还连云（保）〔堡〕〔一〕，与令诚俱班师。于是拂菻、大食诸胡七十二国皆震慑降附。诏改其国号归仁，置归仁军，募千人镇之。帝赦苏失利之不诛。《西域传》：小勃律去京师九千里，王居孽多城，临娑夷水。开元（713—741）初，王没谨忙来朝，玄宗以儿子蓄之，以其地为绥远军。吐蕃夺其九城，求救北廷节度使张孝嵩，遣疏勒副使张思礼率锐兵四千倍道往，大破吐蕃，复九城，诏册为小勃律王。（《玉海》卷一九一《兵捷·唐安西副都护平小勃律国》，第3503页）

【校勘】

〔一〕连云保 《旧唐书》卷一〇四《高仙芝传》作"连云堡"，据正。

四 《全芳备祖》大食史料

《全芳备祖》五十八卷，南宋陈景沂撰。

《全芳备祖》是一部专门记载花草果蔬的类书。前集二十七卷记花草，后集三十一卷记果蔬。每一物下分事实祖与赋咏祖，辑录相应花草果蔬的记载和诗文。事实祖中分碎录、纪要、杂著等三个子目，赋咏祖中分五言散句、七言散句、五言散联、七言散联、五言古诗、七言古诗、五言八句、七言八句、五言绝句、七言绝句等十项子目，条理清楚，记载详备。因为"于花、果、草、木，尤全且备"，故称"全芳"；又因涉及每种植物之"事实、赋咏、乐赋，必稽其始"，故称"备祖"。其中"大食国花露水"的记载，是了解五代时大食蔷薇水传入中国的重要史料。

蔷薇红露，大食国花露也。五代时，以十五瓶入贡，厥后罕有至者。今则采茉莉为之，然其水多伪。试之，当用琉璃瓶盛之，翻摇数四，其泡周上下为真。（《香录》）（《全芳备祖》前集卷一七《花部》，《景印文渊阁四库全书》第935册，第185页）

【考释】

《香录》不详。对照《陈氏香谱》可知，本条所载五代时入贡的这十五瓶"大食国花露"，就是在后周显德五年（958）由占城国使臣转贡来的"大食蔷薇水"（参见第三编"唐五代及后代著述类著作中的大食史料"六"后代本草及相关著作中的大食史料"《陈氏香谱》卷一"蔷薇水"【考释】）。

附录　七世纪中叶至九世纪汉文海上交通史料摘编

　　本"附录"只辑录7世纪中叶至9世纪中叶南海交通史料，不涉及通过南海进行的具体的物质文化交流史料。7世纪中叶以后，随着波斯的灭亡，大食帝国不但在陆上渐次东进，成为波斯帝国旧境土的新主人，而且早前由波斯主导的南海贸易，也逐渐转由大食控制。虽然在唐五代汉文史料中，直接反映大食在南海海路活动的记载不多，但是自7世纪中叶以后，大食成为唐朝最重要的贸易伙伴，尤其是在南海贸易中占据了主导地位，这是不争的事实。在唐朝沿海大都市中，聚居了大批大食商人，如平卢节度使田神功在扬州掠略居民财产，大食、波斯商人因此而被杀死者竟有数千人之众［参见第三编"唐五代及后代汉文著述类著作中的大食史料"一"《大食传》以外的正史大食史料"（一）"《旧唐书》大食史料"引《旧唐书》卷一一〇《邓景山传》］。非常奇特的是，尽管在沿海都市中有数量如此庞大的大食商人，但是在汉文正式记载中却很少能见到他们的身影。我们猜测主要原因可能有两个，一是从事海上贸易的商人虽然众多，但他们多是民间商人，一般不在唐朝史官记录的范围之内；二是在大食之前，波斯与中原王朝已经有数百年交往的历史，在许多记载中很可能把大食人当成了波斯人。因此虽然波斯已亡，但在汉籍中其名多见，而占据了重要地位的大食人却难觅踪迹。总之，本"附录"希望通过撷取与南海交通相关的汉文史料，借由汉文记载的视角，反映大食掌握南海贸易时代的海上交通的情况，作为了解唐朝与大食海外贸易一般状况的参考。

【开元二年（714）十二月】时右威卫中郎将周庆立为安南市舶使，与波斯僧广造奇巧，将以进内。监选使、殿中侍御史柳泽上书谏，上嘉纳之。（《旧唐书》卷八《玄宗纪》上，第174页）

【考释】

关于《旧唐书》，请参见第一编"唐五代及后代大食汉文基础史料"三"《旧唐书》卷一九八《大食传》"的介绍。

【代宗广德元年（763）】十二月甲辰，宦官市舶使吕太一逐广南节度使张休，纵下大掠广州。（《旧唐书》卷一一《代宗纪》，第274页）

王方庆，雍州咸阳人也，周少司空石泉公褒之曾孙也。（中略）则天临朝，拜广州都督。广州地际南海，每岁有昆仑乘舶以珍物与中国交市。旧都督路元睿冒求其货，昆仑怀刃杀之。方庆在任数载，秋毫不犯。又管内诸州首领，旧多贪纵，百姓有诣府称冤者，府官以先受首领参饷，未尝鞫问。方庆乃集止府僚，绝其交往，首领纵暴者悉绳之，由是境内清肃。当时议者以为有唐以来，治广州者无出方庆之右。有制褒之曰："朕以卿历职著称，故授此官，既美化远闻，实副朝寄。今赐卿杂彩六十段并瑞锦等物，以彰善政也。"（《旧唐书》卷八九《王方庆传》，第2897页）

天宝（742—756）初，【卢奂】为晋陵太守。时南海郡利兼水陆，瓌宝山积，刘巨鳞、彭杲相替为太守、五府节度，皆坐赃巨万而死。乃特授奂为南海太守，远方之地，贪吏敛迹，人用安之。以为自开元（713—741）已来四十年，广府节度清白者有四：谓宋璟、裴伷先、李朝隐及奂。中使市舶，亦不干法。加银青光禄大夫。（《旧唐书》卷九八《卢怀慎传》附《卢奂传》，第3069—3070页）

路嗣恭，京兆三原人。(中略) 大历八年 (773)，岭南将哥舒晃杀节度使吕崇贲反，五岭骚扰，诏加嗣恭兼岭南节度观察使。(中略) 嗣恭起于郡县吏，以至大官，皆以恭恪为理著称。及平广州，商舶之徒，多因晃事诛之，嗣恭前后没其家财宝数百万贯，尽入私室，不以贡献。代宗心甚衔之，故嗣恭虽有平方面功，止转检校兵部尚书，无所酬劳。(《旧唐书》卷一二二《路嗣恭传》，第3500页)

李勉字玄卿，郑王元懿曾孙也。(中略)【大历】四年 (769)，除广州刺史，兼岭南节度观察使。番禺贼帅冯崇道、桂州叛将朱济时等阻洞为乱，前后累岁，陷没十余州。勉至，遣将李观与容州刺史王翃并力招讨，悉斩之，五岭平。前后西域舶泛海至者岁才四五，勉性廉洁，舶来都不检阅，故末年至者四十余。在官累年，器用车服无增饰。及代归，至石门停舟，悉搜家人所贮南货犀象诸物，投之江中，耆老以为可继前朝宋璟、卢奂、李朝隐之徒。人吏诣阙请立碑，代宗许之。(《旧唐书》卷一三一《李勉传》，第3635页)

王锷字昆吾，自言太原人。(中略) 迁广州刺史、御史大夫、岭南节度使。广人与夷人杂处，地征薄而丛求于川市。锷能计居人之业而榷其利，所得与两税相埒。锷以两税钱上供时进及供奉外，余皆自入。西南大海中诸国舶至，则尽没其利，由是锷家财富于公藏。日发十余艇，重以犀象珠贝，称商货而出诸境。周以岁时，循环不绝，凡八年，京师权门多富锷之财。拜刑部尚书。(《旧唐书》卷一五一《王锷传》，第4060页)

胡证字启中，河东人。(中略) 广州有海舶之利，货贝狎至。证善蓄积，务华侈，厚自奉养，童奴数百，于京城修行里起第，连亘闾巷。岭表奇货，道途不绝，京邑推为富家。证素与贾𫗦善，及李训事败，禁军利其财，称证子溇匿𫗦，乃破其家。一日之内，家财并尽。(《旧唐书》卷一六三《胡证传》，第4260页)

卢钧字子和，本范阳人。（中略）其年【开成元年（836）】冬，代李从易为广州刺史、御史大夫、岭南节度使。南海有蛮舶之利，珍货辐凑。旧帅作法兴利以致富，凡为南海者，靡不捆载而还。钧性仁恕，为政廉洁，请监军领市舶使，已一不干预。（《旧唐书》卷一七七《卢钧传》，第4591—4592页）

郑畋字台文，荥阳人也。（中略）【乾符】六年（879），【黄巢】陷安南府据之，（中略）左仆射于琮曰："南海有市舶之利，岁贡珠玑。如令妖贼所有，国藏渐当废竭。"（《旧唐书》卷一七八《郑畋传》，第4633页）

【代宗广德元年（763）】十一月壬寅，广州市舶使吕太一反，逐其节度使张休。（《新唐书》卷六《代宗纪》，第169页）

【考释】

关于《新唐书》，请参见第一编"唐五代及后代大食汉文基础史料"四"《新唐书》卷二二一下《大食传》"的介绍。据上文《旧唐书》卷一一《代宗纪》，此事在十二月甲辰。

【李】汉字南纪，（中略）敬宗侈宫室，舶贾献沈香亭材，帝受之。汉谏曰：以沈香为亭，何异瑶台琼室乎？（《新唐书》卷七八《宗室·淮阳王道玄传》附《李汉传》，第3519页）

柳泽，蒲州解人。（中略）开元（713—741）中，转殿中侍御史，监岭南选。时市舶使、右威卫中郎将周庆立造奇器以进，泽上书曰："'不见可欲，使心不乱'，是知见可欲而心必乱矣。庆立雕制诡物，造作奇器，用浮巧为珍玩，以谲怪为异宝，乃治国之巨蠹，明王所宜严罚者也。昔露台无费，明君不忍；象箸非大，忠臣愤叹。庆立求媚圣意，摇荡上心。陛下信而使之乎，是宣淫于天下；庆立矫而为之乎，是禁典之所无赦。陛下新即位，固宜昭宣菲

薄，广示节俭，岂可以怪好示四方哉！"书奏，玄宗称善。(《新唐书》卷一一二《柳泽传》，第4176—4177页)

王綝字方庆，以字显。(中略)武后时，迁累广州都督。南海岁有昆仑舶市外区琛琲，前都督路元叡冒取其货，舶酋不胜忿，杀之。方庆至，秋毫无所索。始，部中首领沓墨，民诣府诉，府曹素相饷谢，未尝治。方庆约官属不得与交通，犯者痛论以法，境内清畏。议者谓治广未有如方庆者，号第一，下诏赐瑞锦、杂彩，以著善政。(《新唐书》卷一一六《王方庆传》，第4223—4224页)

天宝(742—756)初，【卢奂】为南海太守。南海兼水陆都会，物产瓌怪，前守刘巨鳞、彭杲皆以赃败，故以奂代之。污吏敛手，中人之市舶者亦不敢干其法，远俗为安。时谓自开元后四十年，治广有清节者，宋璟、李朝隐、奂三人而已。(《新唐书》卷一二六《卢怀慎传》附《卢奂传》，第4418页)

李勉字玄卿，郑惠王元懿曾孙。(中略)寻拜岭南节度使。番禺贼冯崇道、桂叛将朱济时等负险为乱，残十余州，勉遣将李观率容州刺史王翃讨斩之，五岭平。西南夷舶岁至才四五，讥视苛谨。勉既廉洁，又不暴征，明年至者乃四十余柂。居官久，未尝技饰器用车服。后召归，至石门，尽搜家人所蓄犀珍投江中。时人谓可继宋璟、卢奂、李朝隐；部人叩阙请立碑颂德，代宗许之。(《新唐书》卷一三一《宗室宰相传·李勉传》，第4507—4508页)

路嗣恭字懿范，京兆三原人，(中略)大历八年(773)，岭南将哥舒晃杀节度使吕崇贲，五岭大扰。诏嗣恭兼岭南节度使，封冀国公。嗣恭募勇敢士八千人，以流人孟瑶、敬冕为才，擢任之。使瑶督大军当其冲，冕率轻兵由间道出不意，遂斩晃及支党万余，筑尸为京观。俚洞魁宿为恶者，皆族夷之。还为检校兵部尚书，复知省事。嗣恭起州县吏，以课治进至显官，及晃事株戮舶商，没其财数百万私有之，代宗恶焉，故赏不酬功。(《新唐书》卷一三八《路嗣恭传》，第4623—4624页)

宣宗立，【韦正贯】以治当最，拜京兆尹、同州刺史。俄擢岭南节度使。南海舶贾始至，大帅必取象犀明珠，上珍而售以下直，正贯既至，无所取，吏咨其清。南方风俗右鬼，正贯毁淫祠，教民毋妄祈。会海水溢，人争咎撤祠事，以为神不厌，正贯登城沃酒以誓曰："不当神意，长人任其咎，无逮下民。"俄而水去，民乃信之。居镇三岁，既病，遗令无厚葬，无用鼓吹，无请谥。(《新唐书》卷一五八《韦皋传》附《韦正贯传》，第4937页)

【孔】戮字君严，擢进士第。(中略)拜岭南节度使。既至，免属州逋负十八万缗、米八万斛、黄金税岁八百两。先是，属刺史俸率三万，又不时给，皆取部中自衣食。戮乃倍其俸，约不得为贪暴，稍以法绳之。南方鬻口为货，掠人为奴婢，戮峻为之禁。亲吏得婴儿于道，收育之，戮论以死。由是闾里相约不敢犯。士之斥南不能北归与有罪之后百余族，才可用之，禀无告者，女子为嫁遣之。蕃舶泊步有下碇税，始至有阅货宴，所饷犀琲，下及仆隶。戮禁绝，无所求索。旧制，海商死者，官籍其赀，满三月无妻子诣府，则没入。戮以海道岁一往复，苟有验者不为限，悉推与。(《新唐书》卷一六三《孔巢父传》附《孔戮传》，第5009页)

【考释】

据下文韩愈《唐正议大夫尚书左丞孔公墓志铭》，孔戮任岭南节度使在元和十二年(817)。

胡证字启中，河中河东人。(中略)宝历(825—826)初，以户部尚书判度支，固辞，拜岭南节度使。卒，年七十一，赠尚书右仆射。广有舶贝奇宝，证厚殖财自奉，养奴数百人，营第修行里，弥亘间陌，车服器用珍侈，遂号京师高訾。素与贾𫗧善，李训败，卫军利其财，声言𫗧匿其家，争入剽劫，执其子澈内左军，至斩以徇。（《新唐书》卷一六四《胡证传》，第5048—5049页）

王锷字昆吾，自言太原人。（中略）迁岭南节度使。广人与蛮杂处，地征薄，多牟利于市，锷租其廛，榷所入与常赋埒，以为时进，裒其余悉自入。诸蕃舶至，尽有其税，于是财蓄不赀，日十余艘载皆犀象珠琲，与商贾杂出于境。数年，京师权家无不富锷之财。（《新唐书》卷一七〇《王锷传》，第5169页）

卢钧字子和，系出范阳，徙京兆蓝田。（中略）擢岭南节度使。海道商舶始至，异时帅府争先往，贱售其珍，钧一不取，时称絜廉。专以清静治。蕃獠与华人错居，相婚嫁，多占田营第舍，吏或桡之，则相挺为乱，钧下令蕃华不得通婚，禁名田产，阛阓肃壹无敢犯。贞元（785—805）后流放衣冠，其子姓穷弱不能自还者，为营棺槥还葬，有疾若丧则经给医药、殡敛，孤女稚儿，为立夫家，以奉廪资助，凡数百家。南方服其德，不惩而化。又除采金税。华、蛮数千走阙下，请为钧生立祠，刻石颂德，钧固辞。（《新唐书》卷一八二《卢钧传》，第5367页）

黄巢，曹州冤句人。世鬻盐，富于赀。（中略）巢陷桂管，进寇广州，诒节度使李迢书，求表为天平节度，又胁崔璆言于朝，宰相郑畋欲许之，卢携、田令孜执不可。巢又丐安南都护、广州节度使，书闻，右仆射于琮议：“南海市舶利不赀，贼得益富，而国用屈。”乃拜巢率府率。巢见诏大诟，急攻广州，执李迢，自号“义军都统”，露表告将入关，因诋宦竖柄朝，垢蠹纪纲，指诸臣与中人赂遗交构状，铨贡失才，禁刺史殖财产，县令犯赃者族，皆当时极敝。（《新唐书》卷二二五下《逆臣传》下《黄巢传》，第6454—6455页）

岭南节度、经略使奏："近日舶船，多往安南市易，进奉事大，实惧阙供，臣今欲差判官就安南收市，望定一中使与臣使司同勾当，庶免隐欺"。希颜奉宣圣旨宜依者。

远国商贩，唯利是求，绥之斯来，扰之则去。广州地当要会，俗号殷繁，交易之徒，素所奔凑。今忽舍近而趋远，弃中而就偏，若非侵刻过深，则必招怀失所，曾无内讼之意，更兴出位之思。玉毁椟中，是将谁咎；珠飞境外，安可复追。《书》曰："不贵远物，则远人格。"今既徇欲如此，宜其殊俗不归。况又将荡上心，请降中使，示贪风于天下，延贿道于朝廷。黩污清时，亏损圣化，法宜当责，事固难依。且岭南、安南，莫非王土；中使、外使，悉是王臣。若缘军国所须，皆有令式恒制，人思奉职，孰敢阙供！岂必信岭南而绝安南，重中使以轻外使！殊失推诚之体，又伤贱货之风。望押不出。(陆贽《论岭南请于安南置市舶中使状》，《陆贽集》卷一八，第574—576页)

【考释】

陆贽（754—805），唐朝著名政治家和文学家，一度深受唐德宗信任，有"内相"之称。

孔子之后三十八世，有孙曰戡，字君严，（中略）【元和】十二年（817），自国子祭酒拜御史大夫、岭南节度等使，约以取足，境内诸州负钱至二百万，悉放不收。蕃舶之至泊步，有下碇之税，始至有阅货之燕，犀珠磊落，贿及仆隶，公皆罢之。绝海之商，有死于吾地者，官藏其货，满三月无妻子之请者，尽没有之。公曰："海道以年计往复，何月之拘？苟有验者，悉推与之，无算远近。"厚守宰俸而严其法。(韩愈《唐正议大夫尚书左丞孔公墓志铭》，《韩昌黎文集校注》卷七《碑志》，第305—308页)

【考释】

韩愈（768—824），唐代著名文学家和思想家，古文运动的代表人物。

唐制岭南为五府，府部州以十数，其大小之戎，号令之用，则听于节度使焉。其外大海多蛮夷，由流求、诃陵，西抵大夏、康居，环水而国以百数，则统于押蕃舶使焉。内之幅员万里，以执秩拱稽，时听教命；外之羁属数万里，以译言贽宝，岁帅贡职。合二使之重，以治于广州，故宾、军之事，宜无与校大。且宾有牲牢饔饩，嘉乐好礼，以同远合疏；军有犒馈宴飨，劳旋勤归，以群力一心。于是治也，闬闳阶序，不可与他邦类。必厚栋大梁，夷庭高门，然后可以上充于揖让，下周于步武。

今御史大夫、扶风公廉广州，且专二使，增德以来远人，申威以修戎政，大飨宴合乐，从其丰盈。先是，为堂于治城西北陬，其位，公北向，宾众南向，奏部伎于其西，视泉池于其东，隅奥庳侧，庭庑下陋，日未及晡，则赫炎当目，汗眩更起，而礼莫克终。故凡大宴飨大宾旅，则寓于外垒，仪型不称。公于是始斥其制，为堂南面，横八楹，纵十楹，飨宴之位，化为东序，西又如之。其外更衣之次，膳食之宇，列观以游目，偶亭以展声，弥望极顾，莫究其往。泉池之旧，增浚益植，以暇以息，如在林壑。问工焉取，则师舆是供；问役焉取，则蛮隶是征；问材焉取，则隙宇是迁。或益其阙，伐山浮海，农贾拱手，张目视具。

乃十月甲子克成，公命飨于新堂。幢牙苇纛，金节析羽，旆旗旟旞，咸饰于下，鼓以鼖晋，金以铎铙。公与监军使肃上宾，延群僚，将校士吏，咸次于位。卉裳罽衣，胡夷蜑蛮，睢盱就列者，千人以上。铏鼎体节，燔炮胾炙，羽鳞狸互之物，沈泛醍盎之齐，均饫于卒士。兴王之舞，服夷之伎，揳击吹鼓之音，飞腾幻怪之容，寰观于远迩。礼成乐遍，以叙而贺，且曰："是邦临护之大，五人合之。非是堂之制，不可以备物；非公之德，不可以容众。旷于往初，肇自今兹，太和有人，以观远方，古之戎政，其曷用加此。

华元，名大夫也，杀羊而御者不及；霍去病，良将军也，余肉而士有饥色；犹克称能，以垂到今。矧兹具美，其道不废，愿访（一作勒）于金石，以永示后祀。"遂相与来告且乞辞，某让不获，

乃刻于兹石云。（柳宗元《岭南节度飨军堂记》，《柳宗元集》卷二六，第706—711页）

【考释】

柳宗元（773—819），唐代著名文学家，唐宋八大家之一。本节提到的"御史大夫、扶风公"，就是马总其人。这是了解岭南节度使暨押蕃舶使衙署的一篇重要的文献。据本文描述，所谓"飨军堂"应该是岭南节度使与押蕃舶使宴享宾客的所在，文中称，岭南节度使与押蕃舶使"合二使之重，以治于广州"，"故宾、军之事，宜无与校大。且宾有牲牢饔饩，嘉乐好礼，以同远合疏；军有犒馈宴飨，劳旋勤归，以群力一心"。这里"宾"指押蕃舶使，"军"指岭南节度。据称早前的飨军堂"隔奥库侧，庭庑下陋"，马总张大其制，兴建了一所"横八楹，纵十楹"，能够容纳千人以上就餐的军堂。这篇文章主要叙述了军堂的弘大规模和功用。从文中可知，至少在马总任期内，由岭南节度使兼领押蕃舶使。文中提到军堂是在"十月甲子"建成，但没有记录具体年代。今按，据《旧唐书》卷一五《宪宗纪》，元和八年十二月丙戌，马总由桂管观察使擢任岭南节度使，最晚在十二年七月之前，就已改任刑部侍郎。也就是说，"十月甲子"只能在元和九、十、十一年之内，查元和十一年十月癸巳朔，无甲子。军堂建成的时间应该是在九年十月二十一日甲子；或者是在次年，即十年十月二十七日甲子。

（前略）公讳申，字维降，（中略）是岁正贞元十七年（801）也，（中略）其明年，制迁使持节都督广州诸军事、守广州刺史、兼御史大夫，充岭南节度·观察·处置、本管经略等使，散官如故。（中略）蕃国岁来互市，奇珠玚瑁、异香文犀，皆浮海舶以来，常贡是供，不敢有加。舶人安焉，商贾以饶。二十一年（805），进阶银青光禄大夫。（李翱《岭南节度使徐公行状》，《李文公集》卷一一，《景印文渊阁四库全书》第1078册，第155—158页）

【考释】

李翱（772—841），唐朝著名文学家。本行状原题"唐故金紫光禄大夫、检校礼部尚书、使持节、都督广州诸军事、兼广州刺史、兼御史大夫，充岭南节度、营田、观察、制置、本管经略等使、东海郡开国公、食邑二千户徐公行状"。据行状，徐申任岭南节度使在贞元十八年（802）。

臣某言，臣闻无翼而飞者声也，无根而固者情也，无方而富者生也。圣恩以臣谨声教，固物情，严为防禁，以尊其生，由是梯山航海，岁来中国，镇安殊俗，皆禀睿图。伏以承前虽有命使之名，而无责成之实，但拱手监临大略而已，素无簿书，不恒其所。自臣亲承圣旨，革划前弊，御府珍贡，归臣有司，则郡国之外，职臣所理，敢回天造，出臣匪躬。近得海阳旧馆，前临广江，大槛飞轩，高明式叙，崇其栋宇，辨其名物，陆海珍藏，徇公忘私，俾其戴天捧日，见圣人一家之为贵，穷祥极瑞，知天子万方之司存。今年波斯、古逻本国二舶，顺风而至，亦云诸蕃君长，远慕皇风〔一〕，宝舶荐臻，倍于恒数。臣奉宣皇化，临而存之，除供进备物之外，并任蕃商，列肆而市，交通夷夏，富庶于人。公私之间，一无所阙，车徒相望，城府洞开，于是人人自为，家给户足，而不知其然。况北户之屏颜，南冥之睢盱，国异俗泰而安宅，生振忘归而乐业，百宝丛货，罔黩于人心，群瑞效灵，顾怀于天宪。臣谬专任重，启处不遑，供国之诚，庶有恒制，海门之外，隐若敌国，海门之内，宣知变风。后述职于此者，但资忠履信，守而勿失，不刊之典，贻厥将来。圣恩以军府交代之际，委臣在镇，不获捧图陈荐，拜舞天庭，无任感恋惭惶之至。（王虔休《进岭南馆王市舶使院图表》〔二〕，《文苑英华》卷六一三，第3180页。参见《全唐文》卷五一五，第5235页）

【校勘】

〔一〕远慕皇风　　"皇"，《全唐文》作"望"。

〔二〕进岭南馆王市舶使院图表　　"岭南馆王市舶使院"，《全唐文》误作"岭南王馆市舶使院"。

【考释】

关于《文苑英华》的介绍，请参见第二编《唐五代大食汉文原始史料》五《唐五代别集总集中的汉文史料》（二）"总集大食史料"引【考释】。本文为岭南馆王市舶使的幕僚王虔休，代替市舶使撰写的表文。作者王虔休为代宗、德宗时人，《旧唐书》卷一三二、《新唐书》卷一四七有传，曾担任过昭义军节度使，贞元十五年（799）卒，63 岁。在王虔休本传中，没有提过他曾在岭南为官或入幕的经历，但从他的活动时间判断，本文当是作于 8 世纪中叶左右。这篇表文的有些内容并不十分清楚，但大体可以知道，主要是讲在王市舶使就任之前，广州市舶使既无专门记录海外贸易情况的"簿书"，也没有市舶使的固定衙署，与海外贸易的发展状况不相适应。王市舶使将"海阳旧馆"改建成了市舶使院，专门用于海外贸易，改变了原来的状况，因此进呈"市舶使院画"，上表向朝廷汇报。文中所称"诸蕃君长，远慕皇风，宝舶荐臻，倍于恒数"云云，反映了当时通过广州进行的海外贸易的盛况。表文中虽然没有具体提到大食，但是自 7 世纪中叶以后，大食取代波斯成为唐朝最重要的贸易伙伴，因此我们将这段市舶使的重要史料具列于此。

扶南杂种，安西诸国，跨险凭危，梯山航海。飞艎走浪，望鼠岛而三休；大舶参云，指麟洲而一息。鸢波象郡，万舳争先，乌浒狼腙，千艘竞进。（张鷟《波斯昆仑等舶到拟给食料已前隐没不付有名》，《龙筋凤髓判》卷二，第 31—32 页。参见《全唐文》卷一七二，第 1757—1758 页）

【考释】

《龙筋凤髓判》四卷，唐张鷟撰。张鷟字文成，武则天至玄宗时人，以文章著称于世，时人员半千曾说"张子之文如青钱，万简万中，未闻退时"。被人称为"青钱学士"，事迹附见《旧唐书》卷一四九、《新唐书》卷一六一《张荐传》。唐朝以身、言、书、判铨试选人，此书以唐朝官署分类，分别辑录了张鷟创作的判文。本段原注称："按，《波斯判》止此，其余脱失。下'游贼满山'云云，乃禁酒事，别是一判。《文献通考》引晁氏云'张鷟书判凡一百首'，今本仅七十余首，盖所脱多矣。"

南海蕃舶，本以慕化而来，固在接以恩仁，使其感悦。如闻比年长吏，多务征求，嗟怨之声，达于殊俗。况朕方宝勤俭，岂爱遐琛，深虑远人未安，率税犹重，思有矜恤，以示绥怀。其岭南、福建及扬州蕃客，宜委节度、观察使常加存问，除舶脚、收市进奉外，任其来往通流，自为交易，不得重加率税。（文宗《太和八年疾愈德音》，《全唐文》卷七五，第784—785页。参见《册府元龟》卷九一《帝王部·赦宥》，第1003页；《唐大诏令集》卷一〇，第64—65页）

【考释】

《全唐文》一千卷，成书于清嘉庆十三年（1808）至十九年（1814），由董诰领衔编纂，是在陈邦彦（1678—1752）编纂的同名著作的基础上，重新增补改编而成的一部唐人总集①。除了收集传世文献外，《全唐文》从《永乐大典》中辑录出了许多唐人文章，保存了大量研究唐代历史的重要史料。本条所载诏令又见《唐大诏令集》和《册府元龟》，但后两种著作记载的内容间有错误和阙漏，《全唐文》应该别有来源。此从《全唐文》过录。

晋分丹阳为毗陵，后改为晋陵，隋置常熟县。创常州理之。无何，常熟隶苏州，始于晋陵置常州。当楚越之襟束，居三吴之高爽，其地恒穰，故有嘉称。领五县，版图十余万。望高地剧，此关外名邦。自狂虏肆乱，江湖流毒，地荒人亡，十里一室。天子诏宰政。审可以安人者。天子诏宰政，审可以安人者，以工部侍郎赞皇公览允帝俞，拜为此邦。（中略）赞皇公以为易简本乎悠久，久于其道而化成，封章上请，求理三岁。诏书宠异，进品正议大夫。优贤报功，于时为盛。自吴通上国，越盟诸夏，秦裂郡国，智如伍员，才若鸱夷，以及我国家贤良，临州者甚众，未有浚河渠，引大江，漕有余之波，溉不足之川，沟延申浦，至于城下，废二埭之隘，促数州之程，海夷浮舶，弦发望至，出古人创物之智，见君子济众之心。大矣哉，一境清净，无为而理，此举大略也。（中略）永泰二年（766）二月庚戌，赞皇公从子、检校吏部员外郎华述。（李华《常州刺史厅壁记》，《全唐文》卷三一六，第3027—3028页）

【考释】

赞皇公即李栖筠。从"海夷浮舶，弦发望至"的描写中，可知这时的常

---

① 葛兆光：《关于〈全唐文〉的底本》，《学林漫录》第九集，中华书局1984年版。

州也是海外贸易的重要城市。

（前略）公讳某，京兆人也，（中略）开元十年（722）解褐授内府局丞，典御府之藏，列内官之秩。勤愿慎密，肃恭矜庄，洵美可观，硕大且俨，事因绩著，官以课迁。寻充市舶使，至于广府，睽睽纳贡，宝贝委积。上甚嘉之，每宣谕诸道，曾无宁岁，敷扬诏旨，人皆悦服。（于肃《内给事谏议大夫韦公神道碑》，《全唐文》卷三七一，第3766页）

【公】讳正贯，字公理，（中略）先是，海外蕃贾赢象犀贝珠而至者，帅与监舶使必搜其伟异，而以比弊抑偿之，至者见欺，来者殆绝。公悉变故态，一无取求，问其所安，交易其物，海客大至。（萧邺《岭南节度使韦公神道碑》，《全唐文》卷七六四，第7943—7945页）

开元二年（714）十二月，岭南市舶司、右威卫中郎将周庆立、波斯僧及烈等，广造奇器异巧以进，监选司殿中侍御史柳泽上书谏曰："臣闻不见可欲，使心不乱，是知见欲而心乱必矣。臣窃见庆立等，雕镌诡物，置造奇器，用浮巧为真玩，以诡怪为异宝[一]，乃理国之所巨蠹，明王之所严罚，紊乱圣谋，泪戕彝典。昔露台无费，明君尚或不忍，象箸非多，忠臣犹且愤叹，《王制》曰：'作异服奇器以疑众者杀。'《月令》曰：'无作淫巧，以荡上心。'巧谓奇伎怪好也，荡谓惑乱情欲也。今庆立等皆欲求媚圣意，摇荡上心。若陛下信而使之，是宣奢淫于天下；必若庆立矫而为之，是禁典之无赦也。陛下即位日近，万邦作孚，固宜昭宣菲薄，广教节俭[二]，则万方幸甚。"（《唐会要》卷六二《御史台》下，第1270—1271页。参见《册府元龟》卷五四六《谏诤部·直谏》，第6243—6244页）

【校勘】

〔一〕以诡怪为异宝　"诡"，《册府元龟》作"谲"。

〔二〕广教节俭　"教"，《册府元龟》作"敷"。

【考释】

关于《唐会要》，请参见第一编"唐五代大食基础史料"一"《唐会要》卷一〇〇《大食》"的介绍。

显庆六年（661）二月十六日敕，南中有诸国舶，宜令所司，每年四月以前，预支应须市物，委本道长史，舶到十日内，依数交付价值市了，任百姓交易，其官市物，送少府监简择进内。（《唐会要》卷六六《将作监》，第1366页）

（前略）公讳师黄，字希徒，（中略）童髫以孝睦于家，弱冠而文章知外，坚心介节，人皆敛翼。始诣京兆府求荐，荐居上等，送入仪曹。是时文行清价，开路独出，擢进士高第，两就宏词，为力者所争，然所试文书，人皆念录，授太子正字。卢司空钧重其名，请为从事，同去南海，宾席三年，事皆决请。尝戏曰：沈书记不面货舶之风，无嗽贪泉之水。府罢，唯葛衣藤屦，轻装而归。（《沈师黄墓志》，《唐代墓志汇编》大中〇八四，第2313—2314页）

【考释】

原题"唐故监察御史河南府登封县令吴兴沈公墓志"。卢钧任岭南节度使在开成元年（836）（参见上文《旧唐书》卷一七七《卢钧传》）。

公讳敬实，字梦符，（中略）会岭表护戎更改。大中四年（850），除广州都监兼市舶使。才及下车，得三军畏威，夷人安泰。不逾旬月，蕃商大至，宝货盈衢，贡献不愆，颇尽臣节。秩满朝觐，献奉之礼，光绝前后[一]。（《李敬实墓志》，《全唐文补遗》第一辑，第378—379页）

【校勘】

〔一〕秩满朝觐献奉之礼光绝前后 《全唐文补遗》断句作"秩满，朝觐献奉之礼，光绝前后。"

【考释】

原题 "原题大唐故军器使银青光禄大夫行内侍省内给事赠内侍上柱国陇西县开国男食邑三百户赐紫金鱼袋李府君墓志铭并序"。

夜发，经三日乃到振州江口泊舟。其经纪人往报郡，其别驾冯崇债遣兵四百余人来迎。（中略）别驾冯崇债自备甲兵八百余人送，经四十余日，至万安州。州大首领冯若芳请住其家，三日供养。若芳每年常劫取波斯舶二三艘，取物为己货，掠人为奴婢。其奴婢居处，南北三日行，东西五日行，村村相次，总是若芳奴婢之〔住〕处也。若芳会客，常用乳头香为燃烛，一烧一百余斤。其宅后，苏方木露积如山，其余财物，亦称此焉。（日本真人元开著，汪向荣校注，《唐大和上东征传》，第67—68页）

【考释】

《唐大和上东征传》的介绍，请参见第二编 "唐代大食汉文原始史料" 八 "唐人僧传类著作中的大食史料"（二） "《唐大和上东征传》大食史料" 的解题。本条前承鉴真一行天宝七载（748）欲从扬州东渡日本，被风暴吹至南海某无名岛，航行十四日方抵海南岛南端某地靠岸事。本条所载鉴真在万安州（治今海南省陵水县）土著大酋冯若芳宅第做客，当在天宝八载。此所谓 "波斯舶"，显然是从事南海贸易的商船的泛称，而不是专指来自波斯的商船。冯若芳不仅靠劫略海船成为巨富，而且成了奴隶拥有者，拥有奴隶数量之众，令人咋舌。这时南海贸易规模可知。

犀之通天者，必恶影，常饮浊水。当其溺时，人赶不复移足。角之理，形似百物。或云犀角通者，是其病。然其理有倒插、正插、腰鼓插，倒者一半已下通，正者一半已上通，腰鼓者中断不通。故波斯谓牙为 "白暗"，犀为 "黑暗"。成式门下医人吴士皋，常职于南海郡，见舶主说，本国取犀，先于山路多植木如狙代，云犀前脚直，常倚木而息，木栏折，则不能起。犀角，一名奴角。有鸩处，必有犀也。犀三毛一孔。刘孝标言："犀堕角埋之，以假角

易之。"（《酉阳杂俎》卷一六《广动植·毛篇》，第 1192—1197 页）

【考释】

关于《酉阳杂俎》，请参见第二编"唐五代大食汉文原始史料"七"唐人杂史小说中的大食史料"的介绍。

鸽，大理丞郑复礼言，波斯舶上多养鸽。鸽能飞行数千里，辄放一只至家，以为平安信。（《酉阳杂俎》卷一六《广动植·羽篇》，第 1138—1139 页）

奔䲙，奔䲙一名澜，非鱼非蛟，大如船，长二三丈，色如鲇，有两乳在腹下，雄雌阴阳类人。取其子著岸上，声如婴儿啼。顶上有孔通头，气出咻咻作声，必大风，行者以为候。相传懒妇所化。杀一头，得膏三四斛，取之烧灯，照读书、纺绩辄暗，照欢乐之处则明。（《酉阳杂俎》卷一七《广动植·鳞介篇》，第 1232—1233 页）

【考释】

本条提及海上航行判断大风的一种方法，姑附于此。

系臂，如龟，入海捕之，人必先祭，又陈所取之数，则自出，因取之。若不信，则风波覆船。（《酉阳杂俎》卷一七《广动植·鳞介篇》，第 1233 页）

近世有波斯，常云，乘舶泛海，往天竺国者已六七度。其最后，舶飘入大海，不知几千里。至一海岛，岛中见胡人，衣草叶，惧而问之。胡云："昔与同行侣数十人漂没，唯己随流得至于此，因尔采木实草根食之，得以不死。"其众哀焉，遂舶载之。胡乃说："岛上大山，悉是车渠、玛瑙、玻璨等诸宝，不可胜数。"舟人莫不弃己贱货取之。既满船，胡令速发，山神若至，必当怀惜。于是随风挂帆，行可四十余里，遥见峰上有赤物如蛇形，久之渐大。胡曰："此山神惜宝，来逐我也，为之奈何！"舟人莫不战惧。俄见两山从海中出，高数百丈。胡喜曰："此两山者，大蟹螯也。其蟹常好与山神斗，神多不胜，甚惧之。今其螯出，无忧矣。"大蛇寻至蟹许，盘斗良久，蟹夹蛇头，死于水上，如连山，船人因是得济也。（《广异记》"南海大蟹"，第231—232页。参见《太平广记》卷四六四，第3819—3820页）

【考释】

关于《广异记》，请参见第二编"唐五代汉文原始史料"七"唐人杂史小说中的大食史料"引文下【考释】。

南海舶，外国船也。每岁至安南、广州。师子国舶最大，梯而上下数丈，皆积宝货。至则本道奏报，郡邑为之喧阗。有蕃长为主领，市舶使籍其名物，纳舶脚，禁珍异，蕃商有以欺诈入牢狱者。舶发之后，海路必养白鸽为信。舶没，则鸽虽数千里亦能归也。（《唐国史补》卷下"狮子国海舶"，第63页。参见《唐语林》卷八，第728页）

【考释】

《唐国史补》三卷，唐李肇撰。李肇其人在宪宗元和年间曾做过中书舍人，《唐国史补》是他任尚书左司郎中所作。李肇另有《翰林志》一卷，《经史释题》二卷。本书三卷，上卷、中卷各一百三条，下卷一百二条，每条以五字标题。李肇在"自序"中称，刘餗《小说》所载为南北朝至唐开元（713—741）间事，是书接续《小说》而作，所载为唐开元至长庆（821—824）年间事。他还特别指出《唐国史补》的著述原则称"言报应，叙鬼神，徵梦卜，近帷箔，则去之；纪事实，探物理，辨疑惑，示劝戒，采风俗，助谈笑，则书之"。具有较高的史料价值。

南海人言，海风四面而至，名曰"飓风"。飓风将至，则多虹蜺，名曰"飓母"。然三五十年始一见。（《唐国史补》卷下"虹蜺飓风母"，第63页）

沈光始贡于有司，尝梦一海船；自梦后，咸败于垂成，暨登第年亦如是。皆谓失之之梦，而特地不测。无何，谢恩之际升阶，忽尔回飚吹一海图，拂光之面，正当一巨舶，即梦中所睹物。（《唐摭言》卷八"梦"，第115页）

【考释】

《唐摭言》，是唐五代笔记小说中，专门记载科举史实、掌故及相关制度的一部重要著作。作者王定保是唐武则天时期的宰相王方庆七世孙，生活在唐五代之际，在书中屡称唐为"国朝"或"我唐"，因此有些著录或称作唐人。沈光不详，《新唐书》卷六〇《艺文志》著录"《沈光集》五卷"，称"题曰云梦子"，盖即此人。本条提及"海图"，姑附于此。

南海夏秋间，或云物惨然，则见其晕如虹，长六七尺，比虚位以待则飓风必发，故呼为飓母。忽见有震雷，则飓风不作矣。舟人常以为候，预为备之。（《岭表录异》卷上，第3页）

【考释】

《岭表录异》，旧题唐刘恂撰，陈振孙《直斋书录解题》和赞宁《笋谱》都称刘恂是昭宗时人。《四库全书总目》据书中径称唐国号，又称昭宗谥号，认为可能成书于五代时。据载，刘恂在昭宗朝曾出任广州司马，任满之后避居南海，作《岭表录异》。此书多载岭南（即岭表）风土人情，举凡草木鱼虫，飞禽走兽，奇闻异事，无所不记，间或涉及当时海上交通诸事，是了解唐代岭南及海外交通的重要书籍。《四库全书总目》对《岭表录异》评价很高，称"记载博赡，而文章古雅，於虫鱼草木，所录尤繁。训诂名义，率多精核"，"历来考据之家，皆资引证，盖不特图经之圭臬，抑亦苍雅之支流。有裨小学，非浅鲜也"[1]。

贾人船不用铁钉，只使桄榔须系缚，以橄榄糖泥之。糖干甚坚，入水如漆也。（《岭表录异》卷上，第8页）

---

[1] 《四库全书总目》卷七〇《史部·地理类》杂记，第623页。

桄榔树生广南山谷，枝叶并蕃茂，与枣、槟榔等树小异。然叶下有须，如粗马尾。广人采之，以织巾子。其须尤宜咸水浸渍，即粗胀而韧。故人以此缚舶，不用钉线。木性如竹，紫黑色，有文理而坚，工人解之，以制博奕局。其木刚，作铗锄，利如铁，中石更利，惟中蕉方致败耳。此树皮中有屑如面，可为饼食之。（《岭表录异》卷中，第17页）

海鳅鱼，即海上最伟者也。其小者亦千余尺。吞舟之说，固非谬矣。每岁广州常发铜船过安南货易。北人偶求此行，便成斑白云。路经调黎地名。海心有山，阻东海涛险而急，亦黄河之西门也。深阔处，或见十余山，或出或没，篙工曰："非山岛，鳅鱼背也。"果见双目闪烁，鬐鬣若簇朱旗，危沮之际，日中忽雨霡霂。舟子曰："此鳅鱼喷气，水散于空，风势吹来若雨耳。"及近鱼，即鼓船而噪，倏尔而没去。鱼畏鼓，物类相伏耳！交趾回人，多舍舟，取雷州缘岸而归，不惮苦辛，盖避海鳅之难也。乃静思曰：设使老鳅瞑目张喙，我舟若一叶之坠窨井耳！为人宁得不皓首乎？"（《岭表录异》卷下，第28—29页）

波斯舶船多养鸽，鸽飞千里，辄放一只至家，以为平安信。（《南部新书》己，第83页）

【考释】

《南部新书》十卷，北宋钱易撰，《四库全书总目》对这部著作评价较高，称"多录轶闻琐语，而朝章国典，因革损益，亦杂载其中。故虽小说家言，而不似他书之侈谈迁怪，於考证尚属有裨"[1]。《南部新书》所载基本上为唐时故事，间或有五代史事。本条波斯舶信鸽事虽未提到年代，但与《酉阳杂俎》卷一六《广动植》、《唐国史补》卷下所载内容大体相同，从全书内容来看，显然不出唐五代范围。与同时代其他著作一样，所谓"波斯舶"，并

---

[1] 《四库全书总目》卷一四〇《子部·小说家类》杂事，第1189页。

不一定具体指来自波斯或波斯生产的船舶，而是从事南海贸易海船的代称。

> 蒲䔿国海，去都城二千里。有飞桥，渡海而西，至且兰国。自且兰有积石，积石南有大海，海中珊瑚生于水底。大船载铁网下海中，初生之时，渐渐似菌。经一年，挺出网目间，变作黄色，支格交错。小者三尺，大者丈余。三年色青，以铁钞发其根，于船上为绞车，举铁网而出之，故名其所为珊瑚洲。久而不采，却蠹烂糜朽。[《太平广记》卷四〇三（出《洽闻记》），第3247—3248页]

【考释】

《洽闻记》，唐人郑常撰。郑常是唐代宗大历年间（766—779）的诗人。《洽闻记》"多载古今神异诡谲事"，兼及与地理有关的各种异闻，因此在传统分类中或入小说类，或入地理类（参见李剑国《唐五代传奇志怪叙录》，第252—257页）。作者或题郑遂，误。原书久佚，此据《太平广记》转引。

引用书目

《北户录》，（唐）段公路撰，《丛书集成初编》，第 3021 册。商务印书馆 1960 年版（1982 年第 2 次印刷）。

《册府元龟》，（宋）王钦若等编，周勋初等校订，凤凰出版社 2006 年版。

《陈氏香谱》，（宋）陈敬撰，《景印文渊阁四库全书》第 844 册，台湾商务印书馆 1986 年版。

《重修政和经史证类备用本草》，（宋）唐慎微撰，人民卫生出版社据晦明轩本影印，1982 年版。

《大唐西域求法高僧传校注》，（唐）义净原著，王邦维校注，中华书局 1988 年版。

《广异记》，（唐）戴孚撰，方诗铭辑校，中华书局 1992 年版。

《韩昌黎文集校注》，（唐）韩愈撰，马通伯校注，古典文学出版社 1957 年版。

《金石萃编》，（清）王昶辑，《石刻史料新编》第一辑，第一四册，台湾新文丰出版公司，1985 年版。

《旧唐书》，（后晋）刘昫等撰，中华书局点校本，1975 年（1995 年第 5 次印刷）。

《旧五代史》，（宋）薛居正等撰，中华书局点校本，1976 年（1986 年第 2 次印刷）。

《李文公集》，（唐）李翱（772—841）撰，《景印文渊阁四库全书》第 1078 册。

《岭表录异》，（唐）刘恂撰，鲁迅校勘，广东人民出版社 1983 年版。

《柳宗元集》，（唐）柳宗元（773—819）撰，吴文治等点校，中华书局 1979 年版。

《龙筋凤髓判》，（唐）张鷟撰，《丛书集成初编》，第 0785—0786 册，商务印书馆 1960 年版（1982 年第 2 次印刷）。

《陆贽集》，（唐）陆贽撰，王素点校，中华书局 2006 年版。

《南部新书》，（宋）钱易著，黄寿成点校，中华书局 2002 年版。

《钱通》，（明）胡我琨撰，《景印文渊阁四库全书》，第 662 册，台湾商务印书馆 1986 年版。

《全芳备祖》，陈景沂撰，《景印文渊阁四库全书》第 935 册，台湾商务印书馆 1986 年版。

《全唐文》，（清）董诰等编，中华书局影印本，1983 年。

《全唐文补遗》，第一辑，吴钢主编，王京阳、李慧、吴敏霞、吴钢、宋英、袁宪、张天池、刘兰芳点校，三秦出版社 1994 年版。

《泉志》，（宋）洪遵撰，《续修四库全书》第 1112 册，上海古籍出版社 2002 年版。

《四库全书总目》，（清）永瑢等撰，中华书局 1987 年版。

《宋本册府元龟》，（宋）王钦若等编，中华书局影印宋本，1989 年。

《太平广记》，（宋）李昉等编，中华书局点校本，1961 年（1986 年第 3 次印刷）。

《太平寰宇记》，（宋）乐史撰，王文楚等点校，中华书局 2007 年版。

《太平御览》，（宋）李昉等撰，中华书局据上海涵芬楼影印宋本复制，1960 年（1985 年第 3 次印刷）。

《唐大和上东征传》，日本真人元开著，汪向荣校注，中华书局 1979 年版。

《唐大诏令集》，（宋）宋敏求编，商务印书馆 1959 年版。

《唐代墓志汇编》，周绍良主编、赵超副主编，上海古籍出版社 1992 年版。

《唐代墓志汇编续集》，周绍良、赵超主编，上海古籍出版社 2001 年版。

《唐国史补》，（唐）李肇撰，上海古籍出版社 1957 年版（1979 年新 1 版）。

《唐会要》，（宋）王溥撰，上海社会科学院历史研究所古代史研究室点校，上海古籍出版社 1991 年版。

《唐六典》，（唐）李林甫等撰，陈仲夫点校，中华书局 1992 年版。

《唐人小说》，汪辟疆校录，上海古籍出版社 1978 年版。

《唐摭言》，（五代）王定保撰，黄寿成点校，三秦出版社 2011 年版。

《唐语林校证》，（宋）王谠撰，周勋初校证，中华书局 1997 年版。

《铁围山丛谈》，（宋）蔡绦撰，冯惠民、冯锡麟点校，中华书局 1983 年版。

《通典》，（唐）杜佑撰，王文锦、王永兴、刘俊文、徐庭云、谢芳点校，中华书局 1988 年版（1996 年第 3 次印刷）。

《五代会要》，（宋）王溥撰，上海古籍出版社 1978 年版。

《文苑英华》，（宋）李昉等编，中华书局影印本，1966 年（1990 年第 3 次印刷）。

《吴越备史》，（宋）钱俨撰，《景印文渊阁四库全书》第 464 册，台湾商务印书馆 1986 年版。

《西安碑林博物馆新藏墓志汇编》，赵力等编著，线装书局 2007 年版。

《新唐书》，（宋）欧阳修、宋祁撰，中华书局点校本，1975 年（1986 年第 2 次印刷）。

《新五代史》，（宋）欧阳修撰，中华书局点校本，1974 年（1986 年第 2 次印刷）。

《续博物志》，（南宋）李石撰，《景印文渊阁四库全书》，第 1047 册，台湾商务印书馆 1986 年版。

《酉阳杂俎校笺》，（唐）段成式撰，许逸民校笺，中华书局 2015 年版。又，方南生点校，中华书局 1981 年版。

《玉海》，（宋）王应麟辑，江苏古籍出版社/上海书店据清光绪九年浙江书局本影印，1988 年。

《张九龄集校注》，（唐）张九龄撰，熊飞校注，中华书局 2008 年版。

《资治通鉴》，（宋）司马光撰，中华书局点校本，1956 年（1976 年第 4 次印刷）。